主编 于立文

世界名人大传

第一卷

本书所撷选的名人均为人类历史上有重大影响的人物，并在此基础上不拘一格，无论哲学、政治、经济、军事、科学、文化、艺术等诸领域，都广有涉及。这便为读者提供了一种可能：从不同的人生角度去体会名人，从不同的价值角度去看待名人。其次，本人对名人的表述更为人性化。名人往往被神化，这便隔绝了名人与平凡人之间的共性。

辽海出版社

杰斐逊

一代伟人的成长

　　1743 年 4 月 13 日,托马斯·杰斐逊出生在弗吉尼亚阿尔帕马尔县一个种植园主家庭。他的祖先是来自英国威尔士的移民,父亲彼得·杰斐逊是一个传奇式的人物,他曾当过土地测量员,由于经营种植园的成功,使他成为一个拥有 5000 英亩土地的烟草种植园主。作为一个探险家和绘图者,彼得·杰斐逊在当地小有名气,并获得了一些官职,他曾担任阿尔帕马尔县的治安法官、县民军团长和弗吉尼亚议会的议员。他的母亲简·伦道夫·杰斐逊是弗吉尼亚最古老而又有名望的伦道夫家族成员,原为苏格兰贵族,外祖父是弗吉尼亚的一个大种植园主。由于母系家族的关系,小杰斐逊也被接纳为弗吉尼亚贵族社会的一员,结识了当地许多杰出人物,但他最崇拜的是像他父亲那样靠自我奋斗而获得成功的人。

　　小杰斐逊两岁时,杰斐逊夫人的堂兄威廉·伦道夫不幸去世。他是这个家庭最亲密的朋友,根据他的遗愿,杰斐逊一家搬到伦道夫一座叫做塔克豪的庄园,替他代管田产和监管伦道夫家中四个孩子的教育,他们一直在塔克豪住了七年。杰斐逊的童年就是在这里度过的。

　　杰斐逊不仅有一个富有和地位优越的家庭,而且也受到了良好的教育。

　　杰斐逊从小就很爱学习,五岁时就入英语学校,九岁时入拉丁语学校,十四岁时就已通晓拉丁文和希腊语。但这时他父亲去世了,作为长子,杰斐逊成为一家之主,经营起父亲留下的产业,包括二千五百英亩土地和三十个奴隶,并且要负责供养母亲和姐妹。如此年龄便承担起家庭重任,这使杰斐逊比常人更为早熟,更早意识到责任,并承担起责任。

　　杰斐逊这时已长大成人,他身材高大,体型瘦削,外号"长腿汤姆",长着一头淡黄色的头发,微红的脸上长满雀斑。杰斐逊虽然貌不出众,却很欣赏弗吉尼亚绅士的潇洒风度。

　　1760 年,十七岁的杰斐逊进入了威廉斯堡的威廉·玛丽学院学习。他后来一直把这看作是一生中的一次重大转变。他在这里继续学习哲学和文学,不仅认真钻研古代希腊、罗马的经典著作,而且广泛阅读了英法著名哲学家和文学家的作品。勤奋好学勇于探索的求知精神,使杰斐逊汲取了古代和 18 世纪许多伟大思想家的精华。对法学和政治哲学的潜心研究,又使他深受当时在欧洲风靡一时的"自然权利"学说的思想影响,这是杰斐逊民主思想的重要源泉之一。这所学院的威廉·斯莫尔博士曾经教他数学,并引导他学习博物学、心理学、道德哲学以及其他自然科学,杰斐逊是博士最宠爱的学生之一。两年后,他完成了学院规定的全部学业,以优异成绩毕业。

　　杰斐逊是一个杰出的学生。他学习很有规律,他给自己订了一个日常时间表,其紧凑程度是大多数人连想都不敢想的。他清晨起床,先读动物学、植物学、农学、化学等有关科学书籍,至 8 时为止。8 时到 12 时,全心全意读法律。12 时到 1 时,读政治书籍。下午则读历史,晚餐后至睡觉前读文学。当然,杰斐逊也很喜欢娱乐。从进学院时起,他虽能大致遵守自己的时间表,却并不是过着呆板的生活,不象人们所想象的那样埋头苦干。事实上,他把大部分时间用在谈情说爱、射击比赛、骑马、猎狐、拉小提琴和去剧院看戏上面。——令人奇异的是,他虽然热爱游乐会、猎狐、音乐和跳舞,却从来不吸烟和玩纸牌。尽管当时在威廉斯堡,人们习惯于豪饮和豪赌,又喜欢吸烟、嚼烟和吸鼻烟,杰斐逊却仅学会了爱好佳酿,此后一生都保持这种爱好,而赌博从未引起过他的兴趣,他似乎也不会玩任何一种纸牌游戏,吞云吐雾更是不沾。少年时代的杰斐逊是十分愉快的,他喜欢交际,富有朝气,勤奋好学,有深邃的见识和严肃的人生观,他出污泥而不染,养成了良好的品性。

1762 年,十九岁的杰斐逊从威廉·玛丽学院毕业后,又跟随斯莫尔博士的朋友乔治·威思学习法律。威思是弗吉尼亚最有学问的法律和法学教师,杰斐逊非常尊敬和爱戴这位老师,把他称为"我的第二个父亲"。

杰斐逊法律学得很出色。在学习法律期间,杰斐逊经常出席弗吉尼亚州议会。这时美洲革命正处于酝酿阶段,威廉斯堡已经弥漫着一种紧张的气氛,大家常辩论英王和美洲十三个殖民地之间的权益冲突,杰斐逊对这些辩论极为热心,在州议会的议论中,杰斐逊得以结识弗吉尼亚许多名倾一时的议员,其中包括帕特里克·亨利。亨利在议会发表的演讲给杰斐逊留下了特别深刻的印象。杰斐逊在口才方面迥异于亨利,他的声音既不宏亮,又不动听,他的演讲风格大多靠推理来打动人,而不是诉诸感情,也很少使用华丽词藻。他认为应该用理论、思考和事实来说明问题,而不是靠辞令。

1762 年,杰斐逊初次尝到恋爱的滋味。丽贝卡是弗吉尼亚参议会主席路易斯·伯韦尔的女儿。她颇有姿色,也很顽皮,但是缺乏文学素养,没有生活理想。不过,她的搔首弄姿却惹得一些青年男子如痴如醉地追求她。杰斐逊也倾慕于她,并且陷入情网中无法自拔。这位小姐曾送他一张用黑纸剪成的侧面像,他把它放在表壳里随身携带,每天都要情不自禁端详它许多次。但是这位痴情男子并没有能够打动这位少女的芳心,她对他表现的很冷漠。结果弄得杰斐逊天天郁郁寡欢,唉声叹气。他只好向同学约翰·佩奇写信求教。佩奇劝他直接地、坦率地向这位少女倾诉爱慕之情。杰斐逊感到很难接受这个劝告,因为他一见到丽贝卡,心理就会失去平衡,不知所措,不知所云,由于感情激动而张口结舌。后来,他终于决定鼓起勇气去尝试一下。有一次,在一个舞会上和她跳舞,利用这个机会他大胆地向她求爱,但是失败了,而且败得很惨。事后他写信告诉佩奇说:当时他竭尽全力所能做到的一切,便是"说出几句支离破碎的话,说得语无伦次,中间断断续续,联不出成句的话语,这清楚地表明我的思想是异样地混乱。"在那一次看到杰斐逊的"丑态"之后,这个只重外表而不理解内心之美的丽贝卡当然完全放弃了杰斐逊。而杰斐逊呢,他在失恋之余,既不想自杀,也没有谩骂这个薄情的女子,而是从自我安慰中寻找出路。在他看来,"上帝并不想让他在这个世界上创造出来的人们中间有任何一个人得到十全十美的幸福。"这样,他以"知足常乐"的心情去克服失恋带来的苦恼。当丽贝卡不久之后宣布将嫁给一个名叫雅奎林·安布勒的人时,杰斐逊的反应是有礼貌的冷静。但为此而生了一场病。

1767 年,经过五年学习之后,杰斐逊被获准在弗吉尼亚从事律师职业。杰斐逊开办了一个律师事务所,直到 1774 年为止,一直经办律师业务,而且获得了相当的成功。

在七年的律师开业期间,杰斐逊参与处理将近一千宗案件。他的主顾中有弗吉尼亚的主要世家大族中的主要成员,其中有伦道夫家、佩奇家、纳尔逊家、伯德家、伯韦尔家、李家。在案件辩护中他以博学多闻名噪当时,在这一点上只有他的老师威思可以媲美。

最值得称道的是 1770 年他为一个黑白混血儿塞缪尔·霍维尔的自由作辩护。当时这位混血儿奴隶向法院控诉,要求给他自由,理由是:他的祖母是一个白人妇女和一个黑人男奴隶的女儿,而按照弗吉尼亚的法律,奴隶的身份不是根据肤色,而是依据母亲的身份。杰斐逊在法庭上不但根据法律进行辩护,而且还依据了自然权利学说。他指出:在自然法则下面,一切人生来都是自由的,每一个人来到这个世界上都对自己的身体有支配的权利,这个权利包括按照自己的意志移动自己的身体及使用它的自由。

当他在辩护中使用"自然法则"、"人身自由"、"一切人生来平等"等字眼时,整个法庭为之愕然,认为这些都是危险的学说,于是法官宣判该混血儿为奴隶。

杰斐逊参与的另一个案子也值得一提,因为它牵涉到法庭对于基督教会的管辖权的问题。一个名字叫做路南的传教士(属于南斯蒙德县的一个教区)在教区里很不得人心,教区委员们便把他告到法院,要求把他免职予以严惩。他们控告他"声名狼藉、生活堕落",说他动辄喝得酩酊大醉。时常在教会里酗酒,以致不能履行教士职务;而且他时常身着不合乎牧师身份的奇装异服出现在教会里;他扰乱平静,并且争吵斗殴,使用污秽语言等等。据指控,他还有更为下流、猥亵的言行。路南抗议法庭对于教会事务的审判权,双方争持不下。杰斐逊作为教区委员的辩护人出庭。在辩护中,杰斐逊由于深谙教会的历史,能引证历史上的先例(可以上溯到 854 年),所以能够使人们相信法院"拥有对于教会的审判权,而且作为一个教会的法庭,它可以遣责被告人,如果根据正当的话。"于是,在杰斐逊的帮助下,教区委员打赢了这一场官司。当时他年方二十八岁。

大概从这时起他开始关心教会与国家的关系,埋下了他后来为宗教自由斗争的种子。

律师的职业增加了他的收入。1767 年他的律师收入为二百九十三镑四先令,1770 年达到四百二十一镑五先令。在他当律师的几年内,每年平均收入折合三千美元,这在那个时代是一笔很大的数目。

他的律师收入再加上来自他的种植场的收入,数目更为可观了,但是他是一位"富而不淫"的人,他没有因此而大摆其架子,更没有因此而过一种骄奢淫逸的生活。他继续坐二马轻车,而没有学达官贵人乘轿式六马大车。

杰斐逊的故乡地处西部边疆,杰斐逊自小看到边疆移民在荒漠的原野上开拓文明的斗争情景,受到西部移民较深的民主影响。他始终认为,人们过去还是现在和将来都能自己管理自己。1765 年,英国殖民当局颁布了掠夺北美殖民地人民的"印花税法",激起了殖民地人民反英斗争的高涨,当时还在专心读法律的杰斐逊,也积极投入了反印花税法的斗争。作为一名律师,杰斐逊不仅把研究法律看作是一种职业,而且还把它当成提高人民文化和推动社会改革的有力工具。1768 年,杰斐逊担任了县治安法官,并作为阿尔帕马尔县的代表被选为弗吉尼亚议会议员。杰斐逊政治生涯开始之际,正是殖民地反英斗争进一步深入和高涨之时。为了抵制强制征税的"唐森德法案",在激进民主派塞末尔·亚当斯等人的鼓动下,马萨诸塞议会发出了一份"通告信",呼吁各殖民地在反对"唐森德法案"时采取一致行动。1769 年,弗吉尼亚议会也作出了抵制这一法案的决议。殖民总督强行解散议会,议员们却把自己的会址移到威廉斯堡的"若利酒店"举行,并在这里通过了由乔治·华盛顿提出的一个行动誓约,26岁的青年议员杰斐逊和他的同事们在这份文件后签了名。根据这一"誓约"规定,在"唐森德法案"废除前,所有签名者不得购买一件英国进口商品。由于各殖民地的一致反抗,英国议会不得不被迫取消了这一令人反感的征税法案。

"唐森德法案"虽然废除,茶叶税依然保留,这就使英国议会依然保留了对殖民地人民征税的权利,北美殖民地和英国宗主国的矛盾也必然日益尖锐。在这场疾风暴雨的搏斗中,杰斐逊始终站在反英斗争的第一线。尽管杰斐逊不善于演说,但每当议会需要起草决议或文件时,出众的文学天才,使他在议会中崭露头角。

杰斐逊从事律师职业一年后,开始在蒙蒂塞洛那座小山上兴建一座宅院,这就是他后来终生居住、至今仍然保存完好的蒙蒂塞洛庄园。杰斐逊完全按照古典建筑风格设计了这所住宅,他的精美设计使他完全无愧于"杰出建筑师"的荣誉。现在那房舍已成为美国最美丽的建筑之一了。杰斐逊在开始建筑自己的住所时,他并不知道将来准能与他分享,但不久他遇上了一位年轻漂亮、富有的寡妇玛莎·韦利斯·斯克尔顿。玛莎比杰斐逊小五岁,美丽大方,又有丰韵,并且和杰斐逊一样醉心音乐。他们相识之初就常常一起玩二重奏:他拉小提琴,她弹竖琴,有时他们一起唱歌,由杰斐逊伴奏。1772年元旦,他们结婚了,其时杰斐逊二十九岁。在那一段岁月里,生活美满如意。他本身的事业可以说是忙碌而成功的;在政治和社交领域他都已成为当地的杰出人物;他的庄园已颇具规模,而新娘的嫁妆更是锦上增花,使这个庄园扩大了一倍;此外,他还有一座心爱的小山——蒙蒂塞洛,他那华丽的宅邸正在兴建之中。新婚那天,冒着狂暴的风雪,越过崎岖的小路,杰斐逊把新娘带到那里,住进一所单间的别墅,等待着新宅邸的竣工。他们的结合是和谐美满的。可是,婚后十年中阴云不断,他们生了六个孩子,却有四个夭折了。终于,玛莎自己也在1782年逝世了,结束了他们美满的家庭生活。杰斐逊终生没有续娶。

《独立宣言》的起草人

1773年,在杰斐逊等人的努力下,成立了弗吉尼亚通讯委员会。通讯委员会的成立,具有重大的历史意义,它推动了其他殖民地也普遍成立了这样的组织,这样就把北美十三个殖民地的人民联成一气,在反英斗争中,北美象一个巨人站起来了。到1774年北美已处于革命的前夕,在英国咄咄逼人的进攻下,北美人民已经真正团结起来了。

美国各殖民地都骚动起来了。各地都涌现出了不屈不挠的领导人。在弗吉尼亚,杰斐逊、帕特里克·亨利、理查德·亨利·李等人都是其中的佼佼者。这些领导人领导了各殖民地人民开展了轰轰烈烈的抗议运动。

1773年5月,为挽救濒临破产的东印度公司,英国政府授予该公司在向美洲输出茶叶方面享有垄断权。由于汤森茶税的缘故,殖民地人民一直在抵制该公司运来的茶叶。1770年以后,茶叶走私贸易甚盛,于是该公司决定把茶叶价格压低到市价以下,由公司代理一手经销,这样,既可以使走私商无利可图,又把殖民地的个体商人排除在外。该公司的决定促使各殖民地都采取了行动,来阻止它执行其计划。当第一批茶叶从伦敦运到殖民地各港口时,愤怒的市民或者是迫使这些船只没有卸下货就开回去,或者把茶叶装入仓库。在波士顿,12月16日夜间,反英群众化装成印第安人,将东印度公司三只茶船上的三百四十二箱茶叶倒入海中。这就是著名的"波士顿倾茶事件"。

为了报复波士顿的倾茶事件,英国议会在1774年先后通过了"五项不可容忍法令",其中第一项就是封闭波士顿港口的法令。这一法令使整个殖民地被激怒,杰斐逊向弗吉尼亚议会提议,把法令生效的那一天宣布为"绝食日、耻辱日和祈祷日。"这一决议,立即获得议会的通过。而弗吉尼亚总督由于弗吉尼亚议会从事爱国活动,便解散了议会。但是,弗吉尼亚人并未屈服,他们立即重新选出了自己的议会代表,继续领导反英斗争。

杰斐逊从殖民地同宗主国的斗争一开始就站到了斗争的最前列,而且他把时局的见解建立在广博的英国历史和政治哲学知识的基础之上。杰斐逊认为,只有经过深思熟虑的理论和非煽动性的谈话才能令人信服,才能动员人民参加斗争。为了达到这个目的,1774年杰斐逊写出一本强有力的小册子——《英属美洲权利综论》。不久,费城和伦敦也翻印了这个报告。这个小册子销行于十三个殖民地,不到几个月,杰斐逊在这份报告中所阐释的新观念便在各地生了根,并且获得南部与北部的热烈拥护。从这时起,杰斐逊已不只属于弗吉尼亚,而且成为美利坚民族的代表性人物了。他被推上了捍卫美洲权利斗士的行列,赢得了普遍信任,两年后,这位年仅三十三岁的弗吉尼亚人承受重命、挥动他的如椽巨笔,草拟了美国历史上最重要的文献。在《英属美洲权利综论》中,他以优美的文字和通俗易懂的语言,否定了英国宗主国对北美殖民地的任何权威。他认为殖民地的人民是自由的人民,根据自然法,而不是根据君主的赐予,他们应得到自己的权利。杰斐逊抨击了英国国会所通过的,扼杀殖民地自由的各种限制法案;也谴责了英国国王,因为他拒绝承认殖民地议会所通过的各种法律,却允许他的总督任意解散殖民地的议会;他认为宗主国对殖民地不应有任何约束,更无权向殖民地派遣军队。杰斐逊在去威廉斯堡的途中因患病未能赴会,帕顿·伦道夫向议会提交了他的《综论》,一部分议员非常赞赏杰斐逊的著作,但由于"温顺的感情占上风",《英属美洲权利综论》并未被议会所通过,代替它的是向英国国会提出的,语气温和的抗议书。尽管如此,杰斐逊的小册子在费城和英国得到公开发表,并产生了巨大影响;杰斐逊也因此而获得了"杰斐逊先生权利法案"作者的光荣称号。作为一位天才的作家和政治思想家,杰斐逊已经引起整个北美殖民地爱国者的注意。

1775年3月,在弗吉尼亚首府瑞奇蒙德举行的又一次议会会议上,激进的民族派帕特利克·亨利发表了著名的"不自由,毋宁死"的讲话,杰斐逊也以他的第一次公开演说热烈支持亨利武力抗英的号召,就在这次会议上他被选为出席大陆会议的代表。列克星顿的枪声打响以后,殖民地反英斗争发展到一个新的阶段。在人民革命斗争形势推动下,第二届大陆会议在费城召开,年轻的杰斐逊和乔治·华盛顿、本杰明·富兰克林等许多著名人物参加了会议。在这届大陆会议上激进派和保守派展开了激烈的斗争,杰斐逊和宾夕法尼亚的代表约翰·迪金森被委托共同执笔起草了一份《关于拿起武器的原因和必要的公告》,他们写道:"我们的事业是正义的,我们的联合是完美的。我们的内部资源十分充足,而且如有必要,无疑还可得到外援。……我们将使用敌人迫使我们拿起的武器……来捍卫我们的自由。万众一心,决意死为自由人,不愿活着当奴隶。"

这份激动人心的宣言被大陆会议通过。根据这个宣言,大陆会议组建大陆军,并委派乔治·华盛顿为大陆军总司令,这一切大大鼓舞了正在波士顿近郊浴血战斗的爱国民兵,并取得了般克山战斗的重大胜利。

然而,约翰·迪金森是一个顽固保守派,他大声疾呼和解,在他的影响下,7月8日大陆会议再次向英王乔治三世递交了《橄榄枝请愿书》,"热切希望"恢复不列颠与殖民地之间"旧有的和谐"和实现"愉快而恒久的和解"。然而,乔治三世根本拒绝这个《请愿书》,并颁布诏谕,宣布殖民地处于叛乱状态,英国议会下令断绝同殖民地的贸易往来。尽管英国政府毫无和解的诚意,大陆会议仍未下决心宣布独立。直到1776年1月托马斯·潘恩《常识》的出版,才使这一形势发生根本的变化。在这本激动人心的小册子中,潘恩公开号召殖民地人民拿起武器为独立而战,激励了那些犹豫不决的人们,使"独立"成为殖民地人民的一致呼声。1776年5月,大陆会议建议各殖民地成立独立的政府。6月17日,弗吉尼亚代表理查德·亨利·李在大陆会议发言,提议"这些'联合殖民地'成为、而且名正言顺地应当成为自由独立的国家。"经过激烈的辩论,7月2日大陆会议通过了这一建议,并指定杰斐逊等五人组成一个委员会,起草一份正式宣言,"列举迫使我们作出这一决定的各种原因"。委员会决定把执笔起草宣言的任务交给大名鼎鼎的托马斯·杰斐逊,杰斐逊回答说:"好吧,如果你们决定让我来起草,我一定尽力把它干好。"杰斐逊仅用两天时间就完成了这个伟大宣言的起草。然后,约翰·亚当斯、本杰明·富兰克林参加了修改,并在7月4日由大陆会议通过,因此这一天是美国的实际独立日。

《独立宣言》的任务就是为美国独立进行辩护,杰斐逊以饱满的热情和精练简明的语言对人类自然权利学说作了革命的解释:"我们认为这些真理是不言而喻的:人人生而平等,他们都从他们的'造物主'那里被赋予了某些不可转让的权利,其中包括生命权、自由权和追求幸福的权利。为了保障这些权利,所以才在人们中间成立政府,而政府的正当权力,则来自被统治者的同意。如果任何一种形式的政府变成了损害这些目的的,那么人民就有权利来改变它或废除它,以建立新的政府。"这一段卓越的文字从那时起,一直被认为是美洲和全人类自由的宪章,因为它宣告了一个重要的理论——政府是人民的仆人而不是人民的老爷。《独立宣言》给杰斐逊以不朽的名声。几天之内,这个包含杰斐逊思想精华的"宣言"就传遍整个殖民地,广大人民以极其喜悦的心情阅读、传播并接受了它,并成为他们用鲜血和生命去争取独立而斗争的旗帜。然而,使杰斐逊感到遗憾的是,在宣言草稿中有一大段是他对黑人奴隶贸易和奴隶制度进行的激烈谴责,由于南部奴隶种植园主的反对而被删掉了。但他的信念永不动摇:奴隶制是一种罪恶,必须铲除。

《独立宣言》不仅是一份历史文献,而且也是美国文学中首屈一指和迄今最杰出的不朽之作。整篇文稿、从激动人心的开头语"在人类历史演进的过程中"直到结尾,充分体现了作者卓越的创作才能,整篇文字具有高度的历史意识、显示出作者对于宣言辞句的意义与后果具有充分认识。杰斐逊清醒地意识到美国人民即将要迎接的是一场长期的消耗战争。他知道必须向全世界呼吁,因为只有得到外界的某些援助,殖民地才能战胜英国的武力。杰斐逊知道只靠"天赋权利",与"天赋平等"等崇高理想而宣布独立是不够的。还必须从实际行动来支持,殖民地在获得独立以后,必须努力使全体公民获得平等与自由。这就等于说,一大堆古老的法律与特权都必须加以毁灭,否则侈言独立只是空谈而已。

宣言显示了杰斐逊过去的全部研究和他的全部工作与理想。他把自己学过的法律、政府制度和政治,他吸收的各种思想,特别是古代希腊和罗马的观念,17 世纪英国思想家的自由主义哲学、18 世纪法国启蒙思想家的民主主义倾向,美国边疆环境和来自人民群众的民主思想,以及他对自由观念的自然爱好,全部体现在了《独立宣言》之中。当然,宣言中的观念、思想并非为杰斐逊所独有。在大陆会议中还有许多人也有同样的思想。但要把这些观念用生动而简洁的文字写下来,除了杰斐逊,便不会再有第二个人了。

《独立宣言》基本上是一个为了唤起民众而写的通俗性文献,是在这个年轻的国家诞生之际,向它提出某种理想和某种政治信念,但它也是一个法律性文献,旨在更确切地阐明美洲殖民地最终与母国分离的理由。这一宣言不仅宣告了一个新国家的诞生,并且阐明了一种人类自由的哲理,对此后的整个西方世界,发挥了强大无比的力量。这个宣言不是着眼于某些具体的不满,而是以个人自由为广阔的根基,所以它能够在美洲各地都取得普遍支持。《独立宣言》的作用远不只是公开宣布与英国分离。它揭示的观念激发了人民群众对美国建国大业的热诚。因为它使普通群众逐渐认识到个人的重要,激发他们为个人自由、自治和在社会上的尊严地位而奋斗。《独立宣言》虽然表达的是当时人们的感情,但它却在很大程度上决定了美国后来的历史;它的观念已经深入到美国人的思想习惯之中。

弗吉尼亚的改革者

宣布独立后,杰斐逊急于返回弗吉尼亚。他已决定到年底即放弃他被选进大陆会议的席位,因为他妻子的健康状况令他十分担忧。从 1776 年起,他妻子的病就没有好过,六年后她便去世了。杰斐逊离开费城是出于对他妻子健康状况的真诚关心,但还有别的原因使他愿意放弃大陆会议的席位。

他认为最重要的工作,应该是首先把家乡弗吉尼亚州的事情办好。就在《独立宣言》发表三个月后,杰斐逊回到弗吉尼亚议会进行工作。他认为政府的基本权利分在各州,邦联是必要的,因而他极力支持各州联合起来,但他没有将邦联看成是走向全国政府的第一步。因此,他对政府的结构和确立人民权利的关心集中在弗吉尼亚内部。他根据理想原则刚刚写就了《独立宣言》,如今他必须使之实现。他要使他家乡弗吉尼亚的新宪法符合或者尽可能符合他为全国所宣布的崇高理想,要使本州的公民权利得到充分保障。

杰斐逊在弗吉尼亚立法议会上所主张的从事的一系列改革,最重要的有实现宗教自由的改革、为改革土地制度而实行的废除限定嗣续法和废除长子继承制,以及教育制度的改革。他的上述改革大部分付诸实施,可惜教育改革未能成功。

杰斐逊特别重视宗教自由。他把宗教自由的确立当作这个时期里最值得自豪的成就。自从弗吉尼亚这块土地分封给瓦特·饶列爵士时起,英国国教就一直是弗吉尼亚正式信奉的钦定宗教。当时在弗吉尼亚,国教教会与政权合一,并对异教徒进行残酷迫害,居民被迫信仰国教。在杰斐逊心目中,精神自由是至关重要的,而宗教自由则是精神自由的一个重要部分,因此他为了宗教自由的实现而进行了坚持不懈的斗争。从 1776 年至 1779 年,杰斐逊为在弗吉尼亚取消钦定宗教制度奋斗了三年。1776 年,杰斐逊在其起草的决议案中赞成英国国教脱离政府,反对因个人的宗教观点或信仰而对他人施行人身摧残、财产管制等迫害手段,主张所有的人均有信奉宗教或坚持自己的宗教观点的自由,并且反对由信徒的纳税来维持教会的存在。但是,议会斗争的结果只停留在废除一切压制不信奉国教者的法令,通过一个免除不信奉者捐献供养英国教会的议案。弗吉尼亚通过的法令还专门留了一个悬而未决的问题,即普遍征税供养各类的牧师和教士的问题。1779 年废除了向国定的牧师供薪的法律,但是普遍征税供养所有基督派牧师的问题没有解决。使宗教自由法案成为法律这一过程花了整整十年时间。直到 1786 年,弗吉尼亚议会才终于通过了杰斐逊的"宗教自由法案"。

杰斐逊对于他在争取宗教自由斗争中所取得的这个成就感到非常自豪,他把"宗教自由法案"的抄本分发给在巴黎的各国使节,希望广为传播,而且还把一份抄本送给法国大名鼎鼎的自由主义贵族米拉波。到晚年,他仍然没有忘掉这个伟大业绩,他把起草"弗吉尼亚宗教自由法案"同起草《独立宣言》、创办弗吉尼亚大学三者并列刻在自己预先准备好的墓碑上。

弗吉尼亚是一个人口最多的大州,所以杰斐逊的"宗教自由法案"通过后,其影响之大,是可想而知的。

杰斐逊争取宗教自由的斗争,在教会人士中树立了不少敌人,他们公开谴责他,说他之所以力求这个法案的通过,是因为他敌视主教制教会,仇视基督教信仰,仇视任何派别的基督教,甚至骂他是不信教的人。这实际上是冤枉了他。正如一位哲学家所说的:"杰斐逊关于宗教自由的作品之所以雄辩有力,主要是因为他有明显的宗教信仰。"杰斐逊所努力争取的,不是消灭宗教,而是信奉宗教的自由,即凭个人理性和信念而信宗教的自由。他并不反对宗教及教会本身,他所反对的只是教会在政府的支持下强迫人们信仰,强迫人们出钱养活牧师。但是,如果认为杰斐逊之所以献身于宗教自由的斗争,是他关心宗教自由本身,也是错误的。宗教自由只有在它与知识自由、思想自由交织在一起的时候,杰斐逊才关心宗教自由。

在美国革命期间,杰斐逊很注意土地问题,他一方面要求打击弗吉尼亚的大土地所有制,另一方面又主张在"西部"实行小农土地所有制。但是,北美现存的土地制度与杰斐逊改革土地制度的设想差距甚远。

在殖民地时代,殖民当局时常把土地大块大块地赠送给有势者,英王也任意把大量土地赏赐给自己的宠臣。这便促成了大土地所有制的形成和发展。在弗吉尼亚也是如此。这里的大种植场奴隶主一般都拥有上千上万英亩的地产。为了维持这个大土地所有制,他们实行限定嗣续法和长子继承制。按照限定嗣续法,遗产(包括土地和奴隶在内)只能由死者的子孙继承,不能出卖或让给外人;在长子继承制下,遗产只能传给长子,其余的子女均无权分到遗产。还要看到,大土地所有制之所以能维持下去,还由于它是建立在种植场奴隶经济上面的。在大种植场上,黑人奴隶是奴隶主的财产,是"会说话的工具"。奴隶主是靠残酷地剥削黑人奴隶致富和扩大种植场经济的。因此奴隶主的大地产的维持和扩大,是离不开奴隶制度的。这样,限定嗣续法及长子继承制便成为大土地所有制在法律上的保障,而奴隶制度则是大土地所有制的经济基础。

面对弗吉尼亚的这种现实,杰斐逊的态度是明确而坚定的:反对大土地所有制,立志消灭这个大土地所有制;以便为实现他所向往的小土地所有制铺平道路。为了达到这个目的,他认为应该从两个方面着手:一是消除限定嗣续法和长子继承制,以便剥夺大土地所有制在法律上的保障;二是解放奴隶,以便消灭大土地所有制的经济基础。这两条措施的最终目的,显然是实现自由的小土地所有制。

杰斐逊本人虽然是弗吉尼亚的贵族,但是他成了本阶级的"叛逆"。他对这个贵族阶级完全失望了,认为他们"既无德,又无才",他们所以能爬上社会上层,是靠人为的手段,亦即靠财富及门第,而不是靠品德及本领。他认为这种贵族的存在,是造成殖民地社会不平等的重要原因之一,因此,他要求铲除这样的贵族,而培养另外"自然的贵族"。他说:"自然的贵族"就是德才兼备的贵族。他主张通过教育来培养"自然的贵族",然后让人民选举把"自然的贵族"选出来。以代替"人为的贵族"。他说:"一般说来,人民是会选出真正德才兼备的人的。"而为了铲除"人为的贵族",在他看来,取消限定嗣续法及长子继承制,是最有效的办法。他写道:实行这两项措施,将从经济上打击"人为的贵族","砍掉人为的贵族之根"。而且消灭这样的贵族,可以为"德才兼备的贵族……创造机会。"他又写道:法律和特权培养出一个贵族阶级,"废除这些特权,为德才兼备的贵族开辟上升的道路,以代替对社会害处多危害多的财富贵族——这被认为是对于一个秩序良好的共和国所不可缺少的。"

怀着上述的想法,杰斐逊在 1776 年 10 月 14 日向弗吉尼亚议会提出了关于废除限定嗣续法的法案。但是这个法案在议会里遭到了一些保守派人物的反对和阻挠,直到 11 月份,这个法案才被议会通过。

后来,杰斐逊又向弗吉尼亚议会提出关于废除长子继承制的法案。这个法案不但要求一切合法的子女有平等的继承制,而且私生子、外籍子女、同母异父或同父异母的子女,都能继承。而按照习惯法,在英国这三种子女都无权继承父母的财产。但是,关于废除长子继承制的法案迟迟到了 1785 年(当时杰斐逊正出使法国),才在詹姆斯·麦迪逊的努力下获得议会的通过。

杰斐逊特别关心美国的民主前途,他在如何保持民主使其永不变质的问题上作了周密的思考,并且发现发展教育是防止民主变为暴政的重要手段。为此,他凤夜匪懈地考虑教育改革问题。他利用修订法律的时机,草拟了三项有关改革教育的法案:"关于进一步普及知识的法案"、"修改威廉——玛丽学院章程法案"及"建立公共图书馆的法案"。在这三项法案中,如果说第一项法案着眼于普及教育及培养统治人才和专门人才,第二项法案着眼于高等教育本身的话,那么第三项法案则着眼于全社会的成人教育。这三项法案把他的全部教育计划都包括进去了。

"关于进一步普及知识的法案"包括两个内容:第一是普及教育。为了普及教育,"法案"确立了两级学校制度:初级学校和"文法"学校。由选举产生"县参事",由他们负责把县分为若干"分区","分区"政府所在地由居民自己选择,各"分区"均建立初级学校。一切自由的儿童(不分男女)都可以免费受到三年的初级教育。如果想再继续受三年教育,则要由父母出钱。在学校教学生读书、写字及普通算术,而且还要向儿童传授希腊、罗马、英国及美国的历史。杰斐逊提出的这一项改革措施,在本质上体现了贫富在教育面前平等的原则。

"法案"的第二个内容是培养德才兼备的统治人才的具体措施。按照"法案"的规定,在初级学校就注意选拔品德端正的聪颖儿童,把他们保送到"文法"学校,使其受到免费教育。在竞争中被发现的更为优异的少年在"文法"学校毕业后,则被保送到州的最高学府威廉——玛丽学院读书,费用也完全由州政府包下来。杰斐逊希望通过这个途径培养德才兼备的领导人才,特别希望能从穷人子弟中选拔这样人才,用公费加以培养。然而,杰斐逊在这个计划中,并不是想限制富裕家庭出身的子弟受教育的机会。

总而言之,杰斐逊草拟的这个关于教育改革的方案,是着眼于美国民主的前途、国家的繁荣富强、国民素质的提高的富有远见的规模宏伟的计划。但就是这样一个"多么好的计划"却被议会否决了。

"关于进一步普及知识的法案"第一次在 1778 年 12 月提交给众议院;一年半后,即 1780 年夏,又第二次提出;第三次是 1785 年,这一次众议院通过了它,但是参议院把它拒绝了。1786 年议会又一次讨论了它,但它又被击败了。

这个重要的法案之所以遭到失败的命运,据麦迪逊说,是因为议员们认为:实行这个法案需要大量的财政支出,超过了州的负担能力。据麦迪逊后来的分析,更重要的原因在于富人不大愿意负担教育穷人子弟所需要的经费。也可以说是,这个改革触犯了社会上许多集团的利益。但是,总的说来,法案未获通过的主要原因在于议员们的眼光短浅,不识大体。他们既未能克服本集团的狭隘的利益观点,也未能考虑到长远的利益。

杰斐逊的努力虽然是失败了,但是他提出这个法案,是一个伟大的创举,因为他在这个法案里提出了一套在美国从来没有人提出过的最富有创造性的教育法案。他之关于建立公立学校系统,人人受三年的免费教育,由国家培养德才兼备的统治人才,让穷人子弟有机会受教育,让穷人子弟中的天才儿童有机会发挥自己的聪明才智等等主张,都是天才的构想,对于后世的影响很大,不但影响了美国后来的教育制度,而且也影响了法国。

杰斐逊关于教育改革的第二个法案"修改威廉—玛丽学院章程法案"也被议会否决。

杰斐逊关于"建立公共图书馆的法案",充分反映出他这位学识渊博的学者思想家的伟大气魄及以传播知识文化为己任的雄心壮志。在他那个时代,没有一个美国人象他那样重视人的精神生活和想方设法去丰富人的头脑的。他在这个"法案"里建议州政府每年拨款 2000 镑用于书籍及地图的购置上,并且以其中的一部分作为图书的保管费。"法案"要求把图书馆设在首府里士满。"法案"的第二条规定:由议会两院任命三个有学问的、关心文化事业的人士为该图书馆的监察员,并且可以随时更换他们;监察员有权力监督图书购买及保管事宜。数年后,在回忆成人教育问题时,他语重心长的说到:"没有比在每一个县里建立小型流动性图书馆更为耗钱少而益处大得多的事业了"。但是,这个法案也流产了。

在任三年的弗吉尼亚议会议员期间,杰斐逊为改革呕心沥血,并取得了巨大的成就。自 1776 年至 1779 年,他是弗吉尼亚议会中提出和通过的议案最多的一个议员,是名符其实的弗吉尼亚的改革者。

杰斐逊三十六岁时,弗吉尼亚州议会选举他接替帕特里克·亨利任州长。他任州长的两年里(1779—1781 年)正值弗吉尼亚州内的独立战争进入最艰难的阶段。弗吉尼亚财政拮据,民兵装备极差。康沃利斯勋爵统领的英军洗劫了整个乡村,抢掠杀戮无恶不为。在蒙蒂赛洛,英国人烧毁了他的粮仓,吃掉了他的牲畜,拉走了他的奴隶,他本人也险些被俘。作为州长,杰斐逊必须满足大陆军总指挥华盛顿不断提出的对弹药、装备和军粮的要求,同时还必须使渴望返回农场收获庄稼或耕种土地的民兵处于备战状态,尽最大可能使之保持信心,以便抵抗来犯之敌,并防范西部边境印第安人的起义。他还必须观察本州人民的普遍情绪和立法机构所采取的各项措施。杰斐逊的州长任期刚好在战争高潮到达之前终止了。托马斯·纳尔逊继任州长之后,杰斐逊便辞去了公职,回到了他的蒙蒂赛洛。他无意再竞选下届议员,也拒绝选入大陆会议。家园、家庭和蒙蒂赛洛的吸引力在他的一生中永远是强烈的,他现在沉湎于回到个人生活的天地之中。他心爱的妻子正病入膏肓,在蒙蒂赛洛卧床不起。杰斐逊不能离开她。

杰斐逊生性喜欢工作,不管发生什么事情也不能使他停止工作,即使他在悲哀地守着濒于死亡的妻子时,仍然十分忙碌。在这段时间里,杰斐逊花了许多时间写了一本关于自然史方面的书,名为《弗吉尼亚札记》,这本书是他惟一的专业性著作。现在这本书已被广泛地认为是一个美国人在 18 世纪写下的最重要的科学和政治著作之一,是美洲启蒙时代最著名的成果之一。这部书也使杰斐逊成为蜚声欧洲的学者和科学家。

在这部书里,他回答了有关人口、地理、自然资源、政府机构、法律、宗教、教育、军事、贸易和制造业、航运、海港、土著印第安人等二十三个问题,涉及的见闻惊人之广,罗列的事实异常丰富。虽然大部分写的是弗吉尼亚的事,但杰斐逊对某些题目谈的范围,远远超出了这个州,诸如这个新世界的土著印第安人和各种动物等。当他列举美洲产生的天才时,他提出了华盛顿、富兰克林和里顿豪斯等,其中只有华盛顿一人是弗吉尼亚人,在此,杰斐逊最充分、最全面地阐述了他的民族意识和民族自豪感。书中大部分采用描述的手法和具体的数字来介绍弗吉尼亚的情况,如一开始就描述弗吉尼亚的州界和河流,包括流经弗吉尼亚或沿其边界线而行的河流,其中提供了有关密西西比河的大量资料,杰斐逊还将这条西部未来贸易通道的最主要源头密苏里河也作了介绍。书中最长的一章是"出产物:矿产、蔬菜和动物"。这一章显示出这位弗吉尼亚人对博物学有着强烈的兴趣,其中详细列出了树木、植物、动物和鸟类的名称。书中的一章还谈论了弗吉尼亚的宪法和法律。杰斐逊尖锐地批评了 1776 年的弗吉尼亚宪法,批评了其对广大自由人选举权的剥夺。同时还抨击了弗吉尼亚州的中部和西部同那些沿海湖水区老县之间的不平等代表权。此外,他反对将权力集中在政府的一个部门之中,认为即使集中于议会也是不行的。在谈到法律的一节里,杰斐逊讨论了奴隶制和黑色人种的问题,慷慨激昂地把它说成是破坏社会道德的制度。他指出奴隶制的存在,不仅对奴隶,同样对奴隶主来说,都是一种堕落,它对人民的道德,对勤劳的美德都是有害的。杰斐逊还用了一章的篇幅专门叙述了美洲的土著居民,他认为印第安人的思想和身体都与"现代欧洲人"属于同一模式。这部书最有名的段落之一是制造品一节。杰斐逊在此大力赞美农业高于制造业。他力图向人们说明一个事实:美洲的文明不同于其他任何在欧洲发展起来的文明。美国基本是个农业国,必须保持农业的地位。在这本书中杰斐逊所得出的结论是,合理地防御外国侵略,把美国的商业保持在最低限度,这样,美国就可以沿着自己的路线发展,在一个新的大陆上恢复被君主们的专制和教会的谎言所破坏了的昔日盎格鲁——撒克逊人的各项原则,迎来其他任何国家也达不到的太平盛世。《弗吉尼亚札记》从开头到结尾,通篇显示出杰斐逊对环境和博物学有着无比深厚的兴趣,他热情地关注政府和法律以及他所献身的这个新国家。

国会议员和外交家

1782 年 9 月 6 日,杰斐逊的妻子溘然长逝,杰斐逊忧伤到了极点,陷入凄凉孤寂的生活之中。家里人都担心他的心情再也不能恢复了。他销毁了他们之间所有的来往信件,一连几个星期他都陷于麻木的精神状态中。他的朋友们都在一起商量如何把他的注意力从悲伤之中引开。在他的朋友詹姆斯·麦迪逊的敦促下,邦联国会任命他为全权公使,派他前往欧洲,会同富兰克林和亚当斯一起进行和谈。杰斐逊于 11 月 25 日得到任命的消息,这时他刚刚从心灵的麻木中恢复过来,立即接受了任命。这位十八个月前绝望地离开州长职位的人又回到了公共生活中来,他的生活获得了新的意义。

当杰斐逊在费城等待乘船去法国的时候,得知美国与英国的临时和约已于 1782 年 11 月签字。于是他又启程回到弗吉尼亚。1783 年弗吉尼亚州议会选举杰斐逊为国会议员,杰斐逊又来到费城。从 1782 年 6 月到 1784 年 7 月 5 日他动身前往法国,杰斐逊在国会中服务了两年。在这两年中,杰斐逊再一次发挥他的聪明才智,成绩斐然。他被选入大多数重要的委员会,从而使他对美国的内外政策有了完全的了解,他就一些至关重要的措施提出报告,在一些根本性的问题上形成了自己的看法。

1782 年 6 月在他到达费城后不久,他被任命为缔结与英国签订和约的委员会主席。这对杰斐逊是一次有益的机会。作为委员会主席,他必须熟悉对外政策和对外通商问题。他还必须撇开自己身上不自觉保留的宗派主义和地方主义色彩,而首先考虑到联盟各州根据宪法联合成的邦联共和国。在批准对英和约过程中,杰斐逊看到,按照大陆条例组建的政府,体制很不健全。当时在邦联国会中,采取任何措施均要求有九个州的同意,而当时派代表参加邦联国会的只有九个州,这样在讨论任何一项有点重要性的议案时,只要有一位代表与其余的人不同,议程就无法进行下去。这使杰斐逊深切地感到:把行政职权集中在国会手中,是有效完成邦联事业的障碍。有鉴于此,他于 1784 年 1 月 30 日写了《关于设立诸州委员会的报告草案》。他提议,授权一个常设的"诸州委员会"在国会休会期间作为行政机构,并十分详细地列举了这样一个委员会可行使的和不应行使的权力。

1784 年杰斐逊被任命为负责为西北地域规划一个政府的委员会主席。他草拟了一份委员会报告,内容是有关在已由或将由各州向合众国让予的西部土地上建立政府的计划。这份报告是杰斐逊起草的所有的具有重要历史意义文件中的其中一份。但这一法令一直没有实行,直到 1787 年由《西北土地法令》取代。然而,杰斐逊的这一份报告确实为这项美国历史上著名的法令奠定了基础,并为美国的土地政策确立了基本原则。在报告中,杰斐逊指出了美国的向西扩张,不应仅靠各个州的积极性,还应在邦联的领导下进行,因此这是一件具有全国性重要意义的事情。他还要求所有这样的领土与现已存在的合众国保持尽可能密切的联系,其居民有权建立临时政府,采用任何原有的州的宪法和法律,并可作相应的修改。任何州,只要它拥有两万自由居民,便可以建立永久性政府,并在与最早的十三个州处于平等地位的基础上加入联邦。杰斐逊在报告中还提出一项议案,规定从伊利湖向南划一条线,线以西地区在 1800 年以后不得蓄奴。杰斐逊首次在这里提出了一个原则:奴隶制度应该受到限制,让它最后自行灭亡。他的办法是尽早结束奴隶贸易,把奴隶制度限制在原来已有奴隶的州内,向西新辟的土地则全部作为自由的地方,这样一来,奴隶制度自然就要寿终正寝了。当时若是这项议案能得以通过,或许南北战争能得以避免。但这个影响重大的议案却因一票之差被否决了。杰斐逊这一次又远远地站在时代的前头,他所计划的事情,直到六十五年后才由亚伯拉罕·林肯完成。

写完关于西部土地的报告后不久,杰斐逊又为委员会写了一个关于国债的报告。同时,他还在起草使美元成为美国货币单位以及货币采用十进制的提案。同时他还计划在度量衡方面全部采用十进制,他认为这种十进制容易被人们理解。1785 年美国开始采用十进制,这种货币制度一直沿用至今。

1784 年 7 月,杰斐逊被任命为全权公使,协助富兰克林和亚当斯在欧洲各国签订商务条约。此后,杰斐逊在欧洲度过了五个春秋,旅行了许多欧洲国家。在游历时,他详细地考察了欧洲各国的农业、园艺、建筑技术,各国的政治、文化、机械技术、制造业等等,记录下了一切他预料将来可以在蒙蒂赛洛应用和对他的同胞有益的重要知识和资料。磷头火柴的问世和气球载人的试验引起了杰斐逊极大的兴趣。他也注意到法国人于 1785 年首先应用的大规模生产方式——把步枪的生产过程改为先生产可装拆的标准零件,然后再统一装配起来。他自己还发明了小型的手摇印刷机,并为在里士满建造的弗吉尼亚州议会大厦设计了蓝图。

1785 年初,杰斐逊被任命为驻法国公使,继承了富兰克林的位置。杰斐逊在这个岗位上呆了四年。在巴黎的这四年,杰斐逊生活得很愉快。他对任何人和任何事情都有浓厚的兴趣。科学家、名门闺秀、无家可归者、朝臣等每天都有机会与他接触,他在什么地方都受欢迎,因为他为人和善、慷慨豪爽、学问渊博,而且他还能说一口流利的法语。这时,他的《弗吉尼亚札记》已在巴黎印行,而他起草的《独立宣言》更是在法国广为流传。在法国人眼中,他是一个最伟大的美国人。

但杰斐逊肩负的任务也很艰巨,他必须促进合众国的政治和经济利益。杰斐逊意识到,他代表着一个刚刚建立起来的国家,这个国家没有任何外交传统,没有任何处理外交事务的经验。杰斐逊的首要职责之一就是要使与之打交道的外交官们相信,美国是一个可以信赖的国家,它具有可靠的永久性,存在着一种堪与之交往的负责的体制。正因如此,杰斐逊不止一次地感到,当时的邦联条例是多么的不够完善,他认为合众国应被看作是一个国家,至少以前的各个殖民地应当形成一个国家集团,以便保证它们自身的存在和发展。然而,当时的十三个半独立的州却可分别与外国进行谈判,合众国外交使节并不能代表各州的利益。他切身体验到邦联条例的种种弊端。身在国外的杰斐逊密切注视着国内发生的重要事件,这些事件最后导致了1787 年拟订新宪法的行动。经过激烈的较量,宪法终于于 1788 年夏季获得通过。杰斐逊虽未能参加 1787 年宪法的制订,但他对制宪会议的情况极为关注,对会议的结果极为满意,他由衷地欢迎政府的改组。杰斐逊认为这部宪法中的优点很多:分权;由人民直接选举一个代表人数更多的议会;两院各将三分之一的否决权授予总统,以及许多其他次要方面。然而他对宪法中没有包括保障人民自由权利的权利法案感到遗憾,他也不同意允许总统连任的条款,深恐这样会导致君主制。后来宪法于 1791年 12 月首次增加了十条修正案,因而权利法案的问题得到了补救。杰斐逊的人权法案观念也终于为美国人民接受了。

1787 年的合众国宪法获得通过后,在美国建立一个新的联邦制政府的工作开始稳步开展。此时,杰斐逊的注意力日益集中于法国迅速发展的事态,在他驻法公使的任期届满之前,他亲眼目睹了法国大革命开始时的激动人心的场面,衷心赞同法国革命的民主原则,满怀信心地注视着革命的进展。事实上,杰斐逊在法国不仅仅是个旁观者。作为一个一向从世界范围来看待人权的杰斐逊,毫无疑义地要协助人权在一个外国的领土上获得进展,特别是曾在美国革命取得胜利中起过重要作用的这个国家。杰斐逊和早期控制法国大革命的温和派人物关系密切,曾帮助过他们起草和修改过1789年的《人权和公民权宣言》。尽管后来法国大革命有过激行为,他对此感到惋惜,但他仍以饱满的热情歌颂法国人民的英雄业绩,因为他看到,美国人民在独立战争中宣布的原则,也在法国胜利了。

法国革命期间就制订宪法问题的讨论,以及1787年的美国宪法和权利法案问题等一系列事件,促使杰斐逊考虑这样一个问题:一代人是否有权去约束另一代人。杰斐逊认为,在任何一个社会,宪法和法律以及制度等等都不应该是一成不变的,到一定时候,必须重新审查它,修改它,以适应新时期的需要。因为世界永远属于活着的人,活着的人有权利管理世界和支配自己,而上一代人不论如何明智,却不会有"今天的经验",他们预见不到他们死后的时代变化,所以他们留下来的典章制度不能适应时代要求,他们没有权利以自己所制定的宪法或法律去支配下一代的活人。活人有权利改革或改变上一代人留下来的法律和制度。在杰斐逊的眼中,活人比死人更重要,大多数人的幸福比法律更为神圣,宪法和法律应该为活着的大多数人的幸福服务。通过对死亡率资料的研究,杰斐逊得出十九年是一代人的结论,因此他主张每隔十九年重新审查、修改一次宪法、法律及制度。此外,任何国家借债如果不能在十九年内还清就不能再立约举债。

杰斐逊在法国期间,把他的两个女儿玛莎和玛丽都带在身边。他把她们送入法国的女子修道院学校读书。他认为这是法国最好的学校。杰斐逊很爱自己的两个孩子,对她们的成长十分关心,对她们精心指导教育,亲自为她们制订读书计划,鼓励她们努力学习。在法国过了相当长时期后,他觉得有必要把女儿送回祖国,于是,在1789年,杰斐逊怀着对法国人民的深厚敬慕之情离开了法国。

从国务卿到总统

1789年9月,杰斐逊被召回国。尽管杰斐逊渴望隐退,但仍接受了华盛顿的邀请,担任了国务卿。在1790—1793年杰斐逊任国务卿期间,同财政部长亚历山大·汉密尔顿发生了严重分歧。

首先,由于杰斐逊出于对人类理性的信任,确信政府的目的在于保证每个公民的自由,他担心权力过于集中会出现暴政,因而主张联邦和州、以及其它地方政府分权。但是汉密尔顿却怀疑民众的作用,甚至有一次大吼道,"人民!人民就是一只巨兽!"他致力建立一个强大的中央集权政府,并确信,只要富有者阶级和政府之间建立联盟,就会掌握全部政治权力。

其次,在经济方面,杰斐逊特别信赖土地。他最初只希望在美国奠基起于个人自由的农业社会。而汉密尔顿则致力于振兴商业和工业,他相信只有如此,美国经济才会繁荣昌盛。杰斐逊反驳说:"我从未看到,人们为了增加自己的财富而继续保持诚实。"对于汉密尔顿的财政制度杰斐逊提出异议,汉密尔顿鼓吹建立一个国家银行,以作为联系实业家和联邦政府之间利益的工具。而杰斐逊却认为,建立国家银行会鼓励人们为了投机而丢掉农业,只能迎合商业和金融资产阶级的利益,而不符合农业集团的利益,它不仅把联邦政府的太多权力交给了商业势力集团,也会使联邦政府遭到腐败。杰斐逊坚持,宪法从未授给联邦政府建立联邦银行的权力,所以不同意这样做,汉密尔顿却根据联邦宪法中一些含糊不清的条款,进行了随意解释,主张联邦政府有权建立国家银行。1791年华盛顿签署了建立国家银行的法案,第一合众国银行建立。

在偿还战争时期债务的问题上,杰斐逊和汉密尔顿也产生了严重分歧。汉密尔顿主张,由联邦政府偿还各州在战争时期所借的债务,他认为这样做将会大大扩展联邦政府的权力。杰斐逊则反对这样做,因为弗吉尼亚和南部大多数州都已偿还或大部偿还了战争债务,而北部各州根本不想自己偿还。最后,以一个妥协的办法解决了这个争端,汉密尔顿为了满足南部人的要求,同意把联邦首都从费城迁移到波托马克河畔(即今日的华盛顿),而杰斐逊则影响南部议员投票赞同汉密尔顿的提案,由联邦政府承担各州的战争债务。

最后,在外交方面,杰斐逊和汉密尔顿也有着严重的分歧。美国独立战争胜利后,英国拒绝同美国签订贸易条约。为了迫使英国给予美国优惠的贸易条件,杰斐逊主张禁止对英国的所有贸易,汉密尔顿坚持反对这种封锁贸易。他断言,这样做会使美国失掉许多关税收入,遭到财政崩溃,以至这种反英的贸易政策未能实现。杰斐逊还力图使英国恪守英美和约,从非法侵占的西北地区要塞撤出他们的军队,但是由于汉密尔顿和英国驻法大使乔治·哈蒙德的共谋反对,使杰斐逊的一切努力都归于无效。由于财政方面的原因,汉密尔顿是一个亲英派,而且由于欧洲反法战争的爆发,他的亲英倾向更加显著。为了避免美国广大人民出于对法国革命的同情,公开支持革命法国的对外战争,汉密尔顿催促华盛顿总统发表一个公开的中立宣言。杰斐逊却认为让总统发表这样的宣言,既不明智,也不符合宪法精神。最后,杰斐逊屈从于汉密尔顿的主张,同意采取中立政策。但也达到了他的目的,使美国承认了法国共和制政府,法国公民爱德蒙·查里斯·根内受派遣来到华盛顿,担任了法国驻美大使。尽管由于根内的轻率,使杰斐逊陷于窘迫的境地,但他巧妙地使法国政府召回根内,从而避免了美国同法国革命政府关系的破裂。

在1972年夏,汉密尔顿学说的反对者已经结成了一个相当规模的全国性政党,他们把自己称做共和党人,杰斐逊被公认为是这一政党的领导者。由于这个政党的报纸《国民公报》总编辑菲力浦·傅瑞奥曾发动过一场反对汉密尔顿的运动,汉密尔顿以此为借口企图把杰斐逊从政府中驱逐出去,而杰斐逊也多次向华盛顿表示,由于汉密尔顿的政策,他准备从政府中退出来。

由于和汉密尔顿之间的斗争愈演愈烈,总统在大多数重要问题上又依靠汉密尔顿的方针,使杰斐逊感到失望。1793年末,杰斐逊不顾华盛顿的挽留,辞去国务卿的职务。

1794的1月,杰斐逊回到了他心爱的蒙蒂塞洛庄园。在此后的三年间歇中,虽然杰斐逊退出了政界,已经把自己的全部热情和心力投入到田庄管理和发明新的农具上,但他却仍未能摆脱政界事务,他曾一再表示厌恶政治事务,但思想上却总也割不断,他做不到置政治于不问。隐退期间,他认为约翰·杰伊条约是对英国的屈服,并对华盛顿支持这个条约感到气愤,在给他的好友菲利浦·马兹的信中,严厉批评了联邦党领袖。

1796 年 9 月，华盛顿向新闻界发表了他的著名的《告别演说》，于是正式开始了美国历史上第一次两党竞选总统。杰斐逊几乎没有做什么努力来和联邦派的总统候选人约翰·亚当斯进行竞争。但选举团投票的结果，亚当斯获七十一票，杰斐逊六十八票，亚当斯只比他多三票。1804 年以前，宪法没有规定分别投票选举总统和副总统，而是规定在选举团内得票最多的当选为总统，得票次多的候选人就任副总统。就在这种情形下，约翰·亚当斯成为美国第二任总统，而杰斐逊就成了他的副总统。这样便从一个政党选出了总统，从另一个政党选出了副总统。

杰斐逊任副总统时，年已 54 岁。对于副总统的具体职责，在《联邦宪法》中除规定应担任参议院议长外，并无明确规定。因此他只能管理议会，通过实践体验的结果，杰斐逊还写出了一本《议会实施手册》，其中许多有关议会的规则，一直在国会两院施行。此外，对杰斐逊来说，比他就任副总统更有纪念意义的是，就在总统选举结果揭晓后不久，他接到通知，他被选举为全美最重要的科学和哲学组织——美国科学研究会主席。这个席位是他最珍视的荣誉，直到 1815 年他才退出这个席位。上任后一周，他就发表了一篇有关新近在弗吉尼亚西部发现的巨兽化石的报告。尽管杰斐逊一直喜欢安安静静地从事科学研究，不愿搞政治，他认为这是大自然对他的要求，但政治事务始终是他最主要关心的事。

杰斐逊的党派活动在他任副总统期间有所加强，这位新副总统一方面在公众面前保持着无意过问政治的形象，另一方面却在幕后忙于鼓动民主共和党人反对政府的政策。联邦党人控制国会通过的《外国侨民法》和《镇压叛乱法》就遭到了共和党人的抗议和反对，在杰斐逊起草的《肯塔基决议案》和麦迪逊起草的《弗吉尼亚决议案》中，严厉谴责联邦政府摧残人民民主权利，重申州权理论，并利用州的权力来反对他们所认为是违宪的法律。这一切都为在下一次大选中击败亚当斯做了准备。

1800 年，民主共和党再次提名托马斯、杰斐逊和纽约的阿伦·伯尔为总统候选人，约翰·亚当斯总统和南卡罗来纳的查理斯·平克尼将军是联邦党的候选人。竞选一开始，联邦党人就发起攻势，他们攻击杰斐逊是一个异教徒，企图消灭宗教。然而美国当时的政治潮流已从贵族阶层的联邦派转向了倡导民主的共和党人，作为"权利平等和民权自由"口号的竞选人，杰斐逊轻而易举地以七十三对六十五选举人票的多数，击败了亚当斯。然而杰斐逊却和他的竞选伙伴阿伦·伯尔获得了同样多数的选票。根据宪法规定，当候选人获得票数相等的情况下，选举要放到众议院继续进行。尽管许多联邦党众议员并不喜欢杰斐逊，但他们不得不从两个共和党候选人中挑选一个来担任美国总统。选举从 2 月 11 日进行到 2 月 17 日，杰斐逊最后获得了十个州的多数选票被选为总统，伯尔获得少数票而退居为副总统。

这次大选引起美国宪法史上第一次重大危机，由于这次大选，在《联邦宪法》上又增加了第十二条修正案，规定："选举人应在选票上写明被选为总统之人的姓名，并在另一选票上写明被选为副总统之人的姓名。"

杰斐逊继任总统也是美国历史上一个值得注意的事件，因为它第一次使国家的权力从一个政治集团转移到另一个政治集团手中。尽管联邦党人极力阻拦，这一转移仍然和平地、严格按照宪法意义实现了。

1801 年 3 月 4 日下午，美国第三任总统杰斐逊在华盛顿特区举行了简单的就职仪式，成为美国第一个在华盛顿宣誓就职的总统。卸任总统亚当斯不愿亲眼看到权力的过渡，凌晨 4 时，在黑暗中匆匆离开白宫。如果说亚当斯和其他联邦党人失望地离开了这座城市,共和党人却兴高采烈地欢迎新秩序的到来。最高法院首席法官约翰·马歇尔主持杰斐逊宣誓就职仪式,五十七岁的总统发表了精心准备的精彩的就职演说。这是一篇在美国历史上值得纪念的就职演说之一,也是美国历史上呼吁全国团结的伟大文献之一。新总统一开始就呼吁在造成不和的大选之后全国要团结起来,听从国家的召唤。他以高瞻远瞩的气度说:"我们都是共和主义者,我们都是联邦主义者"。他邀请联邦党人和共和党人一道为公众利益共同努力,宣布实行温和宽容的政策,要成立一个贤明而节俭的政府,这个政府要维持社会秩序,并且决不妨碍人民发展事业的自由。

杰斐逊出现在白宫,大大促进了民主作风的发展。他认为,一个普通的老百姓和最高级的官员一样,都应该受到尊重。他告诫部属,要把自己当作受人民之托的工作人员。身居白宫,杰斐逊的生活十分俭朴。凡公民要求接见者,杰斐逊一一予以接见。杰斐逊虽然具有一种有文化有教养的绅士风度,但他又不拘礼节。首先惊动上层社会的是杰斐逊的生活方式,他蔑视一切以前奉之唯谨的仪式、爵位和繁文缛节。他决定将政府"共和化",认为总统无须太拘礼仪,华盛顿和亚当斯时代那种半君主式的宫廷礼节一律被取消了,终止了华盛顿和亚当斯执政期间每周举行一次的总统正式招待会。杰斐逊有自己的一套规则。他大部分时间在一楼办公室中办公,衣着非常随便,经常穿便鞋。来访者无论职位高低,一律在一楼办公室中接见,室内的最主要装饰是只画眉。偶尔举行国宴、招待会,或者接见外国使团时,杰斐逊都极力避免任何带有欧洲宫廷盛大仪式的浮华气息,外国外交官们最初很不愉快,但后来,简化的结果并不算差,大部分外交使节也都习惯了这种方式。虽然有些美国人仍缅怀过去华盛顿与亚当斯时代的排场与仪式,但杰斐逊制度的主流到了近二百年后的今天仍然存在。

杰斐逊的第一任期,多数时间处于国际上相对平静的时期,因而他在外交上也获得了明显的成功。有利的世界形势,也允许他在国内实行的经济和减免捐税的政策。杰斐逊是其政党无可争辩的领袖,这个党在与联邦党对抗的年代中得到了凝聚。他任命詹姆斯·麦迪逊为国务卿、阿尔伯特·加拉廷为财政部长,此外还有些强有力的助手,杰斐逊对待下属视如同伴,他们对他已近似虔诚。杰斐逊对国会中的共和党领袖们也非常尊重,这在以前总统的任职中从未有过,而以后的政府也无与伦比。杰斐逊和他的财政部长阿尔伯特·加拉廷全都认为国债是不可取的,他们早已对汉密尔顿的财政制度提出过异议,上台以后则采取积极措施削减军费,平衡收支,减少了国债,尤其是对一些捐税的废止在当时的西部受到人们的广泛欢迎,这一切也大大提高了杰斐逊的个人声望。

然而,杰斐逊对司法部门的处理,相对来说并不成功。由于约翰·亚当斯在总统任职的末期,任命了一些司法官员,使联邦党人在这一部门的权力有所增强。在杰斐逊和共和党人的心目中,联邦法院成为反对派的一个部门,他们在各方面阻挠杰斐逊政策的实施。杰斐逊对亚当斯任职末期的任命看成无效,并废除了根据亚当斯批准的 1801 年法案而设置的法院。但在著名的马伯里诉讼案中,最高法院首席法官马歇尔谴责了杰斐逊的做法,使这场为免去"党羽法官"的努力遭到了失败。

杰斐逊虽然在政治上遭到一些失败,但 1803 年对路易斯安娜的购买却获得更多的补偿,这是杰斐逊在总统任职期间的最杰出成就。路易斯安娜这片辽阔的土地,北起加拿大边境南至墨西哥湾,东起密西西比河西至落基山,自 1782 年起一直在西班牙人手中,1800 年传言这一地区的所有权将转到拿破仑统治下的法国,这使杰斐逊非常担忧。因为美国国土的八分之三要通过新奥尔良打开市场,当密西西比河河口控制在西班牙这个弱国手中时,还不能对美国在密西西比河自由航行构成威胁,如果新奥尔良落入法国手中,就会把美国的贸易关闭在密西西比河之内。

1802 年,当路易斯安娜交付法国的传言得到证实后,杰斐逊立即派詹姆斯·门罗去协助美国驻法大使罗伯特·李文斯敦与法磋商购买新奥尔良事宜。1803 年 4 月,在门罗到达巴黎的前一天,法国外长塔列朗向李文斯敦提出一个惊人的建议,拿破仑不仅愿意出卖新奥尔良,也愿意出卖整个路易斯安娜地区。并在 4 月 30 日签订协议、定价 1500 万美元。6 月,这一协议草案送到了华盛顿,杰斐逊虽然渴望得到这块庞大的领土,但他那严谨的思维方式又使他对这个协议草案是否符合宪法精神感到不安,因为取得如此广大的领土,必将不可避免地改变联邦的状况。按照杰斐逊的想法,协议草案应交由国会审定修改,并作为修正案增补在宪法之中,使这一购买充分具有合法性。但这一审定过程太慢了,当听到驻法特使写信说拿破仑已对这个交易感到后悔,如果拖延时间或许他会收回自己的许诺时,杰斐逊迅速改变了自己增补宪法的想法,要求参议院立即对协议草案进行审定,并批准了这一交易。1803 年 12 月 20 日,美国国旗已飘扬在新奥尔良的上空。

路易斯安娜的边界不清楚,边境地区的大部分土地情况也无人知晓。或许出于对美国命运的乐观憧憬,甚至在购买路易斯安娜之前,杰斐逊就曾命令他的私人秘书梅里维瑟·刘易斯上尉去领导进行一次探险远征,目的是调查密苏里河的源头和寻找可与密苏里河联运流向太平洋的河流。

年轻的梅里维瑟·刘易斯,据说是一个才气焕发、外表文雅的人,他也是弗吉尼亚人,二十六岁时就做了总统的私人秘书。杰斐逊很喜欢而且很看重年轻的刘易斯。在刘易斯担任总统私人秘书的那几年,杰斐逊花了不少时间教他如何在荒野里进行探险,搜索什么,记录什么,带一些什么东西回来。一如往常,杰斐逊对于博物和农业的兴趣最为浓厚。他希望知道当地的泥土是属于哪一类的,也想知道该地的气候、石头、动物和草木;他想知道河水怎样流,瀑布有多少,和山岭平原形势如何。在还没有买入路易斯安娜以前,他已经这样训练过刘易斯。他常常想着西部,那片渺无人烟的西部给了他无限的希望。他相信美国的命运寄希望于西部。

在购入那片辽阔的土地以后,实施探险计划成为顺理成章的事。杰斐逊不厌其烦地亲自修订计划,就象自己要领导远征似的。事实上他在把他的年轻秘书磨炼成他的替身、代表,去完成他希望自己亲自去完成的探险。

经过杰斐逊同意后,刘易斯选择了他参军时代的朋友威廉·克拉克中尉和他一起带队出发。探险队于 1804 年 5 月 14 日从圣路易斯出发,溯密苏里河而上,远抵今蒙大拿州境内的南福克。1804—1805 年那个冬季,他们在北达科他曼丹族印第安人中间度过的。4 月初,他们重上征途,再溯密苏里河北上,抵达今爱达荷州境内的落基山麓。在这里,他们通过译员、斯内克族的印第安人少女萨卡贾韦亚,同肖肖尼族印第安人进行了友好的接触。然后,他们离开河道进入山区、过了落基山以后,他们发现了哥伦比亚河的一条支流,沿河前进,一直走到了太平洋海岸的哥伦比亚河河口。在太平洋波涛喧啸可闻之处,他们修建了克拉特索普堡,在这里度过了又一个冬季。回程时,他们在黄石一带探奇揽胜。1806 年 9 月 13 日,他们进抵圣路易斯。此行仅有一人丧生,而且不曾同印第安人发生过一次战斗。

杰斐逊对他们的成就感到莫大的高兴。远征队带回了有关北美西部的许多不为人知的实际知识，搜集了大批的植物标本和对美国皮毛商极有价值的资料，一些关于印第安人各部落、土壤、气候等新资料，并且加强了美国对俄勒冈地区所有权要求的基础。远征队所发现的那些陆上和水上通路，对日后的拓荒者们很有帮助，他们在处理与印第安人的关系方面，则是令人赞誉不尽的。刘易斯与克拉克远征探险队大胆而卓有成效的探险，强烈震动了每一个勇于冒险的美国人的心弦，使他们看到西部广袤的土地、丰富的资源正在等待人们去开发。以后，杰斐逊又发动了好几次西部远征探查，这些探查体现了杰斐逊本人身上的那种科学兴趣和实用目的相结合的特点。

　　杰斐逊工作勤恳，很少注意外表，他的穿着不但俭朴而且非常随便。1803 年 12 月英国新首相和他的妻子麦丽夫人访美，当看到杰斐逊总统穿着俭朴的衣服和拖鞋接待他们时，深深感到震惊。他们参加白宫的一次正式宴会，竟然没有人陪伴入席，以至首相和他的夫人不得不与其他客人争坐位置时，他们感到这种招待方式是对他们本人和国家的一种侮辱，从而引起了一场社交战。实际上，这纯粹是一场误会，按照杰斐逊的观点，穿着俭朴随便和不拘礼节是这个民主共和社会的习惯，他解释说："在社交圈子里，人人平等，不管在职和不在职的，国内和国外的，男女宾客都享有同样的平等。"

　　1804 年的大选来临了，联邦党这时由于其领导者有失众望已大大衰落，他们贬损杰斐逊的预言也未变为事实。而杰斐逊在执政期间购买路易斯安娜地区的成功，以及在白宫中平等待人的姿态，赢得了全国赞同。杰斐逊再次被民主共和党提名为总统候选人，曾经六任纽约市市长的乔治·克林顿代替了伯尔，成为副总统候选人，联邦党则推举查理·平克尼与杰斐逊进行争夺。这次大选的形势与上次大不相同，杰斐逊以一百六十二张选票对平克尼十四张选票的绝对优势大获全胜，再度当选为美国总统，乔治·克林顿任副总统。

　　在第二任期间，杰斐逊在国内外两个方面都遇到了比第一任更大的困难。可以说，以后 4 年是他长期政治生涯中最令人不安和最使人痛苦的时期。

　　在杰斐逊第二届任期内，首先发生的是艾伦·伯尔叛国事件，举国震惊。伯尔曾在 1800 年的选举中、使纽约州投了杰斐逊的票，促成杰斐逊当选。但作为共和党的领袖，杰斐逊从未信任过他，而且还决定在首届总统任期终了，不再留任伯尔为副总统。伯尔于是决定，依靠愤懑的联邦党人的支持，要和共和党的正式候选人争夺纽约州州长的职位。但汉密尔顿早已认定伯尔完全不可信赖，他决不允许他一手创建的联邦党支持这样一个人出任纽约州州长，这样，由于汉密尔顿的反对，再加上杰斐逊在另一方面的影响力量，伯尔竞选失败。前任毁弃的伯尔愤怒之余，认为汉密尔顿损伤了他的"荣誉"。于是提出要和汉密尔顿决斗。在决斗中，汉密尔顿中弹。那个时代最伟大的人物之一，就这样殒命了。

　　在 1804 年的全国大选中，伯尔被取消了共和党候选人的资格。离开首都华盛顿后，伯尔便开始了他叛国阴谋活动。他准备率领军队攻打墨西哥，然后用武力逼迫西部各州退出联邦，使其成为一个新的国家，并自立为王。伯尔的叛国活动最后过于公开暴露，许多忠诚的西部人都向杰斐逊发出了警告。1806 年晚秋，杰斐逊发布文告，下令缉拿伯尔。伯尔被捕获以后解往里士满，以背叛合众国罪受审。可是主持审讯的最高法院首席法官约翰·马歇尔却极力主张，应当严格遵守宪法对叛国罪所下的定义，由此而得出的结论是：仅仅招募人员意图谋反并非叛国。伯尔获得开释，随即流亡法国。杰斐逊认为这一判决简直是对他的直接打击,但他并没有干涉法院的职权范围。

其次是在杰斐逊为在拿破仑战争期间实行中立政策与保持在公海上的中立权而进行的努力。由于欧洲战争的继续和英法冲突的白热化,作为中立国的美国处境也极为困难,交战双方都不断践踏中立国的权利。英国控制着海洋,成为美国更危险的敌人。由于英国缺少水手,不断在海上拦截美国的船只,在搜捕逃亡英国船员的同时,也掠走美国船员,尽管美国政府多次抗议,英国仍然拒不改变强迫美国海员服役的政策。1807年6月22日,一艘美国军舰"切萨皮克号"被英国军舰"豹员"拦截,当"切萨皮克号"拒绝接受这种无理搜查时,遭到了炮击,并造成21人的伤亡,孤立无援的美舰只得投降,英军强行登船并带走了四名船员(除一名确系英国逃兵被判处绞刑外,其余均为美国船员)。这一事件使美国人民的自尊心受到了伤害,不少人主张向英国宣战。7月2日,杰斐逊总统命令所在英国船舰一律驶离美国海域,并向英国政府发出照会,要求英国对此赔礼道歉,但英国置之不理。杰斐逊意识到和平安定对美国这样一个年轻的国家极为必要,不愿在这场欧洲的冲突中加入任何一方,因而决心避免战争,他坚信,使用经济压力的手段,可以迫使英国停止对美国船只的骚扰。根据杰斐逊的请求,美国国会在12月22日通过了《禁运法案》,即立即禁止美国的全部进出口贸易,不准美国船只驶抵任何欧洲港口,只限于在国内沿海进行贸易。

按照杰斐逊的想法,没有美国的贸易,英国和法国是无法存在的。但《禁运法》执行的结果却给美国自身带来了极其严重的影响,美国经济的损失远比英法的损失更大。《禁运法》不仅受到新英格地区联邦党人的强烈反对,而且也遭到其他地区人民的广泛抵制,走私贸易在大西洋沿岸和北部美加边境上到处泛滥。杰斐逊在自己离任的几天前,1809年3月不得不取消了《禁运法案》,代替这一法案的是《断绝贸易法》,该法案只限于禁止与法国、英国贸易。

尽管禁运归于失败,杰斐逊的外交政策受到同时代人的批评,但杰斐逊仍不失为美国的一个伟大总统,而且他更是一位富有宽容精神的政治家。几乎不曾有人在他那样的程度上,将高尚的理想与执政的才干结合起来。杰斐逊为这个合众国建立了一个民主共和的基础,他使政府财政有了难以使人相信的进步:国家岁入增加,税收减少,而且国家公债也大量减少,在他任内言论自由和集会自由得以恢复,《权利法案》实现了。

在1808年大选中,杰斐逊再次被共和党提名为总统候选人,但是早在第二届任期开始时,杰斐逊就已经表示了他不可动摇的心愿,即不做第三届总统候选人。1808年的总统竞选年,他六十五岁,智力正处于高峰。他所属政党的势力把别的政治派别全都淹没了,全国上下都承认他的权力。从1806年11月开始,全国各地的共和党议会,各州州议会纷纷要求他再留任四年,但杰斐逊的答复是,在适当的时候放弃他的职务同他忠诚地担负这个职务一样,都是他的职责。他担心,如果宪法和惯例没有规定总统的任期,总统的职务会变成终身的。他阐明了他的立场,辞谢了所有恳请他三度竞选连任的建议,大力支持他的朋友、国务卿詹姆斯·麦迪逊接任总统职务。当麦迪逊当选时,杰斐逊既为朋友的成功,又为自己即将卸任而感到十分快慰。自此以后,一个美国总统最多两任已成惯例,这个两任传统一直到1940年由于第二次世界大战的特殊局势才被打破。但在此后不久,1951年的宪法第二十二条修正案规定,一个人只能当选两任美国总统。杰斐逊梦寐以求的目标终于以法律的形式固定下来。

蒙蒂赛洛的圣哲

杰斐逊于 1809 年春季抵达蒙蒂赛洛，时年六十六岁。在此后的十七年中，他一直住在蒙蒂赛洛。

四十年前，他在蒙蒂赛洛这座小山上开始建造住宅，但是，从那时起，他从来也没有安稳地长时期住在这个家里。只有现在，在他六十六岁时，他才有希望长期在此逍遥自在地生活下去。此后，不管外界发生什么事，天塌也罢，地陷也罢，他再也不想离开这个温暖可爱的、美丽的家园了。

这次退休，使得他有可能在这个幽静的环境里追忆过去的往事，清理自己的历史，评价自己的功过。他很自然地发现自己并没有虚度这大半生：共和国的诞生和自己的名字联在一起，弗吉尼亚的改革，有自己一份功劳，路易斯安娜的购买，使美国领土突然增加一倍，更是和自己的努力分不开，自己的民主自由思想被写在国家的法典中，甚至美元的货币单位也是自己创造的。更使他感到高兴的是，这一切都是他靠说服及其它和平手段完成的。1818 年，他告诉教皇国公使杜哥纳尼（Dugnani）说："在我当政期间，没有靠战争的刀剑或法律的刀剑使一个公民同胞流一滴血。"这些回忆，给这位归老林泉的前总统添加了无上的安慰。因此，他可以心安理得地开始度他的晚年了。

过去，他是凭借道义的力量度过那些扰攘和斗争的岁月的。世事的磨炼也克服了在他人格中潜伏的一切弱点。现在从人世的纷扰中退出来，他可以用冷静的，超然的态度对待同时代人的意见和历史的判决，也能够用无上的智慧去洞察世界了。在历史上很少有人达到杰斐逊晚年达到的那种哲学上的平衡及精神上的和谐。在这一点能够与他匹敌的少数人之一，便是同时代的德国伟大诗人歌德。因此，在退休后，他就成为人们所称呼的"圣哲"——蒙蒂赛洛的圣哲。

过去四十余年他几乎一直不遑宁处，不是投身于革命的风暴，就是被卷进"政治激情的喧闹"中去。现在他终于从尘网中解脱出来，可以自由自在地安排自己的生活了。他黎明即起，然后自己动手去为壁炉点火。他用冰冷的水洗脚。他早餐后就跨上心爱的马，一次骑六—八英里，有时多到四十英里。他给本杰明·拉什博士写信说："从早饭后，或者至迟中午以后，一直到晚饭时为止，我大部分时间是在马背上，到处察看农田……我感到这样做对我的身心和事务都有利。"

现在他用不着为政务而操心了，所以他可以一心一意经营家务及农场事务。他把主要精力放在农业上，因为他指望增加农业收入，以便偿债。

鉴于自己的农场及邻人的农场离市场较远，购物不便，他便成立工厂，从事一些日用品的制造。他经营的有面粉厂及制钉厂等等。

因此，蒙蒂赛洛就是一个小小的世界，生活用品，一应俱全。

杰斐逊非常勤勉，他从来都闲不住，在农闲时，他还从事创造发明。

在退休后最初几年里，他的体力还很好，精力也很充沛。在每天工作完毕时，他就参加游戏，甚至在草坪上和一大群孩子们赛跑，其中有他的孙子、孙女们，有长女玛莎的幼女，还有次女玛丽亚死后留下来的孤儿弗兰西斯·埃普斯。

在他隐居的十七年里，除了有时到附近乡村散步和每半年到白杨林（这里有一所八角形朴素的别墅,供他居住)作短期的逗留外,他从未离开蒙蒂赛洛。

在这个时期,与约翰·亚当斯恢复友谊及通信关系,是杰斐逊一件乐事。二人绝交已经不少年了,也断绝通信不少年了,1804 年,杰斐逊写信给亚当斯夫人,把女儿玛丽亚病故的消息告诉给她,但是对方不接受,信又退回来了。这一切完全是政治上的分歧所致,现在既然退休了,离开政治了,往日的仇恨日渐淡薄了,相反地怀念之情油然而生。促成二人和解的,是拉什博士。经过拉什的居间调停,1812 年新年那一天,亚当斯这位七十六岁的老人终于写信了。数日后,当杰斐逊收到亚当斯寄来的信时,他真高兴极了,过去的老朋友的声音笑貌仿佛又出现在眼前,他也立即拿起笔,铺上纸,写了一封热情洋溢的信。

这封信是一个良好的开端,此后在二人之间书信往来不断。在这些书信中,上下古今无所不谈,在思想领域内也时常有大胆的探索。二人都是博学之士,也都饱尝忧患,都尽量倾吐自己的内心思想,其中有希望,有恐惧,有偏见,有信念,也有愤慨。所以二人的通信集是一个思想宝库,是为研究美国早期历史者所必读的。

杰斐逊的晚年,家中有二多:来信多,来访者多。平均一年内,杰斐逊收到的信大约为一千封,有些年达到一千三百封。在杰斐逊逝世时,他的孙子发现书房里一共保存有二万六千封来信及一万六千封回信(回信都是由他自己复制出来以便保存)。

虽然摆脱了政治生活的羁绊,杰斐逊却不能不关心政治。

1812 年发生了美英战争。当时美国不得不在战争与屈辱之间作出抉择,最后选择了前者。杰斐逊以极大的兴趣注视战争的进展,他鼓励和支持麦迪逊总统的战争政策。

1816 年,杰斐逊满意地看到共和党再一次大获全胜,因为自己的政治追随者詹姆斯·门罗当选为总统。1820 年,他又高兴地看到门罗连选连任总统,因为这表明联邦党人已经是一蹶不振了。

但是也是在 1820 年,一件国事引起了他的忧虑。这一年,蓄奴州密苏里加入联邦的问题引起了南北之间的争论,结果双方达成妥协:密苏里作为蓄奴州加入联邦,缅因州以自由州的资格加入联邦,而密苏里州以北地区应禁止奴隶制,这个妥协以国会立法的形式固定下来。但是,杰斐逊认为这个妥协只能带来暂时的平静,或早或晚还要爆发更大的风暴。后来,他的话不幸言中了。

杰斐逊也关心美洲与欧洲的关系,希望双方互不干扰,互不干涉。

到杰斐逊晚年,他关于美洲与欧洲之间的关系的主张,对美国的外交政策发生了决定性的作用。

1823 年 10 月,他突然接到门罗总统来信,信中表示在一个重大的对外关系问题上向他请教,那就是:美国是否应该与英国合作,把欧洲列强的反动势力排除于美洲之外。当时欧洲反动的神圣同盟正准备出兵前来镇压拉丁美洲诸国的独立运动,英国表示反对,英国外交大臣乔治·坎宁向美国政府提出建议,希望两国采取共同行动去制止欧洲列强干涉拉丁美洲事务。英国与美国处于敌对状态已达半个世纪之久,如要现在与英国合作,那就意味着美国传统外交的重大转变,所以问题很严重,这也是门罗总统向杰斐逊请教的原因。当时杰斐逊已胸有成竹,所以马上写信,劝门罗立即接受坎宁的建议。

门罗总统接受了杰斐逊的忠告。杰斐逊的信写于 10 月 24 日,门罗总统在 12 月 2 日就向国会送交一份咨文,在次文中宣称:美国应该向全世界声明:欧洲列强"把它们的制度扩展到这个半球的任何地区"的任何企图,"都危害我国的和平和安全"。这样,世界近代史上著名的"门罗主义",是在杰斐逊的直接指导下诞生的。

同样值得大书特书的是:杰斐逊为美国大学鞠躬尽瘁的感人事迹。

1812年战争期间,英军焚烧了白宫,毁坏了国会第一个图书馆,杰斐逊立即想到恢复图书馆的措施,这表明了他这个人的性格。从国外获得书籍并非易事;在美国,没有任何一个私人图书馆可以与他四十年来有系统积累起来的这批藏书相比。1814年,杰斐逊提出把他毕生所藏的六千五百册图书卖给国会。杰斐逊希望他的这些丰富藏书会对美国的文献收藏具有某种普遍意义。他的愿望有没落空,一座世界瞩目的最大图书馆——美国国会图书馆就是在这个基础上建立、发展起来的。

退休以后,对于杰斐逊来说最重要的一件事是,他在暮年中看到了他建立弗吉尼亚大学的伟大梦想实现了。

在退休后,杰斐逊的心境并没有完全安定下来,因为他还有三件未了的心事:弗吉尼亚的1776年宪法不够民主,尚待进一步改革;黑人仍处在奴隶制枷锁下,尚待解放;自己的教育改革议案在革命年代里遭受挫折,尚待努力促其实现。

但是,为了实现这些改革,他是力不从心的,一则他不在其位,无权谋其政;二则他年迈力衰,不能像过去那样精力充沛地工作了。为了改革宪法,他只能做到为在西部兴起的改革运动提供思想及纲领,而不能挺身出来直接领导战斗了。关于黑人奴隶解放问题,他越来越感到困难重重。在发明轧棉机之后,种植棉花成为有利可图的事业;奴隶制经济愈益扩大已成为势不可挡的趋势。过去奴隶主侈谈解放奴隶,现在他们不但闭口不谈解放奴隶,反而竭力反对解放奴隶,并且为奴隶制度的存在寻找各种理由。杰斐逊清楚地看出:奴隶主的既得利益,会使得解放奴隶的一切努力化为泡影。因此,面对奴隶制度,他感到束手无策。在这个情况下,他只好把全部力量投入教育事业,因为教育事业固然很艰巨,但是只要主观努力,取得成就也并不是不可能的。1817年他写道:"在这个世界上使我牵肠挂肚的只有这件事了。它是诞生后看护了四十年的幼儿,而如果我一旦能看到它站起来走路,我就会含笑离开人世。"

他殚精竭虑地制订了一个雄心勃勃的、周详全面的教育计划。在这个计划中,他把教育制度分为三个部分——初级学校、高级学校及大学。初级学校向学生传授读、写、算术及地理知识。学生全部免费受初级教育,因为杰斐逊主张:政府有责任"使每一个公民……都接受与他们的生活条件及职业相称的教育。"

高级学校应该传授古代和近代语言,高等数学、高等地理及历史。从初级学校的贫苦学生中选拔品行端正、头脑聪明的学生,使其免费受高级学校教育。

大学是最高学府,它应该由许多职业性学院组成,专门培养建筑师、音乐家、雕刻家、经济学者、科学家、园艺学家、农学家、医生、历史家、牧师、律师以及各级统治人才。

杰斐逊制订这个计划,并不是"闭门造车",他不但参考了大量国外有关教育的著作,而且也向海内外许多专家学者请教过。

这个计划是1817年制订出来的,但是使他失望的是,在被提交给弗吉尼亚议会时,它遭到拒绝,对此,杰斐逊毫不客气地作了评论,他说:这些议员们既孤陋寡闻,又没有认识到一条重要的真理:"知识就是力量,知识就是安全,知识就是幸福"。这真是一针见血之论。

在普及教育计划受挫后,杰斐逊只好把力量集中到创办一所大学——弗吉尼亚大学上面。

　　1818 年,州议会在杰斐逊的朋友约瑟夫·卡贝尔(JosephCabell)的推动下,接受了杰斐逊提出的创建一所大学的建议,并且为此拨款一万五千美元。议会又指定一个 24 人委员会,责成它去研究大学的组织及地址的问题。参加委员会的有杰斐逊、麦迪逊及门罗总统等。

　　1818 年 8 月,在蓝岭山的洛克菲什隘口举行委员会的会议,有 21 人参加。会议首先讨论大学的校址问题。杰斐逊建议把大学设在夏洛茨维尔(阿尔贝马尔县府所在地),理由是:这里的气候有益于人体的健康。为了证明这一点,他提出了阿尔贝马尔县境内八十岁以上老人的名单,然后又拿出地图,指出夏洛茨维尔是弗吉尼亚的中心。结果,委员会采纳了他的建议。1819 年 1 月,州议会也同意了,并且正式授权成立弗吉尼亚大学。议会任命杰斐逊为大学名誉校长,并且成立了大学监察委员会,其中有麦迪逊、门罗和卡贝尔。

　　从这时起,杰斐逊把全部精神和精力灌注到弗吉尼亚大学的建校工作上面。在1819 年以后的六年里,可以说他是为弗吉尼亚大学而生活的,他把与建校有关的一切重要工作都包了下来:他设计校舍建筑蓝图,寻找建筑工程的承包人,监督建筑工程的进行,派人到意大利邀请大理石雕刻师等等。他甚至亲自教泥瓦匠如何砌墙,教木匠如何量尺寸。

　　为此,这位白发老人不辞辛苦每天都要骑马下山,到夏洛茨维尔去监督建筑工程的进展。要知道,他当时已患风湿性关节炎,骑马是要忍受痛苦的。

　　杰斐逊不但忙于建校的具体工作,而且还要为建校经费多方奔走,绞尽脑汁。他的雄心很大,一心一意想把这所大学创办成第一流的大学。但是要想使这所大学达到这样一个水平,需要巨额款项,而议会拨的款太少。所以他要求议会再拨二十倍于已拨的款项。议会每年开会时,他都提出拨款的要求。为了说服议会,他提出各种理由,如爱国主义、地方的骄傲等等。因之,议会每次会议都拨给一些钱。积少成多,最后在修完主要建筑时,已花去三十万美元,这些钱当然都是议会决定拨给的。

　　杰斐逊不但为大学的创建付出无法计算的心力和劳动,而且也为办好大学花费了许多心血。他看到教授的学术水平,对于办好大学至关重要,所以他也承担了物色教授的重要任务。聘请教授是一个难题,因为美国大学很少,优秀的教授更如凤毛麟角。他不得不从欧洲聘请教授。他派美国学者弗兰西斯·沃克·吉尔默(Francis Walker Gilmer)到英国牛津、剑桥及爱丁堡等大学网罗第一流学者来美。另外,他还通过个人与英国的关系敦聘教授。

　　杰斐逊在挑选教授时,不但重视学术水平,而且也重视其政治观点。诚然,他不太过问语言、科学甚至道德哲学的教授的政治观点,但是他对于法律教授的政治见解要求甚严:教授必须是一位坚定的共和主义者。这是因为他殷切地期待这个大学能培养出有民主倾向的律师。并且通过律师来影响立法机关(被选讲议会的多半是律师),使立法机关倾向民主。这说明杰斐逊在创办弗吉尼亚大学时,一刻也没有忘掉促进自由民主事业。当然,这位白发苍苍的老人已不可能亲眼看到该大学所培养出来的学生了,但是,他是为子孙后代的幸福着想的,只要民主常在,他是死而无怨的。

　　费了好大气力,经过许多周折,他才聘请到 7 名教授,其中只有一个是美国人,其余都是远涉重洋来自欧洲。教授待遇甚为优厚,年薪 1500 美元,而且免缴房费。

　　杰斐逊也关心学生的成长,他亲自为弗吉尼亚大学的学生制订了校规,在校规中强调学生尊敬师长,违者予以惩罚。

　　为了建立师生之间的密切关系,他在设计师生宿舍时,特意使教授住宅与学生宿舍相邻,中间用长廊连结起来。

　　他辛勤耕作,终于收获了果实。1825年3月7日,弗吉尼亚大学正式开学。

　　创立弗吉尼亚大学是一个不朽的功绩。从表面上看来,这在杰斐逊一生的一系列辉煌的事业中似乎是一件微不足道的小事,然而在实际上它的意义是极其深远的,因为它耗尽了他晚年的全部精力,寄托了他关于教育的伟大理想,并且鼓舞了许多人,从而有力地推动了美国教育事业的发展。杰斐逊自己也清楚地看到了这一点。因此,他在临终前回顾自己一生中为人民事业作出的贡献时,把创建弗吉尼亚大学,与起草《独立宣言》及制定弗吉尼亚宗教自由法案相提并论,并且说:"我希望最被人们怀念的就是靠这些。"

　　从1818年起,杰斐逊的健康情况就开始不佳了。这一年他到温泉去治疗风湿病痛,但是温泉不但没有治愈他的旧病,反而给他添上新病,因为他从温泉回家后,就感到严重的下腹不适,而且经过医治之后更趋恶化,一个时候濒于死亡的边缘。这个病持续了好几个月,后来减轻,但是并未除根。1825年5月,他又患泌尿病。从1826年2月中旬起,除了泌尿病之外又添加了腹泻病。这一年3月,他自知不起,便起草遗嘱,在遗嘱中指名把他的五名忠实的奴隶予以解放;布置了死后安葬事宜。他还向仍在活着的老朋友们写了告别信。

　　这位蒙蒂赛洛的"圣哲"于1826年7月4日,即通过《独立宣言》五十周年那一天,在家人环绕中,溘然长逝。

　　恰巧在同一天,远在新英格兰的九十一岁的约翰·亚当斯也与世长辞。他临终前的最后一句话是:"托马斯·杰斐逊还活着"。是的,杰斐逊永远活在人们的心中。

　　两位革命领袖在同一天逝世,而且都在独立节五十周年那一天逝世,这种巧合,是世界史上少见的。

　　杰斐逊安葬在蒙蒂赛洛山坡上亡妻墓旁边。

　　全国各地人民纷纷举行集会,深切哀悼这位伟人。

林 肯

青少年时代

　　1809年2月12日,亚伯拉罕·林肯诞生在美国肯塔基州霍詹维尔城附近的荒地边缘的一栋猎人的小屋里。其祖上是英格兰移民,始居宾夕法尼亚州,到了祖父一代,才迁居到肯塔基州。祖父是在干农活的时候,被印第安人用枪打死的。为了纪念祖父,父母给他取了个与祖父相同的名字——亚伯拉罕·林肯。林肯自幼身体强壮,天资异常聪颖。不过,他的父亲托马斯·林肯是个一字不识、勤劳质朴,靠开垦荒地或猎鹿为生的人。外祖母露·汉克斯,识文断字,当年受雇于维吉尼亚州的一个农场当女仆,在那里怀上了雇主的孩子。这个孩子就是后来林肯的母亲南希·汉克斯。她是一个心地善良的劳动妇女,她非常爱林肯,经常给他讲一些古代英雄反暴和打击侵略者的故事。这对小时候的林肯影响很大,从小就知道要热爱祖国、保卫祖国,憎恶暴君与不平等。母亲还教育林肯做事要认真,对人要真诚,心地要善良。但是母亲由于是个无父姓的私生女而忍受了许多痛苦,这件事使林肯一直很伤心,这也是林肯忧郁性格形成的原因之一。

　　林肯五岁时,有一个传教士来到他们居住的村子办了一所简陋的学校,这使林肯有了读书的机会。在学校里,他的年龄最小,但学习成绩却一直领先。

　　他们阅读的教材以圣经的主要章节为主,用华盛顿和杰斐逊的笔迹做为练习范本。林肯逐渐养成练习写字的习惯,字体既清晰又和两位总统很相象,不识字的邻居们经常步行几里路来请林肯写信。

　　林肯对求学非常热衷。上课时间太短,也就把功课带到家里做。买不起纸笔,就用木炭在木板上写,或用小木棍在地上练。他家的木屋是用圆木剖开建成的,他就用剖开的那个平面当纸,在上面写字、作算术,当光秃秃的平面写满了时,就用小刀削去一层,再重新写。

　　1816年,林肯七岁那年,全家遭到一个种植园奴隶主的恫吓与迫害。这年冬天,他们历经千辛万苦,迁移到印第安纳州俄亥俄河以北十八英里的鸽子河的一块较为开阔的高地上。这里的乔木、灌木、葡萄藤和矮树林长得非常茂密,有时需要用斧头在荆棘之中砍出一条通道来,就在这个被形容为"从林礼赞"的地方,林肯将要度过十四年的光阴。

　　林肯一家人抵达的时候,冬天的第一场雪已经降下了,他们就在那熊、豹经常出没的一片荒野地带上,全家动手匆匆忙忙搭起一间"三面帐棚"。所谓"三面帐棚",就是屋子里没有地板,没有门,也没有窗,除了三面墙以外,就只有圆柱加灌木搭成的屋顶。第四面完全敞开,在敞开的那一面,日日夜夜燃烧着一堆篝火。在这个漫长的冬天里,有史以来最严酷、最难熬的一个寒冬里,林肯一家蜷缩在棚屋一角泥地上树叶和熊皮堆里。

　　他们一贫如洗,生活非常艰辛。他们要砍树、除草,开垦荒地,种上庄稼。吃得是猎获的野生动物和林肯姐弟俩光着脚丫采摘的野生果子。

林肯虽然年龄小，但长得结实，常跟父亲一起去打猎、伐木、开荒种庄稼，父亲常教育他要热爱劳动和尊重劳动人民，美丽而富饶的大自然及艰苦的劳动生活，使林肯的身心得到健康的发展，同时，也向周围的农民学到了很多知识。

在这里，林肯经常看到西行的移民，还经常听到小贩叫卖的声音，偶而也能看到骑在马上的奴隶贩子用鞭子驱赶着一群群带铁链的奴隶经过。这时林肯已从母亲那里知道什么是奴隶制了。

在全家辛勤的劳动下，生活稍微有些好转。但新的不幸又降临到林肯一家。1818年秋天，可怕的"牛乳症"蔓延到了印第安纳州的鹿角山谷，许多人都染病身亡。南希也突然患病，她头昏，腹部绞痛，吐得很厉害；手脚冰凉，体内器官却象火烧一样。她不停地讨水喝。水……水……喝了又喝。

最后，南希病得连头也抬不起来，说话有气无力，她招手把孩子们叫到床边，嘱咐儿女们要相亲相爱，记住她平日的教导，而且要敬畏上帝。

说完最后的遗言，她的喉咙和身体渐渐变凉发硬，安详地闭上了眼睛，永远离开了她亲爱的孩子。当时，林肯只有九岁。

慈母的去世，林肯无限的悲痛。然而，小小年纪的他却挺了起来，帮助父亲在外垦荒种地，但有时也需要林肯在家赶马磨面，一次被马重重踢倒在地，整整昏迷了一夜才醒了过来。

不久，林肯帮父亲重建了一座四面有墙的新木屋，但没有地板，没有窗户，也没有门，门上挂了一块脏兮兮的熊皮，屋里又臭又暗。父亲整天在外打猎，只有一双幼儿照料家里。姐姐做饭，林肯烧火，并且还要到一里外的溪中去取水。没有刀叉，就用手抓着吃，由于取水难，又没肥皂，他们的手指满是污垢，生活更加贫穷和肮脏。

一整个漫长的寒冬，他们不洗澡，也不洗破衣，树叶和兽皮铺成的床破烂不堪，屋里臭气弥漫，跳蚤和害虫比比皆是。

一年后，父亲忍受不了这种生活，便娶了他多年以前的梦中情人、新寡妇萨拉·布什为妻。林肯的继母从小深受教育，不但知书达理，而且举止端庄，和言悦色，她的到来又使家里充满了温暖和生机。人口多了，小木屋更加拥挤不堪。睡觉时，大家必须轮流脱衣服。就这样，面对诸多的困难，继母还是把这个很小的家弄得井井有条。

林肯的父亲是个无知识、无教养的粗人，他自己不曾读过书，也反对儿子读书。但继母却是个开明的人，她在对孩子备加关心爱护的同时，也十分重视他们的学习。林肯对继母时常流露出一种爱戴和欢欣之情，继母对林肯也十分钟爱。她发现林肯举止迥异常人，和普通的孩子不一样，因此就一意赞助他去学校求学，藉以发掘他的天才。当时学校的条件极差，一般都是在农闲的季节上学。有了老师，孩子们就有了学校，老师一走，学校就取消了。就这样，林肯断断续续接受正规教育的时间，加起来还不足一年。可就在这短短的时间里，他却养成了人类最珍贵的特质，那就是对知识的热爱，对学问的渴求。

学会阅读，使得林肯见到另一个神奇世界——一个从来没有梦想到的世界。这改变了他整个人生。他的视野开阔了，心中有了梦想，学习有了动力，在以后的二十多年里，他都把书籍看作是无价之宝。林肯最大的嗜好就是读书，他把阅读看作是一生中最热爱的事情之一。继母为他们带来了五册书：圣经、伊索寓言、鲁宾逊漂流记、天路历程及辛巴达历险记。林肯视它们为无价珍宝，反复精读。尤其是圣经和伊索寓言两本书，更是爱不释手，将它们放在伸手可及的地方，仔细精读。不论他的文风、说话方式、提出的论点都深受这两本书的影响。

当时，林肯家里的生活条件很差，但他从不埋怨，他是一个坚强、沉默、刻苦耐劳的孩子。虽然每天劳动占去了很多时间，但他能抓紧时间学习。下地干活的时间，他将书本带到田间，马儿躲在谷堆后面休息，他就坐在围墙栏杆上看书。中午他不和家人一同进餐，却一个人一手拿着玉米饼子，一手捧着书本，两脚高高举过头顶，看书看得入了迷。晚上回到家里，拉把椅子长时间坐在炉火前，学习、写字。他总是钻研书本，提出问题，动脑筋思考。一旦发现有趣的事情就把它写下来，反复背诵，直到确实记住为止。每当这时，继母总是给他排除干扰，以免影响他看书。继母常对别人讲，林肯将来会成为一个大人物，林肯也总是以有这样的好继母而自豪，称她为"天使母亲"。

林肯渴望阅读更多的书，由于无力购置，只好向别人借阅书、报及印刷品。他向一位律师借阅修订版的印第安纳法典，接着又尝试阅读"独立宣言"和"美国宪法"。

他向一个常请他帮忙干活的农人借了一本带画的《华盛顿传》。林肯对它爱不释手，傍晚总是尽量利用日光看到很晚，睡前就把书放在木板墙的裂缝中，这样一早醒来就可看书。一天晚上下雨，屋子漏了，把书淋湿了，他心里很难过。他承认是自己的疏忽，便主动向主人道歉，并提出帮他干三天农活作为赔偿。林肯干活很卖力气，结果主人很受感动，便把这本书赠送给了他。这使林肯喜出望外，非常珍惜地挟着这本书，兴高采烈地回家了。

在他所借的书当中，最有价值的就数《史考特教本》。这本书是林肯发表演说的启蒙教材，它教他怎样公开发言，引导他认识西塞罗·狄莫西·狄莫西尼斯（古希腊的雄辩家）和沙翁名剧中的精彩演说。每当读到精彩的句子和段落，总要写下来，随身携带，反复背诵，很多的长诗和演讲词就是这样背会的。

几年后，林肯不但学会了写、读、算，而且也看了不少书，学到了比较丰富的知识。有一次，他偶然听到律师在法庭上替人辩护，感到好奇，同时，也被律师那慷慨激昂的辩护词所激动。和别人一起下田劳动时，他偶然会放下手中的工具，复述律师的辩护词，或模仿政治演说家们激昂的声调，也学着传教士如何挥动着胳膊向人们布道，他还把《奎恩笑话集》带到田间向大家朗读，听众的轰然笑声响彻森林。

春去秋来，花开花落，林肯逐渐长大了。十七岁时，他的身高近六点四英尺，手臂修长，身体健壮，而且臂力过人。每天的田间劳动使他很累。他要开荒种地，收割庄稼，砍伐树木，劈栅栏木条、拉大锯、挤牛奶、杀猪、剥玉米皮等。他常常独自一人在树林里劳动，陪伴他的是自己的斧声、自语声、树枝随风摇摆声及鸟兽的叫声。这寂静的环境，使他的性格更加深沉。

十八岁那年，林肯自己动手制造了一只平底船，受雇于一个老板，将货物沿密西西比河顺流漂送到新奥尔良去。林肯这是第一次出远门，从来没有见过这么大的世面，顺流而下，河床越来越宽阔，越向南行，风光越来越秀美，他感到异常的新奇和兴奋。在船上，他们力挽狂澜，不断战胜险情，他感到这工作有趣，既刺激又冒险。

到了目的地，他们将货物和船一起卖掉，周游了几天。在这个拥有四万人口的国际性港口城市里，高大的教堂令人敬畏，华丽的建筑错落有致，商业店铺鳞次栉比，赌场酒吧比比皆是，街道上人来车往、熙熙攘攘，叫卖声喧闹声令人眼花缭乱。在这里使他最惊奇最愤慨的是第一次亲眼目睹了奴隶制度的恐怖真象。他看到拴着铁链遭鞭挞的奴隶，看到贩卖黑人的广告和招贴，看到黑奴象牲畜一样任人买卖和奴役。这种不人道的行为刺醒了他的意识和良知,这种现象烙印一样深深地烙在他的脑海中,他的心在淌血。

有一天,林肯和他的朋友经过一个拍卖场,看到一位精力充沛、容貌美丽的黑白混血的姑娘赤裸裸地站在拍卖台上,买主象选购商品一样审视她,彻底检查她,他们掐她的肉,看她的牙齿,残酷地折磨和侮辱她。周围观众的怪叫声、口哨声、争吵声响成一片。那姑娘低着头惶恐地站着,脸上流着羞辱的泪水。买卖成交后,姑娘象牲畜一样被人牵着走了。这种情形使林肯充满了难以克制的憎恨,他攥紧拳头,对同伴们说:"老天,朋友们,我们走吧! 若有机会,我一定会狠狠打击这玩意儿(指奴隶制度)。"

1830 年冬天,夺去林肯母亲的"牛乳症"再度蔓延。刚一开春,惶恐的父亲赶忙处置了粮食和猪,便宜地卖掉了土地,造了一辆笨重的篷车,将家人和家具搬上车,林肯赶着车,就上了通往伊利诺州的艰苦之路。那次的行程很艰辛,路在夜里结冰,白天就融化,走起来又慢又吃力。公牛缓慢地迈着步子,笨重的篷车吱吱嘎嘎地越过山丘、趟过冰河、穿过密林、渡过草原,他们日行夜宿,长途跋涉,好不容易到达了伊利诺州的狄卡特。他们在狄卡特附近的一片林地上,重新盖起了木屋,并开垦出十五英亩的草坪,种上了庄稼,筑起了篱笆墙。

第二年春天,为了生计,林肯一家又准备迁居。但林肯已经"成年",可以独立了,他没有和家人同行。

早期的社会活动

1831 年,林肯离开父母,开始了独立生活。他来到了桑格蒙河畔的纽萨拉姆定居。丹顿·奥福特先生雇林肯在他新开张的杂货店里当伙计,并兼管一间谷粉和锯木厂,一住就是几年,这几年光阴对他未来的前途有着很大的影响。

林肯待人真诚、和蔼、公正的故事很多,被人传为美谈。一次,有位女顾客买完布后多付了几分钱,林肯发现后,当晚走了六英里的路把钱退给了她。还有一次,他发现少付给一个妇女几盎司茶叶,林肯又跑了几里路给她补上。这类事情,数不胜数。这里的居民都喜欢这位热情、正直的年轻人,称他为"诚实的亚伯"。

这里的居民,性格比较倔,经常会发生一些口角,甚至打架斗殴酿成流血事件,林肯总是热心地为他们调解。村子里有一伙好勇斗狠的人,自称"克拉瑞树丛帮"。他们听说林肯体力过人,就千方百计要和他比武。他们比赛赛跑、跳跃、摔跤等,结果是,年轻的小巨人——林肯得到至高无上的胜利。从此后,"克拉瑞树丛帮"对他佩服得五体投地,还经常帮助困难中的林肯。林肯在这一带的声望越来越高。

在这里他找到寻求多年的机会,那就是克服恐惧,公开讲话。纽萨拉姆有个"文学会"的组织,每个周六的晚上,在一个酒店里集会。林肯参加之后,立刻成了会上的瞩目人物。这种活动,扩大了他的视野,膨胀了他的野心。他发现自己的演讲能力高人一筹,这份自知给他带来了信心和勇气。

1832 年初,他发表文章,宣布他将跨入政界,参加州议员的选举。他极力主张疏浚散加芝河道,兴办教育、出版、宗教和道德事业,赞成设立国家银行和内地交通建设,赞成保护关税等。他向选民声明自己出身并一直生活在最卑微的阶层中,没有有钱有势的人作后盾,希望成为一个值得大家尊敬的人。虽然他的演讲很成功,但结果还是落选了。这是他跨入政界的开端,然而也是个失败的开端。因为除了纽萨拉姆的人拥护他,其他地方的人却不认识他。

竞选后的几个月,林肯既没有固定职业,又没有地位,只好借债经营一家小商店维持生活。他认为经商比较自由,可以很多的时间来读书。由于经营不善,没多久,小商店就关门倒闭了,留下的却是一千多美元的债务。那是合伙人酗酒死亡所留下的债务。林肯本来可以声明是由于生意失败,可以钻一个法律漏洞躲过债务。但他不愿让别人吃亏,保证连本带利偿还每一块钱。他为了实践诺言,通过十七年的辛勤劳动,省吃俭用,才把债务全部还清。

商店倒闭后,林肯穷困潦倒,为了糊口和付住宿费,只得替人砍灌木、剥玉米、筑围墙,到锯木厂作工,一度还当过铁匠。后来在朋友的协助下,他埋头学习三角和对数,并赊账买了一匹马和一副罗盘,又砍下一条葡萄藤当测链,开始兼任助理土地测量员工作,每测量一块地收三角七分半的费用。这时,他还兼任镇上的乡邮员。这项工作对他是非常有益的。通过和社会上许多人的接触,他结识了很多的朋友,也增长了知识才干。他深知自己的同胞贫困和不幸,对此深表同情。两年后,这个刚够糊口为生的邮局也宣布撤消了。

林肯总结历次失败的教训,开始参加各种政治集会,逐渐成为辉格党的中坚人物。1834年,他再次竞选议员,终于如愿以偿,获得了他政治生涯中的第一个重要职位。最初,林肯是个不惹人注意的人物,后来,人们才发现这个瘦骨嶙峋、行动拘谨、长相并不俊气的年轻人,不仅有头脑,有学识,而且还很有魅力和非凡的气派。在竞选活动中,他经常到各地去演说。他的演说融入了真挚的感情和通俗的词句,吸引着每一个听众,打动了每一颗心,倍受大家的欢迎。由于林肯的政治见解和主张,是维护资产阶级利益的,适应资本主义的发展,所以得到北方许多人的拥护,并连任两届议员,这时的林肯,在政治活动中的威望越来越高,被公认为伊利诺斯州第一流的演说家和政治家。可是当选议员以后,他又得负债,花二百美元购买一套新衣服去上任,免得出席首府会议的时候给他的选民们丢面子。

当时,纽萨拉姆有个名叫杰克·基尔梭的人,他是个一事无成的人,天天不是钓鱼,就是拉提琴,或者朗诵诗篇等,当地的居民都讨厌他。可林肯却和他关系密切,林肯喜欢听他朗读《哈姆雷特》,背诵《马克白》,第一次感觉到英国语文的丰富与美妙。

林肯非常敬畏莎士比亚,热爱罗勃·伯恩斯。尤其是伯恩斯的出身和经历与自己十分相似。伯恩斯曾象林肯一样穷困潦倒,和林肯一样出生在一栋木屋里,也都曾是庄稼人,也都有一个忠厚善良的心。在伯恩斯和莎士比亚的大作中,林肯看到了一个色彩斑斓的全新世界。

了解了伯恩斯和莎士比亚后,使林肯有了更远大的目标,敢作以前不曾做过的梦。伯恩斯和莎士比亚也没有文凭,接受的正规教育并不比林肯多多少,他们能够成为人们所崇拜的作家,自己为什么不能从事高尚的工作呢?为什么非要卖杂货或者当铁匠呢?后来他阅读莎翁作品的时间,比读其他作家作品的时间总和还要多,这对他日后文风的形成有很大的影响。

1838年9月,林肯在好朋友巴勒特和约翰·斯图尔特律的帮助下,通过了律师资格的考试,取得了在伊利诺斯州所有法庭里执行律师业务的许可证。不久,他就在约翰·斯图尔特律在伊利诺斯州的斯普林菲尔德开办的律师事务所里当了助理律师。此后,他开始一面从事律师业务,一面参加政治活动,他虽然没有系统地学习过法律,也没有经验,但他能够刻苦地钻研,虚心地学习,再加上他机智善辩,沉着冷静,而且悉心听取委托人的申诉,据理力争和正大光明的为人,很快就能独当一面了,深得人们的尊敬,从而在美国西北部数以百计的律师和政客中脱颖而出。

林肯所在的律师事务所,巡回审判所辖十五个县,方圆一百四十多英里,他经常骑马和乘坐马车在所辖区域内辛劳奔波。他处理案子认真、公正,对人非常仁慈和体贴。他收的律师费很低,还经常免费维护平民的利益。因此,林肯以正直和廉洁而出名。

他曾在麦克林巡回法庭处理过四个案子,总共只收取了三十三美元。

他曾说,许多当事人非常贫穷,不忍心收太多的钱。一次,一个当事人付给林肯二十五美元的律师费,他却只收了十五美元钱,还要对方不要太大方。

一次,一个骗子霸占了一位精神病少女的一万美元资产,林肯很快就把这场官司打赢了。一个钟头以后,他的合伙人跟他均分二百五十美元的律师费,遭到林肯的严厉斥责。他不愿意从一个疯女孩口袋里掏钱,他认为,这样做,是不道德的,和诈骗又有什么两样呢?

另一次,一个抚恤金代办人替一位军人的遗孀争取到四百美元抚恤金,要收她一半钱作为劳务费。林肯让这位年老体弱、一贫如洗的老妇人控告那位代办人,并替她打赢了官司,没收她一分钱。

有一天,有人请林肯从法律上帮助他去侵吞一个寡妇和几个孩子的六百美元。林肯拒绝了他,并且一字一句铿锵有力地说:"不错,我能使你达到目的,使她们孤儿寡母吃亏,替你争取到这笔钱。但是,你要知道,即使在法律上允许这样做,但在道德上未必讲得过去。这案子我不能为你办,但我可以向你建议:你精力充沛,身体强壮,还是想想别的办法吧,不必在孤儿寡母身上打主意了。"

有人诬告寡妇阿姆斯壮太太的儿子杜夫酒醉杀了人,阿姆斯壮太太请林肯作辩护律师。林肯在纽萨拉姆时就认识她们一家人。杜夫的亡父以前是"克拉瑞树丛帮"的领袖,曾在一场摔跤比赛中被林肯打败。

林肯欣然来到陪审团面前,发表了一篇感人肺腑的演说,硬是把一个年轻人从绞刑架上解救下来。

阿姆斯壮太太为了答谢林肯,非要将自己仅有的四十英亩土地送给他,被林肯婉言谢绝。他说:"多年前,我一贫如洗,无家可归,是大婶象慈母一样照顾我,给我饭吃,替我缝补衣服,现在报恩还来不及呢,不能再收你一文钱。"

后来,林肯又为被控为杀人罪的威廉作了出色的辩护。在法庭上,证人一口咬定威廉是杀人凶手。林肯问:你是什么时候看见他杀人的?"见证人答道:"大约在夜里10点多钟。那天晚上月光很亮,所以看得十分清楚。"林肯通过法庭调查,并查阅了一份大家都十分清楚的历书,证明那天晚上10点多钟没有月亮,从而否定了伪证,证明被告无罪。

然而,林肯并不是好讼成性之人,有时他会劝当事人在庭外化解纠纷,不收一文顾问费。

林肯的所作所为,得到人们的信任和爱戴。他开始有了相当的地位,也积累了丰富的工作经验,但仍孜孜不倦地虚心向人请教。林肯对人彬彬有礼,生活十分俭朴,粗布衣服总是松松垮垮罩在他那清瘦的身体上,露出又瘦又长的棕色脖子,皮鞋又脏又破,一条编织的"吊带"勉强撑住不合身的长裤。结婚一年后,他们第一个儿子出世了,家庭负担也随之更加沉重。但他是个刚强的人,勇敢地用自己宽宽的双肩挑起生活上的重担,更加努力勤奋地学习与工作。

婚姻与家庭

林肯初涉爱河,就遭到不幸。林肯二十二岁时,为了生计背井离乡来到纽萨拉姆。在这里他深深爱上了酒馆主人的女儿安妮。安妮当时十九岁,是一个金黄头发、蓝眼睛、长得非常美丽动人的姑娘。林肯爱她爱的死去活来,如痴如狂。

晚上,他躺在店铺的柜台上,反复读着莎剧的台词:

柔柔的!

是什么光从那边的窗子透进来?

那是东方,

朱丽叶便是太阳。

当时很流行缝被服的聚会,安妮每次都去参加。林肯早晚骑马接送她,有时,甚至大胆走进屋,坐在她身边,看安妮纤纤玉指做针线活。他的心在狂跳,她的脸在发烧,手在颤抖,针脚也乱了。

当时,在他们看来,世界一切都那么美好,人生充满了神圣的意义。每当二人的眸子相对,安妮的芳心宛如一只快乐的小鸟在歌唱;每当安妮的一双柔美的手轻触林肯,他就兴奋得几乎窒息,他觉得自己是世界上最幸福的人。

不幸的是,1835年安妮被一种叫斑疹伤寒的病无情地夺去了生命,林肯悲痛欲绝,他受不了这突如其来的打击,他的心碎了,他的心在淌血,仿佛灵魂已随安妮到了极乐世界,只留下一副躯壳,完全失去了生存的意志。当时朋友们都担心他一时想不开会自杀。安妮的死使林肯完全变了一个人,在以后的二十年间,林肯从没快乐过,忧郁伴随着他艰难度日。

一年后,林肯又涉爱河。玛丽·欧文斯小姐是林肯在纽萨拉姆的一个朋友的姐姐,林肯竟鬼使神差似地答应要跟不曾见过面的玛丽·欧文斯结婚。

林肯第一次见到欧文斯小姐,印象就很不好。她虽然斯斯文文的,受过教育,而且很有钱,然而他们的恋爱进行的并不顺利,其中个中原因,就是林肯心中还想着安妮,总也下不了结婚的决心。他认为"她未免太主动了一点"。何况岁数又比他大,身体短胖,"后悔自己一时冲动"许下诺言,并说害怕娶她为妻,就象"爱尔兰人怕绞绳似的"。后来,他写道,"我以前就知道她身体特别肥硕,可是这次见面才发现,她如果嫁给福斯塔夫(福斯塔夫是莎士比亚的'亨利四世'及'温莎的风流娘儿们'中的一位武士,十分肥胖,爱吹嘘,厚脸皮,行事冒冒失失),那才叫做天生佳偶。我从前就知道她的外号叫'老处女',并且也相信至少这个雅号的第一个字是确实无误的。可是现在,我见到了她,简直情不自禁地觉得我见到我的妈妈了。这倒不是因为她脸上布满了皱纹——她的脸上皮下脂肪太厚,皱纹是显不出来的——而是因为她的牙齿也快掉光了,浑身上下一副久历风尘的样子;因为我的脑海里不由得产生一种想法:从她在襁褓时算起,不经过三四十度春秋,断然不会出落得恁般模样!总而言之,我没法喜欢她。但是我能怎么办呢?我自己亲口答应过她妹妹说:'不管好歹,我总是要娶她的。'我向来说话守信用,否则我觉得自己问心有愧,无颜见人。尤其是当对方要坚决履约的话,我就更不能食言。看来,在这件事上,对方也正是如此;因为我看透了,除了我,世上不会再有第二个人肯娶她的。所以,我敢肯定,她一家人是下定决心要保持这婚约,决不改变的。"

以后,林肯经常说服玛丽·欧文斯小姐,并暗示如果和自己结婚,她是得不到幸福的。最后,玛丽·欧文斯小姐终于决定取消婚约,林肯得到了解脱。

正当年轻的律师兼政治家林肯名声大振的时候,他认识了玛丽·托德。尽管他曾发过誓永不结婚,但最终还是娶了她。

玛丽·托德,出身于肯塔基州的一个富贵的家庭,她的祖父辈、曾祖父辈和叔伯舅公等,出过许多将军和州长,其中有一位当过海军大臣。她的父亲罗伯特·托德是肯塔基州银行行长,并做过州参议员。母亲早逝,当玛丽·托德八岁时,父亲重又结婚。

玛丽从小受的是贵族式教育,她朝气蓬勃,风华正茂,并富有魅力,能讲一口流利的巴黎腔的高级法语,有很高的文学和音乐修养。她自认为比别人优秀,而且始终相信她会当美国总统夫人。并公开夸口说出来。她的姐姐说,她喜欢光彩、炫耀、虚饰和权力",是"我所认识的野心最大的女人"。

玛丽生性高傲、落落寡欢,感受不到生活的快乐和家庭的幸福。她的脾气很坏,又和继母脾性不合,经常吵架,闹别扭。二十一岁那年,终于离家出走,投奔到春田镇的姐姐家。

玛丽是个矮个子,长长的睫毛下长有一对蓝眸子,浅棕色的头发,她聪慧伶俐,性格开朗大方,言谈举止不凡。她一到春田镇就成为引人注目的女性。

1860 年的两名总统候选人史蒂芬·A·道格拉斯和亚伯拉罕·林肯,当时都住在春田镇,两人都被玛丽磁石般的魅力吸引住了,被玛丽的美貌所倾倒,两人同时追求她,又都曾拥抱过她,都双双坠入爱河,拜倒在她的石榴裙下。

当别人问她愿意嫁给哪一个人时,玛丽总是自信地说:"嫁给最有希望当总统的人。"

道格拉斯门第显赫,仪表堂堂,英俊潇洒。当时,他已当上国务卿,政治前途非常光明。而林肯虽然远近闻名,但比起情敌来仍然是相形见绌。林肯只是个普通的律师,身无分文,无家可归,连伙食费都难以付出,而且身体瘦长,长相近乎丑陋,举止笨拙,不修边幅。

亲戚们都认为玛丽喜欢道格拉斯甚于林肯,事实恰恰相反,玛丽对林肯倒是很感兴趣,他们成了形影不离、难舍难分的朋友。他们一起读书、吟诗,一起讨论国家政治大事。玛丽的姐姐描述他们交往的经过说:"他们坐在屋里的时候,我多次碰巧在场;话题总是由玛丽先开始的,林肯先生只是坐在她旁边听。他很少说话,只是盯住她,仿佛被一股隐形的力量吸引住,他为她的机智而倾倒,为她的聪明伶俐而着迷,可是他无法和玛丽这种闺阁千金长时间交谈。"

经过一段时间的接触,玛丽已不能自拔,她被林肯的人品完全陶醉了,彼此都发现了最有吸引力的品质。玛丽发现林肯为人忠诚,思想深沉,感情丰富,富于幽默感,具有顽强的拼搏精神,是个可信赖可依靠的男人。林肯也发现玛丽是个对生活充满无限热情的人。

一天晚上,玛丽告诉林肯她以他为荣,说他是个大演说家,大政治家,有前途有魅力,坚信有一天一定会登上总统的宝座。

月光下,林肯俯视着站在面前的玛丽,玛丽的态度已表明了一切。于是就伸手轻轻地抱住她，柔柔地亲吻。被阵阵微风轻拂的树木花草，被眼前的情景感动了，它们含着那一颗颗晶莹碧透的露珠，微笑着望着这对纯情的人。

1840年6月，林肯和玛丽决定在1841年元旦结婚。

玛丽的姐姐和姐夫都坚决反对这一婚事，认为他们的结合是门不当、户不对，他既没受过教育，又很贫穷，玛丽嫁给他是不会幸福的。

倔强的玛丽却不听劝，只要她认准的事，十头健牛拉都拉不回，嫁给林肯的决心毫不动摇。

然而，他们的婚姻并不是一帆风顺的，花前月下并不那么甜甜蜜蜜、卿卿我我。订婚不久，林肯就看到他们之间的婚姻不会成功的种种因素。玛丽先是毫无顾忌地指责林肯，接着便迫不急待地"改造"起未婚夫来。她常常拿他跟自己的父亲比，让林肯的言行举止、穿衣戴帽有一种贵族的气派。不喜欢林肯不修边幅的样子，一天到晚头发乱糟糟的，衣服松松垮垮罩在那干瘦的躯干上，连外套也不穿，甚至不戴硬领，通常用一根吊带撑住有一些短的长裤，裤角下露出一节脚脖子。有时扣子掉了，就顺手削一根木钉来夹住衣服。玛丽这种挑剔、唠叨、骄傲、自以为是的做法使林肯如坐针毡，产生厌烦情绪，不再象从前那样频繁地来看玛丽了，有时甚至十几天也不登她的门。他清楚地看到：两个人受教育程度、出身门第、脾性爱好、思想观念等各方面都大相径庭，只有解除婚约才能避免由此带来的严重后果。当他鼓起勇气告诉玛丽他不爱她，也不想娶她为妻时，玛丽痛哭流涕，心里非常难过。面对女人的眼泪，心地善良的林肯心软了，流着泪临时改变了主意，他一下把玛丽拥到怀里，并吻了她，一场小小的风波平息了，林肯只好继续遵守诺言。

婚期一天天临近了。裁缝忙着赶做玛丽的礼服，玛丽的姐姐爱德华兹家请人粉刷房间，布置新房等，忙得不亦乐乎。这时候的林肯全无做新郎兴高采烈的心情，却是一副失魂落魄的沮丧样子，他感到悲哀，精神即将崩溃，体重骤减，暴躁易怒，似乎掉进了万丈深渊。

1841年元旦，天气晴朗，风和日丽，爱德华兹家喜气洋洋，一片欢乐祥和的气氛。到了晚上，烛火发出一片柔和的红光，冬青树花环挂在窗上，客人们陆续地来了，牧师夹着教堂的行礼用具也来了。人们兴奋地交谈声、欢笑声溢满了新房。

头戴婚纱，身穿丝袍的玛丽，今天可是最高兴的，本来就十分漂亮的脸，在洁白的婚纱的辉映下，就象出水的芙蓉，更加妩媚动人。玛丽端坐在房间里，耐心地等待着新郎的到来。但是，时间一分一秒地飞快流逝，汗水慢慢浸透了新娘的新衣，到9点半林肯还没来。客人纷纷告退，他们既惊讶，又尴尬，当最后一个客人离开后，孤独的玛丽，感到极度的失望、愤怒和羞辱，她象一头被激怒的狮子，扯掉头上的婚纱，咆哮着冲上楼去，扑倒在床上，伤心欲绝，放声痛哭。新郎逃婚会被人耻笑一辈子的，她有一种被抛弃感，她的脸面全被林肯给丢尽了。奇怪的是，经过这一挫折，玛丽不但没有责怪林肯，而是更加深了对他的爱，并且爱得刻骨铭心，死去活来，她只有一个念头，一定要嫁给他，且非他不嫁。

林肯逃婚三周以后，写出一封最悲惨的信寄给他的合伙律师。信中写道："现在我是世界上最悲哀的人，如果将我的悲哀平分给全人类，世上就没有一张愉快的面容了。我不知道自己会不会好转，就只有一死了。"

这段时间，林肯简直有些精神错乱，经常想到死亡，渴望死去。他的好友都认为"林肯有自杀的可能"。

林肯逃婚两年多来,从不理睬玛丽,尽量躲着玛丽,希望她将自己彻底忘掉。但骄傲的玛丽为了维护她宝贵的自尊,要向那些耻笑她的人证明她是能够嫁给林肯的。

　　1842 年 10 月初,热心肠的法兰西斯太太写信约林肯次日到她家里来。当林肯按约来到她家时,却意外地发现玛丽·托德坐在客厅里。当然,软心肠的林肯又招架不住玛丽的泪水加哭诉,马上缴械投降,化干戈为玉帛,并低声下气地为自己的逃婚而道歉。从此,他们展开了地下活动,总是神神秘秘地约会,而每次约会都是偷偷摸摸地躲在法兰西斯家紧闭的门扉里。

　　林肯为了顾全道义,终于在 1842 年 11 月 4 日星期五的晚上,怀着要下地狱的心情仓促地和玛丽举行了婚礼。林肯当时的表情很古怪,男傧相说他"活象要上屠宰场就戮似的"那样绝望和悲哀。婚后一星期后,林肯在写给朋友的业务信函里的"附启"中说:"除了我结婚之外,没什么新鲜事,我总觉得婚姻是一件非常奇异的事情。"

　　婚后,林肯夫妻寄宿在一家旅馆楼上一个狭窄简陋的房间里,每周支付食宿费四美元。1843 年 8 月 1 日,他们的大儿子罗伯特就诞生在这里。玛丽写道:"再没有比他(林肯)更钟情更忠实的丈夫了。"但琴瑟并不总是和谐的。他们婚后的生活总也摆脱不了苦涩的味道。有一天早晨,林肯夫妻正在吃早餐,林肯不知为什么触怒了妻子,玛丽气冲冲地抓起桌子上的杯子,将滚烫的咖啡泼到丈夫的睑上。林肯屈辱地坐在那里,一言不发。是开旅馆的尔莱太太拿来毛巾替他擦去脸上和流淌在衣服上的咖啡。当时其他房客也在场,他们目瞪口呆地看着眼前发生的一切。

　　春田镇是个小镇,它的范围很小,所有的十一名律师不可能全留在当地开业。林肯常骑马在本司法区奔波、办案,他耐不住妻子那变本加厉的唠叨,乱发脾气,所以每年都花半年的时间在外巡回,却害怕回家。

　　玛丽毕竟出身于上层家庭,很不习惯贫穷的生活。每天只好深居简出,孤独度日。家务活对她来说是陌生而繁重的,她必须每天很不情愿地清洗便桶和油灯,清扫炉灰和灰尘。觉得嫁给林肯实在是委曲了自己。

　　1844 年 5 月,林肯夫妇用省吃俭用的一千五百美元买下了一栋木结构房子,这是他们一生所拥有的惟一住宅。现在这栋房子已作为伊利诺斯州纪念馆保存下来。一次,林肯外出办案,待他两个多月后回来时,却找不到家门了。原来,喜欢漂亮房子和豪华摆设的玛丽趁林肯外出之机,用当年林肯父亲卖掉八十英亩地的钱,雇人把房子彻底翻新了。还专门为林肯造了一间客厅兼书房,并且从后面给孩子们扩建了几间卧室,使整个楼房具有瑞士别墅的风格。林肯故作严肃状地问一位朋友:"陌生人,你能不能告诉我亚伯拉罕·林肯先生住在什么地方?"

　　玛丽有个头疼的病,随着时间的飞逝,病情日益发展,而且越来越重。头不疼时,显得温顺,易于相处;头疼时,情绪就异常暴躁。对于病中的妻子,林肯总是迁就她,用自己的爱在安慰她,尽量不刺激她。因此,林肯愿意呆在乡下的旅馆里,不愿回家听太太唠叨、乱发脾气。玛丽的嗓门和凶悍早已远播四邻了,他们说:"她折磨他,搞得他魂飞魄散"。

　　在她眼里,林肯的长相、走路姿式都不如她意;驼背,走路笨拙,双脚一上一下没有弹性;小脑袋上长了一对呈直角往外伸的耳朵,鼻子不够直,下唇突出,手脚长得太长等等。林肯太太百般挑剔并非无缘无故,林肯从不注意仪表,皮鞋很少擦油,衣服脏兮兮的,天气暖和时,衣服背后一块块汗斑,活象一张地图,那头粗糙茂密得象马鬃似的头发从来不梳理,整天乱糟糟的,常令玛丽怒不可遏。

他在餐桌上不懂礼仪，不懂规矩，自由奔放。连餐刀握得都不对，常把饭菜弄到桌上和别的盘子里，把玛丽气得说不上话来。

他喜欢躺着看书。一进家门，立刻脱下外套和靴子，解下肩膀上的一根"吊带"，直挺挺地躺在地板上，把双脚伸到桌子上或椅子上看书。一天，有人敲门，他顾不得穿外衣和靴子就去开门，开门一看是玛丽的几个女友，就随便地说了几句滑稽荒唐的笑话，惹得玛丽立刻发火，非常生气，彼此都很难堪。所以林肯不愿呆在家里，直到深夜才悄悄由后门溜回去。

林肯非常溺爱自己的孩子，玛丽常责备他从不教导孩子，把孩子宠惯坏了。他总是说："我喜欢孩子们自由快乐，不受父母的约束。爱是一条锁链，把小孩和双亲拴在一起。"一次，他和一位法官正在下棋，儿子跑过来，把棋盘猛得踢翻了，棋子散落了一地。林肯微笑着对法官说，我们只好改日再下棋了。根本就没想到去纠正孩子的行为。

傍晚，林肯的孩子们常躲在树篱的后边，恶作剧似的将一根木条伸出去，将路人的帽子打掉。有一次，竟把林肯的帽子打落在地，林肯开心地笑了，嘱咐他们要当心些，免得有人会生气的。

星期天，林肯常带孩子到他办公室去。据荷恩敦回忆说："他们搜掠书架，乱翻抽屉和饰盒，打坏他的金笔笔尖，……将铅笔扔进痰盂，墨水瓶也弄倒，墨水给泼得满墙都是，信件扔得遍地，还在上面乱蹦乱跳。"然而林肯"从未以父亲的身份斥责他们，或者皱皱眉头。他是我所见过的最宠爱孩子的爸爸。"

随着时间的推移，玛丽慢慢地学会了操持家务。她精打细算，勤俭节约，常和商贩们斤斤计较。但为了脸面上的事，她倒是十分奢侈的。在林肯还是个穷律师时，玛丽不顾丈夫的反对、买昂贵的服装，买漂亮的马车，雇人替她驾车去拜访朋友。她经常责怪林肯律师费收的太低，头脑没有金钱观念等。的确，当别的律师靠律师费发大财的时候，林肯仍很贫穷，政治前途也暗淡无光。

玛丽是个有野心的人，她的心比天高，春田镇是盛不下她的。玛丽心想着白宫，眼盯着白宫，一心想住进白宫，所以极力鼓动林肯参加竞选。有人认为：假如林肯娶的是安妮，他肯定会幸福一辈子，却不会当总统。

在妻子极力怂恿和帮助下，林肯当选为国会议员，玛丽欣喜若狂，为丈夫的胜利突然变得异常活跃。她订了一套晚礼服，努力练习法语，准备大显身手。她曾向林肯的一个崇拜者吐露说："总有一天，他会当上美国总统；如果没考虑到这一点，我是不会嫁给他的，你看他长得并不漂亮。然而仔细观察，他不是很像未来的总统吗？"

林肯携全家到华盛顿就职。他白天上班，而玛丽盼望着和那些显赫的人物和名门贵族有所来往，但他们根本不接纳玛丽，只好呆在家里。当时她的情绪极坏，整天心烦意乱。

林肯在国会任职期满回到家乡，继续他的律师生涯。他决心放弃政治，专心从事法律工作。这时，他们已经有了三个男孩，大的叫罗伯特，二的叫爱德华，三的叫威廉。他改进了律师业务，以挣钱养活他人丁兴旺的家庭。

为了训练自己的推理表达能力，他研究几何，研究代数，接着又读天文学。他每次骑马在外出巡时，就带着这些书反复阅读，手不释卷地研究，以致达到全部精通。

林肯从此开始到生命的终点，最引人注目的特色，就是忧郁。与他相识的人都认为："他那地狱般的哀愁"与政治上的失意有绝对的关系。

不甘低人一等的玛丽不断地为林肯鼓气,促使他重返政坛。

机会终于又来了,突然发生的一件事,改变了林肯一生的方向,促使他昂起头向"白宫"出发。当林肯因奴隶制问题同道格拉斯进行大辩论的时候,玛丽总是帮助丈夫整理笔记,准备材料。林肯最终落选,但通过辩论已使他名扬四方,成为全国瞩目的政治家,为以后竞选总统打下了坚实的基础。

1860年春天,共和党全国代表大会在芝加哥召开,没想到林肯会被提名为总统候选人。竞争对手还是道格拉斯。

六个月以后,林肯当选为总统,玛丽终于实现了她的梦想,成为总统夫人。

1861年2月,林肯一家走进白宫。

住进白宫以后,玛丽处心积虑地要恢复在西部失去的一切,但华盛顿社交界的贵妇们不习惯她,挑剔她,瞧不起她,排斥她。玛丽强忍着,只好改变对策,买昂贵的服装,在服饰上要压倒她们,并制定了一个修缮计划,彻底改造白宫的房间,象变戏法似的由原来破烂不堪的样子变成了豪华舒适的宫廷,并成功地举办各种招待会和宴会。她曾在四个月内买过三百双手套,花五千美元做了套晚礼服,到林肯遇难时,她已债台高筑,光购衣服就欠二万七千美元之多。人们纷纷谴责她奢侈浪费,并攻击她庸俗粗鄙。

玛丽虽然费尽了心机,最终也没有将华盛顿的贵妇们争取过来。相反,那些南方同情者们看不起她背弃了南方,那些北方支持者们则怀疑她是南方派来的奸细。玛丽在南北方人眼里都成了罪人。

玛丽家中大部分成员都居住在南方,她的三位兄弟和最崇敬的姐夫都在为南部联邦的战斗中英勇牺牲。玛丽非常难过,但是从来没有动摇过她支持北方的信念,坚定地站在攻打南方盟军的最高统帅——自己丈夫的一边。

玛丽的爱憎是分明的。她一向憎恶奴隶制,忠于联邦,她曾认为解放黑奴是惟一解决争吵的办法。她还曾向救助逃跑黑奴协会捐款二百美元,名列捐献者之首。

1865年,二十二岁的大儿子罗伯特毕业于哈佛大学,早已到了征兵的年龄。尽管他们已失去了两个儿子,林肯并没有把其他孩子严密保护起来,他说服妻子,希望罗伯特到部队去体验一下生活,锻炼一下意志,以利于更好地成长。罗伯特到了部队,乐于承担分配给他的艰苦工作,从不因自己是总统的儿子而搞特殊。他工作的非常出色,踏实肯干,得到大家一致称赞。林肯也为有这样一个好儿子而骄傲。

玛丽是个有智慧、有能力、敢想敢干敢说敢怒的人。她不喜欢将军们,经常在丈夫面前埋怨他们。同时参与丈夫的政事,有自己强烈的、坚定的主观意识。有一回,她威胁林肯若不提升某一军官,她就要当着众人的面倒在泥地上。还有一次,她在重要访谈时间冲进办公室,滔滔不绝发表她的观点,使大家非常难堪。

玛丽还很愿意吃醋,她不愿意丈夫单独和别的女性在一起,不许他和别的女人跳舞,有时当着众人的面就大声训斥丈夫,并且一点情面都不留。对此,林肯只有气和恨。作为一个男人,尤其是作为一个大人物,他真是受够了妻子的气,有时真想逃脱。

林肯被刺后,极度悲伤的玛丽离开白宫,回到家乡。1871年,十八岁的幼子因病去世。玛丽的精神再次受到重创。1875年5月,长子罗伯特只得将她送进疗养院休养。四个月后又回到家乡和姐姐住在一起。1882年6月16日,在孤独和病痛中苦熬岁月的玛丽,在四十多年前嫁给林肯做新娘的那个房间里悄然去世,终年八十四岁。

反对奴隶制

林肯的一生,从一个"诚实的亚伯",到当选为美利坚合众国第十六届总统,直到最后被刺,他迈出的每一步都与当时的奴隶制有关。

林肯生活工作的年代,正是美国历史上发生动荡变革的时期,北方的资本主义自由劳动制度和南方的种植园奴隶制度都在沿着不同的经济道路迅速发展,南北对立越来越尖锐,矛盾越来越激化。

1783年美国独立战争胜利以后,美国统治阶级随着美国力量的增长,不久就走上了对外扩张领土的道路,并扬言,美国是"先天注定"要把领土扩张到整个北美的。1803年,美国乘法军镇压海地独立遭到失败和法国忙于欧洲战争的时机,从法国手里购买了路易斯安娜,把美国的领土面积扩张了一倍。1810年和1813年,美国占有了佛罗里达的西部。1819年,又强取豪夺了佛罗里达的全部领土。1836年,美国挑动得克萨斯叛乱,脱离墨西哥的统治,建立起"孤星共和国"。1845年,这个共和国又成了美国的一个州。1846年——1848年,美国又向墨西哥发动了战争,并侵吞了从墨西哥到加利福尼亚的广袤土地。同时,又吞并了北纬四十九度以南的俄勒冈。不到半个世纪,美国的领土已从大西洋扩张到了太平洋。

在美国领土不断向西扩展的同时,东部各州向西移居的人似洪水激流,勇猛向前,而且西进的洪峰已经越过密西西比河,继续向西涌进。十年间路易斯安娜、印第安纳、密西西比、伊利诺斯、亚拉巴马、密苏里等六个新州又加入了联邦。

独立战争刚结束时,美国的工业还不发达,仍停留在家庭手工业阶段。但是随着领土不断扩张,移民带着先进的技术不断迁入,他们通过对印第安人的剥夺、屠杀,大规模的走私、土地买卖及海外贸易等手段,开始了血腥的资本原始积累,满足了经济发展的需要,在十九世纪四十年代后,工业革命得到显著的发展,十九世纪中期,公路、运河、铁路等交通事业的兴建与发展,促进了国内市场联系的加强,同时有力地促进了东北部工业的发展。

但是,当时美国的南部还保留着落后的奴隶制种植园经济,奴隶主把扩展的土地都变为种植园,大量种植棉花和其他工业原料,为了得到更多的廉价工业品,奴隶主主张压低关税,用棉花和工业原料,从英国换回大量工业品,而北方为了扩大商品市场,扩大工业原料的来源,发展资本主义工商业,要求有更多的自由劳动力,来发展资本主义工商业,所以要求保护关税,阻止英国货大量输入。正是随着经济的发展,北方与南方两种经济制度之间的矛盾日益加深。

十九世纪四十年代,很多北部人要求联邦政府将新开垦的土地归农民所有,而南方奴隶主则认为这意味着要将他们赶出西部。奴隶主不但要保持南方的奴隶制度,还要在西部扩张的土地上站稳脚,推广奴隶制。双方的矛盾和斗争非常激烈,集中表现在黑人奴隶制度的存废问题上。

早在1790年,联邦政府曾规定:原则上美国不允许奴隶制度存在,但在北方(以北纬39°43′26．3″为界)暂时允许保留奴隶制度,但是规定没有说明以后如有别的州加入联邦是否允许保留奴隶制度的问题。1819年,密苏里申请建州,加入联邦。当时,美利坚合众国已经有二十二个州,自由州和蓄奴州各一半,在参议院的人数势均力敌。国会为此展开了激烈的辩论。南方奴隶主坚持密苏里应属蓄奴州,并威胁北方,否则,就退出联邦。北方资产阶级为了维护南北市场的经济利益,主张同奴隶主妥协。1820年,国会通过了《密苏里妥协案》,确定密苏里为蓄奴州,从马萨诸塞州分出缅因州作为自由州加入联邦,还规定:以密西西比河以西的北纬36°30′为界,线以南为蓄奴州,线以北为自由州,这实际上承认了奴隶制的合法地位,南方奴隶主的势力越来越大。

1850年,国会又通过了一系列法案,总称为《1850年妥协案》,规定加利福尼亚作为自由州加入联邦,墨西哥合并来的土地须变为蓄奴州;法案还规定,联邦政府通过有效的法律,帮助奴隶主追捕逃亡的奴隶。这次妥协引起广大人民特别是废奴运动者的极大愤慨。

奴隶主把黑人奴隶不当人看,奴隶逃跑了,奴隶主可以任意"猎捕",谁如果反对奴隶制度,就是犯了法,奴隶们稍有不慎,就会遭到奴隶主的任意惩罚,和惨无人道的杀害,轻则用鞭子打一顿,重则割舌头,剜眼睛,断肢,剥皮,抽筋或被绞死等等。

愤怒的黑奴觉醒了,他们为了砸碎套在身上的枷锁,争取自由曾进行了多次的反抗。他们举行奴隶起义,烧毁种植园,杀死奴隶主,多次击退奴隶主的围剿。

奴隶主虽然加强了防范,但是在北方,废奴的呼声却是洋洋盈耳了,他们纷纷组织成立各种废奴组织和团体,把千百万群众吸引过来,积极支持黑人奴隶的解放斗争。

废奴派不仅进行宣传鼓动,还组织了"地下铁道协会",帮助南方四万多名黑人奴隶从各州逃往加拿大或北方自治州,获得了自由。著名的废奴运动的杰出领导人之一约翰·布朗,在1850年追捕逃亡奴隶的法令颁布后,他又组织了"援助逃亡黑奴联盟",他率领黑奴们英勇斗争,鼓舞和推动了黑奴解放运动的进一步高涨,而他却被捕入狱,最后英勇牺牲。有个传教士查理·特纳·托利曾经指导四百个黑人奴隶获得自由,而他却死在牢房里。哈里特·塔布曼是一个黑人妇女,过去曾帮助一个奴隶逃走,而被监工打伤,健康受到严重损害。自从她逃出大火坑后,就参加了"地下铁道"工作,她不顾病痛,不怕奴隶主悬赏四万美元买她的头颅,十九次深入虎穴,从南方带走三百多个奴隶,使他们获得了自由。

废奴运动本质上是一个资产阶级民主运动,有觉悟的工人逐渐认识到:他们的经济利益和解放黑奴的斗争紧密联系在一起,只有结成联盟,团结一致,向奴隶制度展开坚决的斗争,才能取得胜利。这样,美国出现了在北方掀起废奴运动,象是一股永恒的贸易风,对着南部猛吹不已;南部则坚决推广奴隶制。

在这场斗争中,林肯坚定地站在废奴主义者一边,非常关心黑人奴隶的问题。他虽然没有加入过废奴运动团体,但他相信一切人生而平等,站在资产阶级民主主义的立场上,反对奴隶制度,主张白人和黑人在政治上是平等的。他出身劳动人民,对黑奴的悲惨遭遇一直寄以深深的同情。他小时候就跟黑人邻居相处得很好;他全家还曾受过奴隶主的迫害而迁居他址;在新奥尔良又亲眼目睹了买卖奴隶的悲惨情景,当时就满怀憎恨地说:"若有机会,我一定会狠狠打击这玩意";在当穷苦的律师时,他主持正义,设法挽救过黑人。他认为奴隶制是建立在不平等的基础上的,奴隶制度是一种罪恶。

1837年,林肯开始公开发表反对奴隶制的言论。在全国废奴运动影响下,他开始认识到:不废除奴隶制,就不能发展资本主义。1838年、1840年,他都当选为州议员,这期间,他仍然反对奴隶制度。1847年,林肯当选为国会议员。面对美国社会奴隶制度存废这一主要矛盾,他更坚定了反对奴隶制的信心。林肯考虑到:如果在全国废除奴隶制,势必导致联邦的分裂,甚至可能发生流血事件,就会影响资本主义的发展。究竟怎么办呢,他犹豫了。1849年10月任职期满,他又回到了家乡,重操律师旧业,有空也讲些笑话,他那幽默、滑稽的举止和词句,总使人大笑不止。可是一旦谈起拍卖奴隶的情景,他就义愤填膺。他说他宁愿一辈子干肮脏粗活,也决不去拍卖奴隶;宁可一个人艰苦地经营一座农场,也不去购置黑人的孩子。

春田镇有一位黑人妇女,她儿子在一艘密西西比轮船上任职。在船抵达新奥尔良时,因为身上没有任何证件,竟被逮捕下狱,还要将他拍卖为奴,抵付监狱的开销。这位黑人母亲为拯救原是自由身的儿子,来找林肯。

林肯向伊利诺州州长提出这个案子,州长表示无权干涉,随之置之不理。

林肯面对州长的态度,特别强调地说:"皇天在上,州长,如果你无权下令释放无辜而可怜的少年,那么我将使奴隶制度在本国无处容身。"

最后,林肯亲自主持为她募捐了一笔钱,交了监狱的费用,把他的儿子救了出来。

从1849年—1854年,他几乎走遍了整个州和县,深入群众,了解他们的疾苦。这期间,为了充实自己,还读了许多书。由于国内严峻的政治斗争形势,促使他放弃了心爱的律师工作,积极投入到反对奴隶制、同道格拉斯进行辩论的活动中来。

1854年,参议院通过了斯蒂芬·A·道格拉斯的《内布拉斯加法案》,撤销了1820年通过的《密苏里妥协案》。道格拉斯的《内布拉斯加法案》宣布:新建堪萨斯与内布拉斯加两个准州,并规定这两地的居民可以自己决定本州的性质,根据《密苏里妥协案》的规定,这两个州都是自由州。所以,当《内布拉斯加法案》一公布,就遭到北方人的极力反对,反对南方奴隶主将这两个地区划为蓄奴州。但是奴隶主害怕这两个州会被北方资产阶级争夺了去,又组织武装暴徒抢占堪萨斯和内布拉斯加。结果,南北双方发生了武装冲突,内战持续了两年多,已经开始威胁到联邦的存在。

越来越激烈的奴隶问题,激起了林肯的政治热情,他说:"密苏里妥协方案"的撤消"唤醒"了他。他决心拿起"演讲"这个武器,以整个灵魂的精神和信念投入这场唇舌枪战。

于是他开始查资料,找证据,准备演讲稿。

10月,在伊州的博览会开幕那天,道格拉斯开始演讲,他重申他的论点:就是要让各区域的人民自行决定如何处理奴隶问题,"堪萨斯州或内布拉斯加州的人民既有能力自治,一定也能管理那几个可怜的黑奴。"

林肯一边听一边思索他的每个论点,并宣布:"我明天将要指出他的矛盾之处。"

第二天下午,为大不义动容的、为受压迫民族求情的、被道德尊严感动的林肯,开始了使他永垂不朽、使世人永远缅怀的一篇伟大演讲。

他说:"我对南方,不存有任何偏见,若是易地而处,我相信我们也会做出同样的事来。如果奴隶制度已成为社会上的普遍现象,即使是北方人也不会轻易放弃。

"南方人认为不该将奴隶制度的责任全部推到他们身上,这一点我同意;若说要废除现存的奴隶制很难,这一点我也能体谅,因为,就算把全世界的权力都给我,我也不知道该怎么来处理。"

道格拉斯对林肯的反驳有些坐不住了,他不安地一次次打断林肯的话为自己辩护,他盛气凌人地说:"我们的政府是建立在白人的基础上的,是为了白人的利益而设立的,白人认为应当怎样管理,就怎样管理。"

林肯理直气壮地驳斥说:"既然黑人是人,我们不让他们自治,这岂不破坏自治了吗? 白种人管理自己,被称为自治,如果白种人管理自己又要管理别人,那就不是自治而是专制了。人应生而平等,黑人也是人。今天让黑人当奴隶,让白人来管理他们,难道是合乎道义的吗?"

　　林肯流着汗讲了三个多小时,他指出道格拉斯立论的错误,证明对方的论点是十分荒谬的,是站不住脚的。

　　林肯的慷慨陈词给观众留下深刻的印象。也为以后竞选总统打下了坚实的基础。

　　1856 年,林肯加入了共和党,并很快成为这个党的著名的组织者和领导者之一。不久,他又被提名为副总统候选人,虽然没有当选,却获得了许多选票,可见他的群众基础是很好的。

　　1857 年的司各特案,成了惹人注目的又一重大事件。黑人司各特原是密苏里州一位军医的黑奴,他随主到自由州住了四年以后,又回到了密苏里州。根据规定,在自由州的四年里,司各特已成为自由人。可当他回到密苏里州,又被当成黑奴。司各特起诉,要求把他当作自由人。但联邦最高法院根据 1850 年关于追捕逃亡奴隶法令,不承认他是自由人,并在宣判书中宣布:过去的黑奴,无论在何地,都是他主人的财产,认为凡是有利可图的时候,黑人都可以被当作一件普通商品和货物进行买卖和处置。黑人是劣质种族,使他们成为奴隶是合法的。林肯认为:判决破坏了宪法的规定,违反了《独立宣言》关于人生而平等的原则,他根据宪法规定,结合事实,有理有力地对此进行了反驳。

　　1858 年,四十九岁的林肯参加了美国历史上一场著名的政治战争,而且自此挣脱偏狭的观点和默默无闻的状态。那就是林肯和道格拉斯在竞选国会参议员中所进行的七次激辩。

　　他们的争论非常热烈,充满了火药味。吸引的人愈来愈多,愈来愈激动,简直到了疯狂的地步。空前的人潮无法使聚会厅和礼堂所容纳,只好在树丛和原野中举行。

　　林肯在竞选前好几个月就开始准备。每当一篇演讲稿完成后,总是邀请几位密友,倾听他们的意见,并在此基础上再进行修改补充,使之更加充分。

　　在辩论中,林肯表示反对奴隶制度,但他认为保持联邦统一是主要任务。他指出:"这个政府不能永远保持半奴隶和半自由状态。"

　　"内部分裂的房屋不可能屹立。"

　　"决不希望联邦分裂,决不希望家庭分裂。"

　　"虽然我不喜欢国家发生内战致使联邦瓦解,但是,我更不喜欢国家继续分裂下去,为了更长远的和平与团结,为正义而战是值得的。"

　　"奴隶制是一桩在道义方面、社会方面以及政治方面都不正当的事。"

　　林肯的朋友认为这些话太激进了,会把选民吓跑的。

　　林肯表示,他再度强调"内部分裂的房屋绝无可能屹立"是颠扑不破的真理,无懈可击。

　　并强调:"这是举世皆知的真理。我要用最简单的话表现出来,让人们了解时局的危险性。现在已到了该摸着良心说真话的时候,我决定不再改变我的主张。必要时我愿意为伸张正义而死。如果这次演说使我失势,那就让我与真理一同沦丧吧。"

　　8 月 21 日,第一场论战在奥泰华镇举行。

这天,演讲台周围人山人海,水泄不通。

林肯说:"人家说我有野心。天知道我是多么诚挚地祈求这场野心战就不要展开。……但是,今天密苏里折衷方案若能恢复,原则上反对奴隶制度的扩张,只是暂时容忍现在陋规,那么,我心赞同道格拉斯法官永不退位,我永不任职。"

道格拉斯强调:"让每州管自己的事,别干涉别人。"

林肯反驳说:"道格拉斯认为奴隶制度是对的,我认为它不对,这是整个论战的差异所在。

"他主张任何地区是否蓄奴可以随心所欲。如果蓄奴没有错,那当然很好。如果蓄奴是错的,为什么可以任由人们做错事?

"道格拉斯不在乎蓄奴制度的存废,以为这就好象邻居要在农场上种烟草还足养牛羊一样,可以凭个人高兴。可是大多数人跟道格拉斯法官不同:他们有是非观念,他们认为蓄奴是不道德的大坏事。"

林肯在与道格拉斯辩论黑人问题时说:"人生来是平等的,这在《独立宣言》中早就告诉我们了。"道格拉斯狡辩说:"《独立宣言》中所指的人,与黑种人以及其他低级的人无关。"林肯则反驳道:"《独立宣言》中所指的人,显然是包括所有的人,不管他是白种人还是黑种人。他们至少也享受'生命、自由、追求幸福'的权利,也享有把自己赚来的口粮放进嘴里的权利……这一点跟我们每一个人都是平等的。"道格拉斯坚持说:"不管怎样,反正各地人民应有自己决定奴隶制度是否存在的权力。"林肯厉声痛斥:"这种权力是荒谬的,蓄奴制度早已得不到人民的同意,它很难在联邦任何地方推行了。"

道格拉斯又指控林肯主张白人"和黑人通婚"。

林肯反复否认,他说:"若说我不要一个黑人女子为奴,就表示我要娶她为妻,这是什么推论?我表示坚决反对。我从未用过一名黑奴,更没娶黑人为妻。世上有足够的白种男女可以匹配,也有足够的黑种男女可以匹配,让他们顺其自然吧!"

最后林肯坚定地表示:奴隶制度最终会走向灭亡。

这次竞选,林肯虽然比道格拉斯多得四千零八十五张普选票,但当时民主党在联邦政府中央和地方的势力比共和党大得多,结果,林肯失败了,道格拉斯还是当选为参议员。

这时,虽然林肯尚未成为一名真正的废奴主义者,但是通过这次政治战争,却获得了崇高的声誉,他反对奴隶制,解放奴隶的思想逐渐得到人们的认可,日益成熟起来,这为 1860 年入主白宫铺平了道路。

入主白宫

1860 年 5 月,在伊利诺州共和党州代表大会上,林肯被提名为总统候选人。

这时,民主党也举行代表大会,由于北方代表道格拉斯曾主张"平民主张"的原则,也就是在新的地区是否允许奴隶制度存在,应当由当地居民投票的主张,使奴隶们很不满意。因此,民主党就分裂成南北两派了,总统候选人的提名也分别是南北各一人,自然而然的民主党在竞选中力量分散,为林肯竞选总统创造了好的条件。

当时,大家一致看好的是英俊的纽约客威廉·H·西华。前往芝加哥的代表在火车上试验投票,结果西华的票数是其他候选人的两倍,林肯的票极少,好多代表还不曾听说有这么一个名字。

事也凑巧,荷瑞斯·格里莱对西华存有六年的积怨,这次终于寻找到报复西华的机会了。在那个关键的、休会的星期四的晚上,他彻夜未眠,逐一拜访每个代表团,晓之以理,动之以情,再加上威胁利诱,还有他主持的具有非凡影响力的"纽约论坛"报销及北方,这个有一定影响的人物所到之处,人们都静下来听他说话。

格里莱鼓动大家宁愿投票给一只猎犬,也不投给西华。并从各个角度提出论据,指出西华是一位"奸诈的鼓动者",曾提出"血腥计划",还要废掉公立小学基金,主张为外国人和天主教徒分别设立学校等等,结果使大家对西华的行径表示愤恨。所以拥护西华的人潮开始退却。

这时,林肯的朋友们乘机劝那些反对西华的人转而支持林肯,并准备迎战道格拉斯。竞选中,印刷极为精致的小册子《亚伯拉罕·林肯其人》发行了上百万册,这本小册子对林肯做了详细的介绍,使选民们了解了林肯的出身、作风、仪表、家庭和信仰等,从而和这位劈栅栏木条者缩短了距离,感到十分亲切。在全国代表大会上,"拥护者阿伯,拥护劈栅栏木条候选人"的呼声终日不息。林肯在和道格拉斯迎战的前期工作中,准备十分周全,应付起来驾轻就熟,何况他又是肯塔基人,可以在立场不明的边境各州赢得选票,而且他是从劈木条、垦草皮奋斗起家,最了解老百姓,是西方最欢迎和崇拜的候选人。林肯虽然得到北方的拥护,但却受到了南方奴隶主的攻击,他们威胁说"倘若共和党的候选人当选了总统,那么,南方诸州一定脱离联邦,国家就会分裂。"

星期五早晨,投票开始了。

第一次投票,西华领先,第二次,宾夕法尼亚州投了 52 票给林肯,第三次,林肯势如破竹。

选举结果揭晓,林肯在"四马竞赛"的总统大选中,赢得了除新泽西以外所有自由州的一百八十六万六千四百五十二张普选票和一百八十张选举人票,在南方十个州中,林肯遭到了蓄奴主义者的抵制,没有获得一张选票,但是林肯仍然战胜了三名对手,当选为美国第十六届总统。

一个"劈栅栏木条者",凭借其崇高的个人品格,坚定的政治信仰,丰富的学识修养,不屈不挠的斗争精神,走上了通往白宫的道路。

这是一条布满暗礁险滩、荆棘丛生的路,是一条充满斗争的路,主要的就是围绕奴隶制的扩张和限制的斗争。

早在三十多年前,北方就有一个一心想消灭奴隶制度的狂热团体。他们利用印刷的宣传品和巡回演讲,展示奴隶们穿的肮脏的破衣服,展示限制他们自由的铁链、手铐及各种刑具等来进行政治性的煽动。

1839 年,美国反蓄奴协会发行了一本小册子,名叫《美国奴隶制度现状——一千名目击者的证言》。书里记载:奴隶双手被浸在滚水里,双手被剁掉,眼睛被剜掉,牙齿被敲掉,身体被打上烙印,被狗撕下皮肉,被皮鞭打死,被奔跑的马拖死等。同时小册子中还传述一些令人恶心的荒淫故事等。

哈丽叶·毕契儿·史托威写的"汤姆叔叔的小屋"一书,引起了极大的反响,她将废奴运动掀起了高潮。文中生动地叙述着奴隶制度下所发生的悲剧,激起广大读者的热情。林肯称她为掀起大战的小妇人。

北方废奴主义者发动这种善意而又荒诞的夸张运动,其结果是激起南北双方的恨,南方不要别人管自己的事,要跟这些傲慢、多管闲事的批评家闹翻。因而在南北分界线的两侧,时常发生冲突,甚至演变成流血局面。

1860 年,林肯当选为总统,南方坚信奴隶制度完蛋了,他们决心要退出联邦。南方开始招兵买马,购置武器,首先南卡罗莱那州通过"分离条件"宣布脱离联邦,接着又有六个州也迅速跟进,加入了分裂联邦的阵营。并且竞选了自己的新国家的总统,而新国家是根据所谓"大真理……奴隶正是黑人最自然最正当的身份"理论建立的。

当时的即将退职的布坎南总统一面反对南方诸州脱离联邦的行为,一面又极力反对联邦运用武力去阻止分裂。

林肯眼看联邦分裂,合众国将要毁灭。他心如刀绞,一筹莫展,吃不下饭,睡不着觉,因忧虑过度体重骤减四十磅。

林肯有些迷信,他相信未来的情势会有预兆。1860 年,在他当选的第二天下午,他回到家,坐在沙发里,突然发现对面镜子里有自己的两张脸,其中一张是惨白的。他吓了一跳,刚站起来,幻影就不见了,坐下后,幻影又出现了,而且更加苍白。他为此心里很不安。玛丽说这是连任的征兆,其中那张苍白的脸象死人一样,则表示在第二届任期中就死掉的。

林肯相信他到白宫是去送死的。因为在北方的人民群众振臂欢呼,热情拥护他竞选为总统之时,南方的奴隶主们却恨之入骨,激烈反对。他们叫嚣:"他(指林肯)是一只怪物,他不但给黑人奴隶自由,而且还要让黑人与白人享有同等的权利,这简直不象话。""把见血的长矛投进纵火者们的这个巢穴里去吧!"他们还大肆叫嚷道:"邪恶的共和党人林肯和疯狂残暴的共和党就要把不可制止的冲突强加在我们头上了"等等。

这一段时间,林肯还收到了大量画有绞架和刀剑的恐吓信,诅咒他是给国家和人民带来灾祸的魔鬼,并祈求上帝把他绞死。在一幅漫画上,林肯的脖子上套着绞索,双脚戴着铁链,全身涂满柏油,柏油上粘着羽毛。并威胁他不可能活着进入白宫。……面对恐吓、侮辱、利诱、诽谤,林肯没有害怕,更加坚定了他的决心。他声明,为了国家的利益,宁可被绞死,也决不妥协让步。

林肯在动身前往华盛顿前三个周,就开始准备第一次的就职演说。他把自己关在一间杂货店的阁楼里,在脏兮兮的杂物堆中写出那篇著名的演说辞。演说辞的结尾感人至深,他是这样写的:

"我不愿与你们交战。我们不是敌人,而是朋友。我们千万不能彼此仇视。情绪虽可损伤感情,却不能拉断我们的关系。神秘的记忆之弦由全国每一个战场和爱国志士的坟墓延伸到每一个人的心中,善良的本性一经触动,每一座炉灶边,就会洋溢着团结的合唱曲。"

1861 年 2 月初,林肯把房子租了出去,以很低的价格卖掉了家具、马和马车。林肯一家留在春田镇最后一个星期是在旅馆度过的。2 月 10 日,全家人把皮箱、盒子及行李拿到旅馆楼下的门厅,由林肯亲自捆扎好,在旅馆卡片的背面写上"华盛顿市总统官邸 A·林肯",将卡片系在行李上。

第二天早晨七点半,林肯一家乘坐一辆破烂旧巴士,带着借来的旅费,来到火车站。

这天,天上下着濛濛细雨,可车站月台上却拥挤着成千上万的送行的人。老朋友们排成一行,挨个握一握他骨瘦如柴的大手。

林肯走上台阶,最后一次凝视着老朋友的面孔,本来他不打算演讲,可是千言万语涌上心头,他激动地流泪了,他满怀深情和哀愁地缓慢地向家乡的人们作了象"大卫王赞美诗"一样的道别演说。

"朋友们:不是处于我这种情况的人,绝对无法体会我心中的悲哀。我所有的一切都该归功于这个地方,以及此地人的善意。我在这儿住了四分之一世纪,由一个年轻人长成一个老头子。我的孩子都在这里出生,其中之一且长埋于此。我这一走,什么时候回来,或者会不会再回来都不知道,眼前的任务比华盛顿更为艰难。若没有上帝帮忙,我不可能成功。有了他的帮助,我不可能失败。信赖他吧,他会与我同行,也会留在你们身体,永远无所不在,让我们怀着信心,希望一切安好。我将你们托付给他,也希望你们在祈祷中祝福我,我诚恳地跟你们道别。"

在林肯前往华盛顿就职途中,林肯对于有人要暗杀他并不惊慌,为了自己的奋斗目标,早已把生死置之度外。一路上他会晤了一些州长和众议员,了解了许多情况,并依照预定时间在宾夕法尼亚州的哈利堡发表演说。他乔装打扮,和名侦探亚兰·平克顿一起巧妙地避开了特别嚣张的杀手,于 2 月 23 日清晨,安然无恙地来到了首都华盛顿,未挨枪弹就活着进入了白宫。

3 月 4 日,庆祝总统就职的队伍看起来特不舒服,象是送葬的队伍,春天的强光照得他们懒洋洋的,阵阵狂风卷起的尘土使他们睁不开眼睛,高高的尚未竣工的建筑物边缘上支着许多横七竖八的吊杠,给人一种摇摇欲坠的感觉。

但是,当高大笨拙的林肯走上宣誓就职的讲台,以高亢激昂的声音发表演说的时候,人群象突然注入了生命源,开始振奋起来。

"内战这一重大问题的决定权——(他对南部这样说道)——是操在你们手里,而不是在我手里。政府将不会向你们进攻。我认为,从一般法律和宪法上看来,我们这些州所组成的联邦是永恒的。……没有哪一个州能够单凭自己的行动合法地退出联邦。"

林肯重申了尊重各州奴隶制的保证,但是主张限制奴隶制区域的扩大。同时明确提出了南北不能分离的策略,希望不要采取流血的手段来解决南北之间的争端问题。并坚定的表示,如果南方一定要用战争来解决问题,那么,为了联邦的统一,他愿奉陪到底。

林肯就职以后,面临着重重的困难和严峻的考验。

解放黑奴

美国共产党前主席福斯特曾指出:"林肯虽然多次迟疑不决并且低估了黑人,他毕竟领导了一个伟大的联合,靠着这个联合,国家胜利地贯彻了同种植园主的生死斗争。对于粉碎国家进步道路上最大的障碍——南部的蓄奴政权,他起了决定的作用。在他的领导下,保全了国家的团结,开辟了工业急速发展的道路,奠定了工人运动进一步发展的基础。他一生中最伟大的一举——使他永远位于不朽的政治人物之列的一举——就是他颁布了解放宣言——为四百万黑人奴隶打碎枷锁的历史性文件。"

1861 年 4 月 12 日早晨 4 点 30 分,南方奴隶主的同盟军炮轰联邦军队守卫的炮台萨姆特堡垒,向北方联邦政府开了第一炮,接着连续攻击三十四个小时。在炮火的阻击下,救援的船队无法通过火线,城堡最后陷落。15 日,林肯政府宣布南方各州是叛乱州，号召人民为恢复联邦的统一对南方宣战。南北战争从此拉开了序幕。

正如马克思分析的："当前南部与北部之间的斗争不是别的，而是两种社会制度即奴隶制度与自由劳动制度之间的斗争。这个斗争之所以爆发，是因为这两种制度再也不能在北美大陆上一起和平相处。它只能以其中的一个制度的胜利而结束"。

美国内战以南方叛乱诸州的挑战而开始的。从南部同盟方面说，它的目的是为了维护和扩张奴隶制度，是大逆不道的，因而是非正义的战争，遭到全国人民的反对。从联邦政府来说，它所进行的战争是为了保存联邦和维护联邦的统一，是顺乎民意的，因而是正义的战争，得到全国工人、自由农民、黑人和资产阶级的支持。

内战爆发时，南北双方力量对比悬殊，北方占有压倒的优势，表示继续忠于联邦政府的有二十三个州，占有四分之三的土地，拥有二千二百万人口，工业生产在 1860 年占全国的百分之九十二。粮食也很充裕。南方同盟共包含十一个州，占有四分之一的土地，拥有九百万人口，其中黑人奴隶就占四百多万，人力、物力、财力远远不及北方。由于诸种原因，北方在战争前期没有发挥力量的优势，在战场上连遭挫折。

失败对于林肯来说并不新鲜，他已经司空见惯，一辈子都在面对失败，但并未被打垮。

由于象征合众国的星条旗在萨姆特堡垒被击落，加上林肯的迎战宣言，并下令召集 75000 名志愿军，全国掀起一股爱国的热潮，各类厅堂和广场举行大聚会，乐队演奏，旗帜飘扬，演说家高谈阔论，爆竹劈啪响连天，男人们放下手中的活计，纷纷从戎投军。妇女们积极准备药棉绷带，一时间，母送子、妻送夫、子送父，全民一齐上前线，各种宣传工具也为战争摇旗呐喊，社会各界纷纷为战争募捐，要求竭尽全力进行战争。

林肯请罗勃·E·李这位大家公认的军事奇才来担任联邦军的司令。李将军是个南方人，他有很多看法与林肯相同，他憎恨奴隶制度，象林肯一样热爱联邦，他相信联邦是永久性的，退出联邦无疑是国家最大的灾难。

但他是维吉尼亚人，骄傲的维吉尼亚人，他们把"州"看得比"国"还重要。他的父亲"轻骑哈利"·李曾帮助华盛顿追击乔治国王的红袄军，后来又当过维吉尼亚州的州长，他常教儿子罗勃·E 要爱"州"胜于爱"联邦"。

最后李将军终于宣布："我不能领导军队对付我的亲戚、孩子和国家。我要去分摊乡亲的苦难。"

可能就是因为这个决定，才使"南北战争"这场内战打了这么久。

1861 年 7 月底的一个大热天的早上十点钟，南北战争的第一次大战役终于开火了。联邦政府军队进攻华盛顿西南的马纳萨斯，开头士兵们奋勇作战，形势喜人。到了下午四点半钟，南军突然加派增援参加攻击，闪电出阵。

联邦政府军的士兵一片惊慌，他们想起自己三个月的兵役期已满，当场退役，顺着敌人的炮声往后跑。麦克朵威尔和几十名军官拚命堵住退路，但毫无用处。

南方军队迅速炮轰道路，路上已挤满逃兵、粮车等，他们叫嚷着、诅咒着、互相践踏着，吓破胆的败兵扔下武器，逃得象兔子一样飞快，累极倒在路上的，立即就被后来的车辆压死。

林肯站在白宫的窗前，可以看到溃退到首都的军队。所庆幸的是，主力部队虽然损失惨重，华盛顿几乎被攻占，但由于获胜的南方军队同战败的联邦军队一样疲惫，同时害怕黑人起义，没有扩大攻势，联邦军才免于全军覆没。

广大人民和资产阶级左派,一再要求林肯政府建立革命的军事力量,把黑人武装起来,参加战斗。在各方面的压力下,1862 年 1 月,林肯宣布对南方发起总反攻。

战争头几星期,有一位被称为"小拿破仑"的年轻英雄的麦克莱伦将军在西维吉尼亚,打败了几名南军,他以手提印刷机发出几十份精彩又夸张的快报,向人民炫耀他的成果。这几个小仗,在北方来说却是第一次胜仗,显得十分有意义。

在"牛径溪"之役惨败后,麦克莱伦将军被任命为"波多马克军"司令。

麦克莱伦天生是个领袖人物,他接过"牛径溪"的残兵败将,加以训练,使其恢复旺盛的斗志,必胜的信心。训练后的将士们个个精神抖擞,斗志昂扬,渴望一博。

将士们都磨拳擦掌,嚷着要作战。当时北方要求进军里士满,林肯也一再催促麦克莱伦将军行动,可他一再拖延、耽搁,寻找各种借口,硬是不肯前进,不肯出击。

安蒂坦战役之后,南方的李氏军队失败了,麦克莱伦将军若能乘胜追击,也许能很快结束战争,胜利而归。林肯一连几星期利用各种方法催他追击李氏,他就是按兵不动。

半岛战役中,马格鲁德将军仅以五千兵力阻挡麦克莱伦的十万大军,他却修筑工事,扬言要总统增派人手。

一步登天的"小拿破仑"麦克莱伦对林肯十分无礼,他狂妄到了极点。总统来看他,他竟叫总统在前厅一等就是半个多钟头。

有一天晚上,林肯与国务卿威廉·亨利·西华德到麦克莱伦的寓所。等了几个小时,他才回到家里,佣人告诉他总统已经枯候几小时,等着与他见面。麦克莱伦眼里根本就没有总统,他从林肯坐的房间走过,不理不睬径直上楼去了,并传下话来说,他已经上床睡觉了。

林肯虽觉得很难堪,可不去计较这些,他认为,在战争年代最好不要去计较繁文缛节和个人尊严,应从全局出发。并且说:"我知道他不对,但是在这种时候,我不能只顾虑自己的好恶。只要麦克莱伦能为我们打胜仗,我愿意为他提鞋子。"

从 6 月起,麦克莱伦将军在东线里士满附近的几次战斗中,连连失败。

7 月初,当麦克莱伦的军队快接近李其蒙时,遭到花三十月的时间,慢慢潜行到李其蒙的南方罗伯特·李将军的突然袭击,双方军队激战七天。麦克莱伦率领的政府军再次遭到惨烈的失败,军队折损了一万五千人。

9 月,罗伯特·李指挥南部部队渡过波托马克河,穿马里兰,企图侵入宾夕法尼亚,占领哈里斯堡的铁路桥,切断北方的东西联系。在麦克莱伦将军的指挥下,北方军队在安提塔姆阻击敌人,经过一场浴血奋战,挡住了对联邦国家的心脏最致命的一击。同时,安提塔姆一战也防止了外国承认南部联邦的全部危险。

本来,南北双方在力量的对比上,北方绝对占优势,但为什么没有迅速取胜却连连败北呢?因为北方的军事力量准备的不够充足,在内部受到"铜头蛇"的捣乱和破坏。"铜头蛇"也叫铜斑蛇,形似眼镜蛇,是北美一种头呈铜色的毒蛇,它经常隐藏起来暗中咬人。这里所说的"铜头蛇",指的是北方民主党人中的主和派。他们代表那些同南方奴隶主有密切经济来往的金融、商业集团的利益,实质上是南方叛乱分子在北方的代理人,他们进行反战宣传,有的在国会捣乱,暗中进行破坏,有的靠卖质量极差的食品和武器弹药等发财致富,一旦时机成熟发动暴动。这帮叛卖革命的反动分子在当时被人民群众称为"铜头蛇"。

另外在国际上也受到英国和法国的干涉。英国和法国同南方关系密切,从战争一开始,就供给南方大批粮食和武器,销售工业品,同时,又从南方输出大批棉花。他们希望南方获胜,以阻止资本主义的发展。

面对这些不利因素和鉴于大势所趋,人心所向,必须从困境中解脱出来,在这关键时刻,林肯发挥出了其"中流抵柱"的作用,其政府采取了一系列有力措施。1862年5月20日,林肯签署了《宅地法》,规定美国公民只要在西部付出十美元手续费即可得到一百六十英亩的土地,连续居住满五年,就可以获得该地的地权证明书,这是广大劳动人民渴望已久的,大大调动了广大农民、资产阶级和手工业者的积极性,向西部的迁移日渐增多,从客观上阻止了奴隶制向西部的扩张,北方局势自此稍有好转。7月,林肯又签署了《没收法案》,规定没收叛乱分子的全部财产,解放他们的奴隶。

南北战争的起因是为了拯救奴隶。战争进行了一年多,黑奴问题却迟迟没有解决。林肯在第一次就职演说中虽说过:"我无意干涉现有蓄奴州的奴隶制度。我相信依法我无权干涉,而我也无意干涉。"联邦政府提出的口号也是"维护宪法和联邦的统一",林肯在战争初期态度不够坚决。他认为,只能逐步地释放奴隶,并且应对奴隶主作出经济补偿。在那段时间里,激进派和废奴主义者,催他立即行动,并通过宣传工具公开指责他。荷瑞斯·格里莱因林肯的拖延行动感到气愤和不满,用极其刻薄的言语写了一篇文章对他进行攻击。林肯在一封内容清晰、简明、充满活力的公开信中说:

"我在这场战争中的最高目标是拯救联邦,不是要保全或摧毁奴隶制度。如果不解放一个奴隶而能拯救联邦,我就不解放;如果要解放所有的奴隶才能拯救联邦,我就解放;如果我解放部分奴隶、留着部分奴隶能拯救联邦,我也会这么做。如果我对奴隶制度和有色人种采取了某些措施,那是因为我相信这样做能够拯救联邦。在某些方面我容忍,那是因为我相信容忍有助于拯救联邦。每当我认为自己的作为会伤害这个目标,我将少做一点。当一件事证明是错的,我便试着去改正,某些观点一经证明是正确的,我会立刻接受。我现在是站在公职的立场发言;我个人常表示'愿天下人都能自由',我不打算修正此一愿望。"

林肯相信,如果他拯救联邦成功,奴隶制度自然而然地会消失,否则,奴隶制度不知还会延续多少年。

林肯本人也同意南方的立场,他说过:"我一定要根据联邦宪法,用最简便的方法拯救我们的联邦。"

他拟定了一个计划:奴隶主人每释放一名黑奴,可得到四百美元的补偿金,奴隶将缓慢地释放。结果边境各州的代表拒绝了这个计划。使林肯大失所望。

资产阶级左派坚决要求用革命的方法彻底摧毁奴隶制度,但善良的林肯想凭借宪法的力量,使双方和解,达到全国统一的目的。马克思说过:"联邦政府从战争一开始便受着一个致命的弱点的打击,迫使它采取不彻底的措施,迫使它隐瞒战争的原则,而放过敌人最怕受攻击的地方、罪恶的根源——奴隶制度本身"。因而直到战争进行一年多了,北方的局势没有多少好转。这时欧洲各国政府将要承认南部同盟,如不改变策略,将会全盘输掉。

1862年9月22日,即安提塔姆之战获胜之后,林肯召开了意义重大的内阁会议,讨论发布"独立宣言"以来美国历史上最著名的文件《解放黑奴宣言》。林肯宣读了《解放黑奴宣言》草案,他对阁员们说:"叛军在菲德烈城的时候,我决心等他们被逐出马利兰,立刻发布解放奴隶宣言","现在叛军被赶走了,我要实现诺言"。宣言规定,从 1863 年 1 月 1 日起,所有南部参加叛乱各州种植园主的奴隶,不必交付赎金,就可以获得人身自由,这些黑人都被赋予在海军和陆军服役的权利。

《解放黑奴宣言》的发表,是林肯一生中最值得引以自豪的大事,这一举动,为他的历史谱写了新的篇章,为他的功绩增添了永远的光辉。宣言不仅体现了正义与人道,而且彻底粉碎了存在于美国近三百年的商品奴隶制度,使联邦政府所进行的战争由维护联邦的统一转变为废除奴隶制度的战争,为四百万黑人奴隶获得人身自由做出了法律保障,同时迎来了革命的胜利,为美国资本主义的迅速发展开辟了更加广阔的道路。林肯顺应历史潮流,合乎人民意志,果断、坚决地颁布《解放黑奴宣言》,无疑是为美国以至全世界的进步作出了积极的贡献。马克思评价这个宣言是"在联邦成立以来的美国史上最重要的文件","在美国历史上和人类历史上,林肯必将与华盛顿齐名。"

1863 年 1 月 1 日,林肯在白宫办公厅,把笔浸在墨水里,休息了一会被在白宫的访客握了几个钟头的手臂,然后小心缓慢地、郑重其事地在《解放黑奴宣言》上签上自己的名字——亚伯拉罕·林肯。从此,解放了四百万黑人奴隶。他说:"如果奴隶制度没有错,那天下就没有错事了。我一辈子从未比现在更确定自己是对的。"

一石激起千层浪。林肯的宣言一颁布,平静的海面立刻激起汹涌的波涛,引起强烈的轰动效应。林肯伟大的划时代的举动,引起了那些反动势力的更疯狂的仇恨。南部同盟狂怒不已,他们破口大骂,说林肯破坏了文明战争法、侵犯了私有财产的权利,是一头生性凶恶的狒狒,是煽动黑人烧杀奸淫的魔鬼。他们一开始就把林肯当作他们的最凶恶的敌人,并深恶痛绝,奴隶主们面临灭顶之灾,对于林肯的仇视不共戴天,并策划要杀了他。北方的废奴主义者和黑人们都载歌载舞,热烈狂呼。

《解放黑奴宣言》的颁布,把四百万黑奴解放出来,变成了南部同盟后方的反奴隶主同盟军,有二十多万黑人奴隶参加了北方军队,黑人士兵在内战时期共参加了四百五十多次大小战斗,他们作战勇猛,在许多战斗中都是冲锋在前,为北方的最后胜利立下了不朽的功勋,但也有近七万名黑人军官和士兵们英勇地献出了自己宝贵的生命。

宣言也使很多奴隶逃离种植园,土地无人耕种,同盟军的吃饭便成了问题。从而削弱了南部的军事力量。

林肯政府还颁布了《惩治叛国令》和整肃军队的命令,整顿军队,镇压反革命分子。这样一来,联邦政府在战场上虽然仍有挫败,但大局正被扭转过来,胜利指日可待。

1863 年,是战争决定性的一年。前方战场上捷报频传。7 月初,格兰特将军率军在西线攻下了维克斯堡,俘虏敌军三万多人,打通了密西西比河,把南部同盟一分为二。经过几次拉锯战,田纳西州的交通枢纽查塔努加也终于被联邦军占领了。在东战场,乔治·米德将军在葛提斯堡成功地阻止了北上的罗伯特·李率领的同盟军。使同盟军的力量受到致命的摧毁,从此一蹶不振。

11 月 19 日,林肯在葛提斯堡国家烈士公墓落成典礼上,应邀发表了一篇简短而出色的演说,那是一个心灵因受苦而提升成伟人的神圣表现,它是一首优美的散文诗,具有史诗般的壮丽与深刻。那是只有十个句子,读起来仅有两分多钟的一篇誉满全球、永垂青史的嘉句,为后人称颂为古今文学不朽的荣耀和财宝。他说:

八十七年前
我们的先祖在这块大陆上
建了一个从自由中孕育，
致力于"全民生而平等"主张的新国家。

如今我们正从事一场伟大的内战，
考验这个国家，
和任一个如此孕育又目标一致的国家
能不能长存与世。

我们在这一个大战场上相逢。
献出战场的一部分土地
给那些献出生命保卫国家的人
做为他们最终的安息场所。

我们这样做
百分之百适宜，
百分之百恰当。

但是广义来说，
我们无能供奉——我们无能献祭——
我们无能使这块土地神圣。
曾在这儿奋斗过的勇士和烈士们
已使斯土圣洁无比，
我们微弱的力量远不能与之比拟

世人不太会注意，
也不会永远记得我们此刻所说的话，
却永远忘不了烈士们的事迹。

我们这些幸存者，
理应担负起他们未竟的事业。
我们理应献身于
眼前待决的伟大使命——
那么，
对这些光荣逝者
所献身的目标，
我们才能矢志承续，
我们才能断言，
他们的牺牲并非枉然。
这个国家

要在上帝引导下得享新生的自由，

而民有、民治、民享的政府

才不会由世上绝迹。

1864 年 3 月，林肯任命在西战场几次大败南军取得赫赫战功的格兰特将军为联邦政府军总司令。

5 月，格兰特总司令命令威廉·谢尔曼将军率领六万人的军队从西部佐治亚插入敌后，切断了南方各州的交通线，从而使整个南部陷于瘫痪。格兰特总司令和米德一起指挥部队在东线牵制敌人，计划两股兵力向敌人合拢包抄过去，彻底消灭南军，取得战争的最后胜利。

格兰特很有信心地拍电报向林肯表示："我打算在这条战线上打到底，就算要打整个夏季也在所不惜。"

格兰特认为：终止战争惟一也是最快的办法就是继续消灭李将军的人马，逼李氏投降。

林肯十分信任格兰特，在格兰特的信里说："如果有任何需要而它又是我权限范围之内所能给的，务请告诉我。"他放手让格兰特安排一切战事。

格兰特指挥的大军南下向南部同盟军发起强大的攻势，遭到罗伯特·李率领的南军的坚决抵抗。这一仗消耗战从夏天一直打到来年春天，格兰特以两倍于敌人的损失向前推进，并且兵力不断得到补充，南方的兵源已经枯竭了，连小孩和老人都上了战场。所以格兰特不顾一切继续拼命、射击、屠杀。

长期的消耗战使军队的士气瓦解，有的想弃枪而逃，军官们也准备倒戈一击。

林肯伤心至极，脸上的皱纹一天天加深，两颊下陷，肩膀下垂，胃也不太好，两腿冷冰冰的，还有严重的失眠症，一副忧虑、焦急的样子。他知道除了继续下去别无他法，所以拍电报给格兰特，让他"象斗犬般死守不放"。并下令再征集五十万士兵，服役一至三年。

在残酷的战争中，林肯仍有一副慈悲的菩萨心肠。他看不惯正规军的专制，讨厌军官们对待士兵的残酷手段，并千方百计进行干涉，不希望十八岁以下的小伙子被执行枪决。

遇到丧子之痛的母亲，会使林肯为之动容。他有一封很著名的信，是这样写的：

华盛顿总统官邸，1864 年 11 月 21 日，致麻州波士顿的毕克斯贝太太：

"亲爱的女士：

我在战争部的档案中看到麻州副将的一份报告，得知你有五个儿子在战场上光荣牺牲。你的损失太惨烈了，我觉得一切安慰的话对你都没有用，都是枉然。可是我忍不住要代表令郎生死之之的合众国对你提出感激，愿你以令郎为荣。我祈求天父减轻你丧子的痛苦，只留下你对已故爱子的珍贵回忆，以及你在自由祭坛前得享庄严与荣誉。

林肯诚心诚意敬上

林肯还曾收到一位女孩的来信，信中说，她订婚多年的男友从军以后，曾获准回家选举，……现在，你若不准假让他回来完婚，我们就会留下非法的子嗣……。林肯看完信后，命令史丹顿"无论如何，要把他送回她身边。"

8 月，将军司令法拉格特上将在海上连连打胜仗，年底占领了摩比湾，正加强封锁最重要的墨西哥湾，使联邦政府陆海军取得密切联系。

9月,谢尔曼率领西线军队,占领了亚特兰大,同时,格兰特在东线也取得了重大战绩。南方联盟到了山穷水尽的地步了。

捷报频传,士气高涨,喜事连连。11月,林肯再次当选为美国总统。林肯说:"这次选举表明,一个人民的政府经受得住在一次伟大的内战中途进行全国选举"。当时远在欧洲的马克思,通过国际工人协会《致美国总统亚伯拉罕·林肯》的祝贺信中写道:"我们为您以大多数票再度当选向美国人民表示祝贺。

如果说您在第一次当选时的适中的口号是反抗奴隶主的权势,那末您在第二次当选时的胜利的战斗号召则是:消灭奴隶制!

自从巨大的搏斗在美国一展开,欧洲的工人就本能地感觉到他们阶级的命运是同星条旗连在一起的"。

1865年3月4日,林肯二次就职,发表了一篇被称为"圣神口号的金玉良言"的演说辞:

"我们乐观地希望——我们热烈地祈求——这场战争的大浩劫能够赶快过去。然后,如果上帝要让战争继续下去,直到奴隶们二百五十多年来无偿操劳所累积的财富完全瓦解,直到每一滴皮鞭打出的鲜血都以刀剑刺出的鲜血偿还,那么我们仍要说:'天主的审判是完全公正的。'

"让我们别对任何人心怀怨恨,对一切人宽大仁爱;仍坚持正义,照上帝的指引行事;努力完成我们的目标;包扎国家的创伤;照顾战士和遗孤、寡妇——尽一切力量追求并珍视国内和国际间永远的公正和平。"

这次演说,体现了林肯一贯的宽宏大量、善良、正直的品质,体现了林肯对于胜利和美好生活的向往和追求,也表达了重建联邦的意愿和决心。

4月的第一个星期天,罗伯特·李采取坚壁清野政策,烧毁一切棉花和烟草,炸掉兵工厂和码头上的船只,连夜逃出了里士满。

他们一出城,就遭到格兰特军队的围追堵截,格兰特追击八十英里,终于把南军层层包围住。

1865年4月9日,南军投降,南北战争终于宣告结束。

名垂青史

内战终于结束了。这场长达四年之久的战争,使南方损失惨重。战后在经济上、政治上的重建问题便异常迫切地提到了议事日程。对于刚刚挣脱奴隶制的枷锁,获得人心自由的南方四百万黑奴来说,"重建"是给他们的生命注入了新鲜的血液,意味着他们充满生机的新生命的开始,所以他们对"重建"充满了无限的希望。可是,已经穷途末路的南方奴隶主对于北方的胜利恨之入骨,他们不甘心自己的失败,企图进行垂死挣扎,有朝一日卷土重来。

早在内战中,他们眼看林肯领导国家渡过难关,并先后颁布了具有伟大历史意义的《宅地法》和《解放黑奴宣言》等,使北方人看到了胜利的曙光。同时,他们也看到了自己的末日,便把一切仇恨集中到林肯一人身上,他们伺机要除掉林肯。

从内战结束的第一天起,林肯每天忙于战后的重建工作,虽然工作忙碌而紧张,但精神振奋,心情愉快。正当人民欢庆胜利的时候,一些丧心病狂的歹徒也在紧锣密鼓地筹划谋杀林肯。林肯光恐吓信就收到了八十多封,他很清楚自己一直处于要被暗杀的威胁之中,但他毫不畏惧。玛丽很为丈夫的人身安全担忧,亲朋好友也为他的安危提心吊胆,曾告诫他注意安全,切不可疏忽大意,林肯对此都是一笑了之,从没有把这事放在心上。

4月10日,林肯坐着留了一个影。照片上的他,骨瘦如柴,两颊深陷,这是他日理万机完成了使国家南北统一、免遭分裂的伟大壮举所留下的形象。但他慈眉善目,嘴角还荡漾着一丝掩盖不住的微笑,这是发自内心深处的微笑,是胜利的微笑,骄傲的微笑,也是他执政四年来第一次在镜头前露出笑容。

4月11日,林肯迈着稳健的步伐,充满信心地登上白宫的阳台,发表了简短的贺词。首都华盛顿从来没有这么热闹,礼炮隆隆,歌声如潮,人们穿着漂亮的礼服,一个个兴高采烈。胜利了,终于胜利了!人们踏上雨后泥泞的道路,涌向还结着雨水的白宫的草坪,跺着脚,欢呼着胜利。当林肯出现在白宫阳台上,宏亮的声音在广场上空响起的时候,人们安静下来,屏住呼吸,仔细聆听总统的每一字,每一句贺词,仔细端量总统慈祥的面容,人人尊敬这位伟大的总统。林肯在致辞中号召人们,重建家园,让人民过上好日子。

晚上,首都华盛顿如同白昼,火炬、灯光和篝火通宵达旦地燃烧着,人们载歌载舞,沉浸在欢乐的气氛之中。在白宫,总统伏案疾书,这位合众国的总统,日夜想的是如何"重建"南方,如何解决黑人的生活问题,如何与英国、西欧等各国搞好外交等等。

4月12日,前方传来惟一仍在南部联邦手中的重要城市莫比尔被联邦军队和平解放的佳报。林肯很高兴。他是个温和主义者,他不愿意看到流血事件。

4月13日,华盛顿比前几天还要热闹。人们成群结队地上街游行,庆祝胜利。晚上,灯光辉煌的首都一片轻松愉快的气氛。林肯和人民在一起,谈笑风生。忽然,一支英姿勃勃的海军乐队,伴着乐曲乐陶陶地来到人群中。林肯微笑着点了一曲《迪克西》。霎时间人群沸腾了,大家鼓掌欢呼起来。《迪克西》是当时南方的一首流行曲,被当作南部联邦的象征。林肯之所以选这首曲子,寓意是深刻的。

4月14日,星期五,是耶稣的殉难日。这一天,天空阴沉沉的,大地一片昏暗,狂风阵起,老鸦聒噪。人们隐隐约约有一种不祥的感觉。昨天的一切一切都还历历在目,昨天的气氛是那么热烈而欢快,昨天总统充满信心和微笑还定格在他们的脑海里,昨天憧憬未来,大家欢聚在一起高唱《迪克西》,……可是今天……人们不敢去想,只希望得到上帝的保佑。

这天早晨,林肯同往常一样,早早起了床,7点钟到了办公室。工作了一小时后,便和家人共进早餐。

不知怎么回事,昨晚自己又做了那个很熟悉的梦,这个梦一直在脑海里回荡,他梦见自己乘坐着一只难以形容的很特殊的神秘莫测的小船,急速地驶向一处黑暗模糊的岸边……

他在每次大事发生前和胜利前,都曾做过这个熟悉的、不同寻常的梦。安蒂坦之役,石河之役,盖兹堡之役,维克斯堡之役之前,都曾做过这个梦。他认为这是有好消息的吉兆。

这次的梦,与往常不同的是,模模糊糊,而又一闪即逝。林肯预感是上帝在召唤他。

林肯召开了他的最后一次内阁会议。会议决定取消对南部的封锁。下一步的工作重点应转移到和平上来。必须不再有流血事件。总统为国家、为人民考虑到了,唯独没有为自己考虑。

下午,林肯和夫人乘马车外出兜风。一路上,他们谈起今后四年的计划,谈起期满离职后到欧洲旅游,然后回老家继续干律师的行当……,他们谈现在,谈未来,谈胜利,谈和平,林肯异常兴奋,妙语连珠,对未来充满美好憧憬,他渴望享受人间美好的生活。他对夫人说:"啊,我一生中从来没象今天这样高兴!"

玛丽说:"亲爱的,你这样兴奋使我很惊讶。""记得不,我们的儿子临死前你也有这种感觉。"

林肯愕然,一丝阴凉笼罩着他的心头。他半真半假地对他的警卫说:"我相信有人要杀我;而且我对于他们的成功毫无怀疑。"

谈起晚上看戏,他说:"既然已经登出广告,说我们将去那里,我不能让人民失望。否则我是不去的,我不愿意去。"

晚上8点30分,林肯夫妇和他们邀请的雷斯波恩少校及其未婚妻克拉拉·哈里斯小姐乘马车来到第十大街的福特剧院的总统包厢,观看喜剧《我们的美国表亲》。

今天雷斯波恩少校身着便装,没有佩带武器,哈里斯小姐挽着他的胳膊,和手挽林肯胳膊的总统夫人一起,在众目睽睽之下走进了剧场。

剧场,坐满了欢庆胜利的观众,笑声不断,舞台上,演员正说着台词,忽然瞧见总统走来,便停止了演出,带头鼓起掌来。观众回身向伟人热烈鼓掌,乐队奏起《向领袖致敬》的乐曲。

面对这长时间的掌声和欢呼声,林肯走到包厢栏杆前,让观众能清楚地看见他。"谢谢大家,谢谢大家。"林肯微笑着向大家致意。几分钟后,这激动人心的场面得以平静,演出继续进行。

演出的《我们的美国表亲》是一出滑稽剧。描写一个鲁莽的美国人阿夏·特伦奇约德渴望得到英国贵族亲戚的头衔与财产。妙趣横生的人物对话,把林肯夫人及哈里斯小姐和雷斯波恩少校逗得哈哈大笑。但总统脸色十分难看,他若有所思,好象在等待什么。

负责总统安全的警卫员约翰·帕克,是个责任心极差的人。他没有按照规定呆在小走廊里,照顾总统的安全。而是毫无顾忌地离开自己的岗位,坐到顶层楼座的空位上看戏,林肯身后就没有了警卫。

帕克看戏很快就看腻了。他离开剧院,与随从副官等人一起到隔壁酒店喝啤酒去了。包厢里,玛丽依偎在林肯身边,紧握着他那瘦骨嶙峋的大手,沉浸在无限的幸福之中。谁料到,死神正悄悄地向他们逼来。

这时,黑暗中有一条人影乘警卫员玩忽职守之机溜到总统包厢后面,通过预先挖好的一个小洞窥视着总统。他迅速测好了射程,轻轻推开门,将高口径小手枪的枪口对准总统的头,扣下扳机,一颗罪恶的子弹飞出枪膛。

枪响了,子弹斜着射进了林肯左耳下方,穿过脑颅,留在右眼内。他立即倒了下去,一股鲜血从他的后脑喷涌而出。

玛丽听到枪声,感到丈夫的手在自己手中痉挛,她一声尖叫,便晕了过去。

正在聚精会神看戏的雷斯波恩少校,听到枪响,猛地转过头,看见凶手跃过包厢栏杆,准备逃跑。手无寸铁的雷期波恩少校本能地冲上去,一把抓住了他。凶手奋力挣脱,抽出猎刀朝少校刺去,鲜血从他左上臂涌出。凶手跨过栏杆,少校拚命抓住凶手的衣服不放。栏杆上挂的国旗缠住了凶手的脚,使他下跳时,身体失去平衡,从几米高的包厢上摔了下去,造成左腿骨骨折。凶手顾不上疼痛,从地上一跃而起,挥舞着手中的猎刀,穿过舞台,冲出剧院,来到小巷,跳上事先准备好的粟色牝马,在一片喧嚣混乱中仓惶逃去。

凶手叫约翰·威尔克斯·布什,二十六岁,演员。他梦想一夜出名,"要成为一个声名显赫的人"。在战争期间他就曾策划绑架林肯,但没有成功。当得知 14 日晚上总统要来看戏的消息时,他认为机会来了,连忙召集他的几个同伙,为这次行动,作了精心的安排和布置。刺杀总统后,布什骑马向弗吉尼亚州方向逃窜。他以为到了那里,他这个杀人犯就会获得"威廉泰尔"(抗暴英雄)的美誉。但是,"天网恢恢,疏而不漏"。4 月 26 日,这个疯狂的杀手,千古的罪人,最终被追踪人员击毙。他的同伙也得到了应有的惩罚。

剧院里,有两位年轻而冷静的外科军医跑到楼上直奔总统身边。他们焦急地抢救昏迷中的林肯。这时林肯的脉搏已经停止跳动,脸色苍白,两位军医又给做了人工呼吸,终于使他的呼吸稍平稳了一些,微弱的脉搏又能缓慢地跳动了。

活的希望十分渺茫。林肯被抬到附近一间私人房间的床上,他的四肢开始迅速发冷,全身发凉,医生们用毛毯把他裹起,不断给他换热水袋。由于子弹射得太深了无法取出,所有的一切能做的都做过了,无奈,他们只得坐下,等待最后时刻的到来。

清晨 6 时,林肯开始呻吟,呼吸非常困难,脉搏已极微弱,身体也越来越冷,最后变得僵硬了。

1865 年 4 月 15 日 7 时 22 分,五十六岁的亚伯拉罕·林肯——这个与闪电和长虹作伴,在荒野草原长大的人,这个名字与全世界人民争取自由的斗争紧密联系在一起的人,与世长辞了。寂静中,人们听到一个声音在说:"现在他已成为名垂青史的人物了。"

第二天,林肯的小儿子泰德问来访的客人,他的父亲是否上了天堂。

对方答道:"我相信是的。"

泰德说:"我很庆幸他走了。他在这边不快乐,这个地方不适合他。"

是的,林肯从呱呱落地就开始不停地受苦受难,草原荒野中严酷、贫穷的生活造就他,变幻莫测的政坛风云把他抛上抛下,家庭也不是宁静的避风港,他这一生太苦、太累。但是当全国统一大业完成之日,人民欢庆胜利之时,乌云散尽、苦尽甜来之刻,他却匆匆忙忙告别人生,给世界留下了无价遗产,给美国人民留下了永久的遗憾。

林肯逝世后,几乎所有的都市和村镇都响起了哀鸣的丧钟,沉浸在万分悲哀之中的人们佩带着黑纱从四面八方赶到首都来瞻仰林肯的遗容,来沉痛悼念这位为民主和自由而献身的英雄战士,白宫前面的大道上有几百个黑人,在为他们所遭受的巨大损失而悲痛的哀号,久久不愿离去。

4 月 21 日,林肯遗体被送往他的故乡安葬,人们悲痛地向这位杰出的资产阶级革命家告别。1922 年,林肯纪念堂在华盛顿落成。堂内大厅有用大理石制成的林肯坐像,坐像后面刻着这样一句话:"这位使国家统一的伟人对国家的贡献使人永远难忘。"

著名诗人惠特曼的诗句表达了美国千百万人民哀悼的心声:

啊,船长,我的船长哟!我们可怕的航程已经终了,

我们的船已经渡过了每一个难关,我们追求的锦标已经拿到,

港,临近了,我听到了钟声,听到了人们的欢呼,

同胞眼望着我们的船,它坚定、威严、勇敢;

只是啊,心哟!心哟!心哟!

啊,鲜红的血滴,

就印在我的船长所躺的甲板上,

他已浑身冰凉,停止了呼吸。

　　伟大的马克思在代第一国际起草的公开信里高度评价林肯:"他是一个不会被困难所吓倒,不会为成功所迷惑的人;他不屈不挠地迈向自己的伟大目标,而从不轻举妄动,他稳步向前,而从不后退;他既不因人民的热烈拥护而冲昏头脑,也不因人民的情绪低落而灰心丧气;他用仁慈心灵的光辉缓和严峻的行动,用幽默的微笑照亮为热情所蒙蔽的事态;他谦虚地、质朴地进行自己宏伟的工作,决不象那些天生的统治者们那样做一点点小事就大吹大擂。总之,他是一位达到了伟大境界而仍然保持自己优良品质的罕有的人物。这位出类拔萃和道德高尚的人竟是那样谦虚,以致只有在他成为殉难者倒下去之后,全世界才发现他是一位英雄"。

甘 地

风霜雪雨少年时

甘地出生在印度西部的卡提阿瓦半岛。印度曾被称为大英帝国王冠上的明珠。

1498 年，葡萄牙人瓦斯哥·达伽马绕好望角，越印度洋，到达印度的果阿。从此，印度开始成为西方新兴的资本主义国家掠夺的对象。继葡萄牙人之后，来到印度的有荷兰人、英国人、法国人等。

当时，荷兰人垄断着东西方的香料贸易，他们在英国以每磅胡椒粉售价五先令的高价大获其利。英国女王伊丽莎白酷爱胡椒粉调味。为此，1599 年 9 月 24 日，伦敦香料商以七万二千英镑，筹组"东印度公司"，拟往东方从事香料贸易以获取高利。同年 12 月 31 日，英王伊丽莎白一世正式颁予东印度公司贸易特许证（专卖权），第一阶段期限十五年。1600 年 8 月 24 日，英国东印度公司的大帆船"咆哮号"（五百吨）于印度西海岸孟买北部的苏拉特港泊岸。英国殖民者终于到达印度。

当英国殖民者开始到达印度时，印度正处于莫卧儿帝国最著名的皇帝阿克拔（1556—1605 年）的统治下。早在 1526 年，阿克拔的祖父、帖木儿的后裔拔布尔（1483—1530 年）就从中亚侵入印度，打败德里的军队，征服了印度北部的城市和乡村，建立起大莫卧儿帝国。拔布尔的儿子、阿克拔之父胡马雍继续征战，1555 年又占领了德里和阿格拉，德里成为大莫卧儿帝国的都城。阿克拔除任用随他而来的伊斯兰教封建主外，还吸收任用当地印度教封建主来担任莫卧儿帝国的军政要职，建立了莫卧儿帝国封建土地占有制。阿克拔死后，其子杰罕基继位（1605—1627 年）。杰罕基统治下的大莫卧儿帝国已有七千万臣民。它是一个富庶而强大的帝国。与当时的英国相比，伊丽莎白女王的国土小得犹如一个采邑。然而，以东印度公司为代表的英国殖民者，不断掠夺印度，侵占印度的领土。东印度公司得到杰罕基的允准，在孟买北部沿海地带开设商行，廉价贩运胡椒、棉花、生蚕丝和树胶等，获得巨额利润。此后，东印度公司的船只相继到达马德拉斯和孟加拉湾，并进入恒河三角洲地带。英国殖民者以东印度公司为手段，利用莫卧儿帝国的内部纷争，先后征服了印度。

东印度公司在殖民掠夺过程中不断扩大，它有权铸造货币，在印度沿海筑堡垒，对侨居东方的英国侨民行使法律，对殖民地宣战以及订立和约等等。1639 年，东印度公司和印度修筑圣乔治堡，后来发展为马德拉斯城。1668 年，开始修建孟买城。1746—1763 年，英国与法国为了争夺印度，在德干高原先后发生了三次卡尔纳提克战争，英国殖民者取得了胜利。1757 年 1 月，被马克思称之谓英国殖民大盗的罗伯特·克莱武带领英军侵占了加尔各答。同年 6 月 23 日，普拉西之战，英军获胜，侵占了孟加拉。

1770 年，孟加拉发生大饥荒，死七百多万人，占孟加拉人口的三分之一。而东印度公司于 1771 年在孟加拉征收的赋税却超过了 1768 年。

18 世纪末 19 世纪初，英国殖民者打败了强大的、但内部分裂的马拉特和卖索尔两个大土邦。1799 年 5 月，英军在卖索尔苏丹王宫内抢掠了 1.2 亿卢比的巨额财富。

英国殖民者不断蚕食印度领土，终于激起了 1857—1859 年印度人民反英大起义。但起义遭到殖民者的残酷镇压而失败。1858 年 7 月英国国会通过"关于改善治理印度的法案"，宣布东印度公司正式结束，印度由英国国王直接任命总督统治，总督称为印度"副王"。为了拉拢土邦王公和封建主作为英国统治印度的工具，1858 年 11 月，英国女王维多利亚宣告：不再没收与取消土邦王公的领地和封建主的地产、特权。1876 年，英国女王维多利亚宣布自己同时是印度女王。印度完全沦为英国的殖民地。英国每年从印度掠取巨额财富，印度成为大英帝国王冠上的明珠。直到 1931 年，温斯顿·丘吉尔还说："丧失印度，对英国是决定性的致命一击。英国从此微不足道，黯然失色。"

为了掠夺印度的需要，1848 年大贺胥任印度总督时，便开始在印度修筑铁路。19 世纪下半期，英国殖民者加快了在印度修筑铁路的进程，印度社会的资本主义因素艰难地、曲折地由此产生起来。为了更有效地从殖民地掠夺原料，英国殖民者在印度的诸如茶叶、棉花、咖啡、橡胶等种植园的投资，在采矿工业和黄麻工业的投资，都加强了。与此同时，民族资本主义也产生了，1880 年，印度民族资本已有一百五十六家纱厂，雇用工人达四万四千人，到 1900 年纱厂数目增加到一百九十三家，工人数增至十六万一千人。

正是在这样一个历史背景下，1869 年 10 月 2 日，甘地出生在印度西部卡提阿瓦半岛的博尔本德尔（旧译波尔班达尔，一名苏达玛普里）。其父母都是虔诚的印度教徒。甘地家族世代经商，属印度教第三种姓吠舍的一支班尼种姓。甘地的祖父乌塔昌德弃商从政，曾先后担任卡提阿瓦半岛上几个小土邦的首相。由于甘地家庭笃信印度教大神毗湿奴，因而他自幼受到不杀生、素食等熏陶。信仰毗湿奴，对甘地思想影响很深。毗湿奴是印度的守护神、善神，被认为具有保护能力，并能创造与降魔。毗湿奴的行为准则，成为甘地思想最早的渊源。

甘地的父亲既属吠舍种姓，并任波尔班达尔土邦的首相，因此家境属于当地社会的上中等，虽不如婆罗门、刹帝利高级种姓那样尊贵与富有，但在印度亦称得上"小康"家族。甘地的父亲卡拉姆昌德为人爽直，曾屡遭仇人逼迫，对家财私产比较淡漠，曾用祖上遗产周济贫民，因而晚年家境拮据。甘地的母亲崇信印度教教义，身体力行教规信条，终身素食，救难济贫，扶危慈善。全家每日祈祷，诚笃念诵《罗摩衍那》。甘地的第一位启蒙教师也是个虔诚的印度教徒，他教甘地背诵《吠陀》经。有一次，幼小的甘地，曾和几个朋友一起，违背印度教教规而食肉，这被认为是亵渎神的严重行为。据此，甘地竟然患上噤口和脱疽病。他后来说，由于食肉，精神受到失眠、乃至有似杀人凶手感觉的折磨。此后，他终了坚守净化，素食，不杀生，不伤害一切生物。

印度盛行童婚制度，甘地在八岁时便与同龄的嘉斯杜白订婚。1882 年，十三岁时便结婚。妻子嘉斯杜白也是一位虔诚的印度教徒。从此嘉斯杜白成为甘地的终身伴侣，相同的宗教信仰与生活习俗，类似的社会地位与民族待遇，她成了辅助甘地事业的助手。诚然，在甘地成年以后，他是印度童婚制度的反对者。他认为，童婚会导致民族体质衰退乃至于亡国。

1876 年，甘地七岁时，随父迁居拉杰果德，在当地上小学。1881 年，甘地十二岁时，在拉杰果德进入阿尔弗雷德中学。拉杰果德位于印度西部距海不远处，是英国殖民势力和资本主义工商业影响较深的地区，这里的中小学校几乎都在英国殖民政府的监护下。因此，甘地较早地接受了殖民地资产阶级学校教育。为此，甘地后来曾一再言及自己未能更深广地精通印度教梵文经典,认为自己只是阅读了《吠陀》的梵文译本。

其实,甘地在童年和少年时代便诵读《罗摩衍那》、《摩诃婆罗多》和《吠陀》等经典,并潜移默化地印入甘地的心灵。《罗摩衍那》记述罗摩因受王后吉迦伊的嫉妒而被放逐十四年,妻子悉达和弟弟罗什曼那随行,在森林中悉达被魔王劫掠,后得猴王哈努曼的帮助,夫妻团聚,恢复王位。印度教把罗摩视为守护神、善神毗湿奴的一个化身。《摩诃婆罗多》意译为"伟大的婆罗多王后裔",主要写班度、俱卢两族争夺王位,反映印度奴隶社会生活,其中涉及当时的哲学、宗教和法律问题。由梵文译出,与《罗摩衍那》并称为印度两大史诗。《吠陀》相传古代仙人受神的启示而诵出,主要是对神的赞歌、祭词、咒词等;婆罗门教和印度教规定,只有"再生族"(婆罗门教认为,婆罗门、刹帝利、吠舍三大种姓有权拜神和礼诵吠陀,因此可以给他们第二次生命)才有资格阅读吠陀,"一生族"(婆罗门教认为首陀罗种姓无权拜神和礼诵吠陀,不能给他们第二次生命)无权阅读吠陀。这些婆罗门教和印度教的经典与史诗,深深影响着日后甘地主义的形成。

1885年,甘地十六岁时,父亲去世,他失去了一位保护人,对他的精神与经济状况是一次重大挫折。1887年,十八岁的甘地中学毕业,同年进入巴纳加尔城的萨玛尔达斯学院攻读。第二年,1888年9月4日,甘地被送到英国伦敦大学法学院攻读法律。在甘地离开印度前,他的母亲再三叮嘱他去英国后一定要遵守印度教教规:戒酒(不饮酒)、戒肉(不吃肉)、戒色(不亲女色)。为此,他向母亲立了誓。他到达英国后,虽有友人送给他《圣经》,有意引他信仰基督教,但甘地却坚持认真阅读印度教经典《巴格哇季达》,以此为自己修身的准则。他认为,他从《巴格哇季达》这部印度教经典中获得许多美感,从而使他更加笃信印度教经典是救世之宝。

当甘地由少年而至青年、由上中学而进入大学时,印度殖民地社会正由封建制度逐步转向半封建半资本主义制度。1882年,殖民政府应英国兰开夏制造商之要求,取消了对从英国输入印度的棉织品的一切进口税。这对印度的民族工业是一大冲击。印度资产阶级由商人高利贷者演进而来,因此它不但与大商业买办资本有密切的联系,而且与封建土地占有制也有千丝万缕的关系。由于英国殖民者只顾剥削、压榨印度人民,忽视印度原有灌溉系统的整治,因而在19世纪下半期,印度发生了几次大规模的饥荒,饿死数十万贫苦民众。由于印英民族矛盾与印度阶级矛盾的发展,爆发了一系列强大的农民起义,特别是1875年马拉特农民起义,矛头首先指向高利贷者和殖民统治的代理人。

英国殖民者深感统治殖民地印度的基础太狭窄,因而策划拉拢地主资产阶级的上层分子,从而在1885年产生了印度国民大会,随后发展成国民大会党,简称国大党。国民大会党的初期活动是想通过这个组织形式使印度的地主资产阶级上层代表成为英国殖民统治的同盟者。因此,国民大会党的最初发起者不是印度人,而是英国人休谟,而且当时的印度总督杜富林勋爵也支持成立这一组织。国大党的初期活动家,绝大多数对英国殖民统治是忠诚的。他们认为,国大党的目的不是使印度脱离英国的殖民统治,而是使英国扩大统治印度的基础。这些人是英国殖民者造就的为殖民主义服务的洋奴。但是,与殖民主义和帝国主义者的愿望相反,"反抗帝国主义的工人阶级、农民阶级、城市小资产阶级、民族资产阶级和从这些阶级出身的知识分子,所有这些,都是帝国主义替自己造成的掘墓人。"小资产阶级和民族资产阶级的知识分子在国大党内逐渐增多。

　　国大党是在印度民族主义兴起的时代产生的,因而它必然要反映印度民族要求与感情,而且这种趋势会随着印英民族矛盾的发展而加强。就在国大党成立的初期,就有少数国大党人提出,要求殖民政府对从英国进口的棉纺织品征收关税,实行宪政改革,允准印度人参政,以及推行技术教育等。因此,国大党成立后不久,英国殖民当局便认为它有不轨行为,并竭力从政治上排斥它。1900 年,印度总督寇松曾写道:"国民大会正摇摇欲坠,我在印度的大志之一,就是帮助它寿终正寝。"

　　印度社会的这种变化,对一个年轻的大学生甘地来说,已经产生一些影响。1890 年甘地二十一岁,他在伦敦见到了国大党第二届主席达达巴,他还去巴黎观光大博览会。1891 年 6 月 10 日,甘地读完大学,通过考试,取得律师资格,并于 11 日取得英国高等法院律师注册证。12 日登轮船启程回印度。7 月回到孟买,得悉其母在他回国前不久已逝世,甘地非常悲恸。回国后不久,二十二岁的甘地便在孟买的高等法院担任律师。

　　年轻的甘地步入孟买律师界并不很顺利,1892 年当他出庭辩护时,因缺乏经验而怯场。而且,他感到律师这一职业似乎是不道德的,因而他有意放弃这种职业,他甚至对他主顾说明,如果他发现他所辩护的案件是不公道的,他有权利中途退出。因此,他在孟买当律师的时候,生意并不兴旺,甚至生计有困难,半年后便回拉杰果德。被称为印度"孟买的无冕之王"的达达巴与戈赫尔教授是甘地所敬仰的人物,并对甘地产生过深远的影响。甘地曾在伦敦见到过达达巴,他是印度民族运动的先驱者和国大党主席。戈赫尔则是印度改良教育的最早发起人之一。1892 年,达达巴教诲青年甘地应把英雄式的忍耐主义运用于政治生活,也就是要"用爱来征服恶魔,而不是用恶魔来征服恶魔"。这就是"亚喜米沙"(以爱征服恶)的第一部真理。甘地认为,达达巴和戈赫尔是印度最具智慧,学识渊博,朴素和蔼,最值得真诚敬仰的先生与导师。

呕心沥血争平等

　　1893 年 4 月,二十四岁的甘地,应博尔本德尔(波尔班达尔)的达达·阿布杜拉公司之聘,前往该公司设在南非德兰士瓦首府普勒图利亚的商行协助处理一起四万英镑的债务纠纷案件。5 月,甘地抵达南非的德班。从此,开始了甘地的南非时代(1893—1914 年)。据有关资料,在 1890—1891 年,有十五万印度侨民移居南非,其中大多数是劳工,少数从事商业和其它自由职业。南非印度侨民大多数是居住在纳塔尔。

　　19 世纪末 20 世纪初的南非,几乎所有的土地都被英、荷殖民者占领。早在 1652 年,荷兰殖民者便侵入南非沿海地带,其移民后裔称布尔人。1806 年,英国殖民者开始侵入南非。1866 年,在南非发现了钻石,1868 年又发现了金矿,从此,西方殖民者蜂拥而来,向南非大量移民。为开采黄金、钻石,迫切需要大批劳力,印度等国的劳动者被大批招募到南非。荷、英殖民者在南非实行野蛮的种族歧视政策,残酷剥削、压迫南非当地居民班图人(黑种人)和印度等国亚裔人。

　　1899—1902 年,英、荷殖民者为争夺对南非的殖民控制权而爆发"英布战争"(19 世纪末 20 世纪初三次帝国主义战争——美西战争、英布战争、日俄战争——之一)。英帝国主义在英布战争中打败了荷兰殖民者移民后裔布尔人。1910 年 5 月 31 日,英国在战胜布尔人的基础上,将开普、纳塔尔、德兰士瓦和奥兰治四个州(殖民地)合并组成南非联邦,成为大英帝国的自治领地之一。英国的南非白人政府,长期实行极端反动的种族主义统治,顽固坚持种族隔离和种族歧视。从1911年以来,南非当局颁布了三百五十多种种族主义法令,从政治、经济、文化教育和社会生活各个方面,迫害南非非洲黑人和亚裔有色人。生活在这种制度下的南非印度侨民及其后裔,不仅要负担极繁重的税,而且要受到各种各样的种族歧视的压迫与侮辱。他们的生命时有危险,财产时有被掠夺或捣毁,几乎没有什么保障。

甘地在印度,虽不象婆罗门、刹帝利种姓那样"尊贵",但他所属的吠舍种姓,仍算作社会中上流等级,他在印度,乃至英国所受到的待遇都较优厚,基本上与白人相似。可是,当甘地一踏上南非的土地,情况就大不一样。当1893年甘地到比勒陀利亚(南非首府)、纳塔尔,特别是到布尔人统治的德兰士瓦时,甘地不能与白人一起乘坐头等车厢,不能同白人同住较高等的旅馆,只能与非洲黑人同坐三等车厢和住低级旅店。他曾多次被从旅馆和车上拉出来,受到拳打脚踢等种种侮辱。面对这种侮辱,他恨不得立刻离开南非返回印度。但是,他暂时不能离去,因为他已与南非的一家公司签订了工作十二个月的合同。因此,他只能以忍耐、自制来磨练自己,切盼合同期满后再回印度。

正当甘地准备离开南非返回印度之时,甘地得知南非当局拟通过剥夺印裔侨民选举权之决议案。甘地目睹南印侨民完全没有组织,任人欺凌压迫的苦难状况,心头不由萌发出一位律师救助人民的天良,再加上印侨的诚挚挽留,甘地终于改变初衷,决定不返回印度,继续留在南非,为印侨的自由平等权利而奋斗献身。

1894年,二十五岁的甘地在纳塔尔最高法院登记为律师。为了改变南非印侨之无组织状态,在甘地的发起和组织下,是年5月22日,"纳塔尔印度人大会"(也称纳塔尔印度国民大会)正式成立。为此,甘地写了《向南非的英国人呼吁》和《印度人的选举权》两部小册子。甘地还创办了《印度民意》报,用英文和三种印度语文出版。甘地在他的著述与报刊上,以法律为依据,阐明排斥和歧视亚裔人的各种条例都是不合法的。他号召印度侨民组织起来,进行自我教育,以非暴力抵抗为手段,争取印裔人的权利。为了团结广大印裔人,已经进入上流社会生活水平的律师甘地,甘心情愿与广大印裔侨民生活在一起。当时,甘地在约翰内斯堡的律师业务已非常发达,年收入已达五、六千金镑。但他放弃了优越生活,与印侨平民相似,过着一位清真印度教徒的清贫朴素的生活。他仗义解救被虐待的契约工。他领导纳塔尔印度人大会,为反抗殖民政府对印度契约工每年征收三英镑人头税而斗争。这次斗争虽然由于遭到当局的武力镇压而失败,其中多人牺牲,一万余人被监禁。但运动规模之大且比较有组织有领导,因而极大地震动了殖民当局,它标志着南非印侨已逐渐走向自觉联合以争取权利的斗争。

在南非反对种族歧视的斗争中,甘地逐渐形成了他的独特的斗争方式,联合广大印侨群众,进行非暴力不合作抵抗。甘地以印度教经典中"爱"的思想为基础,吸收、揉和了《圣经》和《可兰经》中所包含的仁爱思想,形成了甘地的非暴力主义。印度教中婆罗摩、毗湿奴和湿婆三大主神,他们分掌创造、保护和毁灭(苦行)之神职。甘地全家特别信奉毗湿奴保护神,而其思想核心是主张"爱",主张以"逢恶报以善,用德报以怨"作为处世行事之箴言。他在伦敦阅读《圣经》时,对《新约》中的"登山宝训"里所述不要与恶人作暴力斗争的哲理感触很深。他在研读《圣经》和《可兰经》以后,认为所有宗教几乎都包含着仁爱之心。当他读到俄国托尔斯泰的《天国就在你心里》和英国鲁斯金的《等到这最后》等著作时,他认为人际之间的关系,均应以"爱"为主旨。甘地把宗教的哲理,融会于自己的思想与实践,形成了他根深蒂固的非暴力主义。

1896年夏季,甘地由南非返回印度,决定把家眷接到南非长住。利用返回印度的时机,他会见了印度报界人士和国大党领导人,呼吁国大党和印度人民关心南非印侨之困苦处境,为此,他在孟买写了一本有关南非印度侨民疾苦的"绿皮书"(因封面为绿色而得名)。这时国大党已明显出现不同派别。以提拉克为代表的民族主义者,被人们称为"激进派",它与"稳健派"相对立,主张积极反对英国殖民统治,受到下层中产阶级和青年知识分子的拥护。然而,提拉克却把印度社会中的某些消极面,诸如主张童婚、保护神牛(母牛)、祭祀和复兴印度教等作为民族文化来反对英国"文明"(殖民者)。这些情况,对甘地可以说不无影响。就非暴力主义而论,提拉克是甘地的先行者,不过提拉克未把非暴力主义绝对化。

1896年11月,甘地携夫人及二子一甥再赴南非。同年12月19日,客轮抵达德班港时,又遭白人种族歧视之阻挠。1897年1月13日,当甘地登岸后,即遭到白人种族主义暴徒殴打。然而,事后甘地却以"仁爱"之心出发,公开声明对肇事暴徒不予追究。

在1899年10月爆发的英布战争中,甘地从"仁爱"出发,组织了由一千一百多名印侨结成的救护队,在战地救护伤亡人员,前后达六周。后来,当1904年约翰内斯堡发生大瘟疫时,甘地为救治病人组建了一所印侨医院。1906年,纳塔尔非洲人(祖鲁人)起义遭到英国殖民军的残酷镇压,甘地又组织了印侨医疗救护队。甘地的这些行动,就其本身而言,都是从他所信仰的"爱"出发的。他这些行动,时而受到殖民政府的嘉奖,时而遭受白人种族主义者的暴力袭击,甚至受到一部分怀疑其温和主张的印度人的反对与攻讦。

1901年12月28日,甘地第一次参加在加尔各答举行的国大党第十七届年会。他在会上提出"代表南非印侨的呼吁"案,得到年会的注意并通过了他的提案。在南非,甘地继续为争取印侨的平等权利而奔走。1902年12月,他向1895—1903年任英国殖民大臣的张伯伦呼吁给予南非印侨以平等待遇,但终无结果。1903年,甘地组织了英属印度人协会,自任名誉秘书与法律顾问,1904年,甘地阅读了英国作家鲁斯金的《等到这最后》,大为感动。他写下了读该书所获得的心得体验:"个人的好处包含在众人的好处之中;律师的工作同理发师的工作同等价值,因为靠工作谋生是人们共有的权利;劳动的生活,即种地的人和做手工的人的生活,是有价值的生活。"正是这种心得体验与他所读托尔斯泰《天国就在你心里》的感受相结合,并为把这些理念引向实践,甘地于德班左近的腓尼斯地方,以一千英镑购地一百英亩,建立了一个"凤凰村"。1905年初,甘地带着妻子、儿子和一部分印侨居住到凤凰村。他要求在凤凰村居住的人,共同劳动,领取和享用同样的生活费用。他以一种特殊的方式,教育训练凤凰村的居民(信徒)懂得"坚持真理"。1914年,该村有人有"严重越轨"行为,甘地用绝食一周,四个半月内日食一餐的自苦行动来教育他们。以后又发生类似"越轨事件",甘地又以绝食教育其追随者。这个凤凰村成为后来甘地在南非进一步开展非暴力斗争的基地之一。1910年,甘地接到印商捐赠的二万五千卢比,5月,甘地又在约翰内斯堡郊外二十一英里处建立托尔斯泰农场。农场占地一千一百英亩,是德国工程师卡伦巴奇提供。6月,又在农场内创办一所学校。甘地停止了年收入五、六千英镑的律师业务。每月只领取三英镑生活费，全心为印侨服务。托尔斯泰农场成为非暴力抵抗的又一个基地。1912年9月，甘地将全部私人财产五千一百三十多镑悉数捐献给非暴力运动之用。托尔斯泰在1910年9月7日写给甘地的信件曾提到，托氏从《印度民意》上获悉甘地领导的非暴力主义者的行动，赞美他们的非暴力抵抗是"爱"的法则，是一种组成"人类灵魂的团结之一部分"的精神，是基督的法律，也是世界上一切心灵上的领袖之法律。托尔斯泰与甘地通信多次，甘地深受其思想的影响。

　　1906年8月22日，德兰士瓦政府公布了被称为"黑色法案"的印侨管理法，即禁止印度向南非移民的法案。这一法案规定，所有八岁和八岁以上的印度人都必须填表打手印领取居住证。居住证必须随身携带，以便殖民当局随时检验，警察可以任意闯入民宅查验证件，违者处以罚款，甚至驱逐出境。面对这种赤裸裸的种族歧视，甘地号召印侨，举行大会与游行。印侨庄严宣誓，实行甘地领导的非暴力抵抗运动。不仅是印度侨民，而且还有其他亚裔侨民，参加到非暴力抵抗运动中来。南非殖民当局进行野蛮镇压，大肆逮捕非暴力抵抗者，监狱以及矿井中塞满了被捕的印度和亚裔侨民。甘地接连三次被投入监狱。英国驻南非总督史末资将军称，对这些为"良心所指使的反抗者"来说，监狱好像是一种快乐的所在。

　　甘地原先使用"消极抵抗"一词来阐明他在南非的斗争。在斗争过程中，1907年，甘地把"消极抵抗"一词改为"萨蒂亚格拉哈"，即"坚持真理"或"非暴力抵抗运动"。甘地认为，"消极抵抗"是弱者的武器，为了达到目的，还有包含采用暴力手段的意思。而"萨蒂亚格拉哈"是强者的武器，它强调的是爱和真理的统一，也就是在坚持真理的同时，宁愿自己作出牺牲也不加暴力于敌人。对甘地来说，他所领导的坚持真理运动，就是非暴力抵抗运动。

　　1908年1月，面对印侨强大的非暴力抵抗运动，史末资代表的殖民当局不得不与甘地进行谈判，史末资使用表面让步，实质是欺骗的手法，与甘地达成协议：政府同意释放被捕者，并收回"黑色法案"，印度侨民则自行登记领取居民证。但是，8月份，当史末资看到大批印度侨民登记后，南非殖民政府却背信弃义，不履行取消"黑色法案"的承诺，反而进一步制定《亚洲人登记条例》。于是甘地再次发动非暴力抵抗运动。8月16日，甘地召开大会，当众焚烧了居民登记证，大约有二千多名印侨随同甘地焚烧了登记证。不仅如此，甘地还率领印侨进行"无登记证越境"，任凭殖民者当局逮捕判刑入狱，以此行动作为非暴力抵抗运动的组成部分。1909年6月，甘地曾率领代表团赴伦敦请愿，但未获任何结果。11月，甘地在返回南非的客轮上写成了《印度自治》一书。此书出版后，被法国著名作家罗曼罗兰誉为"是英雄化的'爱'的福音。"

　　甘地在南非领导的非暴力抵抗运动，不仅震撼了南非殖民当局，其影响已远及印度。印度总督哈定，在非洲、亚洲的舆论压力下，对南非殖民当局的种族歧视政策提出了抗议。国大党稳健派领导人郭克雷对甘地的非暴力抵抗运动推崇备至，1909年末，郭克雷在孟买的一次大会上说，在反对英国殖民统治，争取印度人民自由平等权利的过程中，如果其他的办法无可奏效时，甘地的非暴力抵抗是完全适用的。

　　1913年，甘地领导印侨反对南非移民法的非暴力抵抗运动进一步高涨，广大印侨妇女也参加到斗争队伍中来。10月28日，甘地率领二千零七十二名印侨矿工，一百二十七名妇女和五十七名孩童，从纳塔尔的纽卡斯尔向德兰士瓦的约翰内斯堡进行大规模的示威游行——"和平进军"，要求取消"黑色法案"，废除人头税，承认印度婚姻制度的合法性。在四天的"和平进军"中，甘地三次被捕，尽管南非当局进行镇压,但运动继续高涨。当 11 月 9 日,甘地第三次被捕并被判处两个月徒刑时,纳塔尔两万多工人不顾政府的血腥镇压,宣布抗议罢工。在罢工运动强大压力之下,史末资不得不于 12 月 18 日释放甘地,表示愿与甘地谈判和解。双方经多次商谈,于 1914 年 1 月 21 日,甘地与史末资达成临时协议:废除三英镑人头税,承认按印度宗教仪式的婚姻制度为合法,允许持有盖过指纹登记证的印度人进入南非。甘地则同意停止非暴力抵抗。6 月 26 日,殖民当局以法律形式通过该协议,甘地在南非所领导的非暴力抵抗运动取得了一定的胜利。

"非暴力不合作"

1914 年 6 月,第一次世界大战爆发。英国是第一次世界大战的主要参战国,英国的殖民地南非和印度迅速受到第一次世界大战的影响。为争取印度支持英国的战争,英国将印度不同程度地卷入了战争。1914 年 6 月,大战爆发之时,正是甘地在南非运用非暴力抵抗运动取得反对种族歧视—"黑色法案"初步胜利之日,甘地已是颇具声望的社会、政治活动家。他的社会政治主张和非暴力抵抗的斗争策略已在世界被压迫民族之间,特别是在甘地的祖国印度产生了极其深远的影响。就是在这一背景下,甘地于 1914 年 7 月 18 日离开南非取道伦敦返回印度。1915 年 1 月 9 日,甘地抵达孟买。他开始到全印度许多地方考察,以进一步了解祖国的情况。

第一次世界大战爆发前,正是资本主义进入它的最高阶段——帝国主义时期,它的一切根本矛盾随之加剧,其根本矛盾之一便是帝国主义的殖民统治与广大殖民地半殖民地国家人民之间的矛盾。在 1904—1905 年的日俄战争和 1905 年的俄国革命影响下,这种矛盾在亚洲各被压迫民族中日益尖锐起来。列宁指出:"世界资本主义与 1905 年的俄国运动最后唤醒了亚洲。几万万被压抑的、沉睡在中世纪停滞状态中的人民醒悟过来,要求新的生活,为争取人的初步权利,争取民主而斗争。"又说:"亚洲的觉醒和欧洲先进无产阶级夺取政权的斗争的开端,标志了在二十世纪初所揭开的全世界历史的一个新阶段。"在这亚洲革命形势高涨中,印度人民表现了自己的革命斗争性,在 1905—1908 年爆发了民族解放斗争的高潮。然而,作为这一次革命斗争的领导思想,却存在着严重的内部矛盾,也就是说,印度当时许多民族运动的领导者,包括激进派提拉克在内,他们想把民族运动——印度最进步的运动建立在陈腐的印度教宗教与宗教传统文化的基础上。因此,从社会发展的观点看,1905—1908 年印度民族主义者所提出的某些口号与纲领是保守的,甚至是反动的。之所以出现这种状况,是与印度自身的具体情况与特点有着密不可分的联系。

印度作为英帝国主义的一个最重要的殖民地,多年来遭受外国资本主义无情劫掠和残酷统治,再加上种族制度多年统治的结果,使印度一直到 20 世纪初仍然是一个特别落后的殖民地。在这里,粗陋的、带有严重封建制残余的农业生产,依然在经济中占主要地位。由于英国殖民者的阻挠,大工业极为薄弱,外国的主要是英国的资本,几乎在一切经济部门中占据了统治地位。直到 1948 年,在印度经济中,外国的直接投资总数占所有长期投资的百分之四十四。耕地面积百分之七十以上属于地主。差不多四分之三的农户丧失了土地,而被迫在奴役性的条件下向地主和高利贷者租佃土地,以所谓"分成制"的形式,地主从农民手里攫取去了总收成的三分之二至四分之三。

种姓制度的保留,曾给予印度的发展以极坏的影响。英帝国主义为了狭隘自私的利益,支持着印度"一切落后的、衰亡的、中世纪的东西。"利用印度政治上的分裂性、把全国领土的百分之四十五,居民近亿人,分裂在六百个封建土邦之间。同时,英国殖民者还经常挑拨和利用印度教徒与穆斯林之间的纠纷,企图以此达到分裂印度民族运动力量的目的。

再者,也是非常重要的一种情况,那就是直至 20 世纪初,由于印度经济上的落后,致使当时的印度在政治上和思想上也是非常落后的。国大党直到 20 世纪初还不成其为一个近代化政党的机构。至于在 1906 年由英帝国主义支持下建立起来的"伊斯兰教联盟"(穆斯林联盟)和"印度教徒大联盟",在当时实际上是代表处于民族运动右翼地主、高利贷者的宗教沙文主义者的组织。当时的许多民族运动领袖,几乎都受着狭隘的资产阶级观点的束缚。社会主义思想实际上还没有在印度政治生活中传播。无产阶级力量还不够强大,因而,在客观上对资本主义——帝国主义能以批判的理解力来加以剖析的阶级基础还不够强大。于是,在当时对印度摆脱殖民统治,获得自由的看法上,便出现了两种不同的思想。一种是盲目地崇拜"英国式的文明"——西方资产阶级文明,认为英国会带给印度以自由和繁荣;再一种是坚决抵制这种"反民族的"观点和坚决反对向"英国文明"投降,主张遵循恢复与振兴"印度文明",以"印度文明"抵抗和战胜"英国文明"达到印度的自由和独立。

所有这些印度历史发展中的特点,在印度民族独立运动领袖的思想和实践过程中,都得到了反映。而甘地的思想及其活动,便是属于上述情况的后一种。

1905—1908 年印度出现了群众性的民族解放运动高潮,虽然这次运动具有重大历史意义,印度无产阶级开始走上了政治舞台,但无产阶级在当时还无力领导民族解放运动。当时甘地正在南非。对这次运动发生重大影响的,是以民主主义者提拉克为代表的小资产阶级激进派,在运动中虽然表现了英勇的革命气概,但这一政治派别的重大缺点是没有真正发动和组织群众,没有在群众中生根,他们与群众、特别是工农群众之间,只有很薄弱的联系。在他们的实践中,也曾经向群众呼吁并试图组织群众,但由于他们在当时还不能够把民族运动与工农的阶级斗争有机地结合起来,因此,他们没有和群众发生密切的联系。

在 1905—1908 年,印度民族运动高涨期间所出现的强大的工农运动,吓坏了印度资产阶级中的稳健派,这些人害怕阶级斗争的尖锐化,于是,在政治上便出现 1908 年 12 月国大党苏拉特年会上,以郭克雷为首的资产阶级稳健派和以提拉克为首的小资产阶级激进派发生了分裂。随后,稳健派和激进派各自走着自己的道路。小资产阶级激进派自"苏拉特分裂"以后,试图建立民族主义政党,但由于提拉克的被捕以及激进派没有切实联系群众,因而使这个政党不久便烟消云散了。在某些省份中,激进派曾在地下组织过小资产阶级的政党,如孟加拉革命党等,并以个人恐怖手段坚持进行反英斗争。但这些行动都缺乏群众基础。至于"苏拉特分裂"后的稳健派,更是脱离群众。

然而,到第一次世界大战期间,由于印度资产阶级在战争订货中获得了巨大利润,以及在这个危急的岁月中英帝国主义对印度资产阶级采取了虚假的政治让步,致使提拉克也放弃了原先自己的立场。甘地自南非回印度后,积极支持英国的战争。1915 年 5 月,甘地在阿默达巴德的科奇拉布村创立了非暴力抵抗学院(坚持真理学院)。6 月 3 日,英王生日,因甘地对英国进行战争的支持,被授予帝国——印度勋章。

在此背景下,1916年印度资产阶级民族运动力量出现了"统一"。在1916年国大党勒克瑙年会上,不仅是提拉克又回到了国大党,激进派与稳健派又重新携手,而且以穆罕默德·阿里兄弟为首的伊斯兰教联盟,也同情和支持国大党的纲领。就在1916年国大党勒克瑙大会上通过了国大党与伊斯兰教联盟的联合计划。伊斯兰教联盟与国大党在同一时间同一地点举行年会,甘地和国大党中不少领袖都出席了伊斯兰教联盟大会。印度教徒与穆斯林空前和睦,这对印度民族运动的发展产生了极大推动力。

但是,无论是国大党与伊斯兰教联盟合作也好,稳健派和激进派的携手也好,它却依然没有改变民族运动脱离群众的致命弱点。

甘地与脱离群众的国大党的老领袖们不同,他运用南非的经验,走向群众,密切联系群众,领导群众进行非暴力抵抗运动。他1915年回到印度后,立即着手建立非暴力抵抗学院,以培养非暴力抵抗运动的干部人才。他坐着三等车周游全印度,向群众宣讲非暴力抵抗主张。1916年2月,他在贝纳勒斯大学发表演说,揭露当局的暴政。1917年2月,他在孟买召开群众大会,要求殖民政府于5月31日前明令废除契约劳工制。4月,甘地为解救受种植园主剥削压迫的比哈尔省昌巴兰靛青农民而奔走,促使政府成立一个委员会来处理此事。1918年2月,甘地组织领导了阿默达巴德纺织工人要求增加工资的罢工斗争。随后又领导凯达农民进行抗税活动。甘地领导的这些斗争,不同程度地取得了某些胜利。

然而,这些局部的细微的胜利,并不能解决日趋高涨的印英民族矛盾。

大战期间,印度有三点五亿镑战费落在劳动人民身上,一百五十万青壮年被征上前线,其中七十万人阵亡,五百万吨粮食和三百六十九万吨各种装备、物资被运走。1918年粮食严重歉收,又有流行性感冒,有七千四百多万印度人死于贫困、饥饿和流行疫病。1918年至1919年初,人民群众的反抗斗争汹涌澎湃。大战结束后,英国政府背弃诺言,不仅不实践"给予印度以自治"的承诺,反而于1919年3月颁布了镇压人民的、以英国高等法院法官罗拉特为首的"调查团"所制订的《罗拉特法》。该法令规定:殖民当局可随时宣布戒严,可不经起诉就逮捕、搜查和监视任何一个印度人,甚至可以不加审讯就判刑;警察有权解散群众集会和示威游行等等。《罗拉特法》的公布,激起印度人民的极大愤怒、反英怒潮有似天崩地裂。在这种形势下,甘地发动和领导了第一次大规模的全印非暴力抵抗运动。

1919年2月,甘地在孟买成立了"萨蒂亚格拉哈同盟"(非暴力抵抗协会),号召印度人民在1919年3月30日和4月6日举行总罢业和绝食,对罗拉特法实行非暴力抵制。他号召人民群众绝对不要使用暴力。他要求人民群众遵循"萨蒂亚格拉哈",即对英国殖民当局实行经济抵制,倡导手纺车运动,以印度的土布去对抗英国的洋布洋货;实行政治抵制,即印度国民对英"不合作"或"不服从"运动,拒绝到英国人所办的学校中去上学,拒绝参加英国人所控制的立法、司法和行政机关,实行抗税等等。以此作为印度争取自由的手段。

然而,人民群众的斗争,冲破了甘地的限制和约束,他们从3月30日起,便在全印各地举行声势浩大的示威游行、罢工、罢课、罢市,甚至武力暴动。在斗争中,印度教徒和穆斯林之间,不同民族之间空前团结。整个印度沸腾起来了。

就甘地而言,他是不愿看到暴力斗争的。当他听到孟买和阿默达巴德等群众采用了某些暴力行动,甘地便于1919年4月13日起绝食三天,以自苦教育施行暴力反抗的群众。他还说,他自己在人民还没有了解非暴力抵抗的原则和深刻含义前过早地发动了这次运动,因而他犯了"一个喜马拉雅山般的错误,使得根本不是非暴力抵抗者而是怀着恶意的人们能够胡作非为"。于是,他在4月中旬宣布中止非暴力抵抗运动。

可是,已经引发行动起来的群众,不会就此停止斗争。1919年4月10日,英国殖民当局在旁遮普省阿姆利则逮捕了赛福丁·克其鲁和萨提亚帕尔两位博士、民族运动活动家,未加任何审讯就把他们驱逐出阿姆利则。为此,三万群众举行抗议示威。13日,数千名群众在阿姆利则的一个广场集会,英军截住广场出口,用机枪向场内手无寸铁的集会群众扫射达十分钟之久。结果,三百七十九人死亡,一千二百多人受伤。英军制造了"阿姆利则惨案",妄图用血腥手段把民族运动镇压下来。然而,阿姆利则惨案激起了印度人民群众的更加愤慨,旁遮普省的反英斗争进一步发展,到4月15日,运动已由原来的三十个城镇和地区扩大到五十个城镇和地区。在孟买、加尔各答等城市,反英运动也迅速高涨起来。

为了宣传非暴力抵抗运动,1919年10月,甘地主办了两个刊物:《新生活》(古吉拉特文版)、《青年印度》(英文版)。1919年11月24日,甘地在德里主持了全印基拉法会议,提出不与英国合作的"不合作"主张。

基拉法运动,即哈里发运动。它是印度穆斯林反对英国殖民统治的运动,是第一次世界大战后,为了反对英国等协约国瓜分土耳其、保卫伊斯兰教宗教领袖哈里发(土耳其苏丹)而兴起的。1919年底哈里发委员会成立,领导人是印度国大党人穆罕默德·阿里和绍克特·阿里兄弟。参加这个运动的有印度穆斯林各阶层群众。甘地主持了全印基拉法会议和参加了基拉法运动,对印度教徒与穆斯林在反英民族运动中的团结合作具有重大意义。1919年圣诞节期间召开的国大党第三十四次年会,即阿姆利则大会,实质上是甘地领导国大党的第一次大会。1920年8月,甘地发动非暴力不合作运动支持基拉法运动。9月,国大党在加尔各答举行的会议上决定把基拉法运动的要求作为不合作运动纲领的一部分。同时,国大党在加尔各答会议上通过了甘地的不合作运动提案,并在决议中加入了"要求自治"。甘地认为,如照此实行,一年内可以获得印度自治。

1920年12月,国大党在那格浦尔召开年会,在甘地提议下修改了国大党党章。党章第一条规定:"国大党之宗旨,系由印度人民使用一切合法与和平手段获得自治"。"如果可能,在不列颠帝国范围内达到自治,如果不可能,则脱离不列颠帝国而自治。"在组织上,国大党由非常松散的团体变为群众性的政党,并设立了一个十五人组成的全印工作委员会(常务理事会)。基层党组织达到乡镇。这样,1920年国大党那格浦尔年会标志着国大党发展到了一个新阶段,国大党的斗争方式不再是脱离群众的"讨论"和"决议"了,而是转变为以一定群众运动为基础的非暴力抵抗运动了。国大党现已突出地成为一个领导群众从事反殖民统治,争取民族自由之实现的占焦点地位的政党了。在那格浦尔年会上,正是在甘地的提议下,国大党通过了一项关于必须组织工人和吸收工农及手工业者参加基层组织的专门决议。于是,相当大的一部分工农涌入了国大党组织,这不仅推动了国大党采取较积极的反英斗争,而且,更重要的是从现在起,国大党开始具有一定的群众基础作后盾了。这是20世纪20年代初国大党的重大进步。这是甘地对印度民族运动作出的巨大贡献。

1920年,印度工农运动继续高涨,农民运动常以"阿卡里运动"(意为永存的)的形式出现,特别是在旁遮普省。这年发生了三百九十六次罢工,有六十万人参加。联合省、孟加拉省和马德拉斯省均发生规模不等的农民起义。甘地提出的"一年内自治"的口号获得群众的支持。加尔各答三千多名大学生罢课,成千上万学生从英印殖民学校中退学。许多地方建立了本民族的学校和学院,在孟加拉、古吉拉特、比哈尔创办了印度国立大学。

在奥得省出现了农民组织"爱卡"(即"联合会"),会员达到十万多人。大学生和工人还组织了群众性的抗英团体—国民义勇团。在《印度青年》杂志上,刊登出画有纺车的三色印度国旗的方案。为了维护莫尔锡地方的群众利益,甘地还同该地区的群众一起,反对印度财阀塔家族的占地。同年 7 月 31 日,甘地在帕力举行盛大的焚烧洋布的篝火会,以示提倡手纺手织土布,穿戴土布衣帽,抵制洋布洋货。全国各地群众仿效甘地的行动。为了推进手纺车运动,甘地于 9 月 19 日起,实行全身穿着土布,平时上身赤裸,剃发光头,必须保暖时披土布。国大党党员从甘地到基层成员,都得亲自纺纱,以自纺纱与土布作为国大党党费交纳。在甘地带动下,手纺车运动轰轰烈烈开展起来。

甘地和国大党还领导了抵制英国威尔斯亲王访印的运动。11 月 17 日,威尔斯亲王抵达孟买时,非暴力抵抗运动达到高潮。示威者与警察发生了冲突,有三十人被打死,二百多人被捕。但甘地认为,孟买群众超越了非暴力范围,因而他于 11 月 19 日,宣布绝食。他要求国大党工作委员会注意到这点。他甚至由此"自己得出结论,现在不可能开展群众性的公民不服从运动。"英国殖民当局宣布国民义勇团为非法组织。大肆逮捕国大党和义勇团成员。当时被监禁的有三万余人。在群众运动空前高涨的形势下,1921 年底举行的国大党阿麦达巴德年会宣布:"大会以更大的力量和坚定信心继续进行非暴力不合作运动,……直到自主的确立。"年会号召所有十八岁以上的人参加国民义勇团。年会把领导运动的全部大权交给了国大党"惟一的执行权威圣雄甘地",即甘地被授权为运动的总指挥。

1922 年 2 月 1 日,甘地向总督发出最后通牒,要求殖民当局七日内释放被捕的非暴力抵抗参加者,开放言论出版自由。但遭到拒绝。甘地准备在孟买进一步发动非暴力抵抗运动。但就在这时,发生了乔里乔拉村暴力事件。

1922 年 2 月 4 日,联合省哥拉克普尔地区乔里乔拉村农民举行示威游行,警察向他们开枪射击。愤怒的群众进行了还击,把二十二名警察包围在警察局里,然后放火焚烧,二十二名警察被烧死。殖民当局对农民施加了残酷的报复。四十四名农民被杀害,几百人被流放服苦役。对于这一事件,甘地不但不谴责殖民当局的暴行,反而在 2 月 12 日,国大党的巴多利工作委员会紧急会议上通过决议,声称鉴于群众斗争越出了非暴力的范围,宣布无限期推迟全国性"不合作"运动,代之以推广手纺车、教育和改革活动,并说:"拒绝向地主缴租"就是违背国大党的决议,"会损害国家利益"。决议还"谴责惨杀警察和无故焚烧警察所的乔里乔拉的无知人们的惨无人道的行为,并对死者家属所受的损失表示同情。"为此,甘地从 2 月 12 日起绝食五天。3 月 10 日,甘地被殖民政府指控在《青年印度》上所写的三篇文章煽动了人民与政府为敌。3 月 20 日,在萨马蒂学院甘地被政府逮捕并判刑六年。在狱中,甘地写了自传《我体验真理的故事》。1924 年 5 月,甘地因病从狱中获释。

由于巴多利决议,轰轰烈烈的 1919—1922 年的反英非暴力抵抗运动走向低潮。人民群众和国大党的许多领导人对甘地作出巴多利决议感到困惑,有的表示愤慨。部分群众曾不顾国大党的决议,继续进行斗争。直到 1922 年 9 月,印度纺织工人、铁路工人的罢工和农民运动都未完全停止,但是运动已处于无领导状态。

国大党巴多利决议的实质,说明甘地"非暴力抵抗运动"反映了印度自由派地主与资产阶级的妥协性。在人民群众反帝斗争蓬勃发展的关键时刻,地主资产阶级担心斗争的深入会触及到本阶级的利益,因此,违背人民要求,无限期推迟非暴力抵抗运动,并明确宣布"拒绝向地主缴租"就是违背国大党的决议。

1919—1922 年的大规模非暴力抵抗运动失败了。

为印度自由而死

1919—1922 年非暴力抵抗运动失败以后,英印殖民当局在印度进行了省立法机构的选举。选举方式是按宗教分为选民集团,目的是分化印度民族运动力量。国大党曾经宣布要抵制这次选举方案。但后来又决定参加选举,要同英印殖民政府"合作"。1923 年 1 月,国大党的一部分著名领袖达斯和莫·尼赫鲁(贾·尼赫鲁之父、印度前总理英迪拉·甘地之祖父、拉吉夫·甘地之曾外祖父)因不同意甘地的非暴力不合作主张,在国大党内形成了"司瓦拉吉派"(自主党),由达斯任主席,莫·尼赫鲁任书记。国大党的领导权转入"司瓦拉吉派"之手。他们主张望参加选举,参加立法议会,通过在立法议会中的斗争,争取印度的"司瓦拉吉"(意即自主)。

1922 年甘地被捕入狱后,至 1924 年 1 月因阑尾炎而做手术,2 月 5 日因病获释。但 1924—1928 年,甘地实际上脱离了国大党的领导工作,虽然在 1924 年 12 月 26 日国大党在贝尔高姆举行的第三十九届年会上,甘地当选过主席。这一时期甘地活动的重点转到调处印度教徒与穆斯林之间的冲突,以及宣讲解放贱民(不可接触者)的"哈里真运动"。1924 年 9 月,发生印度教徒与穆斯林的仇杀,甘地为此于 9 月 18 日决定绝食二十一天。10 月,他在《青年印度》上撰文抨击殖民政府非法搜查并逮捕自主党人。11 月,甘地、达斯和莫·尼赫鲁发表联合声明:除不穿洋布衣服外,暂停非暴力不合作运动其他各项活动;国大党党员须缴纳二千码手工纺的纱(自纺或购买)作为党费。

1925 年,甘地旅行考察了卡提亚华、中印度、孟加拉、特拉凡哥尔、马德拉斯、比哈尔、联合省等省邦,宣讲穿戴土布、解放贱民和印穆(回)团结。9 月,在国大党巴特纳会议上,甘地倡议组织全印纺织者协会。同年 12 月起,他在《青年印度》上连续发表他的自传—《甘地自传—我体验真理的故事》。1927 年,甘地继续在全印许多省邦旅行,进一步发动土布运动,宣讲禁烟禁酒,反对童婚,主张寡妇再嫁等社会改革。为了反对陋习,改革婚礼,1928 年甘地为第三子拉摩达斯·甘地主持婚礼,行礼前新郎新娘同扫牛栏和浇树,婚礼时在圣火前听长辈讲话,无饰物嫁妆,惟一的出嫁礼物是新娘母亲送的一架手纺车,甘地送的一本《薄伽梵歌》。

1928 年 6 月 12 日,古吉拉特邦巴多利区的农民爆发抗税运动,农民遵循甘地非暴力斗争方式反对英印殖民当局把田赋提高百分之二十至百分之二十五。国大党召开农民代表会议,号召农民拒绝向殖民政府交纳一切赋税。在甘地号召下,6 月 12 日被定为全印"巴多利日"。巴多利农民的斗争得到全印支持,政府被迫恢复了原田赋税率。农民斗争取得了一定胜利。工人运动也高涨起来,罢工运动的总数 1928 年达到三千一百五十万工作日,著名的红旗工会也在孟买组织起来,工农运动的发展推进了民族运动,1928 年 11 月,国大党青年左翼领导人贾·尼赫鲁和苏巴斯·鲍斯组成了全印独立大同盟，主张印度完全独立。这样，在 12 月举行国大党加尔各答年会上，讨论莫·尼赫鲁起草的、主张在大英帝国范围内获得自治领地位的《印度宪法草案》（也称《尼赫鲁报告书》）时，尼赫鲁父子发生了严重争执，即"独立派"与"自治派"相持不下，结果，甘地提出了折衷方案。该方案限定英国在 1929 年底前给印度以自治领地位，否则就争取完全独立，并允许独立派能以国大党名义宣传独立。国大党加尔各答年会虽然以一千三百五十票对九百七十三票的勉强多数通过了甘地提出的折衷方案，但是要求独立的左翼力量已大为发展。甘地虽然掌握着国大党的实际领导权，但是他表示退让，并推荐贾·尼赫鲁代他当选。这实际上是国大党内政治力量变化的反映，它说明以贾·尼赫鲁为代表的"独立派"的力量有所增长。

　　1929 年开始的资本主义世界经济危机，严重地打击了印度经济，特别是那些作为出口的种植单一经济作物的地区。在危机期间，印度农业总产值从一百零三点四亿卢比降至四十七点三亿卢比（1933 年）。农产品的价格到 1932 年下跌了百分之五十，农民收入减少了二分之一以上，但赋税有增无减，英帝国主义从 1931 年 9 月至 1934 年 8 月从印度运出的黄金共值二十点四五亿卢比。在工业方面，大企业排挤小生产的过程加剧了。民族资本经营的三百五十三个矿井中有二百四十三个倒闭。1930—1933 年，黄麻工厂在业工人人数由三十二万八千减少到二十四万六千人。失业工人增加，工人工资降低。在这种形势下，印英民族矛盾又高涨起来。1929 年 3 月，甘地参加了加尔各答群众集会，并在会上主持焚烧英国洋布，为此，殖民政府下令逮捕甘地，但甘地申辩，焚烧洋布并不违反禁令。

　　在工农运动的推动和影响下，国大党内要求完全独立的一派力量有所发展。1929 年末，国大党拉哈尔年会上，甘地提议贾·尼赫鲁为国大党主席，贾·尼赫鲁当时三十岁。由于甘地的提议与支持，贾·尼赫鲁首次当选为国大党主席。他在印度民族独立运动中发挥了越来越大的作用。从这一点看，甘地在培养和提携青年人才方面，无愧是慧眼，是识得千里马的伯乐。拉哈尔年会还通过了在合适的时候发动非暴力不合作运动的决议。12 月 31 日午夜，会议通过印度完全独立案。争取印度"完全独立"，首次作为国大党的纲领被提出来。1930 年 1 月 2 日，国大党工作委员会通过决议，宣布 1 月 26 日为"印度独立日"（独立节）。

　　1930 年 1 月 26 日，全印度举行争取独立的宣誓大会，人民群众以强大的示威庆祝第一个"独立节"。它标志着甘地所领导的 1930—1934 年非暴力抵抗运动的开始。

　　拉哈尔年会后不久，甘地向总督提出了"十一点要求"，其中包括：一、改变汇率（恢复一卢比对一先令四便士的兑换率）；二、降低田赋（土地税）百分之五十；三、取消盐税；四、至少削减军费百分之五十；五、减低英国官吏薪俸；六、对外国纺织品规定保护关税税率；七、赋予印度船主单独享有沿海航行权；八、释放一切非谋杀案的政治犯；九、取消秘密警察；十、禁止卖酒；十一、准予印度人携带自卫武器。然而，甘地的这些要求并没有遵循国大党拉哈尔年会上所提出的争取完全独立的原则，甚至连自治领的地位也没有提及，只是提了一些社会改良问题。可是甘地却说，如果总督接受了这十一点要求，他（总督）就"再也听不到非暴力抵抗运动的谈论了"。然而，总督和英印政府没有接受这十一点要求，于是，1930 年 1 月 26 日，全印度以争取独立宣誓大会的形式开展大规模的非暴力抵抗运动。同年 2 月，国大党将领导非暴力不合作运动的全权授予甘地。

　　为什么要发动这次非暴力不合作运动呢？甘地在 1930 年 3 月 2 日致总督的信

中写道："暴力派正在得势而耀武扬威。我的目的是发动那种力量（非暴力）来对付英国统治的有组织的暴力以及增长中的暴力派的无组织的暴力。静坐不动就是放纵上述的两种势力。"这里非常清楚地说明了甘地的非暴力不合作运动要在两条战线上作战。首先他要用非暴力不合作运动去反对英国的殖民统治，实现印度的民族要求；其次，他要用非暴力不合作运动去限制和控制群众的"无组织的暴力"，即束缚了工农群众的暴力革命运动。这反映了印度资产阶级在民族运动中的两面性。

　　1930年3月12日，六十一岁的甘地以"食盐进军"作为突破口，进一步发动大规模的非暴力不合作运动。这一天，甘地率领他精心挑选的真理学院的七十八名学员（非暴力主义信徒）开始著名的"食盐进军"。他们自阿默达巴德的萨巴玛蒂真理学院出发，步行二十四天，行程二百四十一英里，沿途群众，特别是农民群众纷纷加入甘地的队伍，4月5日抵达丹地海滩。4月6日，甘地在丹地海边举行有数千人参加的仪式。甘地在海滩上取海水制盐，以示破坏和反对殖民政府的食盐专卖法，反对增加盐税。接着，全印各地群众，纷纷展开自制食盐，破坏盐法，抵制洋布的非暴力运动。4月9日，甘地从非暴力原则出发，给群众规定了运动的范围：自制食盐，监视酒店、鸦片烟馆和洋布店，自纺自织土布，学生罢课，公职人员罢业，等等。

　　但是，群众运动一旦爆发，就不可能完全受甘地的限制，运动浩荡前进。工人罢工，农民抗税，并且发生了袭击吉大港兵工厂事件。英印殖民当局进行残酷镇压，不但压制不住愤怒的火焰，反而激起斗争的更加高涨。4月25日至5月4日，处境最坏的西北边境城市白沙瓦人民游行示威并占领该城，遭到英国皇家步兵团的枪击。人民群众的爱国行动影响了皇家步兵团中的两排印籍士兵的民族觉悟，这两排印籍士兵拒绝执行命令，拒绝向同胞开枪，并交出武器，解散队伍，与白沙瓦人民联欢。英帝国主义对此十分恐慌，急忙将军警撤离白沙瓦。这样，从4月25日至5月4日，白沙瓦起义者取得暂时胜利。与此同时，全印许多地区反英斗争蓬勃高涨。英印殖民当局向白沙瓦增派英军，对白沙瓦爱国者进行疯狂镇压。白沙瓦重新被英军控制。

　　殖民当局疯狂逮捕国大党领袖和反英运动参加者。5月4日午夜，甘地在距丹地三英里的卡地营地被捕。5月21日，二千多名"食盐进军"的志愿队员前往达拉萨纳盐场继续参加斗争，遭到当局的残酷镇压。6月5日，孟买举行抗议逮捕甘地的示威游行，六万五千名工人自动罢工。孟买东南的绍拉普尔市居民爆发起义，烧毁警察局的档案，占领了殖民政府机关，控制该市三天。起义者与英军战斗两周之久，才被镇压下去。

　　6月30日，在国大党几任主席连续被捕之后，殖民政府宣布国大党的一切组织为非法。但英印殖民当局的镇压未能扼杀运动。抵制英国洋布运动沉重地打击了英国资本家。是年秋季，孟买十六家英资工厂倒闭，而印度土布产量却增长百分之七十，供不应求。销售土布的商店由1929年的三百八十四家增加到六百家。在此形势下，殖民政府期望与国大党妥协，以维护英国在印度的统治与利益。阴险狡黠的英帝国主义，又采用分化民族运动领导层的手段，一方面，允许国大党领袖可以在狱中开会，佯作缓和；另一方面，英国政府于7月宣布将在伦敦举行圆桌会议，讨论印度地位问题。对此，8月15日，甘地与尼赫鲁父子在狱中共同发表公开信提出，任何解决印度地位的方案必须明确商定：一、承认印度享有脱离不列颠帝国而独立的权利；二、建立统一的民族政府，该政府应切实实施甘地致总督信中的十一点要求；三、印度有权向独立的法庭或全国性政府申诉，解决英国对印度的不合理、不公正要求、特权和公共债务等问题。

11月12日，印度的反动封建势力和买办资产阶级的代表在伦敦与英国举行第一次圆桌会议。国大党没有派代表参加，英国企图造成既成事实，迫使国大党接受英国的条件与英妥协。1931年1月25日，印度总督欧文宣布无条件释放甘地等国大党领袖，取消对国大党的禁令，企图诱使甘地等与英国谈判。未出英印当局预谋所料，甘地出狱后便与总督欧文进行多次会谈，在未得国大党讨论同意的情况下，于3月4日签订了《甘地—欧文协定》(也称《德里协定》)。协定规定，英国承认国大党合法，国大党则停止非暴力不合作运动，今后只能在法律允许的范围内开展社会改良运动，国大党派代表参加它曾经抵制的伦敦圆桌会议。英印殖民政府同意释放未使用暴力的政治犯，但拒绝修改食盐法，只准许人民自采自制并在居住范围内出售食盐。对国大党来说，《德里协定》没有达到民族要求，因而国大党左翼和印度人民对甘地签订《德里协定》的行动十分不满，但英帝国主义则异常得意，因为国大党已停止了非暴力不合作运动。

3月29日，在甘地的影响下，国大党卡拉奇会议批准了《甘地—欧文协定》。会议宣布争取完全自治的目标并未改变。会议授权甘地为出席伦敦圆桌会议的首席代表。英印殖民政府则利用国大党停止非暴力抵抗运动的时机，继续分化和镇压民族运动力量。6月9日，国大党工作委员会在孟买举行会议，甘地提议在教派斗争问题未解决前，不出席英印第二次圆桌会议。但会议最后决定不宜因教派问题而拒绝参加圆桌会议。甘地接受了会议的决定。

由于殖民当局继续残酷镇压联合省、西北边省等地的群众运动。8月13日，甘地要求成立专案调查委员会，但遭到总督惠灵顿的拒绝，对此，国大党领导决定不出席伦敦圆桌会议。甘地又与英印殖民政府进行多次谈判，8月27日双方又达成妥协，殖民政府答应对破坏《甘地—欧文协定》的事件进行调查，甘地则同意出席第二次伦敦圆桌会议。

9月8日至11月28日，甘地赴伦敦参加第二次圆桌会议。他在会上提出了给予印度自治领地位的要求，遭到英帝国主义的拒绝。在会议上，英国政府所提出的印度政府组织法，规定印度实行联邦制，议会享有部分权利，而国防、外交权仍由殖民政府掌握，选举则按宗教划分。甘地认为，既然国防、外交不能自主独立，印度依然未能达到"自治领"地位。甘地拒绝了这个方案。12月28日，甘地在圆桌会议上一无所获的情况下返回孟买。部分群众打着黑旗"迎接"甘地，以表示伤心、失望和抗议。

其实，德里协定后，英帝国主义并未停止镇压，而是利用九个月的印度人民停止非暴力不合作运动的时间，对加强镇压作了准备。当甘地回到印度后，发现英印殖民政府并未遵守协议，仍在实行镇压政策。国大党为了维持自己的政治地位，1932年1月2日，甘地主持召开的国大党工作委员会会议，又决定恢复非暴力不合作运动。1月4日，甘地在孟买被捕。政府的紧急法令颁布了，所有国大党主要领袖几乎都被捕入狱，国大党及其一切组织又一次宣布为非法组织，报纸被禁止出版，房屋财产被没收。反英运动虽因德里协定失去了1930年的势头，但仍继续发展，头四个月就有八万人被捕。英印殖民政府的态度与1930—1931年已经不同，由于对镇压已作了充分准备，殖民政府竟傲慢地说，"打仗是不能讲客气的"。被捕者塞满了监狱，据国大党1933年4月在加尔各答举行非常会议所得的报告，当时被捕者总数已达十二万人。此外，对群众的肉体凌辱、开枪，对农村的集体罚款，夺取农村的土地和财产等暴行，也不断发生。

从 1932 年 8 月起,政治运动的重点似不再致力于争取印度独立的非暴力不合作运动,而是致力于贱民("不可接触者")自由平等的"哈里真运动"。以甘地为代表的一部分国大党人,试图以哈里真运动来唤起贱民群众参加民族独立运动,坚决反对并要求废除贱民制度。

贱民,也称"不可接触者",是被摈斥于种姓之外的人,是印度种姓制度的最低层,社会地位最低,受压迫、受剥削最深。他们绝大多数没有土地,没有权利,只能在农村当佃雇农,或者在城市从事洗衣、制革、屠宰、清扫、收尸等工作,被认为只能从事"不清洁的"行业。他们的人身和用过的东西都被认为是"不清洁的",不能同其他种姓(婆罗门、刹帝利、吠舍)的人接触,也不准进寺庙、学校等公共场所。印度约有六千多万贱民。直到印度独立后,1950 年印度宪法虽规定给予贱民以公民权利,但实际上其无权利地位仍很严重。甘地所倡导的哈里真运动,是提高贱民地位的运动。"哈里真"意思是"神的儿子",是甘地创造的对贱民阶层的称呼,认为他们有权与其他种姓信仰共同的神,应该同印度教徒享受同样的权利。

8 月 17 日,英国首相麦克唐纳宣布了印度少数民族选举法,提出民选议席增加一倍,承认贱民的选举权,但实行保留议席的分区选举制。甘地得悉该项选举法后,认为提高贱民的地位不在于保留议会席位,而在于革新印度教,使贱民在印度教内享有平等地位。因而甘地于 8 月 18 日在狱中发表声明,反对贱民分区选举制。为此,甘地于 9 月 20 日开始绝食,要求英印政府和国大党关注贱民的平等权利,要求为贱民在印度教徒选民单位中保留一百四十八个席位。根据甘地的建议,贱民组织领导人与印度教大会领导人达成《浦那协议》,得到政府制宪委员会的承认。《浦那协议》明确提出在印度教徒中不应再存在贱民,意即应该废除贱民等级,贱民应该享有与普通印度教徒相平等的权利。甘地表示接受这一协议,并于 26 日停止绝食。在甘地号召下,建立了反对贱民制度的组织,并参加了国大党争取自治的运动。国大党还在马德拉斯省组织了争取贱民进入印度教寺庙的运动,把 1932 年 12 月 18 日定为印度全国"废除不可接触者种姓日",把 1933 年 1 月 8 日定为"不可接触者进入寺庙日"。

为了进一步宣传、推动贱民解放运动,1933 年 2 月 11 日,六十四岁的甘地创办了《哈里真》周刊并撰写了发刊词。5 月 8 日,甘地决定从中午 12 时开始绝食二十一天,以表示唤醒群众起来解放贱民。英印殖民政府鉴于甘地已把斗争矛头由争取民族自主独立转向解放贱民,于是在甘地绝食开始前的 9 时 30 分发表公报,决定释放甘地。对此,甘地宣布停止非暴力抵抗运动一个月,以此行动要求英印政府释放全部被捕的非暴力抵抗运动者。但英印政府未能接受甘地的要求。7 月 26 日,甘地宣布解散萨巴玛蒂真理学院,决定率领三十三名信徒到乡村宣传解放贱民,发展哈里真运动。8 月 1 日,英印殖民政府以甘地煽动治安而将其逮捕监禁三天,规定不准离开浦那。甘地拒绝服从政府命令,再次被逮捕,并被判处一年徒刑。甘地在狱中抗议英印殖民政府阻挠其解放贱民运动,于 8 月 16 日宣布要绝食至死。后因病危,殖民政府不得不于 8 月 23 日将他无条件释放。出狱后,甘地继续为哈里真运动奔走。9 月 30 日,他开始为募集贱民解放运动基金而周游全印各地。

国大党面对英帝国主义的残酷镇压,非暴力抵抗运动在《德里协定》的冷水泼打下逐渐走向低沉。1933 年 5 月,国大党决定停止群众性的非暴力不合作运动,代之以个别的非暴力抵抗。1934 年 4 月 7 日,甘地发表声明,要求停止非暴力抵抗运动。今后恢复非暴力抵抗运动要由他个人决定。5月,国大党在巴特纳举行会议,决定无条件终止非暴力抵抗运动。至此,1930年开始的大规模非暴力抵抗运动,历经四年多,仍以失败而告终。6月,英国政府虽然撤消了对国大党的禁令,然而运动所要求的争取完全独立的目标远未达到。这次运动尽管又一次失败了,但作为三十年代甘地继续倡导的非暴力抵抗运动,在当时英印民族矛盾占主要矛盾的历史条件下,仍具有积极的反帝进步作用,尤其是国大党从要求印度获得"自治领地位"发展到以"完全独立"作为自己的纲领,这是印度民族独立运动道路上的划时代的前进。

为独立和睦献身

1934年6月,甘地继续为哈里真运动而奔走,行程一万二千五百万公里。在浦那的一次群众大会上,坚持贱民制度的行刺者向甘地投掷炸弹,甘地幸免于难。

自从《甘地——欧文协定》参加伦敦第二次圆桌会议以来,甘地与国大党的许多领袖、特别是左翼青年领袖在非暴力抵抗、贱民解放、手纺车土布运动等问题上存在着明显的分歧意见。9月17日,甘地发表声明证实他将在形式上退出国大党。10月28日,甘地正式提出退出国大党,国大党孟买大会接受了甘地的退党要求。然而,甘地从1919年以来就是国大党的实际领袖与精神支柱,印度举国上下尊他为"圣雄",因此,尽管甘地退出了国大党,国大党的领导人,包括贾·尼赫鲁还是经常征询甘地的意见,他在群众中的崇高威望,使他的每一言行都是举足轻重的。

1935年,英国国会通过了关于印度自治的新法案。该法案规定,英印总督有权任免部长,否决议会所通过的法律;有权颁布紧急法令;有权训令省长颁布紧急法令,否决省(地方)的法律,颁布警察规章;有权掌管武力使用,解散议会,停止法律生效,等等。因此,印度人民把这一新法案称为"奴隶宪法",它理所当然地被国大党甚至自由主义者所拒绝。

这时甘地的主要精力用于乡村建设工作。早在1934年12月14日,在甘地积极推动下,全印乡村工业协会在瓦尔达成立。甘地认为,乡村建设工作主观上要抛掉任何政治性的考虑,然而,这项工作本身在客观上一定会产生重大的政治结果。因此,甘地继续号召深入乡村,到群众中去唤醒群众,进行乡村建设的实际工作。1936年,英印殖民政府正式颁布并实施1935年英国国会所通过的关于印度自治的新法案。当时国大党决定抵制该法案,甘地虽没有出席国大党的会议,但他发表声明支持国大党会议的决定。

这一时期,印度的工农运动仍在发展,国大党元气也有所恢复。1936年春季国大党在勒克瑙举行会议时,党员仅有五十万人,但到同年12月法伊兹浦尔代表大会时,党员已发展到六十三万六千人,1937年底增长到三百多万人,1938年底超过四百万人,1939年特里浦利大会时,达到五百万人,这正是第二次世界大战爆发前夕,国大党年轻的左翼领袖贾·尼赫鲁在1936年勒克瑙大会上提出的"社会主义"的奋斗目标。同时,把印度的民族独立运动与世界反法西斯斗争结合起来,主张通过建立人民联合阵线把一切反帝国主义力量团结起来,从而使国大党的斗争增加了新的生机。

国大党虽然不接受1935年英国强加给印度的"奴隶宪法",但国大党还是参加了1937年的竞选。他们期望通过竞选进入印度立法机构,在立法机构内外与殖民政府斗争。国大党在竞选宣言中提出的社会经济纲领,与甘地的主张极为相似,其中包括改革土地租佃制度,调整地租,削减债务,改善产业工人的劳动条件,男女平等,取消贱民制度,鼓励手纺车和农村工业,等等。1937 年 2 月,国大党在印度十一个省的选举中获得惊人的胜利。在十一个省中,议席共有一千五百八十五席,只有六百五十七席是开放给一般竞选政党而非指定给某些特权集团的。选举结果国大党共得七百一十五席。在七个省的议席中获得绝对多数。接着国大党工作委员会在瓦尔达会议上通过决议,继续坚持对英印殖民政府实行不合作政策,以实现印度的完全独立的目标。同时,会议根据甘地建议,国大党通过了定印地语为国语,以代替英语的决议。3月 19 日,国大党通过甘地起草的决议:凡国大党在选举中获得绝对多数议席的省,国大党议员可以接受省级部长职位,但要求这一职位有自主权的,英国省督应对不干预国大党省政府作出保证。甘地起草的这一决议,为随后国大党组织省政府打下了基础。最初英国政府拒绝这一决议,但几经谈判,最后不得不同意与国大党省政府合作。然而,甘地此时并未参加竞选,更不致力于组织省政府,而是继续专心于乡村建设运动。

7 月,国大党在七个省成立了省政府,后来又在另外两个省内与其他党派成立了联合政府。穆斯林联盟希望在各省与国大党组织联合政府,但国大党不允许任何不赞成它的党纲的人参加省政府。这个决定加深了国大党与穆斯林联盟之间的裂痕。本来倾向于国大党、曾经激烈反对印度不是一个国家言论的真纳,此时公开宣称"穆斯林在国大党政府下不能指望获得公道和公平的对待。"真纳是穆斯林公认的领袖,连年当选穆斯林联盟主席。全印大部分穆斯林团结在穆盟周围。

8 月,国大党在瓦尔达举行会议时,甘地又提出禁酒决议。国大党省政府成立后,立即采取措施,释放政治犯,撤消专事镇压人民的紧急法令与权力,恢复许多组织的合法地位,解禁许多被封的报刊,在保障公民自由权、土地立法以及社会、教育、卫生改革方面也做了一些工作,为印度人民争取到了某些权利。

国大党省政府执政两年多,到 1939 年 11 月辞职。它所起的作用,诚如甘地于1938 年 8 月所写:"我认为:国大党就任官职,不是要依照法案(指 1935 年英国国会通过的关于印度自治的新法案)制订者所期望的那样来施行法案,而是要使印度自己制订真正代表它的法案的日子早日来到。"这也是国大党成立省政府的指导原则与目的。

1938 年 2 月,国大党哈里浦拉会议通过了一项重要决议,该决议谴责 1935 年"新宪法"不是印度"人民所能接受的印度的宪法",印度的宪法"必须以独立为基础,而且只能由人民自己通过一个不受任何外国官厅干涉的制宪议会来制订。"就在这个时候,国大党另一左翼领袖苏巴斯·鲍斯提出要发动全国范围的群众运动来反对 1935年"新宪法",反对甘地等国大党右翼领导与英印政府的妥协倾向。鲍斯还以这种号召来竞选国大党主席。以往,国大党主席不是由竞选产生,而是由领导层提名,协商后指定产生的。鲍斯提出竞选改变了过去的成规,使甘地和原任工作委员会的大多数委员感到不满,引起了他们的反对。但是,1939 年 1 月 29 日,苏巴斯·鲍斯以一千五百八十票对一千三百七十五票击败了甘地所支持的西塔拉玛亚而当选为国大党新主席。为此,甘地发表声明,称西塔拉玛亚的失败,就是他的失败。国大党内部再次产生分裂危机。而鲍斯仍表示希望得到甘地的支持与信任。实际上,甘地与鲍斯的分歧是政治性的分野。在甘地推动与影响下,2 月 22 日,萨达尔·巴特尔等二十二名国大党工作委员会委员辞职。贾·尼赫鲁也辞去了国大党的职务。及至 1939 年 4

月 29 日,国大党在加尔各答举行的会议上,由于甘地不愿提出国大党新一届工作委员会的名单,甘地与鲍斯的分歧进一步公开化,鲍斯无法组成新的工作委员会,因而辞去国大党主席职务。拉金德拉·普拉萨德(印度独立后任总统)被推举为国大党主席。鲍斯在国大党内另组"前进同盟"。

与此同时,印度教徒与穆斯林之间的冲突正在不断加剧。1938 年 4 月 28 日,甘地与真纳在孟买会谈如何解决印穆团结合作问题,但未取得积极结果。印度土邦受英印殖民当局的唆使,在土邦内加紧镇压国大党人,拉吉科特土邦逮捕了甘地夫人。3 月 3 日,甘地亲赴拉吉科特土邦,与土邦王公谈判,要求土邦王公改革政治和释放政治犯。但该土邦王公不准外省人士进入。甘地绝食四天,以表示抗议土邦的镇压政策。4 月 16 日,甘地进入拉吉科特,当他在广场做祈祷时,一群穆斯林高喊反对甘地的口号。当甘地离开广场时,又遭到暴徒的殴打。

1939 年 9 月,第二次世界大战爆发。德军突然袭击波兰后,9 月 3 日英国对德宣战,印度总督在丝毫未与国大党和印度人民商量的情况下,便宣布印度站在英国一方进入战争状态。英国将印度拖入了战争。9 月 3 日,印度国防条例规定:中央政府有权以法令来统治,禁止群众集会以及其他未经政府许可的宣传活动;未经检察机构的批准,政府便可逮捕人,实施对违反"条例"者的惩罚。这就是说,该条例比 1919 年 3 月公布的《罗拉特法》还要严厉,是赤裸裸的殖民地专制统治。

9 月 14 日,国大党工作委员会通过并发表了贾·尼赫鲁起草的声明,谴责"英国政府不经印度人民同意便宣布印度为交战国",拒绝"与按照帝国主义路线进行的战争合作",表示印度不能参加巩固帝国主义利益的战争,印度人民必须实行自己支配自己的政策。声明质问英国政府,它的战争目的是什么? 是否包括消除帝国主义和把印度作为一个自由国家来对待。同时,声明严厉谴责法西斯主义和纳粹主义,宣布"国大党反对法西斯纳粹的理论和实践",要求"英国应在自己的范围内,先结束帝国主义,在印度建立充分的民主"。国大党的这一立场,是与第二次世界大战爆发前反对英帝国主义绥靖法西斯和纳粹主义,主张建立反帝大同盟的立场是一致的。

甘地就上述国大党的决议发表声明,一方面,要求国大党能够团结一致支持这项决议;但另一方面,他感到遗憾,与国大党有分歧,因为只有他个人"主张不论给英国人什么支援,都应该是无条件的。只能在纯粹非暴力的基础上作出这种支援"。

10 月 2 日,孟买工人九万人举行了支持国大党立场的一天政治性罢工,反对战争和英帝国主义对印度的种种镇压政策和措施。由于没有得到总督的满意答复,为表示抗议英国的政策,10 月至 11 月,国大党省政府先后辞职。10 月 10 日,甘地为《哈里真》杂志撰写社论,着重谈到他与国大党工作委员会立场之间的分歧。甘地认为,国大党工作委员会"只限于把非暴力当作对抗英国政府的武器"。国大党"工作委员会表示不能实践非暴力(去反对法西斯侵略),因为印度还没有准备好采用非暴力抵抗(法西斯的)武装侵略"。在甘地看来,在抵抗外来侵略、包括法西斯侵略时,也必须要采用非暴力抵抗方式。甘地认为,应该"宁死也不对侵略者以牙还牙"。

面对国大党对战争的立场,总督采取了分裂印度民族运动力量的严重措施,即总督宣布承认穆斯林联盟有权代表印度穆斯林。宣称保证印度在战后可在自治领的基础上获得自由。10 月 17 日,甘地针对总督的上述措施指出,这是英国分裂印度,对印度实施分而治之的传统政策。甘地表示"印度不是哀求独立。关键在于战后英国是否让印度以自己的办法解决自己的问题"。10 月 24 日,甘地宣布国大党工作委员会授权他,在他领导下,随时恢复与开展非暴力抵抗运动。

在总督宣布承认穆斯林联盟有权代表印度穆斯林的前提下,1940年3月,穆斯林联盟(伊斯兰教联盟)在拉哈尔召开大会,通过争取把印度分立为两个国家——印度和巴基斯坦的决议。甘地认为,这对印度民族运动的发展将产生严重后果。这是甘地始终坚持印度教徒与穆斯林携手团结以争取印度自由的斗争的失败。

1940年,印英民族矛盾日趋尖锐。6月21日,国大党工作委员会在德里开会并通过决议,对甘地当时的言行提出了不同看法。决议认为"圣雄甘地要求国大党忠于非暴力的信条,并要求它(国大党)不愿意使印度维持武装力量,来保卫自由,抵抗外来侵略或平息内乱"的建议,国大党"各位委员则无法完全同意甘地的意见"。决议指出,圣雄甘地可以而且应该享有"以自己的方式实现自己伟大理想的自由",但他不能让国大党用非暴力方法去对付法西斯的侵略,因而"解除他(甘地)对国大党所必须采取的纲领和活动所负的责任。"

当德军灭亡波兰并西侵欧洲诸国之时,国大党曾一再表示,如果印度人能够成立一个中央临时国民政府,国大党愿意在战争中与英国合作,进行支持英国的战争。7月底,国大党根据6月德里会议和7月浦那会议的决议精神,向英国提出:国大党和印度人民愿意参加政府,并支持英国抵抗外来侵略的战争,条件是英国必须承诺并宣布战后承认印度的自由与独立。

印度总督没有接受国大党的条件,总督不同意成立中央临时国民政府。理由是"印度大量有势力的人物不承认国大党"代表全印度,这显然是指穆斯林联盟。但在1940年8月8日总督建议:如果在战时印度能够履行对英国的义务;能够尊重少数民族的利益,印度各政党对战争能予以合作,那末,战后的印度新宪法将由印度人成立代表机构来制订。总督的建议遭到国大党主席和甘地的拒绝。9月16日,国大党工作委员会在孟买举行会议,通过了甘地参加起草的决议。该决议称:国大党"决不接受剥夺印度人民的天赋人权,禁止印度人民言论自由并继续奴役印度人民的政策"。决议要求甘地重新领导国大党,重申甘地倡导的非暴力抵抗,"不仅可用于争取印度自治的斗争,而且能适用于未来自由的印度。"

在国大党的要求下,甘地于9月27日在西姆拉与印度总督又会谈了印穆关系以及印度未来的地位问题。但仍未取得积极结果。于是,甘地于10月17日,再次发动非暴力抵抗运动。甘地强调,这次是"个人非暴力抵抗运动",目的是争取反对印度参战的言论自由权。对此,英国殖民政府对国大党领导人和非暴力抵抗者实行了大规模的逮捕,到1941年5月,被捕人数已达二万多人。其中包括贾·尼赫鲁等十一名国大党工作委员会委员,一百七十六名全印国大党委员会委员,二十九名省政府部长和四百名议员。被捕人数以联合省为最多。殖民政府禁止发表反战演说和报刊刊登反战活动的消息。

1941年1月5日,甘地领导的非暴力反战运动继续发展。参加反战运动的个人非暴力抵抗者,均由国大党各级党组织推荐名单,送交甘地批准。4月,国大党基层党员纷纷报名参加个人非暴力抵抗运动。6月,国际形势发生重大变化,德国侵略苏联的战争爆发,英美宣布支持苏联。在此形势下,印度总督为争取国大党的合作,宣布扩大行政委员会,建立国防委员会,以吸收印度各界领导人参加。但甘地没有接受总督的意见,认为总督"这一决定没有满足国大党的要求,也不会影响国大党的立场。"甘地表示,将"按照非暴力的法则继续发展"个人的非暴力抵抗运动。

英国为了缓和与国大党的关系，12月3日，英印殖民政府宣布释放二万五千名被捕者，其中包括贾·尼赫鲁以及国大党主席阿沙德等领导人。然而，对英国的这一行动，未能改变甘地的立场。甘地声明，英国的"这一行动不会使我有任何激动或感奋。"当"印度今天只有被奴役的自由而无平等的自由，即完全的独立"时，甘地表示只有继续个人的非暴力抵抗运动，运用精神上和道义上的反抗，来"赢得印度的独立。"

甘地坚持印度不参战的主张，即以个人非暴力抵抗运动来反对英国将印度拖入战争。然而，国大党工作委员会却认为，第二次世界大战的性质已发生了重大变化，英国政府对印度的立场也有某些让步，因而甘地的坚决不参战主张未必适应形势的发展，从而使国大党与甘地之间又产生了分歧。为此，甘地致函国大党主席阿沙德，要求解除他对运动的领导权。因为他与工作委员会之间有不同看法，"因此我（甘地）不能再领导国大党的非暴力反战运动。"国大党工作委员会于1942年1月5日接受了甘地的请求，通过决议解除甘地对运动的领导权。

1942年春天，日军侵袭东南亚，英国在东南亚的殖民军遭到沉重打击，2月15日日军侵占新加坡，3月8日，日军侵占缅甸仰光，战火逼近印度边境。在此形势下，3月11日，英国首相丘吉尔为取得印度的更多支持，宣布派内阁特使克里浦斯带着"克里浦斯计划（方案）"访问印度，拟同甘地等印度各政党领袖商谈有关战后自治和宪法等问题。克里浦斯方案实际上是原来总督的"八月建议"的重弹。克里浦斯答应在战争结束后给予印度自治领地位和成立一个制宪机构，由印度人成立中央临时政府，但国防事务仍由英国人负责。同时，英国仍坚持目前不拟对印度政府作任何变更，而且规定英属各省及各土邦如不愿接受新宪法可准其维持现有地位。3月27日，甘地与克里浦斯会谈时说："如果这就是你全部的方案，我劝你搭下一班飞机回去吧！"甘地称克里浦斯方案是"延期支票"，遭到甘地和国大党的拒绝。

1942年8月8日，全印国大党工作委员会通过决议，该决议由甘地起草，要求英国"退出印度"，必须立即结束"英国在印度的统治"；印度独立，成立一个临时政府，自由的印度应成为1942年1月1日发表的《联合国家宣言》的盟员；决议赞成发动一次最大规模的群众斗争来实现上述目标。

然而，当国大党还没有真正准备好开展群众斗争时，8月9日，英印殖民政府的野蛮镇压立即开始了，甘地、贾·尼赫鲁和所有国大党领袖均遭逮捕，国大党被宣布为非法组织。群众运动失去了国大党的领导，民族领袖的被捕在全印各地引起了示威和骚动，英印政府继续残酷镇压，包括从飞机上进行扫射。据官方估计，在1942年最后五个月中，被捕者达三万人，未经审讯而扣押者达一万八千人，遭杀害者达九百四十人，因军警开枪而受伤者有一千六百三十人。

1943年2月10日，甘地在狱中抗议英印殖民政府非法捕人，开始绝食二十一天。甘地的绝食抗议，引起印度国内与世界进步舆论对英国政府的强烈谴责，要求英国政府无条件释放甘地和国大党领袖。同时，1941年从印度逃亡出去的苏巴斯·鲍斯与德国、日本接触，在侵占马来西亚日军的庇护下，编组了"印度国民军"，并在日军占领下的新加坡组织"自由印度政府"。1943年，鲍斯的"印度国民军"和日军相勾结，向印度边境推进。面对这种形势，1944年5月6日，英印殖民政府把甘地和国大党领袖全部开释（甘地夫人于1943年病逝狱中），企图多少缓和一点印英民族矛盾。

甘地获释后，9月9日至27日，与真纳进行多次会谈，试图协调印度教徒与穆斯林之间的关系和印度独立问题，但没有达成协议。真纳是坚持印巴分治，穆斯林成立巴基斯坦国,甘地坚持印穆联合,印度统一。

1945年5月8日,德国投降,反法西斯战争在欧洲胜利结束,国际形势发生巨大变化。一方面英帝国主义已在战争中严重削弱,另一方面印度人民争取独立斗争的运动空前高涨,英帝国主义不得不重新考虑他们对印度的政策。6月14日,印度总督魏菲尔从英国带来一项建议:"印度的'参事会'除总督与陆军总司令外,可都有印度人组成,参事可在穆斯林与印度教徒平等的基础上,从印度各政党的领袖中遴选出来。"魏菲尔于6月25日在西姆拉召集了各党派领袖参加的会议,以协商组织政府。甘地拒绝参加这次会议,建议改请国大党主席阿沙德参加。甘地于会议开始之日到达西姆拉,目的是及时指导国大党代表在会上的行动,由于国大党坚持其有权选派穆斯林党员代表全印穆斯林参加政府,遭到穆斯林联盟的反对。穆斯林联盟坚持穆斯林席位应全部由穆斯林联盟选派,双方无法达成协议,西姆拉会议不欢而散,宣告破裂。

1945年7月下旬,英国工党执政,艾德礼取代丘吉尔为首相。英国工党政府有意对印度独立作进一步让步,以结束印度政治上的僵持状态。1945年8月6、9日,美国在日本广岛、长崎投掷原子弹,8月15日,日军战败投降,第二次世界大战结束。甘地在谈到原子弹与战后形势时说:"在真理与非暴力面前,原子弹不发生丝毫作用,一个代表道德的精神力量,一个代表物质的力量,……精神力量得到发扬,便举世无敌。"在此形势下,1946年1至2月,甘地在孟加拉、阿萨姆、马德拉斯等省(邦)视察饥荒,同时,宣传非暴力抵抗和解放贱民的哈里真运动。甘地坚持宣传"以爱胜恨",用非暴力求得政治平等和经济平等。

1946年2月18日,英国皇家印度海军中的印度籍官兵孟买起义。两万多名水兵离舰在市内游行,他们扯下英国国旗,高呼"打倒英帝国主义!""印度教徒和穆斯林团结起来!""胜利属于印度!"等口号。然而甘地却从非暴力主义出发,指责起义士兵违反了非暴力原则。

在海军起义与反英斗争高涨的影响下,艾德礼于2月19日在英国下院宣布派内阁特使团到印度来,以便"与印度各界领袖共同促进印度完全自主之早日实现"。1946年3月,英国内阁特使团抵达德里。5月2日,国大党、穆斯林联盟与英国内阁特使团在西姆拉举行会议,商议成立制宪会议和国民政府问题。甘地受邀参与会外协商,但国大党与穆斯林联盟之间的分歧无法协调,穆斯林联盟坚持成立巴基斯坦,双方未能达成任何协议。5月16日,英国内阁特使团发表"印度方案":包括土邦在内的全印度成立一个联邦新型政府;联邦政府有权处理外交、国防及交通事宜,其他权力授于各省、各土邦;印度教徒或穆斯林居多数的省邦可各自组成省邦政府。联邦宪法将由制宪会议制订,制宪会议的代表二百九十六名由各省立法议会在教派基础上选出,加上加入联邦的各土邦的代表;以十年为过渡时期,先设立过渡时期临时政府。对于这个方案,甘地认为这是在当时条件下,英国政府所能提出的最佳方案。然而,印穆教派冲突正愈演愈烈。6月29日,当甘地乘火车前往普拉时,竟有人预埋炸弹行刺,但未得逞。

对内阁特使团提出的"印度方案"的解释,国大党与穆斯林联盟之间存在严重分歧。穆斯林联盟决定,1946年8月16日为"直接行动日",反对"印度方案"和国大党,印穆冲突达到非常严重的程度。在加尔各答,不少印度教徒被杀,他们的住家及店铺被抢劫、被焚烧。印度教徒迅速实行报复。印穆大规模冲突发展到全印许多地方。

9月2日，贾·尼赫鲁宣誓就任总督行政参事会的参事（临时政府副总理）。穆斯林联盟拒绝参加总督行政参事会（临时政府）。甘地认为临时政府应该采取措施，取消盐税；致力于教派和睦，特别是印穆的联合团结；解放贱民和倡导穿戴土布。甘地在印穆教派冲突越来越严重的情况下，大声疾呼，要求印穆联合起来，迎接印度的独立，他于1947年1月至3月，在孟加拉和比哈尔进行一日一村的徒步旅行，宣传印穆和睦，团结共处。

1947年2月20日，英国政府宣布，任命蒙巴顿为印度总督，安排把权力由英国人转交给印度人的事宜，英国将于1948年6月退出印度。蒙巴顿于1947年3月24日接任印度总督。蒙巴顿到达印度后，发现印度的局势比他在伦敦时所想象的还要危险。蒙巴顿的主要助手伊斯梅如此记述当时印度的形势："1947年3月的印度是一艘舱中载满弹药而在大洋中着了火的船。当时的问题是要在大火烧到弹药之前把火扑灭。事实上，除了象我们所做的那样去做之外，在我们面前并无选择的余地。"4月15日，甘地和真纳发表联合声明，呼吁印度教徒和穆斯林停止教派冲突。但未得到多少效果，教派冲突继续在恶性发展。5月8日，甘地写信给蒙巴顿，要求英国不要分裂印度，不要分割孟加拉省和旁遮普省。但是，时至今日，印巴分立的大势已无可挽回。6月3日，蒙巴顿宣布印度、巴基斯坦分治的"印度独立法案"，也称"蒙巴顿方案"。对此，甘地表示，他虽然不同意印度被分为两个国家的理论，也不愿意向暴力低头，但不得不承认现实环境。因此，甘地建议全印国大党接受蒙巴顿方案。《印度独立法案》于1947年7月1日，经英国国会通过，决定以1947年8月15日为政权移交日期。

对印度人民来说，是以百感交集的心情接受这个方案的。印度教徒和各派民族主义者，对印度被活活肢解感到痛惜。而穆斯林联盟如真纳所描述，对于这种"截短而破烂的巴基斯坦"还不够满意。但还是接受了这个方案。

1947年8月15日，英国把印度政权分别移交给国大党和穆斯林联盟。印度分成两个自治领。1947年8月14日，巴基斯坦自治领宣告成立。真纳被选为巴基斯坦第一任总督，成为英联邦的一员。印度制宪会议于8月14日——15日午夜在德里举行特别会议，庄严宣告印度联邦独立，成为英联邦的一员。贾·尼赫鲁为印度联邦第一任总理，而蒙巴顿仍担任独立的印度自治领的第一任总督。至1950年1月26日，印度宣布为共和国。

在德里举行的印度独立庆祝典礼上，人们称颂甘地对印度独立的贡献与功绩，但甘地却在加尔各答拒绝接见记者，并绝食二十四小时，以手工纺纱来纪念印度的独立。他深感未能使印度教徒和穆斯林团结起来，这是他毕生所倡导的原则的失败。

整个印度与巴基斯坦，并不是沉浸在独立的欢庆中，而是弥漫于印度教徒与穆斯林继续流血冲突中。加尔各答发生大规模教派冲突和屠杀，9月1日晚至4日，甘地绝食七十二小时，祈求印穆停止冲突，和睦相处。在印度教大会党和加尔各答的穆斯林联盟领袖签署互不仇杀的保证书后，甘地停止绝食。甘地继续奔走于德里等城市和乡村，呼吁印度教徒和穆斯林停止流血冲突，和睦共处。他还建议国大党政府妥善处理印度教徒与穆斯林的关系，难民和土邦地位等问题。直到1948年1月13日——18日，甘地还在为印穆和解而绝食。这也是甘地一生中最后一次、即第十八次绝食。贾·尼赫鲁为了表示对圣雄甘地的同情与支持，也于1月18日开始绝食，两位领袖的绝食消息传开后，同日，德里的印度教、伊斯兰教和锡克教三派领袖联合签署宣言，向甘地作出保证。各教派之间和睦相处，甘地才停止绝食。但事实上，教派冲突仍在继续。1948年1月27日,甘地还撰写了题为《国大党的地位》一文。文中告诫独立后执政的国大党需要在经济、社会和道德上取得自由,国大党要向农村发展,党员不要争权夺利等等。

在教派冲突和印度、巴基斯坦分别独立的过程中,印度教徒的右翼与穆斯林的右翼,都对甘地表示不满。印度教徒右翼宗教沙文主义者认为甘地容忍巴基斯坦从印度分离出去有违印度教徒之"完整印度联邦"思想观念;而穆斯林右翼却认为甘地未能给予穆斯林以完全独立与充分自由平等的权利,认为国大党实行着印度教沙文主义民族政策。不少在教派冲突中受害的人和难民,把印度的混乱归咎于甘地。其中一些人甚至走向极端个人恐怖之行径。1948年1月20日,一名在印穆冲突中从巴基斯坦逃亡德里、无家可归的印度教徒,把自己的流离失所苦难归罪于甘地的对穆斯林的政策,故欲杀害甘地以泄愤。他趁甘地在他住所——德里比拉尔寓所的院子里主持黄昏祈祷会演说时,突然从墙外向甘地扔进一枚自制炸弹,炸弹在甘地附近爆炸了,但是甘地幸免于难,没有受伤。甘地继续演讲。甘地说:"如果炸弹把我炸死,我的脸上仍然带着微笑,那么,我对杀害我的人就一点也不怨恨。如果要赞美我,就赞美我这一点好了。"暴徒虽当场被捕。但甘地仍"以爱胜恨"的非暴力精神嘱咐警察局不要对这个青年施暴刑虐待,要说服他改过从善自新。甘地还说:"我要是非死不可,就死在祈祷会中吧!"

然而,更加残酷悲惨的一幕终于发生了。

1948年1月30日下午,甘地请二十多年的老友,现任副总理瓦拉布贝·帕泰尔来寓所,意欲协调帕泰尔与总理贾·尼赫鲁的关系。帕泰尔向尼赫鲁政府提出辞呈,甘地认为印度需要帕泰尔与尼赫鲁的协作共事。

4时30分,甘地与帕泰尔共进晚餐——岂不知这是"最后的晚餐"。晚饭后,与往常一样,他取来手纺车,一边纺纱,一边与帕泰尔谈话。每天转动手纺车纺纱,既是甘地的行动准则:"吃饭而不劳动,如同偷窃",又是他鼓励教诲同胞的箴言:"自治是一座伟大的机构,但中心始终是手纺车。"

5时30分,已属晚祷的时刻,甘地来到聚满人群的晚祷会场,人们等待他去主持例行的祈祷会。甘地以两手分搭在孙女玛丽和阿芭肩上,从居室旁门向祈祷场的草坪走去。他向虔诚的印度教徒们致敬。然而,就在这时,人群中突然走出一人,径直走向甘地,他是一个印度教徒,名叫戈德斯,先向甘地行礼,然后悄悄地从衣袋里掏出手枪,在相距不到一米之内向甘地胸腹连射三枪。甘地应声倒在草地上。一位毕生倡导非暴力的印度伟大爱国者死于个人恐怖的暴力者之手。时年七十九岁。

凶手戈德斯说,他之所以刺杀甘地,是因为甘地容忍与赞同穆斯林成立了巴基斯坦国。显然,戈德斯是一个狂热的宗教沙文主义者。

甘地遇刺身亡的噩耗传出后,印度人民悲恸欲绝,数百万妇女打碎戴在手上的玉(或玻璃)镯以表达她们痛不欲生的心态。总理贾·尼赫鲁说:"我们生命中的光辉消逝了,整个国家沉浸在黑暗中。"著名作家乔治·肖伯纳在唁电中说:"甘地遇刺一事表明,一个心地善良的人是多么危险。"法国总理乔治·皮杜尔在唁电中说:"所有相信人类博爱的人,将永远为甘地逝世伤心地哭泣。"《印度斯坦旗报》用通栏标题写道:"圣父甘地被他自己的人民杀害了,为了解放他们,他献出了自己的生命。人类历史上第一次受难发生在星期五,一千九百一十五年前,耶稣也在这一天被判处了极刑"。

火化葬仪之日,数以千百万计的印度人民在不同地区为甘地送葬。他的骨灰按印度教的传统撒在通向大海的恒河。

人民心中的"圣雄"

甘地为印度人民的权利奋斗了一生。

甘地学说的哲学伦理基础,是与印度人民所信仰的印度教教义有非常密切的联系。甘地号召:要不断完善人格修养、要实行禁欲,要为"真理"和"正义"拒绝物质福利。他倡导并发展了"非暴力"的学说。他反对使用暴力,甚至是对野蛮的帝国主义挑衅与反革命暴力,也不容许采用革命的正义的暴力。他主张用"印度精神"和印度人民的"道德优越"去抵抗并战胜英帝国主义的反动暴力和殖民统治。

甘地认为,非暴力抵抗是印度争取摆脱英国殖民桎梏的惟一正确方法。同时,甘地认为非暴力抵抗并不意味着对外国统治和其他罪恶的屈服。甘地写道:"我深信假如只有在怯懦和暴力两者之间加以选择时,我将劝人选择暴力,⋯⋯我宁愿要印度采用武力来保护自己的荣誉,而不愿印度卑躬屈节、含垢忍辱地听任人家侮辱,失去自己的荣誉。可是我认为非暴力比暴力高明得多"。因此我并不是因为印度衰弱才号召印度实行非暴力主义,而正是因为认识了印度的力量我才号召印度实行非暴力主义。"

在社会经济观方面,形式上甘地反对资本主义及其"物质文明"。他主张恢复以手纺车为"中心"的行会式的工业组织和宗法制的农业组合,即自给自足的"农村公社"。甘地写道:"铁路、律师、与医生,他们已把印度弄得贫困不堪。所以我们若不及时觉悟起来,我们必至于灭亡之一途。"因此,甘地认为:"使印度贫困的,那是'机器'。""印度的仇敌,⋯⋯是西方的物质文明!"由此,甘地得出结论:印度"自治是一座伟大的机构。⋯⋯但中心始终是纺纱车,所有的活动都要围着它旋转。"因此,就甘地的社会经济观看,它在很大程度上反映了在外国资本主义侵蚀下日趋破产的印度小生产者——农民和手工业者的观点。

但是,作为甘地的思想及其活动,它的核心与最主要部分,却是联合印度人民,争取建立独立的印度民族国家。他为印度人民的平等与生存权利而斗争。他并不依恋他那已经达到的豪华奢侈的资产阶级生活方式。甘地毅然抛弃闲逸的上流社会的生活,甘心情愿地为印度人民的平等权利而艰苦地奋斗不息。

甘地所倡导的非暴力抵抗运动,无疑具有反帝国主义的民族主义性质。甘地说:"我的目的是要发动那种力量(非暴力)来对付英国统治的有组织的暴力。"又说:"织粗布(指手纺车运动中印度人民手工织的土布),穿粗布,应当是印度人的高贵美德,进一尺外国布入印度,这就是从饥饿的印度人嘴里抢走了一碗饭。"同时,甘地把领导和组织非暴力抵抗运动看作是自己"履行国民的最高任务。"

诚然,甘地所倡导的非暴力抵抗运动,并非没有局限性和消极作用的一面。但是,不管甘地的思想和实践活动有多大的局限性,他的反殖民统治、反英帝国主义的民族主义思想与活动,在英帝国主义统治下的殖民地印度,即当印英民族矛盾居主要矛盾的时候,无疑是进步的,其作用也是肯定的。

而且,与国大党的其他领袖相比较,甘地历史作用的主要积极方面,并不限于反殖反帝的民族主义行动,这一点当时国大党的领袖们程度不同地具备着,而且其中许多人的民族主义思想和活动比甘地激进得多,例如提拉克。因此,在这里作为甘地积极历史作用的最突出的、与众不同之处是甘地在推动印度资产阶级及其政党国大党所领导的民族运动具有广泛的群众性。同时，在消除印度教徒与穆斯林之间的隔膜与不和，甘地也起了相当大的作用。

甘地认为："请求若无力量为后盾，是毫无用处的。""印度的独立，将由我们自己的力量来实现，一个国家的独立，决不是别人当作礼物一样送来的。"在甘地看来，印度民族独立运动如果没有广大的工人、农民和手工业者参加与支持，斗争是不可能取得胜利的。为了发动、组织和领导工农群众，甘地不仅自己奔走于群众之中，而且建议国大党要广泛吸引工农群众参加，国大党各级领导人要到群众中去。贾·尼赫鲁写道：甘地"派我们到农村去，我们所受的影响并不一样，可是却同样地影响远大；因为我们见到，我们仿佛是第一次见到，居住在泥屋中的村民，他总是被真正饥饿的阴影追逐着。从这些访问中，我们学习到的比我们从书本中或从渊博的论文中所学到的还要多，从此，我们不能够回到我们旧的生活或旧的标准上去了；不管将来我们的见解可能有怎样地改变。"又说："从甘地在仓巴伦（比哈尔）和开拉（古甲拉特）展开农民运动后，我稍微注意农民问题，我们发现整个农村热情高涨，单是口头通知一声就有很多人来开会。"

甘地对国民大会党的影响，贾·尼赫鲁如此记述："甘地第一次踏进国民大会党组织就立刻把国民大会党的党章完全改变了。他把它变得民主化，并成为一个群众性的组织。现在农民大量涌进来了，在这新的装束下，国民大会党象一个掺杂有强大的中产阶级成分的庞大的农民组织了。这种农民性质还在增强。产业工人也进来了。行动是这个组织的基础和目标，而行动是根据和平方式的。直到那时，只有两种办法可供选择：或是讨论和通过决议，或是采取恐怖活动。这两种办法现在都不用了，而恐怖手段尤其受到谴责，因为这是和国民大会党的基本政策相反的。（甘地所倡导的）一种新的行动的技巧开展了。这种行动的号召具有双重意义。一种行动当然包含着对外国统治的挑战和抗拒；还有一种行动是叫我们对我们自己社会上的邪恶作斗争。"这就是说，甘地使国大党的斗争方式由过去那种完全脱离群众的"讨论"、"决议"或某些"恐怖活动"转变为以群众斗争为基础的非暴力抵抗运动是起了决定性的作用的。这不能不说是国大党在领导印度民族独立运动中的一个划时代的巨大进步。

在争取印度独立的过程中，甘地比较突出的历史作用还在于他始终不渝地为印度教徒与穆斯林之间的团结合作而奋斗献身。尽管到头来由于英帝国主义的"分而治之"的政策而使印度和巴基斯坦还是"分治"了，可是，甘地之争取印度教徒与穆斯林之间的团结合作，无论是过去和现在，都是具有很大的进步意义的。

甘地充分认识到印度教徒与穆斯林之间的团结合作对印度争取自由、独立的重大意义。甘地说："我之所以要谋求印度教徒和穆斯林联合的缘故，因为不是两种宗教的结合，印度便不能自由生存。"因此，甘地坚定不移地号召所有的宗教信徒，其中特别是印度教徒和穆斯林，要为了祖国的自由真诚地团结合作。甘地写道："许多回教徒与许多印度教徒都是同一个祖先，与同一血液在他们脉络中流着。印度决不能因为有属于不同的宗教的人居于其中，便不是一个民族。是印度教徒、回教徒、帕西教徒、基督教徒，使印度变成他们的国家的，都是同胞，并且他们如果真是为了自己的福利，必须联合一气，共谋生存。世界上没有一处一个民族与一个宗教完完全全符合一致的，印度也从来没有过这样的事。"因此，甘地号召，"无论是回教徒、基督教徒，或是印度教徒，以及一切隶属宗教的信徒，不问是谁，只要同处于一个国家里面，即须痛苦相关，患难相助。"如果"我们跑到英国人那里去争论，是应该自愧的。我们应把我们共同结合的心，烧成一团坚固的磁，然后我们便如钢铁似的可以抵抗一切危险。"

在甘地的实际活动中，尽管许多人认为甘地"本质上是一位宗教家，一直到内心最深处他都是一个信仰印度教的人"，可是甘地从来不是宗教沙文主义者，尤其在政治上。相反，他始终不渝地推动着印度教徒与穆斯林之间的团结合作。他说："一逢有机会可以去解除他们（印度教徒和穆斯林）联合的障碍，我总不肯放过。我对于基拉法特问题的态度，朋友们和其他批评家都不以为然。他们（指印度教徒）虽然如此批评，而我之和穆斯林合作，总觉没有变更或悔恨的理由。"贾·尼赫鲁在谈及甘地对穆斯林的态度时说："甘地规定了解决教派问题的方案。他认为只有多数派表示善意和宽宏大量才能解决这个问题，因而他准备同意穆斯林可能提出的任何要求。他想争取穆斯林，而不同他们讨价还价。甘地有眼光、有识别力，他抓着有价值的现实。"当然，甘地对待宗教信仰的态度，是远不能和无产阶级的观点相比拟的。然而，就当时印度的历史条件论，他的态度无疑是"有价值的"、"有眼光的"和"现实的"。

甘地在印度民族独立运动中一直坚持印穆合作的路线。直到第二次世界大战后，当旁遮普、孟加拉和比哈尔等地发生印度教徒、锡克教徒、穆斯林之间的大规模流血冲突，甚至某些国大党人鼓吹"以剑还剑"的时候，甘地却不顾年迈力衰，瘦小的身躯上，经常只披着一块土布，在烈日下到处奔走，大声疾呼，以至绝食，呼吁停止教派间的同胞自相残杀。最后，终于为坚持谋求印穆合作团结而被印度教的狂热分子所杀害。

甘地一贯主张各国人民应以平等的原则和平相处。贾·尼赫鲁说："他（甘地）热烈地愿望世界和平。因此，他的民族主义是完全没有侵略意图的。"甘地说："我们的目的是与全世界相亲的友谊。我爱人类，所以我爱（我的）国家。"在甘地看来，真正的世界和平应该建立在所有的民族、国家不分大小，都应该自由、平等，真诚地友好、合作的基础上。甘地说："真正的和平可能是建立在所有种族与国家的自由平等的基础上，在这力求熄灭一切战火的世界上是不能容许一个国家剥削并统治另一个国家的。"他说："尽管今天世界的眼睛都是血红的（指帝国主义者的侵略），我们却一定要用宁静而明澈的眼睛来正视这个世界。"他有信心地认为："今日世界上较进步的人士不是希望一些彼此敌对着的国家，而是希望有一些友好的国家。我（甘地）愿望能够得到整体的独立（指所有殖民地半殖民地国家），而不主张一国的独立。"在第二次世界大战期间，甘地的这种思想和对被侵略民族、国家的同情与支持的立场，对印度人民和国大党发生了良好的作用。

无疑，印度作为英帝国主义的殖民地，由于罪恶的殖民统治所激起的印度人民对英帝国主义的反抗，在第二次世界大战期间会有一部分人，出于仇恨英国殖民者，而不顾一切地倾向于和英帝国主义作战的日、德法西斯，例如苏巴斯·鲍斯为首的一派，就有这种倾向和立场。然而，就国大党总体和甘地的立场论，它是和中国、阿比西尼亚（埃塞俄比亚）和捷克斯洛伐克站在同一立场的。国大党工作委员会宣称："本委员会切望绝不妨碍中国或俄国的防务，他们的自由是宝贵而必须加以维护的"。国大党阐明自己的政策是："一方面反对法西斯主义、纳粹主义和日本军国主义；另一方面那就是对印度自由的强调。"

甘地在对罪恶的"种姓制度"的斗争中，在反对和废除贱民制度的斗争中，曾起过相当大的作用。甘地说:"'不可接触'是一种罪恶和可悲的行为。"甘地认为,"在自由印度的宪法中,'不可接触'将成为不合法的行为。"又说:"我的目标是政治、社会和经济的独立。它的结果是种姓和贱民制度一定要消灭,印度教徒与伊斯兰教徒的(保存贱民制度)意见要成为过去。"在实际活动中,甘地创立和领导了哈里真运动,冲破不准贱民进入印度教寺庙的陈规陋习,因而,在唤起贱民和废除压迫、歧视贱民的种种陋规方面,甘地起过相当进步的作用。

此外,甘地在争取语言省(民族化)的运动中,即以印地语取代英语为国语的运动中,也起过相当积极的作用。

当然,从甘地思想、活动的全部内容看,并不是没有消极方面的。相反,他对印度曾犯过严重的错误和产生过不良的消极影响。

首先,甘地把非暴力抵抗方式看作是印度民族独立斗争的惟一方式,看作是不可逾越的信条。因此,非暴力抵抗毫无疑问地在某种情况下限制和束缚了印度人民争取民族独立的斗争。如在1922年2月的"曹里曹拉事件"中,由于群众对警察的反动暴力采取了正义的暴力行动,甘地便认为运动已经越出非暴力抵抗的原则,因此在2月12日于国大党巴多利会议上,强行通过了停止非暴力抵抗运动的决议,从而自己瓦解了反英运动。关于这件事,贾·尼赫鲁写道:"曹里曹拉事件后,我们的运动突然停止,我想国大党的著名领袖差不多全都表示愤慨,只有甘地例外。年轻人当然更加激动。"又说:"难道因为穷乡僻壤一群激动的农民的行动,我们争取自由的民族斗争就至少在一定时期内停止吗?难道我们必须使三亿多印度人受了关于非暴力行动的理论和实践的训练后才能前进吗?即令如此,我们当中有多少人敢说,我们在警察极度挑衅下还能十分斯斯文文呢?即令我们办得到,但是那些打进我们运动中来的暗探和内奸采取暴力行动或煽动别人从事暴力行动,我们对这种人有什么办法呢?如果这是非暴力运动的惟一条件,那么非暴力的抵抗方法必然失败。"在甘地一生的活动中,类似巴多利决议这样的错误是很多的。甘地从宗教伦理的立场出发,把"暴力"看作是一种绝对的"罪恶",这是非常错误的。

甘地的消极作用还在于对印度封建地主土地占有制,未能进行彻底的批判与改革。他只局限于不断号召特权阶级去缓和、减轻劳动人民的沉重负担和悲惨处境。虽然甘地说过:"我要为这样一个印度尽力:在这个印度,最贫苦的人也将感觉到这是他们的国家,在建国的过程中,他们有有效的发言权;在这个印度,人民之中将没有最高的阶级和低贱的阶级。"可是,甘地从非暴力伦理出发,反对阶级斗争,主张阶级"合作"。他说:"余之所不信者,资本家与地主们,未必为一坚强役人之剥削者,其利益与民众利益之间,未必有基本的或不相融洽的反对性。"又说:"为经济平等而工作的意志,就是消灭资本家与劳动者之间的永久冲突。"这种观点显然是错误的。因此,贾·尼赫鲁说:"甘地不主张改革社会或社会结构,而专门致力于消除个人罪恶。"一方面是"爱护和关心被压迫者"和"反对暴力";另一方面却又"支持那种必然一面产生一面摧残被迫害者的制度,竟然赞成一种完全以暴力和威吓为基础的政治和社会结构。"

甘地的社会经济观,是用禁欲主义的精神,用个人道德的自我完善的精神去忍受一切苦难,力图以这种"爱"的精神去感化压迫者、剥削者。实质上,它表现了小生产者对给他们带来贫困破产的资本主义侵蚀的自发反抗与不满。

另外,甘地在处理许多政治、社会问题时,经常以宗教伦理观点出发。正是贾·尼赫鲁所说:"我不满意甘地从宗教方面感情用事地处理政治问题,并且一再提起上帝。树立这种榜样多么糟糕!"

由此可知,甘地的思想意识和社会纲领是落后的。许多印度民族运动领袖曾公开表示对他的绝对非暴力主义观和社会经济观不予赞同。

总起来说,作为思想家与社会改革家的甘地大大逊色于作为爱国者的与民族运动领导者的甘地。也就是说,甘地历史作用的最主要方面,就在于当殖民地国家印度在第一次世界大战后掀起以工农为主力的民族独立运动的高潮时,他在推动印度资产阶级(通过国大党)在民族运动中争取工农力量的支持,以及把民族运动置于工农群众的基础上,即领导群众性的民族运动方面,起了相当大的作用。因此,在甘地领导下的国大党的活动,在唤起群众的民族觉醒上,起了极大的积极作用。而这一点,正是印英民族矛盾居主要地位的印度进行民族运动所最需要的。正是贾·尼赫鲁所说:"印度民族运动显然不是劳工运动或无产阶级运动。……是资产阶级运动,其目的不在于改变社会制度,而在于争取印度独立。"而作为甘地思想、活动积极意义的主要方面,当然不是劳工运动或改革社会制度方面,而是争取印度的自由与独立。从这一意义上讲,甘地所代表的正是要求印度沿着民族资本主义道路发展的民族资产阶级的利益。而他的非暴力主义,反对土地革命、反对阶级斗争等,在很大程度上正反映了印度资产阶级的两面性、软弱性以及与封建关系的千丝万缕的联系。

至于广大人民群众所以崇敬甘地,那就是贾·尼赫鲁所说的:"甘地……之成为印度领袖当中的第一流和最突出的人物并非由于他的非暴力和经济理论。在极大多数印度人眼中,他是决心要获得印度自由的、……拒绝屈服于傲慢的强权的和永不赞同牵连到民族耻辱的任何事情的那个象征。"

邱吉尔

贵族之后　学业不佳

1874 年 12 月初,伦敦《泰晤士报》发表了一条简短公告:"伦道夫·邱吉尔夫人于 1874 年 11 月 30 日晚,在布伦海姆宫早产一子。"这个早产儿就是温斯顿·邱吉尔。温斯顿的诞生,给这个贵族家庭带来了无限的欢快。

邱吉尔的第三代祖先约翰·邱吉尔,早年曾是英国皇家骑兵团的一位上校,十八世纪初由于他平定叛乱,战功显赫,被安娜女王封为公爵,从而成为马尔巴罗家族的第一代公爵。邱吉尔的父亲伦道夫·邱吉尔是马尔巴罗家族第七代公爵的第三个儿子。按英国法律,爵位和领地应由长子继承,因此伦道夫无权继承爵位,只有另寻出路。他大学毕业后,打算从事政治。伦道夫是个野心勃勃的人,而且急于求成。他以公爵之后做后盾,凭着自己的坚强意志和雄辩之才,成了一位著名的政治家,保守党领导人之一"1885 年保守党上台后,他被任命为财政大臣兼下院领袖,但五个月后辞职离开内阁。伦道夫闪电般地结束了他的政治生涯。

邱吉尔的母亲詹妮·杰罗姆是美国人,她父亲莱纳德·杰罗姆是纽约的一名从事房地产和股票投机的富商。早在美国南北战争初期,他已是一位著名的百万富翁。

温斯顿·邱吉尔自从诞生在这个家庭之后,生活也是比较曲折的。他的父母顾不上他,很少去关心他、照顾他。父亲忙于自己的政治活动,母亲忙于应酬上层社会的社交活动。因而在邱吉尔的心目中,父亲是一位板着面孔、令人望而生畏的人物。关于母亲,他在许多年之后回忆道:"我深切地爱着她——但却是从一段距离之外。"邱吉尔从小到大,完全是由一位四十多岁的保姆抚养。保姆伊丽莎白·安·埃夫列斯特太太对他悉心教养,爱护备至。随着年龄的增长,邱吉尔对保姆的感情越来越深,并成为他幼年时代的惟一亲人。保姆在世时,邱吉尔同她保持着联系,并经常去看望她。去世后,邱吉乐亲自参加她的葬礼。当邱吉尔成为著名的国务活动家后,他的办公室里还一直挂着保姆的肖像。

邱吉尔小时候长得很结实,但并不十分漂亮。他说话有缺陷;有点口吃,而且发音不清。但他非常自信和固执己见。长大后,凭着他那股倔强劲,克服了口吃的毛病,而且成为一名著名的演说家。

邱吉尔从小就与众不同,他不愿象别的孩子那样按父母、老师的要求去学习。他虽然记忆力很好,但他只记他感兴趣的东西,他不喜欢数学、拉丁文和希腊文等经典语言,只喜欢历史和地理。

1881 年 11 月即邱吉尔年满七岁那年,被送到圣乔治学校住读。那是一所配有电灯、游泳池、足球场、板球场等先进设备的贵族子弟学校。学校校规极为严厉,教学方法非常死板,对不听话的孩子经常进行体罚。

邱吉尔在家里自由成性,他在这里感到很不自在。他性情孤僻,性格倔强,他不愿遵守学校的规章制度。他的学业无大成就,成绩总是排在最后,只有地理和历史课还不错。他上课经常迟到,不用心学习,成了学校一名"低劣生"。所以,学校发的报告单上经常出现"常惹麻烦"、"极端恶劣"等字样。

邱吉尔后来在一部回忆录中写道:"我在那里过了两年多的不安生活。我在功课方面收益很少……在那期间,我的最大乐趣就是阅读课外读物。当我九岁半时,我父亲给了我一本《金银岛》,我手不释卷地阅读。学校的老师们看出我既落伍又早熟。我所看的书超过我的年纪,然而在本班中却成绩最劣。他们对我大为不悦,施加种种强迫手段,但我顽强抵抗,我行我素,不受他人制约!"

由于邱吉尔的身体日益衰弱,两年后转到布赖顿的预备学校就读。这期间他生活的比较愉快,学业也有所进步。他学习了法语、古典文学、绘画、历史,并能背诵许多诗歌。此外,他还学会了游泳,尤其喜爱骑马。

1887年,邱吉尔结束了布赖顿三年的学习生活后,被送到哈罗中学学习。他在这里从入学考试开始就碰到了许多麻烦。按学校规定,考生必须用拉丁文写一篇作文,邱吉尔在两个小时的测试中只写了一个字。同时,数学考试不及格。尽管如此,学校还是看他父亲的面子而录取了他。他被编在四年级学习成绩最差的一个班,最末的一个组。从此,邱吉尔的"名声大振",成了全校被人耻笑的倒数第三名。

邱吉尔在哈罗中学的学习成绩很差,考试经常不及格。他固执地不愿学习拉丁文、数学。他不仅学习成绩不好,而且纪律很差。不论是老师还是学生自己定下的行为守则,他几乎都不执行,并且经常寻衅斗殴,惹事生非。出身名门的邱吉尔的所作所为,使老师们莫名其妙,家里人也大伤脑筋。只有他的美国外祖父莱纳德·杰罗姆不发愁。杰罗姆曾写道:"让他去吧,男孩子在找到了可以显示才能的场合后,自然会变好的。"

邱吉尔在学校的表现,使他的父母非常苦恼。他们认为儿子既顽皮又愚蠢,无法从事政治。那么他能干什么呢?邱吉尔非常喜欢同自己的小弟弟约翰玩打仗游戏。他有一千五百个锡兵,会独出心裁、花样翻新地指挥锡兵打仗。有一次他父亲看到这种情形就问邱吉尔:"你将来想干什么?"儿子答道:"当兵,那还有说的!"这就使父母下了决心,决定让他去报考英国有名的桑赫斯特军事学校。

邱吉尔为考军校虽然做了有目的的准备,但还是两次名落孙山。为此,他父亲把他送到詹姆士上尉办的补习学校学习。这所学校是专门帮助那些才疏学浅的青年人能够考取军校而办的。

邱吉尔经过充分准备,于1893年8月终于考取了桑赫斯特军校。但可惜的是没有像他父亲希望的那样进入步兵学科,根据邱吉尔的考试成绩只够进入骑兵学科。为此,他父亲十分生气,怒气冲冲地写了封信给邱吉尔,警告他今后必须刻苦努力,否则有可能堕落成为"社会废物"。

邱吉尔来到军校后,生活、学习非常愉快。因为在这里再也不用学习那些令他讨厌的课程。他喜欢骑射,跑马场上的训练给他带来极大的乐趣。这位未来的骑兵军官渴望像他的祖先约翰·邱吉尔那样,驰骋疆场,从事戎马生涯。但他惟一感到不安的是,世界上尚未发生大规模的战争,他没机会大显身手、出人头地。他希望有朝一日到印度或非洲去征战,像英国殖民大臣和军事统帅克莱武当年青云直上那样,一直爬到最高统帅的位置,指挥千军万马,让温斯顿·邱吉尔的名字永远镌刻在大英帝国的纪念碑上。

邱吉尔在军校学习期间,他父亲的健康状况日益恶化。1895年1月24日,因医治无效,溘然去世。父亲的死,对邱吉尔是个沉重的打击。他觉得父亲这个靠山倒了,今后应当奋发图强,走自己的路。由于他的努力,学业有很大提高。他在军校的最后一次考试成绩是,在一百五十名毕业生中名列第八。

骑兵学科毕业后,邱吉尔想到第四骠骑兵团服役。经他母亲的周旋,英国陆军总司令坎布里和团长布拉巴宗上校同意他在这个团任中尉。这样,邱吉尔开始了自己的戎马生涯,踏上了坎坷不平的人生旅途。

初生牛犊　成名心切

邱吉尔于1895年当上英国第四骠骑兵团军官,骑兵团的日子过得比较轻松,平日练习骑马,闲时打打马球。他发现在军队内循规蹈矩地服役,缓慢地逐级晋升不是他要走的道路。他是个求名心切的年轻人,他急不可待地要尽快获得权势。

邱吉尔急于成名,唯恐天下不乱。他认为时势造英雄,渴求轰轰烈烈地干一番事业。但1895年整个欧洲比较平静,似乎没有爆发大规模战争的迹象,只有古巴爆发了反抗西班牙殖民统治的民族解放运动。这时,邱吉尔正好有五个月的假期,便决定同他的伙伴巴恩斯中尉一起到古巴闻闻火药味。他一方面请英国驻西班牙大使沃尔夫爵士帮忙,请西班牙陆军部长写封介绍信给古巴前线的指挥官,另一方面同英国的《每日写真报》谈妥,作为随军记者为其写稿。金钱对他来说固然重要,但更重要的是他想借记者之笔扬名四海。

1895年11月邱吉尔同他的伙伴借道纽约来到古巴,受到西班牙殖民当局的热情款待。邱吉尔要求亲临战场,随西班牙的一个后备纵队在古巴丛林中进行“清剿”活动。就在邱吉尔二十一岁生日那天早晨,纵队遭到了古巴游击队的袭击,邱吉尔第一次经受了炮火的洗礼。几天后,又碰到一场战斗,炮弹从他眼前飞过,幸而他安然无恙。但他生平第一次看到活生生的人被射杀的现象。

他把在古巴的见闻前后写了五篇报道刊登在《每日写真报》上。不久他就离开古巴回国了。他和巴恩斯被西班牙政府授与红十字勋章,以表扬他们的勇敢。

这次战地采访,使邱吉尔大出风头,从而更加刺激了他的写作欲,他决心用记者这支笔开创他通往政坛的道路。

回国后,邱吉尔凭借一时名气出席各种宴会和舞会,结识许多社会名流。但他并不满足,进一步寻找机会。1896年秋,邱吉尔又随骑兵团来到印度,被编入班加罗尔驻防部队。邱吉尔在团内奉职轻松,还有许多人侍候,他感到无所事事。但他认识到要在报纸上扬名,扩大自己的知名度,就必须具有丰富的知识和高超的写作技巧。为此,他写信给母亲,请她寄些历史、哲学、宗教、经济等方面的书。在这期间,他每天用四、五个小时的时间阅读吉本、麦考利、柏拉图、叔本华、马尔萨斯、达尔文等人的大量著作,并从中汲取了大量的精华,丰富了自己的知识,为以后成为著名的国务活动家,雄辩的演说家,闻名的著作家奠定了基础。

在印度呆了九个月后,他获准有三个月的假期。于是邱吉尔经由意大利回到伦敦。一天,邱吉尔在报上看到印度西北部边境马拉坎德山口附近的一个帕坦人部落起来造反,布莱德将军率军远征。邱吉尔大为高兴,觉得大显身手的机会又来了。经他的请求,获准以伦敦《每日电讯报》和加尔各答《拓荒者报》随军记者的身份参加远征。

邱吉尔骑着马来回采访,有时也参加战斗。印度起义者拼死作战,使英国人蒙受重大损失。尤其是玛芒特谷之战,给他留下了难忘的印象。

这次邱吉尔以"一个年轻军官"署名的报道刊登在《每日电讯报》和《先驱论坛报》后,受到报社和读者的广泛关注。这进一步刺激了他的写作欲,于是他开始利用战时搜集的材料写书。1898 年 3 月,邱吉尔仅用两个月就完成了他的第一本著作《1897 年马拉坎德部队纪事》。这对于一个学历浅、年仅二十三岁的中尉来说,是一大成就。这本书使邱吉尔跻身于新闻界并有了名气。

邱吉尔在班加罗尔利用冬季时间从事第二部书《萨伏罗拉》小说的创作。不久,《萨伏罗拉》问世。这部书的出版,引起了政治界和文化界的注视。它既是一部传记体著作,又是作者的政治宣言。在书中,邱吉尔借主人公之口,表达了他的政治志向。"他不喜欢也不能忍受安逸、舒适的生活。他的天性是狂暴的,强悍的,勇猛的。充满抱负、动荡不安的生活才是他惟一可以接受的生活。他应该一往无前。"萨伏罗拉为了满足自己的虚荣心而舍弃了生活的快乐,准备踏着艰难的道路勇往直前,正是这种虚荣心成了邱吉尔一生前进的动力。

邱吉尔完成这部小说后,决定参加苏丹战争。他这次来到苏丹,照例不仅为了打仗,主要是为了报道战争情况。邱吉尔及时赶到前线,参加了 1898 年 9 月的决战。尽管苏丹军队人多且英勇顽强,但装备和战术相当落后,最后在英帝国主义的残酷镇压下失败了。这次战争造成了一场大屠杀。邱吉尔在短暂的时间内向《晨邮报》提供了十三篇战争报道。

战争结束后,邱吉尔乘轮船沿尼罗河下行来到开罗,着手考虑写他的第三部著称《尼罗河上的战争》。为了撰写这部书,邱吉尔不仅亲自参加了战争,而且还在开罗广泛搜集了战争素材。经过艰苦努力,这部书于 1899 年 10 月出版了。

两卷本的《尼罗河上的战争》一书的问世,立刻轰动了伦敦,震惊了全国。这部书表现了邱吉尔的才华和对历史的兴趣。

在书中,邱吉尔尖锐地批评了他的上司基奇纳将军的残暴,揭露了英国殖民主义的可憎面目,在某种程度上抒发了一个英国青年的正义感。书中的一些言论引起了英国官方和军界的不满。为了不影响他今后的前途,1902 年该书再版时,邱吉尔删掉了一些过激的言论,将两卷本改为一卷本。即使这样,这部书仍畅销不衰,大大提高了邱吉尔在新闻界、政界的知名度。

1899 年秋,英国政府发动了布尔战争,往南非调兵遣将。邱吉尔又旧调重弹,再去南非冒险,以捞取他的政治资本。他这次是以《晨邮报》特派记者的身份前去南非,并由报社支付一切费用。

邱吉尔一到前线,就迫不及待地随部队参加了一次侦察行动。他们乘装甲列车深入布尔人占领区,遭到了狙击,几节车厢脱了轨,机车和几节车厢受阻。邱吉尔冒着枪林弹雨抢救伤员,并将装甲列车上的人员带到安全地带。但英军撤退并不顺利,许多官兵被俘,邱吉尔也成了布尔人的俘虏。

俘虏们被解往比勒陀利亚,关在国立师范学校里。这里只有四十名南非警察看守。邱吉尔同关押的英国官兵密谋越狱,可是在越狱时,只有邱吉尔一人首先趁哨兵不备,迅速地爬过了围墙。他在墙外等了一会儿,不见其余的人出来,只得独自逃生。几天后,布尔人发出通缉令,悬赏二十五英镑捉拿他,而且不论死活。邱吉尔四处躲藏,后在几位英国人的帮助下,搭乘一辆货车到达葡萄牙的殖民地洛伦索·马奎斯(今莫桑比克首都)。接着,他找到英国领事馆,然后乘轮船南下,于 12 月 23 日抵达英国控制下的德尔班。

邱吉尔在德尔班像凯旋而归的英雄受到热烈的欢迎。港口悬挂着许多旗帜,军乐队和前来欢迎的人群挤在码头上。海军大将、陆军军官、市长都上船和他握手。世界各地的电报纷纷而来,向他表示祝贺、慰问。一时间,邱吉尔成为一位富有传奇色彩的英雄,各大报刊纷纷刊登他的冒险经历。

南非的奇遇给邱吉尔带来了巨大的政治资本。他一获得自由,就立即向《晨邮报》发了一篇描写他从战俘营逃跑的详细报道。这篇报道吸引了公众的广泛注意,进一步提高了邱吉尔的声誉,为他进入议会铺平了道路。

政治宦途　坎坷不平

邱吉尔从南非前线回来后,又开始埋头写书。这部书的基本材料是他为《晨邮报》写的战地报道。书中主要描写英布战争的情景,并详细地叙述了他个人的冒险经历。该书于 1900 年出版。邱吉尔在不到三年的时间先后出版了六部著作,成为举世瞩目的最年轻的著作家。

邱吉尔的南非之行,收益很大。他不仅完成了两部著作,而且名声大振,为进入议会铺平了道路。英国首相索尔兹伯里于 1900 年解散了议会,宣布举行下院选举。

邱吉尔的父亲伦道夫勋爵曾是保守党的重要人物,当过保守党内阁大臣,同保守党有着深厚的渊源。因此邱吉尔成为保守党人,似乎是理所当然的。

在这次大选中,邱吉尔作为保守党的候选人之一参加竞选。在竞选中,保守党人对他在南非的英勇表现进行大力宣传,为他编写诗歌,谱写歌曲,歌唱家为他大唱赞歌。约瑟夫·张伯伦亲临奥德姆选区支持邱吉尔,邱吉尔的党兄马尔巴罗公爵在财政上予以支持。尽管竞选十分激烈,但邱吉尔在各方面的支持下,终于以一百三十票的多数获胜。这样,邱吉尔以年仅二十六岁的青年议员的身份,开始了他的政治生涯。

保守党人为了自己党的利益,充分利用了邱吉尔的声誉。这位"战斗英雄"在各个选区发表演说,为保守党候选人拉选票。邱吉尔利用这个机会,大大提高了自己的威望。

当时的议员在下院的活动没有任何报酬,他们必须靠自己的钱生活,并支付竞选费用。截止议会选举为止,邱吉尔靠发表新闻报道和出版著作已得到四千多英镑的稿费。但邱吉尔觉得这些钱还不够,决定在全国各个城市进行演说挣钱,作为从事政治活动的费用。邱吉尔在英国巡回演讲取得了成功,之后又到美国和加拿大去作旅行演讲。到 1901 年 1 月底,他靠演讲一共收入一万多英镑,他把这笔钱存入银行,以便靠存款利息一心一意从事政治活动。

由于邱吉尔到处进行演讲,加上大量出版著作,已成为当时引人注目的政治人物。英国著名新闻记者斯蒂文斯,曾在《每日邮报》上发表一篇题为《欧洲最年轻的男子汉》的文章。他在文章中分析指出:"论年龄,甚至论气质,温斯顿还是个孩子。但若论个人抱负、深思熟虑、运筹自如、有的放矢、手段高明等方面,他已经是一个成熟的男子汉了。……他具有老练的国务活动家那种灵活自如处理事务的本领。"斯蒂文斯进一步指出,邱吉尔是个"沽名钓誉、处事谨慎的人",他相信自己"具备将来成为叱咤风云人物的天赋个性"。邱吉尔的一生始终抱着这样一种信念,即杰出人物和英雄创造历史。"他认为自己命中注定要发挥这种杰出人物的作用。邱吉尔自信,他的使命就是统治英国人民。

1901 年 2 月,从美国远游回来的邱吉尔第一次出席下议院。他坐在保守党席位的前排、已故的父亲曾坐过的位置上,聆听议员们的发言。按英国议会的传统,新议员至少得等一个月后才可在下院首次发言。可邱吉尔迫不及待,在进入下院四天后就发表了他的首次演说。他在谈论英布战争时,主张温和地对待布尔人,对布尔人抱有一定的同情心。而保守党主张严厉对待布尔人,将英布战争进行到底。他的主张与保守党的政策背道而驰。

不久,陆军大臣布罗德里克代表政府向议会提出了一项改组军队的方案,要求增加军费、扩建陆军。邱吉尔对这个方案首先提出异议,反对增加军费开支,主张建立一支精良超群的海军。改组军队的议案,由于遭邱吉尔等人的反对,终未被议会批准。

邱吉尔在进入议会的最初几年中,多次反对保守党的政策,实际上成了自由党的代言人,他的做法引起保守党领袖们的不满。

1903 年 5 月,保守党的权威人物约瑟夫·张伯伦在伯明翰的一次演说中提出了关税壁垒的主张,放弃行之有效的自由贸易政策。邱吉尔抓住时机,竭力维护自由贸易政策,反对老张伯伦的关税壁垒政策。自由党也发动猛烈攻击,以维护他们一贯主张的自由贸易政策。这次斗争,使邱吉尔扬名全国。同时,他与保守党的关系也无法维持下去。与此同时,保守党内阁内部争论激烈,有些大臣辞去了职务。巴尔弗首相着手组织新政府,但不给邱吉尔提供任何职务。邱吉尔愤然离开保守党,投奔自由党。1904 年 4 月,邱吉尔正式与保守党断绝了关系,参加了自由党,这标志着邱吉尔宦途的开始。

1905 年 12 月 4 日巴尔费首相因外贸政策问题上的失误而被迫辞职。第二天,由自由党领袖坎贝尔·班纳曼组织政府,并宣布解散议会,于 1906 年 1 月举行大选。

坎贝尔·班纳曼组阁时曾考虑让邱吉尔任财政部财务次官,可邱吉尔要求到殖民地事务部去担任副大臣。他明白自己对财政事务一窍不通,但对殖民地有相当丰富的经验。

邱吉尔邀请博学多才的爱德华·马什任自己的私人秘书。自此,他跟随邱吉尔二十多年,从一个部转到另一个部。邱吉尔善于网络一些真才实学的人,并发挥他们的作用。正如英国一位社会问题专家所说:"邱吉尔的组织能力比思维能力更强。"

1906 年 1 月,邱吉尔到曼彻斯特西北选区参加竞选。他在竞选演说时把重点放在坚决主张自由贸易上,他的主张得到选民的赞许。结果他以一千二百四十一票的多数继续当选为议员,不过这次是自由党的议员。在这次大选中,自由党赢得了四百个议席,保守党所得不及半数,仅一百五十七席,遭到惨败。从此,自由党人连续当了十七年的英国首相。

邱吉尔在殖民地事务部需要解决的第一个问题就是南非的未来问题。自由党主张让南非在英帝国范围内实行自治,而保守党人认为南非自治尚未成熟。邱吉尔受命为此在下院提出一项法案,英国议会于 1909 年通过这项法案,决定成立由四个省组成的南非联邦,从而南非成为英帝国体系内的一个自治领。

1907 年下半年,邱吉尔进行了一次为期三个月的东非旅行,对英国的殖民地进行视察。东非之行虽然艰辛,但他在那里看到了无穷的潜力——自然资源,主张开发那里的森林、水力资源,修建铁路、工厂、发电站,并向那里传播文明。后来,他出版了《我的非洲之行》一书,主要谈他开发非洲的主张。

1908 年 4 月,首相坎贝尔·班纳曼因病辞职,由原财政大臣阿斯奎斯继任首相。邱吉尔被任命为贸易大臣,原贸易大臣劳合·乔治担任财政大臣。三十四岁的邱吉尔成了内阁大臣。

1908 年 8 月 15 日的伦敦《泰晤士报》上刊登了邱吉尔订婚的消息。未婚妻克莱门蒂娜·霍齐亚年仅二十三岁,不仅长得漂亮,讨人喜欢,而且能说一口流利的法语和德语,是一位聪明、幽默、有才智的姑娘。他的已故父亲曾是龙骑兵团长,母亲是艾尔里勋爵的女儿,出身于爱尔兰——苏格兰著名的贵族家庭。这真是"少年得志心狂喜,官运亨通得娇妻。"

9 月 12 日邱吉尔在西敏寺的圣玛格烈教堂举行婚礼。年轻的夫妇收到大量的结婚礼物,其中包括国王爱德华七世赠送的带有马尔巴罗标志的镀金手杖。结婚典礼之后,年轻夫妇立即出发去蜜月旅行。他们先到布伦海姆拜访马尔巴罗公爵,随去瑞士和意大利。

邱吉尔和克莱门蒂娜终生相亲相爱,婚姻美满幸福。邱吉尔是个倔强、固执、睿智而野心勃勃的人,并不很罗曼蒂克,不喜欢上流社会的生活方式,甚至连舞都不会跳。他最关心的是政治活动,此外是读书和写作。克莱门蒂娜是个意志坚强、富有才华,关心政治的妇女。她相信自己能适应邱吉尔的过分要求和异想天开的怪念头。她对丈夫极其忠诚,把任何一个攻击她丈夫的政治家都视作敌人。她不仅善于料理家务,而且在政治问题上有时也为邱吉尔出谋划策。

他们婚后共生了五个孩子,四女一男。其中三女儿不到三周岁不幸夭折了。儿子排行第二,生于 1911 年,取名伦道夫,以纪念邱吉尔的父亲。邱吉尔非常宠爱小女儿玛丽,因为玛丽长得像他年轻的时候。

邱吉尔在贸易部得心应手,既管贸易,又管劳工。他在这一时期,致力于社会改革,制定了一系列法案。他提出"血汗劳工"法案,规定了工人的最低工资标准;他建立职业介绍所,以缓解工人的失业问题;制定失业保险法,为老年人规定了养老金,还规定了疾病保险、残废保险。

为了争取工人的同情,邱吉尔竭力推行社会改革。但自由党所进行的"改革",实际上是雷声大、雨点小,广大劳动人民没有得到多少好处,因而在 1910 年 2 月的选举中自由党失去了许多议席,只以二百七十五席对二百七十三席的微弱多数保住了执政权。阿斯奎斯首相在调整内阁时鉴于邱吉尔在大选中四处演说的贡献,任命邱吉尔为内政大臣。

在邱吉尔任内政大臣期间,最使他伤脑筋的是职工运动和日益加剧的阶级斗争。这时他对社会改革短暂而肤浅的兴趣已荡然无存。不久前,他还建议自由党人要优待和关心工人,可此时他变得非常憎恨工人,他多次采取暴力手段残酷镇压工人罢工,甚至动用军队来对付工人,命令士兵向手无寸铁的游行者开枪,造成大量伤亡。

邱吉尔在工人群众中的名声愈来愈坏,但英国统治者却认为,邱吉尔是资产阶级的可靠卫士,是一个在复杂情况下善于采取果断行动的人,一个"富有坚强毅力、决心和组织才能的人"。尽管有时"行为古怪和过分热心",但在统治者的心目中,邱吉尔的威望无疑是提高了。

1911 年,国际形势日趋紧张。这年夏天,德皇威廉二世乘一艘炮舰来到摩洛哥的阿加迪尔附近,企图侵占摩洛哥部分领土。邱吉尔获悉此消息后大为震惊,他预感到英、德两国将要发生一场战争。邱吉尔作为内政大臣,对国家的安全负有主要责任。在此期间,他越来越关心对外政策问题,注重研究英国同欧洲各国的关系,不断地拜访外交部和陆军部,询问军事形势,并于 1911 年 8 月 13 日写出了一份关于"本大陆军事行动问题"的备忘录呈报首相。邱吉尔认为,未来战争中的主要战役将在法德两国领土上进行,提高向法国派遣十三个师的英国远征军。

邱吉尔的这份备忘录受到内阁和首相的赞赏。由于邱吉尔在军事问题上表现出来的聪明才智,阿斯奎斯首相决定任命他为海军大臣。这次,邱吉尔认为时机成熟,马上答应了首相。虽然按英国政府的官阶排列次序内政大臣的地位比海军大臣高,但邱吉尔认为此时的海军部是一个非常重要的部门,他可以在军事上大显身手。因此到任后,工作非常卖力。除在办公室工作外,还经常登上大臣专用快艇"女巫号"巡视各海军基地。

在邱吉尔任海军大臣期间,大刀阔斧地对军队实行一系列改革、调整。他创设海军参谋部,撤换一批年老资深的将领,参谋部归自己管辖。这一做法,虽遭一些将领的反对,但他仍我行我素,强令贯彻执行。他还将军舰上十三点五英寸口径炮改换为十五英寸口径炮,将军舰所用燃料由煤换为石油。邱吉尔采取的这些措施明显地加强了海军的装备,随着战争的日益迫近,邱吉尔的战备工作显得尤为重要。

1914 年 7 月 28 日,奥匈帝国以皇太子被杀为借口,对塞尔维亚正式宣战,8 月 1 日对俄宣战,8 月 3 日对法宣战,第一次世界大战全面爆发。英国鉴于形势,于 8 月 4 日对德宣战。

邱吉尔对大战的爆发非常高兴,他认为显示他"统帅英才"的机会到了。他在给妻子的信中写道:"万事有艰险,万物皆毁灭。我感到有趣、快乐和幸福。这不可怕吗?对于我来说,参战完全是引人入胜的事,让上帝原谅我这些丑恶而轻率的情绪吧!"

在第一次世界大战中,海上争斗主要是在英德两国之间进行,其他国家的海军都是防御性的。当时,英国以"海上霸王"自居,拥有总吨位达二百多万吨的军舰,是世界上最大的一支海军力量。德国海军力量居第二,军舰的总吨位达一百零七万吨。

1914 年 8 月 4 日深夜,邱吉尔命令军舰驶入北海,进入作战状态。邱吉尔决心在北海海域与强国进行决战,力图一举歼灭德国海军力量。为此,英国海军于 1914 年 8 月和 1915 年 1 月在北海发动了两次海战。虽然英军取得了胜利,但战斗规模不大,邱吉尔的进攻计划未如期实现,于是在北海转为对德国封锁,海战中心移到了近东。

1915 年 1 月,土耳其公开加入德国对俄作战。俄军陆军总司令请求英国在近东地区采取行动,减轻土耳其军队对高加索俄军的压力。伦敦决定发动达达尼尔战役,并由重要大臣、元帅和海军上将组成战时委员会。虽然战时委员会规定由海、陆军协同作战,但英国陆军迟迟不动。邱吉尔求荣心切,且不愿和其他人分享,未等陆军达到,便迫不及待地于 1 月 19 日率舰队单独攻打达达尼尔海峡地区的土耳其要塞,但遭到土耳其军队的顽强抵抗。3 月 18 日,邱吉尔下令再次进攻,但遭到惨败,共损失七艘军舰,军队损失过半。

保守党抓住机会,利用报刊对邱吉尔发动了猛烈的攻击,并力求把他赶出内阁。当时《晨邮报》刊登了一组题为"不求甚解的怪人"、"不求甚解的海军将领"、"邱吉尔其人太多"的文章。保守党领袖鲍纳·劳声称:"如果邱吉尔不辞职,保守党人拒绝参加联合政府,拒绝支持阿斯奎斯领导的内阁。"迫于形势,自由党只好免除了邱吉尔海军大臣的职务和战时委员会成员的资格,只给他保留了一个不管部大臣的官衔。"不管大臣"是个报酬高但无实权的清闲职务。这对邱吉尔来说是个沉重的打击,为此他感到十分沮丧,他对李德尔勋爵说:"我是一个没有发展的人。我有过很高的地位,这一切都变成了泡影,可我正是为了这一切才活着。"

当政治上的升迁对邱吉尔来说已无希望的时候,他决定去前线,要从军事上获取新的荣誉。于是,他辞去了"不管大臣"的头衔,奔赴法国参加陆军作战部队。

根据邱吉尔的要求,总司令派他去近卫师见习。近卫师的官兵对他冷眼相待,表示出不欢迎的样子。邱吉尔在这里被冷淡过,还受到嘲弄。邱吉尔非常气愤,但他还是十分谨慎从事,努力搞好和同事们的关系。一个月后,总司令弗伦奇准备任邱吉尔为旅长,但由于伦敦方面的反对,邱吉尔被分配到苏格兰步兵营当营长。一开始,他像在近卫师那样,同样遭到白眼,部队官兵称他为"万恶的政治家"。但邱吉尔想方设法和战士们打成一片,与他们同甘共苦,他很快就赢得了士兵们的爱戴。

1916年3月,邱吉尔从前线回到伦敦。他以议员的身份参加政治活动,力图恢复自己的名声,寻找机会重返政府。

在被罢官的日子里,邱吉尔靠写稿挣钱谋生。由于他在新闻界的名气和丰富的阅历,因此他的文章是值钱的。他先后为《星期日画报》《伦敦杂志》撰稿,每篇稿酬为三百至五百英镑。他虽不任高官,但经济状况较好,年收入相当于当海军大臣的年薪。另外,他还靠画画来消磨时光。他曾对李德尔勋爵说:"画画是极大的安慰。离开海军后,画画帮助我经受住残酷时刻的考验。"

1916年底,阿斯奎斯辞去首相职务,英王邀请劳合·乔治组织新政府。新首相是邱吉尔的早年朋友,打算让他在政府中任职。但由于保守党人的强烈抗议,邱吉尔再次被排除在政府之外。

1917年7月,劳合·乔治冲破种种阻力,最终任命邱吉尔为军需大臣。虽然这个职务不是内阁成员,但还是遭到保守党人的反对。当时,保守党代表团四十人提出抗议,反对邱吉尔加入政府。一些代表声称,任命邱吉尔"对国家有危险"。有的大臣还以辞职相要挟。7月18日的《晨邮报》的评论文章讥讽道,这一任命表明"我国虽未发明一艘不沉的舰艇,却已发现了一位不沉的政客。"职位虽然比较低,但对于"流浪"了二十个月的邱吉尔来说,能够重新进入政府,至少是个安慰。他决心抓住机会,大显身手,为进入内阁铺平道路。

邱吉尔的确是位实干家,他在新的岗位上做出了巨大的成绩。他改组军需部的机构体制,健全财务监督制度;研制、生产坦克,被称为"坦克之父";经常穿梭于伦敦和法国前线之间,及时保证了前方作战部队的军需供应。

由于英、法、美等协约国的共同作战,历时四年,终于战胜了德军。德国于1918年11月11日在停战协定上签字,宣布无条件投降,第一次世界大战宣告结束。

1918年12月,英国举行大选,自由党、保守党组成的"联合派"获胜,仍由劳合·乔治任首相。1919年1月,劳合·乔治重组政府时,任命邱吉尔为陆军大臣兼空军大臣,邱吉尔又重新成为英国政府中的核心阁员。

1917年俄国取得了十月革命的胜利,列宁在俄国建立了苏维埃工农政权。俄国十月革命的胜利,在英国统治集团中产生了恐慌。邱吉尔十分清楚,社会主义革命的胜利,会给资本主义世界带来巨大的危险。邱吉尔一开始就主张武装干涉俄国革命。

到 1919 年初,已有一万四千英国军队在俄国执行武装干涉的任务。邱吉尔打算,若西欧局势许可,将向俄国增派大批武装力量。

邱吉尔任陆军大臣后,利用手中的权力,更加肆无忌惮地干涉俄国革命。他四处游说,动员资本主义世界的力量,反对苏维埃政权,想把新生政权扼杀在摇篮之中。为了达到他的目的,向俄国的反政府军提供了数百万英镑的军火和装备。

邱吉尔的做法,激起了英国人民的强烈反对。英国国内掀起了"不许干涉俄国"的群众运动,士兵起义、工人知识分子的游行事件不断发生。正如 1919 年 7 月 29 日的《每日快报》上一篇评论所写:英国人民"决不希望在俄国打一场大仗……让温斯顿·邱吉尔这个自大狂、疯狂的好战赌徒见鬼去吧!把我们的士兵都招回家园!"

英国对苏俄的武装干涉失败后,邱吉尔被调往殖民地事务部任职,处理英殖民地事宜。

1922 年底,劳合·乔治下台,联合内阁寿终正寝。保守党领袖鲍纳·劳任首相,并宣布解散议会举行大选。当时,邱吉尔刚动过阑尾手术,卧床疗养,不能亲自进行活动,但他派人在选区内做竞选准备。他曾坐着轮椅对选民发表演说,但选民对他敌意很大,根本不听他的讲演。投票结果,邱吉尔落选。这是自 1900 年以来,邱吉乐首次被排除在议会之外。后来,他回忆起当时的情景时伤心地说:"我甚至未来得及眨眨眼,就失去了工作,失去了议会中的席位,失去了党,也失去了盲肠。"

邱吉尔落选后,一方面著书、绘画打发时光。另一方面考虑他的政治前途。他不会就此放弃,必须重新崛起。自由党日益衰落,要想重新掌权,就必须重返保守党。为此,他站在保守党一边,拥护他们的政策,疯狂攻击社会主义,攻击工党和苏联。

邱吉尔的所作所为,终于取得了保守党的谅解,他被提名为埃平选区的候选人,参加 1924 年 10 月的选举。投票结果,邱吉尔击败了自由党和工党的候选人,当选为埃平选区的议员,邱吉尔又重新回到了议会。根据选举结果,由保守党领袖史坦莱·鲍尔温在 11 月 7 日组织了保守党政府,这位新首相任命邱吉尔为财政大臣。

当鲍尔温出面邀请他任财政大臣时,邱吉尔因意想不到而极感惊讶,继之抑不住强烈的激情而热泪盈眶。因为仅仅数月之前,他既没有党,在议会中也无一席之地,政治上几乎绝望了,而现在却出现了这种无法预料的转机。财政大臣一职正是他父亲在事业顶峰时担任的职务,也是他从小立志的目标。原来似乎远不可及,如今居然近在眼前,邱吉尔终于登上政府内第二把交椅,怎不令他欣喜若狂?由此,他想起了迪斯雷利的话:"政治上风云变幻的乐趣是领略不尽的。"当时自由党的报纸《曼彻斯特卫报》对邱吉尔新的任职评论道:"他已经是第二次离开沉船了,因为他有宝贵的本能,不仅能第二次浮上来,而且得到了高官厚禄。"还有一家报纸曾尖锐地批评道:"他换一个党就像换一个舞伴那样轻率。他只忠于他真正相信的一个党,这个党就是温斯顿·邱吉尔牌号的党。"

由于保守党政府推行反对工人运动和仇视苏联的政策,对工人的失业等问题漠不关心,它在英国人民心目中威信扫地。在 1929 年 5 月的大选中,保守党丧失了一百四十一席,遭到惨败。按选举结果,由工党组织政府,邱吉尔也就自然丧失财政大臣的职位。从此,他离开政府达十年之久。

邱吉尔离开政府后,他的主要活动一是写作、画画,二是出国旅行。这期间,他最后写完四卷本的《世界危机》和一部自传《我的前半生》,1931～1938 年完成一部四卷本的传记《马尔巴罗:他的生命和他的时代》。另外,他还写了一些短篇,后来汇集成册,书名为《随想与奇遇》。

在撰写上述巨著的同时,邱吉尔还经常为报刊写稿,他可定期收到稿费。为此,他有可观的经济收入,卸任这段时间的年收入约二万英镑,大大超过他当大臣时的俸禄。

邱吉尔除了绘画、写作外,一直密切注视着国际形势的发展,关注国内的政治活动。他以议员身份多次在议会中就国内外的新形势发表演说,他处心积虑地施展他的政治才能,待机东山再起。

临危受命　不负重望

二十世纪三十年代,德国、意大利、日本法西斯加紧扩军备战,发动咄咄逼人的侵略扩张,国际局势日益紧张,一场世界大战即将爆发。邱吉尔非常关注国际形势,意识到"第二次世界大战的可怕信号就要出现了"。尤其是1933年1月希特勒的上台,德国军国主义的加紧复活,给苏联、英国及整个欧洲大陆带来了危险。

正当希特勒疯狂扩军备战、磨刀霍霍之时,英国一些缺乏远见的政治家们不仅不主张加强国防,还要求法国裁减他们的实力。邱吉尔深信英国即将面临一场战争的考验,他多次向政府提出警告,但未引起政府的重视。即使如此,邱吉尔还是鼓足勇气,冒着"战争贩子"的罪名,大声呼吁,要求政府立刻醒悟,建立各种防卫力量,加强与盟邦合作,共同行动,制止法西斯的侵略,"如果我们不及时注意这个警告,也许有一天会成为它的牺牲品。"

邱吉尔非常注意德国空军的发展,一再强调德国空军的严重威胁。他说:"过去海军是英国的可靠后盾……现在我们不能这样说了。可恶的空战方法的发明和改进,从根本上改变了我们的地位。"他主张英国政府应采取措施,加强空军建设。1934年,他指出,德国现已有了一支空军,其实力已达到英国空军的三分之二,如果照目前的速度发展下去,再过一年或两年,德国空军的实力将超过我们的百分之五十,到1937年会比我们几乎强一倍。

但是,鲍尔温首先开始并不同意邱吉尔的这些预测,他认为两年后英国的空军实力仍将有百分之五十的优势。半年后,鲍尔温不得不承认邱吉尔的预测是正确的,被迫做了自我检讨,承认这一错误要由政府、首先是由他自己负责。

1937年5月28日,鲍尔温由于年迈(时刚好七十岁)辞去首相职务,财政大臣尼维尔·张伯伦在毫无争议的情况下继任首相,并接任保守党领袖。张伯伦极力迎合希特勒,奉行臭名昭著的绥靖主义。他主张祸水东引,推动德国同苏联作战,一方面将会消灭苏联,另一方面削弱德国力量,使之没有能力同英国争夺欧洲霸权。

1938年,张伯伦打算满足希特勒侵占捷克斯洛伐克的贪欲,想借牺牲小国来换取世界的和平。邱吉尔则清楚地看到,把捷克斯洛伐克出卖给德国,会在很大程度上加强德国,而削弱英国及其欧洲盟国的地位。9月21日,邱吉尔向新闻界发表了一项声明,他说:"捷克斯洛伐克在英法两国的压力下被分割,这无疑是西方民主国家向纳粹武力威胁的彻底投降。这种做法不会给英国和法国带来和平和安全。恰恰相反,将使这两个国家的处境更为软弱无力和更为危险。"

在此期间,邱吉尔反复强调同苏联达成谅解以中止德国扩张的必要性,他"坚决主张只有成立法、英、俄联盟,才能有希望制止纳粹的进犯。"虽然赞同邱吉尔主张的保守党人逐渐多了起来,但他们在议会中仍居少数,无法改变张伯伦的绥靖政策。

1938年9月29日,英、法、德、意四国政府首脑在德国慕尼黑会晤,签订了慕尼黑协议,规定把捷克斯洛伐克的苏台德区割让给德国,以此换取暂时的和平。但这并不能满足德国的贪欲,反而助长了法西斯的侵略气焰。1939年3月13日,希特勒下令侵占捷克斯洛伐克其余地区,并宣布波希米亚为其保护领地。

邱吉尔对张伯伦政府的对外政策提出了尖锐的公开批评。他说:"我们未经战争就遭到了一次失败,其后果将对我们有着深远的影响。""现在欧洲的平衡被打乱了。不要以为这件事会从此结束,这不过是算帐的第一步。这不过是以后每年还要递给我们的苦杯的第一口,第一次尝尝味道罢了。除非我们振作精神,恢复我们的战斗活力,我们才能像往日一样重新站起来,为保卫自由而战。"然而,邱吉尔并非在朝之臣,他的话并没引起英国政府的关注,张伯伦仍执迷不悟地奉行他的姑息政策。

1939年夏天,一些保守党人产生了让邱吉尔入阁的念头。如果战争不可避免,国家就需要这位杰出的政治家兼斗士。7月3日保守党的喉舌《每日电讯报》在一篇社论中称邱吉尔是"一个不仅从长期同国家大事的密切接触中增强了责任心的,而且对战争导致的紧迫问题尤其是高级战略方面,拥有无可比拟的实际知识的政治家。"甚至有人打出"邱吉尔必须回到内阁中来"的标语。一些知名的自由党人还联名上书,要求恢复邱吉尔的大臣职务。但遭到张伯伦的拒绝,他仍抱着和平的希望,不敢得罪希特勒,因为希特勒十分反对邱吉尔。

1939年9月1日,德军大举进攻波兰。随着战争的爆发,张伯伦的绥靖政策彻底破产,邱吉尔的许多预测也得到了证实,从而提高了他在政治界的威信,成为拯救英国的惟一人选。

1939年9月3日上午,英、法两国向德国正式宣战。下午,张伯伦召见邱吉尔,请他担任海军大臣,为战时内阁成员。邱吉尔欣然同意,他终于又回到了阔别了二十四年的海军部。

张伯伦任命邱吉尔为海军大臣,并非出于对他的信任,而是被形势所迫。当时西线陆上战争虽毫无声响,但海上的战斗从一开始便激烈地进行着。希特勒命令德军对英国实行全面封锁,英国舰队和商船遭到猛烈袭击。

邱吉尔上任后,为改变英国海军的被动局面,几乎昼夜工作,每天工作长达十八九个小时。在他任职的第一个月内,建立了护航制度,加紧武装商船,使之具有自卫能力。同时,抓住机会对德国潜艇进行反击,从而改变了海上作战情况。除本职工作之外,邱吉尔还关心其他的问题。他相信自己肯定会当上首相,必须熟悉各方面的情况。他在海军部建立了一个情报统计处,由他的好友、科学问题顾问林德曼教授领导,及时向邱吉尔提供可靠的情报。

到1940年初,在西线陆地上英法军队和德军没有进行实质性的战争,出现了漫长而沉闷的间歇期。张伯伦错误地认为,英法两国已充分动员了一切资源,力量的对比变得对同盟国有利,英国对德战争的胜利已有了保证。就在他声明胜利有了保证的五天后即4月8日晚,德国向丹麦和挪威发动了"闪电战",迅速占领了这两个国家。英国想用自己的海军、空军和陆军在挪威抵抗德军的尝试以失败而告终。

挪威的军事失利在英国国内引起很大反响。在议会中,反张伯伦的情绪愈来愈高。在5月7日下院举行的关于挪威之战的辩论中,下院中执政党和反对党的许多议员相继发言,以严厉和激愤的态度批评政府,尤其是政府首脑。最后,对政府进行信任投票,张伯伦只得到八十一票。许多保守党党员投了反对票或弃权,对他们的政府也表示不满。

投票结果表明,张伯伦必须辞职。但张伯伦仍赖着不肯交权,并想方设法阻止邱吉尔上台组阁。

这时,德国在西线发动了进攻。5月10日清晨德国袭击了荷兰、法国和比利时,盟军节节败退,溃不成军。形势的发展对张伯伦不利,人民拥护同德国进行坚决的斗争,而在当时的英国政治舞台上,只有邱吉尔具备领导这场战争的卓越才能。正如著名的英国社会活动家詹宁斯·普里特所说:"邱吉尔无论遭到何种挫折和失败,始终是一个强者,他善于鼓舞民众并且毫不妥协地敌视德国人。"

由于形势所迫,张伯伦只好于1940年5月10日辞去首相职务,解散政府。当天下午6时,国王紧急召见邱吉尔。邱吉尔抵达皇宫后,国王以锐利和探询的眼光注视着他,然后问道:"我想你还不知道我为什么找你吧?"邱吉尔以他同样的神态答道:"陛下,我简直想不出为什么。"国王笑着说:"我要请你组织政府。"邱吉尔表示欣然领命。当时,国王还真的以为邱吉尔不知为何召见他。其实,邱吉尔心里非常清楚。他时刻关心政治,对执掌全国大权也早有准备,为此他等了整整三十年。现在,这一时刻终于到来了,时年六十五岁。

邱吉尔从白金汉宫回到海军部后,立即以首相的身份组织联合政府——战时内阁。大约在晚上10点钟左右,邱吉尔将战时五人内阁名单呈交国王。这五人分别是:首相邱吉尔、工党领袖艾德礼和格林伍德、保守党领袖张伯伦和自由党的哈利法克斯。紧接着,邱吉尔又对至关重要的陆、海、军三部大臣做了任命。艾登主管陆军部,工党的亚历山大主管海军部,自由党的辛克莱主管空军部。同时,邱吉尔兼任国防部大臣的职位,并对国防部的范围和职权不打算做具体规定。

后来,邱吉尔在回忆起1940年5月10日他被授权组阁的心情时写道:"在这场政治危机的最后的多事之秋,我在大约午夜3点钟上床时,强烈地感到自己如释重负。我终于获得了指挥全局的大权了。我觉得我是幸运的人,我以往的全部生活不过是为了这个时刻,为了承担这种考验而进行的一种准备罢了。"

5月13日,下院召开特别会议,要求对新政府举行信任投票,邱吉尔在会上发表了出任首相后的首次施政演说。他说:"我没有什么可以奉献,有的只是热血、辛劳、眼泪和汗水。摆在我们面前的,是一场极为痛苦的严峻的考验。在我们面前,有许多漫长的斗争和苦难的岁月。你们问:我们的政策是什么?我要说,我们的政策就是用我们全部能力和上帝给予我们的全部力量在海上、陆地和空中进行战争,同一个在人类黑暗悲惨的罪恶史上所从未有过的穷凶极恶的暴政进行战争。这就是我们的政策。你们问:我们的目标是什么?我可以用一个词来回答:胜利——不惜一切代价去赢得胜利;无论多么可怕,也要争取胜利;无论道路多么遥远和艰难,也要争取胜利。因为没有胜利,就不能生存。大家必须认识到这一点:没有胜利,就没有大英帝国的存在,就没有大英帝国所代表的一切,就没有促使人类朝着目标前进的那种时代要求和动力。……我要说:起来吧,让我们把力量团结起来,共同前进!"

邱吉尔的讲话,赢得了与会议员的暴风雨般的掌声,全体议员一致投赞成票,其结果是381票对零票,邱吉尔组织的新内阁得到了全国的一致支持。从此,他团结、领导全国人民,同仇敌忾,奋勇抗击德国法西斯。

邱吉尔在任首相后的最初几天忙得焦头烂额。一个人埋头于战事,一切思想都集中在战争上，可又拿不出什么办法来。他既要组织政府，又要会见客人，还要调整各政党之间的关系，适当地安排主要人物及大批有才干的人的工作。

邱吉尔的作习习惯，令许多同僚不满。他通常在早晨8点起床，躺在床上阅读报纸、电报及文件，还经常躺在床上办公，接见来访者，向各部口授命令。中午必须睡一觉，这是年轻时在古巴服役期间养成的习惯。他白天休息，晚上往往工作得很晚，而许多重要会议都在晚上召开，有时开到深夜才结束。虽然邱吉尔向同事们宣传了午休的好处，但很少有人效仿，他们大都不喜欢首相规定的工作制度。

在战争期间，战时内阁集中掌握了英国的军政大权，即使三军大臣也被排挤在内阁之外。邱吉尔为了消除各部大臣的种种忧虑，曾对他们说："如果我们打不赢这场战争，应当被送到伦敦塔山（中世纪英国囚禁、处决囚犯的地方）斩首的，就只有我们五个人。其余的人要处分的话，那只是因为他们掌管的部门有所失职，而不是制定了政府的政策。"这样，许多人可以放手大胆地去工作，政策上的重担由战时内阁承担。

由于英法政府长期奉行绥靖政策，由于西欧盟军缺乏周密的协作，再加上战略上的保守，因此在德国法西斯军队的强大攻势下，很快就崩溃了。5月14日，德军突破色当，盟军陷于重围。法国总理雷诺向英国求援，邱吉尔亲自飞往巴黎观看前线战况。在此后的一个月内，他又先后四次飞往巴黎，同法国政府共商抗击德军的战略。但他觉得一次比一次失望，因为当时法国统治集团内部充满着失败的情调，许多人是无能之辈。

5月15日，德军对盟军发动了大规模的进攻。在德军强大攻势下，英法联军一退再退。5月20日，约有四十万英法联军退缩到敦刻尔克海滩上，陷入了重围。前面是波涛汹涌的大海，后面有如狼似虎的追兵，盟军丢盔弃甲，溃不成军，盟军面临覆灭的危险。邱吉尔见情况紧急，立即命令海军调集所有的船只，为英国远征军和其他盟国军队撤离做准备。5月26日晚上，邱吉尔命令海军部执行"发电机计划"，即敦刻尔克撤退计划的代号。英远征军司令戈特将军一面部署三个步兵师抵抗德军的进攻，一面组织撤退工作。由八百六十多艘各种类型、各种动力的船只编成的舰队，集中在敦刻尔克。从5月27日——6月4日共撤回英军、法军三十三万八千二百二十六名，从而创造了震惊世界的海上突围的奇迹。

在援救被困的英法联军的日日夜夜，邱吉尔废寝忘食，全神贯注，亲自指挥这一行动。他放手发动群众，号召沿海船民积极参加营救行动。他派经验丰富、熟悉地形的海军上将雷姆赛负责接运工作。他不断地鼓励手下的大臣，鼓舞他们的斗志。邱吉尔说："不管发生什么事情，都不能使我们放弃要誓死保卫世界正义事业的职责，也不能摧毁我们有力量勇往直前的信心，正如在我们历史上的许多关键时刻一样，我们有力量冲破重重困难，直到最后打败我们的敌人。"在这些日子里，邱吉尔的战时内阁表现了坚强的团结，经受了困难的考验。每个大臣都下定决心，宁愿牺牲生命、家庭和财产，也决不屈膝投降。

敦刻尔克大撤退，虽然丢下一些重武器，但大多数英国官兵幸免遇难，保存了有生力量，从而挽救了英国军队，从某种意义上说它是一个胜利。但邱吉尔6月4日在下院提醒议员们说，"我们必须非常慎重，不要把这次援救说成是胜利。战争不是靠撤退打赢的。"为了进一步鼓舞全国人民同法西斯决战到底的斗志，他指出："欧洲大片的土地和许多古老著名的国家，即使已经陷入或可能陷入秘密警察和纳粹统治的种种罪恶机关的魔掌，我们也毫不动摇，毫不气馁。我们将战斗到底。我们将在法国作战,我们将在海上和大洋中作战,我们将具有愈来愈强大的力量在空中作战;我们将不惜任何代价防卫本土,我们将在海滩上作战,我们将在敌人登陆的地点作战,我们将在田野和街头作战,我们将在山区作战。我们决不投降,即便我们这个岛屿或这个岛屿的大部分被征服并陷于饥饿之中……。"

6月5日,德军在松姆河上对法国又发动了大规模的进攻,法军节节败退。6月14日,德军占领了巴黎。22日,法国同德国签订了停战协定。英国从而失掉了所有的盟国,只好孤军作战。但邱吉尔并未退缩,反而更加坚决果敢。6月18日他在下院发表讲话时曾说:"法兰西之战已告结束。不列颠之战就要开始……因此让我们勇敢地承担起我们的责任,而且我们应当鞠躬尽瘁,死而后已,英帝国就是存在一千年之后,人们还能说'这是他们最光辉的时刻。'。"

法国沦陷后,英国立即陷入孤立无援的境地。得胜的德军洋洋自得,大批集结军队及装备,准备对英国作最后一击。为防备德军入侵,邱吉尔做了大量的准备工作。邱吉尔号召全民皆兵,保家卫国,并从七百三十五万(二十至四十岁)男性公民中组建一支拥有三百万人的后备队。他带领最高统帅部的参谋人员到东部、南部沿海地区视察,检查登陆防御工事,视察前沿指挥部,建立并加固陆、海、空联合防线。邱吉尔还命令军需大臣加紧研制和生产反坦克炮、坦克登陆艇、作战飞机及各种常规武器,从而保证了武器装备的供应。经过两个多月的紧张备战和全面动员后,局势有了好转。邱吉尔确信,英国的国防力量正日益加强。

1940年7月16日,希特勒发出"关于准备在英国登陆作战"的第十六号指令,即所谓"海狮计划",叫嚷要"清除英国本土对德作战的基地,并且必要时,全部予以占领。"希特勒明白,要实施"海狮计划",入侵英国,必须首先取得大不列颠的制空权,以摧毁英国的防御工事,消灭英国空军,并钳制皇家海军,为德军登陆铺平道路。因此,希特勒指示戈林对英国进行大规模的空战。

摧毁英国空军的计划于8月10日开始,德国每天派出一千多架飞机轮番轰炸英国,英国皇家空军的飞机也一批又一批地升空迎战,双方飞机的损失都很严重。8月15日德英双方展开了第一次大规模空战,双方在长达五百英里的战线上进行了五次大的战斗,德国损失九十六架轰炸机,英方损失三十四架。从8月24日~9月6日德空军每天均派出一千多架飞机对英国进行轰炸,英国空军损失严重,被摧毁或受伤的战斗机四百四十六架,死伤皇家空军驾驶员二百三十一名。从9月7日到11月3日德国空军又对伦敦进行狂轰滥炸达五十七个夜晚,每天出动约二百架飞机。尽管遭到巨大破坏,但英国军民的士气并未瓦解,反而愈战愈勇,常常给法西斯以痛击。伦敦久攻不下,德国只好改变空袭目标。从1940年11月~1941年5月主要空袭伯明翰、利物浦和考文垂等工业城市。由于英国军民的英勇反击,德军损失惨重,加之德国加紧入侵前苏联的准备,对英国工业区的轰炸时断时续,直至5月10日停止轰炸。希特勒的"海狮计划"遭到彻底失败,英德空战以英国胜利而宣告结束。

在德国空军轰炸伦敦期间,邱吉尔始终没离开过,他在作战指挥室里亲自指挥这场战斗,他还经常视察被轰炸的地方。有一次,他正和财政大臣洽商公事,忽听见泰晤士河对岸的伦敦南区发生巨大的爆炸声。他和财政大臣立刻前往出事地点察看,发现一枚大炸弹炸毁了二三十幢三层的小型住宅楼。在瓦砾堆中,已插上了许多小小的英国国旗,使人百感交集。当老百姓认出了首相的车时,约一千多人从四面八方聚集过来,围着邱吉尔欢呼。邱吉尔见此情景,感动得掉下了眼泪。这时一位老太太说："你们看，首相真关心我们，他在哭呢！"邱吉尔说："我这不是悲哀的眼泪，而是赞叹和钦佩的眼泪。"

德军轰炸伯明翰后，邱吉尔来到这个城市视察工厂和被敌人轰炸的情况。当他来到一家工厂时，正是吃晚饭的时间，一位女工向邱吉尔坐的汽车跑来，把一盒雪茄烟扔进车里。邱吉尔马上让车停下来，这位女工说道："我这个星期因生产成绩最好，得到了奖金。我在一个钟头前听说你要来，特买此礼物送给你。"邱吉尔认识到这是群众对战时政府的信任，欣然地接受，并愉快地亲吻了这位女工，以示谢意。

邱吉尔领导英国人民经受了一次血与火的考验，他们没有被困难所吓倒，没有向法西斯低头。正如邱吉尔在德国停止了对伦敦轰炸后所说："德国人的第一个目的是要摧毁我们的空中力量；第二个目的是粉碎伦敦人的斗志，或至少要使这个世界上最大的城市无法居住。但是，所有这些目的，敌人都没有达到。我们飞行员的高超技术和勇于战斗的精神，我们飞机的优异性能和他们的严密组织，使皇家空军赢得了胜利。千千万万的普普通通的人民，现在也表现了各种各样都很优秀的、大不列颠的生存不可缺少的美德，他们不畏强暴的精神向全世界表明，英雄的人民是不可战胜的。"

1940年9月底，保守党领袖因健康状况恶化而辞职，不久便去世。保守党人请邱吉尔担任保守党党魁，这在过去是不可想象的。因为他曾脱离过保守党而投向自由党，而且党内对他长期不顺从表示不满。可是，近几个月的发展使许多人对他有了新的认识。他在领导战时内阁和领导这场关系到英国生死存亡的战争中所显示出来的勇气和活力、镇定和刚毅，给人们以深刻的印象。尤其是他的演讲和辩才，往往既显得诚恳坦率，又显得生动有力，从而鼓舞了人民的斗志，增强了对他的信任。因此，他的个人威望大大提高了。在这种情况下，大家非常清楚，只有邱吉尔能够胜任。当时《星期日泰晤士报》上写道："邱吉尔是我们的秘密武器。在这个伟大的时刻，我们在伟大领袖的英明领导下战斗，感到无比幸福。今天，温斯顿·邱吉尔不仅是英国精神的化身，而且是我们的坚强领袖。不仅英国人，整个自由世界都对他无比信任。"

巨人携手　纵横天下

为抗击法西斯的入侵，并最终取得战争的胜利，除动员本国的人力、物力等一切资源外，还必须设法争取新的盟友。随着战争的发展，邱吉尔愈来愈认识到争取盟友的重要性。邱吉尔非常清楚，新的盟友必须具备同德国旗鼓相当或者超过它的实力，当时只有美国和苏联具备这样的条件，邱吉尔希望与它们结盟，共同抗击法西斯。

早在1939年邱吉尔任海军大臣期间就同美国总统罗斯福建立了直接联系。当时罗斯福已预见到，英国政治的未来是属于邱吉尔的。在第一次世界大战期间，他俩曾有一面之识。在一次晚宴上，年富力强、仪表堂堂的罗斯福就给邱吉尔留下了深刻的印象。9月11日，邱吉尔收到罗斯福总统的私人来信，信中说：

"因为你和我在上次世界大战中担任类似的职务，所以我要你知道，你重返海军部，我是多么愉快。……我希望你和首相了解，如果你们有什么事要告诉我，我随时欢迎你们直接和我联系。"

邱吉尔收到罗斯福的来信，非常高兴，反复阅读，使他受到很大的鼓舞。他知道总统以这种方法表示的关心是对他政治上的最大支持。对未来有着十分重要的意义。邱吉尔立即给罗斯福回了信，署名"前海军人员"。从此开始了同罗斯福的长期通信，一直持续到 1945 年罗斯福逝世为止，双方通信达千封之多。

邱吉尔任首相后，深感本国武器不足，尤其缺乏驱逐舰和新式作战飞机。在征得内阁同意后，邱吉尔于 1940 年 5 月 15 日起草了自任首相以来向罗斯福紧急求援的第一封电报。为了保持他们通信的非正式性质，邱吉尔仍以"前海军人员"署名。邱吉尔在电报中写道："我虽然变换了职务，但我相信你不愿意我中断我们之间的私人通信。正如你必然知道的那样，局势已迅速地恶化了。敌人在空中显然占了优势，他们的新技术正在法国人的心中产生深刻的印象。……我预料，在不久的将来，我们这里会受到空中袭击以及伞兵和空运部队的袭击。我们对此已有所准备。如果必要的话，我们将继续单独作战，我们是不怕单独作战的。……我现在要求的是：你宣布非交战状态，这就是说，你们除了不实际派遣军队参战外，将尽一切力量帮助我们。"随后，邱吉尔就提出，要求美国借给四五十艘较旧的驱逐舰，提供数百架最新式作战飞机，以及一批急需的防空设备、弹药和钢材。5 月 18 日，罗斯福复电，对他们继续私人通信表示欢迎，同时表示他愿尽最大努力使英国政府顺利地得到他所需要的武器、设备。为进一步加强联系，双方还决定互派军事代表团，以便进一步加强战争中的合作。

邱吉尔积极设法说服罗斯福，要他相信英国的胜利对美国有益，而德国取胜将会给美国带来不幸的灾难。他千方百计地鼓动美国参加对德战争，并争取美国的支持。邱吉尔曾于 6 月份致电英国驻美大使洛西恩勋爵，让他转告罗斯福总统支持英国的重要性，并再次提出借用五十艘驱逐舰的问题。过了一个月，毫无结果，邱吉尔不得不于 7 月 31 日致电罗斯福。他在电报中说："自从我上次冒昧以个人名义给你拍发电报以来，已经有些时候了，其间发生过许多事情，有好事，也有坏事。现在已经到了非常急迫的时候，请你让我们获得我们以前所要求的驱逐舰、汽艇和飞艇。"紧接着，他将最近十天英国海军损失的情况通报罗斯福。最后，邱吉尔说："我已将我们目前的处境坦率地奉告，我深信，现在你洞悉我们的情形，一定会竭尽所能，立即给我们送来五十或六十艘你们的旧驱逐舰。"8 月 3 日，邱吉尔为尽快获得驱逐舰，提出了用租让海军基地去换驱逐舰的办法。

经过邱吉尔的多次交涉，华盛顿方面进行了深入细致的商谈，最终于 8 月的第一周同意用停泊在东部海岸各海军军坞中经过修理的五十艘旧驱逐舰交换英国在西印度群岛的一系列基地。这一交易不仅加强了英国的海军力量，更重要的是推动了美国参战的进程。

在邱吉尔看来，这些军舰既陈旧而且效能又低，而美国获得的这些海岛基地带给它的战略上的安全则是永久的，所以两者之间的真正价值是无法比较的。但是，入侵的威胁以及英吉利海峡对军舰的要求，使英国无法顾及得失，争取到大量的驱逐舰是当时英国最紧迫的事情。更重大的意义在于：美国将五十艘驱逐舰移交英国，标志着美国已从中立国转为非交战国。这一行为，使美国更接近英国，更接近战争，这是邱吉尔梦寐以求的。

11 月 6 日，罗斯福再次当选为美国总统。邱吉尔欣喜若狂，因为他认为没有人会像罗斯福那样更好地援助英国。为此，邱吉尔即刻致电罗斯福，对他的当选表示热烈的祝贺。他在电报中说："我们正面临的显然是一场旷日持久、日益扩大的战争的阴暗局面，我盼望能够本着我在战争爆发时供职于海军部时，就在我们两人之间建立起来的互相信赖和以诚相见的精神同你交换意见。事情正在发展，只要地球的任何一个角落还有说英语的人,就不会对这些事情置若罔闻。"这里邱吉尔以"我们"字眼相称,已把美国放在了参战国的位置,似乎美国已成了对德战争的盟国。同时,邱吉尔称美国和英国同属于一个英语民族的大世界,更加拉近了两国之间的距离。邱吉尔注重措辞,注意语言艺术,这也是他取得成功的因素之一。

1940年下半年,英国向美国购买了大批军火弹药。按美国国会立法的规定,双方实行现款交易,一手付钱一手取货。为此英国不得不动用黄金储备和美元资产。截止11月,英国付清了所购军火的款目,共支付了四十五亿美元的现金,还卖掉了价值三点三五亿美元的美国股票。可是有限的黄金美元储量满足不了对军火的大量需求。所以必须想出更好的办法来解决这个问题,此办法就是争取美国的全力而无偿的支持。

经过内阁讨论,邱吉尔于12月8日给罗斯福总统撰写了一封长达万言的书信,全面陈述了英国的抗战形势,特别详述了英国在经济上的困难。最后,邱吉尔说:"我不相信美国政府和人民会认为,把他们慷慨答应给与我们的援助,限制于要立即付款才能供应的军火和商品,是符合于指导他们行动原则的。……我深信,你们是一定能够找到将来为大西洋两岸的子孙后代赞扬的途径和方法来的。"

罗斯福接到信后绞尽脑汁,苦苦思索,寻求解决办法。经过和财政部、外交部等有关部门长期酝酿之后,提出了"租借法案"。12月29日,罗斯福通过广播向美国人民发表了著名的"炉边谈话",说明实施"租借法案"的意义。他强调指出:"危险就在眼前,我们必须防患于未然。……如果大不列颠一旦崩溃,我们整个美洲所有的人都将生活在枪口之下……我们必须竭尽全力就我们所能支配的人力和物力,生产武器和舰艇……我们必须成为民主国家的大工厂。"罗斯福的谈话产生了很大的影响,大大地促使了国会于1941年3月8日顺利地通过了"租借法案",该法案使英国摆脱了经济上的烦恼,可以通过信贷、租借等方式,随时得到迫切需要的武器弹药和其他战略物资。

邱吉尔一直都十分关注德国和苏联的关系问题。当1941年6月中旬得知德国正在苏联边界集结军队时,他认为德国进攻苏联的日期已指日可待。邱吉尔早已意识到,英国必须依赖苏联的支援,他希望同苏联结盟共同抗击法西斯。邱吉尔冀希苏德早日开战,英国只有在苏德开战的情况下才能争取到强大的盟友,才能在对德斗争中生存下来,并取得斗争的胜利。邱吉尔在高兴之余,也有点忐忑不安。他担心的是,德军在苏联边境地区的集结会不会仅仅是对苏联施加一点军事政治压力,苏联会不会不经战斗就向德国投降。邱吉尔同罗斯福总统还交换了意见,一致同意苏德开战后将尽全力援助苏联。

6月22日早晨4时,一阵急促的电话铃声叫醒了邱吉尔的私人秘书科尔维尔。外交部报告德国已向苏联进攻。邱吉尔曾命令身边工作人员,除非德国入侵英国,否则不要在八点以前唤醒他。无奈,科尔维尔只好在八点钟向邱吉尔报告了这一消息。当晚9时,他在英国广播公司发表广播演说。他在广播中说:"在过去的二十五年中,没有一个人像我这样始终一贯地反对共产主义。我并不想收回我说过的话。但是,这一切在正在我们眼前展现的情景对照之下,都已黯然失色了。过去的一切,连同他的罪恶,它的愚蠢,它的悲剧,都已经一闪而过了。我眼前看到的是俄国的士兵站在祖国的边界上,捍卫着他们的祖先自古以来耕种的土地。……我们大英帝国只有一个目的,就是决心消灭希特勒和纳粹制度的一切痕迹。我们要给予俄国和俄国人以一切可能的援助。"

最后邱吉尔指出："俄国的危难就是我们的危难，也是美国的危难。……让我们吸取通过残酷的经验得来的教训吧。让我们加倍努力，只要一息尚存，力量还在，就齐心协力打击敌人吧！"

这时，邱吉尔非常了解自己国家的根本利益所在，了解当时条件下维护国家利益的最佳处置方法。他头脑清醒，明辨是非，深明大义，表现出一个伟大的国务活动家的风度。邱吉尔比英国其他政治家更早更清楚地懂得同苏联和美国建立军事同盟的重要意义，坚持同苏联联合抗敌，虽然他仍像以前那样反对苏联的社会主义制度。

苏联参战，从根本上改变了世界局势和敌我双方力量对比。

7月12日，英苏两国政府签订对德战争采取共同行动的协定。邱吉尔在关键时刻所做的"联苏抗敌"的政策，成为他一生"光辉时期的杰作之一。"

1941年12月7日，日本对美国在太平洋上的海军基地珍珠港进行突然袭击，美国海军蒙受重大损失。就在日本袭击珍珠港的当天晚上，邱吉尔正在别墅同美国大使共进晚餐。饭后，他们从新闻节目里收听到日本袭击珍珠港的消息。这时邱吉尔马上从桌旁站了起来，走到办公室，以最快的速度接通了美国总统的电话。

邱吉尔非常关切地问："总统先生，这件关于日本的事是怎么回事？"

"十分确实。日本已经在珍珠港向我们进攻。现在，我们大家是风雨同舟了。"罗斯福答道。

"事情至此就变得简单了。我祈祷上帝保佑您！"

说完，邱吉尔放下电话，心里暗暗高兴，"日本做了件多么愚蠢的事！既然美国参战，战争一定会胜利。"

邱吉尔此时才真的松了口气，感到莫大的欣慰。英国不仅和武装力量强大的苏联结盟，现在又将和美国结盟，这也是邱吉尔盼望已久的。他认为，只要三国同心协力，生死与共，就具有强于敌人两倍甚至于三倍的力量。

12月8日，英国战时内阁立即授权对日宣战。但是如何协同作战，抗击法西斯，成为亟待解决的大战略问题。为此，邱吉尔一行约八十人，包括三军参谋长，搭乘主力舰"约克公爵"号横渡大西洋，于12月22日抵达华盛顿，与罗斯福总统共商协同作战计划。邱吉尔在美国受到罗斯福总统的热情款待，两位领导人进行了卓有成效而不拘礼节的工作会谈。双方同意共同干涉法属北非，并同意在华盛顿设立一个英国联合参谋部委员会。为便于联合作战，还决定在太平洋地区建立 ABDA（美国、英国、荷兰、澳大利亚）联军司令部，由英国韦维尔将军任总司令。

邱吉尔除了和罗斯福一起参加在白宫举行的圣诞活动，还于26日向美国国会两院发表了演讲。他的演讲受到全体议员的热烈欢迎。两位领导人还就建立反法西斯同盟的问题广泛地交换了意见，并做了大量的准备工作，同时拟定了《联合国家宣言》。1942年1月1日上午，罗斯福、邱吉尔、李维诺夫、宋子文分别代表美国、英国、苏联、中国，在罗斯福总统的书房签订《联合国家宣言》。宣言的签订，标志着世界反法西斯同盟的形成，有力地巩固和发展了反法西斯统一战线，从而加速了法西斯的灭亡。

1942年，对反法西斯同盟国来说，是艰苦奋战的一年，是至关重要的一年。苏德战场仍是世界上最大的反法西斯战场，苏联红军承受四百多万法西斯军队的进攻，斗争十分艰苦。为此，斯大林元帅多次提出要英美两国在法国北部开辟第二战场，以减轻苏联战场的压力。

邱吉尔从本国利益出发，并不想急于投放大批军队参加作战，他想坐收渔人之利，所以对开辟欧洲第二战场，一直采取消极的拖延态度。当 1942 年 5 月苏联外交部长莫洛托夫访问英国时，邱吉尔只谈西欧登陆的条件，海军、空军对登陆的作用等问题，但闭口不谈登陆军队的规模、登陆时间等实质性问题。邱吉尔虽然口头答应同意开辟欧洲第二战场，但在时间上不能予以保证。

1942 年 7 月，邱吉尔和罗斯福举行会谈，着重研究开辟第二战场问题。他们决定 1942 年不在欧洲登陆，而在北非。他们详细制订了进攻北非的计划，并称之为"火炬"计划。

为同苏联通报上述决定，邱吉尔于 8 月绕道开罗访问莫斯科。当他于 8 月 12 日抵达莫斯科时，在机场受到了全部军事礼仪的接待。他被安排住在城外一华丽的别墅，舒适的休息环境使他非常高兴。在访苏的四天中，邱吉尔同斯大林举行多次会谈，会谈并非风平浪静。斯大林要求英美尽快开辟欧洲第二战场，邱吉尔则强调部队和供应不足等客观困难，认为 1942 年内无法开辟欧洲第二战场。他在谈到实施"火炬"计划进攻法属北非的打算时说："假若能在今年年底占领北非，我们就可以威胁希特勒欧洲的腹部；这次战役应该被认为是同 1943 年的战役相配合的。"斯大林听后，对之半信半疑。两人的会谈有时非常激烈，但有时也显示出友好。在以后的三年中，他们一直保持着"密切而又严肃"的关系，他们相处之中，常常为争论某一问题而面红耳赤，有时又非常亲密，谈笑风生。

邱吉尔从莫斯科回国后，即着手实施"火炬"计划。他建议罗斯福总统任命艾森豪威尔将军任总指挥，亚历山大将军担任副总指挥。参加作战的英美联军共十三个师，六百六十五艘军舰和运输舰，分别编成"西部"、"中部"、"东部"三个特混舰队，11 月 8 日分别在法属北非的阿尔及尔、奥兰、卡萨布兰卡地域登陆。在英美联军的强大攻势下，德意法西斯军队节节败退。到 11 月底，盟军已占领了摩洛哥、阿尔及利亚，并进入突尼斯境地。英美联军经过充分准备后，于 1943 年 3 月下旬对困守在突尼斯的德意军队发动最后进攻。德意军队终于招架不住盟军的攻势，于 5 月 13 日宣告投降。至此，在北非的德意军队全部被肃清。"火炬"战役的最终胜利，从根本上改变了地中海的形势，为尔后在意大利的西西里岛登陆创造了良好的条件。还可以肯定地说，这次战役挽回了非洲大陆的局势。

为了加快战胜德国和日本法西斯侵略者，苏、美、英三国首脑决定举行一次首脑会议。11 月 26 日斯大林抵达德黑兰，邱吉尔、罗斯福于 27 日飞抵德黑兰。这是第一次"三巨头"会议，主要讨论和决定未来的共同行动计划。会议决定英美联军要于 1944 年 5 月间实施"霸王"作战计划，在法国南部登陆，开辟第二战场。

德黑兰会议后，邱吉尔多次与罗斯福会晤，详细安排"霸王"作战计划，任命美国陆军上将艾森豪威尔为西北欧盟国远征军司令，英国空军上将泰德为副总司令。早在这个司令部成立之前，邱吉尔曾令摩根中将负责研究和制定作战计划，筹集兵员和各种军事物资。由于准备工作没有按时完成，登陆时间由 1944 年 5 月初改为 6 月初。"霸王"计划实施的前夕，邱吉尔每周都召集会议，由他亲自主持，讨论作战的细节。到登陆前，英美在英国集结部队达二百八十七万六千人，六千多艘船舰和一万三千架飞机，登陆工作准备就绪。

1944 年 6 月 6 日，盟军在法国南部的诺曼底地区登陆，登陆取得了极大的成功。

当天下午,邱吉尔把这一情况电告斯大林。他在电报中写道:"一切开始都进行得很顺利。水雷、障碍物和地面的炮台大多已被克服。空降很成功,而且规模很大。步兵登陆进展迅速,许多坦克和自动推进火炮已运上岸。"

斯大林收到电报后,十分高兴,立即回电表示祝贺。电报说:"得悉'霸王'作战行动业已开始,并获成功。我们同感欢欣,并祝获更大成就。"

盟军自诺曼底登陆后,战果逐步扩大,逐渐向纵深发展,希特勒面临着法国和比利时等西欧国家丢失的局面。同时,苏联红军在东线发起猛攻,希特勒腹背受敌,节节败北。在盟军的强大攻势下,法国迅速解放了。8月25日,困守巴黎的德军宣布投降。巴黎的解放标志着诺曼底战役的结束。诺曼底战役的胜利,加速了德国法西斯的灭亡。

斯大林元帅对于诺曼底登陆的成功,给予很高的评价。他在给邱吉尔和罗斯福的电文中说:"显然,原定计划中这次规模庞大的登陆行动,已经全部成功了。我的同事们和我不能不承认:就其规模,就其宏大的布局,以及杰出地执行计划情况来讲,战争史上从来也没有过足以与之类比的事业。……历史将把这一业绩当作一项最高的成就而记载下来。"

在"霸王"作战计划实施的过程中,苏联、美国、英国三方的统一协作达到了顶峰。随着胜利的日益临近,三国为了各自的利益在许多问题上发生了分歧,三国关系中合作的成份逐渐减少,互相之间的争夺日趋表面化。

欧战胜利 被迫下台

苏联红军自1944年夏季展开攻势以来,不仅将德军驱回本土,而且先后解放了芬兰、罗马尼亚和波兰。之后,苏军挥师西进,长驱直入多瑙河流域,到达匈牙利、南斯拉夫边境,为大军西进及解放维也纳作好了准备。

苏军夏季攻势,势如破竹,邱吉尔对此不是欢欣鼓舞,而忧心忡忡,忐忑不安。邱吉尔从红军的胜利中意识到,经过这场残酷的世界大战,苏联不仅不会像有的人在战争初期所预料的那样被击败或被削弱,反而是愈战愈强。他认为,苏联在国际事务中的地位将会随着战争的胜利而逐渐提高;强大的苏联必然要消灭法西斯主义,随后很可能在欧洲和世界各地出现蓬勃发展的革命运动。这是邱吉尔所不愿看到的和感到不安的事情。

为此,邱吉尔千方百计地阻止苏军扩大战果,遏制苏联扩大影响。他曾顽固地反对在西欧打击德国的战略设想,坚持通过巴尔干从南面打击敌人的战略计划。其目的,一则可以占领东南欧和中欧地区,并阻挡苏联红军西进;二则帮助巴尔干地区的国家恢复旧秩序,同时加强英国的统治地位,扩大其影响。邱吉尔的计划遭到苏联和美国的反对,他非常勉强地同意了盟国从西欧攻打德国的计划。

1944年底,希特勒利用同盟国在德国边界地区发动攻势的机会,在阿登地区进行反扑,西线吃紧。

这种情况迫使邱吉尔在1945年1月6日向斯大林告急求援,斯大林即刻答应并于1月12日在东线向德寇发起大规模的进攻,迫使希特勒部队调往东线,中止西线的攻势。在此后的三周内,苏军向前推进五百公里,进入奥得河地区,距柏林只七十公里。

西线的战争在 1945 年初进行得也十分激烈。到三月下旬,盟军已占领了莱茵河,距柏林也只有三百英里。德军已陷入盟军的包围之中,纳粹德国大势已去。

就在战争胜利的前夕,美国总统罗斯福不幸于 4 月 12 日因脑溢血逝世。邱吉尔闻讯大为震惊,他为失去一位亲密的朋友而悲恸。通过这场世界大战,邱吉尔与罗斯福建立了深厚的友谊。他们相互了解,心领神会,关系密切。邱吉尔经常称自己为罗斯福的"第一中尉",对罗斯福始终称"总统先生",罗斯福则亲切地称他"温斯顿"。在白宫的总统办公桌上放着叼着大雪茄烟的邱吉尔的木雕像,雕像上系着一张总统亲笔写的字条:"不要收走!否则罚款 250 美元!"罗斯福逝世后,雕像才被收走。

4 月下旬,苏军包围了柏林。在意大利战场上盟军的攻势获得很大成功,迫使当地的德军司令于 4 月 29 日无条件投降。墨索里尼在逃往瑞士的途中被意大利游击队抓获并枪决。希特勒见大势已去,于 4 月 30 日在总理府地下室自杀。5 月 7 日,德军总参谋长约德尔在柏林向苏军和盟国远征军签署了无条件投降书。

被战争拖得精疲力尽的英国人民终于等到了庆祝胜利的日子。5 月 7 日,人们聚集在白厅前,看着邱吉尔乘一辆敞篷汽车满怀喜悦地从人群中间经过。第二天,邱吉尔正式向全国人民宣布战争结束,邱吉尔领着议员们来到圣玛格烈教堂举行感恩礼拜。随后,他应国王邀请,同王室成员一起在白金汉宫的阳台上露面,接受无数深感庆幸的人民的欢呼。

邱吉尔在他撰写的六卷本《第二次世界大战回忆录》一书中,以"胜利与悲剧"作为最后一卷的标题,他认为反法西斯战争的结束既是胜利也是悲剧。

英国人民在邱吉尔首相的领导下,克服重重困难,在同法西斯德国的殊死斗争中生存了下来,并以反法西斯大国的地位屹立在世界上。同时,又联合美国、苏联,共同抗击法西斯,并最终取得了战争的胜利。这是邱吉尔感到欣慰的。但是,随着战争的胜利,在欧洲以及后来的亚洲各国形成的社会主义革命浪潮又把邱吉尔的喜悦心情冲淡了。社会主义革命摧毁了许多国家的资本主义制度,建立了众多的社会主义国家,从而使资本主义世界遭到极大的削弱。因此,在邱吉尔看来,对德国的胜利又变成了悲剧。

就邱吉尔个人而言,他既是胜利者,又是失败者。他成功地领导了英国人民进行反法西斯的斗争,保存了大英帝国,赢得了世界和平,其卓著的功绩无与伦比。然而,他却出乎意料地被人民抛弃了,在第二次世界大战胜利前夕被迫下台。

随着反法西斯战争的不断胜利,邱吉尔与苏联之间的矛盾愈来愈尖锐。他不顾国际舆论和英国人民的反对,一意孤行,倒行逆施。1945 年 3 月他曾阐述过对苏联的政策,他认为苏联已成为自由世界的致命威胁,必须立即建立一条新的阵线来阻止苏联向前推进。邱吉尔与苏联存在着许多分歧。在 1945 年 2 月的雅尔塔会议上,邱吉尔与斯大林就战后德国的军事管制、德国赔款和波兰的疆界、波兰政府的组织等问题发生意见分歧,争论异常激烈。虽然会议上达成了某些协议,但邱吉尔对会议结果表示不满,他觉得两方大国对苏联让步过多。邱吉尔千方百计地遏制苏联,限制苏联日益增长的权力。他甚至做好了战争准备,随时掉转枪口反对自己的盟友。而 1945 年整个欧洲,包括英国,人民群众的思想向左转。英国人民希望同苏联继续保持联盟与合作,在民主和平的基础上改善人民的生活。邱吉尔违背了历史潮流,结果遭到了沉重的打击。

战争时期,邱吉尔对内政问题考虑不多。英国人民也意识到如何抗击法西斯并赢得战争的胜利才是致关重要的,所以他们一直拥护政府为争取战争的胜利所采取的各项措施。战争初期,为发动群众参加战斗,邱吉尔领导的战时内阁曾大肆宣扬在战后进行一系列改革来改善人民的生活条件。可是随着胜利的到来,邱吉尔竟将改革方案束之高阁。

当时英国的左派力量则坚决要求在胜利后改革国内的经济和社会条件。1944年共产党曾召开代表大会,要求英国在土地、煤炭工业、运输业及银行国有化的基础上实行计划经济并进行社会改革。共产党还建议工党、自由党等联合起来,组成进步联盟,在大选中击败保守党。

另外,邱吉尔的独断专行引起了越来越多的人的不满。不满情绪的日益增长,使邱吉尔的声望逐渐下降。许多党的党员及部分议员对邱吉尔进行猛烈的抨击,认为邱吉尔必须离开政府。他们认为,战争初期,英国处于生死存亡的境地,只有好斗的邱吉尔才是首相的最佳人选。而现在,欧洲战争已经结束,第二次世界大战即将取得全面的胜利,邱吉尔已经完成了他的使命,他的那些思想不适合于和平时期的英国。因此,邱吉尔应该下台啦。

1945年5月23日,邱吉尔宣布解散联合政府,他本人正式提出辞职。国王随即邀请他组织由保守党人和少数无党派人士组成"看守"政府,负责管理7月5日大选前的英国。

大选拉开序幕后,各种竞选活动纷纷开始。邱吉尔企图利用他在战争期间树立的威望,到处进行竞选演讲。城市及村镇的街道上挂着带有邱吉尔画像的宣传画和标语,标语上写着:"此人赢得了战争","此人必将完成其伟大的事业"。但是,对英国选民来说,战争已经成为过去,他们关心的是将来。他们希望选出能为其带来幸福生活,维护和平的人。

与此相反,工党领导人在选举中则比较明智。他们掌握了全国人民的情绪,提出许多符合民情的改革纲领。他们向选民许诺,执政后将全力保持在战争中与苏美形成的联盟,彻底改革社会保险制度,进行民用住宅建设。工党领袖艾德礼到各地竞选时,不象邱吉尔那样坐着豪华的汽车,而是和妻子一起坐一辆旧汽车。他的朴实的演说和邱吉尔自命不凡的态度,形成鲜明的对照,他稳健而朴实的作风给选民留下了良好的印象。

经过一个多月的激烈角逐,终于到了投票日。投票后,还需三个星期才能完成计票工作。7月15日,邱吉尔飞往波茨坦参加"三巨头"会议。邱吉尔对重新当选首相充满信心,在宴会上表现得兴致勃勃。在最后一次宴会上,他还同斯大林约好在下次东京会议上见面。

7月25日即大选揭晓的前一天,邱吉尔飞回伦敦,克莱门蒂娜来到机场迎接自己的丈夫。这天晚上,邱吉尔同家人美美地饱餐了一顿。到睡觉时,他还显得非常得意。可是,在拂晓前他突然感到身上被戳了一刀似地猛醒过来。他马上意识到大选出了问题。

7月26日公布大选结果。虽然邱吉尔本人在他的选区获胜,保住了议席。但,保守党遭到了惨败。工党在下院得到三百九十三席。而保守党只得到二百一十三席。

选举结果完全出乎邱吉尔的意料,这对他是一个沉重的打击。邱吉尔怎么也想不到一个战功卓著的、享有盛名的人民领袖,竟被选民所抛弃。邱吉尔永远不能理解,也不能原谅英国人民在1945年选举中对他的冷遇。

当邱吉尔得知选举结果之后,悲痛万分,呆若木鸡,连一句话也说不出来,他的女儿泪流满面。只有邱吉尔的夫人克莱门蒂娜显得非常冷静,他安慰丈夫说:"说不定祸中有福。"邱吉尔沮丧地答道:"只是眼前这福包得可太严实了。"

当天晚上,邱吉尔向国王提出辞呈,并请国王召见艾德礼,让他组织新政府。国王觉得这件事太令邱吉尔伤心了,他想给这位卸任的首相授予嘉德勋章。可是邱吉尔觉得在那时接受荣誉不合适,予以拒绝。半小时后,国王召见艾德礼,请他组阁。随后,艾德礼以首相的身份参加邱吉尔尚未开完的波茨坦会议。当了五年之久战时首相的邱吉尔就这样在欧战胜利之后下了台。

古稀之年　再现余晖

邱吉尔下台后,许多人认为他应该退出政治舞台,享受天伦之乐。他的许多朋友劝他离开议会,不要在下院担当反对党领袖的角色。但真正了解邱吉尔的人都知道他决不会就这样忍辱吞声地退出政治舞台的,他还会东山再起的。

邱吉尔经过冷静地思考之后,认为目前的失败是暂时的,并不表明他永远退出政治舞台。只要不离开保守党和议会反对党的领导岗位,就有机会重新组阁。这时邱吉尔虽已年满七十一岁,但他自我感觉良好,并相信一定会重返唐宁街十号。他在一次聚会时对同党的议员们说:"工党政府不会永久存在,上帝保佑,在我们重返之前,国家不要遭受更多的损害。我们应当回去。我们一定回去,这是必然的,就像太阳明天会重新升起一样。"

邱吉尔一旦做出决定,就四处发表演说,攻击工党,千方百计地破坏工党政府的威信。1950 年 1 月 11 日,艾德礼宣布 2 月 3 日解散议会,2 月 23 日举行大选。当时正在欧洲度假的邱吉尔闻讯后立即回国,为大选作准备。这次大选比较平静,邱吉尔仍以多数票当选为伍德福德选区的议员。最后下院的席位分布是工党三百一十五席,保守党二百九十八席,自由党九席。在这次选举中,邱吉尔的两位女婿——长女黛安娜的丈夫邓肯·桑茨和幼女玛丽的丈夫克里斯多弗·索姆斯分别在各自的选区当选,可他的儿子伦道夫再度落选。

两大党的席位数如此接近,按惯例应在年内再举行一次大选,但由于爆发了朝鲜战争,大选未能如期举行。

邱吉尔总有用之不竭的精力,他除了从事政治活动外,还用很多的时间去绘画,并把自己的画送到皇家美术院展出。另外,他还经常到美国、欧洲旅行。这些都是他每次失败后调节心情的最佳方法。

这期间,邱吉尔的最主要成就是撰写了一部长达数百万言的《第二次世界大战回忆录》。邱吉尔在这部书中披露了大量的历史文件和事实,对研究第二次世界大战有一定的帮助。因此,这部书获得了诺贝尔奖金。

为使国内政局稳定,国王敦促艾德礼于 1951 年秋季举行大选。因此,艾德礼宣布 10 月 4 日解散议会,25 日举行大选。

为取得大选的胜利,邱吉尔四处奔波。这次,他接受了 1945 年失败的教训,提出了符合群众利益的施政纲领,答应选民执政后每年将建造三十万所房屋以解决住房危机。

这次大选,工党和保守党仍是势均力敌。大选结果,保守党以三百二十一票的微弱多数取胜,工党政府垮台。1951年10月26日,年近七十七岁的邱吉尔再度拜相组阁,这是邱吉尔第二次也是最后一次担任英国首相。

此时的邱吉尔虽已进入古稀之年,年迈体衰,但他精力依然十分充沛。重新出任首相,使邱吉尔高兴万分。兴奋之余,他非常清楚地意识到此次担任和平时期的首相,所面临的任务与1940年大为不同。

在这届任期内,邱吉尔仍和以前一样,对国内事务很少过问,这方面的问题交给大臣们去处理,而他把主要精力都集中到外交政策及国际事务上。1952年1月,邱吉尔赴华盛顿会见杜鲁门总统,商谈如何加强英美合作问题,呼吁美国帮助英国增加军事力量。《泰晤士报》驻华盛顿记者在报道邱吉尔访美之行时说:虽然邱吉尔的行动比过去要迟缓一些,但是他仍"反应敏捷、消息灵通、思想丰富、语言生动,而且诙谐机智一如既往。"

1953年2月英国国王乔治六世逝世,伊丽莎白二世继承王位。6月举行加冕典礼时,女王伊丽莎白二世授予邱吉尔嘉德勋章,以表彰他对英帝国所作的贡献。这次邱吉尔没有拒绝,并且坦然受之。

6月23日,邱吉尔正式宴请来访的意大利总理加斯贝利。宴会结束时,他突然站不起来了。他得了轻微的中风,左边身躯出现麻痹症状。8月,他渐渐地恢复了健康,并又回到内阁主持工作。10月,他出席了一年一度的保守党年会,他在会上发表了演讲并获得了成功。但岁月不饶人,邱吉尔愈来愈觉得自己力不从心。1954年3月他对枢密院院长巴特勒说:"我感觉自己象一只正要结束飞行的飞机。天色已是薄暮,汽油也将耗尽,可我还在寻找安全降落的地点。"他知道自己不久就该退休了,但他不舍得轻易交出手中的权力,一再推迟退休日期。

邱吉尔的辞职是逐渐地、无声无息地进行的。1955年4月4日,邱吉尔在唐宁街十号首相官邸举行午宴,女王夫妇、政府官员、著名的工党成员、二战时期的军事将领和邱吉尔的密友应邀参加。女王对邱吉尔的辞职表示关注。4月5日中午,邱吉尔主持了最后一次内阁会议,下午四时半,他前往白金汉宫,向女王正式提出辞呈。

4月5日下午五时,邱吉尔驼着背,挂着手杖,恋恋不舍地离开唐宁街十号。当他叼着雪茄,领着他的狮子狗走向汽车的时候,全体人员唱起了"他是个好伙伴"的歌。邱吉尔伸出右手的两个手指,打着象征胜利的拉丁字母"V"的手势,向大家致意。在一片欢呼和祝愿声中,汽车缓缓地驶离了唐宁街。

在此后的十年中,邱吉尔的大部分时间都在恰特韦尔庄园度过。虽然在1955年和1959年两次大选中,他都在他的选区继续当选,但他不象过去那样经常出席下院会议,也不常进行辩论发言。他的主要活动仍是绘画或著书,1956年他出版了《英语民族史》的第一和第二卷。

在晚年的后期,邱吉尔的身体日益衰弱,对画画和写书已感到力不从心,他的兴趣也变得狭窄了。他在临终前惟一的爱好就是看电影。各个电影公司热情地为他提供影片。他坐在庄园的电影室里看电影。

邱吉尔终生喜欢沽名钓誉,各个城市、国家纷纷选他作名誉公民。1958年法国戴高乐总统授予他"解放奖章"。1959年即邱吉尔八十五岁寿辰之时继承了"下院之父"的荣誉称号。1963年美国总统肯尼迪又签署决议,宣布邱吉尔为美国名誉公民。在邱吉尔退休之初,新闻记者还经常在报纸上刊登采访他的文章和照片。后来,报刊上关于他生活的消息就渐渐地少了起来。

1964年11月他度过了九十岁寿辰。有些人问他长寿的秘诀,他回答说:"如果有地方坐我决不站着;如果有可能躺下我决不坐着。"邱吉尔一生最大的嗜好是饮酒、吸雪茄烟,他并不认为这些影响他的健康。1940年夏天,他到前线视察蒙哥马利的部队后到一家餐馆进餐。邱吉尔问蒙哥马利喝点什么,蒙哥马利答道:"水。我不喝酒,又不抽烟。百分之百地健康。"邱吉尔风趣地说:"我既喝酒,又抽烟,却百分之二百地健康。"他一直没有起过戒烟、戒酒的念头,直到他离开人间。

九十岁寿辰之日,邱吉尔收到了来自各地的贺信、贺电六万余封。这时的邱吉尔已显得非常衰老,他的眼睛失掉了往日闪耀的那种智慧、意志和刚毅的目光,相反变得呆滞无神。美国报纸就邱吉尔九十诞辰发表的文章中指出:"温斯顿爵士还是和从前一样,向时间和命运挑战,但他终究是枯老了。"1965年1月初,邱吉尔患感冒而卧床不起。1月15日又因脑溢血昏迷一个多周,终因抢救无效,于1月24日早晨与世长辞。

英国政府为这位举世闻名的大政治家举行了国葬,其隆重程度可以与国王的葬礼相比。英国女王、议会议长、三大政党的领袖、参谋长及其他国家的来宾出席了隆重的葬礼。当灵柩起运时,鸣礼炮十九响,皇家空军的闪电式飞机举行空中分列仪式。葬礼举行了好几天,最后把他安葬在布伦海姆宫马尔巴罗公爵官邸附近的墓地,温斯顿·邱吉尔父母的墓旁。

当人们谈起第二次世界大战时,自然而然地就会想起"临危受命"、统帅英国海陆空三军的温斯顿·邱吉尔,想起这位与罗斯福、斯大林携手、扭转乾坤的国务活动家。正如艾森豪威尔在回忆录中所述:"他(指邱吉尔)是一位很有威望的领袖。他具有英国人在困难时所表现的勇敢而坚定、在顺利时所表现的因循守旧的典型性格。他有非常强烈的信念,善于争论和答辩。他是一位对战争发展和军事史有深刻研究的专家……他是一位伟大的军事领袖,也是一位伟大的人物。"

罗斯福

童年生活

赫德逊河河谷,这儿土地肥沃、林木繁茂,交通也非常便利。在河谷的东岸,有一个郁郁葱葱的小山丘,在它的旁边坐落着一幢气势非凡的楼房,这就是美国纽约州海德公园镇的罗斯福家族的宅第。富兰克林·罗斯福具有瑞典、荷兰和英国的血统,父亲詹姆斯·罗斯福是个律师和金融家。他于 1847 年毕业于斯克奈克塔迪联合大学,后又从哈律法学院毕业,在纽约从事律师工作,也经常从事金融冒险。他生活富裕,拥有铁路专用权,72 岁时因患心脏病去世。母亲是一个商人的女儿,又是詹姆斯·罗斯福的远房堂妹,她反对丈夫进入政界,特别是在他患病以后,她 87 岁时去世,时值她的儿子罗斯福第 3 届总统期间。

罗斯福于 1882 年 1 月 30 日出生在纽约海德公园家中,出生时体重 10 磅,母子均险遭不测。

小罗斯福的诞生,给这对忘年之交的夫妇带来了无穷的欢乐。由于没有兄弟姐妹跟他争夺父母的宠爱,小罗斯福成了他们小天地的核心。他们不想宠坏他,他的生活受到了严格的而又出于深情的管束。

小罗斯福既调皮又可爱。一天,一家人正围在餐桌边吃饭,罗斯福把盛牛奶的玻璃杯边沿偷偷地给咬下来一块,放在嘴里嚼得"吱吱"作响,还不停地舞动着小手,来庆贺自己的胜利。

这时候,罗斯福的母亲萨拉赶过来,把罗斯福拉到门外边,大声地说道:"富兰克林,你在干什么?"

"我,我,什么也没干……"小罗斯福话都说不出来了,还在狡辩,并装出一副若无其事的样子。

母亲赶紧从他嘴里掏出碎玻璃片,并大声地训斥道:"你怎么这样不懂事,吃饭的时候连一点规矩都没有。"

这时候,小富兰克林低着头,委屈地瞅着自己的小手,一声也不敢吭,小脸蛋憋得通红。

母亲觉得小家伙已经知错了,就把语气放平缓了许多,说道:"快回到自己的座位上吧。"

等小罗斯福一回到餐桌,他又拿起高脚玻璃杯,在手里晃来晃去,闪着调皮的目光假装再去咬它,一边用眼神偷偷地打量着父母的脸色。

"富兰克林!你的许诺跑到哪里去了?!"母亲显然被小家伙的举动气坏了。

"我的承诺,哈!哈!它经上楼去了。"富兰克林一本正经地答着,然后把手里的玻璃杯好好地放在桌子上,用带着挑战的目光望着父母。

小罗斯福的这个举动惹得家里人也乐了起来。

当罗斯福刚满 5 岁的时候,他跟随父亲去了白宫,见到了高大魁梧的克利夫兰总统。小富兰克林身着盛装,一直跟在父亲的背后,显出一副好奇的样子,他不时地用炯炯有神的眼睛打量着这位受万人仰视的人物。

临别的时候，克利夫兰总统用手慈爱地抚摸着小富兰克林的脑袋，亲切地说道："我的小男子汉，我对你有个奇特的希望，你可要记住，那就是千万不要当美国总统。"

小富兰克林抬头望着总统，似乎有些迷惑不解，但他还是郑重地点了一下头，说了一句："好吧，谢谢总统先生。"

小家伙那副认真的样子，惹得周围的人哈哈大笑起来。可是，这时候的总统怎么也没想到，就是这位可爱的小男孩，并没有听他的劝告，不仅日后真的当上了总统，而且连任几届，成了美国历史上最伟大的总统之一。

青春岁月

1896年9月，小罗斯福终于离开母亲的怀抱，进入美国著名的格罗顿公学。这所学校是按照美国上流社会教育思想建立起来，专为豪门巨富子弟进入名牌大学作准备的预备学校。它于1884年建立，很快就跻身于历史超过百年的著名寄宿学校之列。

对罗斯福来说，除了自己的父母外，对他影响最深的要算是格罗顿这个学校了。他在那里度过了4年，而且终生都与校长恩迪科特·皮博迪保持着一种出于真挚与怀有敬慕之情的交往。正如他后来对皮博迪说的："40多年前你在老教堂讲道时谈到，在今后生活中不能放弃儿时的理想，这些理想就是格罗顿的理想——是你教导的——我努力不将其忘记。你的话现在还铭记在我的心里。"

格罗顿的教学方法独具一格。虽然学校的宗旨是培训国家的各类领导人，但奇怪的是几乎不讲授有关美国的课程。教师们十分卖劲地让孩子们熟悉英文经典著作，每天晚上为他们朗读。在第一学年，罗斯福学了拉丁文学、希腊文学以及英国和法国的文学，还学了希腊和罗马的历史、代数、自然科学和神学。

罗斯福在格罗顿公学除了学习必要的课程之外，他还积极组织并参加了各种体育活动。暑假的时候，他总是要约上几位好友，乘着自己的"新月号"帆船到附近的芬迪湾进行考察。每次出航的时候，罗斯福总要进行一番充分的准备，给大伙分配好各自的职责，以应付航行过程中出现的各种险情。

有一天，天气晴朗，几朵白云在碧蓝的天空中游动。大家在船上有说有笑，为今天的好天气而唱起快乐的歌。

罗斯福一个人在船头，静静地阅读马汉将军的《海权论》，这本书是他最喜欢的，每次出航总是把它带在身旁。

这时，突然变了天，狂风大作，大团大团的乌云席卷着到了眼前。罗斯福收拾好书本，站在船头大声说道："伙计们，不用紧张，考验我们的时候到了！请大家各就各位！"

在罗斯福的统一指挥下，大伙同心协力，步调一致，终于使这条不算太大的帆船安全地返航，靠在岸边。大伙个个都为能胜利返航而感到兴奋不已，"回岸喽，回岸喽"，他们不由分说，把罗斯福抛向空中，表示庆贺。

因为罗斯福有娴熟的驾驶技术和出众的组织才能，所以同学们送给他一个"富兰克林大叔"的诨号。这种对海洋和船只的爱好，对他日后从政生涯中的敢于冒险、勇于挑战的个性，有着极大的影响。

1900 年 6 月,罗斯福从格罗顿中学毕业时,对好朋友说道:"我的最大梦想,是进入一所海军学校,成为一名海军军官。"

　　大伙都不相信地说:"富兰克林,快别开玩笑了,哈佛大学还等着你呢。"

　　其实,这一梦想是从罗斯福的童年时代就开始有的。罗斯福一生念念不忘的就是蔚蓝的大海和与狂风巨浪搏斗前行的大船。但是,他的这个想法与父母对他的期望相距太远了。

　　这时候的老罗斯福已经 72 岁了,他不得不考虑自己家族的接班人问题了。他的膝下只有一个儿子,整个家族的重任也只能交给他了。

　　"你还是去哈佛吧,孩子。"父亲声音有些沙哑,但显得深沉有力。

　　饱经沧桑的父亲似乎更了解儿子的理想,每当他望着儿子那分雄心勃勃、想要从军的样子,内心实际上是非常欣喜的,他为有这样一个力求上进的儿子而感到骄傲。

　　"让我思考一会儿再决定,好吗?"

　　罗斯福望着父亲深沉的目光,那颗血气方刚的心开始慢慢冷静下来。今后自己的人生路到底该如何走?他不由得陷入了沉思。但是,他还是不能就这样轻易丢下自己的梦想,因为童年的梦一直都萦绕在心田。罗斯福在面对重要的抉择的时候,总是三思而后行。

　　"好吧。"父亲看儿子满脸严肃的样子,知道他心情是复杂的,需要思考一段时间。他就轻轻把门带上,让罗斯福独自在屋里。

　　黄昏的时候,罗斯福推开了父亲的屋门,郑重地说道:"我已决定去哈佛读书。"老罗斯福看儿子满脸疲惫,但又饱含着坚毅,满意地点了点头。他拍了拍儿子已经结实硬朗的肩膀,觉得他已经长大成人了。

　　此刻,罗斯福似乎更明白父亲对自己的一片苦心,父亲也是为自己的家族着想。当他把自己的决定告诉了父亲之后,罗斯福觉得自己担当起了这个家族的一部分重任,也不禁为自己的抉择而感到自豪的。

　　就这样,罗斯福进入了著名的哈佛大学,开始了他 4 年的大学生涯。

　　哈佛大学是美国众多名人的母校,罗斯福在这里接受了良好的大学教育,虽然他的成绩不算优秀,但罗斯福在这里找到了自信和潜力……

　　哈佛大学是美国最有名气的大学,它为美国造就了一批又一批的杰出人才,早在美利坚合众国诞生前 140 年,它就创建了。罗斯福家族与这所大学有着不浅的渊源关系,罗斯福的父亲和堂叔等人都是哈佛出身。罗斯福进入哈佛大学应该说是顺理成章的。

　　哈佛大学的所在地波士顿号称"美国的雅典"。这里不仅有优美的自然环境和人文景观,而且还聚集了闻名世界的大教授和学者。

　　罗斯福爱好体育,但刚入校的时候,罗斯福只能当个啦啦队队长,因为他太单薄了。女孩子们见了罗斯福都这样打招呼:"'妈妈的乖孩子',怎么在这里呀?"还有的女孩子说话更不客气:"'羽毛掸子',你去看球赛了吗?"

　　罗斯福听了之后,并不生气,因为自己的确如她们所言。但罗斯福并不服气,心想:"我一定要让你们看看我是怎样改变自己的。"

　　富有朝气、又有几分闯劲的罗斯福又一次面临着严峻的挑战,因为他必须战胜自身的条件——身材瘦长瘦长的,体重还不到 65 公斤,几乎没有拿手的运动项目。

　　每天黄昏的时候,运动场上总能看到一个人的身影,他风雨无阻地在进行各种体能锻炼,他消瘦的脸庞挂满了汗珠。渐渐地,他的身板已经能胜任橄榄球队员的任务。教练组的领队,看到一个每天在操场上锻炼的小伙子,心里对他慢慢产生了好印象。

一天,领队向罗斯福打招呼,说道:"小伙子,试着参加我们的球队训练,怎么样?"

"我很想参加,但我不知道自己够不够格。"罗斯福总觉得自己的准备还不够。

"没问题,你可以先试一下嘛!"

"好吧!"罗斯福答应了下来。他心里欣喜万分,自己终于可以和那些高手们在一起切磋技艺了。

到期末的时候,教练组的领队在全体大会上宣布:"富兰克林·罗斯福,一年级橄榄球队,边锋。"

台下顿时掀起了轩然大波,同学们几乎都不相信自己的耳朵。等领队又宣读了一遍,他们在下面开始窃窃私语起来,大家认为这是不可能的。但是,坐在台下的罗斯福最明白,自己付出了多少血汗才换来在这个球队的位置。

入校一年以后,罗斯福参加了哈佛共和党人俱乐部,从此开始了自己的政治生涯。尽管他父母的政治信仰倾向民主党,他却卖力地为共和党人竞选,虽然他自己还不够参加投票选举的年龄。大选前不久,他随同哈佛大学和麻省理工学院的大约1000名学生参加了一次火炬游行。与此同时,他还参加了办《红色哈佛报》的工作。为了扩大影响,他要求当时担任纽约州长的堂叔——他所崇敬的英雄西奥多·罗斯福来校发表演说,并在演说后接受他的访问。于是校刊编辑部就吸收他为助理编辑。接着他的堂叔作为麦金利的伙伴与民主党的布赖恩竞选总统。哈佛大学校长查尔斯·埃利奥特的政治态度为人所注目。富兰克林就向主编提出要访问校长,主编认为不可能得到回答。富兰克兰坚持要试试看。哈佛校长接见这位学生记者时,态度之严峻果然不出所料。他冷冰冰地反问道:"我为什么必须告诉你投谁的票呢?"富兰克林说:"这是因为,如果你的投票代表你的信仰的话,你就应该乐意把你的影响放到天平上去。"就这样,在这位年轻人咄咄逼人的进攻下,校长一改声色俱厉的态度,高兴地回答了这位学生记者的提问。富兰克林采访的这一独家新闻,不仅登在《红色哈佛报》上,而且成了全国各家报纸的头条新闻。

在罗斯福的努力下,他在最后一年的哈佛大学生活中,升任了校刊《红色哈佛报》的主编。为了在这一位置上尽情发挥自己的才智,罗斯福又在哈佛大学坚持读了一年的研究生。罗斯福后来回忆起自己在哈佛大学的学习生活时说道:"在《红夜哈佛报》的工作,为我日后担任社会公职作好了最坚实的准备。"

在大学期间,极富政治热情的罗斯福花在书本上的时间并不算多,因此他的成绩也就不怎么突出,四年的总评只是个C,只有少数他喜欢的课程得到了B。但四年的哈佛生活的确培养了罗斯福各方面的能力,尤其是他对政治的热情,这为他以后的从政道路,打下了良好的基础。所以应当说,罗斯福的大学生活是成功的。

罗斯福大学毕业后,于次年的3月17日在纽约与自己的堂妹安娜·罗斯福结了婚。

罗斯福的这位夫人,是一位极其难得的贤内助。她在生活上把罗斯福照顾得极为周到,尤其是罗斯福的双腿瘫痪之后,她几乎成了罗斯福的左右手。而且在政治上,罗斯福夫人也是罗斯福的得力助手。在美国历史上,她是第一位举行正式记者招待会的总统夫人,并且还早于罗斯福本人举行的记者招待会。

初露锋芒

1910 年早春,代表达切斯县的州参议员职位空缺,州民主党的头头们想把这个被共和党人垄断了 32 年之久的公职夺过来。他们看中了罗斯福这个 28 岁的青年人,这除了考虑到他的家族背景外,还因为他们被罗斯福在一次野餐会上发表演说的风度和技巧所打动。民主党负责人帕金斯对他说:"如果你要去竞选参议员,你就得脱去这双黄靴子,换一条像样的裤子!"富兰克林·罗斯福当时没有给予他们肯定的答复,他对民主党委员们头脑里想些什么了解得一清二楚;但是,他一如既往,向来是以长远眼光来观察国内的政治风云。

当时美国国内形势错综复杂,人心浮动。1908 年,西奥多·罗斯福曾授意选择威廉·霍华德·塔夫脱作为共和党总统候选人,以便继续推行他的改革政策。随后,西奥多·罗斯福就大摇大摆地穿过非洲食肉动物聚居的原始地带,作了一次有趣的旅行。当他回到美国时,他发现塔夫脱已经落入政治庸人之手。这位新总统的精神和他圆滚滚的躯体一样,毫无棱角,根本不是那些鼓吹"一切维持原状"的老油子们的对手。富兰克林·罗斯福谨慎地审视了形势,鉴于共和党的分裂,他相信这股普遍不满的情绪,会像正在升起的飓风一样,把民主党的迪克斯吹上纽约州州长的宝座,甚至风会越刮越猛,在他的选区里刮出一名民主党参议员来,至少这是一个机会。当晚,富兰克林·罗斯福给帕金斯主席送去了肯定的答复,三天后正式提名。这是罗斯福第一次在政坛上的搏斗。

但是,罗斯福的母亲和多数亲友都反对罗斯福去作一次他们认为"毫无成功希望"的竞选。只有妻子对他的决定毫不怀疑,她表示,凡是丈夫愿意干的事,她都支持。当时,埃莉诺刚生了孩子,大部分心思花在孩子身上,但是强烈的社会责任感使她赞成丈夫所作的决定。

罗斯福这次参选是早就下了决心的,他的人生哲学是只要努力就没有办不到的事。

不过罗斯福还是主动寻求多方的支持。首先向自己的叔叔西奥多·罗斯福通了一个电话:"叔叔,我准备参加纽约州参议员的竞选。

"好,我支持你!我一直对你说,你这样的年轻人早就应该进入政界拼搏一下。"

"多谢叔叔的鼓励,不过,我是在民主党的旗下参与竞选……"

"什么?你莫非要做叛徒不成,这样做简直是在和我作对!你作为民主党那边的出头鸟,是不会有好下场的。"

电话线那边传来了闷雷一般的声音,把电活线震得直颤。罗斯福放下电话,苦笑了几声,他早估计到这一点了,自己这样做也是先礼后兵。

罗斯福在自己心爱的夫人的支持下,决定与命运搏击一下。他为了这次竞选想尽了一切办法。罗斯福的竞选班子别出心裁,特意为他租了一辆红色的敞篷车,并在上面插了无数个小旗和彩带,在竞选区内巡回走动,罗斯福就在敞篷车内宣传自己的主张。这样大张旗鼓地动用汽车在州内进行竞选,在美国还是第一次。

有一次,罗斯福的积极性似乎过了头,他乘汽车到处演说,以至于不小心越出了纽约州的州界,跑到康涅狄格州,并对那里的选民做了一番声情并茂的演讲。这件事被媒体披露之后,成为人们口头经常谈论的大笑话,可是罗斯福因此也声名远扬。

他的声音和声望不仅在纽约得到传扬,而且借助媒体的东风也传到了美国的各个角落。

在罗斯福的竞选过程中,人们一直把他和现任的总统混淆,以为这叔侄俩是一个人呢。罗斯福想了一个主意,在一次演讲中他幽默地说道:"有一次,有人对我说,你一定不是西奥多总统先生。我很惊讶地问他是如何知道的,他回答说,'因为你说话时,从不露出凶残的牙齿。'"这番话成为罗斯福讲话幽默风趣的经典,因为它不但把自己与对手严格地区分开来,还在无形中拉近了他与选民的距离,在感情上与选民达成了共鸣。

这样,在罗斯福和他的竞选班子的努力下,成绩竟然格外地好,最终他以绝对的优势当选为纽约州的参议员。这时,他年仅 29 岁,可谓风华正茂,少年得志。他仪表堂堂,从容不迫的举止引起了各方面人士的注意,大家一致认为年轻有为的罗斯福将是一颗未来的希望之星。

进入海军

年轻的罗斯福在政治的征途上刚刚扬帆启航,他年轻有为,在威尔逊的影响下,逐渐变得成熟、稳重起来,他来到堂叔曾经工作过的地方……

罗斯福作为州议会里最年轻的议员,一出场就表现不俗,但他只是初来乍到,只能随着议员们泛泛地重复那些诸如反对党阀专政、净化政府机构等改革主张。在纽约州的参议院中,罗斯福真可谓经历了风风雨雨,他面对各种考验,基本上都化险为夷,他的才能在这里得到真刀实枪的锻炼。

1911 年秋,罗斯福来到特伦顿市,专程拜访了新泽西州州长威尔逊。这位有着 25 年学术生涯的政治学博士、大学教授,在他的第一个任期内就赢得了全国"最进步、最有作为的州长"的荣誉称号。1911 年夏天,威尔逊为争取得到民主党内总统选举的提名,开始在党内招兵买马。罗斯福作为党内的政治新星,自然会引起威尔逊的注意。

罗斯福特地来拜访威尔逊,当然一方面是为了寻找与前辈沟通的契合点,但更重要的还是想向这位经验丰富的老资格政治家讨教一番。

当罗斯福来到威尔逊那安静、舒适、四壁书柜上摆满了各种书籍的书房时,他立即被威尔逊那冷峻的外表、广博的学识、深刻的见解所折服。尽管他们两人相差足足有 26 岁,但罗斯福通过自己的谦逊与好学,还是使这场谈话进行得比较成功。

罗斯福在书房里简直感觉不到时间的飞逝,却急坏了在外边等候的手下人。大家都为他捏着一把汗,因为谁都知道威尔逊是一个极不好对付的家伙,他的坦率和严厉常常把来访客人弄得手足无措。大约过了整整一下午,当罗斯福从威尔逊的书房走出来时,他的手下连忙走上前来,见他满面春风、得意扬扬的样子,心才放了下来,不紧不慢地问道:"富兰克林先生,进展得如何?"

"我今天才发现一个人,他依靠的是理智,而不是靠感情来使人折服。"罗斯福边慢慢走着,边自言自语地说着,好像还没从谈话的氛围中走出来。

大家在旁边大笑起来,罗斯福这才停下脚步,回过头来很不理解地问道:"女士们、先生们,你们笑什么呀?今天,我宣布要支持威尔逊竞选总统。"大家看罗斯福一脸严肃的样子,就知道罗斯福一定是从威尔逊那里学到东西了。

在罗斯福等议员的支持下,威尔逊以绝对优势当选为民主党的总统候选人。1912 年的总统大选,是威尔逊和罗斯福的叔叔西奥多·罗斯福两人之间的较量。这给罗斯福夫妇出了一个大难题,一方是自己的叔叔,一方是自己崇拜的政治家,到底该倾向于谁、支持谁呢?

"我们应该为全体美国民众着想,为美利坚的前途着想,如果在这一点上还计较什么私人感情,那我还有参加政治活动的必要吗?"罗斯福见自己的妻子似乎有点拿不定主意,赶忙劝说道。

在罗斯福的说服下,妻子艾丽诺还是坚持了以往一贯的原则:只要是丈夫的决定,她都支持。于是,她也成为威尔逊的一个有力支持者,陪着丈夫出入各种集会的现场,成为打击自己叔叔的一枚重型炮弹。

威尔逊众望所归,以极大的优势当选为总统。威尔逊当上了总统,自然要论功行赏。罗斯福不念亲情,极力支持自己叔叔的对手,而且进行助选活动也极为卖力,为威尔逊的成功立下了汗马功劳。威尔逊没有忘记罗斯福的贡献,就任命他为海军部的助理部长。

这一下满足了罗斯福未泯的童心,当征求罗斯福对任命的意见时,喜出望外的罗斯福说:"这给我的欣喜,要超过世界上任何事……叫我当助理海军部长,比担任其他任何职务都更合我的胃口。"

的确,海军部的这一职务使他的职业与兴趣得到了近乎完善的统一。但更为重要的是,罗斯福把这一步看成是自己实现下一个政治目标的阶梯和难得的机会。当罗斯福把将接任此职的消息告诉母亲时,萨拉在回信中叮嘱儿子说:"亲爱的富兰克林,千万别把签名写得太小了。许多名人的签名都小得可怜,真没想到,他们是这样糟糕,让人一点也看不清。"母亲的挂念真是无微不至,罗斯福收起母亲的信笺,就和妻子来到海军部的办公室。

罗斯福担任助理海军部长 7 年半的经历,为他后来在战争中担任总统打下了最坚实的基础。置身于新的环境之中,罗斯福像一台涡轮机似地拼命干。当海军部长丹尼尔斯不在时,罗斯福就代行部长职务,并参加内阁会议。罗斯辐主持海军的日常事务,职责包括采购、文职人事、预算事务及船厂、船坞的管理和部队装备等。这些工作为罗斯福提供了宝贵的行政管理经验。他学会在危机时如何管理一个大的联邦机构,总统在战时如何行动,如何与盟国制定共同的目标,以及一个主权国家如何适应全球性战争中的军事需要。罗斯福雷厉风行的工作态度,就像在死气沉沉、昏睡不醒的海军部的官僚机构当中爆炸了一颗重型炸弹。

罗斯福上任不久,就在他新的管辖领域里作了一次全面检查。情况正如他过去所听到的一模一样。太平盛世的虚假安全感冲刷着舰队,沉积了一层漠然置之、高枕无忧的淤泥。高级司令部犹如几百年前西班牙大帆船的船尾楼,军舰虽油漆一新,铜制器件在闪闪发亮,炮膛擦得一尘不染,但是人们的脑袋瓜却在发霉生锈。罗斯福把视察的情况,直言不讳地告诉大家:"过去对美军海军的估计远远超出了它的实际,我们号称已经建造或正在建造的军舰有 37 艘,可放在第一线的只有 16 艘;我们的海岸线长达 2000 英里,其中只有 200 英里有海岸炮兵防守。"他越讲越激动,最后竟情不自禁地说:"如果我是日本人,在打垮舰队之后还不能在那 1800 英里的某一地段登陆,那么我宁可剖腹自杀。"

经过详细调查之后,罗斯福看到,由于海军缺额 1.8 万人,许多军舰都因人员不足而搁在那里,但那些现役军舰的效率却相当不错。最令人担扰的要数造船厂的状况,海军的财力和人力大都花在了船上了,但这些船厂多数技术陈旧、管理落后,生产出来的都是老的产品。罗斯福认为,"这也是一种十分危险的情况,因为舰队如果没有更新的设备,就好像一个长着'玻璃下巴'的拳击师,只要受到一次打击就一败涂地了。"

同样,海军的管理机构内官僚主义盛行、工作效率极低,由将军或上校领导的司局,只知道争夺优先地位和经费,而不考虑相互协作和通盘的政策,公文长期旅行,在部内转来转去,缺乏严格的责任制,好像事无巨细,都要由部长或助理部长审批。有一次罗斯福给部长丹尼尔斯写了一封短笺,发泄了对官僚主义积郁多时的不满:"为购买 8 枚地毯钉,我已签署了正式申请(一式四份),谨此报上。"风趣幽默的丹尼尔斯复信道:"为何如此铺张?两枚足矣。"

罗斯福的呼吁和报告,在海军中引起了震动。为了扭转海军落后的局面,他一面大声疾呼,一面脚踏实地干起来。在以后的两年里,他走遍了东西海岸所有造船厂,决定对这些工厂进行改建、调整或者干脆撤销。为了使那些造船厂充分开工,并做到自力更生,他把那些具备条件的改为工业基地。这些措施使政府节省了大笔资金,并使造船厂成了自给自足、欣欣向荣的企业。由于这些工程效率高、计划周密,罗斯福因此赢得了"节约专家"的称号。

此外,罗斯福还经过调查研究提出了一套采购供给品的有效办法;他把高级军官的提职晋级从论资排辈改为择优录用,从而提高了基干队伍的活力与素质;他废止繁琐的公事程序;他声称要向外国购买装甲板,借此压低了美国企业家向政府开口的高昂价格;他发现溺水事故太多——不教海军士兵学会游泳显得荒唐可笑——因此在舰队中设立游泳竞赛杯,大力宣传补救措施;他撰写论文,分析海军今昔和国际形势;他保护海军汽油储备……所有这些都有效地提高了海军的工作效率。

罗斯福在海军部所以取得如此"辉煌"的成绩,除了威尔逊总统的信任外,也和"亲信"们的鼎力协助分不开。罗斯福上任不久,就把他的竞选顾问路易斯·豪调来任海军部秘书。豪的主要任务是搜集资料,有时为罗斯福和丹尼尔斯起草讲稿,处理海军人员的雇佣事务,督促落实建造舰只的重要项目,甚至调查海军所在城镇的卖淫及赌博问题。他还负责为罗斯福起草给选民的信,从政府那里为选区争几个邮政局长的职位,为报答一些民主党人而安排他们在造船厂工作等等。所有这一切,都是为了提高罗斯福的形象,扩大政治影响。

"实战演习"

如果说失败是成功之母的话,罗斯福在仕途上的几经沉浮,又走向辉煌,正说明了失败并不可怕,甚至是可贵的。可怕的只是自己一蹶不振,被一时的困难吓昏了头。

几年之后,共和党人在一番精心准备之后,从民主党手中夺回了总统的宝座。民主党则在共和党的攻势下,显得萎靡不振,毫无还手之力。

民主党的党阀们控制不了整个局面,他们不得不听从威尔逊的意见,推举罗斯福为民主党的副总统候选人。其实,罗斯福也深知他与党阀们之间并不和谐的关系,因为在当时的形势下,罗斯福已经根本不可能当选。那些党阀们也只是做一个顺水人情,他们提名罗斯福作为候选人并没有安什么好心,但罗斯福还是接受了这个提名,并做了最充分的准备。他全力以赴,知难而进,抛弃任何投机的想法,希望在这次实战演习中获得一些珍贵的经验。

罗斯福在这次明知无望的选举中,付出了最大的精力,这几乎是他一辈子都难以忘怀的。

在匆忙的93天的竞选过程中,罗斯福有足足84个晚上是在竞选车上度过的,来回奔波了也不知道有多少公里。夜深了,疲惫的罗斯福在竞选车上合衣而卧,轻轻地打着鼾声。车外面的一切好安静,罗斯福又要在浓浓的夜色中,在梦境中由一个地方来到另一个地方。第二天早晨刚到另一个地方,就需要马不停蹄地开始准备各种活动。这个时候,他总能抛掉一切疲惫和劳累,精神焕发地开始自己的演讲,丝毫没有疲累的痕迹。

选举的结果没有出乎人们的意料,民主党大败而归。尽管如此,失败的罗斯福还是赢得了大多数人的认可,正如有的选民所说:"我们不会投民主党的票,但我们不会不投罗斯福的票。"

这次失败对罗斯福来说是尤其宝贵的,因为这是他第一次在全国公众面前亮相,不但结识了许多重要的人物,还在实际工作中了解了普通选民的各种要求和想法,这为他打下了良好的群众基础。所以,当时的评论家这样评价罗斯福的失败:"他并不是一个失败者,这次的失败只是成功前的一次精彩的彩排。"

竞选失败之后,罗斯福掩藏住内心的失落感,兴致勃勃地为自己的竞选班子开了一个别开生面的"庆功会"。他特地为每一个人定做了一条金质的项链,上面分别刻着自己的名字和受赠人的名字,以示纪念。他们都戏称这是一个"项链俱乐部"。等罗斯福入主白宫之后,他的秘书处都由这帮"项链俱乐部"的成员来担任。因为,在经历了几番考验之后,罗斯福对他们早已了如指掌,相信他们足以完成自己的各项任务。后来,人们把这一帮人称为"白宫群"。

1920年,罗斯福开始了他的一段非常奇特的生活。出乎大家的意料,他隐姓埋名,暂时退出政界,与权力之争进行了短暂的告别,开始了一种新的生活。

这样,38岁的罗斯福10多年来,第一次成了一名普通公民,过着和大多数平凡的人们一样的生活。他可以与日渐长大的儿女们谈心,与妻子过着朝夕相处的平静的生活,但他还是不甘寂寞,经过一小段时期的休整之后,他又要开始工作了。

在这段相对闲暇的时段内,罗斯福一方面静心反思,潜心研读了大量的书籍,在知识上充实了自己;另一方向,他从事了别的工作,从而更广泛深刻地理解了当时世界的发展与变化,为以后的政治前途打下了坚实的基础。

不久,罗斯福匆匆忙忙回到纽约,重操旧业,与好友成立了一家律师事务所;同时,他又担任了一家信托公司纽约分公司的主任。

在此后的8年中,他从事着各种各样的商业冒险活动,但绝大部分都以失败告终,以至许多年以后,在竞选总统的时候,他的政敌仍以幸灾乐祸的口吻谈到20年代——一个经济繁荣时期,罗斯福竟然在商务活动的各方面都会失败,嘲笑他是一个十足的傻瓜,并不懂什么叫做经济,而罗斯福每到这时总是无言以对,只是苦笑两声说道:"我不赔钱,别人可怎样赚钱?!"

当然,罗斯福还积极参与了别的一些社会组织,担任了一些重要的社会职务,他既是哈佛大学监理会的成员,又是海军教会学校的名誉校长,还是海洋俱乐部的主任、大纽约童子军俱乐部的主席、美国地理学会的会员等等。这些领域看似不太重要，但罗斯福积极参加其中的各种活动，从而与各方面人士建立了友好的关系。

罗斯福真可谓身在曹营心在汉，他密切地注视着政局的风吹草动。他不在政局之中，只是以一个旁观者的身份分析着局势的变化，或许这样会看得更清楚。罗斯福因此大受其益，因为他不再卷入那些纷争，而是利用别人正在争斗的时机，充分地与各界接触，建立了自己广泛的交际网，为日后的东山再起准备好了一切。罗斯福能屈能伸，把自己的策略运用得非常自如，这应该是他在政治上成熟的标志。

走出严冬

冬天是寒冷的，但一年中并不能没有漫长的冬季，走出了寒冷的冬天，一个明媚的春天才会出现。罗斯福的冬天，来得过于微妙，几乎让人不可思议，然而，他还是从命运的阴影中走了出来。

真是"月有阴晴圆缺，人有旦夕祸福"，命运总爱捉弄人，它就爱考验一个人是否真的有那么坚强，去战胜人生路上那些不测的风风雨雨。这一切，将要在罗斯福身上应验，那么，罗斯福是如何面对这无常的人生的呢？

1921 年 8 月 10 日下午，罗斯福全家乘着"维力奥号"出去游玩。这是罗斯福特意为孩子们购买的一艘单桅小帆船。在航海的途中，他们看见一个小岛上冒出一股蓝烟。罗斯福赶忙转动船舵，"维力奥号"径直向冒烟的地方驶去。他们未等船靠岸，便跳水爬上海岸，手拿扫帚、铁铲冲向火堆。他们猛力地用手中的东西拍打火焰，两个多小时后，终于扑灭了岛上的一场草木野火，可此时一家人个个都是浑身烟灰，筋疲力尽。罗斯福见大家身上都脏兮兮的，脸被烟熏得跟小鬼似的，便建议大家都去游一下泳，也让疲劳的身体放松一下。他带着大家慢跑了两英里路，到了湖边。大家都下水了，罗斯福游了一阵，觉得不过瘾，就又痛痛快快地一头扎进海湾冰凉的水中游了一阵。以前每次这样游过之后，他都会觉得精神焕发，但这次，他感觉有些不舒服。

回到家里，邮件刚好送来，他来不及换下湿漉漉的衣服，就坐到阳台上的椅子上看了起来。一阵冷风吹过，他浑身抖了一下，又猛地打了一个喷嚏，罗斯福感到很不舒服，于是赶快挪身到了屋里边。

第二天，他病倒了，发高烧，全身的各个关节疼痛难忍。乡村医生贝内特大夫诊断他得了重感冒，就对他按照这个病来治疗。可他的病情一直急剧恶化着，剧痛扩散到他的背部和双腿，不久，胸部以下的肌肉都没法动了。后来疼痛又扩展到了罗斯福的肩、臂甚至手指。两个多星期后，一个叫洛维特的大夫宣布罗斯福患了小儿麻痹症。罗斯福冷静地询问大夫："我的病情会怎样？"

"可能不至于死。"大夫认真地回答着，"但现在很难说你能不能恢复。"

"我就不相信这种娃娃病能整倒一个堂堂男子汉。"罗斯福坚定地说："我要战胜它！"

以后的几个星期对罗斯福来讲是极阴暗的，因为他可能会知道疾病可能会带来的可怕后果。他满头大汗地花几个小时练习活动大脚趾。他的右腿已弯曲，为使两腿伸直，不得不上了石膏。每天罗斯福都要把两腿关节处的楔子拔出一点，以使肌腱放松一些。不久，罗斯福的病情有了好转的迹象，他的手臂和背部的肌肉强壮起来，并终于能站立起来了。

罗斯福不愿前来看望他的人对他表示同情。一天,他的一位朋友来到他床边时,罗斯福突然给了他一拳,打得他一个趔趄。罗斯福笑着说:"你以为你见到的会是个瘫子吧?可是我还能把你一拳打倒。"

罗斯福以他坚强的毅力和乐观态度,试图恢复两腿的功能。随着春天的到来,他到海德公园去认真地锻炼。他叫人在南草坪上架起了两根横杠,一条高些,一条低些,他接连几小时不停地在这两条杠子中间来回挪动身体。他给自己订的一个目标,就是要能走到半公里远的邮政街上去。每天,他都挂着拐杖在马路上蹒跚着往前走,争取比前一天多走几步。有时,他摔倒在地上,一直等到有人把他扶起来。

罗斯福最担心的是家中发生火灾,因为这时凭自己的体能是出不去的。他学着用手臂的力量爬过长长的走廊,爬下楼梯,他对自己能爬过这段距离很感高兴,毫不难为情地爬给别人看。有一天晚上,他和哈梅林夫妇一起吃完饭后,把椅子推开说:"你们看我走到隔壁房间去。"说着,他坐到地板上,爬到隔壁房间里,又坐到另一把椅子上。哈梅林夫妇被罗斯福的坚强毅力深深地感动了。

罗斯福在洛维特大夫的建议下尝试水疗法。他每次到温水游泳室游泳时,都是自己爬到池边,然后慢慢下水。他告诉德罗珀大夫:"我的两条腿在水里很管用,我不用扶什么东西就能在水里站起来。"大夫支持他这样坚持下来,罗斯福坚毅地点了点头。

在养病的期间,他开始耐心地整理收集来的邮票,把书籍分门归类,并开始阅读大量有关美国历史、政治的书籍和各国的人物传记,希望从那里能够找到精神的慰藉和寄托。他还养成了看侦探小说帮助入睡的习惯。他在身体慢慢好起来后,还喜欢念书给家人听。渐渐地,罗斯福又像以前那样生气勃勃、精力充沛了。

但是,他再也不能独自行走了,只有用支架和拐杖或扶着别人,才能慢慢地走动几步。他的腿部肌肉一直在萎缩,虽然他已经尽力锻炼了,却好像什么作用也没有。他的严格锻炼只使得肩部、胸部和颈部肌肉异常发达。他连像在房间里走动这样简单的事情都做不了。他不能爬台阶,不能捡起他掉在地上的书,也不能跪下来祈祷。与别人的谈话成为他释放自己精力的仅有的一种方式,他从和朋友们的会见中得到了各种消息,还从闲聊中,从取之不尽的轶事传闻中使紧张情绪得以放松。这时候,罗斯福深深地感到了朋友的重要,正是那些无私的朋友的帮助和鼓励,才使得自己有了战胜病魔的勇气。

然而,成年后不幸得的小儿麻痹症,使罗斯福克服了以前急躁的毛病,使他能安心静下来。不管什么人,只要能花几个月的时间专心致志地去练怎么动脚趾头,肯定能培养起极大的耐心。以前,他总是坐不住,现在,他不得不呆在一个地方,这使他能集中所有的精力和体力去干手头的活。他的一位朋友说:"他的思路开阔了,关心着那些受折磨而又极端需要帮助的人。他躺在那里,一天天地成熟起来。"

东山再起

就像袋鼠在高高跃起的时候,它首先要助跑一段,俯下身来,然后突然爆发,一跃而起。罗斯福在失败和痛苦面前,早已经蛰伏了好一段时间。这一次,他又要扬帆远航了……

1924 年,这又是一个异常热闹的总统选举年。这年 6 月,民主党在纽约召开了全国的代表大会,准备重整旗鼓,发誓夺回总统的宝座。罗斯福这时候身体已经恢复得差不多了,凭借双拐可以独立地行走,他发现时机已经成熟了,就毅然决定要在这次大会上露面。

罗斯福参加这次大会的主要目的有两个:一是要为好友史密斯作为总统候选人呐喊助威;一是要向政坛各派发出一个信号,那就是他要重返政坛,回到角逐权力的战场。

这一天,罗斯福在儿子的搀扶下,自己撑着双拐来到阔别已久的讲台前。

这时,几百双眼睛都集中到罗斯福的身上。他示意儿子回到他的座位上,自己轻轻地把双拐放在一边,双手扶着讲台,以支撑还有点虚弱的身体。这可是他患病几年来的第一次公开演讲。罗斯福神采奕奕,面带从容的微笑,侃侃而谈。他那抑扬顿挫的语调、饱含激情的手势,感染了在场的每一个人。罗斯福的小儿子是含着泪水听完这场精彩的演讲的,他深深地了解了父亲的坚毅、自信和旁人难以企及的勇敢与顽强。

罗斯福以他的政治家风度和在会上的精彩演说而闻名全国,这是他下肢瘫痪后三年来第一次公开发表演说。人们的称赞和党内的支持,更加鼓舞了他积极参与政治活动的勇气。人们都说,经过疾病的折磨,罗斯福变得比过去更加坚毅老练了;小儿麻痹症使他从一个轻浮的年轻贵族,变为一个同情并能理解下层民众的人道主义者,而正是这一点,使他最终进入了白宫。罗斯福的朋友弗朗西斯·帕金斯说:"因为他经受了巨大的苦难,使他变得能理解苦难中的人,他相信神圣的上帝把他从彻底瘫痪、绝望和死亡中拯救出来。"但是,罗斯福的儿子小詹姆斯·罗斯福却不完全同意这种看法,他在回忆文章中写道:"尽管小儿麻痹症加深了他对人类苦难的看法,但这并不能使他成为总统。我确信,并不是小儿麻痹症造就了父亲的性格,而是父亲的性格使他从苦难中解脱出来了。"

到了1928年,纽约州的州长一职出现空缺,民主党上上下下都希望罗斯福能出马竞选此职,罗斯福心中也是跃跃欲试,只是在公开场合,他并没有摊牌。

罗斯福也是有很多顾虑的,因为这时医生一再地劝告,如果再这样坚持下去治疗两年,就有可能治好左腿,不用双拐,只凭手杖就可以独立地行走。医生们担心匆忙而繁重的竞选活动会使以前的治疗前功尽弃。就连最支持他的妻子这时也出面,劝告罗斯福少参加社会活动,以免劳累,因为她最担心的仍是丈夫身体的恢复状况,她不希望丈夫因为一时的冲动而把整个身体都搞垮了。

罗斯福的一些好朋友都认为,罗斯福乃总统之才,希望他能顾全大局,不能因为竞选一个州长而丢掉入主白宫的长期备战工作。罗斯福倾听着人们的劝说,他一般都是礼貌地点点头,表示自己的认可。但似乎谁也搞不清罗斯福的葫芦里卖的到底是什么药。民主党的党阀们见罗斯福的态度并不明确,甚至在亲朋的劝说下好像有些退缩,都惊慌起来,因为此时除了罗斯福已经别无选择了。

其实,罗斯福所做的一切,都是他心中策划好的。他心里一直在打着小算盘,他要以退为进,为公众造成一个众望所归、欲罢不能的态势。罗斯福一直深藏不露,在不声不响中完成预定的目标,或许这就是他的高明之处。对于纽约州长的职位,其实他心向往之已经很久了,在他心目中一直有一个念头,那就是:"只要能当上纽约州的州长,就有成为美国总统的希望。"

1928年10月,经过一番紧锣密鼓的准备,罗斯福向媒体正式宣布自己接受纽约州州长候选人的提名,准备与各路诸侯逐鹿中原。这对患重病的罗斯福是极其不容易的,因为他一方面要参加必要的治疗,一方面又要全身心地投入到竞选中。

罗斯福每天要奔波200多公里,发表12次演讲,与数千名的选民进行交流。这时候,罗斯福充分地利用了当时的先进科技设备,他首先通过无线电广播发表演讲,这样作一次演讲就可以有1500多万名听众。

为了使人们相信他的健康,他每次与选民会见的时候,总是那么地生气勃勃、精神抖擞,丝毫没有残疾人所带来的不便,更谈不上劳累和疲倦。罗斯福用自己的行动说明了他完全能够并应该成为一州之长。他对竞选班子的人说:"我们一定要赢得纽约州州长这一位置,我们一定要靠我们自己的力量赢得在整个纽约州的胜利。"大家都被罗斯福的精神和信念所感染,工作起来更加地卖力了,和罗斯福一样忘记了疲劳和困顿,像一艘永不停息的大船向胜利的彼岸驶去。

另外,罗斯福拥有一个别人所没有的"优势",那就是他的残疾的身体,他用自己树立的形象,充分说明了什么叫作坚强和勇敢,这使得他赢得了绝大多数选民的尊重——他总是善于使一切客观条件为己所用。

这样,众望所归的罗斯福成功地当选为纽约州州长。1929年元旦,罗斯福在纽约州议会大厅里,手按着家里祖传的那本荷兰版的《圣经》宣誓就职。正好30年前的这一天,罗斯福的叔叔西奥多·罗斯福也在这个大厅里,按着同一本《圣经》宣誓就职的。1930年,他又以更大的优势获取连任州长的资格。

不久,美国爆发了1929年的经济危机,这场经济危机是美国有史以来最大的一次经济危机。这场经济危机持续了4年,一转眼又到了1932年的总统选举年。对于民主党来说,这可真是个天赐的良机,因为近4年来,共和党总统胡佛对付经济危机极为不力,他在民众的心目中早已丧失了威信,民众正渴望一个强有力的人物来帮助他们走出困境。罗斯福凭着自己良好的政治信誉,仰仗着自己培养起来的智囊团,也瞅准了这个机会,准备与各路诸侯来一个中原逐鹿,看看到底谁能成为美国新总统。

临危受命

人们常用"时势造英雄"这句话来形容罗斯福入主白宫的幸运,这无疑是恰当的,因为,那个不期而遇的经济危机,早已把共和党人搞得狼狈不堪、声名狼藉,民众对他们可以说是烦透了。但是,千万不要忘记罗斯福自身的努力。

在民主党内,罗斯福几乎是不费吹灰之力,顺利地获得了总统候选人的提名。然而,在与共和党人的较量中,罗斯福并不占什么优势,尤其是他的身体情况连正常人都不如。一些不怀好意的人开始恶毒地攻击罗斯福残疾的身体,他们千方百计地诋毁他的名誉,说罗斯福只是"一个没用的跛子",还添油加醋,说罗斯福的瘫痪已经深入他的大脑,会引起精神错乱的。连著名的《时代》杂志也对罗斯福有所不满,它评价罗斯福"这位总统候选人,虽然从智力上说有资格担任总统的职务,但从身体上看完全不适合。"

罗斯福听到这样的话并没有感到太大的意外,他在广播讲话中说:"美国人民需要的是我的大脑、政策,而不是我的双腿。我向你们宣誓,我也为自己宣誓,要坚决执行有利于美国人民的新政,请你们相信并帮助我,这不光是为了赢得选票,而是要建立一种新的伟大的秩序。这不单是政治竞选,而是胜利进军的口号!"

罗斯福用他的激情和强有力的、富于鼓舞性的演说,打动了每一个听过他演讲的选民。罗斯福用雄辩击碎了共和党人编织的谎言。这时,各大媒体都开始倒向罗斯福这一边,他们认为"他看来能够比很多年轻他10多岁的人,更能承担起重大的职务和责任。"

罗斯福显然是看准了全国发展的大趋势,于是他抓住选民的心理,提出了"为美国人民实行新政"的口号。他乘风破浪,过五关斩六将,终于登上了白宫的总统宝座。

1933年3月4日,罗斯福入主白宫,成为美国第32任总统。

当罗斯福在白宫刚刚坐稳之后,发现自己接手的原来是比想象中要差得多的烂摊子。经历了近4年的时间,全美国的经济仍在滑坡,全国人民都已经怨声载道了。胡佛政府推行的是"自由主义"的经济政策,它只是一种放任不管的政策,结果市场的盲目性给美国人民带来日益巨大的灾难。为了对付经济危机和它带来的严重后果,罗斯福断然地启动了他的"新经济政策",政府果断地参与经济领域的各种事务。

在罗斯福的"新政"中,有一个总体的战略——政府干预经济。他要改变政府在经济危机中毫无作为的局面,一年之内,就颁布了900多项"新政"法令。

罗斯福在推行自己的政策时是极富创意和想象力的。

1933年夏季的一天,清晨起来的人们被眼前的一切搞糊涂了,只见在店铺的玻璃橱窗上、公交车的车身上,以至于在电影院的宣传广告栏上和各种杂志的封面上,到处都出现了展翅翱翔的"蓝鹰"。"蓝鹰"标志牌的下面有一行震撼人心的口号:"我们将尽心尽力"。

这就是罗斯福用别开生面的方式展开的工业复兴运动。罗斯福政府规定,凡是符合《全国工业复兴法》各项规定的企业,都将发给一个"蓝鹰"标志,并一定要挂在最显眼的地方。这时候,各个城镇的邮局旁边都增加了一个惹人注目的光荣榜,那些支持"蓝鹰"运动的人,姓名都登在光荣榜上,每天,总是有很多的人群簇拥在光荣榜前面观察着、议论着。

当罗斯福被问到为什么这样做的时候,他解释说:"大家知道,在打仗的时候,无论是在明亮的白昼,还是朦胧的夜晚,我们的士兵在他们的肩上都要佩戴一个显眼的标志,以便大家互相辨认,避免伤了自己的伙伴。根据这个原则,我们设立了简单的荣誉标志,并一定要书写上'我们将尽心尽力'的字样,因为这样的鼓励太重要了。我们需要的是全国民众信心的回归……"

一系列的"新政"措施过后,美国经济终于有了回升的势头,罗斯福也松了一口气,自己的努力总算没有白费。

为了对付眼前的各种危机,罗斯福显示出比以往的美国总统更加果断、更加有着咄咄逼人的攻击力,他充分地加强了联邦政府的权力,他是美国历史上第一个大胆运用美国宪法为自己的行政权威服务的总统。

而这时反对派的声音并没有停息,他们有的骂罗斯福的"新政"是"披着自由主义外衣的法西斯主义"。每次听到这些言论,罗斯福总是笑而不答,依然我行我素。他承受了巨大的压力,每天默默而勤勉地工作着。到了1936年,再没人提什么"法西斯"了,因为一方面真正的法西斯这时已经出现,而另一方面,罗斯福用自己的行动和实绩说明了一切,使那些反对派不得不闭上了嘴,再也没什么可说了。

视野开阔是罗斯福的又一个特点。等罗斯福忙完"新政",稍有时间整理一下思路,他脑海里不禁浮现出了一个完美的外交蓝图。首先,他想起了万里之外的苏联。

苏联,这个强大的国家虽然存在已经足足 16 年了,但美国官方硬是视而不见,一直不承认它的存在,以至在美国中小学的学生地图上,苏联的版图只是一个大大的空白。

"我们不能忽视这个国家的存在,它是一头狮子,我们应该丢掉偏见,学会与它相处。"罗斯福说道。他马上指定人制定与苏联建交的具体计划。

反对美国与苏联建交的声音一向是很大的,甚至包括了总统自己的母亲。

罗斯福准备承认苏联的消息传到了母亲那里,她马上给罗斯福写了一封信表示:如果他主持美国与苏联建交,"我将永不再踏进白宫,再不与你见面。"罗斯福看了母亲的信,也没争辩什么,"我相信她会明白我的用意的",罗斯福悄悄地把信放在抽屉里。

罗斯福顶住了各个方面的压力,还是坚决地执行了自己的计划。后来局势发展到法西斯横行欧洲大陆、美国和苏联联手对付共同的敌人时,各种反对与苏联打交道的声音自然都消失了。事实证明罗斯福的决断是英明的、正确的。不久,有着政治偏见的母亲还是回到了白宫,当然,她见到罗斯福时,再也不提什么"决不"之类的事了。

世界风暴

1937 年前后,德意日三国法西斯,像洪水猛兽一样,在全世界掀起了狂风巨浪,他们在世界各地制造事端,唯恐世界不乱。此时罗斯福在大洋的彼岸,连任美国总统。他洞察着整个世界的局势,早看穿了法西斯的阴谋,他要与邪恶的势力进行抗争……

到罗斯福的第一任总统快到期、准备竞选下一届总统的时候,他和往常一样,像一只灵巧的猫,不失时机地捕捉转瞬即逝的机会,干脆利落地把对手击倒在地。所以,有的评论家把罗斯福魔术般的政治手腕戏称为"不可思议的罗斯福风格"。

有一天,罗斯福的好朋友伊克斯对罗斯福说道:"你是个好人,但你也是最难对付、最难合作的人之一。"

"为什么?"罗斯福显然有点儿不理解,困惑地望着伊克斯,"难道是因为我有时太严厉、太刻薄吗?"

"不,你一直都很和蔼。但你对于忠于你的人和你完全相信的人,也从来不说实话,你把牌紧紧地贴在自己的怀里。"

罗斯福听完了好友的一番话,会心地笑了。

在这次竞选中,罗斯福领导的民主党人争取到了决定性的优势。罗斯福一共得了 2775 万张选票,赢得了 46 个州的支持,比共和党的对手多出了 1107 万张选票。选票上有这样悬殊的差距,创造了美国选举史上的奇迹。

到了 1937 年的时候,世界局势已经是"山雨欲来风满楼",新的世界大战的阴影笼罩了整个地球。远在欧洲的德国法西斯,早已将战争的机器运转开来,他们的魔爪已伸到了中欧、乃至法国和英国;在东亚的日本法西斯,发动了"卢沟桥事变",它吞占中国的野心也已经暴露无遗。

面对这样一种暴风雨般的事变和态势,许多美国人企图作出种种孤立主义的努力,来确保美国的中立和不干涉政策。据民意测验表明,孤立主义在 1937 年拥有 70%以上美国人的支持。甚至一向亲罗斯福的《新共和》周刊和《芝加哥论坛报》,同样怀有孤立主义情绪。工业富豪们支持各种孤立主义的宣传组织,小农场主怀着同样的信念投票支持孤立主义的候选人。大部分讲德语的美国人,则不同程度地同情希特勒。

于是,罗斯福不得不与美国的孤立潮流苦苦地奋战。在美国的外交传统中,孤立主义是很大的一股势力,他们奉行的是不干涉欧洲大陆的战争——事不关己、高高挂起的政策。

罗斯福心中日益明白,在目前形势下孤立主义必将危害美国自身。他讲道:"几年以前,就已经开始了目前的恐怖罪行。爱好和平的国家必须作出努力,去反对那些无视生命和人性的暴行,仅仅依靠孤立主义,是避免不了任何灾难的,甚至包括我们自己。世界上丧心病狂的瘟疫正在猖狂地蔓延,我们必须采取措施来阻止疫病的蔓延。"

这就是著名的"防疫"演说。罗斯福已经暗示美国人民,不要把战争的可能性完全排除掉,要时刻警惕,"我们决心置身于战争之外,可是我们不能完全保证,我们不受战争的威胁和避免卷入战争的危险。"但是,大多数的人并没有意识到这一点,他们还沉浸在和平的梦想中。

但罗斯福并没有放弃他的努力,他促使美国国会于 1941 年 3 月 8 日通过了《租借法》,并在当天就立即签署了这个法案。

这个法案是极其重要的。它主要是通过立法的形式,把美国大量的战争物资以租借的形式运送到反法西斯国家的手中。它不仅支持了英国对德国的战争,而且对苏联的抗德战争也起到了非常大的作用。斯大林后来评价道:"这一协定起了重要的作用,并大大地促进了反对共同的敌人——希特勒德国的战争的顺利结束。"

为了保证《租借法》的实施,这一年的 4 月 25 日罗斯福宣布将立即采取海军巡逻措施。罗斯福的这一安排可以说是关系重大,显示出他极大的远见和魄力。因为,为了实施这一计划,美国的海军必然会在长达几千公里的海洋上巡逻,这样势必会增加美国海军与德国潜艇冲突的机会。所以,有的评论家认为:"这是对德国和日本的故意挑衅"。

一向坚强的罗斯福并不把这些鼠目寸光的议论放在心上,他在广播讲话中表明了自己的想法:"我们提供的每一美元的物资,都有利于防止独裁者出现在我们自己这个半球。"1941 年 5 月 27 日,罗斯福又出了一招险棋,他宣布"全国处于无限期的紧急状态,"英国的船只可以加入到美国海军护送的船队中,美国的直接船队可以把货物送到英国的港口。这个举措虽然大大支援了英国对德国的抗战,但也会明显增加美国与德国法西斯发生冲突的机会。可罗斯福坚定的表示:"我们将不怕任何邪恶的势力,我们是在捍卫世界的和平与正义!"

1941 年 8 月初,罗斯福总统满面红光地向白宫的记者团宣布,他将抽出一些闲暇去钓鱼。这一消息不禁让记者们大吃了一惊,这么危急的时刻,总统怎么还有这样的闲情逸致!

罗斯福悄悄地乘坐着总统游艇"波托马克号",向马撒葡萄园岛附近驶去。然而罗斯福总统的游艇好像被鱼雷给击沉了似的,在几天之内变得无影无踪,记者们连一点音信也得不到了。

直到 8 月 13 日,全世界才又得到罗斯福的消息,原来他和英国首相丘吉尔在纽芬兰附近的海湾举行了三天的会谈。他们已经达成协议,美国转让给英国一定数量的驱逐舰,作为交易,英国把普拉森夏海湾转让给美国。

当然，这次大西洋会议还产生了一个最重要的成果——《大西洋宪章》。罗斯福和丘吉尔在这里表示了两国推动全世界和平的愿望，希望能够在保持、维护资本主义制度的基础上建立新的世界秩序。

但是，罗斯福与美国国内的孤立派的斗争是极其艰难的。在罗斯福的努力下，先是美国卖武器给英国，让英国自己去与德国打仗，接着美国"租借"武器给盟友英国，但还得让英国自己动手；最后是美国自己出动大量的军舰，为英国运输大量的武器。这一段艰苦的支援英国的历程，说明了罗斯福早有美国会参战的预感，但与直接参战还有一定的距离。

美国的孤立派并没有忘记攻击罗斯福总统，他们一再认为罗斯福的许多声明是违反宪法的，都是一些"未经授权的宣战声明"。可是，这些家伙万万没有想到没过多长时间，美国就付出了惨重的代价——日本法西斯悄然偷袭了珍珠港，美国议会才统一意见，不得不授权总统，对法西斯发布了宣战声明。

对日宣战

日本帝国主义在东南亚范围内，疯狂地占领地盘，它又忘乎所以，趁着庞大的美国太平洋舰队的疏忽，偷袭了珍珠港。但这似乎又给了罗斯福以机会，使他能够向日本正式宣战……

华盛顿时间 1941 年 12 月 7 日，美国的海军部长突然接到一封让人难以置信的电文，原来是美国太平洋舰队总司令金梅尔发来的紧急通知："珍珠港遭到的是空袭——绝不是演习。"

在白宫的罗斯福正在与他的亲密顾问霍普金斯闲聊，突然，一阵紧促的电话铃声响起来。罗斯福像往常一样不紧不慢地拿起了电话听筒，只听见对方慌张地说道："总统先生，日本人好像是袭击了珍珠港。"罗斯福也不禁一惊，自言自语地说："这怎么会呢？"

霍普金斯在一旁问道："什么事呀，这么急？!"

罗斯福缓缓地放下电话，对着霍普金斯说道："日本偷袭了珍珠港，这应该是真的，只有日本人能干出这样的事情。"

这时，罗斯福的表情十分严肃，愤怒地说："我也曾经希望美国置身于这场战争之外，但如果这个消息是真的话，我们也只能是身不由己了，这是日本人的错。"

就在这个时候，两名日本使节还在使用烟雾弹的伎俩，他们为了吸引美国的注意力，在日本开始袭击珍珠港的最后一秒钟还与美国进行谈判，最后他们向美国政府递交了断绝外交关系的声明。就在同时，美国在太平洋最大的海军基地珍珠港，已经笼罩在弥漫的炮火中了。

这时候的白宫沉浸在一片紧张的氛围之中，一大群人聚集在白宫的铁栏杆外，等候总统的表态。

罗斯福此刻正在总统办公室内，与丘吉尔在电话交谈。丘吉尔在电话中高兴得合不拢嘴，他故作姿态地问道："总统先生，日本人到底干了些什么？"罗斯福回答道："他们已经在太平洋向我们发动了进攻，痛揍了我们。现在，我们可是风雨同舟了。我们这条大船将不会也不可能沉没的。"

此时此刻，也许在彼岸的丘吉尔是世界上最开心的一个人了，因为他为了把美国拉进这场战争,可谓是费尽了心机。但无论他怎样花言巧语都说服不了罗斯福下决心,更无法让美国的舆论倒向自己的一边,现在倒好,日本人帮了自己的大忙。他已经兴奋得几乎忘了和美国一道向日本宣战,因为英国国会已经抢在美国国会几个小时之前,正式向日本宣战了。

这时候,那些孤立派的领袖们再也没什么可说了,他们都噤若寒蝉,不再吱声了,因为经过事实的检验,他们对局势估计错了。他们也不得不把目光集中到罗斯福总统身上,看他如何处置眼前的突发事件,如何把美国这艘航空母舰带向战火纷飞的战场,如何与凶残的法西斯较量。

罗斯福总统身穿深蓝色海军斗篷,顶着阴冷寒风,乘车来到美国国会大厦。罗斯福在他的小儿子的搀扶下,走上了参议院的讲台。台下顿时一片雷鸣般的掌声,共和党人也鼓掌表示最大的最诚挚的欢迎。

罗斯福表情严峻,用愤慨低沉的声调讲道:"昨天,1941 年 12 月 7 日——一个遗臭万年的日子——美利坚合众国遭到了日本帝国海空军部队的蓄谋已久的突然的进攻。……我遗憾地告诉各位,这次的袭击使得很多的美国士兵丧失了生命……

"我要求国会宣布:自 1941 年 12 月 7 日——星期日,也就是日本进行无缘无故和卑鄙怯懦的突然袭击时起,合众国和日本帝国之间已经处于敌对的战争状态。"

"只要信赖我们的军队,只要依靠人民无比坚强的决心,我们一定能够获得最终的胜利——愿上帝保佑我们!"

罗斯福总统的演讲持续了六分多钟,他讲完了,抬起头俯视着台下的人们,又带着几分庄严和坚决微笑了一下,他要用事实证明出现在世界人民眼前的将是一曲雄壮的乐章!成千上万表情忧郁的人们聚集在大厦的外面,当他们看到了总统熟悉的身影,以及那随风飘动的斗篷和坚决果敢的表情时,爆发出了热烈的欢呼声。国会最后投票表决,几乎是全票通过了罗斯福的决定。

美国自从独立开始,发动过不少的对外战争,除了两次的反英独立战争外,并没有多少是正义的。但在珍珠港事件之后,罗斯福用他的智慧写下了毕生中最辉煌的篇章——领导美国与法西斯做殊死搏斗,这是他留给全世界人民最可宝贵的回忆。

斗智斗勇

在一场大战中,需要一个人有足够的勇气和足够的智慧,只有这样他才能够立于不败之地。罗斯福与凶残的敌人在周旋,他挥动起了铁拳……

日本帝国主义对中国垂涎已久了。它步步紧逼,胃口越来越大,想一口独吞掉中国,这一下打乱了美国的步骤。

美国对中国奉行的是"门户开放"的政策,它希望,西方列强对中国这块大肥肉都有分,来一个"利益均沾"。

当日本 1931 年入侵中国东北时,它已经威胁到了美国在太平洋的利益。但此时的西方列强都陷入了经济危机的泥潭之中,美国也是自顾不暇,况且在任总统胡佛对日本毫无办法,只能任日本为所欲为。

时间到了 1937 年,罗斯福连任美国总统之后,他一改以往的政策,对日本采取了强硬的态度,他挥动铁拳向日本法西斯的头上砸去。

在罗斯福的努力下,美国国会于 1938 年 5 月 17 日顺利通过了庞大的海军扩建法案。同年 6 月,英美法三国达成了互相使用港口协调行动的协议。1939 年 7 月,美国宣布美日通商航海条约将在 1940 年 1 月 26 日停止执行,这一点对日本的经济是一个极大的打击。1940 年春天的时候,为了阻止日本在太平洋上咄咄逼人的势头,罗斯福采取了一个令人吃惊的威慑行动,他把美国太平洋舰队调到夏威夷进行集结,给日本人摆出了一种姿态——那就是美国绝不怕与日本交战。

当时,军方有些人并不理解罗斯福的用意,因为他们认为舰队远离大陆本土,到这地方训练是得不偿失的。由此,他们想知道罗斯福这样做到底是为了什么,他们就直接来到白宫,希望罗斯福来给他们展示一下他的"锦囊妙计",对他们来一个面授机宜。

几位将军脸上都气呼呼的,罗斯福坐在椅子上却显得极为坦然,一脸微笑。"你们知道国际形势发展的最新情况吗? 知道日本帝国主义的下一步行动吗? 知道太平洋的战争局势会发生什么突变吗?"

几个将军听了罗斯福的这一段连珠炮似的发问,一个个都面面相觑。

罗斯福从椅子上站起来,表情非常严肃,声音不大但异常坚决:"当我们不知道该如何行动时,就留在原地不动,听候并执行上级的命令。"

但这些将军们似乎并没有把罗斯福的告诫留在心上,他们对日本的狼子野心早已麻木不仁。在珍珠港的防御计划上,陆军部队本应该在周围 20 英里的范围内进行巡逻侦察,海军应在 700~800 英里的范围内进行巡逻侦察,但军方并没有严格执行这一决议,他们在日本飞机投炸弹的时候,还以为是自己在进行军事演习呢,根本就没有防御,由此可知美国的损失情况该有多严重。

1940 年,德意日三国在柏林签署了三国公约,罗斯福马上对此作出了反应,美国禁止航空汽油、钢铁等战略物资运往日本,并给中国政府一笔数额可观的贷款,以支援中国人民的抗日战争。罗斯福在内阁会议上说道:"一定要给日本一点儿颜色看看,让日本明白我们是认真的,我们一点也不怕他们。"

1940 年 11 月 30 日,罗斯福宣布了将给中国一笔一亿美元的援华贷款,并立即赠给中国政府 50 架最新的战斗机,还增派一批军舰和飞机到菲律宾,以牵制日本在中国大陆的军事力量。不久,罗斯福宣布中国适用于《租借法》的援助条例。这样,一些物资就源源不断地从美国运往中国,支援了中国人民的抗战。

1941 年 7 月 24 日,罗斯福警告日本谈判代表:"如果日本继续向东印度推进,那么就会有一场全面的远东战争。"

各方的斗争形势非常复杂,罗斯福的顾问霍普金斯对眼前的局势不禁有些迷茫,他问罗斯福:"总统先生,美国到底会在什么条件下动用武力?"

罗斯福面带微笑,没有正面回答,他手里转动着酒杯,自言自语地说道:"走着瞧吧!"

1941 年 8 月 9 日至 12 日,罗斯福和丘吉尔分别乘军舰秘密地在纽芬兰的阿金夏半岛洋面上举行了第一次会晤。这次会晤,是在美国还没有卷入战争的情况下,罗斯福以美国总统的身份,第一次远离本土,与正在进行生死搏斗的英国领导人,就战争问题进行商量的一次有特殊意义的事件。

7 月 26 日,罗斯福发布了一道行政命令,宣布冻结日本在美国的一切资产。至此,美日之间的一切金融贸易活动都停止了,这可以说又是给日本的一记重拳。在美国实行了禁运之后,英国和荷兰也相继宣布停止向日本出售石油。

这样，就把套在日本经济头上的紧箍咒又加紧了许多。

知人善任

罗斯福总统因推行"新政"而被人们交口称赞，然而荣任三军统帅的他，能否团结三军将士，完成历史赋予自己的使命呢？

日本突然袭击珍珠港，一下子改变了整个太平洋、以至整个世界大战的战略格局。

在美国向日本宣战的三天后，德国和意大利也向美国宣战。至此，第二次世界大战在全球范围内全面展开。美国从第二线被推到了第一线，从一个扮演后勤供应的角色一下子成为海空军的主力。

对此最感到高兴的人，莫过于中国国民政府的委员长蒋介石。当他得知美国遭到日本突然袭击时，禁不住心中的喜悦，口里哼起了一段京戏的唱腔，高兴得不得了。因为，他今后再也不会以一个乞丐似的身份向美国求助了，而会以一个战时盟国首脑的身份出现在世界舞台上。

在珍珠港事变两天以后的晚上，罗斯福向全国人民发表了《我们将打赢这场战争，我们还将赢得战后的和平》的广播讲话。总统在这篇"炉边谈话"中，针对美国人民对这场战争缺乏思想准备的情况，着重说明了法西斯匪徒背信弃义、惯用偷袭的办法发动侵略战争。他说，日本过去10年中在亚洲所走的道路，同希特勒和墨索里尼在欧洲和非洲所走的道路是极为相似的，他们都是在事先没有警告的情况下，对他们所要鲸吞的国家发动入侵。而现在日本又进攻了马来亚和泰国以及美国——都未加警告。

"这完全是一个模式。"罗斯福进一步指出，"在强盗行径横行的世界里，就谈不上什么任何国家或者任何个人的安全。"总统号召全国人民紧急动员起来，积极投入这场伟大的反法西斯战争。他说："这不仅是一场长斯的战争，也将是一场艰苦的战争。"我们所需要的物资、金钱必须成倍地不断增加"。为此，他要求在一切军事工业，包括重要原料的生产部门，都实行每星期七天的工作制，以加速现在的一切生产。此外，还要建立更多的新厂，扩建老厂，把许多小厂转向战时需要，以迅速增加生产能力。

至此，罗斯福已由原来的推行"新政"的革新总统，转变为领导全世界反对法西斯暴政的"领头虎"。罗斯福的当务之急就是赢得军事胜利，他把他的绝大部分精力和时间，都用在了军事事务上。为了很好地领导战争，一般在国宴的时候，他都以三军统帅的身份而不是总统的身份与客人会晤。

罗斯福向来以办事快速果断闻名，在不长的时间内，他组织了一个高效率的军事顾问班子，来和他一道制定世界性的策略。在他们的参谋和帮助下，罗斯福迅速地挑选出了像艾森豪威尔、尼米兹、麦克阿瑟等能干的将军，作为各个战区的司令员。他们在战争中表现出了极高的智慧和惊人的才能，这充分地说明了罗斯福具有卓越的领导才能。在这些将军的眼里，罗斯福是一位通情达理的总统。他在绝大多数的情况下从不干涉具体的日常军事行动，他疑人不用，用人不疑给将军们宽松的环境，让他们发挥各自的才能。

在用人这一点上，罗斯福与丘吉尔绝不相同，丘吉尔经常用考虑不周的建议去打扰军事人员,有时让他手下的将军们摸不着头脑。

当时的一名评论家这样评价罗斯福说:"罗斯福是催化剂,通过他的努力,他可以创造性地驾驭任何混乱的局面。他与其说是一名谨慎的行政官吏,倒不如说是给人以活力的药剂。"

的确,罗斯福在为打赢这场战争所作的准备工作中,表现出了他的卓越的领导才能。1942年,罗斯福成立了生产委员会,以便集中指导战时生产工作,他邀请当时名不见经传的贝尔纳斯担任经济方面的主管。

当时,许多人对罗斯福的决定感到不满。一方面贝尔纳斯在最高法院还担任有职务,另一方面大家认为他太年轻了,根本无法担当这样的重任。他们向罗斯福提出了建议,希望罗斯福能再换另外一个人选。

罗斯福望着大家不解的表情,笑着说道:"如果说战争的胜利是年轻的士兵在战场上拼打出来的话,我愿在战争时期任命一个年轻的实干家,来赢得这次战争的胜利。我对他已经考察很久了,我相信他,我也希望大家信任他!"

在贝尔纳斯上任的时候,罗斯福握住他的手,深情地说道:"为了美利坚,为了合众国,为了全世界在战火煎熬中的人们,我把这一重担交给你了。"

贝尔纳斯在罗斯福的支持下,大刀阔斧地整顿战时的生产,为前线送上了大量的军用物资。贝尔纳斯在领导经济方面取得了极为出色的成绩,人们都亲切地称贝尔纳斯为"助理总统"。

作为三军统帅,罗斯福在海陆空三军,在各个战区司令之间,以及向美国争取援助物资的英国和各个国家之间充当了一个重要的角色。他要协调各个方面的关系和利益,使他们能够发挥最大的效率,爆发出最大的能量。

罗斯福在军事上绝对不是毫无主见,他认为德国的希特勒是最危险、最难对付的敌人,同德国交战是当务之急。这时军事顾问对罗斯福的看法发表了不同的意见。罗斯福坚持自己的意见,他在军事会议上说道:"大家可以这么想,没有日本,德国能够生存。但是,打败了德国以后,日本军国主义的日子就不会长久了。"他最后说服了军事顾问团制定了最佳的战争策略。

罗斯福在坚持自己的决定时是倔强的。罗斯福比其他人更懂得,现代战争绝不仅仅是作战部队之间的搏斗,而更是一场物资和技术之间的较量。他在起草1942年的国情咨文时,列出了许多看来是异想天开的生产目标:飞机——60000架,坦克——25000辆,大炮——20000门,船舰——600万吨……军事顾问霍普金斯马上提出了反对意见:"总统先生,这是不可能的。"

罗斯福高昂起高傲的头,大声说道:"不——如果生产者努力地生产,就一定能够办到! 这些数字,将要让日本军国主义者和纳粹分子知道,他们袭击珍珠港所引起的是何种后果!"

灵活的外交

罗斯福用他的超群的外交才能,团结了反法西斯联盟的各个国家,使得这个统一战线顽强地保持了下来。他,需要应付各种问题,解决各种矛盾,有时还要牺牲掉一定的利益……

罗斯福在任职期间,开创了总统到外国进行外交活动次数最多、行程最远的记录。

罗斯福和丘吉尔以及斯大林在二次世界大战中有过多次会晤,这些对大战的进展起了决定性的作用。

1943 年初,罗斯福和丘吉尔在北非的卡萨布兰卡举行了会谈,这一次,斯大林由于正在指挥国内的斯大林格勒战役,没有出席。卡萨布兰卡会议最大的成果是确立了一个原则,那就是法西斯国家必须"无条件投降"。

对于罗斯福提出的这一原则,还有一个非常有趣的小故事。

面对日渐明朗化的战争形势,打败法西斯已经不成什么大的问题。在卡萨布兰卡会议期间,罗斯福和丘吉尔想要讨论的是如何处置战后的几个法西斯国家。

这一天,罗斯福在儿子的陪伴下,和丘吉尔以及自己的顾问霍普斯金一起去吃午饭。他们几个谈笑风生,因为这是非正式的会谈,所以气氛显得极为轻松和谐。

大家边吃边谈,忽然发现罗斯福一个人闭上眼睛,靠着椅背在沉思。大家见罗斯福在思考问题,所以就把声音降到了最低的程度,在下边用低低的声音交换着意见。这样持续了好长一段时间,罗斯福在那里还是那种姿势那种表情,纹丝不动,显得非常沉静,像在熟睡,进入了甜甜的梦乡。大家不约而同地望着他,好像发现了新大陆,原来雷厉风行的总统还有这样安静的时候。

这时候罗斯福突然说了一句:"对! 就是无条件投降。"

大家被罗斯福的这一出人意料的声音给震住了,面面相觑,不知该说什么好。丘吉尔听了之后,沉思了片刻,然后拍了一下桌子,高声说道:"妙极了!"

罗斯福接着说:"当然,对于俄国人来说,他们也会同意这样干的。"大家各自念叨着"无条件投降"这一个短语,觉得它非常贴切,表达了大家的心愿,不禁鼓掌庆贺起来。这样,"无条件投降",就作为对法西斯战败国的一个基本政策而确定下来。

罗斯福可以说是老谋深算,在他的积极倡导下,美、英、中三国首先在开罗举行了三国会议。罗斯福的本意是要召开有斯大林参加的四国首脑会议,由于斯大林拒绝参加有中国人参加的国际会议,所以,罗斯福不得不把自己设想的会议分成两个阶段来举行:中国人参加,斯大林不参加的开罗会议;然后是斯大林参加,中国人不参加的德黑兰会议。

开罗会议举行前的一天夜里,儿子艾利奥特陪伴着父亲,在草坪上散步。他们边走边聊,谈得非常融洽。艾利奥特谈着谈着,觉得父亲有些沉闷,就轻声问是什么事困扰他了。

罗斯福深深出了一口气,感情有些低落,但还是那样斗志昂扬,说道:"美国将不得不出面领导,并运用我们的智慧来调解各种矛盾,帮助解决其他各国之间的必将产生的分歧……美国是能在世界局势中缔造和平的惟一的大国,这将是巨大的职责,而完成这一职责的惟一办法,就是面对面地与人进行会谈。"

艾利奥特在浓浓的夜色中望着父亲坚毅的面孔,为他的崇高的精神和不懈的斗志所感动。夜色中,艾利奥特陪着父亲走了很远。

在开罗会议期间,罗斯福满怀热情,他忙前忙后,协调着三国之间的关系;而丘吉尔则有些三心二意,蒋介石代表的中国政府则抱着一个目的,理直气壮地要求罗斯福给中国增加军用物资和贷款。

当然,那时的中国还不够强大,主动权并没在中国人的手里,虽然中国和美、英是同盟国,但仍免不了被他们欺辱。美、英等西方列强根本不顾中国的要求,把自己的利益置于他国的利益之上,在这方面,罗斯福扮演了一个不怎么光彩的角色。罗斯福在和中国代表讨论远东战后秩序的战略安排时,坚持要中国在国际保证下,使中国的大连成为苏联可以使用的自由港。迫于压力,中方代表不得不接受这个不合理的要求。

不过,在三方的共同努力下,还是对远东战略问题达成了协议。开罗会议的主要成果,应该算是美中英三国联合发表的《开罗宣言》,这一宣言,保证了战后中国的地位,从战后的形势来看,具有积极的意义。

1943 年 11 月召开的德黑兰会议,是第二次世界大战中最重要的一次会议。世界上最大的资本主义国家的首脑,和世界上第一个社会主义国家的领导人,坐在了一张桌子前面共商大计,这本身就极有戏剧性。

罗斯福和斯大林的会面是有历史意义的,他们曾经是势不两立的对头,因为有了共同的敌人——法西斯,他们才走到了一起。

二战期间的德黑兰是一个乱糟糟的城市,连治安问题都无法保证。斯大林为了罗斯福的安全,友好地建议罗斯福转到苏联大使馆来住,并特意把自己的大房间腾出来让罗斯福居住,自己则睡小一点的房间。罗斯福当然愉快地接受了斯大林的邀请,由儿子陪伴,移居到苏联的大使馆。罗斯福的安全是由斯大林特意安排的,在罗斯福的门前,站立了 6 个彪形大汉,都异常威武。"这下可以睡个安稳觉喽,"罗斯福笑着对儿子说道。

第二天,当斯大林前来拜访时,罗斯福摆出一副亲切信任的姿态。当斯大林进入到罗斯福所居住的房间时,罗斯福迎上前去,紧紧握住斯大林的手说道:"见到你,我很高兴。我早就想同你见面了。"斯大林见罗斯福如此热情、友善,也就没有什么距离感了。罗斯福让身边的翻译都撤了下去,只留斯大林的翻译在场,进行了一次诚挚友好的会谈。

后来,别人问及罗斯福为什么要这样安排,罗斯福说道:"这样做,是表示我的信任和毫不猜疑的姿态。"的确如此,罗斯福通过他的宽容大度,使得他与斯大林的会晤极其成功。

坚定的信念

在战前和战争期间,罗斯福以他出色的才干,赢得了美国人民的信任,连任了四届总统,然而年迈的他还能否支撑下去呢?……

1945 年年初,罗斯福依旧是众望所归,顺利地赢得了大选的胜利,第四次担任了美国总统。

此刻,罗斯福的身体已没有以前那样硬朗了。他已经在白宫度过了十二个寒暑,这时他已经 62 岁,岁月的痕迹已经留在了他的脸上。他积劳成疾,从镜中已可以看到眼眶下的黑圈。但是并没有任何人对他的身体产生过怀疑,因为,罗斯福一工作起来,简直像一头凶猛的狮子。

这时,只有他的小儿子能体会到父亲的苦衷。罗斯福此刻最想干的事,就是退居到童年的海德公园的家里,扮演一个政界元老的角色。有一次,罗斯福发现自己点香烟时,手竟然抖动得很厉害,他困惑地望着自己的小儿子艾利奥特,深情地说道:"我真不想再竞选了。"

但罗斯福并没有放弃掉自己的职责,在举行完了就职典礼后,罗斯福就马不停蹄地准备着三国首脑会议。

由于正准备发动一场巨大的西进攻势,斯大林拒绝离开苏联国境,但他并不反对三国首脑会议。最后,罗斯福、丘吉尔不得不勉强接受了斯大林提出的建议,把会议的地址选在了苏联境内克里米亚半岛的雅尔塔。尽管雅尔塔会议讨论的问题很多,但最使罗斯福念念不忘的仍是战后的世界组织问题,他想建立一个能主持正义与公道的国际组织,并且还给它想好了一个叫得响的名字:联合国。

罗斯福对联合国组织的基本设计提出一个基本的原则:大国一致的原则,即否决权原则,只要有一个大国投了否决票就可以否决掉某一议案。对这一点丘吉尔、斯大林都很顺利地接受了。

斯大林坚持认为,苏联在反法西斯战争中作出的牺牲最大,苏联的加盟共和国中的乌克兰和白俄罗斯也要成为《联合国家宣言》的发起国,这样,在未来的联合国中,苏联将享有三个席位。丘吉尔由于已经为英国的附属国争取到了更多的席位,所以他没有什么反对的意见。

这时,有人提醒罗斯福,苏联的席位比美国多,这会在国内的议会中遇到强烈的反对。对此,罗斯福胸有成竹,他认为三国的首脑在重要的问题上已经达成了一致,为了避免在这一问题上的纠缠妨碍其他问题的讨论,罗斯福还是答应了下来。不久,美国国内的媒体把这一内容披露了出来,反对派们把它列举为罗斯福"投降"斯大林的罪证之一。

罗斯福也深深地感受到了这方面的压力,他不得不于1945年3月1日,前往国会发表演讲,为他的雅尔塔之行和所取得的协议进行辩护。

此时的罗斯福已经是疲惫不堪,他经过了长达几千公里的长途旅行,身体已经是半瘫痪状态,他明显有些苍老了,但他的精神并没有苍老。

罗斯福打起精神,依旧用他那富有魅力的演讲打动了台下所有的听众,他自信地说道:"我从遥远的旅途归来,感到的是精神振奋和灵感丛生。在整个旅行的过程中,我的身体都很健康,连一分钟也没有感到过不舒服;只是回到华盛顿,在这里,我才听到了我不在国内时出现的一切谣传。"

最后,罗斯福不失幽默地说道:"罗斯福这一家人,他们并不讨厌旅行,虽然它很累人,但他们为了美利坚似乎越跑越强壮!"当然,罗斯福在这次演讲中没有忘记给自己在决定签定雅尔塔协议进行辩护:"我们将要取得胜利,我们一定要在太平洋进行一场长时间、高代价的斗争!我们作出一些让步也是为了获得更大的收益。"

经过罗斯福的一番演说,基本上平息了国内舆论的喧哗。他继续领导美国前进。

未完成的画像

罗斯福在美国历史上留下了光辉的一页,他倡导并推行了"新政",是他领导了反法西斯同盟,当我们在面对历史时,目光总是被这些辉煌的成就所吸引。他的晚年则有些凄凉,或说是悲壮。为了较全面地了解罗斯福这个历史名人,让我们来关注一下他的家庭、婚姻以及感情生活……

1945年3月30日,这一天是耶稣受难日。

此刻的罗斯福已经是筋疲力尽,面容非常憔悴,尽管他强打起精神,但他还是有点力不从心。或许这是上天的安排,这次,罗斯福此去将不再复返,他再也回不到他日夜操劳的白宫了。

实际上,罗斯福本人也意识到,他即将走上不归之路,因为,他已经感觉到他的精力已经明显地不够用了。有几位老朋友来看望他时,他在床上连翻身的力气也没有了。他吃力地试着翻了几次,还是没有成功。最后,他在护士的帮助下才能够和客人面对面地交谈。

罗斯福身体健康程度的迅速滑坡,与战争期间巨大的工作量是分不开的。随着战争的发展,白宫成了一个没有欢乐和笑声的地方,罗斯福越来越感到莫大的孤独。因为,在这几年当中,他的妻子绝大部分时间都不在家,她要到处演讲,或者是到外地视察,他的四个儿子都不在自己的身边。这次罗斯福在严格保密的情况下,来到了佐治亚州温泉疗养基地。

"看看谁在家里,请他们过来。"每当举行一个晚间的鸡尾酒会时,罗斯福经常对招待员这样说。

"对不起,总统先生,家里没有一个人。"大部分时间内,招待员总是这样说。罗斯福每次听到这样的回答的时候,总是很伤心的样子,往往是一个人匆匆用过晚饭,就上床入睡了。

谈到罗斯福,我们不能不提到他的妻子艾丽诺。这一对夫妇可以说是政治上的最佳搭档。艾丽诺是一个具有强烈个性的女性,她办起事来雷厉风行,几乎不容别人改变她的行为准则。正是她,彻底改变了美国第一夫人的传统形象。在美国历史上,除了林肯和威尔逊两位总统的夫人,曾利用自己特殊的身份和地位对政治施加一定的影响之外,其他的第一夫人的形象都是低姿态的,所以也都默默无闻。

事实上,第一夫人艾丽诺早在进入白宫之前,就是社交活动中的风云人物。艾丽诺自己在报纸上开了一个专栏,经常为罗斯福呐喊助威,简直是罗斯福在政治上的左膀右臂。但由于两人都忙着各自的事业,这就给他们的婚姻留下了十足的遗憾。艾丽诺身上有的是要强、执拗的个性,少了作为妻子的温柔和体贴。这样,罗斯福和妻子的一位社交秘书露茜·莫塞尔发生了婚外恋。露茜是一位举止文静、说话轻声细语的姑娘。她皮肤白皙,性格温柔,极善于体贴人。她和罗斯福早在罗斯福任职海军部时就发生了恋情。露茜是一位天主教徒,不能和已婚的男人结婚,所以,他们两人之间不能结合,但他们在精神上一直互相支持、鼓励,保持着特殊的友谊。

到罗斯福老年的时候,露茜和罗斯福之间的书信来往更加频繁了,这种交往所带来的精神慰藉和心理上的欢娱,连艾丽诺也承认是她所无法付出的。

罗斯福这次来到温泉休假时,死神的脚步已悄悄地逼近了。罗斯福来到温泉的第一件事,就是让身边的秘书与露茜联系,让她知道总统已经在温泉了。罗斯福曾经答应露茜,让她的好朋友舒马脱娃为自己画像,作为送给露茜的一件礼物。

1945 年 4 月 12 日,这在美国历史上是一个永远值得纪念的日子。这一天,佐治亚阳光明媚,早晨的空气经过一夜的净化,显得格外清新。田野里色彩鲜艳,百花盛开,生气盎然,就好像大地刚刚在黎明时刻才诞生出来的一样。罗斯福醒来时感到心神愉快,精力充沛。他盘算着这一天上午除了处理几件急办的公文外,还要抽暇润色他的讲演稿,下午参加曾录市长弗兰克·奥尔科举行的传统的野餐会。弗兰克将在地坑里烤一只公猪和一只羔羊。宴会上有上等的烈性威士忌酒,还有乡间的提琴手来演奏轻快的古老乐曲,着实让人们享乐一番。晚上还有精彩的演出,一些患过小儿麻痪症的小伙子将在院子里的小剧场上装扮黑人演出滑稽节目。不管表演多么拙劣，一定是挺有趣的，因为罗斯福喜欢这样勇敢的小伙们寻欢作乐的活泼劲儿。这将是多么快活的一天啊！正当总统批阅过当天几件公文后，露茜·拉瑟弗德夫人同艺术家伊丽莎白·舒马托娃进来了。拉瑟弗德夫人委托她画一幅总统的水彩画像，以便珍存留念。于是罗斯福按照画家的要求披着他的海军斗篷，在陈设简单、装有松木嵌板的起居室里，坐在一张玩纸牌用的小桌前，处理信使从华盛顿送来的一小袋官方条件。罗斯福用草书签署了延长商品信贷公司的期限的法案。然后，他对秘书劳拉·德拉诺大声说："我就在这里签署法案。信使走后，总统又审阅了一些其他的文件，其中包括他准备第二天晚上为庆祝杰斐逊纪念日的广播讲话稿。12时45分，他注意到将近吃午饭的时间了，于是罗斯福对画家说："我们还可以再工作15分钟。"

女画家紧张地进行速写，露茜则默默地坐在一个窗户旁边，能完全看到总统，她的脸上露出了温柔的笑容。劳拉·德拉诺东奔西跑。护士萨克利小姐在一边守护。快到1点钟的时候，护士突然发现总统的头在前倾，他的双手在藤椅上乱摸。她和露茜急忙走到跟前，跪在地上，抬头望着他的脸问道："你是不是想吸烟？"他轻声说："不，我头痛得厉害。"于是，护士和露茜急忙到外面打电话，叫布鲁恩医生速来总统的别墅。

布鲁恩医生赶来后，立即确诊罗斯福已患严重的脑溢血，并采取了急救措施。罗斯福始终没有苏醒过来，但是在整个别墅都可以听到他那紧张的呼吸。工作人员和他的朋友们在起居室焦急地守候着。大家都不作声，默默为他祈祷。下午3时35分，罗斯福停止了痛苦的呼吸。

罗斯福总统的遗体运回华盛顿后，并没有像以前的林肯总统和后来的肯尼迪总统的遗体那样，安放在国会大厦圆形大厅供人瞻仰。他生前不希望那样做，他的遗愿得到了尊重。

富兰克林·罗斯福逝世的消息，迅速地传遍了全世界，反法西斯国家的人民都沉痛地悼念他。斯大林、丘吉尔和其他国家的领导人，纷纷发来唁电，表彰这位伟大的政治家在反法斯战争中所作出的杰出贡献。丘吉尔在他的回忆录中写道："关于罗斯福总统，我们可以说：如果他当时没有采取他实际上采取的行动；如果他心中没有感受到自由的汹涌波涛；如果在我们亲身经历过的极端危难时刻，他没有下定决心援助英国和欧洲；那么人类就会陷于可怕的境地，在若干世纪之内，人类的整个前途就将沉沦于屈辱和灾难之中。"

富兰克林·罗斯福虽然没有看到反法西斯战争的最后胜利，虽然没有让画家完成他所希望的水彩画像，但是，他可以死而无憾了。在他逝世25天后，作恶多端的德国法西斯宣布无条件投降；在他逝世3个多月后，日本法西斯也投降了。他的画像虽然没有完成，但是在世界人民心中却树起了一座丰碑。人民、爱好和平的世界人民，将永远怀念他在这一伟大战争中所创建的历史功绩。

戴高乐

快乐少年

公元 1890 年 11 月 22 日，一个伟大的生命，在法国里尔市公主街的一个世代笃信天主教的小贵族家庭诞生了。他，就是本世纪杰出的国际风云人物，连任法国两任总统的夏尔·戴高乐。

戴高乐的父亲，是个有见解有学问、又十分尊重传统的人，行伍出身，后弃军从教。其母是个虔诚的宗教徒，有着坚定的爱国热情。

在这样一个家庭熏陶下，戴高乐养成了倔强、好斗、刚愎自用的性格。他和男孩子时常做打仗的游戏，他们扮演成不同国籍的士兵，但戴高乐总得当统帅，而且一定是"法国军队"的统帅。有一次他的哥哥格扎维埃说："这一回是不是该换换了?"戴高乐十分坚定的说："不! 我就是要当法国军队的统帅!"几乎所有的孩子都把小小的戴高乐视为领袖，一切都要听他指挥。有一次做两国交兵的游戏，小弟弟埃皮尔被"敌人""俘虏"，没来得及把"情报"吞掉，"情报"被"敌人"搜去了，为此，埃皮尔被戴高乐狠狠地敲了一顿脑壳。

到了入学年龄，戴高乐照例进了圣玛利亚学校。他博闻强记，过目成诵，学习成绩相当出色。

他最喜欢的功课要数文学和历史。他们全家每年都要到卢瓦尔河别墅去过暑假，戴高乐的暑期读物总是历史。他说，他很热爱法国的历史。他认为，法兰西是伟大的民族，有伟大的传统。他说："法国如果不伟大，就不称其为法国。"

童年的戴高乐特别喜欢读法国诗人埃德蒙·罗斯丹的诗剧。十岁那年，父亲带他看了一场罗斯丹的诗剧《雏鹰》，给他留下了极深刻的印象。故事是这样：拿破仑的独生子流亡到奥地利，竭力要改变自己的命运，但是，"雏鹰"空怀大志，终于没有成功，一直到死都抑郁地怀念着自己的祖国。诗剧的结局是个悲剧，立意是爱国主义的。戴高乐看完诗剧后激动地对父亲说，我长大了一定要去当兵。他一直把"雏鹰"的悲壮结局铭记在心。几十年后，他还时常问起马尔乐，这只小鹰的遗体是否已经移葬在残老军人院拿破仑墓宅里。罗斯丹的另一个诗剧《西哈诺·德·贝热拉克》是个三角恋爱悲剧，据说，他能从头到尾背诵下来。另外，他还很喜欢古希腊的抒情诗，喜欢歌德和海涅的诗。虽然他的英语学得并不好，但并不妨碍他品尝英国文学。

小小年龄的戴高乐就有"文学家""史学家"的美称。他十五岁那年还在圣玛利亚学校读书时，就写过一篇题目为《德国的战役》的小说。这篇小说尽管文笔稚嫩，但却洋溢着少年人通常的锐气，充分反映了少年戴高乐统领千军万马的远大志向。1908年，戴高乐还写了一首无题诗，诗中抒发了他准备在战场上视死如归的壮烈情怀。

诗中这样写道：

"我愿!……

"如果我将死去，

我愿死在战场上，

这时我的灵魂，
依然披着战火掀动的如醉如狂的喧嚣，
那宝剑的威武与清澈的撞击声，
使战斗者悲壮地视死如归。

"我愿死在夜晚，
逝去的夕阳可以使离别少一些遗憾，
并为死者蒙上遮体的丧服，
夜晚！……与夜俱来的将是上帝赐来的和平，
当我死去的时候，在心窝和眼睛里，
我们得到星光凝重的安宁。

"为了死而无憾，
我愿死在夜晚，
那时，我将看到，
光荣之神在床头在向我展示，
节日盛装的祖国，
那时，我虽已精疲力竭，
却能够在死神来临的籁籁声，
感受到光荣之神在我的额头上灼热的一吻。"

这可能是戴高乐从军前的最后作品。就这些作品，足见戴高乐的聪颖和文学才气。难怪有人说，如果戴高乐选择了文学，也许他会成为一名杰出的作家或诗人。

志在军旅

戴高乐十多岁时，就下决心要进圣西尔军事学院，梦寐以求军人生涯。

1909 年 8 月，戴高乐终于通过了圣西尔军事学院入学考试，从此步入了军旅生活。这一年，他只有十九岁。

戴高乐在圣西尔勤奋地学习了两年，于 1912 年 10 月 1 日毕业，毕业考试得了第十三名，军衔为少尉。在填写分配志愿时，戴高乐毅然选择了第三十三步兵团，回到了阿拉斯。当时这个兵团的团长是菲利普·贝当上校。

在三十三步兵团，上校贝当很赏识戴高乐的才干。戴高乐在 1913 年晋升为中尉时，贝当写下的评语是："异常聪颖，忠于职守……极堪嘉许。"

第一次世界大战爆发后，法国的第一个军事行动是进攻比利时。1914 年 8 月 5 日，第三十三步兵团受命从阿拉斯起程，开赴比利时。戴高乐踌躇满志。这一天，他在日记中写道："每个人都动员起来了。这种强压着的激情是我梦寐以求的！"

第三十三步兵团本属于后备力量。但由于德国的攻势急猛，法军退至横贯迪南的莫斯河上，第三十三步兵团奉命守住莫斯河大桥，阻止德国过河。8 月 15 日，与德军交火，戴高乐在他参加的第一次实战时大腿负伤，被送到阿拉斯、里昂和巴黎治疗，到年底才又重返前线。在戴高乐离开战场的三个月期间，战局发生了很大变化：从海峡到瑞士一线，交战双方僵持不下。在这中间，戴高乐执行了许多次很危险的侦察任务,表现非常出色。1915 年 1 月 20 日,戴高乐受到表彰,后来被授为上尉。

1915 年底,战争僵局有了突破,德国军队开始向凡尔登大举进攻。法国军队面临严峻考验。1915 年 2 月,戴高乐所在部队向凡尔登集结。3 月 1 日,与德国在都蒙堡一带遭遇。

遭遇战打得十分激烈,德军猛烈炮击法军阵地,当时传说戴高乐已阵亡。其实,戴高乐没有死,而是受了重伤,在昏迷中被德军俘虏。

戴高乐心怀壮志,却没有在战场上充分施展他的才干。过了两年零八个月的俘虏生活,可算是"壮志未酬"。然而,他并没有虚度在俘虏营的时间,他利用一切空闲,写了大量笔记为他后来出版的第一部政治、军事著作《敌人内部的倾轧》积累了基础材料。

1918 年 11 月 3 日,奥匈帝国宣布投降,11 日,德国军队放下了武器。德方代表前往巴黎东北贡比涅森林,在法国福煦将军的行军车上签署了停战协定。第一次世界大战从此宣告结束,戴高乐也从此结束了俘虏生活获释回国。

戴高乐在四年的对德战争中,有一半时间是在俘虏营中度过的。对于戴高乐这个血气方刚的爱国青年来说,这实在是件憾事。不过,他在很有限的几次战役中,确曾表现十分出色,于是在 1919 年 7 月,获得了一枚最高荣誉骑士勋章。

第一次世界大战结束后的第二年春天,戴高乐随法国军事代表团到了波兰。

1917 年 11 月,俄国爆发了十月社会主义革命,建立了苏维埃政权。从此,世界上第一个社会主义国家诞生了。为了把新生的社会主义政权扼杀在摇篮中。美、法、日、英等帝国主义国家不宣而战,对苏维埃俄国开始了武装干涉。波兰同俄国也处于交战状态。1919 年 4 月,波兰军队开进俄罗斯。

戴高乐初到波兰被派到波兰朗伯尔托夫军官学校担任教官,讲授战术学。不久,法国驻波军事代表卷进了俄波战争,戴高乐和波兰第五轻步兵团一起参加了反对苏维埃的战争。1921 年 3 月,俄波战争结束后,戴高乐奉调回国。就在这一年的 4 月 7 日,戴高乐与伊冯娜·旺德鲁在加莱地区圣母院举行了结婚典礼。婚后,他们生了三个孩子:一个儿子,两个女儿。

1921 年 10 月 1 日,戴高乐调往圣西尔军事学院担任战士史教员。不过,作为志在戎装的戴高乐哪能安于在军事院校当个普普通通教员,他的志愿是继续深造,将来成为一名在战争中运筹帷幄的将军。果然,第二年 11 月,他考进了高等军事院校。

戴高乐从高等军事院校毕业后,在总参谋部所属的运输供给局工作了几个月,随后被调任美兹因区法军司令部。这一年,戴高乐出版了他的第一部著作——《敌人内部的倾轧》,这是根据他被俘期间在狱中的笔记整理完成的。戴高乐此时已三十四岁了,作为一名职业军人,他在事业上不算顺利。然而,他的大法兰西民族主义思想却根深蒂固地确立起来了。尤其是法德之间的纠纷、对立、冲突、战争……在戴高乐的意识中铭刻的异常深刻。

1925 年 10 月,已是法军总管和最高军事会议副主席的贝当元帅委任戴高乐为他的幕僚。戴高乐从此时来运转,他的才干和主张得到了贝当的赞许和赏识。1927年,当了十二年上尉的戴高乐被提升为少校,受命统率第十九轻步兵营,在摩泽尔河畔的特里尔驻防。这一年的 4 月,戴高乐在贝当的亲自陪同下,在高等军事院校连续作了三次报告。已属中年的戴高乐第一次享受到如此殊荣。他三次讲演的题目分别是:《战争行动与领袖人物》、《领袖人物的性格》和《威望》。从这些讲演中不难看出,戴高乐正在按照领袖人物的标准塑造自己。看来戴高乐的欲望岂能仅仅是个普通军官?

两年后,戴高乐离开了莱茵区,奉命调到贝鲁特,在这里的法国部队里供职。从1929年底到1931年4月前,他到过开罗、巴格达、大马士革和耶路撒冷。

美满家庭

第一次世界大战结束后,英、法、美、日等帝国主义国家,又组织了对新生的苏维埃共和国的武装干涉。戴高乐应招前去波兰华沙同苏联红军作战。他在那里仅参加了一次战斗,就被波兰军事学院聘为教官。他的任务是教授战术学。这时的戴高乐和以往一样认真地从事教学工作,但他完全摆脱了在国内所受的种种约束,开始享受一种"华沙的自由生活"。每月的头两周,军官的薪金足以使他过着"贵族"的生活。他可以出入于高级餐厅,特别是可以经常去那家文人墨客常去的利埃夫斯基饭店,并可以涉足于波兰社交界第一流沙龙。他竟成为罗塞·蒂什基埃维茨伯爵夫人豪华的市内住宅的常客,并以他那幽雅的法国风度而出名。人们还经常看到他和另一位波兰贵妇——体态娇小、性情活泼的切特维尔腾斯卡伯爵夫人一起在巴利克尔咖啡馆饱餐油煎果馅饼。

1921年10月,波兰前线战事刚一结束,戴高乐就回巴黎度假。他万未料到,这次度假对他个人生活来说,竟具有决定意义。虽然他本人还一无所知,但好心的媒人却已在为他穿针引线。丹坎夫人自称是他的主媒。她与戴高乐早在孩提时代就已相识,并一直与戴高乐一家保持着亲密友好的关系。她后来搬到加来,结识了当地有名的饼干制造商旺德鲁一家。旺德鲁家的女儿伊冯娜曾经拒绝了一位将军儿子的求婚,因为这位青年是个军官,而她最不情愿嫁给军人。她宁愿在家乡养儿育女,而不愿常随军仓促搬迁。

一天,丹坎夫人恰好碰见戴高乐上尉在她娘家吃午饭。她忽然灵机一动,心想这个在少年时自己常跟他开玩笑的青年军官,如今一表人才,讨人喜欢,很可能会使伊冯娜·旺德鲁对军人求婚者的态度有所改变。于是,她很坦率地向旺德鲁夫人谈了自己的想法,结果引起了夫人的好奇心。她们精心地在巴黎的"清秋沙龙"安排了一次"巧遇"。两周后,两家人就在"清秋沙龙"处碰了头。丹坎夫人给他们作了介绍。戴高乐与伊冯娜站在一幅画有童年时代的诗人和剧作家莫里斯·罗斯丹的画像前,戴高乐以超人的记忆力,大段大段地背诵这位著名诗人的诗句,伊冯娜听得简直着了迷。她回家后,掩饰不住内心的喜悦,向母亲倾吐了她对戴高乐这位青年军官的好感。她说:"夏尔是一位讨人喜爱的好青年,他知识渊博,文明礼貌。但我觉得他可能嫌我个子太矮了。"从此,这位一向不愿嫁给军人的美丽伊冯娜姑娘,与才华横溢的青年军官戴高乐坠入情网,两个人情意绵绵。后来在一次舞会上,夏尔·戴高乐勇敢地向伊冯娜求婚,她同意了。

过了几个月,戴高乐再次回法国度假。他们在加来圣母院教堂里的夏尔马涅和圣·路易的圣像之间,举行了婚礼,时间是1921年4月7日。在他们近半个世纪的夫妻生活中,无论是在反法西斯战争的艰苦年代,还是戴高乐任总统期间,始终相亲相爱,一往情深。

戴高乐夫妇治家很严,谨言慎行。他们严禁子女打着戴高乐将军的旗号谋取私利或借以炫耀自己。他们还教育子女尽量少在公众场合露面。研究戴高乐家族的法国女作家克洛德·迪隆说:"人们从未看到戴高乐的女儿德希厄西厄夫人或他的儿媳菲利浦·戴高乐夫人参观时装展览,也从未看到她们在市场上一面笑眯眯地盯着蔬菜,一面讨价还价。直至戴高乐逝世才使他的全家人首次在法国人面前露面。"

戴高乐一向回避新闻记者对他以及他全家人的采访。因此,在戴高乐在世时,一些摄影记者像追踪难以到手的猎物一样,追踪共和国总统的一家。他们终于巧妙地摄下了戴高乐将军的孙子、十六岁的小夏尔的形象:他当时在约翰尼·阿利达依的陪同下正坐在一家咖啡馆的露天座位上。小夏尔很快就遭到了总统祖父的惩罚。他被关进爱丽舍宫受审。小夏尔像个罪犯似的规规矩矩地站在祖父面前,而将军却一声不吭,他一动不动地站在办公桌后面,活像一尊骑士的塑像。他把那张"不体面的照片"递给他的孙子,严厉地告诫他:"今后要把时间用在正道上,要勤奋学习,老实做人,绝不当花花公子。"

戴高乐夫人,性格文雅,举止大方,待人温厚。这种作风的养成与她所受的教育以及在将军身边几十年的熏陶不无关系。人们都说,她是一位贤妻良母,也是一位典型的军官夫人。她虽说在有些地方不拘礼节,平易近人,但她还是让人肃然起敬。她在生人面前是有些谨慎,她竭力避免一切可能引起争论的话题,竭力避免发表自己的见解,因为她不愿意冒那种风险:让人评论她的看法,甚至加以曲解或者把它作为反对她丈夫的言论,尤其他们意见不一致的时候。然而,只要她感到气氛比较融洽,她就会谈笑风生,甚至还具有那种自我嘲讽的高尚的幽默感。有一天晚上,礼堂放映电影,将军的一位助手看着装饰在天花板上的裸体仙女,取笑工匠巧妙地用装饰物或飘带来替仙女遮丑。将军夫人说:"这可不是我让搞的呀!"

戴高乐夫人一向不喜欢官场生活,1965 年她为将军再次参加总统竞选而深感遗憾。爱丽舍宫对她来说,实在是被迫套上的"枷锁"。尽管如此,她也并不逃避爱丽舍宫主妇应尽的职责。她做她应该做的事,恰如其分,从不超越。她不是那种大小事情一手独揽的发号施令的总统夫人。她叫人把食谱拿给她看,规定几项节约原则,并且言传身教。她很关心体贴人,每当总统府工作人员家里有结婚或增添人口等喜庆事时,她总忘不了送礼贺喜。她乐意负责布置传统的圣诞树,并亲自挑选圣诞礼物。总统府内协助她完成这项工作的几位太太也各收到一份小小的礼品。

在国事活动方面,戴高乐夫人可能比历届总统夫人参加的都少。她对公众的好奇心和摄影记者的冒昧行动很不习惯,她讨厌在外国元首来法国进行正式访问时陪同他们的夫人。她总是尽量推让,一般情况下都让总理夫人去承担这个任务。她从不要求任何特殊照顾。当她陪同丈夫去外省视察时,常常不让侍从知道就去参观某个慈善机构。这在国外是一件必须由礼宾官安排的事。

戴高乐夫人绝不要求新任部长的夫人对她作礼节性的拜会。只有当她们找到了合适时机,并事先提出要求,她才接待。这种会见一般又是安排在底套房间的小客厅里进行,不显山不露水,谈的内容也多是些孩子们的事,如家庭教育、学校教育等,很少涉谈国事。

戴高乐夫人时时无微不至地关心着丈夫的健康,她向膳食总管暗暗下达指示,可是这些都瞒不过将军。有一次在餐桌上没有给他斟白酒,他大声对邻座说:"哟,你倒有白酒,看来,我是个受管制的人啊!"在郎布依埃的一次打猎午餐会上,夫人们都没有参加,将军的邻座看到将军是那样毫无节制地将菜肴装满自己的碟子,不由得一下愣住了。戴高乐转过脸,心领神会地对他解释说:"在这里我可以这样做。妻子不在,我可以自由地饱餐了。"

她不仅对将军在用餐、休息等方面关心,而且在其它方面都做到使将军精神愉快。戴高乐外出时,无论她多么疲惫劳累,她总愿前往陪同。一次,戴高乐在科西嘉岛视察时,骄阳似火,真叫人难以忍受,一路上车子停了无数次,每次将军都到村里去同村民握手。而总统夫人却不愿跟随将军张扬自己,总是呆在汽车里,忍受着火辣辣太阳的折磨。随行的一位部长想对她表示同情,不随同其他官员去簇拥总统,而十分关心地来到将军夫人的车子跟前问道:"夫人,你不觉得太累了吗?"将军夫人回答道:"不!一点不累,我高兴极了。每次将军带我外出旅行,我都非常高兴。"跟随总统的一位女记者说:"的确,她显得非常高兴。她戴着一顶合适的小帽子,精神抖擞,端端正正的坐在 DS 型小轿车里。而且每次都要同前行的将军保持着相隔五辆轿车的距离。直到就寝时,将军才回到夫人身边。"

戴高乐夫人对丈夫的关心是多方面的。她不仅关心他的健康,而且也非常关心他的事业。每当戴高乐在事业上取得成功,她都为他高兴,每当他受挫,她都为丈夫难过。为了丈夫的健康和安全,到了晚年,她希望戴高乐早日退出政治舞台。1969年 4 月 28 日,戴高乐将军宣布"停止执行总统职务"。戴高乐的拥护者们在伤心之余想到,"至少有一个人将会感到高兴"。的确,伊冯娜很高兴。她认为,丈夫又真正地属于她了,她终于又可以和他同乘一辆车了,她可以与他肩并肩地在绿色的原野上散步了。

戴高乐将军对他的妻子,一直不改初婚时的至亲至爱,彬彬有礼。每逢外出,他总是等夫人先坐下后,他才坐下;等夫人先上车后,他再上车。他总是把右座让给妻子,除非他们一起去参加官方集会。可是一回到爱丽舍宫,他又坐在左边的位置上。尽管伊冯娜在公众场合总是称丈夫为将军,可戴高乐却始终称她为"我的妻子"甚至在正式祝酒词中也是如此。伊冯娜喜欢这样的称呼,因为首先"戴高乐夫人"可能是某个店主对其妻子的称呼,而"我的妻子"却包含着一种亲切的相当高的占有,具有不寻常的特殊意义。他们相亲相爱,无论环境、政局如何变幻,他们总是肩并肩地站在一起,同甘共苦。正如将军夫人所说的,愈是环境艰难,对于一个赴汤蹈火的英雄来说,更加需要爱情的支持和浇灌。

权力和幸福家庭很难兼得。这是人世间那些身居高位的权贵们常常为之苦恼的事情。然而戴高乐却是既居总统高位,又享受着人伦之乐的一位伟人。

戴高乐夫人和戴高乐将军犹如一位出色的钢琴家为一个伟大的演唱家伴奏那样,配合默契,浑然一体。她处处事事竭力维护着戴高乐形象的完美;他对伊冯娜,总是相敬如宾,关怀备至。

伊冯娜不是一个迷人的、爱卖弄的女人,但她完全可以称得上一个地地道道的夫人。她不象约瑟芬那样轻浮放荡,使拿破仑伤透了心;她也不象罗斯福夫人那样,愿在政治舞台上出头露面。伊冯娜就是伊冯娜。她认为自己生活中的使命,就是为丈夫和儿女创造一个幸福的家庭。她用最简单的语言概括了自己的整个态度。她说:"总统职务是暂时的,而家庭是永久的"。

孤掌难鸣

1931 年底,戴高乐从中东回国后,到贝当主持的最高国防委员会秘书处工作。两年后,被提升为中校。从第一次世界大战结束以来的十几年中,戴高乐多次调动过驻防地点,但此后的六、七年内,他相对稳定在军界首脑部门进行军事战略研究工作,直到 1937 年底,他晋升为上校被任命为驻麦茨的第五百零七坦克团团长,才回到军事指挥的岗位。

戴高乐在当时的军事战略上,有自己鲜明的观点。他认为,在战争条件下,法国的地形很不利,尤其是与比利时接壤的法国边界更加脆弱。英国和美国可依靠天堑之险,西班牙和意大利各自有比利牛斯山和阿尔卑斯山作为屏障。法国首都巴黎周围都是一马平川,无险可守。在这种情况下,构筑再坚固的防御工事也无济于事,惟一的办法是建立一支可以立即调遣的机动力量,也就是说,"一批常备的、团结的和能够熟练地掌握使用武器的队伍"。而且要在陆地、海上和空中都有一批"精选人员"。他认为,全部现役人员应该在十万人左右,由常备军组成,他们应在精锐部队中服役六年,掌握专门技术,培养进取精神和集体精神,并且在指挥方面也要有相应变化,以适应机械化战争的瞬息万变的局势。还要注意发展无线电通讯系统。

戴高乐当时军衔不算高,人微言轻。尽管他这些主张是正确的,但支持者甚少,特别是在执政者中支持者更微乎其微。就连一度提携过戴高乐,并支持过戴高乐观点的贝当,也因种种原因,主要是因基本观点的分歧,与戴高乐的和谐亦不复存在。及至希特勒的铁蹄踏上法国国土,戴高乐便决然和贝当分道扬镳:一个统率"自由法兰西",一个当了傀儡政府的头子;一个解放后成为法国临时政府的首脑,一个最后因法奸罪沦为阶下囚,被判处死刑。

1930 年 9 月 4 日,纳粹党在国会选举中一跃成为德国第一大党。1933 年 4 月 30 日,希特勒出任德国总理。从此,德国法西斯势力更加猖獗,希特勒紧锣密鼓地在战争道路上疾驰。

在这种背景下,戴高乐为建立机械化常备军大声疾呼。他认为,德国从希特勒上台以来,一步紧似一步地扩军备战,一旦羽翼丰满,就一定会首先扑向法国。

戴高乐的疾呼并没有引起上层重视,就在德国迅速建立起自己的装甲部队和强大的空军时,法国的军政要人们却在那里迷恋着马奇诺防线固若金汤的神话。举国上下陷入了一种令人难以忍受的麻痹状态。

戴高乐深知,自己不过是一个中级军官,成不了气候。他决心想法去影响担负国防责任的政府。

1934 年 12 月 5 日,戴高乐经人介绍,认识了前财政部长、当时的国民议会议员保罗·雷诺。他向雷诺阐述了他关于建立机械化常备军的观点。雷诺完全同意他的观点,并将其观点提到国民议会。从此,戴高乐的主张便从国防委员同仁之间的议论和新闻界的宣传,跨进国民议会的论谈中去了。

不幸的是,戴高乐的这些基本观点,照例没有被采纳。当时的国防部长莫林在国民议会答辩说:"我们已经花了这么大的力量筑成了这样坚固的防线,为什么偏要越过这道防线去进行莫名其妙的冒险呢? 莫林当然知道这些观点是戴高乐的一贯思想,因而他毫不理睬。一次他怒气冲冲地对戴高乐说:"再见吧! 戴高乐! 有我在的地方，就没有你的地位！"在这期间，前后两位国防部长莫林和法布利，两任总参谋长魏刚和甘末林，也都墨守成规，照旧指望着那个马奇诺防线。

1936年的5—6月间，法国"人民战线"政府组成，社会党领袖莱昂·勃卢姆出任总理。这是法国有史以来组成的第一次左翼政府。人民阵线政府以推行社会改革为号召，例如工厂实行每周四十小时工作制，银行业和某些工业部门实行国有化，工人享受工资照付的假日，对劳资纠纷实行强制性仲裁等等。但这些政策并没有取得预期效果，法郎照样贬值，物价照样上涨，工人罢工照样此起彼伏。在外交和军事方面，人民阵线政府同样没能够摆脱右翼政府留下的被动局面，对于法西斯的蠢动，照样表现得无所作为。

戴高乐对人民阵线政府的军事政策曾经抱有期望，但又感到极不满足。他对作为"人民阵线"政府的总理勃卢姆很不放心。他深知，勃卢姆曾公开反对过他的观点。1934年的11—12月间，勃卢姆在《人民报》上连续发表文章攻击戴高乐，如今他怎么能接受戴高乐的观点？

1938年3月，希特勒吞并了奥地利，为德国向多瑙河流域扩张铺平了道路。1939年3月，在吞并捷克后立即又把矛头指向波兰。9月1日，德国从陆地和空中进攻波兰，装甲部队跨过波兰边界。9月3日，英国和法国向德国宣战，于是第二次世界大战开始了。

德军踏进波兰的第二天，戴高乐被任命为第五军团装甲兵司令。

戴高乐能阻挡住德国军队吗？作为一个职业军官，戴高乐愿意实现他万死不辞的天职——为国家和民族效命，但他并不掌握整个军队的指挥权。而且他深知，当时法国在位的军队要人仍然没有改变他们的战略观点。

可叹空有报国之志，毕竟英雄孤掌难鸣。

伦敦聚义

1940年9月2日，戴高乐去阿尔萨斯就任装甲兵司令时，时局急转直下。在德国法西斯侵占了波兰的大片土地后，又相继侵入荷兰、比利时、卢森堡。接着又放手进攻法国。当要塞凡尔登失陷后，法国政府认为大势已去，便主动要求停战，并在巴黎附近的贡比涅签署了停战协定。根据协定，法国解除武装，五分之三的国土沦于敌手。法国旋即组成了维希傀儡政府，曾经与戴高乐有过师生之谊的第一次世界大战的"凡尔登英雄"——贝当，耄耋之年当了通敌的法奸。

正当国难当头，雷诺政府内外绥靖势力占着优势，德国法西斯军队开始大举向法国进攻的时候，年已五十岁的戴高乐被任命为国防部次长，这是他一生中首次担任政府职务。

受命于危难之际的戴高乐认为，必须寻求通过联盟挽救危亡的道路——在争取英国和美国支持和声援的同时，制订在北非进行反法西斯战争的长期计划。戴高乐感到，雷诺的心思有些捉摸不定，他怀疑雷诺坚持下去的信心。另外，他深知，英法和德宣战以来，法国只有英国一个盟友。美国在欧洲战场以外隔岸观火，法国虽然与苏联缔结了同盟条约，但苏联同时也与德国签订了互不侵犯协定，这样在德国大举向法国进攻时，苏联是不会参与其中的。于是，戴高乐毅然决定，带着雷诺的指示，直奔英国，求见当时英国首相邱吉尔。其实在这之前，邱吉尔已多次飞往法国，参加过英法联席军事会议。邱吉尔在与法军政要人的会谈中,已清楚地察觉到,法国的军政要人已深深陷在失败主义的情绪中,法国在"战"与"和"的搏斗中,一步一步向乞降的方向迈步。邱吉尔也十分清楚,如果法国沦入敌手,英吉利海峡仅一水之隔,孤悬海上的英伦三岛岂不是更危险了!

6月9日,戴高乐飞往伦敦。

邱吉尔很快在唐宁街十号接见了戴高乐。这是他们的第一次晤面。会见后,戴高乐对邱吉尔的"第一印象"很好。但是在涉及到问题本身时,邱吉尔并没有满足法国的要求,因为邱吉尔断定法国已输定了,法国本土不可能重建防线,所以他断然拒绝派空军支援,只同意把曾在比利时作战残存下来的部队留下来。

戴高乐对此行的印象是,伦敦与巴黎之间战略上的配合实际上已经不存在了。戴高乐从英国回来后不久,政府已不能在首都视事,先迁往图尔,然后又迁往波尔多。

时局进一步恶化,投降派更加紧锣密鼓地活动。巴黎失陷的前一天,邱吉尔到图尔只作了一番道义上支持的姿态,雷诺神情颓然,魏刚当着邱吉尔的面向雷诺报告,大意是法军已雪崩般地垮下了,现已陷于极度混乱之中,因此除请求停战之外,别无他路。

在战与降搏斗的最后关头,在贝当取代雷诺以前,戴高乐一直尽最大努力,紧张地筹措着把抗战指挥中心,作战的人力和物力转移到北非去。为此,首先要挫败投降派的阴谋,只有这样,法国政府才可以堂堂正正地主动撤离,继续坚持抗战。然而投降派势力很大,雷诺能坚持多久?戴高乐深知此时的艰难,但他还是带着移师北非的计划去见雷诺。这时,德国军队已经渡过塞纳河,巴黎的失陷在旦夕之间,雷诺决定把政府迁往巴尔多。贝当、魏刚等包围了雷诺,反对一切移师北非的抗德方案。海军上将达尔朗曾经表示要打到底,但当戴高乐敦促他无论如何不能使法国舰队落在德国人手里的时候,达尔朗却转了一百八十度的弯子,听从了魏刚的命令。国务部长让·伊巴尔内加莱,也曾经是少数主战派当中的一个,但事到临头却说:"对一个老军人来讲,除服从我的上司贝当、魏刚以外,就没有什么东西能决定我的看法了。"

不出所料,巴黎终于在1940年6月14日被德军占领。这中间,戴高乐奔走于英法之间,他想通过借助英法联盟的力量,对雷诺起一些精神上的刺激作用和鼓励作用。也可以多少牵制一下投降派的阴谋。

戴高乐决心下定,要与德国法西斯战斗到底,但在法国本土已根本无法立足了。

6月17日上午9时,戴高乐携妻子女儿,飞往伦敦。戴高乐后来回忆说:"当时我感到自己是单独一个人,一切都被剥夺了,就象一个人面对着一片茫茫的大海,准备跳到水里游过去。"

戴高乐抵达伦敦后,专门向法国国防部发了一份电报,内容大致说:"我已达伦敦。昨日曾根据雷诺先生的指示,与英国国防部就以下问题进行了磋商:一、一切由美国政府向盟国提供的军备物资均将储存在英国领土,这不影响已经协议的或即将协议分配方案;二、目前在法国的德国战俘将在波尔多移交给英国军事当局。关于英方就德国和北非间人员和物资的运输提供援助问题,我已向英方要求从6月19日起,在3周内援助五十万吨位的轮船。我现在处于无权地位,我应否继续磋商?"

既然贝当政府投降路线已定,当然不会再委任戴高乐去办有关抗敌的事情。戴高乐接到的复电是召他回国的"命令"。戴高乐立即给魏刚复信说,只要不投降,我愿意参加可能组成起来的任何法国抵抗力量。6月30日,贝当又发了一道命令,叫戴高乐到图卢兹的圣米歇尔监狱去"自首"，听任"战争委员会"的审判。委员会先是判处戴高乐四年徒刑，后来根据当了伪政权国防部长魏刚的指示，改判戴高乐"死刑"。

戴高乐在伦敦与邱吉尔会晤时指出：只要贝当一公开宣布投降，他就通过英国广播电台向全世界宣布：自由的法兰西将继续战斗。于是他于 1940 年 6 月 18 日下午 6 时，坐在英国广播电台的播音室里，向全世界、也向沦亡的法国，发表了具有历史意义的"六·一八"演说。戴高乐郑重宣告："法国并非孤军作战。它有一个庞大的帝国作后盾。它可以与控制着海洋并在继续作战的不列颠帝国结成同盟，也可以象英国一样充分利用美国巨大的工业资源。"他号召："我，戴高乐将军，现在在伦敦。我向正在英国领土上和将来可能来到英国领土上的持有武器或没有武器的法国官兵发出号召，向目前正在英国领土上和将来可能来到英国领土上的一切军火工厂的工程师和技术工人发出号召，请你们和我取得联系。"他指出："无论发生什么情况，法兰西抵抗的火焰不应该熄灭，也决不会熄灭！"

就这样，戴高乐在海峡彼岸的伦敦，树起了第一面法国反抗德国法西斯的旗帜。

戴高乐的事业，在开始时得到的最重要的支持来自英国。6 月 23 日英国政府就发表了公告，不再承认贝当"政府"是法国的政府。6 月 28 日，英国政府正式宣告：英国认为戴高乐将军是世界各地的自由法国人的领袖，为前来投奔戴高乐的人提供方便。虽然，英国的支持意在自己的利益，但这对于势单力孤的戴高乐来说，非同小可。

6 月 30 日，海军中将爱米尔·米塞利埃来到伦敦，表示支持戴高乐。同时，在利物浦附近驻扎的法国阿尔卑斯山轻步兵师内服役的军官，如柯尼希上尉和安德烈·德瓦弗兰上尉及梯也里·达尔让利厄海军上将也投奔了戴高乐。募兵工作虽然不如想象的那样一帆风顺，但到 7 月 14 日法国国庆日那天，第一支"自由法国"的队伍终于组织起来了。这一天，戴高乐在白厅广场上检阅了他的战士。检阅完毕，他向第一次世界大战盟军司令、法国的福煦元帅雕像献了红、白、蓝三色花束。同时，确定"洛林十字"为自由法国武装的标记。一个星期以后，第一批戴高乐的空军部队对鲁尔区进行了轰炸。到 7 月底，戴高乐已经动员了七千之众。

8 月，戴高乐在泰晤士河畔的圣史蒂文大厦安置了自己的办公室。自由法兰西政府初具规模。

8 月 7 日，邱吉尔——戴高乐协议向全世界发表，协议载明戴高乐是自由法国武装力量的最高统帅。但协议中写明戴高乐也要听取英国统帅部的一般指示，而且协议也没有按照戴高乐的要求，明确英国要对恢复法兰西帝国的疆界作出保证。戴高乐由此感到他不能完全依靠英国，必须到非洲殖民地去寻找更广阔、更坚实的基地。戴高乐决心为他所首创的自由法兰西选择一条独立发展的道路和一个更坚实可靠的基础。

10 月 24 日，戴高乐到达布拉柴维尔。这时，"自由法国防务委员会"的人选已经就绪了。10 月 27 日，是继 6 月 18 日后另一具有历史意义的日子。这一天，戴高乐发表了有名的《布拉柴维尔》宣言。宣言指出："设在维希的贝当政府已经沦为敌人的御用工具。因此，必须建立一个新的政权来承当领导法国投入战争的重担。形势把这一神圣职责交给了我，我将义不容辞。为了完成我的使命，就在今天，我组成了一个帝国的防务委员会。这个委员会由正在法国各地行使职权的人、或者集中了本民族的最高智慧和道德价值的人所组成，它将和我一起代表为生存而战斗的国家和帝国。"宣言最后说："我们将为了法国去完成这项伟大的任务，竭诚为它服务，确信取得胜利。"

防务委员会行使政府的职能,自由法国从此有了它的政权机构。1941年9月21日,戴高乐所领导的第一任自由法国全国委员会,象一个政府那样堂而皇之地组织起来。委员会不仅健全了经济、财政、外交、军事、司法、教育等政府机构,而且任命了部门官员。戴高乐自然成为委员会主席,即当然的政府首脑。

至此,戴高乐完成了三件在法国现代史上有转折意义的大事。第一,从法国沦陷的第一天起,他还只有孤身一人的时候,就以大无畏精神高擎起抗战的旗帜,向法国人民发出了救亡的战斗号召;第二,由于他代表了民族利益,所以很快赢得了一批军政人员的支持,在广漠的西非各地树起了"六·一"的旗号;第三,在不长的时间里有了一支为自由法国所用的武装力量,不仅有陆军,还有空军和海军。年过半百的戴高乐总算真正有了为法兰西的独立事业施展才干的广阔天地,他的抱负、理想和韬略才真正插上了翅膀。而以前的几十年中,他从一名陆军少尉到国防部次长,无非是政治生涯中的序曲。

情系法兰西

当戴高乐几乎还是孑然一身时,是邱吉尔接待了他,并允许他利用英国电台宣布:"我,戴高乐将军,我现在在伦敦。"即使戴高乐有了自己的军队以后,也还必须同英国军队组成联合部队,才能在北非和近东作战。戴高乐不会忘记邱吉尔对他的支持。

邱吉尔和戴高乐两位政治家几个月以前初次会面时,相互都以为自己是"慧眼识英雄",然而,"英雄"在一起并不一定和谐,戴高乐发现这位强大的朋友时常不按照自由法国的意愿办事,有时竟不顾损害戴高乐的利益。戴高乐身在伦敦,但绝不想长期寄人篱下。

戴高乐与邱吉尔之间,慢慢地产生了一些看不见的裂痕。有一件突如其来的事情,差点儿使戴高乐同英国政府反目。那是1940年底,戴高乐从非洲回到伦敦,非洲之行虽然谈不上一切顺利,但无论如何也为1941年的进一步发展打下了一个很不错的基础。然而就在元旦那天,新任英国外交大臣安东尼·艾登要求戴高乐火速到伦敦会面。艾登见到戴高乐时告诉他,自由法国驻英最高司令爱米尔·米塞利埃海军中将与贝当伪政府勾搭,并企图将英法联军的军事情报透露给贝当驻北非的司令官达尔朗。但这个军事情报被英国情报机关截留。艾登说,邱吉尔认为此事很严重,他在报请内阁批准后,下令逮捕了米塞利埃。

戴高乐听完以后,满心孤疑,他对艾登说,英方手里的情报是否确实很值得怀疑,并没有足够证据,而且英国竟然事前不打招呼就强行逮捕了一名法国的海军中将,起码是粗暴无礼的。戴高乐要求立即释放米塞利埃,他亲自到伦敦警察厅看望了被囚禁者。确信英国情报机关截留的所谓"情报"纯系捏造。

1月8日,戴高乐召见斯皮尔斯将军,强烈要求在二十四小时内释放米塞利埃,并给他赔礼道歉。否则,自由法国就和英国"断绝关系"。据说,斯皮尔斯承认确实搞错了,"情报"也的确是假的。第二天,邱吉尔和艾登在唐宁街十号会见戴高乐时,正式表示歉意,并且保证立即释放米塞利埃。

1941年5月19日,戴高乐委派勒内·普利文作为自由法国的全权代表到达华盛顿,争取同美国建立经常性联系,要求美国总统罗斯福及时向喀麦隆、乍德和刚果派驻空军,自由法国控制下的太平洋属地也可以为美国提供便利。因为美国一旦参战,他必须以非洲为基地,才能向欧洲进攻。但是,普利文6月到达华盛顿后,却受到冷遇。他发现美国对自由法国几乎是视而不见。美国蔑视法国从1940年6月以来发生的变化。罗斯福认为,贝当出任法国总理无非是政府领导人的更迭,这无碍于对希特勒的斗争。相反,对于流亡国外坚持抵抗斗争的戴高乐,却认为不可信任,美国驻维希政府的大使李海海军上将和驻北非的代表罗伯特·墨菲竟然轻信贝当的话,认为戴高乐的出走是"叛变"行为。在罗斯福总统、国务卿赫尔等人的眼里,戴高乐不过是一个"暴发户",自由法国是一个没有代表性的"非法团体",在涉及法国利益的问题上就不能同它打交道。

一次,美国国务院准备同普利文和英国驻美使节讨论美国支援英法抗德战争的问题。美国国务院提出,普利文只能以"专家"名义,而不能以自由法国代表身份参加。普利文向戴高乐报告了此事后,戴高乐当即复电普利文,指示他坚持原则,一定要以自由法国代表的资格参加会谈,否则就拒绝出席。戴高乐指出,自由法国需要的是作战物资,而不是医疗用品之类的救济品。

经过斗争,美国终于作了一些让步。9月,赫尔宣布美国和自由法国之间有共同的利益。10月,罗斯福也不得不转变对自由法国的态度,他致函斯退丁纽斯,决定把租借法案的受惠范围扩大到自由法国。

至此,美国和自由法国总算建立了某种关系,戴高乐终于可以在租借法案范围内得到一些美国提供的作战物资。

1941年12月7日,日本偷袭珍珠港,美国卷入第二次世界大战。

戴高乐感到,自从美国在战争舞台上正式登场以来,盟国间的关系更复杂了。每当自由法国同英国或美国发生摩擦时,英美总是站在一起。戴高乐不可能摆脱"一对二"的局面。

1942年5月21日,美国新任驻伦敦大使约翰·怀南特拜会了戴高乐。事后,艾登向戴高乐透露,美国可能正在考虑对自由法国全国委员会的态度。7月9日,美国果然发表公报,承认自由法国是法国抗战力量的象征,美英两国政府认为,法国政治前途将在自由和没有强制的条件下决定。公报虽然措辞含糊,但也能表明罗斯福不能再完全忽视戴高乐的存在了。

7月中旬,戴高乐决定把自由法国改名为"战斗法国"。这时法国国内的抵抗运动已开始承认戴高乐,愿意接受他的领导,从自由法国到战斗法国,其意义不仅是改变了运动的名称,而是反映了戴高乐领导的抗德斗争的规模有了更大的发展,他的影响不仅存在于海外,也得到了国内抵抗运动的拥护。

在以后的几个月里,罗斯福一直在玩着排斥戴高乐的把戏,11月8日,艾森豪威尔指挥的英美联军背着戴高乐攻入北非,在摩洛哥和阿尔及利亚登陆,于是卡萨布兰卡、奥兰,阿尔及尔的维希政府驻军被击溃。11月11日,正在阿尔及尔的维希政府外交部长弗朗索瓦·达尔朗与美国的克拉克将军签署了停战协定。

令人不解的是,罗斯福居然让达尔朗留下来继续担任在北非的法国代表,原来维希政府派驻的总督诺盖斯等军政人员也一概留任。同时,把来到阿尔及尔的法国五星上将吉罗安排为达尔朗的第二把手。显然,罗斯福根本不想让准备到阿尔及尔来的戴高乐插手。

圣诞节前夜,达尔朗突然被暗杀。吉罗立即接任。在罗斯福支持下,吉罗准备成为法国海外抵抗运动的总代表。

本来,罗斯福在阿尔及尔亲自导演的事件就是对戴高乐的极大冒犯。现在又想让吉罗出来取代戴高乐。这对戴高乐来说,将是更大的挑战。

亨利·吉罗是五星上将,军衔比戴高乐高,资格比戴高乐老,早年曾是戴高乐的上级。现在吉罗靠美国人的支持硬要充当统领法国抗战的领导人。戴高乐认为,战斗法国的力量已经布满赤道非洲和地中海东部地区,要打回欧洲、解放法国,就必须进入北非,这是他1940年6月出走伦敦以来一直为之奋斗的目标。他可以和吉罗合作,但无论如何也不能把战斗法国淹没在吉罗领导的运动里。戴高乐以铁的意志和决心坚持,他和吉罗的关系是法国人之间的事情,可以在阿尔及尔谈,也可以在贝鲁特谈,但绝不能在美国的导演下去讨论法国的事情。

戴高乐决心为战斗法国的神圣主权坚持进行的斗争。

1943年1月,罗斯福和邱吉尔在卡萨布兰卡举行会议,讨论战局,决定盟军究竟是在欧洲开辟第二战场,还是在西西里岛登陆。这时,德国隆美尔的军队在阿拉曼防线已被英军突破,欧洲战场上苏联红军在斯大林格勒已经把德国第六集团军团团围住,一场标志着战争转折点的保卫战即将开始。

根据罗斯福和邱吉尔的安排,吉罗先到了卡萨布兰卡。邱吉尔和艾登出面邀请戴高乐也到摩洛哥来与吉罗会见。开始时,戴高乐严辞拒绝。他表示,他同吉罗会晤与否,和在哪里会晤,这是法国人之间的事情,用不着"盟国高级法庭"来安排。经邱吉尔一再劝说,戴高乐于1943年1月22日来到卡萨布兰卡。戴高乐一到就十分反感,摩洛哥本是法国所属的领地,法国人在这里谈法国的事情却要围着铁丝网,还要美国兵守卫!他第一次见到了罗斯福,但丝毫没有改变原来的立场,他根本就不想与吉罗平分领导权。罗斯福固执地认为,法国抵抗运动的领导权既不能交给吉罗,也不能交给戴高乐,而是要用吉罗来平衡戴高乐,比较而言,罗斯福更倾向于吉罗,因为他认为戴高乐傲慢偏执,根本不把美国放在眼里,他甚至认为,没有人比戴高乐更加靠不住。

经过几年的奋斗,戴高乐的实力和影响有了突破性的发展,他已经成为海内外公认的抵抗运动的领袖和旗帜。北非各地都通电支持战斗法国。战斗法国在国内的影响也迅速扩大,戴高乐派往国内的抵抗运动的代表让·穆兰于5月中旬已组成了包括各种派别的全国性抗战运动委员会,委员会表示拥护戴高乐,要求迅速在阿尔及尔成立以戴高乐为主席的临时政府。

相形之下,吉罗显然势单力薄。吉罗于5月17日邀请戴高乐前往阿尔及尔,共商成立中央权力机构的大事。5月27日,让·穆兰主持召开了全国抗战运动委员会第一次全体会议,以正式声明的形式宣告,以戴高乐为主席的临时政府在北非成立。英国和美国的广播电台也转播了这个声明。

戴高乐顶住了美国总统罗斯福的种种压力和干扰,站稳了脚跟。

啊！凯旋门

在国外流亡四年多的戴高乐将军,经过与投降政府的决裂,与法西斯德国的斗争,与罗斯福、邱吉尔的周旋,以及与直接受到罗斯福支持的吉罗的较量,终于获得了胜利。1943年6月3日,正式成立了法兰西民族解放委员会。这个委员会享有最高权力,军事力量也置于它的领导之下。在委员会向将来组成的正式的临时政府移交权力以前,负责制订共和国法律,确立共和国政体。戴高乐通过电台向世界宣布"法兰西民族解放委员会,以其身负重任并以其坚韧不拔的决心出现在法国和世界面前!"

1943年7月31日,对于戴高乐来说,是不平凡的日子,就在这一天,戴高乐最后战胜了吉罗,吉罗虽然还是总司令,但是,他要服从戴高乐的领导。

戴高乐对吉罗的胜利,也可以说是对罗斯福和邱吉尔的示威。罗斯福企图把戴高乐排除在法国抗战队伍之外,使尽了千方百计,邱吉尔想把戴高乐拴在伦敦,成为大英帝国的附庸。但这一切对戴高乐来说,都将是空想,他虽身在伦敦,但却时时想的是法兰西帝国的海外领地,抱负是作为凯旋者回到法国。戴高乐需要美国和英国的帮助,但却绝不因此随人俯仰。

1944年7月,解放法国的战斗进入了新阶段,盟军诺曼底登陆迅速使德国法西斯军队溃退。至此,通向巴黎的通道打开了。8月15日,法美联军进行了另一次两栖作战,在马赛和尼斯之间的普罗旺斯登陆成功。在法国本土坚持游击战争的武装力量纷起响应,有力地打击了溃退中的敌人。

解放巴黎的时机成熟了。18日戴高乐从阿尔及尔经直布罗陀回国。这时,解放巴黎的战斗正在展开。24日夜晚,勒克莱尔部队的前锋深入巴黎心脏,巴黎市区此时已结束了战斗,德国侵略军已同法国共产党领导的武装力量达成停火协议。第二天,战斗法国第二装甲师举行入城式,美国第四师的一部分也随法军进入巴黎,德军驻巴黎卫戍司令冯·柯尔梯茨将军签署了停火协议,命令城内德军放下武器。

25日下午,戴高乐从巴黎的奥尔良门进入市区,随后,立即来到圣多明尼克大街陆军部旧址。四年前,戴高乐就是从这里撤离巴黎的,现在又回来了。景物依旧,但巴黎已经历了一场严峻的考验。

在市政厅大门口迎接戴高乐的是抗战委员会的三位不同党派的领导人,他们在客厅里分别向戴高乐发表了热情的欢迎词,戴高乐无比激动,他象朗诵诗一样致贺词说:"巴黎!被敌人蹂躏过的巴黎!横遭破坏的巴黎!受尽千辛万苦的巴黎!同时也是解放了的巴黎!巴黎是自己解放了自己,巴黎是他自己的人民在法兰西军队的协助下,在全法国、战斗的法国、惟一的法国、真正的法国、永久的法国的援助和支持下解放的。戴高乐呼吁:法兰西的所有儿女,应当象兄弟一般携手并肩,奔向法兰西的目标,他最后高呼:法兰西万岁!

第二天下午,戴高乐来到凯旋门,成千上万的巴黎市民向他欢呼。这是他长久以来所渴望的一刻,在少年时代就已梦想的一刻。戴高乐在凯旋的乐声中丝毫也不怀疑,他本人、他亲手建立的自由法国、战斗法国、法兰西民族解放委员会,就是法兰西民族的代表,他应该是法兰西共和国的当然总统和缔造者,戴高乐从凯旋门在军队的将领们和抵抗运动的领袖们的簇拥下,沿着香榭丽舍大街,步行前往协和广场。戴高乐后来在回忆中说:啊!那简直是人的海洋!也许有二百万人。屋顶上黑鸦鸦的一片人。窗口里密密拥挤着人,人群中间夹杂着许多旗帜。梯子和柱子上边甚至也爬满了人。凡是能看到的地方,都是阳光灿烂、国旗飘扬的人群的巨浪。

此时的戴高乐处在荣誉的顶峰。他睥睨一切——罗斯福的傲慢、邱吉尔的权术,所有这些都不曾使他屈服,希特勒的疯狂也无法使他却步,他在1940年6月18日还只是个"零"，现在却掌握了法国的命运。

退出政坛

1945年11月13日，立宪议会一致选举戴高乐为临时政府总理。戴高乐虽然取得了一致的拥护，但是，那只是因为他在当时是惟一能够支撑法国政局的人，他没有一支有组织的力量作为他坚强的后盾。他从到伦敦宣布自由法国诞生至今已经六个年头了。回想在这六年当中，他时而戎马倥偬，时而为盟国折冲尊俎、无论多么繁忙，遇到何等尖锐的矛盾，但总觉得命运在自己手中。但现在，他却感到眼前一片空白。

戴高乐深谙，法国当时在国际舞台上的位置。他虽然完成了他的第一个报国宏图，打掉了威胁法国安危的希特勒的淫威，以民族英雄和抗战领袖的身份凯旋归来，但法国在国际上仍是次要角色。法国本来的地位得听命于美苏英三大国的"恩赐"。罗斯福、斯大林、邱吉尔三巨头几次讨论战后欧洲安排事宜时，戴高乐都没有同等的权力。戴高乐对此一直耿耿于怀，他决心为恢复法国大国的地位而斗争。

对国内状况，戴高乐当时亦感到力不从心，很难改变其异常困难的境地。在他刚回到巴黎时，呈现在眼前的是满目疮痍的法国。昔日的繁荣变成了一座废墟。约二百万座建筑物毁于战火，六百万人无家可归，在战争中死亡的人数达八十万之多，还有五六十万人由于战争而成为残废。几千万英亩的土地荒芜了，粮食奇缺。燃料严重不足，人民已经过了几个饥寒交迫的冬天。

与经济问题相比，更使戴高乐伤脑筋的还是国内政治局势。形势的发展显然已经超过了他的想象，同他所追求的政治理想相悖。例如，通过让·穆兰组织起来的全国抗战委员会，早已不是清一色的"戴高乐"派，而已成为各个政党的联合组织。尤其令他忐忑不安的是曾在地下游击战争中发挥重大作用的法国共产党，在委员会中占据着重要地位。在巴黎的秘书处，共产党员和同情共产党的人占了很大比例。这些政治力量在反抗希特勒的战争中曾支持、拥护过戴高乐，当共同的敌人被击败之后会怎样呢？

戴高乐所坚决反对的"政党政治"已是无法避免的事实：共产党享有极高的威信，社会党也活跃起来，皮杜尔领导的号称中间派政党——"人民共和运动"成为第三大党，此外，激进党等也恢复了活动。但是戴高乐本人还没有一个可以依靠的政党。戴高乐深深感到自己力单势薄，又不由自主地堕入了政党政治的漩涡中而不能自拔。他第一次想找一个僻静的地方，静静地过一个假期，第一次感到应该休息一下了。

1946年1月14日，戴高乐从海滨回到办公室，向几位部长透露，他准备辞职。

1月20日，各部部长应召而来，戴高乐跟每个人握手致意后，宣读了他装备好的辞职声明。他说："排他性的党派制度又复活了。我是不赞成的。但是，除非用武力建立我所不能同意的，无疑也不会有好结果的独裁政治，我没有办法阻止这种尝试。因此，我只有告退。"

戴高乐退隐后，用了十年多的时间，写了一部巨著——《战争回忆录》，这部巨著可与其他世界著名回忆录媲美。

当然，戴高乐也并不是完全关起门来写书，国内外的重大事件经常引起他的密切关注。

戴高乐保持了近半年的沉默后，1946年6月16日，对法国政局发言了。他选择第一个从希特勒占领下解放出来的城市——贝叶,作为其发表重要演说的地点。后来一提到"贝叶演说",人们就立刻想到戴高乐辞职后的第一次公开声明。他认为党派之争是法国政局动荡的根源。他指出,行政权应由超越各党派的国家元首授与政府,国家元首由包括全体议员在内的范围更广泛的选举团产生,他既是法兰西联邦的总统,又是共和国总统。国家元首的职责是负责任免人员,颁布法律和公布法令,主持政府会议,裁决意外的政治事件,在国家处于危急时期保证国家的独立和批准法国签订的条约。戴高乐在"贝叶演说"中,勾划出了他将来主持第五共和国的政体。

但是没有人理会戴高乐的主张。第四共和国在风雨飘摇的 1947 年诞生了。

此时的戴高乐深深感到,他非常需要一个自己的政党来支撑,否则,他就没有参与政权的角逐力量。为了最后消灭"政党体制",他需要建立一个旨在消灭这种体制的政党。2 月 2 日,他对其私人秘书说出了这番心意。他授意说,这个组织可以叫"法国人民联盟",有了这样一个组织,戴高乐和戴高乐主义者就可以有组织地参加竞选了。

戴高乐要组织政党的消息,很快传到巴黎。事实上,戴高乐派的重要成员勒内·加比唐、雅克·苏斯戴尔等已经在积极活动了。一时之间传说纷纷:戴高乐很可能在酝酿一次推翻现政府的政变。拉马迪埃总理于 4 月 1 日晚,亲自到科龙贝对戴高乐进行了一次秘密拜会,他们交谈了两个多小时,戴高乐对拉马迪埃说,他绝不支持第四共和国,他将是现政府的反对派,因为他的宪法保证不了法国的荣誉,但他也绝对不会干出法律所不允许的事。这意思是叫拉马迪埃放心,他不会搞政变,他想做的无非是通过选举重返政治舞台。

过了几天,法国人民联盟征集成员的消息不胫而走,联盟在巴黎的办公室整日应接不暇,不到一个月,就收到了一百多万份申请书。

戴高乐将军在紧张地从军务政三十年之后,确实是隐退了,但他在思想上并没有隐退。他一直在注视着法国政局的变化,他对世界形势的看法,对东西方关系的看法,对于法国在世界上应居什么地位,形成了一整套观点,一旦重新执政,就可很快地成为法国独立的政策。

在第四共和国整整十三年中,戴高乐一直在冷峻的观察着,他断言:第四共和国必将在政党的纷争中垮台。事实正是这样,第四共和国从诞生之日起,就没有一天安定,内阁总理的职位象走马灯一样从这个政党的手里转到另一个政党手里。

50 年代以后,法国的经济状况开始好转,但政局却一直处于困顿不堪状态。最主要的是他们背着两个殖民侵略战争的包袱。一个是印度支那殖民战争,再一个是阿尔及利亚战争。

侵略战争使国库陷入枯竭。居伊·摩勒决定增加税收来为阿尔及利亚战争筹款,但还没有来得及做这件事,摩勒政府便于 1957 年 5 月垮台。接替摩勒出任总理的是激进党人布尔热—莫努里,新政府也只有十个星期的寿命,也因阿尔及利亚战争倒台了。

阿尔及利亚问题使任何一个政府都难以立足。

7 月 30 日,布尔热—莫努里政府倒台后,法国陷入了长达 35 天的内阁危机。几经周折,人民共和党的费利克斯·加亚尔被推出组阁。这时国库已告急,加亚尔一方面从法兰西银行借款二千亿法郎,另一方面争取到大量美元贷款。这些应急措施无非是饮鸩止渴。加亚尔政府在阿尔及利亚战争面前也毫无办法,被迫于 1958 年 4 月

15 日下台。

病入膏肓的第四共和国，没有一个资产阶级政党能稳住局面，除共产党外的所有资产阶级政党都试验过，但都以失败告终。

弗里姆兰作了第四共和国最后一位总理。法兰西帝国，多么需要一个铁腕人物站出来稳定政治局势！谁能承担这样的重任？政界中呼吁戴高乐重新出山的声音愈来愈高。

东山再起

戴高乐本人隐退后，大部分时间蛰居科龙贝，深居简出。但戴派的头面人物在政坛却是十分活跃的。

戴高乐的态度是审慎的，时机不十分成熟，绝不轻易表态。加亚尔政府倒台后，科蒂总统在内阁危机中想到了戴高乐，于 1958 年 5 月 5 日派加纳瓦尔将军与戴高乐的侍卫官德·博纳瓦尔上校和法国人民联盟的雅克·弗卡尔私下会晤，试探戴高乐是否愿意受命组阁。戴高乐回答说："为时尚早。"同时他也让科蒂明白：他不愿同现在的议会一起治国，他需要的是特别权力，以便在紧急情况发生时独自行使政府大权。

5 月 13 日，阿尔及尔从清晨起，气氛格外紧张，殖民者中的极右团体以各种名目出现，招摇过市，准备借口 3 名法国士兵被杀指责法国无能，进而要求成立军人政府。这天刚过中午，商店就急急忙忙关上大门，街上出奇的安静，不时走过一批一批的人群。有的声嘶力竭地喊叫："法国的阿尔及利亚！""让军人执政！""科蒂辞职！"偶尔也有人喊几声："戴高乐！戴高乐！"

大约下午 6 时，示威者迫近总督府，横冲直闯，很快占领了整个大楼。玻璃窗被砸碎，家俱被捣毁，纸片乱飞，一个半世纪的文书档案被扔得遍地都是。

混乱稍稍平息了一下，殖民当局的要员萨朗、马絮、儒奥·阿拉尔等聚在一起，准备成立法共安全委员会。总督府的楼顶上升起了法国三色旗。当这些人到总督府时，忽然，人群中有人认出了空降司令马絮将军。于是"马絮万岁！"、"让军队执政！"的口号声不绝于耳。

晚上 8 点 40 分，马絮出现在阳台上，当众宣读了一份匆忙起草的声明，宣告法共安全委员会成立，由马絮担任主席。当晚，委员会给戴高乐拍了一封电报，呼吁他"把民族的命运掌握在手里"。

阿尔及尔总督门前，一直聚集着人群，等待着戴高乐的答复。戴高乐这几天曾在巴黎逗留了片刻，有人劝他在阿尔及尔的示威活动正在势头上的时候及时应命，只要他登高一呼，政权就可以到手，但他还是觉得火候不到。

5 月 15 日，戴高乐决定打破沉默，下午 5 时，记者们在戴高乐的巴黎办公室里，听到一个来自科龙贝的只有七行的简短声明，谈国运的衰微是民族苦难的根源，政党体制应为这种局面负责，为了救亡图存，他已做好了接管共和国权力的准备。

"救亡图存"，戴高乐断言，对于法兰西民族来说，现在是另一个 1940 年 6 月。

再造共和

戴高乐决定出山时,时局确有悬卵之危。极右派殖民主义军人不停地鼓噪骚动,他们声言拥护戴高乐主持国事,其实是希望借戴高乐之手实行极端殖民主义政策。他们实际上是一批法西斯暴徒,为了在法国推行军人专制体制,还策划"复兴行动",准备把暴乱转向法国本土。当时台上的弗里姆兰政府朝不保夕,随时都有可能倒台。政界人士对于戴高乐重返政治舞台莫衷一是,局势很不明朗。法国共产党反对戴高乐再次出山,社会党的多数也如此。社会党领导人居伊·摩勒和樊尚·奥利欧虽然支持戴高乐,但他们要求戴高乐只能在第四共和国宪法许可的范围内,重掌政权。

戴高乐经过精心策划,终于通过合法手段取得了解决阿尔及利亚问题的特别权力,而新宪法一旦为国人所接受,第四共和国就将寿终正寝,第五共和国便将应运而生。

戴高乐重返政坛后,立即抓了三件大事:第一,起草一个加强总统职权的新宪法,以取代第四共和国宪法;第二,解决阿尔及利亚问题以及其他殖民地问题;第三,振兴法国经济。

1958年6月4日,戴高乐飞抵阿尔及尔,局势基本恢复了平静,但是战争还在继续,极右派仍希望戴高乐成为他们的靠山。戴高乐在阿尔及利亚逗留3天,他虽然也喊过"法国的阿尔及利亚万岁",但他深感依仗武力镇压是行不通的,只有通过让阿尔及利亚自决来选择与法国结合的道路。戴高乐觉得,他必须尽快地通过谈判实现停火,否则军方就会利用一切借口延长战争。戴高乐派人在瑞士与阿尔及利亚民族解放阵线进行秘密接触。后来他坚持,谈判的结果必须是阿尔及利亚获得独立,而不仅仅是停战。谈判的时机虽然还没有成熟,但积极的试探已在进行了。极右派军人等发动的暴乱为戴高乐的东山再起打开了通路,然而作为既是军人,更是政治家的戴高乐却决心不让他们牵着鼻子走,对他们提出的极端主张,决定不予支持。

1958年11月,举行新宪法通过后的议会选举,戴高乐的新共和国联盟在五百三十六席中赢得了二百零六席。戴高乐对选举结果非常满意,因为新共和国联盟当选的议员可以在"右派"、"各色各样的'中间派'"以及"大为削弱的'左派'"之间形成相当结实而坚定的核心,成为戴高乐强有力的政治基础。

12月1日,由参众两院议员、省市议员、市长等组成的总统选举团选举第五共和国总统。戴高乐以多数票当选。

第二年1月8日,戴高乐驱车前往总统府就职。前任总统勒内一科蒂在总统府迎候他。随后,两任总统并肩乘一辆敞篷车前往凯旋门,履行向无名烈士致敬的例行仪式。

法兰西第五共和国就这样诞生了,戴高乐在历史上以合法程序荣任法兰西第五共和国第一任总统。

丰功伟绩

第五共和国的诞生,这在法国战后历史上来说,是崭新的一页,从此结束了十几年动荡不安的第四共和国。然而,这对于戴高乐将军只是迈出了第一步。他如果不能在不太长的时期中使政局相对稳定下来，就很难站稳脚跟。他决心乘胜前进，夺取最后的决定的胜利。

稳定一个国家的局势，一个是在经济上要有一定的基础，一个是在政治上要有开明的政策，很好的环境。

戴高乐从弗里姆兰手里接过政权时，法国的经济已到崩溃边缘。国库已经枯竭，外债超过三十亿美元，其中一半又必须在一年之内还清。到1958年6月1日，黄金和外汇储备只有六亿三十四万美元，只够维持五个星期的进口贸易。在这种情况下，迫在眉睫的事情，就是尽快为枯竭的国库找到财源，而不能靠滥发钞票。6月13日，他在广播电视中宣布发行国内公债，同时，冻结工资12个月。这一紧急措施，很快使国库状况发生好转，截止7月12日已收回了二百四十亿旧法郎和相当于一点七亿美元的基金。接着他又着手改造旧法郎，为提高法国商品在国际市场的竞争力，决定发行新法郎，以一比一百的比率收回旧法郎，同时宣布法郎贬值百分之十七点五。同时，他还决定大力发展国际贸易，从1959年1月起，百分之九十的产品将用于国际交换。这些政策，使当时的法国经济有了明显的好转。

政治上，最关键的必须及早结束阿尔及利亚战争。否则，要实现真正的政局稳定，经济繁荣就是一句空话。

戴高乐是一位有远见卓识的政治家，他很早就想根据阿尔及利亚的现实寻求解决方法。1959年9月16日，他在电视广播演说中第一次提出了阿尔及利亚的问题只能依靠其"自决"来解决。他说，通过阿尔及利亚自己的自由选择来决定他们的前途，这是惟一的选择。1960年9月5日，戴高乐在记者招待会上进一步阐明其观点。他说，阿尔及利亚人的命运掌握在他们自己手中，他们的事务只能靠他们自己去管理。1961年3月30日，法国政府和阿尔及利亚共和国临时政府同时宣布，双方将在瑞士埃维昂举行停战谈判。1962年3月18日，双方达成停火协议。同年7月1日，阿尔及利亚在公民投票中以百分之九十九的绝对多数宣告独立。随后，法国政府承认阿尔及利亚共和国。同时两国建立了大使级外交关系。从此，阿尔及利亚结束了一百多年的殖民地地位，走上了独立自主的道路。

60年代初，西非北非的几乎属于原来法国殖民地的国家，相继走上了独立的道路。戴高乐在回顾法国殖民史在自己手里终结时，不无感慨地说：殖民地的终结，是我国历史上的一页。在翻过这一页的时候，法国既对过去的事情感到遗憾，也为即将到来的事情充满希望。作为一个曾一度想打败希特勒后恢复"法兰西帝国"的一代天骄戴高乐，他能够毅然放弃昔日的"理想"，理智地作出这样的抉择，不能不说他确实是一位有远见的杰出的资产阶级政治家。

伟大的无产阶级政治家毛泽东曾这样赞扬过戴高乐：戴高乐之所以堪称为当代的最伟大政治家之一，是因为他知道什么时候该说"是"，什么时候该说"否"。毛泽东说，戴高乐在1940年抵抗了纳粹，1962年在阿尔及利亚问题上作出了让步。这在当时还没有一个政治家能够同时做到这两件事的。戴高乐因此而赢得了很高的声望，这就是他所建立的政体为什么能够代代相传的原因之一。

戴高乐自从创建法国第五共和国以来，始终把主要精力集中在法国的外交事务上。他为维护法兰西的民族独立而表现出来的不妥协精神，为法兰西的国际地位而表现出的钢铁意志，在国际上产生了深远影响。

戴高乐认为，法国必须制定独特的外交战略。他的宏图大略是：①不是要把法国从大西洋联盟中拉出来,而是要撤离美国指挥下的北大西洋公约军事一体化组织;②法国要和东方集团,首先是和苏联建立一种"缓和、和解和合作"关系;③条件成熟时也同中华人民共和国建立正常关系。

对于美国在西方摆出的"盟主"架势,戴高乐一向十分反感。他说,美苏两国在军备上达成某种技术性协议,可以起到一种促进作用,但并不能因此而解决东西关系中的一切问题。欧洲国家之间也应该在经济、文化、技术、旅游等方面进行接触,其意义并不亚于美苏接近。东西欧之间加强交往,倒可以逐渐使扩充军备的狂热得到扼制。戴高乐告诉艾森豪威尔:法国也准备邀请赫鲁晓夫来访,法国打算在实现全欧和解之前先在各种实际领域里实现法苏合作。

戴高乐不同意艾森豪威尔把美苏关系问题放在国际事务中的支配地位。他强调,欧洲,首先是法国的独特作用。戴高乐不认为只要美苏的问题解决了,其它问题就不在话下,他申明,美国没有权利包办西方所有国家的对苏关系事务。

戴高乐与艾森豪威尔多次进行会谈,但在一些原则问题上戴高乐是从来没有让过步的,他要让全世界都清楚:法国是独立的法国,他要勇往直前地带领法国走自己的路!

在东西关系上,戴高乐提出了著名的"缓和、谅解、合作"的三部曲政策和"从大西洋到乌拉尔"的欧洲建设构想。为了实现他的这一政策和构想,他频繁活动于美苏之间。对美英,他态度十分明朗,不仅是要摆脱美国的控制,而且坚决要与美英平起平坐。1962年,他到法国中部视察时,在利莫日发表了一篇重要演说。他强调,法国在履行其对北约义务的同时,不会让任何别的国家牵着鼻子走,它将在联盟内部实行自己的"意愿"、"行动"、和"政策";法国的目标是"建设我的欧洲"。而不再是"两个大国"的欧洲。对于苏联,尽管他们之间在意识形态方面是针锋相对的,但戴高乐还是努力使其在一些重大问题上与苏联保持一致,戴高乐在苏面前一再强调要建立"从大西洋到乌拉尔的欧洲",这自然就把美国从欧洲这个范围划出去了。法苏的接近,人们又自然会联想到十九世纪的法、俄联盟。

1963年6月,逐渐强大起来的法国决定把他的大西洋舰队从北约撤出。7月29日,戴高乐宣布,法国将不在苏、美、英部分禁止核试验条约上签字。此后,戴高乐加紧了撤出北约军事组织的步骤。1965年5月,法国宣布将不参加北约的军事演习。9月9日,戴高乐举行就任总统以来的第十二次记者招待会,就国内外政策问题发表了长篇讲话。在谈到北约问题时,戴高乐第一次暗示法国可能于1969年退出这个组织。他说,最迟到1969年,那种在"一体化"名义下把法国的命运交给"外国当局"的"从属关系"将宣告结束。

1966年3月7日,是戴高乐永远忘不了的日子,就在这一天,他把酝酿已久的计划付诸实施。他同时给美、英、德和意大利四国总统写信,明确宣布,法国政府决定在本土充分行使主权,将不再参加北约"联合"司令部,也不再向北约提供部队。四天后,法国外交部把这个意思以照会形式正式通知了北约十四个成员国。戴高乐的这一决策,是他几十年来在国际政治风云中为法国的民族荣誉奋力搏击的产物。这一年,他已年过七十六岁。

戴高乐作为一个富有进取精神的外交家,始终把最大注意力集中于调节对美、对英关系上,使法国得以在国际舞台上取得最大程度的发言权和自主权;同时他还致力于处理欧洲建设的事务,他的理想是建立一个以法国为"中心"的欧洲人的欧洲。当然,他作为一个外交战略家,视野所及是世界各个角落,在致力于欧洲的同时,他努力做好亚非拉的工作。

他尤其没有忽视中国。自从阿尔及利亚问题解决以后,法国同中华人民共和国建立正常关系的最大障碍解除了。此时的戴高乐认为,中苏关系已恶化,抓住这个时机在改善同苏联关系的同时,加速同中国建立正常友好关系,这对于在全世界提高法国的身份无疑是大有好处的。

1963年9月的一天,戴高乐夫妇邀请第四共和国期间曾任总理的爱德加·富尔夫妇共进午餐。席间,戴高乐要求富尔以法国总统代表的名义再去一次中国。富尔动身前,拿到了戴高乐的致中国领导人的亲笔信。富尔充当了名副其实的总统信使。

富尔夫妇在北京受到毛泽东与周恩来的接见,并进行了极有意义的会谈。11月2日,双方拟定了一个建交"议定书"。富尔当即把会谈情况用书面形式向戴高乐作了汇报。22日戴高乐会见了从亚洲回来的富尔。

戴高乐决定与中国建交,有两大阻力,一是蒋介石,一是美国。国民党当局从1963年10月起,开始加紧活动,企图动摇戴高乐的决心。但戴高乐矢志不移,他在给蒋介石的信中这样写道:"我应该告诉您,确确实实,我的政府不久将同大陆北京政府开始缔结外交关系。出现在大陆中国并已确立的形势,同我们过去所预计的,是不相符合的。法国不能长期无视一个已经存在的事实。"美国更是千方百计向戴高乐施加压力。1963年11月5日,戴高乐接见了美国驻法大使波伦。波伦问:听说巴黎打算和北京建立外交关系,是否确有其事?戴高乐答:什么都不能排除,总有一天应该承认事实并从中得出结论。

1964年1月27日,中法建交公报发表。双方迅速任命了各自的首任特命全权大使。从此,中法关系开始了新的一页。

鞠躬尽瘁

戴高乐整天都没有悠闲的时间,在他的作息时间表里几乎全是紧张的工作。总统府办公厅统计表中将军的"因私外出"一栏,最富有教育意义。这一栏中写着这样的备注:找牙科医生看牙,去瓦尔德格拉斯看望病危的朱安老师,或者去残老军人院向蒙克拉尔将军遗体告别。此外,还参加过几次展览会,出席儿女们组织的晚会。有时也难得去访问即将离职的主要助手。他从来没有进城下馆子。总之,统计表明,他每年因私外出不超过十次。

他甚至连最普通的散步乐趣都享受不到。散步是戴高乐惟一的体育活动,但就是这一项活动他也不得不放弃。为了躲开人们好奇的目光,他的散步活动只得求助于乘坐汽车。

晚上要是没有公务,戴高乐总是在爱丽舍宫套间的黄色客厅里度过的。他一边喝咖啡,一边看电视,六十岁那年,他听从利切维兹大夫的建议戒了烟。当有人问他戒烟成功办法时,他回答说:"这很简单,只要向你的妻子和左右宣布你要戒烟了,你就准能戒掉。"

在戴高乐每年的因私外出中,至少有两次是去参观展览会或博物馆的,他对古迹有着特殊的爱好。在年轻时,他就喜欢骑着马到东部地区作考古和历史方面的考察。在艺术方面,与其谈他是艺术爱好者:他喜欢去剧院看看戏,更喜欢听听轻音乐,倒不如说他是历史哲学家、人文学家,是民族文化的捍卫者。

戴高乐对其亲属,包括他的夫人极其严格。在他进驻爱丽舍宫后,立即向礼宾司宣布:"你们每年只需邀请我的儿孙们参加两次招待会就够了"对外出打猎也做了同样的规定。戴高乐夫人对此又做了点补充,她给礼宾司写了一份手谕,嘱咐他们不经她的许可,不得邀她的任何家属进宫。如果外甥们要见戴高乐将军,他们必须先提出要求。戴高乐对其亲属从不徇私提拔。

戴高乐的行动和思考是外界难以预料的,但他总是把工作安排得有条不紊,充分体现出他那作为军人的雷厉风行的传统。他一贯要求工作人员恪守纪律,兢兢业业,一丝不苟。他本身就是这样的典范。戴高乐遵循的另一个原则是周密分工。他的一位助手说,在爱丽舍宫,戴高乐犹如高踞金字塔顶的大统帅,他根据逐级上报的各种材料,作出决定和采取行动。唯有他才能通观全局,充分考虑各种复杂因素。

戴高乐每天上午九点三刻来到办公室,因为在这之前,他在自己的起居室里已经阅读了早晨出版的报纸。他的办公桌上摆满了各种得批得阅的文件、电报,其中有的是外交方面的,有的是关于军务和当前局势的,还有接见的外宾情况介绍等等。他特别喜欢阅读每周情况综述,以便对时局进行分析研究。

每周星期三上午,一向是法定的内阁会议时间。平时的上午他的日程排得满满的,或者召开小范围会议,召见总理,或者召见部分内阁成员,更多的是召见外交部长、财政部长和国防部长。他每周法定与总理单独会晤两次。

将近下午1点,他将去进午餐,3点前准时回办公室,先浏览一下下午出版的报纸,而后接见外宾。每周大体是两个下午接见外宾,三个下午单独工作。

他每天工作在十小时左右,如果晚上有官方活动,一天的工作时间要长达十三四个小时。他就是这样度过了十年零四个月的总统生活。

"五月风暴"

戴高乐在国际舞台上叱咤风云,维护了法国的独立和主权。然而,决定戴高乐命运的赌注最终还是在国内。

法国经济的发展,特别是战后戴高乐执政以来经济的发展,并没有给戴高乐在国内政治斗争中增加多少政治资本。他一生中最讨厌的是所谓"政党政治",总想千方百计限制政党在决定国家重大事务中的作用。他在政治上的一些主张,主要的都在于加强总统的决策权,限制政党的影响。然而,当时的法国却政党林立,每当选举或公民投票时,总有一些新名目的政党组织出现。多党林立的状况,大大危及到戴高乐的统治地位。自1962年以来,在总统选举中,戴高乐的选票连年下降,1965年的总统选举,第一轮投票,戴高乐只得了百分四十四的选票,第二轮投票才刚刚过了半数。

1968年戴高乐连交厄运。这一年,由农泰尔文学院青年学生抵制考试运动发起,逐步发展到带有政治色彩的、目标直指戴高乐的全国性学生运动。这就是在戴高乐执政期间的有名"五月风暴"。5月13日,几十万工人举行了总罢工,学生大批涌上街头。他们高擎的标语牌上写着:"十年太长了!"运动很快席卷全国,当时有一百个工厂被工人占领,火车车次减少,邮电不能正常运行,飞机无法正常起飞,法国处于瘫痪状态。第五共和国第一次出现了要求戴高乐辞职的口号。

巴黎的事态继续恶化,戴高乐处于一筹莫展的状态。

戴高乐念念不忘通过一次公民投票来换回"五月风暴"造成的损失。于是他指定一个小组起草了一个长达四千多字的改革方案。他宣称,对这改革方案如果多数选民投反对票,他将立即辞职。

1969 年 4 月 27 日,选民投票结果,拥护戴高乐改革方案的选票共一千零九十万一千七百五十三张,只占百分之四十七点五。戴高乐没有取得过半数的信任。就在这一天午夜,戴高乐在科龙贝发表了不能再简短的声明:"我将停止执行共和国总统职务。本决定自 28 日中午生效。"

28 日中午,参议院议长阿兰·波埃根据宪法的有关规定,在新总统选出以前,出任共和国临时总统。时年七十九岁高龄的戴高乐从此离开政坛,结束了十年的总统生涯。

从法律意义上讲,公民投票否决的是戴高乐的改革方案,而不是戴高乐本人,如果尚有余勇可贾,本可以在爱丽舍宫一直留任到 1972 年任期届满。但是戴高乐认为那样未免太乏味了,他宁愿体面地引退,功过是非任人评说吧!

伟人长眠

1970 年 11 月 12 日,法国科龙贝多村的一个小教堂,正举行着一个十分简单的葬礼。随后,死者平静地入土为安。没有盛大的场面,没有高大的墓碑。人们很难想像,这里安葬的是继拿破仑以后法国一位最伟大的政治巨人戴高乐将军。将军是一位力挽狂澜的传奇英雄,是一位反法西斯侵略和维护法兰西民族独立的不屈战士,他为法国人民留下了丰富的遗产,他那无畏无惧、顽强不屈的奋发精神,受到法国乃至世界人民的广泛称颂。就是这样一位伟大的政治巨人,尽管生前名扬世界,功绩显赫,但他的葬礼却简单的不能再简单,他的墓碑上按照他的遗嘱,只写着"夏尔·戴高乐(1890—1970)"1970 年 10 月,戴高乐第一次说他背上隐约作痛。这是由于动脉瘤扩张侵蚀脊椎骨引起的,但当时没有引起过多注意。1970 年 11 月 9 日,戴高乐像往常一样撰写回忆录,没有任何疾病和不适的迹象,但突然心脏病猝发,很快不省人事。他的面容在几分钟内变得异常苍白,很快就离开了人世。经医生检查,戴高乐的死因为多年潜伏的动脉瘤引起的胃动脉破裂。他死时没有任何痛苦,更不知道自己会死。仅差两个星期,他就整整八十岁了。

对于戴高乐的猝然去世,夫人伊冯娜始终保持着镇定,她很能控制自己。她一刻也没有失去理智,努力抑制着悲痛,而且立即面对着她应该独自处理的一切。她要苦盖神父打电话给在巴黎的布瓦西厄将军,向他宣布将军之死,并请他通知菲利普·戴高乐。这位教士只对布瓦西厄说:"你的岳父刚刚离开我们……"

当时的蓬皮杜总统次日早晨 8 点半得悉此事。中午,他向法国人民做了如下的广播讲话:

男女同胞们:

戴高乐将军逝世了。法国失去了亲人。1940 年,戴高乐将军拯救了我们的荣誉。1944 年,他领导我们走向解放和胜利。1958 年,他把我们从内战的威胁中救了出来。他使今天的法国有了自己的制度、独立和国际地位。

值此举国哀悼之际,让我们当着悲痛的戴高乐夫人和她的儿孙之面向他鞠躬致敬。让我们估量一下感激之情加在我们身上的责任。让我们向法国保证,我们决不辜负我们所得到的教诲。愿戴高乐永远活在全国人民心中。

11月10日,爱丽舍宫发布了将军关于他的葬礼的遗嘱。这遗嘱早就写好了,从来没有改动过。事实上,早在1952年1月16日,将军就将这遗嘱以密封信的形式,亲手交给了蓬皮杜。将军规定,这密封的遗嘱只有在他去世后才许启封。现在启封的时间到了。信中写到:

我希望在科龙贝教堂举行我的葬礼。如果我死于别处,我的遗体务必运回家乡,不必举行任何公祭。

我的坟墓必须在我女儿安娜安葬的地方,日后我的夫人也要安息在那里。墓碑上只写:

夏尔·戴高乐(1890—   )。

葬礼要由我的儿子、女儿和儿媳在我的私人助手们的帮助下安排,仪式必须极其简单。我不希望举行国葬。不要总统、部长、议会代表团和公共团体代表参加。只有武装部队可以以武装部队的身份正式参加,但参加的人数不必很多。不要乐队吹奏,也不要军号。

不要在教堂或其他地方发表悼念演讲。国会不要致悼词。举行葬礼时,除我的家庭成员、我的解放功勋团战友和科龙贝市议会成员以外,不要留别的位子。法国的男女同胞如果愿意的话,可以陪送我的遗体到达它的最后安息地,以给我的身后遗名增光。但我希望静默地把我的遗体送到墓地。

我声明,我首先拒绝接受给予我的任何称号、晋升、荣誉、丧悼和勋章,不论是法国的,还是外国的。授予我上述任何一项,都将违背我的最后愿望。

戴高乐写的这些话,十八年以后实现了。一切都按他的遗嘱办。然而,人民不会忘记将军为自由、独立的法兰西所做出的巨大贡献。尽管科龙贝的葬礼象将军遗嘱要求的那样异常简单,无声无息,巴黎却有几十万人冒雨聚在凯旋门,向这位法兰西民族英雄致敬告别。前来巴黎致哀的除蓬皮杜总统等政府官员外,世界有六十三个国家元首和政府首脑。他们中有美国总统尼克松,苏联最高苏维埃主席团主席波德戈尔内,有英国首相爱德华·希恩,有伊朗国王巴列维,还有代表英国伊丽莎白二世女王的威尔士亲王,还有几位同戴高乐将军打过交道的英国前首相威尔逊、麦尔伦和艾登。

从遥远的中国,毛泽东发来唁电,对这位"反法西斯侵略和维护法兰西民族独立的不屈战士表示诚挚的悼念和敬意"。人们在戴高乐陵墓的一侧还发现有毛泽东和周恩来为将军敬献的两只大花圈。

一代伟人去世了,尽管对于他的功过是非评说不一,但有几点却是法国人民所公认的,也是写在历史书上的。这就是:

——戴高乐拯救了法国的荣誉,也拯救了法国本身;法国和戴高乐其实基本是同义词。

希维政府是非法的,因为贝当与纳粹分子签订了停战协定。它没有继续战斗,而是投降了,放弃了一半以上的国土,并且后来与敌人合作。

戴高乐在1940年6月18日的呼吁给了他"合法地位";此后,他一直是国家法统的监护人和保卫者,甚至在他不任职期间也是如此。

是戴高乐恢复了法兰西共和国的伟大声誉。

这就是戴高乐留给法国人民的遗产,也是他在法兰西历史上写下的光辉篇章。对戴高乐的个性和统治历史,一位法国问题专家用下面几句话作了概括,即:"无畏、尊严、爱国、顽强、独立、坚定。他的战友和他的敌人都认为:他是一位历史巨人。"

尼克松

复杂家世　艰辛童年

　　理查德·尼克松 1913 年 1 月 9 日生于加利福尼亚洲洛杉矶市三十英里外的约巴林达小镇。那是个只有二百个居民的农村地区。周围有鳄梨和柑桔园林，以及大麦、苜蓿和蚕豆田，西临美丽的大海，颇有田园诗意。离尼克松家不远有一条铁路，从早到晚总有冒着浓烟的火车疾驰而过，因而整个小学时期，尼克松向往着当一名火车司机。

　　尼克松的父亲弗朗西斯·安东尼·尼克松（1878—1956），是苏格兰——爱尔兰人的后裔。他一生中大部分时间被称为弗兰克。他当过菜农、电车司机和柠檬园主，后来开小杂货铺兼营汽车加油站。弗兰克象所有典型的爱尔兰人一样，具有容易发怒也容易欢笑的脾气。在政治上他起初是民主党人，但这并未影响他在大选中几度投共和党甚至第三党的票。这种政治上的易动感情在他儿子尼克松身上是找不到的。弗兰克最信奉《圣经》上"你必须汗流满面，才得糊口"这句话。这深深造就了尼克松吃苦耐劳的性格，以至在他就任总统以后，仍坚持每天工作十六小时。弗兰克热心政治，对尼克松的事业一开始就积极支持，并且逐渐变成了他儿子忠实虔诚的信徒。当尼克松竞选副总统时，他写了一封典型的直截了当的信，给他过去几年中曾经阅读过的一家报纸，建议该报支持他的儿子。他在信中说："这个孩子是我抚养大的五个孩子之一，我认为他们都是美国的最好的孩子。如果你们愿意帮他一把，那我就一定说《俄亥俄州报》仍在做点有用的工作"。

　　尼克松的母亲汉纳·米尔豪斯也是爱尔兰后裔。十二岁那年她全家迁往惠蒂尔，在这里她考入了惠蒂尔学院并结识了丈夫弗兰克。在大学期间，她喜欢历史和文学，在语言学系攻读拉丁语、希腊语和德语。她在历史和文学方面的出色才华，遗传给了她的儿子，使得尼克松后来成为卓越的语言大师和有见地的历史学家。她一生为丈夫和儿子们做出了巨大的牺牲，大学二年级时便嫁给了弗兰克，并为他生了五个儿子。出于王族的荣耀感和对儿子们无比的期待，在五个儿子当中，除了一个以父名命名外，她都是以早期英国国王的名字为她的儿子们取名的：哈罗德生于 1909 年；理查德生于 1913 年；弗朗西斯·唐纳德生于 1914 上；阿瑟生于 1918 年；爱德华生于 1930 年。

　　尼克松的童年生活是充满艰辛和磨难的。他三岁时从马车上摔下来，车轮划破了他的头皮，在送往医院途中，差点儿因流血过多而死去。头上留下的伤疤，使他不得不一直留着向后梳的发式。他四岁时又得了急性肺炎，差一点要了命。大哥哈罗德和弟弟阿瑟先后因患肺结核而死去，给尼克松留下了深深的精神创伤。

　　尼克松从小帮助父母做家务劳动；稍大一些时，每天早晨 4 点钟起床，从洛杉矶菜市场采购新鲜水果蔬菜，回来后再洗净、分级、送进店铺，八点钟去上学。假期中，他当过游泳池的看门人，在鸡鸭店里帮助拔毛，在流动游艺团招揽观众。艰苦的生活使他受到了磨炼。

在学生时代,尼克松始终是一个勤奋、认真和敏捷的学生。小学时期他是在轻松自如每次都能取得优异成绩的情况下完成学业的。他每每奇怪,为什么许多人十分用功却始终考不到他前面去。在富勒顿中学,他曾在演讲比赛中获胜,并代表西海岸参加全国演讲大赛,显示出演讲口才方面的才华。他在惠蒂尔中学辩论队时的辅导员对他的评价是:"他具有避开论点而不是针对论点的才能,能够站在辩论的任何一方。"1930年,他以全班第一的成绩从惠蒂尔中学毕业,并获得加利福尼亚校际联盟学业成绩金印奖以及最佳学生哈佛奖。由于东部大学的费用很高,加之1930年大危机和长兄哈罗德之死,使他的家境相当困难,1930年—1934年,尼克松被迫到惠蒂尔学院求学。象她母亲一样,他选择了历史学。在大学时,尼克松继续埋头学习。他第一次遇到一些无需十分用功便能得到分数的学生,而他则必须严格按规定进行晚自修才能跟上各种课程,读完阅读材料。但是经过努力,1934年他从惠蒂尔学院毕业时,在一百零九名同级学生中名列第三。再度证明了他父亲坚持的只要努力,目标一定会实现的信条。1934年—1937年,他申请并获得了迪克大学法学的奖学金,开始向他童年时期立志成为一名正直的律师的目标进军。在迪克大学中,由于他的朴素品行和埋头学习使他获得了"忧郁的格斯"的绰号,但他仍被选为毕业班的班长,并成为法学优等生全国性联谊会白帽社(高级律师戴白帽)的成员。1937年,他从迪克大学法学院毕业,在二十五名学生中名列第三。

在学生时代,尼克松便显示出浓厚的从政心理和非凡的从政天才。他一直担当学生干部,并表现出非同凡响的政治热情。在惠蒂尔中学读初中时他未能竞选上学生会主席,他把它称为"第一次遭到政治上的失败"。在惠蒂尔学院时,他当上了学生会主席,并且干得很出色。他说服校方每月在学校里举行一次舞会,以免让学生到洛杉矶的邪恶气氛中去寻求娱乐。他曾和一些出身贫苦的学生一起组织了叫做"正直人社"的联谊会,与一个上流社会出身的学生组织的"富兰克林"社交俱乐部唱对台戏,并亲自出任首任主席。大学里经常举行辩论,尼克松对此非常热衷,逐步习惯于不同底稿发言,成为有名的辩论家。大学四年级时,他获得加州各大学之间主办的即席演讲会的优胜奖。这种辩论和演讲的才华为其后来步入政界准备了跳板和资本。

在大学期间,尼克松对运动也特别感兴趣,但成绩并不出色。在惠蒂尔学院期间,他曾是足球队预备队员,可是坐了四年冷板凳,因为只要他一出场,大家就知道肯定要被罚球了。尼克松由于决心要赢球,因此在比赛开始就向前冲击,结果就造成越位犯规。但他认为,运动有两大好处:调节生活,减轻工作和学习的疲劳;培养竞争的本能,提高百折不挠的精神。

在惠蒂尔学院期间,尼克松对俄国小说家特别是托尔斯泰的作品产生了浓厚的兴趣,成为托尔斯泰的信徒。他尤其喜爱的是这位文学巨匠的最后一部巨著《复活》。尼克松以后终生呼吁和平、强调均衡、厌恶战争的指导思想或许初始于此。

1938年,尼克松从杜克大学法学院毕业后,在纽约多处谋职均遭失败的情况下,怀着极其失望的心情回到了惠蒂尔,开始了他的律师生涯。一天,一位朋友告诉他,有一位极美丽的红发女郎不久前来到该市,名字叫帕特·瑞安。被当地一所中学聘用来教打字和速记,并参加了一个业余演出剧团,正在排演《黑色的城堡》。一天晚上排练时,尼克松走过去会见她,因为他正好在该剧中扮演好斗的区检察官角色。经过简短的交谈之后,尼克松要求她嫁给他。她吃惊地打量着尼克松,不眨眼。她后来回忆说,"我以为他是个疯子"。1940年,帕特终于同意嫁给她,并于6月21日,在加利福尼亚州里弗塞德的使团旅馆举行了婚礼。婚后她们生育了一双女儿:1946年帕特里夏·尼克松出生;1948年朱莉·尼克松出生。后者与艾森豪维尔总统的孙子戴维·艾森豪维尔第二结了婚。

尼克松认为自己的妻子的一生值得写一本书。"那将是一部极不寻常的书,因为她就是一个具有强烈的独立自主性、敏锐的理解力和丰富的幽默感的不同寻常的妇女。"帕特1912年3月16日出生于内华达州伊利,父亲是个铜矿工人,母亲是个德国人。她13岁时母亲死于癌症,四年后父亲又去世了。帕特靠自己挣钱念完了大学。与尼克松结婚后,她继续教书。作为第一夫人时,她倡导志愿服务,但避免抛头露面。

1941年12月,因杜克大学一位教授的推荐,华盛顿物价管理局聘请尼克松担任定量协调组的助理律师。他在这个职务上干了六个月,深切感受到改进机关工作效率的迫切性。当听到征募青年律师任海军军官的消息后,他便征得帕特同意,申请取得军官任命,并于1942年8月被派到罗得岛匡塞特角的海军军队受训,从此开始了他的军人生涯。两个月后,他所在的部队进入南太平洋作战,直到1946年3月。这期间,尼克松因战功荣获两枚战斗星章,受到两次表彰,军衔由中尉提到少校。

通过亲身参加第二次世界大战,尼克松更加体会到战争的可怕。他第一次对解决国与国之间的争端和利益冲突问题发生了兴趣。因此,在他就任总统以后的第一个目标就是调停。结束越战,改善与社会主义阵营的敌对关系,无不出于他的调停目标。在1968年就职总统时,他就向全世界宣布:"我将把我的政府,我的精力和我的全部智慧,贡献给国与国之间的和平。"

跻身政坛　显露才华

尼克松在少年时代就曾信誓旦旦要成为一个成功者,这在很大程度上是想在政治上大显身手。因此,一旦有这样的合适机会,他就会全力以赴、抓住不放。

1945年9月,尼克松收到了美州银行惠蒂尔分行经理赫尔曼·佩里的一封信。佩里是该地区共和党领导人之一,是尼克松母亲中学时的同学,两家是至交。佩里在信中主要是问尼克松是否有兴趣参加共和党众议员的竞选,这封信开辟了尼克松跻身政界的道路。

尼克松欣然同意,决定于1946年年初回加利福尼亚州第十二选区参加竞选,并立即着手进行竞选准备工作。1945年底,在共和党"百人委员会"召开的午餐会上,尼克松进行了第一次政治演说,他用简单、动听的语言阐明了他反对"新政"的主张,赢得了多数委员的赞同,获得了党内提名。在一百张选举票中他得六十三张,比最接近的竞争者多十二张。初战告捷,尼克松夫妇十分高兴,下一步就是全力以赴,对抗已连任五届的民主党众议员杰里·沃勒斯。

当然,一名无名小卒与政坛宿将对抗很容易被看作是不自量力。能否成功?尼克松心里也没有底。他是稳重老成、善工心计的性格再次帮助了他。尼克松在等待海军退伍通知的三个月里,每晚突击学习政治和公众事物课程。他到国会大厦去拜访众议院少数党领袖乔·马丁,同共和党众议员谈话,听取他们对沃勒斯的评价。他研究了沃勒斯的全部投票记录,其熟悉程度甚至超过沃勒斯本人。为了扩大自己的影响。尼克松在家里举行了一系列的"家庭集会"。竞选中,尼克松还与沃勒斯多次进行面对面的辩论。尼克松指责沃勒斯曾得到美国最大工会之一——产业联合工会政治委员会的支持,而该委员会中有不少共产党员及其同路人。当时美国资产阶级已开始关心苏联战后意图,并对本国共产主义运动感到忧虑,所以这种指责对沃勒斯是不利的。加上当时全国选民的倾向对共和党十分有利,所以尼克松的胜利已成定局。1946年11月5日选举结果,尼克松得六万五千多张选票,沃勒斯仅得四万九千多张选票。尼克松第一次当选为众议员,时年仅三十三岁。很短时间内,尼克松便成了全国小有名气的人物了。

许多年以后,年老的尼克松仍然念念不忘他光辉灿烂的1946年。他自己承认,在1950、1952、1956、1961和1972年那几年,他每年都再度感受到竞选获胜的愉快,而且那几次竞选活动大部分都是很激烈的。但是他们都比不上第一次竞选获胜时给尼克松带来的莫大兴奋和欢欣。尼克松后来宣称:1946年11月6日那天帕特和他们感到的那种高兴,在他以后的政治生涯中再也没有出现过。

在众议院,尼克松被分配到教育和劳工委员会,同民主党青年议员约翰·肯尼迪共事。他帮助起草了1947年的《塔夫脱——哈特利法》,并就此法案同肯尼迪进行了激烈的辩论。这一法案是一部反劳工的法案。

在美国国会中,大多数新手只参加一个委员会,但是在共和党新议长乔·马丁的强烈坚持下,尼克松有机会得以进入非美活动委员会。该委员会的任务是监视苏联和美国共产党的活动,以"防止"美国政府机构被"渗透"。尼克松进入非美活动委员会后的第一项活动就是与南达克州的卡尔·蒙特密切合作,于1948年春搞出了一个后来被称为《蒙特——尼克松法案》的东西。这是众议院非美活动委员会十年来提出的第一项立法。这项法案要求共产党阵线的组织进行登记,并把"帮助世界共产主义运动的当前目标和最终目标"视为犯罪。这个法案在众议案以压倒多数通过——三百一十九票对五十八票。但在参议院遭到否决,它的主要条款被列于了1950年的《麦卡伦国内安全法》。

最使尼克松在众议院确立地位和提高声望的是希望指控事件。1948年夏,《时代》杂志的高级编辑惠特克·钱伯斯在接受非美活动委员会传讯时供出,他参加的共产党小组中有阿尔杰·希斯,引起极大的震动。

希斯毕业于哈佛大学法学院,当过最高法院法官霍尔斯的秘书。1933年当过国务院助理国务卿助手,并作为罗斯福总统的顾问参加了同斯大林、邱吉尔举行的雅尔塔会议。1947年就任具有国际声誉的卡内基国际和平基金会主席。

尼克松担任调查这一指控的特别小组委员会主席,因此而成为全国人物。开始时,希斯断然否认钱伯斯的指控,说他从未参加过共产党,也从不认识钱伯斯。杜鲁门总统也出面为希斯辩解。因为很清楚,共和党企图通过指控共产党人渗入政府来打击执政的民主党。但是尼克松坚决抓住不放,毫不留情地进行盘查。最后,钱伯斯提供了无可辩驳的证据,包括戏剧性地出示了用缩微胶卷拍摄的国务院事件,这些事件藏在钱伯斯的农场中一个挖空子的南瓜内。希斯被起诉,并在1950年以伪证罪被判五年徒刑。对整个案件的实质,杜鲁门总统有过议论,说这是共和党企图利用共产党问题搞政治斗争,醉翁之意不在酒。尼克松则自称,希斯案件让他获得的声誉使他开始走上得以担任副总统的道路。这是对他坚决反苏反共,并以此作为政治斗争武器的报偿。

尼克松由于希斯案件而闻名全国,他更加野心勃勃地想沿着政治阶梯往上爬。于是,他决定竞选参议员,参议员的地位比众议员高。开始前,几乎所有的政界朋友和顾问都告诫尼克松：竞选参议员无疑是政治上的自杀。但是尼克松深信由于希斯案件的成就能够取胜。

加利福尼亚州民主党参议员谢里登·唐尼的任期在 1950 年就要结束了，尼克松要争夺的位置正是唐尼的职位。但是后者是一位深得人心的，并未发生争议的现职参议员，当时完全看不出有谁能击败他。

1949 年 10 月份，众议员海伦·加哈根·道格拉斯宣布她将要在民主党的初选中和唐尼一试高低。这对本来就跃跃欲试的尼克松无疑起到了如虎添翼的作用——她的插手，增大了尼克松获胜的机会。他的如意算盘是：如果唐尼在初选中获胜，他会因道格拉斯太太的攻击而声望大减；如果道格拉斯太太获胜，她将比唐尼更易于击败。

同年秋，尼克松披挂上阵，开始了气魄宏伟的竞选活动。首先他说服共和党推举他为惟一候选人，然后他为自己的竞选大造声势。

尼克松最初的竞选活动选在当时被视为焦点的加利福尼亚州，他要在敌人的战区点燃战火，取得第一回合决定性胜利。为了行动方便，他找来一辆四面都有木档板的旧旅行车，两边钉上"选尼克松为参议员"的大牌子。车上装有轻便扩音设备，每到一个城市，他就通过扩音器播放一张流行音乐唱片，只要有一小群人聚拢来，他就讲几分钟话，然后回答问题。

与尼克松积极从事竞选活动相反，民主党在初选过程中发生了激烈的内讧。首先是唐尼以健康不佳为由退出竞选，而道格拉斯太太则遭到财力雄厚的《洛杉矶日报》发行人曼彻斯特·博迪的强有力的对抗。他以一个老民主党所具有的真正狂热劲头进行竞选。他把她和她的追随者称为"一个狂热的搞颠覆活动的红色小集团"。同时道格拉斯太太不得不面对来自参议员唐尼的更大打击，他称她根本不配竞选参议员，并一贯反对现任总统——民主党人杜鲁门。

这样，由于多方面的不利因素，尤其是道格拉斯太太选择攻击的方向性错误——她指责尼克松的投票记录观点（这事实上是她本身的致命弱点）和攻击的软弱无力，她最终以六十八万票的悬殊差距败给了尼克松。对于全国共和党人来说，那是一个美好的时刻，因为他们在众议院多得了三十个席位，在参议院多得了五个席位。

尼克松在 1951 年竞选参议员获胜至少有三个地方值得一提：一是他因此获得了"狡猾的家伙"的绰号，这一绰号此后一直伴随着他；二是他年仅三十八岁就进入参议院，成为有史以来最年轻的参议员；第三点也是最重要的一点：竞选成功使他在共和党内部威望直线上升而引起了党内的充分重视，同时他被理所当然地提名为副总统候选人加入以艾森豪威尔为首的新的总统竞选班子。

1951 年 5 月，尼克松以参议院观察员的身份参加了在日内瓦召开的世界卫生组织大会。在此期间结识了第二次世界大战中著名美军将领盟军司令德怀特·艾森豪威尔将军。艾森豪威尔在巴黎北大西洋公约组织总部会见了他，赞扬他在希斯案件中干得漂亮，并且支持尼克松在演讲中所持的观点：制定美对外政策时，必须既考虑军事因素，又考虑经济和思想意识因素。艾森豪威尔的经验、能力和威望给尼克松以深刻影响，他深信下一届美国总统非艾克（艾森豪威尔的昵称）莫属。

1952 年 5 月 8 日，纽约州工长杜威在最豪华的华道夫——阿斯托里亚饭店举行为共和党筹款的聚餐会，邀请尼克松为主讲人。尼克松不用讲稿在规定的半小时广播时间内结束演说，博得满堂掌声。杜威恭维他讲得很好，并问他是否愿意被提名为副总统候选人。

1952 年 7 月 7 日,共和党在芝加哥召开全国代表大会,艾森豪威尔赢得总统候选人提名,尼克松也顺利赢得了副总统候选人提名。艾森豪威尔之所以要选择尼克松作为竞选伙伴,是因为:一,尼克松作为一个反共十字军骑士享有保守派的名声;二,他代表一个西部大州;能在地理上平衡选票。但是,在这期间发生了一段令人不快的插曲,差一点使尼克松的美梦破灭。

尼克松一接受共和党副总统提名,来自民主党方面的猛烈攻击便接踵而至。亲民主党的《纽约邮报》以"尼克松的秘密基金"为题刊登一篇报道,说他在担任参议员时保存着一笔由私人捐赠的一万八千美元的行贿基金,他把这笔钱用于个人生活开销。美国法律规定,政府官员和议员不准接受贿赂。这件事在共和党内引起强大震动。艾森豪威尔受到舆论要他抛弃尼克松的强大压力,他给了尼克松回答这种指控的时间,但清楚地向他表示,他要留在候选名单上就必须经受这次考验。共和党权威人物、纽约州州长杜威要求尼克松向全国发表电视讲话,亲自澄清基金事件。1952年 9 月 23 日,共和党为尼克松提供七万五千美元让他作了三十分钟动人的电视演说,即所谓的"切克斯演说"。在演讲中他承认自己有这笔基金,但只是"用于我认为不应由美国纳税人负担的政治开支"。为了使公众相信他没有因当官而发财,他一一列出了自己的财产,同时列出了自己的债务清单。在演讲快结束时,他承认接受了一件礼物——一条矮脚长耳猎犬。他六岁女儿特里西娅给它取名"切克斯"。他装作十分严肃地说:"现在我只想说,不管人们怎样议论,我们将留下这条狗。"尼克松的演说是成功的。观众的支持信潮水般地涌向共和党全国委员会。共和党全国委员一百三十三名委员中,一百零七名赞成尼克松继续参加竞选。艾森豪威尔笑着对尼克松说:"你是我的孩子。"面对众人,艾森豪威尔十分赞赏地说:"我这个人,在投入战斗时,宁愿有一个勇敢而诚实的人在我身边,也不要满满一卡车态度模棱两可的人。我见过许多处于逆境勇敢战斗的人。但我从来没有看见过任何人象今天晚上尼克松参议员这样如此出色地通过这场考验。"长出一口气后,尼克松明白自己已获得一半以上的胜利。

杜鲁门政府的腐败无能也为尼克松的最终胜利提供了机会。杜鲁门是在罗斯福总统病故后,由副总统继任总统的,1948 年大选后蝉联。到 1952 年总统选举时,由于民主党贪污受贿的丑闻不断,政府政策失败,在海内外引起诸多不满,以至政府信誉扫地,不得人心。与此相声明,都是为了帮助美国,使共产党不知虚实。

在台湾,尼克松通过宋美龄当翻译,同蒋介石谈了七个小时。针对蒋介石仍有"重新统一中国"是不可能的,美国的军事力量决不会投入支持他可能发动的任何进攻。

六十九天的亚洲、远东之行,对尼克松的思想和政治生涯产生了异常重要的作用。首先他完成和超额完成了预定的目标,取得了第一个无可争辩的巨大成功。使他担任副总统职务旗开得胜。另外,他通过与数以百计的政府人员和数以十万计的普通群众接触,使他进一步了解了这些地区和人民,积累了外交政策方面的经验和专门知识。但是,他早已形成的坚定的反共思想和反共情绪也变得更加激烈,这客观上促成了他后来错误的东方政策的一系列失败,例如"尼克松主义"就是这样。

此后,作为副总统,尼克松多次以艾森豪威尔特使的身份出使国外,他访问了五十五个国家;足迹遍及世界各地。这当中,既有许多凯旋而归的成功之作,也有铩羽而归的危险之行,使尼克松既享受了成功的欢乐,也品尝了失败的苦果。这就更加丰富了他研究美国国际性问题的第一手资料,增长了对外事务方面的经验和知识,从而使他在国际上的声望不断提高。

1958年春,经艾森豪威尔和杜勒斯提议,尼克松出访除了巴西和智利以外的所有南美国家。在乌拉圭、阿根廷、巴拉圭和玻利维亚都平安无事。但在秘鲁和委内瑞拉遇到反美群众示威,还受到了石块等的袭击,险些丧命。

在秘鲁,当尼克松前去圣马科斯大学访问时,成千上万的示威者高喊:"尼克松滚回去!""绞死尼克松!"示威者还向尼克松扔石块、吐口水。尼克松一行只得仓惶逃离。

在委内瑞拉、军政府完全控制不了局势。示威的人群把尼克松的汽车团团围住,砸了个不象样子,大有把它掀翻再点上一把火之势。最后,在艾森豪威尔派去两个空降步兵连和两个连的海军陆战队的营救下,才逃出了委内瑞拉。当飞机在华盛顿机场降落时,等在机场的尼克松的两个女儿,禁不住流了眼泪。尼克松夫妇总算活着回到了美国。

1959年,尼克松为了提高自己作为重要政治家的声誉,坚持要去苏联访问。后经艾森豪威尔批准,让他代表美国出席7月在莫斯科举行的美国国家展览会的开幕式。在开幕式上,尼克松在"切克斯"演说之后重振声威,引起公众的极大兴趣。尼克松的成功在一定程度上带动了艾森豪威尔的成功。

结果,1952年11月4日,共和党的百分之五十五点一对百分之四十四点九的比率和多得六百五十万票的战绩击败民主党。艾森豪威尔和尼克松分别当选正、副总统。结束了民主党对白宫二十年的控制。共和党众议院又获得二十二个席位,总席位变成二百二十一对二百一十三。在参议院中共和党多了一个席位,这使该党仅以一席之差占了多数。这样,共和党控制了参众两院,尼克松本人也因在竞选中的出色表现而受到党的普遍尊敬。

四十岁成为副总统这对任何人来说都是堪称伟业。值得一提的是:这距尼克松第一次庆祝他在政治上的成功仅仅才六年时间。虽然他取得这一职位历尽了坎坷、冒尽了风险,他也一度政治热情降温和打退堂鼓,但事实上他终于闯过了难关,当他终于长叹一声坐下来时,他发现他失去的仅仅是失败,而获得的是成功和荣誉。

艾森豪威尔就任总统后,新政府在国际国内都面临着一大堆急待解决的严峻问题。首当其冲的是对外政策方面。旷日持久的朝鲜战争越来越不得民心,他必须兑现许诺:体面地结束战争。迅速崛起的苏联对美国是个极大的威胁。在东欧,苏联的卫星国组成了一个由莫斯科控制的国家集团,太平洋对岸的社会主义中国逐渐成为亚洲的巨人,并认为它威胁了美国在东方的利益。反殖民主义浪潮在非洲风起云涌。1948年以色列国建立,播下了仇恨的种子,中东开始了无休止的混战,……

在国内,状况同样不容乐观。当务之急是收拾"华盛顿烂摊子";制定没有战争前提下实现繁荣的经济政策。处理共和党内激烈的帮派斗争也必须时时留神。这就是尼克松就任副总统时所面临的诸多问题。

尼克松上任不久,1953年秋,艾森豪威尔提出要他出国访问,先去亚洲和中东,这是美国外交的薄弱地区。这次共访问九个国家,行期六十九天。这是尼克松外交生涯的开始,他从此认识了许多国家的领导人,增长了涉外事务的经验,成为其后来引导美国,制定对外战略的最初实验场。

1953年10月5日,尼克松携夫人帕特告别两个女儿乘飞机飞往东方。他先到澳大利亚,继而去印度尼西亚、新加坡、马来西亚、柬埔寨、老挝、越南……,接触了苏加诺、尼赫鲁、李承晚等数十位亚洲高级领导人。这些领导人都给尼克松留下了深刻的印象,后来他把他们编在同一本书中——《领袖们》。该书成为1988年世界最畅销书之一。

在南朝鲜,尼克松会见了七十八岁的"总统"李承晚,并递交了艾森豪威尔给他的信。信中表明,美国不能容忍任何可能重新燃起战火的行动,要求李承晚作出具体保证。李承晚却避而不答,直到告别时,他才从口袋里拿出两张纸,是他亲自打印的,以保证绝对机密。致艾森豪威尔的信中说,当共产党肯定美国控制着李承晚时候,美国将失去最有效的讨价还价的筹码。因此,有关南朝鲜将单独采取行动的一切,尼克松同赫鲁晓夫进行了激烈的辩论,主要是争论谁家的厨房用品质量高,实质是争论美苏两国谁家的实力更强大。双方互不相让而且都有些粗鲁。赫鲁晓夫怒气冲冲地指责美国刚刚通过的被奴役国家的决议,说"这个决议臭极了,臭得象拉下来的马粪,没有比马粪更臭的了"。尼克松知道赫鲁晓夫小时候当过放猪娃,便挖苦说:"我想主席先生大概是搞错了,比马粪更臭的东西是有的,那就是猪粪。"赫鲁晓夫还对尼克松说:"你一点也不了解共产主义——除了害怕。"并且说,俄国住房将来也会有美国展品中的现代化设备;这里摆的美国洗衣机不过是样品,自然质量要高一些。尼克松:"争论洗衣机质量高低总比争论火箭力量谁大谁小要好吧?"赫鲁晓夫嚷道:"是你们那些将军非要同我们比赛一下火箭不可嘛!他们说过那些火箭厉害得能毁灭我们。我们也要给他们一点颜色看,证明我们是强大的,能打败你们。"这就是尼克松与赫鲁晓夫进行的有名的"厨房辩论"。美国报纸自然要大力报道美国副总统的"胜利",因而大大提高了尼克松在国内的声望。

1956年,艾森豪威尔竞选连任总统成功,尼克松作为竞选伙伴,也取得了连任副总统的胜利,但这个胜利也是经过一番曲折斗争的。竞选开始时,共和党仍推出艾森豪威尔竞选总统。但是拥戴艾森豪威尔、在共和党内占主流的国际派却想把保守派的宠儿尼克松拉下马,说他们作为艾森豪威尔的竞选伙伴中,可能影响整个竞选。在这种背景下,艾森豪威尔两次找尼克松谈话,要尼克松考虑是再次竞选副总统还是担任一个内阁职位,如国防部长,说这将有利于他获得全国性声誉,为他登上总统宝座铺平道路。尼克松当然知道其中内幕,但他不甘心退出副总统的竞选。于是他就象上次对待"基金事件"那样,把球踢回到艾森豪威尔那里。他说:"如果你认为我退出竞选于你自己的竞选和你的政府更为有利,请告诉我你愿意怎么办,我一定照办。我愿意做最有利你的事。"后来由于马萨诸塞州工厂里克里斯琴·赫脱宁愿当国务卿而不是副总统,共和党大多数要员才同意尼克松竞选副总统。

在美国政治制度中,副总统没有多少实权,往往只是代表总统从事礼仪活动。尼克松在担任副总统的八年中,在政治上和社交场合屡屡受到艾森豪威尔总统怠慢的情况下,把这个传统上无关紧要的职务变成了一个至关重要的职务。在这期间,他承担过一些重要职责。在艾森豪威尔因病处于恢复健康时期,他主持内阁会议,三次慎重地和有成效地填补了总统的空缺。在1955年总统心脏病发作和1957年中风期间,尼克松几乎两次差一点就坐到总统的位子上去。只是艾森豪威尔神奇地转危为安才使尼克松重操旧业。在副总统任内,他成就之一就是在1959年果断地解决了持续一百一十六天的钢铁工人大罢工。他也是美国空间计划的有力的、成功的倡导者。

然而,即使艾森豪威尔总统再能神奇地转危为安,尼克松本人再谦和、礼貌和正直,也改变不了从1958年初共和党开始走下坡路这一趋势。这年年初,经济即开始下降,但致命的还不是这个。最为糟糕透顶的是共和党内部派别斗争在几个大州中达到白热化程度。这是共和党的传统,一旦到了这个地步,谁也无法挽救它,剩下来的工作只有顺其自然地给民主党让位。在共和党大倒其霉的1958年夏季,艾森豪威尔的声望下降到百分之五十以下,这种情况是他在白宫8年期间绝无仅有的。尼克松本人也预感到:共和党的漫长冬季又要来临了。后来的事实也的确证明了这一预感。

1960年进行新的总统选举。经过艾森豪威尔八年老祖父式的统治,人们开始寻求一位具有崭新领袖风格的总统。尼克松比较顺利地获得了共和党总统候选人提名,与民主党总统候选人约翰·肯尼迪对阵。尽管那时尼克松的条件与肯尼迪旗鼓相当,不相上下,都处于政治能量最大的顶峰时期。但是由于共和党在经济危机中受到沉重打击,所以尼克松处于相对不利的地位。加之,肯尼迪出身于东部豪富家族,又是天主教徒,所以实力强大。

尼克松使出浑身解数,也未能挽回预势,终于以十一万三千票微弱之差败给了肯尼迪。

失去了1960年的竞选后,尼克松把目光放到了他的家乡加利福尼亚州,他计划先在1962年选上该州州长,然后参加1964年的总统竞选。这一次他又败在民主党作为整体呈上升的势头上。

尼克松接受了1960年和1962年两次失败事实后,于1963年到纽约干起了老本行——律师。

1963—1968年间,尼克松一直在纽约从事律师工作。不过,他仍然是一位卖力的共和党竞选者,在共和党的官员和工人中保持他的声望。1964年,他还曾为巴里·戈德华特竞选总统进行活动。而到了1966年,尼克松这部大型政治机器在沉默了四年后终于又隆隆运转起来了。他发誓要把六十年代初失去的在六十年代末夺回来。

卷土重来　入主白宫

事实上,尼克松始终注视着问鼎白宫的政治目标。六十年代中期,民主党人的约翰逊总统对越南战争采取逐步升级的做法,以至越陷越深,在国内秩序方面也连续发生政策失误,遭到美国人民的厌弃。尼克松认为,这种情势无论对共和党还是对他本人,都提供了重新崛起的极好机会。因此,尼克松为共和党参加1966年国会中期选举特别卖劲,这也是为他参加1968年总统大选创造条件。他分析了共和党内派系斗争的情况,确定以中间派的面目出现。

1965年1月9日,尼克松在庆祝他五十二岁生日之后在书房里列表分析了他争取提名的有利和不利因素。

不利因素有三:(1)1960—1962年,他有了一个输家的形象;(2)缺乏政治基金;(3)没有政治基地,纽约是洛克菲勒的地盘,他在纽约共和党圈子里是不受欢迎的人。

有利因素也不少:(1)在共和党选民对总统提名的民意测验中,他名列前茅,(2)他已成为全国注意的新闻人物;(3)他有外交方面的优势,对影响竞选的问题和趋势抓得比较准,因而有自信心。

为了争取选民的两党各派,尼克松竭力树立自己中间立场形象。从1964年底到1966年国会中期选举开始,他共跑了十二万七千英里,到过四十个州,向四百多批人讲过话,为共和党再筹了四百万美元以上的捐款。

1966年3月的一天,在任的约翰逊总统同尼克松进行了一次坦诚的交谈。约翰逊不无感慨地说:"我们这些搞政治的人就象律师们一样,在法庭上彼此拼命揪斗,事后又走到一起喝上一杯了。"他们讨论了越南局势,尼克松认为,只有采取有力的行动才能使北越人坐到谈判桌上来。约翰逊咬牙切齿地说:"那里的问题是中国。否则,我们能够把河内和那个该死的国家和其它地方炸它个天翻地覆。""但它们有中国在背后撑腰,那可就是另一码事了。等我离位时,罗伯特·肯尼迪,休伯特·汉弗莱或是你将接手处理中国问题。"尼克松则敦促约翰逊尽快跟中国建立外交关系,说"时间对他们有利,现在是到了在外交战线上跟他们较量一番的时候了。"随后,尼克松并未放松对约翰逊政府的指责。美国在越南战争的泥沼中越陷越深,这成为约翰逊政府的致命点。

1966年的国会中期选举改变了美国的政治形势,在野的共和党大获全胜。共和党取得四十七个众议院席位,三个参议院席位,八个州长职位和五百四十个州议会席位。共和党扭转了厄运,从而为尼克松竞选总统提出了先决条件。

然而共和党内要乘民主党政府内外交困之机问鼎白宫的决非尼克松一人。保守党支持尼克松为总统候选人;国际派支持东部财团首脑纽约州州长洛克菲勒亲自出马与尼克松一决雌雄;出身演员的加利福尼亚州州长罗纳德·里根则得了南方和西部保守分子的拥护和支持。经过若干回合的交量,尼克松终了以六百九十二票的优势战胜了对手洛克菲勒二百二十七票和里根一百八十二票获得共和党总统候选人的提名。他挑选马里兰州州长阿格纽为副总统候选人。尼克松在接受提名的演说中对国家现状表示痛心:"当世界上最强大的国家因为已打了四年但仍看不到结局的越南战争而可能被拖垮的时候,当世界上最富裕的国家不能控制自己的经济的时候,当具有最伟大的司法管理传统的国家被史无前例的种族暴力所困扰的时候,当美国总统不能去国外或国内任何一个地方旅游的时候,那么就到了美利坚合众国寻找新领导人的时候了。"但是共和党政策宣言在一些重大问题上故意含糊其词,以便避免保守派和温和派之间的公开分裂。这是典型的尼克松式处世手腕。他许诺在越南实现和平,却未对和平提出任何具体方案;他保证解决"城市危机",但不提出实施办法,除了坚持让私有企业起主要作用。他还发誓恢复"法律和秩序",并把因为越南战争的结束而变得富裕的资金用于增强国防,减少税收和应付国内需要。就这样,经过一番细致谨慎地准备,尼克松卷土重来了。

民主党方面,现任总统约翰逊已焦头烂额,声名狼藉,自己放弃竞选,角逐总统候选人的有被刺身亡的总统约翰·肯尼迪的弟弟,现任司法部长罗伯特·肯尼迪,现任副总统休伯特·汉弗莱,自由派参议员尤金·麦卡锡,和阿拉巴马州州长、种族主义分子乔治·华莱士。尼克松预料将同罗伯特·肯尼迪对阵,进行最后的争夺。可是罗伯特·肯尼迪在加州初选获胜时,刚刚发表完胜利演说就被刺了。参议员麦卡锡在民主党竞选中被淘汰。尼克松最后的主要竞争对手是现任副总统汉弗莱。

在初期的民意测验中,尼克松遥遥领先。按照他任副总统时的经验,他注意避免对一些主要问题提出解决办法。在越战问题上,他声称自己有一个可以体面结束战争的"秘密计划"。对国内问题他呼吁法律和秩序,同时支持少数民族和持不同政见者,这就是说,黑人和白人,作为同一个民族,而不是两个,应该具有与生俱来的尊严。他还支持打击毒品交易,结束征兵制和建立一支志愿军队以及降低税收和通货膨胀。当时,民主党总统候选人汉弗莱的日子十分不好过,越战的升级和旷日持久,使约翰逊总统的"伟大社会"理想不再打动人心。1968年大选期间,由于受到反战压力,总统躲在白宫闭门不出。倒霉的副手汉弗莱成为公众发泄怨气的出气筒,这使他的竞选活动蒙上了一层层输家的色彩。初期的较量几乎判了死刑——在几个民主党大州中尼克松也以绝对多数压倒他。此外,成千上万的蓝领民主党人在初期选举投了乔治·华莱士的票。

但是汉弗莱很快就着手弥补他初期的损失。民主党内部采取三条措施对抗尼克松初期的成功。首先,汉弗莱挑选缅因州参议员马斯基当竞选伙伴,后者精于政治权术,所以能在传统上属于共和党的这个州连任州长。他出任竞选伙伴大大加强了民主党的力量。其次,1968年9月30日汉弗莱在盐湖城发表了一次全国电视讲话,许诺一旦成为总统,第一件大事便是结束越战,取得体面和平,这的确是重要的一大步,众人的目光开始转向这位果敢的副总统。最后,为配合汉弗莱的行动,约翰逊总统宣布停止对北越的空中轰炸。通过这一系列举动,汉弗莱的民意测验值迅速与尼克松接近,到大选在即时,几乎与尼克松不相上下。

但是一切似乎都太晚了,停止轰炸仅仅是一个短暂的回光返照,就在约翰逊总统宣布停止轰炸的两周后,数万名荷枪实弹的美军士兵协助南越军队攻入老挝和柬埔寨;国内通货膨胀达到顶峰,经济风暴如同欲来山雨。更致命的是在这个节骨眼上,民主党的干将们错误地攻击起尼克松无关痛痒的一系列问题,他们责骂尼克松人格上的缺点,拿不出证据却要把"牺牲国家利益搞政治蛊惑"的罪名安在尼克松头上,他们甚至在竞选过程中大打出手,使用下流的辱骂手法,从而大大破坏了民主党自身的形象。公众对人格问题,莫须有的罪名不感兴趣,他们把解决国外、国内危机的赌注押在尼克松身上。到1968年10月末,尼克松已隐约地看到白宫椭圆形办公室里的那个幸运天使在向他微笑了。

惊心动魄的大决战结束了。尼克松全家在纽约沃尔多夫旅馆里彻夜等待大选结果。第二天上午8时30分,美国广播公司首先宣告尼克松获胜。不久,落选的对手汉弗莱给尼克松打来祝贺电话。至此,尼克松终于实现了问鼎白宫的美梦。但此时,他并未感到轻松愉快和春风得意,等待他的只有短暂的庆祝胜利和必须尽快兑现他在竞选中许诺的大话。

权力巅峰　艰难施政

同美国历史上许多总统不同,尼克松是怀着一种奇特的心情拖着沉重的步子走向白宫椭圆形办公室的。他在政届高层周旋了多年,又担任过八年副总统,他太了解白宫了,甚至于他一进入白宫就有许多失败总统离开白宫的心情。他深知,赶走或请走上一任总统的同时便意味着接手一个近乎于支离破碎的烂摊子和数也数不完的烦恼,一切要从头开始,并且要有心理准备:4年后被无情地赶走。

到1968年,尼克松献身共和党,为党在选举中获胜奔走已整整22年之久。遗憾的是,尽管该党在1968年选举中取得了胜利,但党的力量却没有多大增强。问题也许是积重难返,不易解决。事实上,在过去的三十年中,除两年外,国会参议两院一直为民主党所控制。因此从这一届政府开始,他便下决心,痛改现状,利用在职的权力帮助共和党开拓它的选举前程。

尼克松挑选内阁成员的标准是:热爱本行、精通业务、踏实称职的优秀管理人员。考虑到民主党势力仍很强大,他开始时曾想安排一些民主党人担任内阁职位,可是找汉弗莱当驻联合国大使,参议员杰克逊任国防部长,都遭到拒绝。他起用罗杰斯担任国务卿。罗杰斯在艾森豪威尔执政时任司法部长,是个谈判老手,善于同国会相处。挑选莱尔德任国防部长,他是国防拨款事务方面的专家。在大选中担任总管,起作用最大的米切尔,被任命为司法部长就是他引见基辛格同尼克松搭上关系的。尼克松特别找到了芝加哥大陆伊利诺斯国民银行与芝加哥信托公司董事长戴维·肯尼迪出任财政部长。此外,他任命舒尔茨任劳工部长,斯坦斯为商务部长,希克尔任内政部长,布朗任邮政部长,……

尼克松清楚地懂得,要想一举打破权力结构的所谓"铁三角"是不可能的,只能以掌握的权力来逐步影响和改变它,把东部财团控制华盛顿的经济、政治大权夺过来。他上台不久,就催促新的内阁部长们迅速撤掉下来的官僚政客,起用自己的人。他警告说,如不赶快行动,就会成为他们试图要改变的那个官僚制度的俘虏,应抵制那套只从东部院校或公司招聘工作人员的陋习,从西部、南部和中西部吸收新鲜血液。但是,内阁部长们没有认真执行尼克松的指示,怕由此引起强烈反对,导致自己垮台。尼克松在第一任内未能实现他改朝换代的夙愿,而在 1972 年的第二任内大刀阔斧地干起来,大批撤换东部财团培养的公司,局级文官,挖东部财团的根基,这是爆发"水门事件"把尼克松赶下台的重要原因。此是后语。

为了实现他大选中提出的"法律和秩序"的许诺,尼克松首先在最高法院大刀阔斧地干起来;为最高法院任命了一些更为保守的人。他提升一位杰出的联邦政府法官沃伦·伯格为最高法院院长,此人以强调法律和秩序而闻名。后来,他又任命另外三人保守人士进入高法。由于高级法院的改组和完善,尼克松基本上解决了国内的法律和秩序问题。

尼克松上台后,所面临的艰巨任务之一就是调整美国的全球战略和策略。为此,他决定成立国家安全委员会,并任命亨利·基辛格为国家安全事务助理,实际上是总统的战略问题顾问。经过协商交谈,两人都同意,要以苏联为主要对手,采取区别对待的均势外交政策,同苏联打交道和进行谈判。从全盘战略考虑,要把欧洲放在首位,保住主要的西方盟友。鉴于中苏分歧,应重新考虑美国对中国的政策,解决越南问题的关键在于莫斯科和北京。应处理的最紧迫问题是越南战争,尼克松通过谈判来解决问题。

1969 年 2 月 23 日,尼克松在刚就任总统一个月后就到欧洲进行了八天访问,与西方盟国商量解决越南战争的问题。对此行的意图尼克松明确表示:"是为了征询意见,不是为了坚持意见;是为了协商,不是为了说服别人;是为了倾听和学习,并揭开经常交换意见和看法的新篇章。"尼克松在与戴高乐的会谈中,苏联、中国、越南问题是主要话题。戴高乐的主要观点是:对战后欧洲来说,苏联是最大的威胁,然而苏联正全神贯注于中国,西方应利用中苏分歧,让中国牵制苏联,对中国,"我对他们的意识形态不抱任何幻想,但是我们不应让他们怒气冲冲与世隔绝。西方应力图了解中国,同它接触,对它产生影响:"你现在承认中国,总比将来中国强大后被迫这样做来得好。"在越问题上,结束越战的最好办法是谈判,直接同越南接触,并且规定一个撤军时间表。尼克松同意并接受了戴高乐的这些意见。

尼克松通过欧洲之行,同法国修复了关系,同欧洲建立了良好的合作关系,并寻求到了解决越南问题的支持与配合,使他在解决最为困难的越南战争问题上取得了可喜的进展,他决定,从1970年春开始实施撤军计划。他同意,一旦他认为能够独自担负起他们的防务,就马上撤军。与此相配合,1970年春,他批准美军横扫南越边境,摧毁北越军队在柬埔寨的庇护所。到1972年,他留下部分美军继续培训南越军队,其余则大批回国。1969年4月,在越部队的最高数量是五十四万三千人,截止1972年7月1日,美国在越南的兵力不足四万九千人。尽管如此,无论是巴黎的谈判还是他向北越人的秘密建议,都未使和平得到保障。总之,在其第一任期内,越南战争作为一个未划完的问号保留下来,至于战争的最终结束,是其第二任期的事了。

尼克松在第一个总统任期内的重要成就之一,就是放弃了长期坚持的敌视中国的政策,改善了与中国的关系。事实上,"反共专家"著称的尼克松,早已发现由于自己在这方面走得太远而带来的恶果。共产党已打破了西方所谓"要半个世纪才得以恢复元气"的神话,在十多年的时间里迅速发展成为拥有原子弹,中子弹和人造卫星的第三核大国。而美国人多次错过了与中国改善关系的机会,其中包括杜勒斯傲慢地拒绝中国总理周恩来主动伸出的手。这就迫使美国必须同时面对东方两大巨人——苏联和中国的挑战。尼克松非常后悔1959年中苏关系破裂后,美国没有及时填补东方这段真空。因此,尼克松决心在自己任期内来弥补过去的损失。

他首先放出各种"试探气球"来试探中国的态度。1970年10月,他在接见美国《时代》周刊记者时说:"如果说我在死以前有什么事情要做的话,那就是到中国去。如果我去不了,我要我的孩子们去。"表达了他想在总统任内结束美中两国隔绝二十年之久的不正常状态的想法。1970年10月,巴基斯坦总统叶海亚·汗访问美国时,尼克松又明确告诉他,美国已决定设法使中美关系正常化,要求他作为中间人提供帮助。从此,尼克松建立了通向中国的"叶海亚渠道"。接着,在罗马尼亚总统齐奥塞斯库访问美国时,尼克松有意地称中国为"中华人民共和国",并要他转达美国想改善美中关系的想法。齐奥塞斯库答应转答,这就是"罗马尼亚渠道"的建立。

1970年12月9日,叶海亚传信给尼克松,说北京欢迎他。12月18日,毛泽东主席会见美国著名记者埃往加·斯诺,当斯诺问到"中国会不会允许象尼克松这样一个代表垄断资本家的右派来华"时,毛泽东说:"他将受到欢迎,因为他是总统,中美之间的问题毕竟还得同他解决。无论他作为旅游者还是总统来访,我都愿意和他见面。"

1971年5月10日,基辛格又通过叶海亚总统给周恩来总理捎去口信说尼克松准备接受中国的邀请,事先由基辛格秘密前往北京安排日程。5月31日,基辛格收到了中国的口信:"毛泽东主席表示,他欢迎尼克松总统来访,并且期待着届时同总统阁下直接谈话,其中各方可自由提出自己关心的主要问题。周恩来总理欢迎基辛格博士来华,作为美国代表先来同中国高级官员进行初步秘密会谈,为尼克松总统访问北京进行准备并作必要的安排。"

尼克松读完口信后,基辛格说:"这是第二次世界大战结束以来,美国总统收到的最重要的信件。"两人都异常兴奋。尼克松拿出一瓶未开封的陈年库瓦西埃白兰地,与基辛格斟酒祝贺这个"颇有历史意义的时刻。"

1971年7月9日,基辛格在巴基斯坦佯装肚子痛骗过了所有新闻记者秘密飞往北京为尼克松访华作好了安排。这期间,联合国正在就中华人民共和国的席位问题进行表决。美国没有公开反对中国加入联合国,但提出了"两个中国"的方案,妄图为台湾保留一个席位。

1972年2月17日,尼克松作了他所谓的"和平旅行"——到北京访问,在北京机场,他几乎是小跑般地伸出手奔向周恩来总理。在北京,尼克松受到了毛泽东主席和周恩来总理的热情接待。在会谈后发表了中美联合公报,使尖锐对立的中美关系大为缓和。此后,国际大三角(美国、苏联、中国)正式形成了。

尼克松大胆改变美国强硬的对华政策,不愧为有远见的资产阶级政治家。但是他的对外政策的重点仍然是苏联,他只是想在与苏联的抗衡中打中国牌。所以有人说,尼克松是踏着中国人的肩膀走向莫斯科的。就在他结束访华后不久,于1972年5月20日,乘"空军一号"前往莫斯科访问。在莫斯科期间,尼克松同勃列日涅夫和柯西金等苏联首脑进行了会谈,并达成了限制战略武器协议及其它一些协议,实现了尼克松对苏"缓和的第一阶段"任务。

当然,尼克松在缓和与中苏两国关系过程中,也有意保留了足够的防务能力。他得到国会批准,开始建立一种新的反导弹系统。但他仍然支持与俄国谈判以限制战略武器,这些谈判于1970年4月在维也纳开始举行。他单方面宣布:美国将销毁储存的细菌战武器,仅在防卫时才使用化学武器。这便是1971年著名的《化学武器条约》。条约于1972年生效。

在国内,从1969年开始,尼克松实行了工资——物价控制制度和岁入共享制度,每年把数十亿美元的税收用于州和地方政府的再投资,从而引起广大美国公众的拥护。最后,尼克松在国家环境保护方面也颇有成绩。1969年的《环境质量政策法》,1970年的《水质改进法》,1970年的《国家空气质量标准法》,1972年《水污染法》。这些法规在一定程度上促进了美国国内的公众利益。

最后,在尼克松第一期任内还有一件不得不提的国际性事件。1969年7月20日,阿波罗十一号指令长阿斯特罗诺特·尼尔·阿姆斯特朗成为第一个登上月球的人。他说:"这对一个人来说是一小步,对人类来说却是巨大的一步。"此后,在最后一次登月使命中,宇航员尤金·塞尔南和哈尔森·施米特在月亮表面度过了创记录的七十五小时,并带回二百五十磅月亮表层标本。

总之,在第一个四年中,尼克松成功地抵住了来自各方面的压力。在国外、国内的重大事件中,表现出一个卓有成效的领袖应有的风范。与社会主义阵营的有效调停,保住并发展了美国的海外利益。在国内,经济持续稳步增长,在几乎所有的经济部门中继续保持世界领先地位。由尖端科技支撑的军事工业仍是以维系美国"第一超级大国"和"世界霸主"的称号。这时的尼克松在美国公众眼里具有不可击败的形象,经验和才华是他雄厚的资本。在美国的心里:这个被称作"狡猾的家伙"的人,将再次与椭圆形办公室共舞四年是一个不可逆转的事实。

1972年又是总统选举年。1月5日,尼克松就写信给共和党新罕布什尔竞选委员会主席,宣布他要参加总统竞选,争取连任。由于尼克松在第一个任期内表现出色,成绩显赫,所以共和党内没有强有力的竞争对手。1972年8月,在迈阿密海滩市举行的共和党全国代表大会上,尼克松在第一轮投票中就以一千三百四十七票压倒优势获得连任总统提名,副总统阿格纽同样获得连任提名。尼克松在接受提名演讲中重申了自己的信念,并强调了1968年的共和党政策宣言、继续推行海外调停策略和在国内振兴经济的计划,得到了广泛的支持。

民主党方面,参议员乔治·麦戈文被提名为总统候选人,与尼克松一比高低。他选定密苏里州参议员托马斯·伊格尔顿为副总统候选人。与尼克松相反,麦戈文提出的一揽子国外国内政策遭到党内外人士的一致批评,他呼吁规定最低收入标准和向穷人提供公共服务工作被共和党人嘲笑是行不通的,他要求立即撤出越南被嘲笑成是一种"赶紧逃走"战略,会损害美国在国外的威望,并减弱要回战俘的筹码,美国劳工联合会——产业工会联合会长期以来都是民主党人竞选活动力量的重要来源,这一次却拒绝支持无论哪一位总统候选人。更为糟糕的是麦戈文更换副总统候选人的失误被尼克松直接利用了。当宣布伊格尔顿为副总统候选人不久,伊格尔顿患过精神病并曾三次入院治疗的情况便被宣扬开来。麦戈文在向报界和公众宣布自己"百分之一千"地支持伊格尔顿后,又开始迫使他退出竞选。于是使许多选民认为麦戈尔同"诡计多端的狄克"(尼克松)一样,是个政治上口是心非的家伙。这样,尽管水门事件的许多事实已经被揭露,在麦戈文把尼克松政府说成美国历史上"最腐败的"政府并归咎于尼克松本人时,几乎没有人听得进去。就尼克松本人而言,他把自己的活动局限于几次仔细选择过的个人露面和电视演说,副总统阿格纽承担了竞选运动的主要压力。共和党人以稳操胜券的心情准备迎接令人振奋的 1973 年的到来。

结果,1972 年 11 月 7 日,尼克松以百分之六十一的选票,五百二十张选举人票压倒绝对多数击败麦戈文,连任成功,同时阿格纽也被继续保留在副总统位置上。从而完成了尼克松"再干四年"的夙愿。然而当时并不起眼的"水门事件"却成为这位倒运总统先喜后忧的症结。

1973 年 1 月 20 日,尼克松由首席法官厄尔·沃伦主持宣誓连任。总统的支持者安排了有记载以来花钱最多和最丰富多彩的庆祝活动,来庆祝尼克松和阿格纽"再干四年"。

尼克松开始第二个任期时,实现结束越南战争的允诺再也不能拖延了。到 1973 年,美国卷入越战已经近十年,丧失了四万八千美国人的生命,受伤三十万四千人,耗资二千亿美元以上,要求迅速结束越战的呼声越来越高。在这种情况下,尼克松被迫做出决定,于 1 月 23 日在巴黎和平协定上签字。协定规定:撤走全部美军和释放战俘、就地停火、美国文职顾问继续在南越存在、美国帮助重建被轰炸破坏的北越。到 1973 年 3 月,美国完成了在越南的最后撤退,数月后北越政府接管了全越南。这样,美国终于艰难地从东南亚拔出了一只伤痕累累的脚。美国和全世界人民都庆祝这一事件。当时,世界上几乎所有报纸都报导了这件事。尼克松的名字飘洋过海传遍地球的每一个角落。当然,人们不会想到,这位饱受赞扬的总统正悄悄躲在白宫里痛苦地反省自己。事实上,撤出越南仅仅是美国海外战略收缩的一部分,在此之前和在此之后,美国政府在世界上每一个有陆地的地方都做出了类似的举动,这一次不过是众多举动中最引人注目的一个罢了。

尼克松在连任总统后,仍然把对外政策的重点放在与苏联争霸上。他曾强调,苏联是一个"非常强大、有力和咄咄逼人的竞争者",处理美苏关系是"战后美国对外政策中必须长期全神贯注地当务之急。"要"从实力地位出发,明智地进行谈判。"1974年 6 月 25 日,尼克松等人去莫斯科进行第三次首脑会议。他先在布鲁塞尔停留,参加庆祝北大西洋公约组织成立二十五周年的仪式。这也是一种外交姿态,在美苏首脑会谈之前,炫耀一下北约联盟的活力。

会议就禁止核实验和限制战略武器等问题进行了讨价还价的争论,由于双方立场相去甚远,没有取得多少实质性进展。

卷入"水门" 葬送前程

作为政治家最大的不幸莫过于在其权力巅峰之时突然凌空失重,跌下谷底。"水门事件"使尼克松成为美国历史上最具特色的悲剧总统,他的遭遇甚至比亚伯拉罕·林肯和约翰·肯尼迪的杀身之祸更具悲剧色彩。悲剧所在正是他必须活着来接受属于他的耻辱。同他早年轻而易举的政治生涯相反,他在晚年是不幸的。但更为不幸的是这种不幸本来是可以毫不费力地避免的。

水门事件是在 1972 年 6 月 17 日竞选过程中发生的。当时,各报纸并未大肆宣扬,只是轻描淡写地报道:"有几个迈阿密人企图窃听民主党总部,在哥伦比亚特地区被拘留。""有五个人在华盛顿水门饭店民主党全国委员会总部被捕,其中四人来自迈阿密。水门饭店是一座豪华的旅馆,兼作为办公室和公寓之用。五人中有一人自称是中央情报局的雇员,其余的人中有三个原籍是古巴。他们都戴着外科手术用的橡皮手套"云云。

尼克松从白宫办公厅主任霍尔德曼那里听到了更为不祥的消息:那个自称是中央情报局的雇员的人名叫詹姆斯·麦科德,此人是"争取总统连任委员会"的一个工作人员,从被捕人身上搜出十多张一百美元的钞票,显然是"争取总统连任委员会"给的费用。

由于麦科德与争取总统连任委员会的关系,水门事件逐渐引起报界的注意。米切尔赶忙以"争取总统连任委员会"主席的身份发表声明,说被捕者的行动不代表该委员会,也不是他同意做的。

但是,案情继续发展。1972 年 6 月 20 日《华盛顿邮报》头版以醒目的标题声称白宫顾问与窃听人物有关联。文章说,逮捕的人中,有两人的通讯地址上有霍华德·亨特的名字,而亨特 1972 年 3 月 29 日前一直在白宫工作,充当查克·科尔森的顾问。问题严重起来,因为科尔森是尼克松的助手和顾问中的核心成员。

民主党据此发动政治攻势。民主党全国委员对尼克松的"争取总统连任委员会"提出诉讼,控告它侵犯私人秘密,违反民权,要求赔偿一百万美元。这一讼案可以使民主党雇佣的律师传讯"争取总统连任委员会"和白宫的几乎全部人员出庭并宣誓做证,从而使共和党在竞选中处于被动地位。

事实上,水门窃听是由"争取总统连任委员会"的顾问戈登·利迪策划的。为了掩盖美国水门事件真相,尼克松及其亲信们商定,要利迪出面承担全部罪责,以免逼到米切尔身上,来个舍车保帅。尼克松表示,只要在大选中获胜,他愿意对利迪进行资助,甚至在大选后对他采取假释或赦免。

接着,尼克松在记者招待会上宣布:白宫的任何人员与水门事件毫无关系;他完全相信"争取总统连任委员会"主席米切尔所说的对此事一无所知的声明。

尼克松还让下属编造各种解释水门事件的说法,尽力促使中央情报局干涉和限制联邦调查局的调查。可是,事情偏偏又节外生枝,米切尔的夫人被水门事件搞得神经失常,竟然告诉记者:她有一本手册,其中详细记载着水门事件的预定步骤,以及她要本人了解的全部细节,等等。尼克松别无选择,只好忍痛让米切尔辞去"争取总统连任委员会"主席的职务。

1972 年 9 月 15 日,司法部长克兰丁斯特宣布了起诉书,其中只提到了利迪和在水门饭店被捕的五个人。大选前,水门事件就这样被搪塞过去了。但案件并未了结,尼克松的辫子仍然抓在政敌手中。

尼克松竞选连任的胜利曾一度冲淡了人们对水门事件的印象,但事实民主党一直抓住不放。为了缩小水门事件的影响,尼克松授权白宫律师约翰·迪安来处理这方面的事务。对可能被牵连到的白宫人员,如科尔森、蔡平等人及早调离了白宫,并且在胡佛死后任命忠实于尼克松的司法部助理部长帕特·格雷为联邦调查局代局长。

但是,纸里包不住火。事态的发展急转直下。被捉的麦科德向法官作了坦白交待。1973 年 3 月 23 日,约翰·赛里长法官公开开庭,宣布对水门事件的判决。在开庭前不久,有人把麦科德的一封信交给法官。信中说,有人对他施加压力要他保持缄默,交换条件是答应日后给他宽大处理。法官公开宣读了这封信,并将麦科德具保释放。亨特被暂判三十五年监禁,其他四人被判了四十年。利迪早就因为拒绝揭发而以蔑视法庭罪被判二十年监禁和罚款四万美元。这种暂时的严判是一种分化手段,为的是迫使被告揭发问题。

麦科德还秘密向负责调查水门事件的欧文委员会交待说,白宫律师迪安和工作人员马格鲁德都事先知道水门窃听的计划,计划是由米切尔批准的。《洛杉机时报》报道了这条爆炸性新闻,白宫与水门事件无牵连的说法从此被攻破。尼克松的防线崩溃了。

在这样危急的情势下,尼克松同霍尔德曼商量决定,把米切尔抛出去,让他承担全部责任,以免总统本人成为被追究的对象,也可免于被追究一系列的掩盖罪行的活动。

接着,司法部长告诉尼克松,白宫律师迪安已经承认在阻挠司法中所扮演的角色,而且坦白:水门事件后不久,埃利希曼要他把亨特保险柜中的材料"隐藏起来",把亨特送到国外去。还说霍尔德曼知道用二十五万美元竞选经费贿赂被告的事。鉴于迪安的表现,尼克松只得让迪安辞去白宫律师的职务。

尼克松清楚地知道,水门窃听这样一个小事件,之所以会象变戏法一样迅速膨胀起来,成为一个危及他的政治生命的震动世界的大事件,主要是他第二次就任总统以来,不顾一切地向一向占统治地位的东部财团的政治体系开刀,大肆撤换东部财团在联邦政府中安插的高、中级官员,还在国家预算、税收制度中等重大领域,进一步伤害了东部财团的利益。他在自我反省时写道:"25 年从政的本能告诉我,目前反对我的政治力量非同一般。在我第二届任期中,我向国会、官僚机构、舆论界和华盛顿权势集团提出了挑战,要跟他们进行一场具有重大历史意义的战斗。我们在任命官员、扣发拨款以及预算等问题上,已就限制特权和权利的问题上展开了小规模交锋。现在突然之间,水门事件暴露出我们队伍中出现了漏洞百出的弱点。""我们的对手一定会利用这些弱点来狠狠地打击我。"

尼克松政府已经四面楚歌。可是幸运的是,到目前为止,还没有任何说明总统本人与水门事件有关的证据。尼克松在 4 月 30 日的讲话中,仍然对他本人是否同水门事件有牵连这个问题作了否定回答。

可是,1973 年 7 月 16 日,尼克松的前助手亚力山大·巴特菲尔德给了尼克松最致命的一击。他向欧文委员会泄露,自 1970 年以来,尼克松在白宫办公室里安装了录音装置。舆论界对此反应极为强烈,《纽约每日新闻》的大字标题是"尼克松窃听他自己的各办公室"。

这消息对尼克松来讲太糟了。他简直顿足捶胸地后悔。当初他下令安装录音装置,把自己同别人的谈话录下来,为的是将来卸任后,可以好好写本回忆录,他担心仅靠记忆会挂一漏万。在美国,下台总统写回忆录已成为惯例,这可是一笔极可观的稿酬和版权收入。可是现在,倒成了套在自己脖子上的一条绞索。

1973 年 7 月 23 日,尼克松决定援用总统"行政特权"写信告诉欧文委员会,他将拒绝提供录音带。而欧文委员会一致投票决定要票传五盘录音带,认为这些东西直接或间接同 1972 年总统选举中心"犯罪行为"有关。斗争进入了关键时刻。

正如尼克松自己所说,他的班子"漏洞百出",这就难免祸不单行。恰在录音带问题把尼克松搞得走投无路的时候,副总统阿格纽被控犯有共谋、勒索、受贿、逃税等罪行。尽管尼克松出面为他辩护,但由于证据确凿,阿格纽不得不被迫辞职,并被法官判缓刑三年,罚款一万美元。这就使尼克松的政府班子更加声名狼藉。

1973 年 9 月,司法部长理查森几经挑选任命哈佛大学法学院教授阿奇博尔德·考克斯担任水门事件的特别检查官,负责对水门事件的来龙去脉详尽调查。考克斯实际上是尼克松的政敌,与民主党肯尼迪家族有悠久友好关系。对这一任命,基辛格十分震惊,他对尼克松说:"考克斯将是一祸,自我认识他以来,他一直疯狂地反对你。"

考克斯的铁面无私果然名不虚传,他一上任就断然要求尼克松总统交出录音带,以供检查。参议院的特别调查委员会也要求尼克松必须交出录音带。

尼克松以总统的"行政特别权"一口回绝了对方要求。但考克斯寸步不让,非要总统交出录音带不可。一怒之下,作为美国最高行政长官的尼克松于 1973 年 10 月 20 日(星期天)宣布开除考克斯,撤销专事调查的特别检察官办事处。司法部长理查森和他的副部长听到消息后,极为愤怒,为表示抗议,俩人双双辞职。不出二十四小时,美国各家报纸、电视用"星期六夜晚大屠杀"这样耸人听闻的短句向全国播放了这一新闻。

斗争以进入了短兵相接阶段。

考克斯的解职引起国会大哗,形形色色的国会议员对尼克松进行猛烈攻击,有的认为尼克松这是在发动一场政变压制反对派。11 月 15 日,众议院投票决定,拨款一百万美元开始对尼克松弹劾。为了避免弹劾和任命福特为副总统能顺利通过,尼克松不得不同意交出录音带。

一盘又一盘,一遍又一遍地听这些录音磁带当然是很费事的,可是法官们有耐心。终于,他们有了重大发现,在 1972 年 6 月 20 日——水门事件发生后的第三天,尼克松与他的办公厅主任霍尔德曼谈话的录音带上有十八分半钟的内容被人为地洗掉了!

尼克松有口难辩,他再也无法向调查委员会和美国人讲清楚这"十八分半钟"到底是怎么回事。

最高法院再次下令,要尼克松交出其余七十四盘录音带。

于是法官们到底找到了总统参与掩盖水门事件真相的证据,在 1973 年 6 月 23 日的那盘磁带上,人们清晰地听到尼克松同霍尔德曼讨论如何"让中央情报局压倒联邦调查局,使这次调查不能进行"的声音,总统甚至粗暴地骂道:"我他妈的才不在乎发生了什么呢,我要求你们给我保密……不管是掩盖事实还是其他什么手段,只要能保住密,就那样干!"

——尼克松全线崩溃了!

时间一天天过去,要弹劾尼克松总统的呼声越来越高。

1974 年 7 月 27 日,众议院司法委员会通过表决,向国会众院提出了弹劾总统动议;第一,指控总统采取一系列行动阻挠对水门事件进行公正的调查;第二,指控总统广泛滥用总统权力;第三,指控总统蔑视国会传调录音带的命令。

树倒猢狲散。已被水门丑闻弄得臭不可闻的尼克松在众议院肯定不会再有多少盟友。谁也不愿意在这时弄得自己粘上一身腥臊。因此,几乎可以肯定,众议院将通过对总统的弹劾。尼克松面前只剩下别无选择的一条路:辞职!

在美国的历史上,还从未有一位总统因辞职而下台的。尼克松想不到自己因占有这么个"第一"而载入史册。

1974 年 8 月 8 日,晚上 9 时 12 分,尼克松史无前例地做了一次美国总统辞职的演说,象他的早年政治生涯一样,他的演说十分成功,许多人包括他的政敌和把他搞下台的人都流了泪。演说中没有过分辩白,事实上辩白已毫无用处。他仅仅说辞职是因为:"在我们的全部中心应该放在国外的和平和国内没有通货膨胀的繁荣这两个重大问题上的时期,在今后几个月中继续为我个人的辩白而斗争,这将几乎完全耗尽无论是总统还是国会的时间和注意力。"最后,他终于讲出了"有生以来最难出口的一句话:"……我将辞去总统职位,明天中午生效。"

8 月 9 日,尼克松在白宫的最后半天。他睡到了很晚才起床。早餐是他最喜欢的食品:腌牛肉末炒土豆泥,煎鸡蛋,可他吃的索然无味。

黑格将军进来了,看着总统,有点犹犹豫豫地说:"这是一件必须完成的工作,总统先生,我猜想你宁愿现在把它做了算了。"

他拿出了一张纸,放了尼克松面前。纸上只有一句话:

"我谨此辞去美国总统职位。"

尼克松看了半天,眼光似乎有些迷茫。他掂起了笔,毫无表情地在纸上签下了名字。

9 点过后,他和夫人一起来到了白宫东厅,发表告别演说。第一夫人知道自己也许会控制不住自己的眼泪,但最后还是拒绝带上墨镜。总统沉沉地说:"亲爱的,我们要鼓起勇气,应付那痛苦的局面。"

大厅里,人群和摄像机早已在等待。尼克松克制着自己,开始讲话,可他连自己也记不清到底讲了些什么。

不少白宫职员失声痛哭。

尼克松和夫人走出了大厅,走向了停在外面的那架直升机。尔后他们将在安德鲁空军机场换乘"空军一号",打道回府,去加利福尼亚老家。

同日中午 12 点零 3 分,尼克松的副总统福特宣誓就任美国第三十八任总统。一个月后,9 月 8 日,福特总统向全国宣布,他已"完全地无条件地绝对赦免"尼克松在任总统期间对美国"已经犯下的,或可能犯下的"一切罪行。

告别白宫　著书问政

1974 年 8 月 9 日尼克松离开白宫时,年仅六十一周岁。对于一个政治家来,这个年龄并不算老,同第二次世界大战培养出来的两位欧洲伟人——邱吉尔和戴高乐相比,他至少还有两次参加总统竞选机会。或许是水门事件造成的严重不利的后果;或许是以那种方式离开白宫所造成的严重心理创伤;也或许是利福尼亚动人的田园风光和美丽的海滨浴场以及纽约和新泽西闲适的生活,总之,尼克松彻底中止了问鼎白宫的愿望,哪怕是偷偷地。

刚离开白宫时,尼克松可说是四面楚歌:担心成为阶下囚的恐惧,使他感到前景黯淡;与以前自己的副手、现任总统福特讨价还价,使他感到受到侮辱;法律费用高得惊人,使他债台高筑;接着他又患了静脉炎,折磨得死去活来,险些丧命。身体恢复后,政敌们仍不放过他。他一直隐居在圣克利门蒂,很少出门,这时也很少有人去看他,他只好着迷般地打高尔夫球。在这同时,关于水门事件的书刊大量出笼,把他描绘成邪恶的天才、满嘴臭气的酒鬼、笨蛋。1986 年,他在为《新闻周刊》撰写的长篇文章中回忆当时的情景说:"大酒会,人们装着看不见我,熟人也不过点点头而已。"在那些日子里,他曾对记者说:"最重要的是不往后看,所以我把眼前与过去完全隔绝,不理睬那些中伤的言辞。"他的一位朋友说:"他当时真是一个被打垮的人。"

但是,尼克松从未放弃对政治的兴趣,他虽然不打算再出来竞选任何公职,但是他非常关心自己在历史上的地位。他要在政治上继续发挥自己所能起到的作用。恢复自己的政治荣誉。曾对尼克松提出起诉的前助手迪安曾辛辣地讽刺说:"他现在正在竞选前任总统——他赢了。"

在声望降到最低点的 1975 年,尼克松决定发挥他自己对政治学的专长,著书立论。继《回忆录》之后,又写了四本关于外交政策方面的书:《真正的战争》、《领袖们》、《真正的和平》、《再不要越南战争了》。一位在多届政府中担任过职务的高级官员说:尼克松是战后外交事务中"最有知识、最有才干的总统。"

在重返政坛的道路上,还有以下几个里程碑,值得一提:1977 年,他就水门事件接受了大卫·佛罗斯特的采访,并借了五十万美元以渡过经济危机;1978 年 7 月,他下台后首次在公共场合露面,参加了在肯塔基海顿公园中以他的名字命名的娱乐中心的活动;1979 年,他很有远见地搬到了纽约,因为和那儿的人接近更利于他恢复名誉;1980 年,他在审判两名前联邦调查局官员的法庭上作证,这两名官员被指控下令非法闯入恐怖分子嫌疑犯的亲友住宅,尼克松证实,这些非法闯入是经过他批准的;1981 年,他出席在俄亥俄州哥伦布举行的一次共和党资金筹集会上,受到三次长时间的热烈掌声的欢迎,这也是他御任以来首次在政治舞台上露面;同年晚些时候,他与两位前总统福特和卡特一起作为里根总统的官方代表,出席被刺身亡的埃及总统萨达特的葬礼;事后他单独前往其他中东国家会见其领导人;接着,他又成功的访问了巴黎和北京;自那以后,他经常在国外广泛的旅行。他到过许多国家,而且往往作为在任总统的高级顾问或特使来执行一些非官方解决的任务,并每每获得成功;1984 年,他在全美报纸编辑协会发表演讲,全场起立为他鼓掌;1986 年 4 月,他与他的对头——《华盛顿邮报》出版人凯瑟琳·格雷厄姆握手言欢……

尼克松被普遍认为是共和党竞选活动的主要后台元老之一,在这方面他很少出判断错误,在 1984 年大选期间,尼克松曾为里根出谋划策。1985 年美苏首脑会晤临近时,国家安全顾问助理罗伯特·麦克法兰被派往新泽西州萨德尔河畔尼克松的新居,同他进行长谈。里根总统也亲自给他打电话,要求他提供建议,继里根总统之后,尼克松又成为布什总统最重要的非正式顾问。他经常长篇累牍地给布什写信,分析外交事务。1990 年,他曾就美苏关系给布什写了一篇长文。他在文中要美国以怀疑的态度来看戈尔巴乔夫,他表示这位苏联领袖走向民主和市场经济的行动可能由于保守派的压力而不能持久。

伊拉克侵入科威特之后,布什曾致电尼克松,尼克松坚决主张布什采取强硬和果断行动,因为这场危机是历史上一个决定性的时刻。在 1 月 17 日海湾战争爆发前几个小时,布什还致电尼克松,尼克松即时认为,多国部队将会迅速取得胜利,过去对伊拉克军队的实力实际上是高估了。

被迫辞职几年之后的 1990 年,尼克松举行了他下台后最为隆重的仪式——为尼克松图书馆主持揭幕典礼。他要为自己正式恢复名誉,进行政治平反,他要把记载他在白宫政治生涯的图书馆作为他和美国公众和解的正式标志。

在这所耗资二千一百万美元的图书馆揭幕式上,不但尼克松过去的内阁班子和秘书如基辛格、舒尔茨和黑格等样人物出席,而且连布什总统和前总统里根和福特也莅临赴会。

图书馆坐落在洛杉机以南约巴林达市。占地面积相当于一个足球场,楼高两层。正门上用一英尺高的金色大字写着“理查德·尼克松图书馆和出生地”。馆内展品丰富,不但有尼克松用过的东西,而且还有五百万纸(包括十五万页特别敏感档案)和一些录像带,其中也有水门事件的资料。据说,尼克松担任总统期间的纪录共有四千四百万页纸和四千小时录像带,图书馆展出的只是一部分,而大部分则存放在弗吉尼亚州的仓库里。

在历史上,历届美国总统为流芳百世,名垂青史,都少不了要建立图书馆。与其他总统所建图书馆不同的是,尼克松在他的图书馆开放后,拒绝国家档案部门插手干预,而是自己派人员管理。而且,图书馆长休·希韦特甚至提出,要对研究人员进行甄别审查之后,才准许他们翻阅档案材料。

尼克松与夫人帕特·尼克松的关系一直很好。执政时,他们夫唱妇随;下野后,他们心心相印。用帕特·尼克松的话说:“政治是我丈夫的选择,然后就有了一个要我扮演的角色。于是我就下定决心扮演起这个角色来了。”尼克松辞职后,他的夫人曾两次中风,身体一直不大好,本来就很孤高的尼克松夫人越发不爱参加社交活动了。除了去看望两个女儿和四个外孙及上街购物外,尼克松夫人自己几乎足不出户,只是常常陪着尼克松去餐馆品尝美味佳肴。

尼克松在其晚年释放其政治能量的另一种手段是著书立说。其中著名的有《理查德·尼克松回忆录》、《领袖们》、《1999:不战而胜》、《角斗场上》、《抓住时机》等。这些书大多是依据当时的国际环境,为美国制订所宜采取的战略方针和政策措施。在 1988 年发表的《1999:不战而胜》一书中,他曾针对戈尔巴乔夫宣扬的“新思维”提出了对苏联不战而胜的目标和战略。其后东欧发生巨变,海湾爆发战争,苏联崩溃瓦解,尼克松自然为此高兴。但他也感到,局势并不容乐观,世界新旧矛盾交织。他在 1991 年 9 月最新出版的《抓住时机》一书中写到:“出现 1989、1990、1991 年的动荡局面以后,是美国重新拨它的地缘政治罗盘的时候了。”在他看来,美国面临挑战,“必须最优先考虑的事情是重新确定美国的全球使命和重新制订美国的战略。"他的愿望是,美国作为"惟一的超级大国"应保持住"世界领导地位",应充当"历史航程中的领航员"并把下个世纪铸造成"第二个美国世纪"。这些书中阐述的许多观点、提出的主张和看法都为美国当政政府所采用,作为美国制订对外对内战略的参考,显示出尼克松仍旧成熟的思想和紧跟时代节奏的广阔政治内涵,充分证明和验证了这位政治运动员的实力。正如一位前白宫助理说的:"假如你是总统,面临世界危机,如果你要向三个人请教的话,那么尼克松无疑是其中之一。"

在经过十多年努力之后,尼克松基本上实现了他恢复名誉的目标。1986 年 5 月1 日举行的民意测验表明,人们对他的憎恨已经软化并逐步减少。尽管仍有四分之三的人认为他被迫辞职完全是咎由自权,但是百分五十四的人认为福特总统宽恕他是正确的。虽然学术界对他的评价仍未软化,但是现在他和总统站在一起已经不成问题。里根总统的一位高级助理说:"就白宫而言,他的名誉的恢复已经完成。在这里,人们对他十分尊敬。"在共和党的政治圈里,他的复活是最明显的。内华达州参议员保罗·莱克萨尔特说:"如果说现在我们党内有一位年长的政治家的话,那就是理查德·尼克松。"很多人开始肯定尼克松在白宫时期的外交政策,讨论他近年来著作中的观点。甚至有百分之三十九的人认为尼克松应该出任大使或顾问之类的公职。还有人撰文讨论当初新闻界穷追猛打,把一个富有政治才华的总统赶下台,究竟是做好事还是做错事?"不管你喜不喜欢尼克松,尼克松高瞻远瞩,了解世界,见地高明。他是为数不多的几位真正有影响的人物之一。"

那么尼克松本人是如何评价自己的呢?1986 年他在回答《新闻周刊》三位记者的访问时说:"要是没有水门事件这个插曲的话,我想人们对我的评价会是挺高的。但是,无论是有水门事件,还是没有,关键在于由谁来做评价。"

1994 年 4 月 22 日晚 9 时 8 分,尼克松因患中风在纽约一家医院去世,享年八十一岁。去世时,他的两个女儿在他身边。当克林顿宣布尼克松去世的消息时,五百名哀悼者肃静地注视着加利福尼亚的夜空,海军陆战队的一支仪仗队将理查德·尼克松图书馆前的美国国旗下半旗。4 月 27 日,尼克松的葬礼在其出生地加利福尼亚州约巴林达镇举行。克林顿总统宣布,为悼念尼克松,这一天为美国全国致哀日。葬礼那天,总统克林顿,美国四位尚活着的前总统:里根、福特、卡特、布什以及许多国家的领导人出席了为尼克松精心安排的国葬。中国领导人江泽民、李鹏、朱镕基发出唁电,并派邹家华副总理参加葬礼。至此,对尼克松似乎可以盖棺定论了。但是,正如他在《领袖们》一书中所说:"对风云人物的评价往往有很大的争论。"这一点恐怕也适用于他本人。美国历届总统给予尼克松高度评价。前总统里根说:"他在对外政策方面的成就将确保他在历史上的崇高地位。由于有了尼克松,世界已成为更美好、更安全的地方。"前总统福特说:"迪克·尼克松即使不是本世纪推行对外政策最好的总统,也是最好者之一。"前总统卡特说:"他对中国和苏联进行的具有历史意义的访问,为邓小平访美,实现中美两国关系正常化,为同苏联签署第二阶段限制战略武器条约,铺平了道路。"前总统布什说:"他在任职期间遇到的困难可能降低了他作为总统的声誉,但是应该记住的是,他无论是在外交还是内政方面都取得了许多成就。"克林顿总统说:"我要说,我多么感谢他在我当总统以来在俄罗斯问题和其他许多问题上向我提出了英明的意见。""他毕生勤于心智,忠于职守,他的国家对他的贡献怀有感激之情。"

尼克松直到晚年仍然关注着美国的对外政策,他在《超越和平》这本遗著中对克林顿的对外政策进行了严厉批评。他写道;美国"不能像美国国际紧急呼救台那样对每一个紧急呼救都作出反映,但是,我们必须对那些关系着我们在世界上的重要利益的呼救作出反映。""如今,中国的经济实力使美国关于人权的言论显得无知轻率。十年后,中国将使它们变得苍白无力。二十年后,中国将使它们显得荒唐可笑。到那时,中国人可能会威胁说,如果我们不采取措施改善底特律、哈勒姆和洛杉矶中南部的生活条件,就取消美国最惠国的待遇。"

　　世界许多国家的重要领导人,无论是美国的朋友还是敌人,也大都对尼克松给予了肯定和赞扬。中国领导人在唁电中称赞尼克松是具有"战略眼光和政治勇气"的人物。俄罗斯总统叶利钦说:他是"了解俄罗斯并且了解它正在为什么而奋斗的世界上最重要的政治家之一。"法国总统密特朗在唁电中说;"我相信历史不会忘记他在国际舞台上所扮演的重要角色。"意大利总统斯卡尔法罗说:"他为坚持民主与和平原则和为了人民的幸福而不懈地努力"日本首相细川护熙说:"现在冷战已经结束……对于这位已故总统在战后国际社会上取得的成就,我不能不再次感到万分激动。"菲律宾总统拉莫斯说:"他虽因国内政治风暴而辞职,但这并没有缩小他在为世界带来和平方面所取得的卓越成就。"在越南,人们仍然对尼克松的名字恨之入骨,所以他们没有赞扬他,只是说:"愿他安息吧。"

曼德拉

　　曼德拉出生在 1918 年 6 月 18 日，正是第一次世界大战进入尾声之际，父亲给他起名为"罗利拉拉"，在科萨语中，这是"捣蛋鬼"的意思。5 岁时"捣蛋鬼"成了一名小牧童、7 岁半进入学校读书，老师姆丁格尼小姐给他起名为"纳尔逊"，从此这个小牧童第一次有了符合西方习惯的学名—纳尔逊，罗利拉拉·曼德拉。

　　曼德拉 9 岁时，父亲去世了，父亲的离世彻底改变了曼德拉的生活。由于父亲在世时推举容京塔巴做了滕布部落的继位人，最后父亲的提议最终被滕布部落和英国政府接受了，容京塔巴成为新的滕布大酋长，曼德拉父亲死后，容京塔巴便提出想收养曼德拉，母亲把曼德拉送到了部落大酋长的住所——大皇宫，过上了同大酋长的一儿一女同样的生活。

　　在以后的生活中，大皇宫的酋长制强烈地影响了曼德拉的领导观念，他始终记得大酋长说的一条领导原则：一位领导就像一位牧羊人，他呆在羊群后边、让头羊跨步向前，其他羊只尾随前进，牧羊人只是殿后，羊群也不知道一路上有人在后边指挥它们前进。

　　16 岁时，曼德拉按照科萨人的传统施了割礼，未受过割礼的男人是不能继承财产，不能结婚，不能主持部落仪式，被认为大逆不道的，根本就不能算作是男人。

　　割礼后不久，曼德拉通过了标准六级考试被克里伯里学校录取，1937 年，19 岁的曼德拉又考入了南部非洲最大的学校希尔德敦学校，1939 年，曼德拉又如大酋长所期望的那样成了黑尔堡大学的新生、黑尔堡大学是南非黑人惟一的高等教育中心，也是整个非洲大陆黑人学者的学术圣地，在黑尔堡大学，曼德拉由于对校方制度的不满拒绝加入学生代表委员会离开了黑尔堡大学，失去了大学文凭。

　　怀着抑郁，落落寡欢的心情，曼德拉回到了大皇宫。不久，大酋长就给曼德拉包办了一桩亲事，让他第二年完婚，生性浪漫的曼德拉和酋长的大儿子加斯蒂斯一起逃到了约翰内斯堡。

独闯约翰内斯堡

　　曼德拉和加斯蒂斯到达约翰内斯堡的第二天一大早，就兴冲冲地直奔这座黄金之城的最大金矿——克朗金矿。

　　走进克朗金矿的大门，曼德拉的心凉了半截儿，金矿一点儿神秘感都没有。举目四望：一片荒芜，到处坑坑洼洼、尘土飞扬，连一棵树都看不见，就像是被战争无情摧毁过的战场。刺耳的噪声从四面涌来：矿井里升降机的咔嚓咔嚓声，巨大钻床的刺啦刺啦声，远处炸药的轰隆轰隆声，工头喝斥工人的咆哮声。黑人矿工穿着肮脏的工作服，疲惫不堪地佝偻着腰。他们住在四面透风的工棚里，每个工棚里有几百个相隔仅几英寸的水泥地铺。

　　加斯蒂斯带着曼德拉径直去找这里的工头皮利索，因为几个月前大酋长曾给皮利索写过一封信，请他为加斯蒂斯安排一份坐办公室的工作。在矿区，办公室工作是最让人羡慕和最受人尊重的。幸运的是，曼德拉有一位当服装小贩的亲戚住在乔治

•高奇镇,他收留了无立足之地的曼德拉。不久,这位亲戚热心地带曼德拉去见"约翰内斯堡一个最好的人"。

曼德拉的亲戚所称的"约翰内斯堡一个最好的人",名叫沃尔特·西苏鲁,年龄与曼德拉相仿,经营着一家专营黑人房地产业务的房地产公司。曼德拉向他讲述了自己在黑尔堡大学的遭遇、自己想当一名律师的梦想,以及希望在南非大学注册通过函授获得学位。

西苏鲁专心地听着。当曼德拉讲完后,西苏鲁往椅子上靠了靠,静静地思考了一会儿。然后,他又上下打量了曼德拉一阵,说:"我认识一个叫拉泽尔·赛德尔斯基的犹太人律师,他是一个正派、上进的人。赛德尔斯基对黑人教育很感兴趣。我将和他谈一下,让你到他的律师事务所当一名合同制的职员。"

在西苏鲁的热情推荐下,赛德尔斯基同意曼德拉一边完成学位一边给自己打工。在南非,要想成为一名律师,除了要通过法律考试以外,还必须给挂牌律师当几年合同制的学徒。所以,曼德拉白天到赛德尔斯基的律师事务所上班,晚上则学习南非大学的课程。

到达约翰内斯堡的第一年,曼德拉比在库奴村度过的整个少年时代更多地尝到了贫穷的滋味,他学会了用最少的经济来源生活下去。赛德尔斯基每月付给他2英镑,并且慷慨地放弃了合同制学徒通常应付给师傅的学费。曼德拉每月从2英镑中拿出13先令4便士付房租,用1.1英镑支付往来于亚历山德拉和约翰内斯堡之间的公共汽车交通费,还要向南非大学缴纳学费,给自己留下仅够糊口的饭费,部分工资还要买一种非常重要的东西——蜡烛,因为他买不起煤油灯,只有靠蜡烛读书到深夜。

每个月曼德拉的财政都不可避免地会有几便士的亏空。为了把车费省下来,有许多天曼德拉早晚各步行六英里上下班。他常常只吃一顿饭就熬过一天,常常好多天不换衣服。赛德尔斯基的身材与曼德拉差不多,他曾把自己的一件旧上衣送给了曼德拉。曼德拉在五年里几乎每天都穿这件衣服,最后,衣服上的补丁加起来恐怕要比衣服本来的面料还要多。

初到约翰内斯堡的那段日子令曼德拉终生难忘,他在回忆录中提到:"那时,我思想非常落伍,人也贫穷,再加上乡土观念,结果出了不少洋相。"有一天,在回家的路上,曼德拉感到非常饿。恰好他手头有一点儿省下来的钱,于是他决定奢侈一次——买些鲜肉,他已经好长时间没尝到肉的滋味了。看看四周没有卖肉的,他就进了一家熟食店。在来约翰内斯堡以前,他从没见过这种商店。透过柜台玻璃,曼德拉看到一大块很刺激食欲的肉。于是,他便买了一块,一路小跑回到家里。曼德拉叫来房东7岁的小女儿,对她说:"你能不能把这块肉拿给你姐姐,让她帮我做一下?"小姑娘忍住笑,轻轻地说:"这块肉是做好了的,它是熏火腿,就是这么吃的。"曼德拉感到尴尬极了。

贫穷一点儿都不讨人喜欢,但却可以磨练一个人的意志、激发一个人的奋斗欲望。曼德拉渐渐适应了城市生活,坚信在这个不是自己生长于斯的地方自己也能干好。在他的身上,那种自我奋斗所必需的信心和自力更生的能力正在逐步增强。

在适应城市生活的同时,曼德拉的思想也发生了许多变化。到达约翰内斯堡那年,曼德拉才22岁,他努力成为一名男人、一位约翰内斯堡的居民和一家白人律师事务所的雇员。

曼德拉在事务所的工作起初很简单,既当办事员又当信差,负责搜集、整理和订存资料,并外出递送文件和信件。后来,他逐渐能为一些黑人客户起草文件和合同。赛德尔斯基是个耐心和慷慨的老师,无论曼德拉所做的事情如何琐碎,他都要向曼德拉解释这件事有什么以及为什么要干这件事,他不仅传授法律的细节而且传授法律后面的哲学。

赛德尔斯基在向曼德拉传授法律知识的同时,还告诫他要远离政治。他说,政治暴露出人性最丑恶的一面,是麻烦和腐败之源,应不惜一切代价避开。他还劝曼德拉别跟他认为是闹事者和煽动者的人在一起,特别是高尔,因为高尔既是非洲人国民大会成员又是南非共产党员。

不久,赛德尔斯基的律师事务所来了另一位合同制学徒,他的年龄与曼德拉相当,是个白人,名叫纳特·布莱格曼。他聪明伶俐、举止文雅、乐于助人,而且完全没有种族歧视的观念。布莱格曼成了曼德拉的第一位白人朋友。

曼德拉很乐意和布莱格曼在一起,甚至还和他一起参加过几次演讲会和集会。对参加这种充满思想交锋和口才较量的集会,曼德拉一点儿准备都没有。与其他人相比,他觉得自己的思想尚未开发。他非常羞怯,小心翼翼地唯恐犯错误,他更多地是一个观察者而不是参与者。即使如此,曼德拉还是从中学到了许多东西。

高尔也带曼德拉参加过好几次非国大的集会,他告诉曼德拉,对于黑人来说,变革的发动机就是非国大。因为成立于1912年的非国大是南非最早的全国性黑人组织,它的章程谴责种族主义,它的主席曾来自不同的部族,它宣扬黑人作为南非全权公民的目标。

1943年8月,高尔带领曼德拉参加了抵制亚历山德拉公共汽车的万人游行,以抗议把车票从4便士涨到5便士。高尔是这次游行的领导者之一。这场斗争对曼德拉的影响极大,他已慢慢地从一个观察者转变为参与者了。在公共汽车跑了九天空车后,汽车公司又把票价下降到4便士。曼德拉第一次看到斗争的效果胜过逆来顺受。

曼德拉仔细倾听周围人的谈话,认真权衡他们的观点。他认为所有这些观点都有些道理。他在十字路口徘徊着。

1942年底,曼德拉通过了南非大学的学士学位考试,得到了那个曾被他认为是那么高贵的学士学位。但曼德拉此时已不再兴奋,因为他已知道学位本身既不是一张护身符也不是轻易走向成功的护照,学位本身并不是能力的证明,如果不走进社会证明自己,学位就什么也不是。

1943年初,曼德拉考入威特沃特斯兰德大学攻读法学士学位,这是成为律师前的预备性知识训练。威特沃特斯兰德大学是南非第一流的讲英语的大学,人称"智慧大学"。曼德拉成为这所大学法律系惟一的一名黑人学生。

尽管大学里有自由思想,但曼德拉在"智慧大学"里从未感到十分愉快过。除了校园中奴仆似的工人外,他一直是惟一的黑人。曼德拉虽然也结识了一些慷慨好心的白人同学,但大多数白人还是以轻蔑和敌视的眼光看着他。一次,曼德拉去听演讲迟到了几分钟,会场只剩下几个空位子。他在一名白人同学身边坐了下来。可那位白人同学立刻站起来,走到一个远离曼德拉的位子坐了下来。这种情景对曼德拉来说绝不是偶尔为之的例外,而是屡见不鲜的惯例。

曼德拉在回忆这段生活时说:"在约翰内斯堡,在我的活动范围里,常识和实践经验比高等学府的文凭更重要。即使在取得学位时,我也认识到在大学里学的东西与新环境几乎一点关系都没有。在大学里,老师避开类似种族压迫、黑人缺少机会、那些征服黑人的法规等话题。但在约翰内斯堡的日常生活中,我每天都会遇到这些事情。没人告诉我如何消除种族偏见的罪恶,我只有在试验和错误中学习。"

翻开生命中的新一页

结识西苏鲁是曼德拉一生中最重要的转折点,这不仅是因为西苏鲁为不谙世事的乡下小伙子曼德拉在大都市找到了一份有前途的工作,更在于西苏鲁为正处在世界观形成阶段的曼德拉拨开了眼前迷雾,使他直面这样一个残酷无情的事实:身为一名南非黑人就意味着从出生那一刻起就永远离不开政治。

一个黑人婴儿只能生在黑人专用医院里,坐黑人专用公共汽车回家,住在黑人区,食用从黑人商店买回来的婴儿食品。如果他要上学,只能去黑人学校。当他长大后,他只能去找个黑人做的工作来维持生活,在黑人城镇租房子住,乘黑人专用火车外出。他会在白天或黑夜的任何时刻被警察拦截,被命令出示通行证,如果没有就会被关进监狱。他的生活被种族主义的法律和法规所限制,这些阻止了他的成长,使其潜在才能难以发挥,并阻碍了他的自由生活。这就是黑人生活的现实。

曼德拉本来对这种现实已经麻木、习以为常了,但在西苏鲁的点拨下,他逐渐感受到种族隔离制度的野蛮与冷酷,他也因此而更加敬重西苏鲁。曼德拉说:"人们有时会根据某组织成员的素质来判断该组织的情况。我知道,我会为能与西苏鲁加入同一组织而感到自豪。"西苏鲁是非国大的活跃分子,所以曼德拉渐渐地向非国大这个政治组织靠近了。

西苏鲁在奥兰多的家是非国大成员的圣地,那是一个温暖、令人愉快的地方。曼德拉也常常去那儿。开始时,他对西苏鲁家印象最深的是西苏鲁妻子的烹饪手艺。后来,西苏鲁家的美味对曼德拉的诱惑力退居到第二位了,西苏鲁家中来宾的高谈阔论成了曼德拉不可或缺的精神食粮。他听别人演说时的神态用"专注"一词已无法完全表达出来,倒不如用"贪婪"一词更贴切、更传神。这个年轻人眉头紧蹙,嘴巴微张,专心致志地倾听着,一副呆头呆脑的样子。但若仔细观察,人们会发现他的眼睛极富表情,他的目光时而兴奋、时而郁闷、时而愤怒、时而忧伤,思想的狂澜正在他的身体里奔腾着,咆哮着。谁都会感觉到:一旦这个年轻人政治热情迸发出来,那将是势不可挡的。

在西苏鲁家中,曼德拉结识了安东·伦贝德。伦贝德是当时南非屈指可数的黑人律师之一,他的民族主义观念对曼德拉触动极大。

伦贝德痛恨那种认为黑人是劣等人种的观点,他说黑人一旦得到了机会,就完全有能力达到与白人同等的发展水平。"我们皮肤的颜色很美,就像是非洲母亲的黑色土地。非洲是黑人的大陆,追索讨回原本属于黑人的东西的时机到了!"

有一次,伦贝德带来了一份黑人报纸,上面刊登了一篇他的文章,其中有这样一段话令曼德拉终生难忘:

当代史是一部民族主义的历史。民族主义已在人民的斗争和战火中得到检验,并证明了它是反对外国统治和现代帝国主义的惟一武器。正是由于这一原因,强大的帝国主义势力疯狂地企图尽一切可能在国外阻止和绞杀一切民族主义倾向。为了这一目的,他们毫不吝惜地花费巨额金钱进行反民族主义的宣传,民族主义被他们污蔑为"狭隘"、"不开化"、"没教养"、"残忍"等等。我们有些人已成为这种阴险宣传的受骗者,并随之成为帝国主义势力的工具,因而受到帝国主义势力的高度称赞,冠之以如下的褒扬之辞:"有教养"、"自由"、"进步"、"大度"等等。

伦贝德的文章惊得曼德拉冷汗淋漓。家长式的英国殖民主义和"有教养"、"进步"、"开化"等口号也曾吸引过他,他正在被拉进英国人要在非洲建立的"黑人精英"的行列。这也正是从已故的大酋长到现在的赛德尔斯基以及很多人对曼德拉的期望。但这些全是欺人与自欺的梦想,曼德拉如大梦初醒,开始认识到斗志昂扬的黑人民族主义才是武器。

出现在西苏鲁家中的常客除了曼德拉和伦贝德外,还有奥利弗·坦博、莱昂内尔·马乔伯兹博士、共产党员威廉·恩科莫、记者乔丹·恩古巴纳,还有许多年龄与他们相仿的其他年轻人。这些激进的年轻人认为,非国大现在已经成了一个保护那些疲惫的、无斗志的、拥有特权的"黑人精英"的地方,那些人关心自己的既得利益甚于广大黑人群众的利益。西苏鲁家中的年轻人们一致认为必须采取某种行动,给非国大"充电"!

不久,由伦贝德、西苏鲁、曼德拉和恩科莫等人组成的代表团前往索菲亚镇,去拜访当时的非国大主席苏马博士。

苏马博士在索菲亚镇有一幢相当不错的大宅院,他还拥有一个小农场和一个诊所。苏马博士曾为非国大作出过重大贡献,当年在非国大的规模和重要性日益下降的情况下,苏马博士毅然担起了领导重任,并迅速使非国大摆脱了休眠状态。当年他出任非国大主席时,非国大的财产只有 17 先令 6 便士。而今天,非国大的经费已增加到 4000 英镑。

可是,苏马博士渐渐滋生了安全感和自负的情绪,他与白人内阁的官员们有联系,并热衷于维持同白人政府的关系,不希望由于政治行动而导致这种关系出现危机。另外,他在给病人看病上投入的精力远比对非国大事务投入得多。

见到苏马博士后,年轻人告诉他,他们打算组织一个青年联盟,发起一场动员群众支持非国大的运动。他们还把拟定好了的章程草案和声明拿给苏马博士看,并郑重地告诫他,非国大正处于被白人政府同化的危险之中,现在必须行动起来,采取新的措施。

苏马博士被这些年轻人的想法吓坏了,他强烈反对青年联盟的章程,认为青年联盟应是一种更为松散的团体,主要作为非国大的后备队。他还以家长式的口气警告年轻人:黑人团体无组织无纪律,不能参加群众运动,进行这样的行动是草率和危险的。

年轻人不为所动,1944 年复活节是非国大青年联盟正式成立的日子。在成立大会上,伦贝德被选为主席,坦博为秘书长,西苏鲁担任财务主管,曼德拉当选为执行委员会的委员。在会后不长的一段时间内,南非各省都组建了青年联盟的基层组织。

"黑人民族主义"是青年联盟的战斗口号。该组织主张推翻白人政府,建设一个包括多种族的国家,建立真正民主的政府。它发表了斗志昂扬的民族主义宣言,宣称:

黑人的民族解放将由黑人自己来实现……青年联盟必须成为黑人民族主义的智囊团和发电站。

青年联盟在宣言中彻底否定了受托管的概念——即白人政府管理黑人事务。宣言列举了过去 40 年中敌视黑人的许多法规：

1913 年的《土著土地法》，它最终剥夺了黑人 87％的土地所有权，而黑人祖祖辈辈就繁衍在这片土地上；

1923 年的《城市法》，制造出大量的黑人贫民窟，被虚伪地称为"民族居住地"，这实际上是为了给白人的工业提供廉价劳动力；

1924 年的《文明劳工法》和 1925 年的《工资法》规定：黑人只能从事不文明的工作，拿有最高限额的不文明工资，这就从法律上扩大了黑白工人的收入差距；

1927 年的《土著人行政管理法》，使得英国王室高于最有权威的酋长而成为黑人们的统治者；

1936 年的《土著人代表法》，取消了黑人在开普敦的投票权；

……

凡此种种，粉碎了一切认为"白人允许黑人掌握自己命运"的幻想。

一向对政治活动躲躲闪闪、羞羞答答的曼德拉，这次终于出现在政治舞台上。尽管他的位置还比较靠后、他的角色也远非举足轻重，但当选为非国大青年联盟执行委员，便成为曼德拉政治生涯的正式开端。那时，曼德拉整天一面忙于律师事务所的工作，一面忙于学业，并没有全身心地投入到政治生活中去。同时他还觉得，与西苏鲁、伦贝德等人相比，自己在政治上还很不成熟，思想体系尚未形成。况且，曼德拉此时还缺乏作为一名演讲者应具有的信心，他常常在大庭广众面前怯场。但不管怎样，曼德拉迎来了政治生命中崭新的一页。

曼德拉的个人生活也掀开了新的一页，这一页同样是西苏鲁帮他翻开的。在西苏鲁家的客厅里，曼德拉见到了一位楚楚动人的黑人姑娘伊夫琳·梅斯。

伊夫琳自幼父母双亡，是姨妈（西苏鲁的母亲）把她抚养大的。西苏鲁一家视她为亲人，非常疼爱她。后来，伊夫琳搬去与哥嫂同住，但她仍经常回到西苏鲁家来看看。1944 年，曼德拉闯进了伊夫琳的视线。伊夫琳回忆道："西苏鲁一家有许多朋友，他们都是些彬彬有礼、很开朗的人。但曼德拉就是与众不同，我想我对他是一见钟情。"

两人第一次见面后不久，曼德拉就约伊夫琳出去约会。几乎是在很短的时间里，他俩就坠入了情网。几个月后，曼德拉向伊夫琳求婚，她欣然接受了。在约翰内斯堡的土著人委员会法庭，曼德拉和伊夫琳举行了只需签名和一个证婚人的简单的结婚仪式，这是因为这对新人没有钱举行传统的婚礼和宴会。此时的曼德拉正在攻读法律学位，半工半读。而做护士的伊夫琳的收入虽很有限，但却成了他们的基本经济来源。他俩租不起房子，只好寄宿在伊夫琳的哥哥和姐姐家。

直到 1946 年初，曼德拉和伊夫琳才拥有了属于自己的小家，那是位于索韦托肮脏的路边"一块邮票大小的土地"上的小房子。这种房子和该地区其他数百间小房子一样，同样的铁皮屋顶、同样的水泥地、同样狭窄的厨房。由于不通电，只能使用煤油灯照明。一张双人床几乎占据了所有面积。这些房子是市政当局为需要住在约翰内斯堡附近的黑人工人建造的，月租金为 17 先令 6 便士。

政府之所以分给曼德拉一套住房，是因为他家新添了一口人——曼德拉的第一个儿子坦比出生了。当曼德拉怀抱粉红色的女睡衣和浅蓝色的婴儿装出现在产房门口时，伊夫琳又惊又喜。回到家中，伊夫琳一眼看到了曼德拉为儿子买的小摇篮正摆在屋子中间，她为自己有如此知心的丈夫、儿子有如此疼爱他的父亲而感到幸福无比。

有了自己的家后,曼德拉夫妇像以前亲戚们热心帮助他们那样,热情地接待来访的亲友,竭尽全力帮助他们。曼德拉的小妹妹从库奴村来到约翰内斯堡与哥嫂同住,做为兄长的曼德拉为妹妹出学费,让她到奥兰多中学读书。后来曼德拉又接到家乡来信,说他的母亲生了重病。百忙缠身的曼德拉立即给家里寄了钱,让母亲到约翰内斯堡来治疗。从此,曼德拉一家三代同堂,共享天伦之乐。

在40年代后期,"曼德拉家成了一个幸福、拥挤的大家庭"。曼德拉夫妇让来访的亲友觉得就像呆在自己家里一样。当客人很多时,他俩就搭地铺,让孩子们到厨房去睡,无论如何都要挤出地方让亲友住下。

曼德拉非常热爱家庭生活,他喜欢跟坦比嬉闹,给他洗澡,喂他吃饭,带他到居民区附近的小山上去捉迷藏。能够轻松地呆在家里,静静地读书,呼吸着厨房里沸腾的锅子中洋溢出来的香甜气息,这对曼德拉来说是极大的享受。

然而,从一开始,曼德拉就很少有机会呆在家里享受天伦之乐。他既要到律师事务所上班,又要到威特沃特斯兰德大学学习法律,更要参与非国大青年联盟的活动,他每天总有忙不完的事情。

给非国大充电

第二次世界大战后,南非的政坛发生了许多重大变化,这些变化对曼德拉政治观点的形成和斗争方式的选择,都起了推波助澜的作用。

1946年,南非政府通过了《亚洲籍人土地使用权法》,该法案剥夺了印度裔的行动自由,划定了他们居住和贸易的地区,并严格限制他们购买土地的权力。该法案给印度社团带来了严重的打击。在它之后,《集团居住法》又出台了,该法案最终限制了南非所有有色人种的自由。

印度社团愤怒了。他们协同一致,发起了一场为时两年的消极抵抗运动来反对这些法案。在德兰士瓦南非印度人大会主席达杜和纳塔尔南非印度人大会主席奈克尔的带领下,印度社团掀起了群众运动的狂潮。家庭主妇、牧师、医生、律师、商人、学生和工人都加入到抗议的行列,人们中止了他们的日常生活而积极投入到斗争之中。他们举行了群众集会,占领并监管了为白人保留的土地。在斗争中,2000多名示威者被关进了监狱,达杜和奈克尔博士也被当局判处六个月苦役。

印度人进行了一场异乎寻常的反对种族压迫的抗议运动,这正是非国大和黑人从未做到的。青年联盟和非国大的成员们亲眼目睹了这场运动的全过程,印度人严密的组织和参加者的献身精神给曼德拉等黑人政治活动家留下了深刻的印象。曼德拉看到自己在威特沃特斯兰德大学的同学伊斯梅尔·米尔和J·N·辛格中止了他们的学业,告别家人进了监狱。曼德拉以前常和伊斯梅尔·米尔一起到阿米娜·帕哈德女士家吃午饭,但在突然之间,这位迷人的妇女脱下围裙,为了信仰而进入牢房。

曼德拉等人一直在青年联盟中提倡开创一种新的抗议运动的模式,现在印度人给他们提供了榜样。这场运动给人们灌输了一种反抗的精神,粉碎了人们对监狱的恐惧。印度人的做法提醒了曼德拉他们:自由斗争不仅仅是发表演讲、举行会议、通过决议和派遣谈判代表等等,而应表现为组织严密、斗志激昂的群众运动,更要有愿意遭受苦难和勇于牺牲的思想。

1947 年,曼德拉被选入德兰士瓦非国大的执行委员会。这是他在非国大中的第一个职位,也成为他献身于该组织的一个里程碑。在此之前,曼德拉为非国大作出的牺牲无外乎是在周末离开妻子或者很晚回家,他从未直接参与过非国大的任何一次重大运动,也还不理解一名自由斗士在生活中所要面对的危险和永远不会穷尽的困难,他还未被迫为自己肩负的责任付出代价,而只是在该组织中随波逐流。这次入选德兰士瓦地区的非国大执委会后,他才真正同非国大融为一体,同非国大一道拥抱希望和感受失望,同非国大一起赢得成功和遭受失败。

就在曼德拉决意与非国大风雨同舟之际,南非政坛上空黑云压顶、狂澜将至。

在 1948 年的白人大选中,史末资将军领导的执政的联合党与复兴的国民党展开了激烈的角逐。国民党在竞选活动中提出两个口号:"黑人呆在自己的位置上"和"印度人滚出去",并要求白人在"取消隔离,全民族自杀"与"种族隔离,保护白人种族的纯洁"二者之间作出选择。国民党党魁丹尼尔·马兰称:"国民党是一个被仇恨激发的党。"他们仇恨长期视他们(阿非利卡人)为下等人的英国人,也仇恨被他们认为威胁其文化繁荣和纯洁的黑人。马兰宣称,国民党要为选民们提供一项能使白人继续保持支配地位的新政策,即所谓的"种族隔离",其前提是"白人必须永远是主人"。

大选那天,曼德拉和坦博等人参加了约翰内斯堡的一个会议,他们几乎没有讨论一个有关国民党执政的话题,因为他们都不希望这个残暴可怕的种族主义政府出现。会议持续了一整夜。黎明时,曼德拉和坦博走出会场来到清静的街头。他们发现一个报童正在卖的《兰德每日邮报》头版头条赫然写着:"国民党胜利了!"

曼德拉惊呆了,一股不安的情绪油然而生。坦博却说:"我很高兴,我很愿意这样。"曼德拉不解地问为什么。坦博解释道:"现在我们清楚地知道我们的敌人是谁和我们该采取什么立场了。"

国民党的上台意味着:在南非历史上,一个单一的阿非利卡人的政党首次把持了政府。无怪乎,马兰在选举胜利后的演说中得意地宣称:"南非又一次属于我们了!"

马兰政府从执政的第二年开始了加速使南非的种族歧视和种族隔离政策立法化、制度化的进程。其公布的第一个影响很大的种族主义立法是 1949 年的《禁止通婚法》,该法宣布不同种族间的通婚为非法,而 1950 年的《不道德法》则禁止白人与非白人之间的性关系。显而易见,南非种族主义当局指望通过这两个法令维护白人血统的纯洁性,使其免遭其他种族的"玷污",甚至杜绝混血私生子的出现。结果,许多异族通婚家庭被迫妻离子散,造成无数悲剧。

就在通过《不道德法》的同一年,马兰政府还公布了《人口登记法》和《集团居住法》。《人口登记法》给所有南非人贴上了种族的标签,使肤色成了衡量一切人惟一的和最重要的标尺。《集团居住法》要求在城市里把各个种族隔离开来。其实,种族隔离的实质并非真正要把南非的其他种族与白人完全分隔开来,而是通过这种新政策,不使南非的其他种族(尤其是黑人)与白人处于同等地位。

面对马兰政府掀起的血雨腥风,非国大领导仍在寻找对策。他们认为:南非从此将成为充满压迫和斗争的地方,血与火的奋争将更加激烈。正是在这种形势下,非国大于 1949 年底召开了本年度的年会。

前几周,西苏鲁、坦博和曼德拉来到非国大主席苏马博士的寓所秘密集会。三位年轻人认为,大规模群众运动的时机已经到来。在压迫面前,非国大显得太温顺。他们说,非国大的领导人必须准备违背法律,并在必要的时候像甘地一样为了自己的信念去坐牢。

苏马博士坚决反对三位年轻人的观点,认为这种斗争策略是不成熟的,只会给当局镇压非国大提供借口。他说,这些抗议形式终将在南非出现,但现在不是时候,他绝不会去冒进监狱的危险。

年轻人给苏马博士下了最后通牒:如果他支持他们提出的计划,青年联盟将在年会上支持他再次竞选非国大主席。反之,青年联盟决不支持他。苏马博士发火了,指责年轻人敲诈他,并毫不客气地在晚上 11 时把这几个年轻人赶出了家门。

在非国大 1949 年度年会上,青年联盟决定不投苏马博士的票。结果,苏马博士连任失败,詹姆斯·S·莫罗卡博士成为非国大主席,西苏鲁成为新的总书记,坦博被选入全国执行委员会。

非国大还在这次年会上采纳了青年联盟拟定的行动方案,即抵制、罢工、罢市、消极抵抗、示威抗议以及其他群众运动形式。这是一个显著的变化。非国大过去总是把自己的活动限制在合法的范围内,而青年联盟看到了合法的罢工形式在反抗种族压迫斗争中收效甚微,因而他们把非国大引上一条更为激进和革命的道路——和过去文雅的反抗决裂。

1949 年将永远载入非国大的历史。这一年,非国大走上了一条不同寻常的历史性的道路,由此开始了把自己变成一个真正的民众组织的努力。

南非第一家黑人律师事务所

50 年代初,非国大只有一位全职组织者,他就是西苏鲁,其他成员都是利用业余时间来参与非国大的各项政治活动的。曼德拉也不例外,他一方面把自己的政治生活奉献给了非国大,另一方面在日常生活中他的职业是一名辩护律师。因此,他在非国大的工作不得不围绕着律师职业的时间转。

1951 年,在赛德尔斯基律师事务所写完学徒实习论文后,曼德拉来到赫尔曼—迈克尔律师事务所工作。此时,曼德拉还只是一名未完全独立的辩护律师,不过他已经可以起草辩护词、发传票和会见证人。

在离开赛德尔斯基律师事务所后,曼德拉曾对那些白人开的事务所(当时南非没有一家黑人开办的律师事务所)进行了调查,他对这些事务所的收费标准最感兴趣。经过调查,曼德拉愤怒地发现,在刑事和离婚案件上,白人律师对黑人的收费比对白人多得多。

曼德拉在赫尔曼—迈克尔律师事务所工作了几个月,此间,他一边工作一边准备通过律师资格的考试,通过这种考试后就可以成为一名独立的律师。

曼德拉最终如愿以偿地通过了律师资格考试,成为一名独立的辩护律师。1952年 8 月,他开办了自己的律师事务所。

作为一名辩护律师,曼德拉在法庭上总是表现得锋芒毕露、咄咄逼人。他从不把自己当作是白人法庭上一名无助而孤独的黑人,反而把法庭上的其他人(不论是白人还是黑人)看作是客人,自己才是主人。在法庭辩论时,曼德拉的动作和语言都很夸张,他喜欢用交叉提问的方法。

曼德拉曾担任一名黑人女仆的辩护律师。她的主人——一名白人太太指控她偷衣服,那些证据(被偷的衣服)都拿到法庭上展示。当那位傲慢的白人太太陈词后,曼德拉走向摆放着证物的桌子,开始进行交叉提问。他仔细地看看衣服,然后用手中的铅笔挑起一套很俗气的紧身内衣,慢慢地走向证人席,挥舞着被铅笔挑着的内衣简单地发问:"太太,这是……你的?"白人太太看到就连这位黑人都不屑用手去碰那件内衣,她当然不肯承认是她的东西。"不是。"她脱口而出。于是,法官撤销了这个案子。

曼德拉日益成为非国大重要而活跃的领导者之一,引起了南非白人政府的严重不安。1954年4月,德兰士瓦法律协会要求南非最高法院从任命的辩护律师名单上除去曼德拉的名字,理由是曼德拉的政治活动已构成了与职业无关和不光彩的行为。而此时,曼德拉一坦博律师事务所正红火异常,曼德拉每周要去法庭好几十次为黑人辩护。德兰士瓦法律协会的险恶用心不言而喻。但出乎白人当局意料的是,德兰士瓦法律协会的要求一公开,曼德拉立即得到了多方面的支持和帮助,包括许多著名的白人律师和法官,这些人中甚至不乏国民党的支持者。支持曼德拉的人们一致认为德兰士瓦法律协会对曼德拉的弹劾是带有偏见和不公正的。

在最高法院审理是否继续保留曼德拉的律师资格的过程中,约翰内斯堡法律理事会的主席沃尔特·波拉克为曼德拉进行了积极的辩护。后来,约翰内斯堡有名的大律师威廉·阿隆松也受聘出任曼德拉的委派律师。他们争辩说,德兰士瓦法律协会的要求公然冒犯了公平的思想,曼德拉有为他的政治信仰进行斗争的天赋权利,这是法治国家中每个人都有的权利。

波拉克和阿隆松在为曼德拉的辩护过程中,引用了南非前总理J·G·斯特里多姆案例。斯特里多姆因在第二次世界大战前公开支持纳粹而被投入监狱,他两次越狱但均被抓回。获释后,他向南非法律理事会申请律师资格。尽管他曾经犯过罪,但法律理事会最终还是同意承认他为一名律师,理由是他所犯的罪是政治性的,一个人不能因为其政治信仰而被排除在律师队伍之外。波拉克说:"当然,斯特里多姆和曼德拉之间也有所区别,那就是:后者不是国民党员,更不是一个白人。"

负责审理此案的是拉姆斯伯顿法官,他拒绝成为国民党政府的代言人,立志捍卫司法的独立性。他的判决完全站在曼德拉的一边:曼德拉有权为他的政治信仰而活动,即使这些活动是反对政府的。

在从事律师事务的同时,曼德拉几乎把所有精力都投入到非国大的事务中去。他已不再是40年代中期刚刚加入非国大时的那个无名小卒了,如今的曼德拉已成为非国大青年联盟主席,并和他的好友西苏鲁、坦博一样,成为非国大全国执行委员会的一名执委。他们这批年轻人不仅给非国大带来活力,更给非国大带来新的、更激进的斗争方式。

在青年联盟的推动下,非国大改变了以往30年消极被动的反抗方式,制定了更激进的纲领和策略。他们提出"民族自决"、"反对任何形式的白人统治"等政治口号,决定冲破争取有限的民主权利和非暴力合法斗争的局限,采取积极抵制、不服从、不合作的方式,发动罢工和群众运动,以反对白人种族主义统治。

国民党上台后推行了一系列更苛刻、更严厉的种族隔离法令,被马兰称为"种族隔离的精髓"的《人口登记法》和《集团居住法》是种族隔离政策的两大坚固柱石。《人口登记法》把南非人划分为四个种族等级:白人、有色人、印度人和黑人。该法令使南非人从出生之日起就被打上了永远洗刷不掉的种族等级的烙印。《集团居住法》规定:各种族必须分区居住,并且只能在各自独立的区域内贸易;一个种族集团的居住区只能由规定的种族居住,原先居住在此地区的其他种族必须迁居。该法令的出台,宣告强制性迁移时代的开始。

国民党政府靠立法夺得了大量土地后，又图谋用立法手段剥夺非白人的基本政治权利。1951年颁布的《分别选举法》蓄意把混血人限制在开普一个单独的选区内，从而削弱了他们100多年来享有的选举权。

对于黑人，国民党政府通过推行班图斯坦政策，剥夺他们的公民权。1951年的《班图权利法》取消了黑人保留地1936年成立的土著议会，按部落分治原则成立部落、地方和地区三级议会，议会主席由南非政府从部落酋长中挑选任命。1959年的《班图自治法》又把200多个保留地的黑人和广大城镇黑人按语言和文化的不同，分割成八个班图斯坦（后增加为十个，改称黑人家园），并逐步成立自治政府，但南非政府任命的高级专员有权否决黑人家园的任何立法。《班图权利法》和《班图自治法》名义上给予了黑人长期要求的"民族自治权"，允许黑人在班图斯坦内投票及参与管理自己的事务，令黑人产生即将独立的幻想。但实际上，班图斯坦这种彻底的地域上的种族隔离措施，是国民党当局剥夺黑人政治权利的一种烟幕弹。黑人非但没有获得作为南非公民的真正选举权，反而在成为各自黑人家园的公民后被彻底剥夺了南非公民的资格。它是进一步否定黑人权利的一种新的、更隐蔽的方法。

在维护和巩固种族隔离制度方面，国民党政府还是靠立法手段达到其种族镇压的目的。1950年政府颁布《镇压共产主义法》，规定：凡反对政府的党派、团体、集会、出版或个人，都可以被宣布为"非法"，而被取缔、禁止、逮捕、判刑。1953年颁布《暴乱集会法》和《公共安全法》，规定对反抗或煽动反种族歧视的人施加刑罚，并可以不经审讯拘留嫌疑者。这几项法令以及后来的《反破坏法》，使南非黑人随时随地有被警察逮捕的可能。可以说，50年代的南非，没有一个黑人在早晨离家时能担保自己在天黑以前不会被警察抓走，不经审判或者甚至在毫未犯法的情况下被送到某个农场做苦工。

正是在国民党政府把种族隔离制度推向登峰造极的50年代，曼德拉渐渐地在反抗运动中磨练成一名黑人领袖。

1950年，非国大青年联盟和南非印度人大会联合倡议，在6月26日国民党上台两周年之际举行全国性大罢工，以抗议国民党政府5月1日屠杀18名非洲人和通过《镇压共产主义法》。这是非国大在全国范围内举行政治罢工的第一次，也是曼德拉第一次在全国性的斗争中扮演重要角色。他负责协调全国各分部的行动。

这次抗议活动也是曼德拉政治旅途中的又一个里程碑。与印度人的成功合作，使他从一名非洲人主义者演变成一位非种族观念的民族主义者。他在回忆录中这样写道："我长期以来的反共立场坍塌了。……我找来了马恩列斯毛的全部著作，开始研究辩证唯物主义和历史唯物主义。……我赞成马克思主义的基本主张，那言简意赅的黄金定律'各尽所能，按需分配'。辩证唯物主义似乎既提供了研究种族压迫的线索，又提供了终结它的工具。它使我超越了仅仅从白人和黑人的关系上分析形势的局限性。"

50年代初，南非印度人大会带头反对国民党政府剥夺他们的选举权，反对种族隔离政策。有色人种为反对《分别选举法》也联合起来。1951年5月28日，近5万名有色人聚集在议会大厦外，把点燃的火炬扔向议会大厦，抗议《分别选举法》，此次示威游行被称为"开普敦历史上最大、最恶劣的暴动"。印度人和有色人的反抗引起曼德拉的注意，他站在一个更高的角度，看到非国大今后斗争的新方向——与所有反对种族隔离的组织合作,形成多种族的反种族主义的浪潮。

在这种思想的指导下,非国大决定与南非印度人大会联手发起一次全国范围内的不服从运动,并计划在全国范围内征集志愿者向某些种族法令挑战,甚至准备坐牢。这次运动被称为"蔑视不公正法运动"。

1952年初,非国大向南非总理马兰发出最后通牒,要求在1952年2月29日之前,废除《镇压共产主义法》、《集团居住法》、《通行证法》、《分别选举法》、《班图权利法》和《家畜限制法》六个"不公正法令",否则将采取法制以外的行动。马兰的回复是:白人有与生俱来的权利采取措施使他们成为一个独立的群体,并威胁说,如果非国大采取行动,政府将毫不犹豫地尽全力镇压。

非国大把马兰的断然拒绝视为挑战书,别无选择只能采取非暴力不合作运动了。曼德拉被指定为"全国志愿者总指挥",负责吸收和训练志愿者,这也是这次行动的基本任务,在很大程度上将决定胜负。"蔑视不公正法运动"定在6月26日开始,也就是全国抗议日一周年那天。

曼德拉在这场运动中,不止一次地被捕,又被保释。但是,不管他在狱外指挥志愿者抗议,还是与志愿者一起被关押在冰冷的牢房里,他始终保持着高昂的斗志和热情。虽然这场运动没有达到迫使政府取消种族主义法令的具体目的,而且始终未能超出多为小规模的城市抗议的最初阶段,没有渗透到农村(这也是非国大一个历史性的缺陷),但是,作为这场大规模群众运动的组织者和领导者,曼德拉仍有一种巨大的成就感和满足感。"我投身于一个正义的事业,有决心为之奋斗并取得胜利。运动使我从怀疑或者说可能有的自卑情绪中解脱出来,从白人及其制度不可战胜、力量不可一世的错觉中解放出来。现在,白人已经尝到了我的厉害,我可以像正常人一样昂首阔步,以不向压迫和恐吓低头的尊严傲视所有的人。"曼德拉在回忆录中这样总结了这场运动对自己的政治思想和心理素质的影响,最后他说:"我将一生做一个自由战士。"

自由之路无坦途

由于曼德拉在"蔑视不公正法运动"中所起的重要作用,他和其他19名非国大和南非印度人大会领导人一起被指控违反《镇压共产主义法》,尽管事实上他从未参加过共产党。作为惩罚,1952年12月他收到一个为期六个月的禁令,这是他收到的第一个禁令。禁令使他被软禁在约翰内斯堡地区,并意味着他不能参加群众集会或任何类型的会议(甚至包括非政治性的会议)。为此,曼德拉没能参加1952年底在开普敦召开的非国大年会。这次大会上,艾伯特·卢图利大酋长被推选为非国大新主席,曼德拉在缺席的情况下当选为四位副主席之一,并兼任德兰士瓦分部主席。

对于禁令,曼德拉的看法是这样:

禁令不仅仅限制了个人的身体,它还将人的思想送入了牢笼。它诱发了某种精神上的幽闭恐怖症,使人渴望行动自由和精神逃避。禁令对没有带着锁链站在铁栏后的人来说,是一场危险的游戏,铁栏就是那些时时存在且极易违反的法律和规定。一个人将在短时间内从人们的视线中消失,并出现暂时得到自由的假象。禁令的阴险结果是让人在某一刻开始认为压迫者不是在外部而是在内部。

从1952年底的第一个禁令起,曼德拉在以后的九年时间里又不断受到禁令的约束。这直接影响了他谋生的职业——律师事务所的工作,但却没能阻止他继续从事反种族隔离的政治斗争。只不过从此以后,他逐渐由公开斗争转入秘密的地下斗争。

为避免像南非共产党那样遭禁,非国大在 1952 年的年会上作出决定,将非国大的行动转为地下。曼德拉也从自身的禁令,开始担忧非国大的前途。他预计,政府将会费尽心机使非国大和南非印度人大会等组织变成非法组织,使之无法开展大规模的群众运动。基于这种考虑,他向非国大全国执行委员会提出了自己的想法,即必须制定出一个针对这一后果的应急计划。执行委员会把此重任交给了曼德拉,让他起草一份非国大开展地下工作的计划。这也就是后来被称为"M—计划"的非国大地下斗争策略。

曼德拉在"蔑视不公正法运动"结束后就清醒地意识到:非暴力的群众运动虽然可以提高广大群众的政治觉悟和组织程度,也可以对白人种族主义的统治构成一定程度的威胁,但是,这种公开的、和平方式的非暴力群众运动在遭到白人当局残酷镇压时,没有任何自卫和还击的能力,因此屡屡失败。究其原因,仍在于非国大是一个松散的群众组织,虽然有 10 万人之众,却没有严谨的基层组织机构,中央与地方严重脱节。这使它难以采取秘密的、非和平的斗争方式。"M—计划"正是要把非国大建成一个既有强有力的集中统一的领导层,又有严密的基础组织的规范型群众组织,使最高领导层的决策在不用召开会议的情况下,也能迅速传递给整个组织。这样,可以保证在"非法"的情况下继续开展工作,遭禁令的领导人继续进行有效的领导。

"M—计划"规定,允许组织招收新成员,对地区和国家出现的问题作出反应,并让成员和地下领导人保持定期的联系。该计划还提出了建立严密基层组织的详细方案:基层最小的秘密组织单位是由城镇一条街上大约十个住户或一个小乡村组成的单元,由一位单元负责人进行管理。一组街道或几个村庄组成一个区,由一名总负责人管理,他对非国大地区分支机构的秘书处负责。地区秘书处则向省级秘书处汇报工作。这样,层层管理,层层负责,改变以前各省自行其事,难以集中领导的分散状态。最小的单元负责人首先要熟识本单元内的住户,争取住户的信任,他的具体工作是安排会议、组织政治学习和收党费。

经过几个月的研究和讨论,"M—计划"出台了,并立即被付诸实施。身带禁令的曼德拉想方设法避开警察耳目,马不停蹄地奔波在全国各地,率领骨干分子挨家挨户地发动宣传,并给地方成员讲授政治教育的基础课。

然而,在推行这个组织整顿计划的过程中,曼德拉遇到了许多预料不到的问题。首先,领导层意见不一。年轻的领导人大多支持这一计划,但德高望重的卢图利主席和崇尚资产阶级议会民主的开普省主席马修斯教授则反对把非国大建成一个中央集权的组织,他们担心全国执行委员会过分地集权会导致约翰内斯堡的一批青年领导人控制这个组织。其次,一些省一级的领导人抵制该计划,他们担心自己手中的权力会因此而被削弱。此外,专职人员和资金的不足使该计划难以在短期内迅速传达到基层。非国大中包括曼德拉和西苏鲁在内的 20 位领导人正处于禁令时期,行动有所不便。

结果,"M—计划"虽初衷甚好,但成果有限。在 50 年代时还未能在全国范围内广泛深入下去,只是在东开普和德班地区附近的一些黑人城镇得到了贯彻。

就在非国大秘密推行"M—计划"的同时,国民党政府正积极实施索菲亚镇迁移计划。索菲亚镇是位于约翰内斯堡中心以西四英里处的一座黑人城镇。对于黑人来说,它就是"巴黎的左岸地区"和"纽约的格林威治村",是黑人作家、艺术家、医生和律师的"乐园"。镇里的黑人孩子更为他们能使用惟一的游泳池而自豪。但是,根据1950年的《集团居住法》,索菲亚镇和其他两个黑人城镇均被列入约翰内斯堡"西区迁移计划"之中。由于非国大的强烈反对,索菲亚镇迁移计划拖至1953年才真正开始。

　　1953年6月下旬,非国大和南非印度人大会决定在索菲亚镇的奥丁电影院举行集会,反对迁移。恰好曼德拉的第一个禁令在这次集会前到期,于是他便迫不及待地投身到这次群众集会中去。那天晚上,曼德拉非常激动,他把压抑在内心许久的话通通发泄了出来。他说,在抵抗运动后,政府对黑人运动充满了恐惧,正是这种恐惧感令他们更加心狠手辣和无法无天。曼德拉在演讲中大声呼吁:

　　进行消极抵抗的日子已经结束了,非暴力毫无用处,它不能推翻一个不惜一切代价要保住权力的少数白人政权。……只有暴力是摧毁种族隔离的惟一武器,我们就必须为此作准备,并在不远的将来拿起这一武器。

　　人群沸腾了,掌声和叫好声震耳欲聋。曼德拉又领头唱起自由之歌。"敌人来了,让我们拿起武器打垮他们! ……"唱完,他指着广场周围的警察,大声说道:"那儿,就是我们的敌人!"人群开始向警察示威,警察把目光一起射向台上的曼德拉,似乎在说:曼德拉,你等着,我们决不会放过你!

　　索菲亚镇的反迁移运动一直坚持到政府规定的最后期限1955年2月9日。在近两年的时间里,非国大在每个周三和周末的晚上都举行群众性集会,反对迁移。他们提出了一句激动人心的口号:"踏过我们的尸体!"这句口号常常回荡在集会广场,使警察不寒而栗。但是,索菲亚镇还是在4000多名警察和军人的围攻下、在卡车和气锤下消失了,抵制迁移运动宣告失败。

　　也就是在反迁移运动进入高潮的1953年10月,议会通过了《班图教育法》,开始对黑人教育实行种族隔离制度。该法案把对黑人教育的管理权从教育部移交给土著人事务部(1955年4月1日为接管日),政府接管由教会和传教团管理的黑人学校。该法规定,新办的非洲人中学必须建在土著人保留地,而不能设在城市地区,它给大批城镇非洲人子女入学造成了困难。它还规定对黑人的教育不得超出培训劳工的水平。若黑人反对,他们将得不到任何教育。当时的土著人事务部长亨德里克·维沃尔德在解释这一新教育制度时说:"建立在教会和传教团基础上的旧体制,盲目地引用欧洲模式来教育黑人,使他们产生空想,认为自己可以在欧洲人团体中占据一席地位。但是,在已有的劳动力构成中,黑人根本不能在欧洲人圈子里占有一席之地。"在移交中,黑人教育的第一个损失是丧失了大部分的优秀白人教师,教师与学生的比例也从1∶40下降到1∶50,甚至1∶60。显而易见,国民党政府企图用《班图教育法》阻止整个非洲文明的进步,使所有的黑人后代失去思想上的洞察力,永远蜷缩在班图世界里,仰仗白人的鼻息。正如马修斯教授指出的:"在维沃尔德的学校里,把黑人教育成愚民和顺民的做法,与完全放弃黑人教育的做法相比更卑劣!"

　　当时南非黑人的教育状况已经很糟了。政府花在白人学生身上的钱是黑人学生的六倍,只有在小学,黑人才有接受免费教育的机会;在所有黑人学龄儿童中,不到50％的人能够入学,而且其中只有很少的一部分黑人中学毕业。就是这样的教育比例,还不合国民党政府的胃口,在他们眼里,黑人应该被培养成奴隶,完全从属于白人。

1955年4月1日,在土著人事务部接管日那天,非国大联合学校和家长们,对该法案进行了一周的抵制活动。他们号召教会学校拒绝把学校交给政府,呼吁家长们把孩子从学校领回家。但是,效果甚微。一些家长禁不住责问:"如果我们抵制,那么你们又能提供怎样的选择?我们知道班图教育会使孩子成为一代愚民,但是,难道就这样让他们在大街上撒野吗?"

结果,这次抵制运动既未能使政府废除《班图教育法》,也未能关闭全国的黑人学校。黑人别无选择,只得接受"少受教育"的班图教育。但是,《班图教育法》最终还是给政府带来意想不到的麻烦。正是这种班图式的教育造就了70年代那一批异常愤怒、最具反抗意识的黑人青年,他们就是"黑人觉醒运动"的主流(20年后成为国民党政府最头疼的"闹事者"),并在80年代把黑人解放运动推向一个新高潮。

曼德拉因一直受禁令的束缚,无法直接投身于这些反抗运动中去,但他还是想方设法地参与政治活动。第一个禁令结束后,他得到了三个月的自由。在这短暂而宝贵的三个月里,他把反迁移运动推向一个高潮。1953年9月第二个禁令又落在他的头上,为期两年。该禁令解除不到六个月,他又收到另一个禁令,为期五年。南非当局正是要用这些新的更加严厉的禁令,绑住曼德拉的手脚,使他无法直接组织全国性的群众运动。

一系列的禁令把曼德拉从斗争的中心赶到外围,从主角变成了配角。但是,即使站在外围、充当配角,曼德拉还是时常参与协商,对运动的方向产生影响。作为非国大德兰士瓦分部主席,曼德拉在没能参加其1953年年会的情况下,仍充分履行了他的领导职责。他把准备好的发言稿交给德兰士瓦执行委员会,请他们在年会上宣读。通过这篇发言稿,他向非国大传递了自己对未来斗争的新想法。他说,群众现在必须准备好进行新形式的政治斗争。政府新的法律和策略已使旧形式的群众抗议运动——公开集会、发布新闻、抵制活动——变得极其危险和有自我毁灭性。报纸不会发表他们的声明,印刷厂不会给他们印传单,它们都害怕受到《镇压共产主义法》的迫害。最后他总结说:"压迫者与被压迫者是对立的,自由力量与反动势力之间的清算之日不会太远了。真理和公正将会取胜……人民遭受的苦难迫使他们为反对那些臭名昭著的统治政策而战斗到生命的最后一息……推翻压迫是天赋的人权,是每一个自由者的最高愿望……你们将会明白:自由之路无坦途!"这也正是曼德拉后来提出"M—计划"的原动力。

站在斗争外围的曼德拉冷眼观潮,从50年代上半期的几次群众运动的失败中,明白了一个道理:在南非这样一个白人一统天下的种族主义国家里,国民党政府可以用制定法律的方式,使任何通过合法方式表达的不满和抗议变成泡影。他们会无情地残酷镇压黑人进行的每一次抗议活动。"一个警察国家就是这么回事!"这是曼德拉的结论。

作为一名自由战士,曼德拉越来越懂得自由斗争的艰难。他说:"正是压迫者规定了斗争的性质,他们通常只借用他们得心应手的手段,在某个特定的时候,人们只能以暴抗暴。"在50年代中期,曼德拉已隐隐约约感觉到武装斗争的必要性。但在当时,甘地非暴力思想还在非洲盛行,几十年非暴力运动也使非国大等黑人组织没有一丝武力抵抗的能力。因此,曼德拉的观点一提出,便遭到非国大全国执行委员会的否定和严厉批评。马修斯教授毫不客气地驳斥曼德拉:"曼德拉,你对白人知道些什么?我告诉你,不论你知道白人些什么,你还是非常的无知。甚至到现在,你几乎都还没有脱掉你的学生制服。"

曼德拉的预感没有错,只是来得过早了一些。在不久的将来,武装斗争真的成为非国大的新斗争策略。

自由宪章

50 年代中期,随着大规模群众抗议运动的深入开展,国民党政府的镇压手段也进一步强化,尤其是在立法方面。面对严峻的形势,新上任的非国大主席卢图利大酋长试图寻求一种新的斗争策略。恰好,马修斯教授在作为访问学者赴美国一年后,带着重新制定争取自由斗争的新方针的愿望回到了南非。在 1953 年底非国大的年会上,他大胆地提出了召开人民大会的建议。他说:"我奇怪:为什么非国大还没有着手考虑召集一次全国性的会议,一次南非所有不分种族和肤色的人民代表参加的会议,来起草一份未来民主南非的自由宪章。"马修斯教授的这个建议为处在十字路口的非国大指明了斗争的新方向——多种族民主运动。

为制定出代表广大人民意愿的《自由宪章》,全国行动委员会请所有参与组织及其支持者出谋划策,同时,利用传单向全国人民征集意见。传单是这样写的:"我们向全体南非人民,无论黑人还是白人呼吁:让我们一起畅谈自由!……让全体人民的声音响彻南非。让全体人民追求自由的愿望永载史册。让我们的愿望汇集在伟大的《自由宪章》中。"不久,各种建议像雪片一样,从俱乐部、教会组织、纳税人协会、妇女组织、学校和工会纷至沓来。有的建议写在卫生纸上,有的写在练习本的草稿纸上,还有的干脆写在传单的背面。千万条建议汇成最普遍的一条——要求人人拥有选举权。最后,全国行动委员会的一个小型委员会拟出《自由宪章》的草案,交非国大全国执行委员会审议。

曼德拉由于受到第二个禁令的限制,不能到各地发动群众,但他还是和其他非国大执行委员对《自由宪章》进行了审议,并提出了修改意见。

《自由宪章》的序言这样写道:

我们,南非人民,向全国和全世界宣告:

南非属于生活在这里的全体人民,无论白人和黑人,只有建立在人民意志基础上的政府才拥有管理人民的权力;我们被一个不公正、不平等的政府剥夺了与生俱有的对土地、自由与和平的所有权;

只有当我们的人民亲如兄弟,享受平等的权利和机会时,我们的国家才能走向繁荣和自由;

只有一个建立在人民意志基础之上的民主国家,才能保证人民享有与生俱来的权利,不分肤色、种族、性别和信仰。

因此,我们,南非人民,不分黑人和白人,平等、亲密、兄弟般地聚集在一起,通过了《自由宪章》。我们宣誓共同奋斗,用我们全部的精力和勇气,直到从此开始的民主进程取得最后的胜利。

只为自由故

1955 年 9 月初,曼德拉重新获得自由,对他的第二个禁令解除了。行动自由后,他立即启程去特兰斯凯参加一个特别委员会的会议。该委员会负责监督特兰斯凯本加机构过渡到班图当局。本加是特兰斯凯最有影响的政治团体,它由108名成员组成,其中白人占1/4,黑人占3/4,其作用是对政府有关本地区黑人的立法提供咨询,管理本地诸如税收和道路方面的事务。尽管地方上的各项决定均由白人地方长官审查,但是,本加提出的建议仍具有一定的影响力。

然而,1951年出台的《班图权利法》规定,本加将由一个更具有约束力的机构代替,即由国家制定的、建立在世袭和种族歧视基础上的班图当局所取代。这是国民党政府推行班图斯坦政策的开始。对于设立班图当局,国民党政府美其名曰:为了使黑人从白人地方长官的统治下获得自由,让他们享受民族自治权。对此,曼德拉斥责道:这只是政府破坏民主和激化种族对立的一个烟幕弹。因为在班图斯坦政策下,黑人并没有真正获得"自治权",相反,他们被剥夺了作为南非公民,甚至拥有南非国籍的资格,而且黑人家园继续成为白人的"廉价劳动力储蓄所"。因此非国大的观点是:任何接受班图当局的企图都是向白人政府投降。

为了了解人民大会联盟各派是否具有阻止政府有关班图斯坦计划的能力,非国大工作委员会把这一重任交给了刚刚获得行动自由的曼德拉,因为特兰斯凯是曼德拉的家乡,他对那里的情况比较熟悉。被困在约翰内斯堡已整整两年的曼德拉也正想到国内其他地方去看看,亲自体验内地的变化。这趟工作旅行正合他的心意,既可以完成非国大交予的任务,又可以顺便探望还住在库奴村的老母和大皇宫的儿时伙伴。于是,在9月初的一个凌晨,曼德拉驾驶着自己的那辆老式汽车,踏上了重返故里的路程。

9月底,曼德拉回到了约翰内斯堡。当他怀抱一大堆儿童食品、衣物和日用品踏进家门时,正好碰上蹒跚着出来的女儿玛卡泽韦。他惊喜地发现,在他去特兰斯凯的这一个月里,小女儿已学会走路了。他还清晰地记得儿子坦比迈出第一步时,他和伊夫琳两人欣喜若狂的神情。他忙放下手中的东西,拿出糖果逗女儿。小女儿乐了,高兴地叫他"叔叔"。

听见声音,伊夫琳从厨房出来,见是他,怒气一下子爆发了出来。女儿竟叫他"叔叔",儿子问:"爸爸住在哪里?"他还是一位父亲吗?这个家似乎是他的旅店……她越想越生气,随后和刚踏进家门的曼德拉发生了激烈的争吵,吓得小女儿直哭。他们之间已不是第一次争吵了,伊夫琳自己也记不清这样的争吵有多少次了,但这一次是令她最伤心的一次。

原先那个温暖、热闹而拥挤的大家庭,如今竟变成了没有男主人、缺少父爱的"单亲家庭"。自从担任非国大领导职务以来,曼德拉终日陷在政治活动和法律事务中,对小家庭渐渐"淡漠"了。在伊夫琳的记忆中,他再也没有陪自己逛商店、为家庭做周末采购,再也没有给孩子们讲故事催他们入睡,更没有给儿子洗澡、陪他玩耍。做家务,照顾孩子,甚至挣钱养家,所有的重担都落在了伊夫琳一个人的肩上。曼德拉因参加政治活动而遭政府的禁令,从而直接影响了他的律师事务所工作,几乎断了家庭的生活来源。

对于曼德拉参与非国大的政治斗争,伊夫琳感到困惑不解。在她看来,政治是年轻人热衷的玩意儿,像曼德拉这样的中年人应该回到特兰斯凯,做一名律师,拿一份丰厚的薪水,让家人过上幸福安宁的生活,而不是成天早出晚归,东奔西跑,甚至丢了自己的饭碗。这种动荡不安的生活常使伊夫琳担惊受怕,记得"蔑视不公正法运动"

开始不久,传来了坏消息:曼德拉被当局逮捕,关押待审。当时,她吓坏了,担心自己从此失去丈夫、孩子失去父亲。幸好没几天又传来了曼德拉被保释的消息,她那颗悬着的心才怦然落下。这以后,她曾一次次劝说曼德拉回到特兰斯凯,做一名大酋长的顾问,那样他就不会再留恋危险的政治斗争了。

可曼德拉早已发誓:终生为一名自由斗士。他告诉伊夫琳,对他来说,政治不是一种消遣,而是他的实实在在的工作,是他生命的重要组成部分。至于回家乡当大酋长的顾问,他从下决心来约翰内斯堡工作的那一刻起就已放弃了这个念头。至于律师工作,他虽然一直在干,但却越来越发现,在一个种族主义盛行的国度里,法律是白人为他们自己制定的,黑人根本就不可能通过法律赢得应有的最基本的人权和生存权。因此,他放弃了用法律拯救人民的念头,法律事务所的工作只是为了更好地掩护政治工作,当然也为了养家糊口。不过,在他的心里,政治是第一位的。

不同的政治见解和生活态度,使他们一次次争论不休。而越来越沉重的生活负担,压得伊夫琳喘不过气来,她变得多疑而敏感。曼德拉遭禁令期间,为躲开警察的视线,经常晚上参加非国大的会议。对晚上的会议,伊夫琳十分不理解。开始时,她默默地静候在书房,等待丈夫的归来。但几乎每次都是她一个人伏在书桌上睡到天明,也没听见丈夫归来的脚步声。渐渐地,她开始怀疑曼德拉夜不归宿是去看别的女人了。因为几年的承担一切生活重担的岁月已使年轻美貌的伊夫琳衰老得很快,她对镜中的自己都不满意,更何况丈夫呢?伊夫琳变得更加烦躁不安,两人难得的见面常常是在争吵声中结束。尽管曼德拉一次又一次不厌其烦地解释,为什么要开会、开什么会、论讨什么问题等等,可她还是满腹疑虑。

终于,在 1955 年 9 月底的那次争吵后,伊夫琳给曼德拉下了最后通牒:必须在她和非国大之间作出选择。曼德拉没有记在心上,他又忙于向非国大其他领导人汇报自己特兰斯凯之行的情况。

曼德拉享受自由的日子没能维持多久,1956 年 3 月他收到第三个禁令,为期五年。这次曼德拉对禁令的看法有了根本的改变。第一次收到禁令时,他严守当局的规定。那时他认为,自由斗士也得遵守法律,并确信搞好地下组织工作要比进监狱好。如今他已学会了蔑视这些限制,不让当局用禁令限制他参与政治活动的企图得逞。"允许敌人限制我活动就意味着失败,我决定不再自我约束了。"

是年底,曼德拉等 156 名人民大会运动积极分子先后被捕入狱。这次曼德拉是在家中、在孩子们面前,被警察带走的。对于曼德拉的被捕,伊夫琳没有像 1952 年那样担心焦急,这一切都在她的预料之中。多少次,她苦口婆心地劝阻曼德拉,为了孩子,为了这个家,别再参与政治活动了。但曼德拉根本听不进她的劝告。

曼德拉被捕两周后,她去监狱看望了他。夫妻相对无言,临走前伊夫琳赠给曼德拉一句话:"如果你再结婚,一定不要这样不顾及妻子和家庭,否则,她会被迫做出疯狂的举动的!"曼德拉意识到家庭即将破裂了。他握住妻子的手,恳求她能理解自己。伊夫琳无言地摇摇头,含泪走了。

当曼德拉不久被保释出来时,伊夫琳已从奥兰多西区的家搬到她哥哥家,带走了三个孩子和能带走的一切,包括她和曼德拉结婚时一起挑选的窗帘。曼德拉看到眼前冷清、零乱的家,不禁想起西苏鲁在他俩婚礼上的那句玩笑话:"伊夫琳,你嫁给了一个已婚男人,曼德拉早就'嫁给'政治了。"

不管怎样,在曼德拉的心中,伊夫琳依旧是个好女人,健康、忠诚而富有魅力!她更是一位好母亲,对孩子们倾注了全身心的爱。然而,她不是一位志同道合的妻子。就这样,他们分手了。

初试锋芒

法庭对曼德拉来说并不陌生。自从曼德拉—坦博律师事务所成立后,曼德拉多次以辩护律师的身份出现在白人法庭上。但是,1956年12月,当他又出现在法庭上时,他站到了被告席上。1956年12月初,白人当局开始对人民大会运动进行大规模的镇压。12月5日凌晨,曼德拉在家中被捕,逮捕证上赫然写着"罪名:严重叛乱罪"。警察对他的家和律师事务所进行了彻底搜查后,把他关押在马歇尔广场监狱。1952年"蔑视不公正法运动"时,曼德拉曾在这所监狱里被关过几天。

大搜捕在全国各地同时进行。一周后,共有156人被捕,其中有105名黑人,21名印度人,23名白人和7名有色人。非国大的所有领导人(包括主席卢图利大酋长、马修斯教授、西苏鲁和坦博等人)全部被捕。他们的罪名都是"严重叛乱罪"和"密谋推翻政府罪"。

不久,这156人被一起关押在约翰内斯堡福特监狱,该监狱以"堡垒"著称,位于约翰内斯堡市中心的一座山上。被关进"堡垒"的当天,这156名人民大会运动分子被勒令脱光所有的衣服,按顺序靠墙站着。就这样,这群神父、教授、医生、律师和商人被迫赤裸裸地站了一个多小时。

当局把这些人关押在牢房里,出乎预料的是,那两间公共牢房竟成了本来远隔千里的自由战士的"聚会厅"。长期以来,他们当中的许多人受禁令的限制,彼此会面和交谈都是非法的。如今,当局把这些领导人集中在两间牢房里,使他们有机会在一起交流思想,交换意见,讨论各个地区的斗争,召开几年来规模最大、历时最长的"全国大会联盟会议"。年轻人更是兴奋不已,他们第一次见到像曼德拉、卢图利这样的领导者,以前他们只能从报纸上看到这些民族英雄,而在牢房里他们随时可以与英雄们交谈。

两周后的12月19日,预审在约翰内斯堡的一个操练厅里举行。大厅里的气氛不像一个庄严的法庭,而更像是在召开一个盛大的庆祝会。156名被告坐在一排排椅子上,俨然是会议的一个代表团。他们一个个脸上洋溢着兴奋和激动,没有一丝沮丧之色。法庭外,挤满了前来声援的支持者们,人们举着"我们与领导人站在一起"的标语,唱着自由歌曲,挥舞着右拳行非国大的敬礼……当法官宣布开庭后,由于当局忘了配备麦克风和扬声器,法官的声音根本无法听到,法庭只好宣布休庭。预审第一天犹如一出闹剧,在嘈杂声中草草收场了。

第二天,当局不仅安装了麦克风,而且还特设了一个被告席——一只巨大的铁笼子,大厅四周是500名荷枪实弹的武装警察。156名被告被装在铁笼子里,与辩护律师分开,律师无法与被告联系,因为他们不能进去。对于这样的被告席,被告和律师感到震惊。一位被告在一张纸上写了几个字,然后把它贴在铁笼旁边,上面写着:"危险,不要走近喂食!"辩护律师当即在法庭发表公开声明,抗议当局用"异想天开"的方式侮辱当事人,"像对待野兽一样"对待被告,并告诫说,若不立即把铁笼子拿走,全体辩护律师将离开法庭。

当铁笼子被拆除时,法庭外面又传来了枪声。大厅外恐慌的警察向用欢呼声和歌声示威的群众开了枪。紧接着惊叫声和枪声淹没了歌声,当场有 20 多人受伤。法官又不得不宣布休庭。

这样,政府的主要起诉人范·尼柯克在第三天才得以宣读政府的起诉书。政府给 156 名被告罗列的罪名是:严重叛乱罪和在全国密谋使用暴力推翻现政府,在南非建立共产主义政府。罪名成立期限是 1952 年 10 月 1 日—1956 年 12 月 13 日,即包括"蔑视不公正法运动"、索菲亚镇反迁移运动和人民大会运动。

与此同时,全国各地掀起声援和支持被捕领导人的群众运动,各界人士纷纷慷慨解囊为全体被告筹集保释金,由里弗兹主教、阿兰·帕顿和阿莱克斯·赫普尔等人发起成立了"叛国罪法庭辩护基金会"。一场"我们与领导人站在一起"的群众运动勃然兴起。

很快,曼德拉等人获保释出狱,但仍需要每周向警察局报告一次,并禁止参加公共集会。当曼德拉获保释回家时,妻子伊夫琳已带着三个孩子离开奥兰多去纳塔尔的哥哥家了。曼德拉动荡而充满风险的政治生涯,最终影响到他的家庭生活。他和妻子于 1957 年离婚。

没有了家庭的束缚,曼德拉便全身心地投入这次"叛国罪"审判,并利用保释在外的自由时光,起早贪黑地处理律师事务所积压的案件。在《集团居住法》的限制下,他和坦博的事务所被迫迁出约翰内斯堡市中心,但他们很快在奥兰多开设了一家法律"诊所",继续为黑人服务。

1957 年 1 月 9 日,156 名被告再次出庭。这次轮到辩护律师团反驳政府的控告。这是一个实力强大的辩护团,包括首席律师弗农·伯兰格、具有英国王室法律顾问身份的伊斯雷尔·梅塞尔斯以及诺曼·罗森伯格等南非著名律师。律师团与被告们商量后决定,不单要证明被告无罪,而且要把这次审判当作一场政治斗争,在法庭上揭露白人当局的种族主义行径。

首席律师伯兰格针对政府的起诉书,阐述了被告方的立场。他说:"被告方将有力地反驳关于《自由宪章》违法或煽动叛乱的指控。与原告的指控恰恰相反,被告方将说明宪章所表述的观点虽然与现政府的政策对立,但它却表达了各种族、各肤色的多数南非人的愿望。"

接下来的公开辩论出现了戏剧性的场面。政府出示了三年来搜查所得的全部证据,共计 12000 件,包括报纸、小册子、文件、书、笔记本、信件、杂志、录音磁带、照片等等,从联合国的《人权宣言》到苏联的烹调手册,无所不有,甚至连"荤汤"和"素汤"这两个召开人民大会时餐桌上的食品牌也在其中。这些所谓的证据大多是断章取义,或根本就是胡编乱造。但是政府却宣称许多文件,包括《自由宪章》在内,都是共产主义性质的。更可笑的是,当首席律师伯兰格请政府的证人默瑞教授辨别几段话是否含有共产主义思想时,这位学识渊博的教授竟然把其中自己在 30 年代的一篇杰作也归为"彻头彻尾的共产主义"。伯兰格律师因其出色的辩护技巧而获得了"驱病法师"的雅号。

冗长的预审在持续近 10 个月之后,1957 年 9 月 11 日,大法官威赛尔斯宣布预审阶段的举证告一段落,辩护团将有四个月的时间在 8000 份书面证据和 10000 份文件中进行筛选,准备辩护程序。

法庭休庭后,身为律师的曼德拉和坦博、斯洛沃等人与辩护团一起,审查政府提出的证据,准备下一阶段的预审工作。就在重新开庭前,政府突然于 1957 年底宣布取消对其中 61 名被告的起诉,这 61 人绝大多数是在非国大中地位较低的同志,但也包括主席卢图利大酋长和总书记坦博。看来,政府要集中精力整治像曼德拉这样的"捣蛋鬼"。

1958 年 1 月在政府起诉人作了总结性发言后,法官宣布,有足够的证据以"严重叛乱罪"把 95 名被告送交德兰士瓦最高法院正审。尽管辩护团强烈指出政府证据不足,被告应无罪释放,但却于事无补。南非的法律就是这样,是统治者为自己制定的。

历时 13 个月的预审结束后,曼德拉等 95 名被告将等待 1958 年 8 月的正审。这期间,政府成立了一个特别高级法庭,专门负责正审。法庭由伦普夫法官、肯尼迪法官和鲁道夫法官三人组成,他们均是执政的国民党成员,这显然对被告很不利。然而,更不妙的是,就在正审开庭前夕,政府突然宣布,审判地点由约翰内斯堡移到 36 英里以外的比勒陀利亚。这一招很是阴险,政府企图在精神上压垮被告。因为所有被告和律师都住在约翰内斯堡,这样一来,他们不得不每天在路上耗费五个小时,而且比勒陀利亚是国民党的老巢,非国大在那里几乎没有任何发展,支持者极少。

值得庆幸的是,这一次的辩护团和预审时一样出色,由精明强干的梅塞尔斯律师领导,成员包括预审时被誉为"驱病法师"的伯兰格和具有英国王室法律顾问身份的布拉姆·费舍尔等六人。他们在 8 月的审判开审之日即展示了辩护才干。

正式审判的第一天,梅塞尔斯首先强烈要求对鲁道夫和伦普夫两位法官进行质询,理由是他们的立场与被告对立,因而妨碍了他们在本案中作为仲裁人的公正性。辩护团指出:伦普夫作为一名法官,早在 1952 年的有关案件中就对目前起诉案中的某些方面作出判决,因此,由他担任本案的主审法官于法律无益;而鲁道夫也曾在 1954 年的一件有关人民大会的案件中代表政府,为警察作过辩护律师,他的立场有偏见。这一招在法律上是一步极冒险的棋,谁能预料顶替他俩的法官不会比他俩更坏呢?关于这一点,辩护团十分清楚,但他们不愿放过一线希望。

结果,鲁道夫法官宣布退出审判团,伦普夫法官留了下来,政府安排贝克尔法官加入审判团。这正是辩护团所希望的结果,因为伦普夫法官不失为一名诚实的执法者,而贝克尔法官则与国民党无任何关系。辩护团的第一步冒险行动成功了。下一步的行动也同样冒险。辩护团抛开其他不论,单刀直入,提出:政府的指控本身模糊不清且缺乏具体性,因此,要证明被告犯有严重叛乱罪,就必须拿出有计划暴力行动的证据,即被告企图使用暴力的事例。辩论进入到白热化状态,辩护团的雄辩才智使三位大法官渐渐趋向他们的意见了。开庭当月,法院取消了政府的两项指控。

辩护团的第二步冒险棋使政府感到压力,因为这次大规模的"叛国罪"审判引起了国际社会的关注,国际法学家委员会的特派观察员一直在旁听此案的审理。政府不敢再强词夺理,他们耍了一个花招。10 月 13 日,高等法院出人意料地宣布,政府将撤回所有的指控。一个月后,政府又提出了一个新的、措辞更仔细的指控,宣布只对其中的 30 名被告提出指控,其余被告将在以后进行指控。这 30 名被告全部都是非国大的要员,曼德拉也被列在其中。

又经过新一轮的唇枪舌战,辩护团取得了进一步的胜利。法庭于 1959 年 1 月 19 日撤销了对其余 61 名被告的指控,在原先的 156 名被告中,只剩下 30 名(另有一人病死,三人成功地逃出监狱)被告继续留在被告席上。"叛国罪"审判最后落在了包括曼德拉、西苏鲁在内的 30 名非国大骨干的身上。

经过两年多的预审和正审,真正意义的审判还没有开始。如此冗长的审判只有在南非这样的种族主义国家里才能见到。而南非司法部长公开宣称："政府将不惜一切代价把叛国罪案件进行下去。不管它要花多少钱，也不管它要延续多长时间，这些都没有关系!"曼德拉等30名被告将面临更严峻的考验。

金风玉露一相逢

在"叛国罪"预审期间，一天下午，曼德拉开车送一位朋友从奥兰多到威特沃特斯兰德大学医学院。在经过巴拉瓜尼医院附近的一个公共汽车站时，他的眼前闪过一位妙龄女郎的倩影。曼德拉一下子被姑娘的美貌和气质吸引住了，他立即减慢车速，转过头来，欲看个究竟。这时，姑娘正在上公共汽车，留给曼德拉一个红衣黑发的背影。曼德拉心不在焉地把朋友送到医学院，他的脑海里一直浮现着那位姑娘的美丽容颜。她是谁？住在哪里？曼德拉开始后悔没有追随那辆公共汽车探个明白。"但愿能再见到她!"曼德拉心里默默地祈祷。

此时的曼德拉已与妻子伊夫琳分居，正等待法庭的离婚通知。家庭的破裂和"叛国罪"预审搅得他身心交瘁，情绪一直非常低落。但是，今天红衣姑娘的倩影却给他沉闷的生活带来一丝活力和新希望。丘比特的神箭又要射向这位年近四旬的中年人了。

第二天，曼德拉正在律师事务所与坦博商议"叛国罪"预审的事，突然听见门外一个甜甜的、清脆的声音："请问坦博律师在吗？"坦博起身去开门，曼德拉仍埋头于那一大堆卷宗中。一会儿，坦博进来，对曼德拉说："纳尔逊，这是比扎那村的温妮，这是她的哥哥。"曼德拉抬起头，目光正好与眼前的温妮碰上，温妮大方地伸出手，说了声："您好!"曼德拉却惊呆了，他几乎不敢相信自己的眼睛。她不正是昨天自己在车站看到的那位候车女郎吗？难道是天意?! 他显得异常兴奋，忙伸出手与温妮握了握。就在握住温妮纤纤细手的一刹那，曼德拉已认定：我一定要娶她为妻。

与曼德拉相识后不久，温妮就成为非国大的一员，她加入了非国大妇女联盟，并逐渐成为一名妇女解放运动的积极分子。

曼德拉与伊夫琳正式离婚后的一天，他把车停在路边对温妮说："你应该去拜访一位名叫蕾·阿梅尔的裁缝，准备一套合适的婚纱。你想要几个伴娘？"他是在向温妮求婚呢。曼德拉就是这样，没有任何矫揉造作之辞。

黑云压城城欲摧

上苍的风磨旋转得非常缓慢，但恐怕还是要比南非司法机构的运转速度快。被指控犯有"叛国罪"的被告在被捕32个月之后，于1959年8月3日被正式传讯，直到此时，真正意义上的"叛国罪"审判才在比勒陀利亚的旧犹太教堂举行。

1961年3月29日，"叛国罪"审判在经过51个月的马拉松式的法律程序后，最后裁决的日子终于来到了。那天一早，法院还未开门，一大群非国大支持者和国内外的新闻记者就拥在法院门前。开庭后，公诉方竟提出要求更改起诉书，但是已经太晚了。伦普夫法官宣布，由三名法官组成的审判团已作出最后裁决。

这时，法庭内一片肃静，只有伦普夫法官那深沉而平缓的男低音在大厅内回荡……

据调查,非国大一直试图以一种激进的完全不同的国家形式来取代现政府;非国大在抵抗运动期间使用了非法的抗议手段;某些非国大领导人还进行了鼓吹暴力的演说。另外,从它反对帝国主义、反对西方、亲苏联的态度上表明,在其领导人中,有一种严重的左翼倾向。但是,根据向法庭提交的证据和我们三位法官的调查结果,法庭不可能得出这样一个结论:非国大已经具备了或已经采取了用暴力推翻政府的政策。……因此,我代表法庭宣布:所有被告无罪,当庭释放。

伦普夫法官话音未落,大厅内便爆发出一阵欢呼。29 名被告都站了起来,相互拥抱,并向审判官挥手致意。走出法院时,被告们争相把辩护律师抬到肩上以示庆祝。霎时,照相机的镁光灯此起彼落。等待在法庭外的支持者和记者把被告及辩护律师团团围住……曼德拉费了九牛二虎之力,才挤出人群,找到了温妮。

在长达四年多的"叛国罪"审判过程中,先后有十多名起诉人,数千份文件,数万页证词,但是,最后的裁决使政府在国内外都陷入了窘境。这次白人当局是彻底失败了,29 名被告自由地走出法庭。但是,曼德拉却品尝不到真正自由的滋味,相反,他担心当局日后对自由斗士的迫害手段会更加凶残。

曼德拉肯定这是一个正确而公正的裁决,但他不认为这个裁决就能证明这个制度是正当合法的,更不认为这个裁决证明一个黑人可以在白人法庭上得到公正的审判。在他看来,这次之所以能胜诉,"主要是由于我们有许多优秀的辩护律师和由三位法官组成的审判团明察秋毫的结果","在整个审判过程中,三名法官的所作所为完全摆脱了他们的种族偏见、所受的教育和经历的束缚……在最后的关头,正义的本质支配了他们的判决"。

通过这次"叛国罪"审判,加上自己当律师和社会活动的经历,曼德拉对南非法律的认识又达到了一个新高度。过去,他曾用理想主义的眼光把法律看成是"一支正义之剑"。在学校里,他从老师那里知道:南非是一个法律至上的国家,不论贵贱,法律面前人人平等;走上社会后,他曾一度为成为一名开业律师而执著地奋斗过,梦想用法律维护人性的尊严。而现在,他明白了:法律只是统治阶级用来按照自己的意志塑造社会的一种工具。

"叛国罪"审判结束了,非国大的合法地位也结束了。1960 年 9 月,在紧急状态解除后,非国大全国执行委员会曾秘密开会决定转入地下斗争,以保存组织,但曼德拉考虑得更长远。事实已证明,单凭非暴力的、公开的群众运动不足以动摇白人种族主义的统治地位,要彻底推翻种族隔离制度,使人民获得真正的平等与自由,就必须改变斗争方式。下一步该如何走?曼德拉陷入了良久的沉思……

舌战"群儒"

温妮回忆道:"叛国罪"一案结案后,"纳尔逊来到家门口,和他同来的还有几位非国大的其他领导人。纳尔逊简单地对我说:'亲爱的,帮我收拾一下必用品,放在旅行箱里……'"

"他是站在门槛外跟我说话的,我无法接近他。门口人山人海,都是来看他并预祝他成功的人,个个都激动万分。我走到房间里替他整理箱子。当我回到门口时,他早已无影无踪了。约莫过了一个小时,一个人取走了他需要的东西……"

当晚他便逃离约翰内斯堡,曼德拉辗转来到德班,参加非国大全国执行委员会和人民大会运动联合执行委员会的秘密会议。这次会议主要讨论是按计划采取较温和的"呆在家里"的罢工行动,还是采取组织工人纠察队、上街示威游行等较激进的斗争方式。

一部分人倾向于后一种方式,认为"呆在家里"是非国大 1950 年以来一直采用的斗争策略,现在已不适用了。曼德拉则赞同"呆在家里"的罢工,认为这既达到了同敌人斗争的目的,又防止了敌人借题施暴。他还指出:这样做才会使人民对非国大有信心,"因为他们意识到我们不会拿他们的生命当儿戏。在沙佩维尔惨案中,示威群众表现得非常勇敢,但这也促使当局开枪对我们的人民进行了残酷的屠杀"。最后,曼德拉提高嗓门说:"一切要搞示威游行的英雄主义行为就是让敌人去屠杀我们的人民。尽管我也知道全国人民对消极的斗争方式越来越不能容忍,但我还是赞成'呆在家里'。"

非国大决定在 1961 年 5 月 29 日举行全国范围的"呆在家里"的罢工行动。

5 月下旬,政府当局在整个南非对反对派领导人进行突然袭击,聚会被禁止,印刷品被查封。

罢工开始前的两天,当局筹划了南非和平时期最大的一次武力炫耀,军队进行了自第二次世界大战以来最大的一次征兵活动,警察取消了休假,全副武装的军警控制了城镇的交通要道。坦克在城镇泥泞的街道上隆隆驶过,直升飞机在空中盘旋并向人们俯冲,以驱散他们的聚会。

在白人居住区的一个寓所内,曼德拉召开了国内外记者新闻发布会。他虽然坚持称"呆在家里"的罢工取得了巨大的成功,但他并没有掩盖这样一个事实,那就是新的斗争时代正在出现。他说:"如果政府的反应就是赤裸裸地用武力来粉碎我们的非暴力斗争,我们将不得不重新考虑我们的斗争策略。在我的头脑中,采取非暴力政策的时代即将结束。"

这是一个郑重的宣言,然而曼德拉却受到了非国大执行委员会的批评,他们批评曼德拉未经组织讨论就擅自发表言论。

紧接着,非国大联合执行委员会又在德班召开了。与会者包括南非印度人大会、南非有色人大会、南非工会大会、南非民主人士大会。尽管其他组织都习惯于执行非国大的决定,但这一次,曼德拉还是担心印度同志会竭力反对暴力斗争,因为他们中的绝大多数都是甘地非暴力主义的忠实信徒。

会议从晚上 8 时开始,各种观点争论得异常激烈。印度同志果然请求非国大不要实施暴力斗争路线,称政府会因此屠杀整个解放运动。曼德拉力排众议,认为非暴力斗争已使自由运动陷于失败,这种斗争方式既不能阻止当局的残暴,也不能使压迫者转变观念。

又是一次漫长的辩论,直到黎明时分,联合执行委员会作出决定:所有联盟部授权曼德拉着手建立一个新的、独立于非国大的军事组织,非国大的斗争策略仍是非暴力行动,该军事组织不受非国大的直接控制。

这是一个重大的决定。50 年来,非国大一直将非暴力活动作为核心的原则,恪守不渝。1961 年 6 月的这次会议以后,非国大将不再是原来意义上的非国大了,它将走上一条新的道路,一条有组织的暴力斗争的道路。

曼德拉,一个从未当过兵、从未打过仗、从未向敌人开过枪的人,被委以创建军事组织的重任。新组织的名称就叫"民族之矛"。之所以选择这个名字,是因为几个世纪以来黑人就是用这种简单武器抵抗着白人的入侵。西苏鲁和白人共产党员乔·斯洛沃成为"民族之矛"最早的成员,与曼德拉一起组成最高司令部,曼德拉出任总司令。"民族之矛"的任务是开展反政府的暴力活动,至于这些活动究竟采取什么形式尚未确定。

对军事斗争一无所知的曼德拉,如饥似渴地向专家和书本请教。曾参加过第二次世界大战的共产党员杰克·霍杰森成了"民族之矛"的第一位爆破专家。曼德拉阅读了他所能找到的一切有关战争的书籍,特别是有关游击战的书籍,他迫切想搞清楚在什么样的条件下适合开展游击战,如何建立、训练、保持一支游击队,应该怎样装备游击队员,如何供应给养……

正是在这期间,曼德拉大量阅读了毛泽东、切·格瓦拉、卡斯特罗的著作及有关他们的著作。曼德拉兴奋地说:"在《突击队》一书中,我读到了英布战争中布尔族将领们的非常规游击战术;在《红星照耀中国》中,我看到了正是毛泽东的决心和他非传统的思想方法使他取得了胜利;在《起义》一书中,我为以色列领导人在既没有山也没有丛林地带的国家建立了一支游击队的事实所鼓舞,他们的情况与我们相同。"

曼德拉认真回顾了南非的历史,探索了非洲人与非洲人、非洲人与白人、白人与白人之间的战争;调查了南非的主要工业区、国有运输系统和通讯网络;搜集了大量地图并仔细分析了南非不同地区的地貌特征。

1961年6月26日是非国大的自由纪念日。这天,曼德拉在藏身处写了一封信寄给了南非各大报纸,称赞群众在最近这次"呆在家里"的罢工期间的英勇,再次要求当局召开全国制宪大会,并声明如果当局不召开全国制宪大会,非国大将在全国范围内发动一场不与政府合作的运动。曼德拉在信中写道:"我已获悉,当局已对我发出了逮捕令,警察正在搜捕我。全国行动委员会非常认真地研究了这一问题,建议我不要去投案自首。任何一个严肃的政治家都会意识到在我们国家目前这种状态下,向警察自首过于天真,只能是无谓的牺牲,这种做法是不足取的。""我宁愿选择这条更艰难、更危险的道路,也不愿去坐牢。我不得不离开我的妻子、儿女;不得不离开我的母亲、姐妹,在我自己的国家里像逃亡者一样地生活;我不得不放弃我的职业,就像我的许多同胞一样过贫穷的生活。我将与你们一起并肩战斗,直到取得最后胜利。"

在政府发出通缉令、警察四处搜捕曼德拉的最初几个月里,曼德拉这个在逃犯的存在,激发了新闻界丰富的想象力,许多报纸的头版都登有发现他行踪的文章。警察在全国各地都设了路卡,张贴着曼德拉的照片。

曼德拉白天躲在秘密寓所里,天黑了才出来活动。他几乎游遍了全国。在开普敦他拜访穆斯林教徒;在纳塔尔走访糖厂工人;在伊丽莎白港与工人交谈……曼德拉还不时到电话亭分别给各报社记者打电话,向他们通报自己正准备干什么,或是嘲笑警方的无能。他一会儿从这儿冒出来,一会儿又从那儿冒出来,搞得警方狼狈不堪,而黑人群众却欢欣鼓舞。在转入地下活动的最初几个月里,曼德拉曾在伯里亚居住过一段时间。伯里亚是位于开普敦闹市区以北几英里外的一个宁静的白人居住区,曼德拉与白人沃尔夫·科迪什共住在单身公寓一楼的房间里。

科迪什是《新世纪》周刊的记者,同时也是南非民主人士大会的成员。在第二次世界大战中,他参加了在北非和意大利的战斗,他的战争知识及亲身体验的战斗经历对曼德拉帮助极大。在科迪什的建议下,曼德拉阅读了克劳塞维茨的《战争论》。克劳塞维茨的名言"战争是政治的继续"令曼德拉茅塞顿开。

曼德拉在科迪什的公寓里住了将近两个月。那时"民族之矛"正在试验如何引爆炸药。一天深夜,曼德拉和科迪什一同到郊外的一座旧砖厂去观看引爆炸药的示范表演。之所以选择砖厂为试爆点,是因为砖厂常常在挖土制砖前先用炸药把土炸松。在这里试爆,爆炸声不会引起特别的注意。

当晚,"民族之矛"的爆炸专家杰克·霍杰森带来了一个装满硝化甘油的石蜡罐,并自制了一个定时器,他将定时器装在圆珠笔壳里。霍杰森在黑暗中熟练地操作着,曼德拉等人则在他周围仔细观看。当一切准备停当后,众人四散隐蔽,霍杰森把定时器设置定在 30 秒倒计数。一声巨响,泥沙四溅,"民族之矛"的第一次爆炸成功了!曼德拉等人迅速钻进各自的汽车里,消失在茫茫夜色中。

曼德拉先后搬过几次家后来到了,利沃尼亚的百合花农庄,它位于约翰内斯堡的北郊。非国大已买下了百合花农庄的房屋及土地,以便让从事地下活动的同志能有一个安全的隐蔽所。后来,"民族之矛"的总部就设在这个农庄里。

曼德拉是以看屋子为由搬入百合花农庄的,他告诉周围的人自己是在主人搬进来之前替他做修缮工作的。百合花农庄一片破败景象,田地荒芜,房屋破旧,的确需要重新修整。曼德拉化名大卫·莫特萨玛依,身着黑人男仆常穿的蓝色工装裤制服,在农庄里干一些粗重活计。

几个星期后,雷蒙德·姆汉拉巴来到了百合花农庄。姆汉拉巴是一个坚定的工会主义者,是非国大开普敦执行委员会的委员,也是由非国大选定的第一批参加"民族之矛"的成员之一。他这次到农庄来,是为了启程前往国外接受军事训练前作些准备。曼德拉与姆汉拉巴在一起呆了两个星期,他们不仅研究了非国大面临的问题,更着重探讨了曼德拉正在拟定的"民族之矛"组织章程。曼德拉的白人挚友、南非共产党领导人乔·斯洛沃也来过农庄,帮助曼德拉起草章程。

姆汉拉巴离开农庄后,迈克尔·阿梅尔到农庄住了几天。这位白人是南非共产党的关键人物,是南非民主人士大会的创始人,《解放》杂志的编辑。他是一位出色的理论家,正在制定南非共产党地下斗争的方针、政策,他需要一个既安静又安全的地方来从事这项工作,所以来到了百合花农庄。

白天,曼德拉和阿梅尔保持一定的距离,因为一个有身份的白人与一名黑人家奴坐在一起谈话太引人注目了。而到了夜晚,他俩常常就共产党与非国大之间的关系进行促膝长谈。两位同样是在为各自组织起草章程、制定策略的领导人,互相切磋、互相启发、互相砥砺,双方都获益匪浅。

在制定"民族之矛"的斗争方向及相应的斗争形式时,曼德拉考虑了四种暴力活动:破坏活动、游击战、恐怖主义、公开的革命。对于一支缺乏经验的弱小武装队伍来说,公开革命是不可想象的。恐怖主义在打击敌人的同时,也会给自己带来副作用——削弱本来可能得到的公众的支持。游击战虽然切实可行,可非国大一直不愿意与任何武力活动沾边,力图避免人员伤亡。所以,曼德拉等"民族之矛"的领导人选择了破坏活动为最初的斗争形式。破坏活动不会造成人员伤亡,这为以后种族间的和解提供了最大的可能。破坏活动的另一个好处是需要的人力最少。

曼德拉为"民族之矛"制定的战略是有选择地袭击军事设施、电站、电话线、运输线,以及那些不仅能妨碍当局军队战斗力而且能威慑国民党的支持者、吓走外国投资者、削弱经济的目标。"民族之矛"希望借此给白人政权施加压力,迫使政府回到谈判桌上来。曼德拉等领导人严令"民族之矛"成员在行动时不得伤害无辜。但是,如果破坏活动的效果达不到预期的程度，"民族之矛"就准备采取下一步的行动方案，即游击战和恐怖主义。

"民族之矛"的组织结构体现了非国大的编制，上设全国最高司令部，各省设地区司令部，省以下设地方司令部和基层组织，像开普东部这样一个地区就有 50 多个基层组织。最高司令部决定战术和总目标，掌管训练和财政。在最高司令部制定的大框架下，地区司令部有权选定本地区准备进攻的目标。"民族之矛"成员在执行任务时严禁携带武器，决不允许伤害无辜群众的生命。

于是"民族之矛"在 12 月 16 日发动了暴炸行动。曼德拉选择 12 月 16 日这天的爆炸行动是有原因的。南非白人将这一天定为"丁加尼节"，庆祝他们在 1838 年的血河之战中打败了祖鲁族首领丁加尼。那时，丁加尼统治着非洲波波河以南历史上最强大的国家。但在那年的 12 月 16 日，布尔人的枪弹摧毁了祖鲁人的标枪，祖鲁人的鲜血染红了附近的河水。南非荷兰人在 12 月 16 日这天庆祝他们打败非洲人的胜利，显示上帝是站在他们一边的。而"民族之矛"选定 12 月 16 日行动，表示非洲人只是刚刚开始战斗，显示他们不仅拥有正义，也拥有炸药。

爆炸声震动了所有南非人，白人们意识到他们正坐在火山口上。黑人们则意识到非国大不再是一个消极的抵抗组织，而是将要刺入白人政权心脏的一柄利剑。

两星期后，"民族之矛"又实施了一系列爆炸活动。钟鸣声、警笛声、爆炸声交织在一起，听起来似乎是在渲染新年的热闹气氛，也象征着为自由而斗争的新时代的到来。

"民族之矛"的行动激起了白人当局凶残的反击，警察局和特务机关的首要任务就是追捕"民族之矛"的成员，他们为此不遗余力。"民族之矛"的行动向政府表明：我们将不得不采取行动！政府的行动则向"民族之矛"表明：政府将铲除威胁现政权生存的一切事物！

漫长而艰苦的较量开始了！曼德拉开始了他的海外之旅。

1961 年 12 月，非国大收到了"东非、中非、南非泛非自由运动"的邀请，出席 1962 年 2 月在埃塞俄比亚首都亚的斯亚贝巴召开的会议。"东非、中非、南非泛非自由运动"后来改称为"非洲统一组织"，它的宗旨是把非洲独立国家联合在一起，促进非洲大陆的解放运动。

非国大执行委员会决定由曼德拉率领非国大代表团赴亚的斯亚贝巴出席这次会议。这是一项艰巨而又重要的使命，因为这次会议不仅是非国大与其他非洲国家交往的重要机会，也是为"民族之矛"争取道义方面、资金方面及训练方面援助的第一个机会。曼德拉要竭尽所能为"民族之矛"的成员在尽可能多的非洲国家安排接受军事训练，还要想方设法提高"民族之矛"在非洲国家中的知名度，因为许多人对这个新成立的军事组织一无所知。非国大执行委员会授权曼德拉在任何可能的场所展开宣传攻势。

非国大以一个白人朋友的名义包租了一架飞机，原计划是让西苏鲁、艾哈迈德·卡特拉达以及杜马·诺克威与曼德拉在索韦托的一个秘密地点集合，乘此包机飞往坦桑尼亚首都达累斯萨拉姆，然后再从达累斯萨拉姆乘班机赶赴亚的斯亚贝巴。

卡特拉达准时到达了集合地点，而西苏鲁和诺克威却迟迟未到。最后，曼德拉毅然改变了原定计划，放弃了从空中越过国境的方案，决定驱车从陆路出境，先到贝专纳（今博茨瓦纳），然后再从那里乘班机前往坦桑尼亚。后来曼德拉才知道，西苏鲁和诺克威在前往秘密集合地点的路上被捕了。不过,他俩很快被保释出来。

曼德拉此次国外之行的第一个境外落脚点就这样鬼使神差地从坦桑尼亚首都达累斯萨拉姆变成为贝专纳边境小镇洛巴策。尽管洛巴策已在南非境外,但并不安全。就在曼德拉抵达洛巴策的前不久,南非警察越境在此绑架了一名非国大成员。因此,曼德拉认为越早离开洛巴策越好。贝专纳人民党(该党主要由前非国大成员组成)为曼德拉安排了一架飞机,将他从紧毗南非的南部边境送往远离南非的北部边境小城卡萨内。

然后曼德拉历经辗转终于来到了达累斯萨拉姆,并拜见了坦桑尼亚这个新独立国家的第一任总统尼雷尔。他与总统的谈话是在总统那所一点儿都不豪华的住宅里进行的,这给曼德拉留下了很深的印象,因为这表明总统是人民的一员。尼雷尔的谈话同样令曼德拉难忘,他认为社会等级不适合于非洲,社会主义是非洲与生俱来的社会制度。

坦博原准备与曼德拉在达累斯萨拉姆会面,但由于曼德拉因绕道姗姗来迟,所以坦博只好先行一步,前往尼日利亚首都拉各斯出席独立国家拉各斯会议。他临行前给曼德拉留了一个字条,要曼德拉到加纳首都阿克拉去会面。

曼德拉与坦博这对老战友已有两年多没见面了。当坦博到阿克拉机场来接曼德拉时,曼德拉几乎认不出他了。从前的坦博总是把脸刮得干干净净,穿戴得既整洁又保守。而现在的坦博蓄着胡须、留着长发,穿着一身代表非洲大陆自由战士的军装。这是一次令人愉快的重逢。曼德拉对坦博在国外所做的工作表示了敬意,坦博已为非国大在加纳、英国、埃及和坦桑尼亚设立了办事处,也为非国大同其他许多国家建立了宝贵的联系。在此后的旅行中,曼德拉不论走到哪儿,都能看到坦博对当地外交家和政治家产生的积极影响。曼德拉由衷地感叹:坦博是非国大所能派出的最好的使节。

与其他许多非洲国家不同,地处战略要津的埃塞俄比亚几乎在每个世纪都曾与殖民主义作过斗争。1930年,海尔·塞拉西成为埃塞俄比亚的皇帝,开创了该国的当代历史。但他登基不久,墨索里尼就悍然向埃塞俄比亚(当时称阿比西尼亚)发动了进攻。那时曼德拉才17岁。1936年,意大利人征服了埃塞俄比亚,海尔·塞拉西皇帝被迫流亡海外。1941年,盟军将意大利人赶出埃塞俄比亚,海尔·塞拉西才重新返回祖国。在曼德拉的心目中,饱受欺凌却不屈服的埃塞俄比亚就是非洲民族主义的诞生地。

很多非洲国家的领导人都赶到亚的斯亚贝巴出席本届"东非、中非、南非泛非自由运动"大会。

在海尔·塞拉西皇帝的主持下,"东非、中非、南非泛非自由运动"大会正式开幕了。大会安排曼德拉在皇帝讲话后发言。这是曼德拉许多个月来第一次丢开大卫·莫特萨玛依这个化名,恢复了纳尔逊·曼德拉这一真实姓名。

在发言中,曼德拉回顾了南非人民争取自由斗争的历史。他讲到1921年军警在布尔霍克残杀了183名手无寸铁的农民,1960年又在沙佩维尔对人民进行屠杀。他感谢与会国家对南非当局施加了压力,特别提到了加纳、尼日利亚和坦桑尼亚,这些国家率先发起了一场运动,成功地将南非驱逐出英联邦。曼德拉还着重谈到了"民族之矛"的组建思路,解释说非国大已无和平斗争的可能。他说:"如果一个组织对已不太起作用的政治武器仍在考虑如何使它变得更锋利,那就是对人民的犯罪。去年12

月16日夜,在'民族之矛'的猛烈打击下,整个南非都在震颤!"曼德拉话音刚落,曾阻挠非国大加入申请的乌干达总理就高声喊道:"给他们再来一次!"

最后,曼德拉谈起了自己对未来的打算:"我刚刚从南非出来,近十个月来我一直像逃亡者一样生活在自己的国家,远离我的家人,远离我的朋友。当我被迫过这样一种生活时,我曾公开声明我不会离开南非,我会继续在南非从事地下活动。我是这样说的,我就会这样去做!"

曼德拉将返回南非的声明博得了与会者的高声喝彩。他的发言使人们相信:南非自由战士没有别的选择,只有拿起武器。

大会圆满结束了,但曼德拉此次国外之行的使命还没有结束。他开始马不停蹄地奔走于非洲国家之间,为非国大和"民族之矛"争取道义上、经济上和军事上的支持。

曼德拉将第一站选为埃及。

第二站是突尼斯。

第三站是摩洛哥的拉巴特。

第四站是塞拉利昂。

第五站是几内亚。

曼德拉在非洲的最后一站是塞内加尔。

经过数站奔波后,曼德拉又在伦敦呆了十天,有几天忙于非国大的公务,有几天去探望了流亡在外的老朋友,也偶尔以普通观光者的身份游览了伦敦的名胜古迹。

离开伦敦,曼德拉重返埃塞俄比亚,他将在亚的斯亚贝巴郊外的防暴营司令部接受为期六个月的军训。曼德拉的作息时间排得很满,从早上8时开始训练一直到下午1时,中间只洗个澡、吃顿午餐,然后从下午2时练到4时。从下午4时到晚餐这段时间则学习军事理论。在这里,曼德拉学习了如何使用冲锋枪和手枪,学习爆破和迫击炮射击,学会了如何制造小型炸弹和地雷。

在军事理论课上,一位上校教官讲述了怎样建立一支游击队、怎样指挥、怎样执行纪律。教官对曼德拉说:"你正在组建一支解放军而不是常规的资本主义军队。解放军是一支人人平等的军队,你必须用完全不同于资本主义军队的方式对待士兵。执行任务时,你必须自信地行使权力并且必须能支配士兵,这一点与资本主义军队的指挥官没有什么区别。但是在平时,你必须把自己置于与士兵平等的地位,他们吃什么你吃什么,你不能在办公室里吃饭,要同他们一起吃、一起喝,同他们打成一片。"

按原计划训练应持续六个月,但八周后曼德拉就接到了非国大发来的紧急电报,要他立即回国。国内的武装斗争正在升级,他们希望"民族之矛"的司令官能在现场指挥。

在返回南非的途中,曼德拉在坦桑尼亚的达累斯萨拉姆换乘飞机。在那里,他迎接了"民族之矛"派往埃塞俄比亚第一批接受军训的21名战士。这些战士自愿参加了"民族之矛",他们冒生命危险的斗争刚刚开始,他们对此感到自豪并渴望战斗。曼德拉告诫这些年轻战士在国外必须要有良好的举止和纪律,因为他们是南非自由斗士的代表。他说:"军事训练必须同政治锻炼同时进行,因为革命不仅是一个扣扣扳机的事,其目的是要建立一个公正平等的社会。"

经过半年的海外奔波,曼德拉终于又回到了他出国后的第一个落脚点——贝专纳的边境小镇洛巴策。曼德拉决定在一名"民族之矛'白人成员的陪同下,利用夜幕为掩护,驾车驶回南非。他坐在方向盘后,扮装成那位白人同志的司机,在子夜时分上路了。

越过国境线后,曼德拉深深地吸了一口气。对于久别故土的游子来说,家乡的空气总是清醇甘美的。那是一个晴朗的冬夜,繁星闪烁,曼德拉觉得它们比非洲大陆其他任何国家的星星都更令人赏心悦目。他终于又回到了养育自己的故土,又回到了自己肩负重任的祖国。

1962年7月底,曼德拉结束半年的海外之旅秘密回到南非。

到达百合花农庄时已是黎明时分。曼德拉顾不上休息,便在当晚召开了一次秘密会议,向非国大工作委员会成员介绍此行的情况,并汇报了募集到的资金以及接受训练的情况。

在会上,工作委员会要求曼德拉南下德班,向在那里的非国大主要领导人请示。

第二天晚上,曼德拉和往常一样,扮成私人司机的模样,和同伴塞西尔驾车离开了百合花农庄。一路很顺利,没遇到任何麻烦。

到德班后,曼德拉主持召开了几次会议,并会见了卢图利大酋长。对于曼德拉的建议,卢图利大酋长持异议,他不愿俯首听命于一些外国政治家的观点,更不愿改变非国大早已深化了的有关种族平等的政策。当时没有作出任何决定,他需要一番思考。临别时,他告诫曼德拉要多加小心,最近当局搜捕他这位头号政治犯的风声很紧。

曼德拉没在德班多加停留,办完事,他就和塞西尔直奔约翰内斯堡。他迫不及待地想见到已分离半载多的妻子和女儿。也许这次,他可以与她们团聚片刻。

但在1962年8月5日。

曼德拉被捕了。这次被捕实在太突然了! 两天后,当曼德拉独自坐在约翰内斯堡监狱的牢房的地板上时,才意识到自己根本没有作好被捕入狱的心理准备,甚至没有更多的时间来考虑目前的处境和对策。

正当曼德拉盘算着如何应付翌日的法庭审理时,突然隔壁牢房里传来一阵熟悉的咳嗽声。曼德拉有点不相信自己的耳朵,他又侧耳贴墙仔细听了一会儿,果真是他熟悉的那种咳嗽声,它曾是在"叛国罪"审判期间,沃尔特·西苏鲁与自己联络的暗号。他轻声喊道:"沃尔特,是你吗?""纳尔逊,果真是你!"对方的回答证实了曼德拉的猜测。

当晚,两位老朋友隔墙谈了很久,他们互相介绍了近况。曼德拉向西苏鲁介绍了他在德班召开会议的情况以及自己被捕的经过。西苏鲁是在曼德拉被捕的第二天被抓进监狱的。不过,他俩的案件没有直接的联系。不久,西苏鲁被保释出狱。两位老朋友虽不能见面,但却从彼此的声音中得到了宽慰。警察当局无论如何也料想不到,这座关押自由斗士的牢房反而成了他们互通信息的最安全的场所。

曼德拉被捕的消息,迅速传遍了全国。翌日,几乎每家报纸都在头版头条刊登了这个消息,标题十分醒目:"警察长达两年的追捕结束,曼德拉终于被捕"。

8月8日,法庭开庭审理曼德拉案件。当"维沃尔德最想见的人"一身正气地出现在法庭时,在场的法官竟不敢正视他,似乎站在被告席上的不是一名全国通缉的要犯,而是正义的象征、自由与民主信仰的代表。曼德拉的罪名是:煽动南非工人罢工(指1961年5月"呆在家里"的罢工)和在没有有效证件的情况下私自出国。曼德拉冷静地听完政府的起诉书,他暗自庆幸:当局还没有足够的证据证明他与"民族之矛"

有关系。

当曼德拉走出法庭,走向囚车的一刹那,他看见了人群中身着传统民族服装的温妮。这是他们夫妻分别半年多后的首次见面,他们不能拥抱,不能促膝交谈,只能四目相对,但他们从对方的目光中都寻到了一份安慰和鼓励。

目送着曼德拉走进囚车,温妮悲痛万分。但就在囚车启动的一刹那,她突然振作起来,带头喊起了非国大一句十分流行的口号:"权力属于我们!"随之,周围的人群也大声呐喊:"曼德拉!""权力!非洲!"

几天后,温妮获准探视曼德拉。曼德拉注意到妻子特意精心打扮了一番,气色比开庭的那天要好些。看到温妮没有被击垮,他略感到一丝安慰。在短暂的会面中,他们商量了有关家庭事务以及抚养两个孩子的问题。狱中的曼德拉别无他法,只能告诉温妮一些可以帮助她的朋友的名字和一些因法律事务而欠他钱的客户的名字。最后,他鼓励温妮要坚强地活下去,相信他为之奋斗的事业。

临别时,趁着看守闭目养神的片刻,这对夫妇用力地拥抱了一下。这一拥抱似乎倾注了他们全部的思恋,全部的感情,更像是一次诀别。可他们谁也没料到,这次拥抱后,他们竟整整 21 年没能这么做。

曼德拉被捕后,非国大成立了"释放曼德拉委员会",发起一场声势浩大的抗议运动。抗议者遍及全国,各种要求释放曼德拉的标语出现在大街小巷。当局虽施以高压,禁止一切有关释放曼德拉的集会,但抗议者却依然如故。他们决定在首次审讯的当天,在约翰内斯堡法院前举行大规模的游行示威。慑于群众抗议的声势和影响,当局在首次审讯前两天,突然改变审讯地点,和"叛国罪"审判一样,审判地点从约翰内斯堡移至国民党的老巢比勒陀利亚。

1962 年 10 月 15 日对曼德拉的首次公开审讯在比勒陀利亚法院举行。19 个月前,曼德拉和其他 28 名"叛国罪"被告就是在这里被最后宣判无罪的。19 个月后,他又独自站在被告席上,再次接受审判。

一周后,审判再次转移到约翰内斯堡法庭举行。

10 月 25 日,法庭裁决曼德拉犯有"煽动罢工罪和无护照出国罪"。法官在宣布判决时称,毫无疑问,曼德拉是发动 1961 年全国大罢工的"领袖、煽动者、发言人和首脑"。

南非当局对曼德拉的审判,引起了国际社会的广泛关注,各国传媒纷纷报道审判的情况和结果。11 月 6 日,在法庭最后宣判的前一天,联合国大会第一次通过对南非实行制裁的决议,号召成员国与南非断交,停止对南非的贸易和武器供应。当晚,"民族之矛"在伊丽莎白港和德班进行了破坏活动,以庆祝联合国通过制裁南非的决议和抗议南非当局对曼德拉的审判。

11 月 7 日,是法庭最后宣判的日子。那天,当局高度警惕,法庭内外到处可见持枪的警察,法庭里的人群比开庭的那天还要多。温妮也来了,仍穿着那件科萨族裙子。曼德拉的许多亲戚特地从家乡特兰斯凯赶来。

当曼德拉走进法庭时,他举起右拳高呼:"曼德拉!"随后旁听席上响起了"权力属于我们!"的巨大呼应声。法官连敲数下小木槌,人群才安静下来。开庭后,法官首先总结了对曼德拉的指控,然后允许曼德拉作最后的申诉。

曼德拉要求减刑的发言整整持续了一个小时。"这不单是一个司法性申诉,更是一个政治声明。"

他向法庭解释了他的政治成长背景和过程,他要法庭知道他是怎样从一个天真无邪的儿童变成一名民族主义者,从一名律师变成一个"罪犯",而这一切的根源都是罪恶的种族隔离制度。

在谈到非国大发动的群众运动时,曼德拉指出,非国大自成立以来就一直倡导和平变革,极力避免与当局发生冲突,他们曾数次向政府申诉不满,希望通过对话解决矛盾冲突,但每次不是遭到政府的轻视或怠慢,就是遭到政府武装力量的威胁和恐吓。正是政府利用暴力镇压人民的非暴力请愿,才最终导致了暴力,迫使非国大采取较强硬的斗争方式,并把南非一步步推向内战的边缘。

曼德拉告诫政府:"在这个国家已有迹象显示,人民,我的人民,非洲人,正在转向有意识的暴力行动和武装斗争,因为这是政府惟一能听懂的语言。"他呼吁政府做出良知的表现,否则政府与人民之间的冲突"将以暴力对抗而告终"。

面对法庭严厉的宣判,曼德拉毫无惧色,他最后大义凛然地对法官说:

我认为,法律能给我施以惩罚,但却不会因此使我放弃自己所要为之献身的事业。我已做好了入狱的准备。我曾坐过狱,深知即便在高墙之内,种族主义者对非洲人的歧视也丝毫未减。尽管如此,坐牢永远不会改变我的人生之路……

不管你们对我处以什么刑期,请你们相信,一旦刑期届满,我将继续进行斗争。我将继续憎恶种族隔离制度,并尽我所能争取铲除这不公平的社会顽疾,直到永远废除它。

我对我的人民和南非尽了义务。我相信,子孙后代们将会证明我是无辜的。应该被带到审判台上的罪犯不是我,而是维沃尔德政府的官员们!

曼德拉的肺腑之言博得了众人一片掌声。法官要求休庭十分钟,协商最后的判决。其实,判决结果早就定好了,这只是一种形式。十分钟后,法官宣布审判结果:判处曼德拉煽动罢工罪三年,无护照私自出国罪二年,两者合一,一共五年,并且不得假释。

法官话音未落,观众席上就爆发一阵骚动。在法庭喧闹之际,曼德拉转向走廊,举起右拳高呼:"曼德拉!""权力属于人民!"随之,人群中响起了悦耳的歌声《上帝保佑非洲》。曼德拉看到温妮正面带微笑和其他观众们一起歌唱着,此情此景,令曼德拉倍受鼓舞。在跨进囚车前,他竟忘记了自己即将入狱接受五年的囚禁和苦役,忘记了等待他的将是任何一名南非政治犯都不曾经历过的艰难岁月。警车开走了,曼德拉仍能听见街道两旁人群中传来的歌声:"继续斗争,曼德拉!"

60年代初,南非的黑人解放运动达到高潮,斗争的方式已由非暴力的抗议渐渐转为暴力破坏。1962年10月,非国大在贝专纳边境的一个小镇召开了自遭禁以来的首次年会。这是一次具有里程碑意义的大会,它重新确立了非国大斗争的新策略,即在以群众性政治斗争为重点的基础上,由"民族之矛"牵头开展军事行动。这一决策一方面是为平息近两年来一些"独立"组织发起的恐怖活动,另一方面也是为了使广大民众特别是白人了解,非国大的军事行动是有节制的、负责任的,决不是给无辜的生命造成威胁。这样,非国大再一次在群众运动的大潮中充当起舵手的角色。

非国大的新决策使曼德拉感到振奋,他一手创建的"民族之矛"终于被非国大接纳,并将在今后更严峻的政治斗争中发挥越来越重要的作用。

在非国大改变斗争策略的同时,国民党政府也在改变其种族主义统治手段。60年代初以来,当局推出了一系列法令,加紧掩盖其种族主义行径。为了向世界展示种族主义是允许有个人"自由"的,1962年1月维沃尔德总理宣布实行"分别发展计划",政府有意给特兰斯凯授予"自由权",这就是所谓的班图体制。1963年特兰斯凯成为第一个"独立"的黑人家园。11月,政府在该地区进行立法议会选举,成立了班图地方当局。如前面所述,班图体制是一种更加隐蔽的种族隔离手法。政府欲通过班图体制,给地方黑人当局表面上的自治和独立,从而进一步控制黑人、分裂黑人,最终达到他们种族隔离的意图。

对于国民党政府的阴险手段,非国大和"民族之矛"还之以更加强烈的暴力破坏活动。从1961年底到1963年中,"民族之矛"在东开普地区发动了近200次武装袭击和破坏活动。与非国大同时被遭禁的泛非大,其军事组织"波戈"则在西开普地区和特兰斯凯地区谋杀了许多白人,并与警察发生武装冲突。

这两个黑人军事组织其宗旨和目标均存在较大分歧。非国大的"民族之矛"以唤起白人良知、迫使当局谈判为宗旨,主要袭击政府办公机构和军事、经济目标,避免伤及"软目标";泛非大的"波戈"以推翻白人统治为宗旨,主要袭击警察所,杀伤警察、密探和为白人当局干事的黑人傀儡。

不管怎样,在这两个主要黑人军事组织的推动下,60年代初南非国内出现了连续不断的、小规模的武装袭击和破坏活动。这一系列的武装行动引起了白人社会的极大恐慌。国民党政府开始大肆强化镇压机器,发展军火工业。司法部长约翰·沃斯特提出以"铁拳头"对付搞"颠覆活动的人"。1963年5月1日,当局颁布了《立法修正案》,它也被称为《九十天拘捕法案》。该法案第一次规定对政治反对派可以实行90天不进行审判的关押,它给予警察一项特权,他们可以在无逮捕证的情况下,以怀疑搞政治犯罪的名义拘捕任何人,不必有任何证据。被捕者无需经过审判即可被囚禁,并根据情况可以无限延长拘留期。沃斯特称此法旨在"摧毁'民族之矛'这一最棘手的组织"。

《九十天拘捕法案》为南非当局实施警察管制提供了法律保障。"迄今为此,世界上还没有哪个独裁者会像南非白人当局这样,赋予警察如此大的特权。其结果是,南非完全成为一个警察国家!"

曼德拉这一政治要犯自然不会逃过这一险关。1963年5月底他被送往一个叫"死亡岛"的地方,南非的政治犯们都知道它。那是大西洋上的一个狭小、多风的右灰岩孤岛,面积只有八平方公里,距开普敦约18海里,它的真名叫"罗本岛",在荷兰语中意为"海豹",传说成百只的海豹曾在小岛四周的海面上出没。最早,罗本岛是个荒岛。后来,它被英国人划为流放地、精神病院,一度还曾被用作海军基地。国民党执政后,渐渐把它改造成一所监狱。据说,上了罗本岛的犯人"来者必死",故该岛又被称为"死亡岛"。

在几经努力后,1963年6月底,温妮终于被当局批准上岛探监。

这次会面三个月后,温妮又见到了曼德拉。不过,这次不是在罗本岛,而是在比勒陀利亚法院大厅。

曼德拉又是在毫无思想准备的情况下,被突然单独押回了比勒陀利亚地方监狱。在罗本岛的一个晚上,他的三位狱友突然被带走,空荡荡的牢房里只剩下他一个人,这令他焦躁不安,不知当局又在要什么花招。那天晚上,看守没有给他送晚饭。曼德拉在饥饿、孤寂中熬过了罗本岛的最后一夜。第二天早上,他被送回比勒陀利亚监狱,单独囚禁。狱方向新闻界发表声明,声称出于安全原因,曼德拉已被转移出了罗本岛,因为同样被囚禁在岛上的泛非大成员想殴打他。当然,这是当局编造的借口。

虽被单独囚禁,曼德拉还是想方设法从消息灵通的囚犯那里得知了一些外面的情况。《九十天拘捕法案》通过后,国民党政府开始大肆拘捕非国大和泛非大的成员。一批在国外接受完军事训练悄悄返回国的"民族之矛"成员先后被逮捕;泛非大主席索布克韦在三年刑期届满之后,又被押送到罗本岛继续关押;非国大妇女运动积极分子、西苏鲁之妻阿尔贝蒂娜被无故逮捕;温妮因违反禁令被关押……警察滥用酷刑拷打被拘捕的犯人,最先死于警察酷刑的政治犯是非国大的开普敦分部成员恩古德尔。曼德拉在比勒陀利亚监狱里,也见到过几位"民族之矛"的成员,他预感到"出了重大问题"。

1963 年 7 月中旬的一天,放风时曼德拉在狱中的小道散步,看见百合花农庄的工头马西法恩。回到牢房后,曼德拉觉得此事有点蹊跷,他预感到当局已发现利沃尼亚的非国大据点了。

果不出所料,两天后,曼德拉在监狱办公室里见到了非国大的许多成员,其中包括西苏鲁、戈万·姆贝基、艾哈迈德·卡特拉达、安德鲁·姆兰格尼、鲍勃·赫佩尔和"民族之矛"成员伊莱亚斯·莫斯索莱比以及刚从国外回来的"民族之矛"最高指挥部成员雷蒙德·姆汉拉巴等人,还有民主人士大会成员丹尼斯·戈德伯格、詹姆斯·坎特和拉斯蒂·伯恩斯坦等,他们均被指控从事破坏活动。

原来,7 月 11 日下午,警察突然包围了非国大在利沃尼亚的地下据点——百合花农庄,当场查抄了一大批文件,其中包括一份旨在武装推翻白人政权的"解放计划"和曼德拉出国访问的日记。当天,西苏鲁和姆贝基等六位在场的非国大主要领导人被捕。此后,一大批民族解放战士也陆续被捕。这一次,国民党政府确信,他们找到了整治非国大的"有力证据",并决心把非国大的领导人一个个送上断头台。

曼德拉五年的刑期刚刚过去九个月,就又重新被提审。和其他非国大领导人一样,其罪名是"阴谋以暴力推翻政府罪"。

至此,刚刚兴起的黑人武装斗争遭到致命的打击,南非的民族解放运动再次跌入低潮。

新闻界所称的"南非历史上最重要的一次审判",于 1963 年 10 月 9 日在比勒陀利亚最高法院的正义殿举行。此案被政府称为"国家指控纳尔逊·曼德拉及其同谋",通常人们称之为"利沃尼亚审判"。

当天,正义殿外挤满了非国大支持者和手持枪支与催泪弹的警察。法庭内座无虚席,非欧洲人席上坐满了被告的亲友和支持者,其他旁听席上坐满了国内外记者以及外国政府的代表,连走廊上也挤满了人群。警察把到场者的名字和地址一一记下,并在离开时拍下他们的照片。

当曼德拉等 11 名被告在武装警察的押解下走进法庭时,旁听席上传来支持者们的呼喊声:"曼德拉万岁!""解放非洲!"曼德拉等人转向人群,挥动着紧握的拳头,行了非国大的敬礼。一群警察迅速形成两道人墙,把被告与听众分隔开来。

人们发现,曼德拉瘦多了,脸色憔悴,那身卡其布的囚服像个大袍子似地在他身上晃荡,但他的精神依旧,那爽朗的笑声一如从前。

主持这次审判的是来自德兰士瓦的首席法官夸图斯·德·韦特,这位身穿红色法衣、头戴白色假发套的大法官是国民党执政前由联合党任命的最后一位法官,人们普遍认为他不会做国民党的走狗。

　　起诉人是德兰士瓦地区的副检察长佩西·尤塔博士,此人野心勃勃,欲借此案立功升官,登上南非总检察长之座。

　　开庭后,尤塔首先宣读政府的起诉书,他认为 11 名案犯应立即被起诉,并一起受审。起诉书指控 11 名案犯制造了大约 200 起阴谋破坏活动,旨在进行暴力革命和用武力推翻现政府,因此,被告犯有"阴谋破坏罪"和"颠覆罪"。

　　尤塔宣读完起诉书后,辩护律师布拉姆·菲希尔请求法庭还押处理,理由是被告们被无故禁闭多日,到今天才第一次接到起诉书,他们根本没有充足的时间准备和整理辩词,而政府却已准备了整整三个月。

　　法官同意菲希尔律师的观点,准予被告三周的时间准备辩词,然后法庭再重新开庭。

　　10 月 29 日,曼德拉等 11 名被告再次出现在法庭上时,其精神面貌与第一次相比,更加自信、更加有活力。为了准备辩词,他们被特许白天在一起讨论,这使他们感受到集体的力量,互相激发了斗志。

　　这一次,辩护团对政府的控诉进行了强有力的反击。菲希尔律师批评政府的起诉十分牵强附会,他指出起诉书中的众多荒诞之处,其中最突出的例子就是指控曼德拉于 1962 年 6 月至 1963 年 7 月期间参与多项破坏活动,事实上,曼德拉自 1963 年 5 月起就一直被关押在比勒陀利亚监狱和罗本岛监狱。

　　结果,德·韦特法官宣布政府的起诉书无效,被告重新获得自由。台下立即爆发出一阵欢呼声,11 名被告相互拥抱以示庆祝。

　　从法律意义上讲,11 名被告又成为自由人。但法庭一片混乱,恼羞成怒的警察未等德·韦特法官走出法庭大门,就又根据《九十天拘捕法案》立即将 11 名被告重新逮捕,押回牢房。

　　尽管如此,此事对政府的打击仍然很大,他们没料到案件刚刚开审便遭败诉。他们必须绞尽脑汁重新起草一份新的起诉书。

　　12 月 3 日,法庭第三次开庭,政府的新起诉书指控曼德拉等 11 名被告:招募和训练士兵,进行阴谋破坏及制造炸药从事游击战;从国外订购"足以把整个约翰内斯堡炸平"的武器,并阴谋协助外国武装力量侵略南非共和国;请求并接受国外同情者的资助,以推进共产主义的目标。新起诉书最后指出,被告所做的一切是为了开展暴力革命,制造混乱,然后在骚乱和无秩序状态下,筹建临时革命政府,以便随时接管现政权,达到控制国家的最终目的。

　　政府的起诉直到 1964 年 2 月 29 日才告结束。在近三个月的起诉时间里,政府先后传唤了 193 位证人,提交了大量的文件和照片。在所有证据中,最重要的是警方于 1963 年 7 月 11 日在利沃尼亚的百合花农庄查获的"解放计划"。这份长达六页的"民族之矛"行动计划勾画了进行游击战的简要蓝图,讲述了掀起大规模武装起义的计划,展望了在少数几个地区部署小规模游击队并袭击预定目标的可能性。文件还筹划组建一支 7000 人的"民族之矛"军队,以接应在国外受过训练的 120 名游击队员。以此为据,尤塔认为,"解放计划"已由非国大全国执行委员会批准,成为"民族之矛"的行动计划。

　　从法庭上出示的证据看,暴力斗争问题已不可能否定了。但辩护团在仔细研究政府的指控后,发现 11 名被告被指控的罪证并不平均,其中詹姆斯·坎特没有罪证,而艾哈迈德·卡特拉达等 3 人的罪证很轻微。辩护团与被告商讨后决定,由包括曼德拉在内的其余 7 名被告承担罪名。

为了使曼德拉等被告免于死刑,辩护团商讨后决定,在法庭辩论时宣布,被告将承认政府的部分证词,但将否认大部分罪证:(1)不承认"民族之矛"是非国大的武装力量;(2)否认非国大是听命于共产党的;(3)否认伯恩斯坦、戈德伯格、卡特拉达以及姆汉拉巴等是"民族之矛"成员;(4)申明"民族之矛"既没有采纳"解放计划",也没有从事游击战,只是曾经有过游击战的准备工作。

作为第一被告,曼德拉决定在最后的法庭辩论时,打破传统的一问一答的辩论形式,不去作证,也不接受盘问,而将在法庭上宣读一份声明,为整个辩护定下基调。不过,这样做风险很大。由于证人在法庭上的声明不接受法庭的提问,故而,也就将失去其作为正常证词的法律效用。若法官对曼德拉在声明中所申诉的关于被告无辜受审的理由闭口不提,那么,被告将处于不利地位。辩护律师将这种利害关系向曼德拉一一摆明,但身为律师的曼德拉明知这样做的后果,还是执意在开始辩护前发表声明。他认为,在这样一桩全世界注目的政治案件审判的最后时刻,表明他们的政治态度和理想是很关键的。比起与尤塔正面交锋,曼德拉认为,利用白人法庭这一讲台表明黑人民族主义者的不满显得更为重要。

曼德拉花了整整半个月的时间,秘密准备这篇政治声明,他一般都是夜深人静时在牢房里准备的。

1964 年 4 月 20 日,最后辩论的日子终于到来了。

法庭内外警戒森严。像第一次开庭一样,又是一大群激动的人群,法庭内又列席了许多外国使节和国内外新闻记者。今天,曼德拉将宣读他的那篇政治声明。

法官宣布开庭后,辩护律师布拉姆站起来宣布,被告已承认了被指控的部分证词。顿时,法庭一阵骚动。起诉人尤塔一脸得意之色,在座的非国大支持者和记者们却倍感惊诧。

接着,布拉姆话锋一转说,辩护方将否认政府提出的大部分罪证,但在这之前,辩护方将首先由第一被告在法庭上宣读一份声明。听到这里,尤塔脸上的喜色一下子变成了怒气,他从座位上跳起来,大声喊道:"法官大人,法官大人! 在法庭上发表声明,正如发誓一样是不受法律认可的。"他十分懊恼,因为他已为盘问曼德拉而费尽了心机,决心在这次法庭辩论时把曼德拉驳倒。可他的计划却落空了。

德·韦特法官示意他注意法庭秩序,尤塔讨了个没趣,只好懊丧地坐下来,听曼德拉长达四小时的发言。

曼德拉从容地站起来,面对法庭,镇定自若地朗读他那篇历史性的政治声明——《我准备献出我的生命》。

他首先承认自己是"民族之矛"的创建者之一,并在 1962 年 8 月前在该组织中扮演重要的角色。接着,他阐述了自己所作所为的根源在于自己的切身遭遇和自己对非洲人历史的自豪感,决不是政府所称的"是在外国或共产党的操纵之下进行的。"

然后,曼德拉毫不掩饰地谈起他的政治声明中的第一个重点话题:暴力问题。

他认为,法庭的一些指控是真实的,但大部分是虚假的。"我承认曾计划搞破坏活动,但我这样做并不是盲目的,更不是因为我热衷于暴力,而是历经了独裁、剥削的苦难并目睹了白人对我的同胞们的残酷压榨后,才作出的选择。"

曼德拉强调指出,非国大仍旧是一个非暴力的群众性政治组织,"民族之矛"则是在非国大的政治领导下有其独立的组织和计划;而且"民族之矛"开展的破坏活动一直是有节制的、政治性的,它从一开始就向其成员强调执行任务时绝不能使人致伤或致死。"经验告诉我们,一旦反抗,政府将会有充足的理由去屠杀我们的人民。但是,准确地说,目前南非的大地上已经浸透了无辜的非洲人的鲜血,因此,我们感到有责任进行准备,以开展长期的武装斗争,在政府的武力镇压面前保护我们自己。如果战争是不可避免的,我们希望战争在对我们的人民最有利的条件下进行。对我们的前景最有利的战争是游击战争,它对双方人员的伤亡危险都最小。因此,我们决定,在我们为未来所作的准备当中,要为可能发生的游击战争作好准备。"

在充分阐述完"民族之矛"何以采取暴力反抗的问题之后,曼德拉把话题转向第二个重点问题——非国大与共产党的关系。

政府在控词中称,非国大与共产党的目标是一致的或相似的,曼德拉认为这种指控"毫无根据"。

他指出,虽然非国大与共产党有过密切的合作,但合作并不能证明它们有共同的目标。"和共产党组织不同,非国大只吸收非洲人作为其成员,它的奋斗总目标过去是、现在仍是为非洲人争取团结和充分的政治权利。共产党的目标则不然,它的目标是消灭资本主义,代之以一个工人阶级的政府。共产党强调阶级区别,而非国大则寻求各阶级之间的和睦相处。"

曼德拉不无讽刺地说:"人类历史有时会充满惊人的相似之处。"言下之意,南非国民党政府正如法西斯希特勒。"由于白人对共产主义的偏见根深蒂固,对他们来说,似乎很难理解为什么资深的非洲政治家们都乐意把共产党人作为他们的朋友。但对我们来说,原因显而易见,在当前反压迫的斗争中,我们还无暇顾及理论方面的种种区别。不仅如此,几十年来,共产党人是南非惟一把非洲人当正常人平等看待的政治组织。他们与我们生活在一起,互相交流,共同进步。正因为如此,直到今天,许多非洲人倾向于把共产主义与自由平等等同起来。"

谈到自己的政治信仰,曼德拉反驳了当局把他当作共产主义者的指控。他说:"我不是共产主义者,而是一名非洲爱国主义者。"他承认无产阶级的社会观对自己很有吸引力,也承认深受马克思主义思想的影响,"这种吸引部分来自阅读马列主义著作,部分来自于我对这个国家早期非洲人社会的组织结构的钦佩"。

最后,他大胆揭露南非的黑人与白人不平等的罪恶根源。他说:"非洲人之所以缺少做人的尊严,根源在于白人至上的统治政策……南非的法律是用来保证白人至上制度的统治工具……我们需要政治平等,而这对于白人来说,则意味着革命,因为绝大多数的投票人将会是非洲人。这使白人对民主产生了恐惧感。""然而,这正是非国大所要争取的。我们的斗争是真正的为民族而斗争,是南非人民的斗争,是对我们的境遇及痛苦生活的抗争,这是一场争取生存权的斗争。"

宣读完了发言稿,曼德拉转向法官席,双眼盯着德·韦特法官,平静地说了以下这段肺腑之言:

在我的一生中,我已经把自己献给了非洲人民争取生存权利的斗争。我反抗白人统治,也反对黑人专制。我崇尚民主、自由社会的理想。在那样的社会里,人人和睦相处,个个机会平等。我希望能生活在这一理想社会中,我希望能实现这一理想。但是,如果需要,我将为此而献出生命。

曼德拉说完便坐了下来。法庭上鸦雀无声,一片静寂。这种静寂持续了30秒钟后,旁听席上传来深深的叹息声和妇女低低的哭泣声。德·韦特法官一直不敢正视曼德拉,直到法庭恢复常态后,他才正视了曼德拉一眼。随后,他立即传讯第二被告西苏鲁。他不愿把曼德拉的发言当作那天的惟一证词,故用传讯其他被告的方法来削弱曼德拉发言的影响力。

尽管如此,曼德拉长达四小时的政治声明,其影响力还是无法掩盖。当时南非当局禁止公开发表或刊登曼德拉的言辞,但《兰德每日邮报》还是一字不差地刊登了曼德拉的这篇发言稿。国外媒体也纷纷报道他的发言梗概。

当局本来是要判处曼德拉等被告死刑的,但国内外舆论的压力使南非当局透不过气来。世界码头工人联合会以不再搬运南非货物表示抗议;前苏联总书记列昂尼德·勃列日涅夫写信给南非总理维沃尔德,请求对被告宽大处理;联合国安理会于 6 月 9 日投票通过决议,敦促南非国民党政府停止审判,赦免曼德拉等被告,并对所有反对种族隔离的政治犯实行大赦。

国内外新闻界对这次审判发表了独特的看法:南非保守的《周日电讯》认为:"南非悲剧的实质在于,像曼德拉这样的人发现他们处在法律的对立面";美国《纽约时报》的评论说:"世界上大多数人认为,这些被告是英雄和自由战士,是南非的乔治·华盛顿、本杰明·富兰克林";英国《泰晤士报》则大声预言:"历史将裁决,最终的罪人是当权的政府!"

与此同时,南非国内黑人的反抗情绪也达到了高峰。武装暴乱时有发生,非法传单和支持被告的标语到处可见,例如"我们支持我们的领导人!""种族主义滚开!""不要眼泪——我们的前途是光明的!"等等。

慑于国内黑人斗争和国际舆论的压力,南非当局未敢加害曼德拉等非国大领袖。

1964 年 6 月 12 日是法庭最后判决的日子。最后结果是案子中所有的被告都将被判处终生监禁!

曼德拉被判处终生监禁时,只有 46 岁。对任何一位政治家来说,这无疑是生命中黄金时代的开始,而曼德拉却身陷囹圄,在素有"死亡岛"之称的罗本岛上熬过了漫漫 18 载。

……

1982 年 3 月底,监狱长突然带着一大帮狱警来牢房"看望"曼德拉、西苏鲁、姆汉拉巴和姆兰格尼四名政治犯。这是异乎寻常的,因为监狱长轻易是不到牢房看囚犯的。走进牢房,监狱长笑着对曼德拉说:"赶快收拾一下你的行李!我们要把你转移到别处。"曼德拉问去哪里,得到的回答是无可奉告!

他们四人在半小时内整理好了各自的行李物品。虽然他们在罗本岛已生活了整整 18 个年头,但所有的物品只不过刚刚装满两只纸箱。没来得及与共同生活多年的狱友道别,他们就被匆匆押上一艘戒备森严的囚艇。

回头凝望渐渐模糊的罗本岛和岛上那几盏依稀闪亮的灯光,再看看船前方茫茫无际的海水,曼德拉感到不安起来。对那个生活了 18 年、早已习惯的罗本岛,曼德拉竟在离别时刻涌起留恋之情。虽然那不是"家",而且在那里的日子相当艰苦,但这样毫无思想准备地突然离开,还真有点难舍难分呢!曼德拉猜不透当局的这次"转移"究竟是什么用意,等待他的又将是一种什么样的生活?

星幕低垂在烟波浩渺的大西洋上,囚艇在蓝缎子般的海水上轻轻滑行。

再回首,罗本岛已经踪影全无,曼德拉的心中涌起莫名的惆怅和伤感。可当他抬头前眺时,他的心狂跳起来,周身的血液先是凝固到冰点继而又沸腾奔涌。

"那是什么？是它吗？"曼德拉拼命睁大那双因碎石迸溅和阳光刺灼而浑浊的眼睛。他用力揉揉眼睛再看，没错，不是幻觉。前方那片黑黝黝隆起在地平线上的陆地，正是他梦萦魂牵18载的非洲大陆！囚艇欢快地向非洲大陆的怀抱奔去，而曼德拉的心却又渐渐凝重起来："人们还能记起我这个消失了18年的人吗？我的黑人同胞们还在为自己的权利抗争吗？"

被长年封闭在铁栅高墙、昏灯如豆的罗本岛上的曼德拉哪里知道，他现在已经是全世界反种族主义运动的化身！有道是："洞中方数日，世上已千年。"更何况曼德拉在"洞中"已经蛰居了18年，世界的变化已超出了他的想象之所及，他甚至不知道自己的这次"转移"就是在国内外"释放曼德拉运动"的压力下进行的。

到70年代中期，南非被西方记者描写为"一个装满仇恨和痛楚、即将沸腾的茶壶"。1976年6月16日的索韦托学生暴动成为这只茶壶的沸点。

像1960年的沙佩维尔惨案一样，1976年的索韦托学生暴动标志着南非历史上的又一个转折点。与沙佩维尔惨案不同的是，这次南非国内的黑人群众运动并没有被镇压下去，相反，黑人领袖们，尤其是青年领袖，比以往任何时期都斗争得更加激烈、更加坚决。黑人斗争的强大压力终于迫使南非当局取消在非洲人中小学校中用阿非利卡语授课的决定。这不单单是学生们的胜利，更是70年代黑人运动显示出巨大的力量而迫使南非当局作出让步的开端。

在索韦托学生暴动后，南非涌现出许多新的地下游击组织。同时，非国大和泛非大等遭禁的黑人组织利用莫桑比克和安哥拉独立后有利的国环环境，加强了国内武装斗争和恢复重建工作。

在对种族隔离政策人人喊打的国内外大环境下，南非政府犹如过街之鼠，焦头烂额。特别是国内外要求释放曼德拉的呼声此起彼伏，南非政府在四面楚歌中迎来了80年代。

1980年3月，南非的《约翰内斯堡星期日邮报》首次发起要求释放曼德拉的签名运动，该报以醒目的标领《释放曼德拉！》为口号，要求释放曼德拉和他的难友。三个月内，约有55000人签名要求释放曼德拉。

1981年，南非驻法国大使收到了一份由17000人签名的请愿书，敦促南非政府释放曼德拉及其他政治犯；1982年初，欧洲各大城市的市长们收到了相同的请愿书；同年8月，世界上53个国家的2000名市长签名支持"释放曼德拉"运动；还是在1982年，非洲统一组织公开呼吁释放曼德拉……

正是在这种国际国内大环境下，南非当局于1982年3月底将曼德拉和西苏鲁等四名政治犯转移出遥远、闭塞而冷酷的罗本岛，送往开普敦附近的波尔斯摩尔监狱，并让这四人共住一个宽敞明亮的大房间。

尽管曼德拉在狱中的生活条件有了很大的改善，但曼德拉失去自由这一事实却丝毫未变。因此，要求"释放曼德拉"的运动依然进行得如火如荼。

在短短五年内，"释放曼德拉"运动取得了令人叹服的广泛支持。许多国家把其街道或公园命名为"曼德拉"；许多学校的学生自发组织起"曼德拉日"活动；英国一个摇滚乐队录制了一盒名为《释放曼德拉》的盒带，在世界各地的广播电台中播放，使曼德拉成为青年一代心目中的"明星英雄"；在非洲和美洲，众多黑人青少年穿着印有曼德拉头像或"释放曼德拉"的口号的T恤衫；许多国家的著名大学授予曼德拉名誉博士的头衔……

"释放曼德拉"的呼声回荡在全世界。

进入 80 年代,随着南非国内黑人运动的不断高涨、国际上要求"释放曼德拉"的呼声的日益强烈,南非政府不得不在曼德拉的问题上作出一些新姿态,居住条件和探视情况大大改善。

在国内外舆论的压力下,南非总统博塔提出了一项温和的折衷方案。1985 年 1 月 31 日,在一次议会辩论中,博塔总统宣布:"政府愿意考虑释放曼德拉,条件是曼德拉无条件地放弃暴力,不再把它作为一种政治手段……因此,现在妨碍曼德拉获得自由的并非南非政府,而是曼德拉自己。"

这是十年内白人政府提出的第六个有条件释放曼德拉的建议,不过,这次是由国家总统亲自提出的。这是巨变前的信号。

曼德拉拒绝了博塔政府的释放条件,但他敏锐地感觉到政府的态度发生了微妙的变化。于是,在写给外交部长皮克·鲍塔的信中,曼德拉提出了要求政府做到的五项条件:(1)放弃暴力;(2)允诺废除种族隔离;(3)取消对非国大的禁令;(4)释放所有政治犯;(5)保证人民有政治活动的自由。曼德拉向白人当局发出了这样一个信息:尽管他拒绝了总统的条件,但他认为解决问题的途径是谈判而不是战争。获得 1984 年度诺贝尔和平奖的南非大主教图图也警告南非当局,他们只有与非国大领导人谈判,否则这块土地上将永无和平可言。与此同时,曼德拉还拟就了一份书面发言,在温妮和梅塞尔斯律师来探视时,他把这份讲稿交给了他们。1985 年 2 月 10 日,在索韦托的一次万人集会上,曼德拉的小女儿津姬向欢呼的人群宣读了曼德拉的这份声明。

曼德拉严正宣告:"我绝不离开南非,也绝不投降。我没有罪,释放必须是无条件的!"这就是曼德拉对自己获释问题的明确态度。

曼德拉的凛然浩气和崇高精神不仅令南非人感动,同样令世界动容。1985 年,伦敦委员会特别为这位黑人英雄塑造了一尊铜像,铭文是曼德拉的名言:"斗争是我的生命。"曼德拉的女儿泽妮和非国大主席坦博出席了曼德拉铜像揭幕典礼,坦博激动地对人们说:"我相信在不久的将来,曼德拉一定能亲眼看到自己的塑像。"

曾长期反对对南非实施制裁的美国里根政府也在 1985 年顺应潮流,开始对南非实施经济制裁。1986 年,美国政府对南非的制裁更加严厉。在这一年的 10 月,美国国会通过《全面反对种族隔离法》后,美国在非洲的大公司——通用汽车公司、国际商用机器公司、柯达影像公司、可口可乐公司和埃克森石油公司等,相继宣布退出南非。西方其他国家的企业和银行纷纷效仿,使南非陷入严重的经济危机之中。国际社会对南非采取的全面而严厉的经济制裁,对南非当局造成了巨大的压力,使南非陷入前所未有的内外交困之中,成了被国际大家庭抛弃的"孤儿"。

当 1988 年临近尾声之际,曼德拉虽然仍生活在囹圄之中,但此时的博塔政府已不再那么强硬,开始显示出软化的迹象。

1988 年 12 月 9 日,曼德拉病愈出院后被送往维克多·沃斯特监狱。在那里,他单独住在一幢配备有电视机、游泳池及私人厨师的环境清幽的大房子里,窗户上不再有铁栅,耳边也听不到"哗啦哗啦"的钥匙声。门都不上锁,自然不必开锁。这幢房子给人一种自由的幻觉。南非司法部长科比·库切告诉曼德拉,这里将是他获得自由前最后的"家"。

的确,曼德拉在这幢房子里过着介乎监禁与自由之间的特殊生活,他可以整天与全家人团聚而不被打扰。但是,在这个令人心旷神怡的世外桃源里,曼德拉始终没有忘记:"这里只是一座华丽的牢房"。

曼德拉离开罗本岛后,温妮探视就容易多了,不必再像以前那样要长途跋涉几天才能见上一小会儿,而且探视次数也由过去的半年一次改为一个月两次。探视室里的那扇装着厚玻璃的小窗也换成了一块大玻璃,可以看到对方的整个上半身,而不仅仅是一张脸。探视时,身后的狱警也不再粗暴地吼叫:"时间到啦!"而是口气温和地提醒道:"曼德拉夫人,你们还可以谈五分钟。"

然而,不管情况如何改善,这对夫妇在 1984 年前始终只能"隔离探视",那层厚厚的玻璃竟使他俩分隔了整整 22 个年头。正如温妮所说:"我和他婚后生活的特点就是总也没有他,而我又是他的影子。"

直到 1984 年 5 月 12 日,曼德拉夫妇才获准在狱中可以"接触探视"。

22 年来曼德拉第一次拥抱自己的妻子,他恍若身处梦境。眼前的温妮确实老了,但却更加成熟和坚强了。严酷的斗争生活,使温妮从一个幼稚的女孩子成长为刚强的民族解放斗士。此时的温妮早已走出曼德拉的影子,成为享誉南非乃至世界的女英雄。

自从曼德拉被判处终生监禁的那一刻起,温妮就决定永远投身黑人解放事业。她把自己视为丈夫的替身和接班人。虽然失去曼德拉的日子里温妮非常痛苦,但同时又使她身上潜在的独立、坚强、自负的个性充分发挥出来,在南非政治舞台上锋芒逼人。

翻开南非警方的纪录,可以清楚地看到当时温妮的处境是何等的艰难和险恶:

——1962 年因违反《镇压共产主义法》收到第一个禁令,为期 2 年,被限只能在约翰内斯堡地区活动;

——1963 年因参加集会而被捕;

——1965 年收到第二个更苛刻的禁令,为期 5 年,行动范围被限制在奥兰多黑人城镇内。结果,温妮丢掉了儿童福利院的工作,丧失了稳定的收入来源;

——1966 年附加禁令又强加在温妮头上,她被禁止出版、印刷、翻译任何文件、书籍、小册子、录音、海报、照片等等。同年,她被指控违反探视罗本岛的规定——在未经当局允许的情况下,未乘火车而是乘飞机前往罗本岛;

——1967 年 7 月被指控违反禁令,在到达开普敦时未能及时向安全署提供姓名和住址,被处以 12 个月的监禁;

——1969 年 5 月当局根据《反恐怖主义法》,在未加任何指控的情况下强行拘留了温妮。6 个月后,她又被当局依照《镇压共产主义法》起诉,指控她企图重建非国大;

——1970 年 10 月,在刚刚获得两周的自由后,温妮再次接到为期 5 年的禁令,并附加有晚上和周末软禁在家的规定,禁止她接见任何来访者。不久,温妮因私自接待来访者——她的五位亲戚而被指控违反了禁令,被关押 6 个月;

——1971 年被指控违反禁令,在家里与同样受当局禁令限制的黑人活动家彼特·玛古班接触,判处 12 个月监禁;

——1973 年再次因违反禁令——与她的孩子在彼特·玛古班的安排下共进午餐,而又被判处 12 个月的监禁;

——1974 年在奥兰多自由邦的克隆斯塔德监狱服刑半年,原因是违反禁令,接待了除孩子和医生以外的来访者;

——1976年索韦托暴乱后,根据《公共安全法》,被关押在约翰内斯堡的福特监狱4个月;

　　——1977年5月被流放到有"小西伯利亚"之称的布兰德堡小镇,同时禁令延长5年;

　　——1977—1979年期间因违反禁令而多次被关押;

　　——1982年禁令再次延长5年;

　　从1962年1月温妮收到第一个禁令开始,到1986年3月法院宣布对她的禁令无效为止,整整24年间,温妮完全"自由"的时间仅11个月!

　　1985年美国政府授予温妮"肯尼迪人权奖";美国《新闻周刊》杂志评选她为1985年世界十大新闻人物之一;设在伦敦的第三世界社会经济研究基金会授予温妮和曼德拉"第三世界奖",颁奖声明中称"温妮是南非反对种族隔离运动的象征"。

　　在国内外强大压力下,南非当局被迫在1986年解除了对温妮的全部禁令。1987年,因其"为南非沉默的苦难所发出的热烈而无畏的声音,以及在面对个人牺牲时所表现的勇气",温妮获得美国《妇女》杂志颁发的首届"国际西蒙·波瓦奖",该杂志称温妮"用行动证明了女人的伟大之处"。

　　曼德拉对妻子的"伟大之处"体会尤深,在1976年4月写给温妮的一封信中,他写道:"如果没有你的探望、你那些热情洋溢的来信和你忠贞不渝的爱,十年前我就倒下了……你美丽的照片一直放在我的案前。每天早晨我都仔细地拂去上面的灰尘,这样做时总能给我一种愉悦的感觉,就像过去我爱抚你一般。我甚至用鼻子去碰你的鼻子,以感受往日那激动的由流在我血脉中的奔腾。"

　　对亲人的温存和对敌人的无情,如火与冰一样,在温妮的性格中矛盾地并存一处。女儿津姬说:"其实,妈妈是非常温和的。只有当她陷入与警方的纠缠时,她的脾气才会很糟。"警方的骚扰与纠缠几乎是从不间断的,长年非正常的生活和残酷无情的血腥斗争,使温妮一直处于高度紧张和亢奋之中,精神和肉体都承受着常人难以想象的负荷。温妮早已不是当年那个来自比扎那的温柔可爱的小姑娘了,她的性格发生了巨大的变化,为她日后某些暴戾乖张的行为埋下了不幸的种子。

　　80年代的南非境内堪称"狼烟滚滚"。

　　1985年,以黑人城镇为中心的群众斗争风暴掀起更大的高潮。

　　在南非政府被国内动荡政局扰得心神不宁之际,国际社会对南非实行的强制性制裁更是雪上加霜。1985—1988年,南非的外逃资本共计200亿兰特(约合91亿美元)。到1988年底,南非国内外汇储备仅为19亿美元,只够维持六周的进口开销。经济制裁使南非的对外贸易受到限制,争取外资和技术遇到困难。南非经济在80年代长期低增长,有些年份甚至出现负增长。黑人失业状况越来越严重,白人中的失业人数也在上升。同时,维护种族隔离制度的庞大开支和对外侵略的沉重负担,使南非政府本已捉襟见肘的财政更加窘迫,并由此导致白人内部分化的严重的政治危机。

　　面壁20载的曼德拉却以其卓越的战略眼光,从浑沌中看到了南非前途的一丝曙光!

　　1985年1月,在国内外的强大压力下,南非总统博塔提出有条件地释放曼德拉,即曼德拉同意无条件放弃武装斗争,他就可以获得自由。狱中的曼德拉当然渴望啜饮自由的甘霖,但他还是断然拒绝了博塔的条件。经过多年的冷眼旁观,曼德拉看出:80年代的南非是黑人解放运动向白人种族主义政权展开全面进攻的时代,力量对比将转向有利于黑人的方向,反抗与镇压将达到白热化,南非社会将在国内外双重高压之下发生不可阻挡的深刻变化,种族隔离制度将走向其终点。博塔总统亲自公开提出释放自己的这件事,足以说明种族主义势力已经日薄西山了。曼德拉回绝了总统的条件,但却敏锐地捕捉到了总统传递过来的微妙的信号:事情是可以摆出条件来谈的。

机会就在眼前,而且稍纵即逝。"谈判还是继续对抗?"这个两难选择题困扰着曼德拉。对抗,意味着更多的混乱、更多的鲜血、更大的破坏、更深的仇恨和隔阂。谈判?谈何容易!

面对一生中最大的政治冒险,曼德拉不能不小心翼翼,他开始仔细研究和观察博塔。

1985年,曼德拉因前列腺肥大被送往开普敦的沃尔科斯医院动手术。住院期间,南非司法部长科比·库切出人意料地出现在曼德拉的病房里。就像是来看望一位卧病的老朋友,库切的态度真诚而谦和,曼德拉从中嗅到了强烈的谈判气味。司法部长亲自看望一位在押的犯人,这显然是白人当局向曼德拉伸出的一束求和的橄榄枝。

1985年底,曼德拉在迁入新牢房不久,致信司法部长库切,提出愿与政府进行谈判,开始了他"一生中最大的政治冒险"。

从1985年底写信提出欲与政府谈判开始,曼德拉孤军奋战。经过两年多的试探与反试探,政府秘密工作组与曼德拉终于在1988年5月坐到了一起,举行了首次正式会谈。这种会谈后来几乎每周一次,他们集中讨论了四个关键问题:武装斗争、非国大与共产党的联盟、多数统治的目标、种族和解的打算。政府方面希望知道,如果释放曼德拉,他是选择战斗还是选择谈判。曼德拉的答复很明确:如果政府确实想用建设性的谈判取代流血冲突,那么就必须取消对解放运动的禁令、释放所有政治犯、允许流亡者重返家园。

1989年7月,博塔总统作出了一个令人难以置信的举动,邀请曼德拉到总统府讨论南非的前途问题。这等于是将政府与曼德拉的秘密谈判公布于世,谈判进入了实质性阶段。

消息传来,舆论大哗。许多人为此举欢欣鼓舞,认为此次会晤会使政府与非国大结束数十年的敌视和仇恨,携手合作,从而把南非从混乱中解脱出来。但并非每个人都如此兴奋,一些白人视博塔是叛徒,竟然不耻与"恐怖主义黑鬼"坐到一起。非国大的一些高级官员和不少反种族隔离组织也纷纷指责曼德拉在政治犯仍被关押、黑人解放运动组织仍遭禁令的情况下,擅自决定与白人当局会谈。他们甚至怀疑曼德拉那种私下接触的"个人外交",完全是出于他的政治野心,无异于出卖非国大。

1989年8月14日,博塔因病宣布辞去总统职务,他的继任者是弗里德里克·威廉·德克勒克。在宣誓就职时,德克勒克保证要进行改革,表示愿意与其他任何愿为和平而努力的组织举行谈判,把南非带入一个新时代。

首先,他放宽了对政治性集会的限制,只是要求游行者保持和平;紧接着他又同反对种族主义的著名人物图图大主教、南非教友理事会秘书长奇凯恩等举行了引人注目的会晤;10月13日,他又无条件释放了西苏鲁及其他六位在押的非国大领导人,这标志着政府对非国大的禁令已名存实亡。

1989年11月16日,德克勒克宣布所有南非海滩向各种肤色的人开放,把这些曾几何时只是白人度假的天堂,变成了所有南非人的乐园。旋即,德克勒克又宣布废除《不同礼节保留法》,使公园、剧院、餐馆、公共汽车、图书馆、厕所和其他公共设施不再有种族隔离的标记。11月24日,德克勒克又宣布长期以来一直被称为"种族隔离制度基石之一"的《集团居住法》不再适合于四个"自由居住区"。四天后,他又解散了国家安全管理机构,该机构是博塔总统在 1986 年的紧急状态下成立的秘密特务组织,其任务是镇压那些反对种族隔离制度的进步势力。为表示对谈判的诚意,德克勒克指派具有温和色彩的宪法发展和计划部长盖里特·维尔容加入谈判委员会,与曼德拉谈判参政等问题,以便将会谈引向宪法框架方面。南非政坛的僵局被德克勒克打开了。

曼德拉欣慰地看到当初自己发现的南非前途的那一丝曙光,如今已变成了灿烂的朝霞。他给新总统写了一封信,信中写道:"目前的暴力冲突使南非血流不止,只有谈判才是惟一的止血办法。但非国大决不接受人为设置的任何先决条件,非国大表示愿意谈判,这正是我们对和平的真诚承诺。"

德克勒克总统对曼德拉的要求作出了郑重而迅速的反应。1989 年 12 月 13 日,他在总统官邸亲自会见了曼德拉。

这是一次探索性的会晤,虽未解决任何问题,但通过面对面的接触,曼德拉对这位新对手有了直观的认识。曼德拉发现德克勒克与他接触过的其他国民党领导人不同,此人不是只想听自己想听的话,而是愿意听曼德拉坚持要讲的话,而且认真地听,仔细地领会。这是十分不寻常的,表明了他对谈判是有诚意的。曼德拉对新南非的诞生充满了信心。

果然,德克勒克总统于 1990 年 2 月 2 日在议会发表了令人振奋的演讲,宣布取消对非国大、泛非大、南非共产党和 31 个其他原非法组织的禁令;释放所有因非暴力行为而被监禁的政治犯;废除死刑;取消在紧急状态下实行的各种限制措施。他大声宣布:"暴力的季节已经过去,重建与和解的时代已经到来! 现在是谈判的时刻了!"

这是南非黑人前赴后继、用鲜血和生命换来的胜利,也是曼德拉"个人外交"的巨大成功。从 1985 年底开始到 1990 年初,这场在监狱里展开的囚徒与官方的谈判整整持续了四年之久。曼德拉,这位世界上因禁时间最长的著名政治犯、黑人解放运动的精神领袖,在这场敌众我寡的谈判中赢得了最后的胜利! 他迎着那一丝微弱的曙光,奋力将南非拖出种族隔离的噩梦,走上重建与和解的金光大道。

多年来,曼德拉的睡眠一直不好,这是铁窗生活的一种后遗症。1990 年 2 月 10 日晚上当然也不例外。那天晚上,曼德拉异常兴奋,次日就是他获得自由的日子。为了这一天,他在铁窗之后整整煎熬了 1 万个日日夜夜。

在曼德拉迈出种族主义牢门的那一刻,欢欣鼓舞的世界惊奇地发现,身陷囹圄达 1/4 世纪之多的他,虽然头发花白,步履有点蹒跚,但风采依旧。60 年前,部族大酋长不辞辛劳地培养他,希望有朝一日把他推到首领的位置。如今,早已灌输在他血液中的那种王者气度和英国传教士给他的现代绅士派头依然如故。年届古稀的曼德拉仍然风度翩翩,他态度温和,彬彬有礼,脸上总是洋溢着慈祥而自信的微笑,额头上那些刀刻般的皱纹使他显得刚毅、睿智和超凡脱俗。大部分人到了他这把年纪已经开始日落西山了,可是曼德拉必须无愧于"曼德拉神话"。

获释后,曼德拉没有立即回奥兰多的家,他从监狱直奔开普敦市政厅前的广场。那里有 6 万多名群众在热切地等待着聆听他的讲话。这将是 1964 年他宣读著名的法庭陈述以来,人们第一次听到他真切的声音。

广场上人山人海——岂止挤得水泄不通,简直是在充溢了。人们打着"曼德拉万岁!""权力! 非洲!"等标语,穿着印有非国大标志的黑、绿、黄三色的服装,挥动着右拳,翘首期盼着。维持秩序的工作人员一丝不苟地对每一个进入会场的人进行检查。

身穿白大褂的医护人员忙着救护在闷热中突然晕倒的人或被挤伤的人。一支歌唱队在不断地演唱着 1984 年由英国歌手唱出的、流行全世界的《释放曼德拉》和古老的非洲民歌《上帝保佑非洲》等歌……

当会场终于安静下来后,曼德拉首先对着麦克风为那些把他带到这一胜利时刻的人们进行深沉的祈祷和崇高的敬意。

朋友们,同志们和南非同胞们:

我以所有人的和平、民主和自由的名义问候大家。我不是作为一个先知,而是作为你——人民——的谦卑的奴仆站在这里的。你们不知疲倦的和英勇的牺牲才使我今天有可能站在这儿。因此我将把余生交给你们。

在我获得自由之机,我要忠心地感谢我的数百万同胞和全球各地那些为我的获释而不辞辛劳奔走的亿万人们。……

……我相信他们承受的痛苦远远多于我所承受的。

看着欢迎的人群中那些朝气蓬勃的黑人青年和渴望和平的白人,曼德拉显得很激动。他指出:

今天,南非绝大多数的黑人和白人都认识到,种族隔离已是兔子的尾巴。而结束种族隔离,建立和平与安全要靠人民群众的坚决行动。

曼德拉终于获释了!当盼望了 1 万个日日夜夜的自由真正来到时,曼德拉没有沉迷于小家庭的团聚和温馨,也没有来得及享受鸟儿自由翱翔蓝天的那份轻松感,他几乎把自由后的所有时间都给予了他的人民和他为之奋斗的事业,以继续斗争的精神,迈着坚定的步伐,踏上了争取种族平等、和平、自由的南非的新征途。

出狱两周后,曼德拉飞往赞比亚首都卢萨卡,向在那里的非国大全国执行委员会汇报工作,并消除同志们对他的误解。就在这届全国执行委员会会议上,曼德拉当选为非国大副主席。

重新出任非国大副主席后,曼德拉开始了他的世界之行。他要争取在最短的时间内,让全世界认识非国大、支持非国大。

3 月份的非洲之行包括津巴布韦、坦桑尼亚、赞比亚、埃塞俄比亚、阿尔及利亚和埃及。几乎每到一个地方,曼德拉夫妇都受到隆重而热烈的欢迎。

在结束非洲之行回国之前,曼德拉飞往瑞典,探望在那里治病的非国大主席坦博。这对昔日的法律伙伴和老朋友已有近 30 年没见面了。再次会面,两位已白发苍苍的老人感慨万分,自由的日子终于来到了!

4 月初,他飞往英国伦敦,参加由英国反种族歧视运动组织特别为他举办的、历时五小时的流行音乐会。

6 月 6 日,曼德拉第三次出访,对欧洲和北美八国进行为期六周的访问。此行的主要目的是敦促西方国家继续保持对南非的制裁,并支持南非的民主改革讲程。

10 月 10 日起,曼德拉的身影又出现在亚洲的土地上。这次为期七周的亚太之行,他为非国大筹措了 3500 万美元的资助……

转眼间,72 岁的曼德拉成为非洲大陆上最耀眼之星、世界媒体关注的焦点人物。世界的主要传播媒介,派出记者一天 24 小时不断记录他的行踪和他的每一句讲话。在曼德拉获释前,曾有人断言,出狱后的他将失去神秘的光环,不再具有以往的感召力。然而,短短几个月的事实彻底打破了这种担忧。曾组建"民族之矛"、把非国大引向武装斗争之路的曼德拉,在种族主义监狱里磨练了 27 年后,在公开场合竟没有再重提用暴力推翻白人政府，转而向白人伸出橄榄枝，要求通过对话和平解决南非政治问题，达到废除种族隔离制度的目的。这种政治家的大度豁达和理性令世人震惊和敬佩。一些西方政治评论家把他誉为"非洲大地上的戈尔巴乔夫"，认为他是惟一能团结南非各个黑人部族的精神领袖，他有足够的魅力使南非发生天翻地覆的变化。

经过凤凰涅槃般的磨练，从传奇中走到世人面前的曼德拉，犹如古罗马神话中的英雄安泰，牢牢地站在大地母亲的胸膛上。他不仅仅是黑人解放的精神化身，而且依然具有超凡的魅力。走出地狱的他没有令众人失望，继续以超人的毅力为新南非的诞生不知疲倦地工作着，续写着他的"曼德拉神话"。

"曼德拉神话"续篇的头一章就是，如何消除谈判障碍，在国内创造良好的对话气氛。

早在狱中，曼德拉已试探着与政府谈判的途径。获得自由后，他在马不停蹄地出访世界各国的同时，着手与政府正式谈判。1990年4月5日，他再一次与德克勒克总统商讨有关非国大与政府对话的事宜，为双方的首次对话作准备。

5月2—4日，非国大和政府这对仇恨了半个多世纪的宿敌第一次坐在谈判桌边，就制宪谈判举行对话。

一个月后，德克勒克政府在除纳塔尔省以外的地区取消了"紧急状态法"。

进入90年代，南非形势发生重大变化，出现了白人政府与非国大共同支配政治进程的格局，因卡塔被撇在一边，产生严重的被遗弃的危机感。为显示自身的存在和实力，加强和提高在和平谈判中的地位，争取同非国大平起平坐，因卡塔不惜动用一切手段，其中包括挑起同非国大的冲突。而夸祖鲁黑人家园警察持有武器，且偏袒因卡塔，更加剧了流血冲突的程度。1990年8月国民党政府与非国大就释放政治犯和中止武装斗争等问题达成重要协议后，非国大同因卡塔的暴力冲突却越出了纳塔尔境界进入德兰士瓦的工业心脏地带。

据统计，1990年在暴力冲突中死亡的人数高达3699人，超过前三年的总和。政治暴力使南非的和平之路流淌着鲜血。

在冷静地观察和分析了1990年7月和11月发生在非国大支持者和因卡塔支持者之间的两起暴力事件后，曼德拉断言：在黑人暴力背后有一只隐藏着的手——"第三势力"。是"第三势力"插手黑人暴力冲突，推波助澜，火上加油。曼德拉把怀疑的目光投向与他携手共同探索黑白和解共存之路的南非总统德克勒克。

1990年8月，德克勒克准许因卡塔支持者手持"传统武器"长矛、刀、斧游行集会。这一举措无疑给黑人暴力冲突火上加油，使已宣布停止武装斗争、手无寸铁的非国大支持者在冲突中遭受巨大伤亡，从而更加激化这两大黑人组织之间的矛盾，导致暴力冲突不断升级。

7月中旬，南非军警卷入暴力冲突的丑闻真相大白。南非的《每周邮报》揭露德克勒克的阁僚、司法部长伏洛克通过秘密政治拨款等手段，让警察部门暗中资助因卡塔自由党10万美元，南非军队还帮助因卡塔自由党进行军事训练。这个被新闻界称之为"因卡塔门"的丑闻使德克勒克政府怂恿和利用黑人暴力冲突削弱非国大的企图彻底破产，他两年来精心塑造的改革派形象大受污损。德克勒克不得不紧急改组内阁，撤销伏洛克的司法部长和马兰的国防部长职务，宣布冻结用于秘密政治计划的拨款，允诺复审有关提供秘密资助的法律条款，任命一个专门委员会，负责向其通报有关秘密计划的情况。

为挽回颓势、重塑形象,德克勒克在 1991 年 9 月召开的国民党全国代表大会上提出新宪法草案,正式同意给黑人以公民权,同时提出"照顾不同集团利益"的两院制(即非经普选产生的上院拥有对下院议案的否决权),坚持白人的政治否决权。同月,德克勒克还主持召开了解决暴力冲突的全国和平会议,会上南非各派之间达成了《全国和平协议》,非国大和因卡塔自由党也都签署了协议。

此时,已于 1991 年 7 月以全票当选为非国大主席的曼德拉抓住时机,再次强调团结的重要性。为了尽快弥合兄弟组织间存在的分歧,曼德拉领导非国大在 4 月与泛非大举行 30 年来首次高层会晤后,又于 10 月下旬在德班召开"爱国阵线"大会,组成了近百个政党参加的非洲人广泛统一战线,这是南非历史上反种族隔离的政治组织最广泛的联合。随后"爱国阵线"于 11 日举行 300 万人的两天总罢工,致使南非经济生活基本停顿,使德克勒克政府意识到,不可能排斥"爱国阵线"而解决任何问题。

至此,反种族隔离力量之间的结盟已形成,并同国民党等白人阵营形成对峙局面。

1991 年底,在曼德拉和德克勒克的共同努力下,南非终于走上了政治解决之途。多党制谈判拉开了帷幕。

1991 年 12 月 20 日,代表不同种族、部族利益的 19 个主要政党与国民党政府代表团,在约翰内斯堡郊外的世界贸易中心大厅内举行第一次"民主南非大会"。这是自 1909 年南非独立以来,最重要的制宪代表会议,它代表了政府与其他各党派之间第一次平等协商,标志着制宪谈判的开始,成为南非民主进程中的重要里程碑。

南非民主改革进程在历经了阵痛、出现多次反复之后,还是到达了胜利的终点。

1991 年底的"民主南非大会"揭开了制宪谈判的序幕,1992 年南非政治民主进程跨入了一个新阶段——实质性制宪谈判阶段。但通向和平之路无坦途,制宪谈判因白人极右势力和黑人暴力冲突的威胁而一再受阻。

谈判的道路多坎坷。6 月,政治谈判再次在黑人暴力冲突中搁浅。由于南非警察不断怂恿黑人地区的暴乱冲突,一时,南非暴力事件失去了控制。据统计,1992 年上半年,有 1000 多人在暴力冲突中丧生,而仅 6 月份一个月就有近 400 人死于暴力冲突,其中最严重的莫过于博伊帕通惨案了。

1992 年 9 月 26 日,曼德拉与德克勒克举行自 6 月中断谈判以来的第一次高级会晤,达成《谅解备忘录》。政府接受非国大的三项条件,非国大则同意重新考虑有关群众运动的计划。双方还在通过民主选举建立制宪议会、成立过渡政府和过渡时期权力分配等问题上取得一致意见。

10 月 9 日,德克勒克第一次正式就实行种族隔离政策一事公开道歉。11 月 26 日,他宣布,将在 16 个月内举行首次普选。这一切使非国大看到政府对制宪谈判的诚意和信心。同年底,非国大全国执行委员会正式通过"分享权力"的决议。曼德拉明确表示,即使非国大在大选中获胜,也将同大选失败者一起分享权力,组成多党政府。"分享权力"的观点使曼德拉早先提出的"多种族统治"概念更加具体化,它表明非国大的政策水平又上了一个台阶。

1992 年底,南非上空出现了黎明的曙光。非国大在调整政策后与政府开始新一轮的秘密双边会谈。经过三轮双边"丛林密谈"后,双方宣布同意建立一个为期五年的民族团结政府、一个多党内阁(在大选中获 5％以上选票的政党按比例在内阁中有代表)和一个过渡行政委员会(相当于临时过渡政府)。命运多舛的南非政治改革进程又出现转机。

1993 年是南非改革进程中最为关键的一年,非国大和政府在继续争夺政治主动权的同时,在推动民主进程方面的协调与合作明显加强。1993 年 4 月初,多党制宪谈判在中断十个月之后再度恢复,参加"民主南非大会"的政党和组织从原先的 19 个增至 26 个,其中包括曾抵制大会的泛非大和白人右翼的保守党,以及许多小党。他们都从非国大提出的"分享权力"和民族团结政府中看到参政的希望,对多党制宪谈判的兴趣骤增。

经过一系列的双边会谈和"民主南非大会"五个工作小组的讨论协商,黑白两大阵营的分歧逐步缩小。参加谈判的各方顾全大局,在制宪机制和权力分配等几个关键性问题上互作让步,取得基本一致意见,从而使制宪谈判取得实质性进展。

谈判会场外,极右势力的破坏活动日趋猖獗,他们力图最后拖延和阻挠南非的政治过渡。4 月 10 日,南非共产党总书记、非国大执行委员克里斯·哈尼突然在自己家门前被白人极右分子暗杀。噩耗传出,举国上下为之震惊!

在哈尼被害当晚,曼德拉在南非广播公司向全国发表电视讲话。他愤怒地谴责这次暗杀是一次疯狂的、孤注一掷的行动,妄图使已取得实质性突破的制宪谈判出轨。同时,他呼吁黑人和白人保持冷静和克制,告诫人们不要被那些企图破坏和平的人所利用。

哈尼被杀事件从反面提醒出席制宪谈判的各派,要认真对待谈判,寻求一个为各方都能接受的方案,避免 1994 年再一次出现只有白人参加的大选,尽快过渡到一个恢复黑人政治权利的民主和统一的新南非。从这个意义上讲,哈尼之死非但没给南非民主进程以致命打击,相反,却给予民主进程以新的推动力。从此,谈判各派的趋同倾向更加明显,黑白人极右势力更加孤立。

面对国内外舆论的强烈谴责,白人极右势力的破坏行径非但没有收敛,相反,在 5 月,白人右翼政党和组织联合组成"阿非利卡民族阵线",以对抗"爱国阵线"。10 月"阿非利卡人民阵线"又和三个保守的黑人家园政权组成右翼"自由联盟",企图进行最后的反扑。但此时的右翼势力已成强弩之末,其影响在 1993 年下半年呈下降趋势,因为和平的变革远比血腥的内战更能吸引南非人。

在曼德拉和德克勒克这两位改革弄潮儿的不懈努力下,南非民主进程经过长时间的踯躅徘徊之后,终于迈开大步,取得历史性的突破。

1993 年 6 月 3 日,多党谈判委员会正式确定 1994 年 4 月 27 日为南非首次全民大选日期;

7 月 26 日,多党谈判宪法起草技术委员会向多党谈判委员会递交了临时宪法草案;

9 月 7 日,多党谈判委员会通过了成立过渡行政委员会的议案草案;23 日,南非议会特别会议正式通过该议案,使南非的政治过渡有了法律约束。过渡行政委员会将成为 1994 年 4 月大选前的临时过渡政府,负责组织大选。这意味着南非国民党独家垄断了几十年的白人政权即将结束,一个新的南非即将出现。同时,该议案的通过,为解除国际社会对南非的经济制裁和使南非进入国际大家庭,开辟了道路。

9 月 8 日,在该议案草案通过的第二天,曼德拉在联合国反对种族隔离特别委员会会议上,首次正式呼吁国际社会取消对南非的经济制裁。

11 月 18 日,多党制宪谈判终于取得决定性的突破——《过渡宪法草案》被曼德拉、德克勒克等 21 位南非各派领导人签署通过! 历时两年的马拉松式的制宪谈判宣告结束。

过渡时期宪法是向旧南非告别的宣言书! 正如曼德拉所说,它标志着"南非人民走过了一个时代的终点,开始向一个新的时代迈进!"在不久的将来,在南非的历史上,所有的人民,不分肤色和阶层,将第一次作为平等的公民参加投票选举。"在我(曼德拉)的短暂的生命中,也将第一次去参加投票。"

12月22日,南非议会经过一个月的讨论,最后以237票对45票的绝对优势通过了南非历史上第一部非种族主义的临时宪法。这标志着南非过去以立法形式推行的种族隔离制度在法制上寿终正寝。

投票结果宣布后,曼德拉和非国大成员握拳欢呼:"权力属于我们!"投反对票的保守党议员则怒向德克勒克总统骂道:"叛徒!"该党领导人费尔迪·哈岑柏格斥责这部临时宪法为"魔鬼"。德克勒克在这南非历史上最后一届白人议会的闭幕式上,称"这次议会会议不是一次葬礼,而是一次新生"。他还说,自从他1990年开始废除种族隔离制度的进程以来,尽管一直受到"攻击、诅咒和侮辱,但我现在比过去任何时候都确信,我作出了正确的选择"。

临时宪法的通过预示着南非开始向一个没有种族隔离和歧视的新时代过渡。至此,南非各方已真正站在了新纪元的门槛上!

曼德拉的伟大就在于他从未被磨难压倒过。无论是在暗无天日的监牢里,还是在针锋相对的谈判桌边,他都能从南非黑人的长远利益考虑,不为眼前利益所左右。他熟谙黑人人口优势和白人经济优势之间的微妙关系,在谈判中运用原则性与灵活性的巧妙结合,在白人的担忧和黑人的期望中寻找出一条中间道路,最后使谈判取得突破性进展,让敌对了三个世纪之久的黑白人共同携手跨进新南非的大门!

南非黑人和白人在如火如荼的斗争中走过了四年艰难坎坷的改革之路。由于政治改革触及种族、政党、部族及各社会阶层的矛盾与利益,和谈进程一直受到严重暴力冲突的干扰和威胁。四年中1.5万人付出了血的代价。但是,在南非政坛上,力主改革的非国大主席曼德拉和执政的国民党党魁德克勒克总统一次又一次地力挽狂澜,渡过了各种急流、暗礁,使南非的改革航向不可逆转。

在经历了1990年2月—1991年6月废除种族隔离法律和法令的第一阶段和1991年12月—1993年12月多党制宪谈判的第二阶段后,南非民主改革进程于1994年进入最后的冲刺阶段——首次不分种族的民主大选前的竞选活动。

1994年1月22日,最后一届白人议会举行最后一次会议后,为参加南非历史上首次多种族参加的大选而进行的竞选活动正式拉开序幕。

1994年1月下旬,在广泛听取基层群众的心声后,曼德拉在南非最大的城市约翰内斯堡正式发起竞选活动。这位精力充沛的黑人领袖面带微笑,健步走上国际展览中心的主席台,戴上白色的老花镜,对数以万计的支持者发表了竞选宣言——"让全南非人民生活得更好!"他指出:在这个宗旨下,非国大将把南非建立成为一个人民安居乐业、享有平等机会的国度,使新南非从一个被遗弃的"孤儿"完全回到国际大家庭的温暖怀抱。他向人们展示了非国大想建立的新南非的美好前景。他用南非黑人传统的科萨语对广大黑人说:"如果非国大当选,我们将优先做好扩大就业、增加工资和培训工作,要优先解决多数黑人的住房问题,要发展教育和医疗卫生保健事业。如果非国大领导的政府不能满足人们的物质需要,你们就推翻它。"然后,他用阿非利卡语对白人说:"你们和我们一样都是南非人,这也是你们的国家,我们需要你们来建设这个国家。非国大将尽一切办法解决暴力问题,以改进投资环境,吸引外资,发展经济。"最后,他用英语对全体支持者说:"让我们忘掉过去,集中精力为所有人建设一个更美好的未来!"

这个被简称为"让所有人生活得更好"的竞选宣言,日后成为非国大的政治纲领和行动指南,即《重建与发展计划》。它犹如一支兴奋剂吸引大批支持者,其中包括许多白人企业界人士。非国大的竞选活动在全国各地轰轰烈烈地展开。因为黑人选民是第一次参加选举,其选举知识十分贫乏,因此每次在黑人集会上,曼德拉等非国大领导人都不厌其烦地教他们如何进行投票等常识。他曾对黑人群众幽默地说:"选举日那天,看一下选票,看到一张年轻而英俊的脸时,就画个叉儿。"看来曼德拉是不服老的。

然而,通向民主、自由的道路远非坦途。就在非国大和国民党紧锣密鼓地投入紧张的竞选活动时,抵制大选的右翼的"自由联盟"也进入了最后的反攻阶段。这个1993年10月拼凑成的"自由联盟"包括白人保守党和"阿非利卡人民阵线",黑人因卡塔自由党以及夸祖鲁、博普塔茨瓦纳、西斯凯三个黑人家园。白人右翼要求建立白人家园,以维护种族主义制度;黑人右翼虽反对种族主义,但要求实行地方自治,以维护部落酋长们的特权和统治。他们的共同目标是试图摆脱将来非国大的直接统治,使自己拥有更多的自主权。为此,它们毫不讳言将不惜以暴力和战争手段来实现自己的目的。保守党领袖哈岑伯格威胁说:除非政府和非国大允许白人建立自己的家园,否则,"我们将开始解放斗争,直至最后的胜利";因卡塔自由党领导人布特莱齐扬言,如果该党关于自治的要求得不到满足,它将发动一场"非洲历史上空前的解放斗争"。右翼"自由联盟"已成为南非民主进程中的最大障碍。

鉴于"自由联盟"是一支不可忽视的力量,政府和非国大都认为,把它纳入改革进程是确保和平过渡的最好办法。曼德拉在谴责右翼势力的战争叫嚣和暴力威胁的同时,与政府一起同"自由联盟"进行多次谈判,最后,在坚持维护国家统一的原则立场基础上,于1994年2月中旬作出关键性让步和妥协:实行中央和地方双重选举,修改临时宪法,保证地方的自决权利,包括给予地方制定地方宪法的权力、允许地方决定自己的立法及行政结构等,这基本上满足了右翼自治势力的要求。但是,"自由联盟"出尔反尔,致使政府、非国大与之的三方谈判难以取得实质性进展,而且暴力冲突事件更加猖獗,使大选前的南非笼罩着内战的气氛。

在右翼阵营中,白人保守党和"阿非利卡人民阵线"力量相对较弱,而且内部发生分化,一时难成气候。3月7日,"阿非利卡人民阵线"领导人维尔容将军重建新党"自由阵线",并于3月11日登记参加大选,而且保守党的一些党员也加入了他的新党。

在黑人右翼方面,西斯凯黑人家园已于1月初决定加入过渡行政委员会和参加大选;抵制大选的博普塔茨瓦纳黑人家园曼霍佩政府,在其家园内广大黑人的强烈反对下于3月11日垮台,过渡行政委员会接管了政权。但是,南非第二大黑人组织因卡塔自由党自称有300万党员,扬言要建立祖鲁王国,从南非分裂出去。祖鲁族主要集中在纳塔尔省,人口约900万,其中支持非国大和因卡塔自由党的各占一半。90年代以来,两派支持者之间的流血冲突愈演愈烈,平均每月死于暴力的人数在百人以上,给即将来到的大选投下了阴影。

说服因卡塔自由党加入大选进程,成为曼德拉竞选期间的一项艰巨任务。以战略家的眼光,曼德拉看出:如能劝说布特莱齐参加大选,既能逐步平息黑人政治暴力活动,又能促进非国大执政后国内形势的稳定。为此,他与布特莱齐多次举行私下和公开的会谈。在2月中旬作出重大让步后,3月1日,曼德拉和布特莱齐在德班就登记大选一事举行了单独会谈。会后,因卡塔自由党进行了大选前的临时登记。然而,半个月后,该党又节外生枝,要求推迟大选日期,并拒绝正式登记和提供候选人名单。紧接着,夸祖鲁—纳塔尔地区的政治暴力冲突达到白热化程度。两周中就有近 200 人在冲突中丧生。3 月 28 日,4 万多名支持因卡塔自由党的祖鲁族人在约翰内斯堡市区举行示威游行,支持祖鲁王祖韦利蒂尼宣布祖鲁王国"独立",反对 4 月 27 日的大选,至少有 53 人在冲突中丧生,数百人受伤。为了减少愈演愈烈的政治暴力冲突、稳定南非大选前动荡不安的形势,德克勒克总统于 29 日宣布,将在包括夸祖鲁黑人家园在内的纳塔尔省实行紧急状态。

南非的局势骤然紧张起来。右翼对大选的抵制和持续不断的暴力冲突如同在南非上空凝成的一片浓密的阴霾,难以驱散。但是,曼德拉没有气馁。4 月 8 日,他与德克勒克、布特莱齐及祖鲁王祖韦利蒂尼在德兰士瓦克鲁格国家公园的草丛帐篷里举行了七小时的秘密高级会晤,旨在立即制止再次升级的暴力冲突,保证大选的顺利进行。四方会谈刚开始,布特莱齐就提出了两个要求:一是推迟首次全民大选的日期,二是相应推迟实施临时宪法。如果这两个要求满足了,他将明确地保证参加大选。但曼德拉和德克勒克再三重申早已确定好的大选日期不能改变。结果,这次四方会谈未能取得人们希望的成果,非国大与因卡塔自由党之间的主要分歧——地方自主权问题仍未得到解决。

曼德拉只好把眼光投向国际社会。4 月 12 日,由英国前外交大臣卡林顿和美国前国务卿基辛格等七人组成的国际调解小组抵达南非,调解非国大与因卡塔自由党在南非新的临时宪法问题上所存在的分歧。因卡塔自由党要求实行完全的地方自治,而非国大只答应扩大地方自主权,这一主要分歧导致因卡塔自由党对大选采取抵制立场。面对大选前不安定的政治形势,曾对国际调解持反对态度的南非政府也加入到此次调解进程中来。全南非人都把顺利举行大选的希望寄托在国际调解活动上。

但是,布特莱齐在国际调解小组来到南非后,又顽固坚持要求以推迟大选作为开始国际调解的条件,而曼德拉则认为大选的日期不在调解的范围之列,大选日期不会变更。双方在调解范围问题上无法取得一致,使得国际调解活动根本无法开展。这样,曾多次充当国际调解人并获得成功的基辛格和卡林顿,不得不于 4 月 14 日垂头丧气地宣布"国际调解尚未真正开始便告失败"。南非政府和非国大当即宣布,没有因卡塔自由党的参加,大选也将如期举行;因卡塔则宣称其支持者将于 4 月 18—22 日在约翰内斯堡举行要求推迟大选的游行示威。南非大选面临"山雨欲来风满楼"的局面。

随着大选迫在眉睫,国内的悲观情绪也在增加。但曼德拉没有沮丧,为了保证大选如期顺利举行,为了使国家免遭分裂的危险,他决定为打破僵局作最后的努力。他把最后的一线希望寄托在此次国际调解小组的顾问奥库穆身上。这位肯尼亚著名学者、现哈佛大学经济学教授,曾多次在非洲发生的纠纷中充当幕后调解人。他的老师基辛格博士离开南非后,他却留了下来。曼德拉凭着与奥库穆的私交,请奥库穆再次充当幕后调解人。奥库穆教授欣然答应,其实这也正是他仍留在南非的原因。于是,奥库穆教授以私人身份开始了在曼德拉和布特莱齐之间的穿梭外交。

"山重水复疑无路,柳暗花明又一村。"几天之后,阴云密布的南非上空突然射出一道霞光,在奥库穆教授的调解下,布特莱齐又坐到了会谈桌边。4 月 18—19 日,曼德拉、德克勒克和布特莱齐在比勒陀利亚举行三方紧急会谈,对立双方互作让步,达成《和解与和平协议备忘录》。因卡塔自由党同意参加大选;非国大和政府则表示在法律上承认祖鲁王祖韦利蒂尼在祖鲁族纳塔尔地区的传统君王地位。三方还表示将共同努力制止暴力,承诺在南非实现和平与和解。南非民主进程中的最后一块绊脚石终于被清除了。

南非大选进入倒计时状态。曼德拉和德克勒克进行最后的冲刺——4月17日两人举行了一次激烈的电视竞选辩论。辩论会上,曼德拉向国民党发动了猛烈的进攻。他指责国民党在努力保住政权的竞选中"煽动种族仇恨",在开普敦散发诬陷非国大的连环画,上面说非国大的口号是"杀死混血人,杀死农场主"。他还指责同是律师出身的德克勒克在遏制黑人政治暴力方面行动不力,但同时他也肯定了德克勒克的大胆改革精神。

在电视辩论接近尾声时,稳操胜券的曼德拉对竞争对手德克勒克伸出了友好之手:"尽管我对您进行了批评,但是,您仍是我信赖的人之一。我们将共同面对这个国家的问题。"说到这里,他伸出手握住德克勒克的手,继续说道:"我对握着您的手与您共同前进感到自豪。"

黑白两双手紧紧地握在一起,这两双手曾共同掌舵南非民主改革进程的航向,它们还将继续带领全南非人民奔向美好的明天!

南非大选的竞选活动在这场电视辩论赛中拉下了帷幕。千百万南非人正翘首期盼着投票——这一神圣时刻的来到。

然而,大选前夕的4月24日上午,约翰内斯堡市中心一声巨响使南非人刚刚放松的心情又重新震颤起来。一颗安放在市中心的汽车炸弹使非国大总部和约翰内斯堡分部均遭破坏,至少9人死亡,92人受伤。翌日,又有三颗汽车炸弹在约翰内斯堡爆炸,造成至少7人死亡,50多人受伤。同时,德兰士瓦省的其他地方也接连发生爆炸,有三处投票站被炸坏。这一连串的爆炸事件又给大选抹上一层血腥色彩。

尽管如此,冲破黎明前的黑暗,迎接新南非的诞生,已是不可逆转的大势。

4月26—28日,南非首次全民大选如期进行。注册登记的27个政党和符合选民资格的2000多万人,在5000多名国际观察员和80名国际警察的监督下,有秩序地进行投票,庄严地行使自己的权利。

许多黑人选民按捺不住内心的激动,在凌晨2时就赶到投票站,在瑟瑟秋风中裹着毛毯,排队等候7时开始的投票。南非《星报》这样描写从空中俯视索韦托黑人投票的情景:"排队投票的黑人群众站成了一条长龙,它蜿蜒曲折,尤如举世闻名的中国万里长城。"

27日,曼德拉在支持者的簇拥下,来到德班北部一座绿色山城曼达镇,在该镇的一所中学投下了神圣而庄严的一票。这里埋葬着非国大第一任主席约翰·杜布。曼德拉选择在杜布的墓旁投票,是要慰藉死去的非国大英烈们的英魂。投票后,他激动地对记者们说:"今天我神圣地行使了我的权利,这在我一生中还是第一次。这是一个难忘的时刻,我们几十年的愿望和梦想终于实现了!"

5月的南非正值金秋,田野一片金色,这是非国大收获的季节。

5月2日傍晚,德克勒克作了一个庄严而简短的卸职演说。5月4日,南非白人政府举行最后一次会议。经过300多年的统治之后,白人少数被迫承认失败,并把权力交给黑人多数。

5月7日,举世瞩目的南非大选结果正式揭晓,曼德拉领导的非国大遥遥领先,赢得62.65%的选票;国民党居第二,获20%的选票;因卡塔自由党排第三,获10.54%的选票。根据临时宪法,非国大将负责组阁,曼德拉将出任南非的首任黑人总统。

消息传出,南非各地变成一片欢乐的海洋。在索韦托,人们兴高采烈,在街头载歌载舞,直到深夜时分,人群还不愿散去,围着篝火狂欢到天明。人们高呼:"再见了,德克勒克! 欢迎您,曼德拉!"在曼德拉的家乡库奴,数千人拥上街头、田野,人们为有位同乡总统而自豪,更为非国大的胜利而陶醉。一位老人说:"今天像旧式的圣诞节,南非白人也可以来此谈论和平。"

5月9日,由白人和黑人共同组成的首届议会举行了第一次会议,会上全体议员一致选举曼德拉为南非共和国的新总统。

终于自由了! 当代表民主新南非的红、黄、白、蓝、黑、绿六色国旗在《上帝保佑非洲》的新国歌声中冉冉升起时,76岁的曼德拉不禁热泪盈眶。这一天让他等得太久太久了,但是它还是来到了!

三个多世纪前,不同肤色的非洲人、欧洲人、亚洲人,在这个大西洋和印度洋交汇的海角会合,共同谱写这块土地的文明史。但本世纪的头十年,欧洲裔白人却在这里建起了压迫其他有色人种的种族统治制度,使这块土地笼罩在野蛮血腥的黑暗中。本世纪的最后十年,这种遭世人唾弃的最不人道的社会制度终于被永远推翻了,自由平等的光辉重新洒满这片远在天涯海角的黑土地。

1994年5月10日,素有"花园城"美誉的南非首都比勒陀利亚,显得格外娇美。联合大厦前的圆形广场上人山人海,彩旗飘扬。人们从凌晨4时起就纷纷赶到这里,等候庆祝首任黑人总统曼德拉的就职大典。到中午时分,广场上已聚集了来自100多个国家和地区的6000名宾客及15万名身着节日盛装、各种肤色的南非民众。

就职大典过后,整个比勒陀利亚市乃至整个南非陷入狂欢之中。比勒陀利亚市举行了一个十分盛大的音乐会,这是南非表演艺术的一场大汇演,全国知名的艺人都参加,它象征着西方和非洲文化的融合;在沿海城市德班,庆祝节目包括激光表演和烟花大放送……人们以最隆重、最热烈的方式欢庆新南非的诞生,这种盛大的欢庆场面,南非人一生难见。

入主夏宫后,曼德拉迅速组成民族团结政府,把实现民族和解和国家重建作为他和新政府的神圣责任。

为了树立起海外投资者对南非政局稳定的信心以及南非白人对以黑人为主体的新政府的信任,曼德拉表现出一位杰出政治家的豁达大度和坚定自信的气度。他在组阁时,把兼管地方事务的立宪部、掌握财政权的财政部、主管福利和发展的人口发展部,以及令白人种植园主们特别关注的农业部和矿业与能源部等六个部长的职位留给了以白人为主体的国民党。他在接受英国《星期日泰晤士报》记者采访时说:"我们所关心的是不让少数人种,尤其是白人担惊受怕。即使对那些已离开南非的白人,我们也欢迎他们回归故里。"这种对白人的怀柔政策,使南非经济得以回升,同时也增强了国内外投资者的信心。大选前四个月,资本外逃达35亿兰特,而新政府成立后的五个月内,资本流入达40亿兰特。国内固定投资总额1994年度比1993年度实际增长4.5%。1994年通货膨胀率降为20年来的最低点——9%左右。经济年增长率在持续十年仅为1%之后,1994年可达2.5%。

与此同时,为振兴经济,逐步改善广大黑人的贫困处境,从而消除种族主义制度遗留下来的社会不公正,曼德拉在5月23—24日新内阁举行的首次会议上,发表他就任以来的第一个国情咨文,正式提出为期五年、耗资400亿兰特(约合114亿美元)的《重建与发展计划》(简称RDP)。按这一计划,新政府将在五年内创造数十万个就业机会,建造 100 万套住宅,给 250 万套住宅安装照明设备,实行十年制免费教育以及加强保健培训计划。这一宏大的计划旨在满足长期被剥夺公民权的黑人的愿望,并吸引国外新的投资。

会上,曼德拉强调,新政府要为南非所有人创建一个保证政治自由和享有平等人权的新社会。他说,新政府将立即从预算中拨款 25 亿兰特作为 RDP 第一年度基金,主要用于改善医疗卫生、住房和教育。

曼德拉的这次重要讲话在南非人民中引起了强烈的反响。RDP 不仅反映了广大黑人群众的多年愿望,而且还得到了包括白人政党在内的广泛支持,这在南非历史上实属首例。RDP 成为建设新南非的蓝图。

广大的黑人群众视曼德拉为救星。11 月 17 日,曼德拉签署南非新议会通过的第一项重要法案《土地权利法》,为广大黑人重新获得土地铺平了道路。次日,坐落在约翰内斯堡市西南 230 公里的黑人村庄莫戈帕沸腾了。伴随着拖拉机的轰鸣声,荒芜的土地被铁犁翻成沃土,数百名黑人村民欢呼雀跃。驾驶拖拉机的是南非土地事务部长德里克·哈内科姆。当他耕完一片土地,兴致勃勃地跳下拖拉机时,十几名黑人男子立刻围拢过来,将这位白人部长高高托起,并高呼:"我们有耕地啦!"其他在场的黑人群众也都热泪盈眶。他们在经历了漫长的磨难与祈望之后,终于迎来了土地回归的这一天。十年前,莫戈帕村方圆 6000 英亩沃土被白人强占为牧场。今天是曼德拉的新政府把这片沃土重新归还给黑人。

12 月 19 日,在非国大执政后的首次全国代表大会上,曼德拉再次被选为该组织的主席。在 3000 多名代表一阵阵的欢呼声中,他作了长篇报告,指出南非今后几十年所面临的两大任务:以法律形式将以种族平等为基础的民主永久性地固定下来;解决 500 万人的失业、700 万人的住房和数百万人的文盲问题。大会通过了有关改善黑人生活的计划,曼德拉强调,非国大在 1995 年将致力于为黑人群众做实事,以满足他们的合理期望。

但是,就在新政府就职百日之际,南非黑人开始对曼德拉不耐烦了。在推翻了国民党政府推行 46 年之久的种族隔离制度之后,广大黑人急于得到一些回报。但是,100 天过去了,一切似乎都照旧,白人依旧欢乐,黑人则欢乐不起来。文职部门仍由白人把持;在工商界,白人的地位不可动摇;而许多黑人工人仍然靠每月不足 200 美元的收入勉强维持生活;在黑人城镇,150 万个家庭居住在纸板房和塑料棚里……

由于广大黑人的贫困状况难以在短时间内根本改善,黑人的不满便演变成长时间的工潮和劳资纠纷。对此,一些黑人政府官员也不理解,纷纷指责曼德拉。黑人参议员恩库克告诫说:"总统先生,请不要忘记您的选民。"《星报》专栏作家凯泽尔·尼亚齐姆巴抱怨说:"总统如此重视和解,总是迎合白人和商界,并且以牺牲黑人为代价,而黑人曾使他以压倒多数当选。"

用"日理万机"、"呕心沥血"、"殚精竭虑"、"鞠躬尽瘁"等形容词来形容曼德拉对工作的投入,只会有不及而不会有过之。执政近两年来,他一直在为"让全南非人民生活得更好"这一目标而辛勤地操劳着。

他每天清晨 5 时起床。90 分钟的晨练和早餐后,早晨 7 时就在联合大厦的办公室开始工作。午饭后小睡一会儿,接着一直工作到晚上 10 时以后。他的工作似乎永无止歇。

美国前总统里根 1980 年入主白宫时 69 岁,卸任时 77 岁。当时就有民众怀疑其年纪太大、健康欠佳,是否会消耗他治国的能力。曼德拉入主夏宫时就已 76 岁了。上任伊始,英国《星期日泰晤士报》就有报道说,他将在两年内退休。但这位具有神奇般精力的七旬老人却对新闻界郑重声明:他将干完五年的总统任期,然后才会告老还乡,安度晚年。

他马不停蹄地出访,出席地区性和世界性大会,主持政府工作,制定各项政策,解决民众的疾苦……已是曾祖父的他,甚至没有时间去享受天伦之乐。曾在狱中与他共度 20 多年铁窗生涯的西苏鲁带着爱怜的口气埋怨道:"曼德拉呀,就是精力过剩。时常三更半夜打来电话和你讨论各种问题,真拿他没办法。"

虽然今日的南非还存在着许多令黑人和白人不满意的问题,但是,这位风烛残年的老人孜孜不倦的工作态度已足以令世人肃然起敬了。在他的自传《漫漫自由路》中,曼德拉回顾了自己对自由的认识过程,这些话也正是他对自己为何如此狂热地工作的诠释:

我并不是生来就渴望自由,我出生时是自由的……自由地在母亲小屋边的玉米地里跑来跑去,自由地在流过库奴村的清澈的小溪里游泳,自由地在阳光下烤玉米,自由地骑在慢悠悠吃草的牛背上。只要我听父亲的话,遵守部族的习惯,上帝也好,人间的法律也好,都不会来找我的麻烦。

青年时我发现我的自由已经被夺走了,童年时的"自由"只是一种幻觉而已。这时我才开始渴望自由……到约翰内斯堡时,我渴望的是基本的自由,即能发挥我的才能、能维持生活、结婚并拥有一个家——这类合法生活中的不受妨碍的自由。

但我逐渐认识到,不仅我不自由,我的兄弟姐妹都不自由……正是在此时我加入了非洲人国民大会,正是在此时我把对个人自由的渴望变成了对我的人民的自由的更大渴望。这种愿望——人民能够有尊严和自尊地生活的愿望,使我的生命充满了活力,把一个怯懦的年轻人变成了一个勇敢的人,把一个遵纪守法的律师变成了"罪犯",把一个热爱家庭的丈夫变成了一个无家可归的流浪汉,迫使一个热爱生活的人像苦行僧那样生活……

正是那些漫长而孤独的岁月,使我对自己人民自由的渴望变成了对所有人自由的渴望,包括白人和黑人。正像被压迫者需要解放一样,其实压迫者也需要解放。拿走别人自由的人自己也成了囚犯,他把自己锁在偏见和心胸狭隘的牢笼里。……被压迫者和压迫者同样被剥夺了人性。

当我迈出监狱时,既解放被压迫者又解放压迫者成了我的使命。……自由并不仅仅是去掉身上的锁链,还应尊重和提高别人的自由。对我们投身于自由的真正考验才刚刚开始。

我已踏上了这漫长的自由之路。我曾尽力不摔倒,在此路上我也失过足,但我发现一个秘密,那就是:攀登上一座大山之后,只会发现还有更多的山要攀登。我借此机会休息一下,领略一下周围的大好风光,回头看一看走过的距离。但只能休息一会儿,因为与自由俱来的是责任。我不敢停留,因为漫长的旅途尚未结束。

晴空一鹤排云上,便引诗情到碧霄。南非人民追求自由阳光的带头人——纳尔逊·罗利拉拉·曼德拉,正用自己不懈的努力,把南非带入新的时代!

撒切尔夫人

玛格丽特·撒切尔

俄国人说我是个铁娘子,他们说对了,英国就是需要一个铁娘子。

玛格丽特·撒切尔

杂货商的女儿

格兰瑟姆位于英格兰东部的林肯郡,形成于撒克逊时代,中世纪时因羊毛贸易而繁荣起来,是个历史悠久、充满人文气息的小城镇。始建于 1300 年前后的圣伍尔夫姆教堂堪称英格兰中世纪教堂建筑的骄傲,精美壮丽,气度不凡,其塔顶高度雄居同时代英国教堂之首。15 世纪下半叶爱德华四世在该镇创办的文法学校是英格兰最为古老的文法学校之一,大批英才俊杰从这里走向全国各地。经历了二百余年风风雨雨的乔治旅馆更是因为狄更斯的小说《尼古拉斯·尼克尔比》而闻名遐迩,不少文学爱好者前来此地就是为了看一看这座不起眼的建筑。除此之外,小镇的居民还经常会自豪地谈论起两位曾经在这里生活过的英国名人,其中之一是伟大的物理学家和数学家艾萨克·牛顿,17 世纪中叶他曾就读于镇上的文法学校;另一位就是本篇的主人公,英国历史上第一位女首相——玛格丽特·撒切尔。

玛格丽特·撒切尔原名玛格丽特·罗伯茨,1925 年 10 月 13 日出生于格兰瑟姆一家杂货店的二楼。其父阿尔弗雷德·罗伯茨家境贫寒,13 岁时被迫辍学,自谋生计,19 岁时来到格兰瑟姆经营一家杂货店,后与当地的一个裁缝比阿特丽斯·史蒂芬森共结连理。一战前夕,阿尔弗雷德夫妇倾其所有买下一家杂货店,一楼是店铺,二楼为卧室,玛格丽特和比她年长四岁的姐姐穆丽尔都出生在这里。在此后的很长一段时间里,全家人就生活在这所既没有花园,也没有浴室、热水和室内厕所的房子里。尽管未曾受过多少正规的教育,但阿尔弗雷德酷爱读书,玛格丽特稍大后每逢周末就要前往公共图书馆为父亲借回一些历史和传记类的书籍。通过刻苦的自学,阿尔弗雷德不仅拓宽了知识面,而且也逐渐改变了自身的命运。20 年代末阿尔弗雷德进入了市议会,1936 年出任高级市政官,1943 年又担任了一届格兰瑟姆市长,在这仅二三万人口的小市镇中也算得上是一位名人了。

阿尔弗雷德夫妇为玛格丽特树立了最初的人生路标,玛格丽特后来曾经说过:"在我的一生中,父母对我的影响最大,影响了包括政治态度在内的我的全部生活态度。他们教育我和姐姐要学会控制自己;永远不要发脾气,至少不能在大庭广众面前发脾气;不要怨天尤人,要感谢上帝的赐福;不要提及自己的失败——当然你会有失败和挫折,但不要总把它们挂在嘴边。"相比较而言,玛格丽特认为父亲对自己的影响更为直接、更为深刻,"父亲的以身作则比谆谆教诲对我的影响更大。他对我的影响是无形的,是一种家庭气氛的熏陶。我们家里绝不允许无所事事,这并不等于要求不停地工作——谈天、讨论、弹琴……总要有些事做。人努力工作并不意味着工作就是一切,而是要让工作使你获得所需要的一切"。"孩提时代,我觉得最不容易做到的是父亲特别强调的一句话:'不要因为害怕与众不同而随波逐流,你要自己决定该怎么办,如果必要你就去领导群众,但是绝不要随大流。'这确实很难做到,可是却让我受益匪浅。"

由于父母都是虔诚的卫斯理宗教徒,所以玛格丽特姐妹从小就是教堂的常客。只要没有特殊情况,星期天姐妹俩一般都要参加四次教堂活动,上午10点钟上主日学校,一个小时后与父母一起参加早礼拜,下午两点半再上一节主日学,下午6点还有一次晚礼拜。在上主日学校时,玛格丽特负责音乐伴奏。受制于教规的束缚,阿尔弗雷德夫妇严禁两个女儿在星期天阅读报纸和参加任何娱乐活动,玛格丽特的外祖母甚至不允许外孙女触摸针线,因为在她心目中星期天是个侍奉上帝的日子,只能用于宗教思考和讨论。在这种情况下,繁忙的教堂活动给玛格丽特童年时代的星期天增添了不少亮色,"我必须说,像我们那样积极参加教堂活动就意味着我们结识了许多朋友"。

玛格丽特五岁时进入了离家一英里远的亨廷托尔路小学,由于中午要回家吃饭,在一般情况下她每天要在学校和住处之间步行两个来回,对于一个小女孩来说真是有点勉为其难了。1936年夏天,玛格丽特通过考试顺利地获得了郡少年奖学金,就读于凯斯蒂文和格兰瑟姆女子文法学校,姐姐穆丽尔也在这里求学。当时她们的父亲已被选为该校董事会成员,后来又出任校董事会主席。凯斯蒂文和格兰瑟姆女子文法学校是一所受资助的学校,家长通常只需交纳一半学费。女子文法学校按学生成绩分为甲、乙两班,领取奖学金的学生一般都分在甲班,玛格丽特却被分在了乙班。平心而论,玛格丽特并非是个天资过人的学生,但是她学习极其刻苦努力,上课专心听讲,放学回家也一头扎进课本里,因此考试成绩始终在年级中名列前茅,两年后便升入了甲班。在女子文法学校,玛格丽特专注于自然科学,主要是化学、生物和数学等课程,六年级时学校开设了拉丁文课,由于与理科上课时间相冲突,玛格丽特便放弃了拉丁文课。女子文法学校校长吉丽斯对玛格丽特的评价颇高:"她无疑是我们的出色学生之一,她几乎每年——只有一次例外——都是第一名。她总是雄心勃勃、如饥似渴地学习。"

然而在大多数同学的眼中,玛格丽特是个孤僻、高傲的女孩,她似乎永远无法适应她的同龄人,尤其是那些毫无主见、只会咯咯傻笑的女同学常常令她烦恼不已,因此她在学校里几乎没有知心朋友。她的成熟和严肃也引来了一些同学的白眼,甚至妒忌。当年的一位同学回忆道:"玛格丽特总是像个大人样子,穿着整齐,举止得体。许多母亲都会对她们的女儿说:'你为什么不能学学玛格丽特·罗伯茨呢?'"这不免使听者感到十分扫兴。导致同学们与玛格丽特疏远的另一个原因是她享有的一项小小特权。当时女子文法学校规定,非放假时间学生只能在星期五或星期六上电影院,为了防止学生违反校规,周一至周四期间校长和教师经常在电影院门口巡视;但是学校对玛格丽特却网开一面,因为阿尔弗雷德的杂货店星期五和星期六都要营业到很晚,所以学校同意玛格丽特在杂货店关门较早的星期四陪父亲一起去看电影。这一破例激起了其他同学强烈的愤慨,他们认为学校的理由难以服人,其真正原因在于玛格丽特的父亲是学校董事会的成员。

在父亲的影响下,玛格丽特很小就"投身"政治活动,1935年大选为她提供了第一个舞台。时年十岁的玛格丽特热心地帮助保守党候选人折叠竞选讲稿,并和其他地方议员的孩子们一起从投票站取出投票人数登记表,核对无误后再把登记表传送到竞选委员会办公室。此外,除了随父亲一起参加政治集会外,玛格丽特还是学校演讲会的忠实听众。每当演讲者最后请大家发问时,大多数同学都面面相觑,或是两眼瞪着天花板,玛格丽特却总是一马当先,勇敢地站起来提问,且表达清晰,语言严谨。玛格丽特是学校辩论俱乐部的成员,学校每年一次的辩论活动是她施展才能的好机会。在这一方面,玛格丽特极具自信心,一旦开口就可以滔滔不绝地长时间地讲下去,绝不怯场。当时玛格丽特最大的愿望就是能抓住听众,遗憾的是同学们大多认为她的演讲少有精彩之处,因此很难达到她内心预期的目标。

　　与其他同龄人相比,玛格丽特少年时代的生活显然比较单调乏味,她自己也曾一度认为家务、学习和教堂活动就应该是生活的全部内容,且深信不疑。虽然随着年龄的增长,眼界的开阔,玛格丽特逐渐发现生活原来是那样的多姿多彩,妙趣横生,但是受制于家庭环境和个人秉性,她很难脱离原先的生活轨道,不过对此她并不后悔。弹钢琴几乎是玛格丽特早年最主要的娱乐活动,由于母亲爱好音乐,因此玛格丽特五岁时就爬上琴凳,敲击琴键,每周要上好几节钢琴课,有机会还会去听听音乐会。据说玛格丽特在这方面有点天赋,有人认为她如果坚持下去的话,日后很可能成为一名职业钢琴演奏员,但玛格丽特在 15 岁时放弃了钢琴。在玛格丽特的记忆中,少年时代最让她和全家兴奋不已的事情之一,十岁那年家里买了一架收音机,几十年后谈起这件事时她还是那样的神采飞扬,"谈到音乐,我永远也不会忘记我们第一次有了一架收音机的情景,那是一件了不起的事情……有一天晚上,当我知道我们将有一架收音机——那时还叫无线电——的时候,我兴奋极了……它给我们打开了一个崭新的世界"。"听收音机是我们很重要的生活内容。"她对当年的许多节目都记忆犹新,道来如数家珍,如《星期一晚上七点钟》、《乐队车》、《星期六晚上音乐厅》和《又是他》等,甚至连不少主持人和演员的名字都记得一清二楚,这实际上也从一个侧面反映了当时玛格丽特的生活中甚少值得回味的娱乐活动。

　　由于平时要忙于杂货店的经营,阿尔弗雷德夫妇难得有时间和孩子们一起休假,所以公共假日的阖家外出就成了玛格丽特最为向往的事情之一,成年后的她依然难以忘怀一家人到附近最大的城镇——诺丁汉购物游玩的情景:"我还记得,有一次公共假日到那里去看了一部金杰·罗杰斯和弗雷德·阿斯泰尔演的电影……我们先是用茶,然后进电影院听风琴演奏,兴奋地等待电影的开映。电影散场后,我们乘公共汽车回家。对我来说这一天的每一分钟都是那样的美好,大概正是由于这一缘故,我才记得那样清楚……在我们那个时候,外出被视为生活中难得的享受。"还有一次,阿尔弗雷德夫妇实在抽不出时间陪伴玛格丽特外出,便安排她到伦敦的一个朋友家去住了一个星期,这七天成了玛格丽特生活中少有的盛大节日:"他们带我到处观赏伦敦的各种风光景色,如卫队换岗、伦敦塔和动物园。我还记得很清楚,我们真的去了剧院,看了一出名为《沙漠之歌》的音乐喜剧。我们看见熙熙攘攘的人群,耀眼的灯光。见到这一切,我兴奋激动到了极点,简直忘不了那一个星期的生活。"

　　1941 年,玛格丽特升入六年级,这时她的目标已十分明确,即牛津大学的索姆维尔学院,这是牛津大学最早的一个女子学院,已故印度总理英迪拉·甘地就毕业于这一学院。第二年,玛格丽特不顾当时对女生入学年龄的限制,决定提早一年进入大学。她的理由是,时值战争期间,女性从 20 岁起就应到国民服务队工作,因此不应该在中学里白白浪费一年的大好时光。吉丽斯校长对此持强烈反对意见,她认为提早接受高等教育对玛格丽特没有任何益处,并表示学校不能为她支付报名费。玛格丽特坚持己见,毫不客气地对吉丽斯说:"你这是在阻挠我的理想。"对于这一小插曲,玛格丽特一直耿耿于怀,多年后她借母校庆祝会之机,不露声色地报复了吉丽斯。当时已经退休的吉丽斯在讲话中引了几句常用的拉丁文格言,随后发言的玛格丽特一反常态,不留情面地直接纠正了吉丽斯引语中的错误。除此之外,横亘在玛格丽特面前最大的困难是她没有学过拉丁文,而牛津大学的各个系科都要求新生具有相关的拉丁文学习文凭。为了克服这一障碍,玛格丽特首先说服父亲出资聘请了一位拉丁文补习教师,然后发奋苦读,主要是死记硬背,在短短几个月内便令人惊讶地全部学完了中学必修的拉丁文课程。一切准备就绪,阿尔弗雷德开出一张支付考试费用的支票交给女子文法学校,通过学校为玛格丽特向牛津大学提出考试申请。可能是碍于阿尔弗雷德的面子,校方没有从中作梗。

玛格丽特报考的是牛津大学的化学专业,据她自己说这是出于对昔日化学老师的崇拜,其实在这背后还有更复杂的原因。当时牛津大学竞争相当激烈,且下设的女子学院为数甚少,所以在一般情况下女生总是处于相对劣势。为此玛格丽特权衡利弊,选择了女生很少光顾的化学专业,相比于其他文科专业,如英语和历史等,竞争激烈程度明显降低,录取的概率也就相对提高了。这无疑是个明智的决定,然而人算不如天算,尽管玛格丽特为入学考试作了精心的准备,但最终还是未能金榜题名,只是列入了候补的名单。无奈之下,玛格丽特失望地回到女子文法学校继续学习。不料峰回路转,1943 年 9 月由于新生中有人没有赴校报到注册,索姆维尔学院突然给玛格丽特发出了入学通知,这给玛格丽特及其家人带来了极大的惊喜。

当时索姆维尔学院的学生大体分为三大类,一类是外国留学生,战争期间其人数增加了不少;一类是毕业于公学的富裕家庭和贵族子女,这类学生大多比较自负;还有一类就是来自中产阶级家庭的女生,她们以前都就读于文法学校,依靠奖学金才得以跨进大学的门槛。玛格丽特自然属于后一类,然而她却很难融入这个群体,总是感到与之格格不入。其他同学似乎也"拒绝"玛格丽特,在她们看来玛格丽特颇为势利,只愿意结交那些有可能帮助她实现理想的人,与她关系密切者都为卫斯理宗的教徒和保守党的伙伴。此外,玛格丽特一些带有炫耀性的言谈也常常招致同学们的反感。她时常滔滔不绝地谈论自己的父亲——作为格兰瑟姆市长的父亲,而非杂货店主的父亲,反复强调父亲对各种事物的见解、爱看什么书及对自己的教诲,这就不免惹人厌烦,有时简直成了同学们饭后茶余的谈柄。然而玛格丽特在很长一段时间里并没有意识到这一点,一直到有一次被同学挖苦得面红耳赤才追悔莫及。因此玛格丽特在大学期间依然和中学时代一样,很少知交挚友,备感孤单寂寞。可能就是这一缘故,玛格丽特经常沉湎于浓浓的乡愁之中:"我总是想家。当你在家时,绝对体会不到孤独的滋味。第一次品尝孤独的滋味真叫人难以忍受,而结交新朋友是需要时间的。"

实事求是地说,玛格丽特是个十分认真刻苦的好学生,她宿舍的灯光常常亮到凌晨两三点钟,然而三四个小时后她又会精神抖擞地起床,开始新一天的学习生活。不过从高标准要求,玛格丽特的专业学习成绩尚不能完全令人满意,她的论文虽然论述透彻,通俗易懂,但在深度和力度方面均有所欠缺。有些老师认为,这是玛格丽特缺乏必要的才智所致,她的指导教师则将其归咎于没有选准研究题目。其实还有一个更重要的原因,那就是玛格丽特过分专注于政治活动。玛格丽特自己曾经说过,十八九岁时"政治已经溶入了我的血液之中"。牛津大学的政治氛围更是使玛格丽特有如鱼得水之感,因此入学之初她便积极参与学校的各项政治活动。当时牛津大学最引人注目的学生组织是牛津大学联合会,格拉斯通、阿斯奎斯、麦克米伦和希思等首相都曾是这个联合会的成员,无奈该联合会拒绝女生入会,玛格丽特只好参加牛津大学保守党俱乐部。玛格丽特无疑是俱乐部最积极的成员,她用于俱乐部活动的时间几乎等于她在化学实验室里的学习时间,其热心程度之高在牛津大学鲜有匹敌者。正因为如此,玛格丽特入学不久便被选进牛津大学保守党委员会,三年级当选为牛津大学保守党俱乐部主席,她是第一个担当这一职务的女生,四年级时继续连任。索姆维尔学院院长曾经指出,学院持有如此强烈政治观点的学生只有玛格丽特一人,四年的学校生活一点也没有动摇她的观点。

1945年大选时,玛格丽特不仅在牛津大学,而且在家乡格兰瑟姆都积极帮助保守党候选人竞选,虽然发挥的作用极其有限,但她仍然乐此不疲,到处奔走。这次大选最终以保守党的失败而告终,丘吉尔黯然辞职,这对玛格丽特触动颇大:"我们所有的人都对1945年的选举结果感到极为震惊,对我来说简直难以相信,温斯顿做了这么多事,国家竟然抛弃了他……真是荒唐……难以相信……"1946年,玛格丽特作为牛津大学保守党俱乐部的主席和代表,第一次出席了在布莱克普尔召开的保守党年会。通过这次会议,玛格丽特对保守党好感倍增:"这个组织人人都具有共同的思想和目标,我知道成为这样一个组织的成员意味着什么。"她一定想到了更远的将来。

在牛津大学求学期间,玛格丽特初尝恋爱的滋味。玛格丽特初恋的对象是一个伯爵的儿子,当时他在牛津大学保守党内部颇引人注目。玛格丽特毫不掩饰自己的感情,经常在别人面前公开地,有时甚至是过分热情地谈论这位意中人。此举再次招致同学们的非议,她们认为玛格丽特主要是想利用这个伯爵的儿子。然而这段恋情并没有结果,玛格丽特见过那位伯爵夫人之后不久,他们的关系便告结束。玛格丽特将这次失败归咎于自己的家庭背景和社会地位,内心充满了苦涩和酸楚。尽管如此,她还是大胆地邀请第二位男朋友到格兰瑟姆去见自己的父母亲,此时阿尔弗雷德夫妇已经买下了一幢相当大的房子,既有花园,也有抽水马桶,因此这位男朋友对她家的印象甚好,这使玛格丽特感到了几许安慰。不久,玛格丽特又有了第三位男友,他是一位卫斯理宗的教徒。有一次小伙子送给玛格丽特一株石竹花,玛格丽特十分激动,想方设法不使其枯萎,她曾听从别人的建议用阿司匹林来延长花期,但一切皆属徒然。这段罗曼史最终亦不了了之。

"铁娘子"

1947年玛格丽特从牛津大学毕业,在本迪克斯航空公司塑料部找到了一份年薪350英镑的工作,为此她迁居埃塞克斯的科尔切斯特,并加入了当地的保守党组织。玛格丽特很不适应这里的工作和环境,与周围的人找不到共同的语言。同事们则认为玛格丽特过于高傲严肃,且老气横秋,因此称其为"女公爵",或"玛格丽特大婶"。对于一个二十多岁的姑娘来说,这两个绰号实在有点太"残酷"。和以往一样,孤独的玛格丽特仍然在政治活动中寻找解脱,她不仅积极参与科尔切斯特保守党协会的活动,而且还经常在周末赶赴伦敦或更远的地方参加保守党的会议和政治聚会等。1948年秋天,玛格丽特以牛津大学毕业生俱乐部代表的身份出席保守党年会,就在这次年会上经过一位牛津朋友的推荐,玛格丽特结识了达特福市保守党协会主席,并在后者的鼓动下决定申请成为达特福选区保守党议员候选人。那年共有二十余名保守党人同时提出了申请,玛格丽特是惟一的女性。经过一番筛选,1949 年 3 月玛格丽特最后当选为正式候选人。

就在玛格丽特政治上初露头角之时,又一位男性闯进了她的生活,他就是日后成为玛格丽特终身伴侣的丹尼斯·撒切尔。为正式通过玛格丽特为达特福选区保守党候选人,该市保守党协会举行了一次集会,会后又为玛格丽特举办了晚宴,由于当时正好缺少一位男宾,组织者遂邀请丹尼斯填补空缺。宴会结束后玛格丽特原打算像往常一样先从达特福市乘火车到伦敦,然后再换车回科尔切斯特。丹尼斯也要开车回伦敦,便主动提议送玛格丽特一程,这样她就可以省去一段车费。玛格丽特愉快地接受了丹尼斯的好意,两人从此开始了交往。

丹尼斯年长玛格丽特十岁,二战时在欧洲大陆服役,获得过帝国勋章和通报嘉奖,战后从事实业,40 年代末是一家油漆公司的常务董事,收入颇丰。和玛格丽特一样,丹尼斯也是地方保守党协会的活跃分子,曾竞选地方议会议员,可惜未能如愿。丹尼斯是个性格外向、个性鲜明的男人,脾气温和,富有幽默感,这正合玛格丽特的脾胃。此外,他们两人都喜欢音乐和驱车度假,因此很能够找到共同的语言。不过在一个时期内,玛格丽特对他们的关系有点举棋不定,因为丹尼斯有过一次失败的婚姻,二战后与前妻离婚。卫斯理宗强烈反对离婚,40 年代更是如此,从小受到卫斯理宗教义熏陶,且行动受其严格支配的玛格丽特对此不能不有所顾忌;但最终玛格丽特还是勇敢地摆脱了宗教教义的束缚,果断地作出了自己的选择,决定保持并发展与丹尼斯的关系。对于玛格丽特来说,迈出这一步是要有点勇气的。

不久,玛格丽特辞掉了本迪克斯航空公司的工作,搬到伦敦地区,以就近参加选区的活动。她在莱昂斯公司找到了一份新的工作,从事食品和食品加工技术的研究。这一时期曾和玛格丽特同住一屋的一位夫人特别欣赏这位年轻姑娘的工作热情:"玛格丽特早晨常常不到 6 点钟就起床了,她总是在 6 点 35 分离家……她经常在房间里工作到深夜,难得在凌晨两点以前熄灯。她精力过人,我不得不说我从未见过精力如此之好的人……当有人一周七天都和你住在一起时,你就会了解这个人的底细,不管多么累,似乎从来没有什么事情使她情绪低落过。她总是兴致勃勃,老实说,虽然她生活中没有什么娱乐时间,可我从来没有听她发过牢骚。"

为了迎接生平第一次竞选活动,玛格丽特利用工余时间会见选民,参加集会,发表演讲。在这些活动中,玛格丽特根据当时保守党的基本立场,猛烈批评工党政府厉行节约和国有化的经济政策,攻击其挥霍纳税人的税款和滥用美国的贷款;坚决主张降低税收,捍卫帝国特惠制。与此同时,她也不忘强调妇女的权利:"不要被经济学家和内阁大臣们的高谈阔论所吓倒,我们要从家庭主妇的角度来考虑政治问题。我们妇女在生活中接触的就是食品供应、住房紧张和儿童福利条件日益降低这类事情。因此我们必须正视现实。请记住,随着人民权力的日益被剥夺,我们承担的责任也就越来越少了。"通过不懈的努力,1950 年选举正式举行时玛格丽特在达特福选区的知名度有了很大的提高,保守党人更是对其赞赏有加。

虽然付出了巨大的精力,但玛格丽特仍然在 1950 年选举中败北。不过达特福选区的保守党人还是给了玛格丽特以很高的评价,因为在这次大选中保守党在该选区的得票数增加了百分之五十,而工党的多数票却减少了三分之一,这无疑是一个了不起的成绩。正是由于这一点,达特福市的保守党人继续推选玛格丽特为该党候选人,并赠以一枚饰针,以示同情。令人遗憾的是,玛格丽特在 1951 年的竞选中再度不敌对手,无缘下院。惟一可以自慰的是,这次保守党战胜了工党,丘吉尔重掌相印。

就在 1951 年大选前夕,玛格丽特和丹尼斯宣布订婚。由于担心这一消息会对保守党的支持者产生负面影响,他们将认为婚后的玛格丽特必然整天忙于家务,不可能拿出更多的时间服务于选民,因此当时达特福市保守党协会主席反对向外界公布该消息。但是订婚的消息还是在投票前泄露了出去,是否真的影响了保守党的战绩就不得而知了。同年 12 月 13 日,玛格丽特和丹尼斯走进教堂,交换了结婚戒指。假如说先前决定维持与丹尼斯的关系,是玛格丽特决意"背叛"自幼便严格束缚自己的卫斯理宗教义的第一次尝试,那么结婚礼服的挑选则更进一步表明了她自我解放的决心。婚礼上的玛格丽特青春亮丽,一扫往日沉闷单调的气息。她没有选择传统的白色婚纱,而是穿了一袭深蓝色的天鹅绒长裙,头上是与之相配的饰有灰色鸵鸟羽毛的女帽。根据西方的习俗,玛格丽特·罗伯茨由此成了玛格丽特·撒切尔。有趣的是,当这对新婚夫妇沉浸在爱情的甜蜜之中时,双方的长辈却都对这桩婚事颇有点不以为然,阿尔弗雷德为女儿与这个离异过的男人结婚而鸣不平,丹尼斯的母亲则不甘心儿子迎娶一个杂货商的女儿。真是莫名其妙。

婚后家庭立即成为撒切尔夫人生活中的重要内容之一,她坦率地承认,家庭"非常重要,绝对重要! 家庭生活幸福与否,会对一个人产生巨大的影响。血浓于水,家庭成员总要比外人更亲切。家庭成员需要互相体贴,无论他们出了什么事,你总要去帮助他们;无论你有什么事,他们也一样总是关心着你。家庭成员的批评,你能够接受;如果是外人提出的批评,有时也许就难于接受。家庭是你的栖身之处。当你有了子女时,你一生中会第一次感到你确实在为他人活着,这是以前所体会不到的。他们的命运比你自己的命运要重要得多,这是截然不同的两种感觉"。正是基于这样的认识,丹尼斯夫妇自结婚之日起,就十分尊重对方的志向和职业,互敬互爱。他们认为家庭应该具有一种无形的约束力,而不是一种有形的束缚。

从此只要时间允许,撒切尔夫人总是尽心尽职地履行一个家庭主妇的职责。长大以后玛格丽特一直寄居于提供早饭和晚饭的公寓或家庭,因此她始终远离厨房,并认为买菜做饭过于浪费时间,不是她这种女性应该做的事。成为撒切尔夫人后,她的想法有了很大的转变,视为丈夫、子女下厨是一件天经地义的事情,不仅开始喜欢烹饪,而且还力求做得好一些。只要她在家里,不管前一天晚上睡得多晚,她总是第一个起床为全家做早餐,同时准备好午饭。假如晚上不能回家,她也绝不会让家里断炊,冰箱里总会有现成的冷菜。撒切尔夫人一度曾抵制冷藏食品,但后来迫于工作繁忙,她也只好向时尚"投降",把超市食品一大包、一大包地搬回自家的冰箱,以备不时之需。不过只要有可能,星期六她还是会到熟悉的小肉铺采购点鲜肉,让全家人大快朵颐。即使后来入阁担任教育大臣后,采购食物仍是她的重要任务之一,一次会议快将结束时她抬腕看了一下手表说:"我还来得及赶到街口的食品店给丹尼斯买点熏肉。"当有人建议不妨让秘书代办时,她一口回绝:"不,只有我知道他爱吃哪种肉。"在采购物品时,撒切尔夫人和一般家庭主妇没什么两样,也喜欢比较价格,她自诩是个讨价还价的能手。

撒切尔夫人最喜欢,且在行的家务劳动是装饰房间。她经常亲自上商店挑选油漆,购买墙纸,回家后便将桌子上的东西清除一空,然后换上宽大的工作服,按照自己的设想把房间装饰得焕然一新。在出任保守党领袖以前，他们的住房都由撒切尔夫人负责布置，每次她都干得十分认真，极有条理。中国人常说夫唱妇随，但他们家在这方面却完全是妇唱夫随，好在丹尼斯与撒切尔夫人拥有相同的审美观点和情趣，因此倒也相安无事，丹尼斯总喜欢称自己为泥水匠的助手。此外，撒切尔夫人还经常干一些修理搁板和调换保险丝之类的杂活，她把这一切都视为很好的休息方式。

1953年8月，撒切尔夫人生了一男一女的双胞胎，男孩取名马克，女孩取名卡洛尔。望着这两个新生的小生命，撒切尔夫人兴奋至极，可当时孩子的父亲却不知跑到哪里去了，怎么找也找不到。撒切尔夫人很重视孩子的启蒙教育："我对孩子并不十分严厉，也就是一般吧。你必须告诉孩子什么是正确的，什么是错误的，显然要立一些规矩，但不能为管教而管教，而应该向他们解释清楚。孩子总有问不完的问题，母亲必须要有无限的耐心，必须向他们解释，设法回答他们的问题。"为了给孩子提供一个良好的成长环境，在很长一段时间里丹尼斯夫妇一直设法保持两套住宅，一套在伦敦，那是出于工作需要；另一套则在肯特郡，以使孩子有一个亲近大自然的机会。正式步入政界后，由于工作关系撒切尔夫人回家时孩子们通常都已经上床睡觉了，为此她给自己定了一条严格的规矩，即每晚6点钟打电话给孩子们道晚安。这样在孩子们的心目中，虽然见到妈妈的时间不多，但妈妈离他们并不遥远。

在尽情享受家庭生活的同时，撒切尔夫人一刻也没有忘记自己的政治追求，为了奠定坚实的基础，她决意涉足司法领域。撒切尔夫人早就认识到司法与政治之间的关系，还在牛津大学求学期间，她就曾对一位朋友说过："我本不该读化学，而应该去读法律。为了政治我需要它，我现在就应该马上去读法律。"然而迫于家庭的经济能力，她只能忍痛放弃了这一想法。1950年和1951年两次竞选失败后，她开始利用业余时间攻读法律课程，婚后亦不曾间断过。就在生孩子的同时，撒切尔夫人在病床上决定参加将于年末举行的律师资格考试。虽然这时同样需要面对经济问题，因为除了学费和相关开支外，一旦通过资格考试，作为见习律师还要向指导律师和律师事务所支付一笔不小的费用，这是当时约定俗成的惯例；但现在的情况已完全改观，丹尼斯的收入足以解除她的一切后顾之忧，所以撒切尔夫人经常坦率地承认："丹尼斯的钱为我成名帮了大忙。"

1953年12月，撒切尔夫人顺利通过考试，获得了律师资格，她对此颇为得意："我暗自思忖，如果当时不做出一鸣惊人的事情来，我就有可能再也不会出来工作了，所以我报名参加律师业的最后考试。这的确是对我意志的一次考验，因为我知道除非考出好成绩，否则我将前功尽弃。因此真正坚持学习对我几乎是一个挑战。"其后撒切尔夫人在多个律师事务所见习习惯法和刑事法，最后在朋友的建议下决定专攻税务法。当时的税务法领域基本上是男性的一统天下，撒切尔夫人的贸然闯入引起了一阵不小的风波。许多律师认为撒切尔夫人根本就是走错了地方，她应该去处理离婚或刑事案件，这是女律师通常涉足的领域。有一位见习律师甚至公然叫嚷，像撒切尔夫人这样有小孩的母亲，绝对不应该出来工作，而应待在家里洗尿布。撒切尔夫人全然不为所动，她以有条不紊和高效率的工作来回击这些形形色色的责难。她每天准时上下班，工作时间从不与他人闲谈，完全无懈可击。见习期结束后，撒切尔夫人加入了一家声望平平的律师事务所，正式开始了自己的律师生涯，她在那里一直工作到1961年。

在这全新的岗位上，撒切尔夫人一如既往，兢兢业业地工作，她很快就加入了保守党律师协会,1955年至1957年间又成为该协会执行委员会的第一个女委员。与此同时,撒切尔夫人始终把目光盯住威斯敏斯特宫,她一刻也没有忘记自己的最终目标,因此虽然在多次竞选中名落孙山,她依然相信失败过后必然是成功。1959年,撒切尔夫人迎来了一个新的机会,成为芬奇莱选区的保守党议员候选人。随后撒切尔夫人立即全力以赴开展竞选工作,每个周末她都在选区发表演说,参加聚会,经常工作到深夜才回家,此举感动了不少选民。撒切尔夫人惊人的记忆力更是为她的竞选活动助了一臂之力。在一次保守党支部的社交聚会上,撒切尔夫人建议采用拍卖苏格兰威士忌的办法来筹集聚会费用。令人惊讶的是,在拍卖过程中她居然能正确无误地叫出每一个竞拍者的名字,而这些人都是她在几个小时前聚会开始时才刚刚认识的;不仅如此,她还能记住谁患了关节炎,谁的女儿在南非,谁家的住房湿气太重,等等。这无形中缩短了她与选民之间的距离。

　　1959年10月,撒切尔夫人终于如愿以偿,从芬奇莱选区走进了威斯敏斯特宫,这是她政治生涯中的一个重要转折点。进入下院不久,撒切尔夫人就向议会提交了一份有关"公共团体"的议案,要求允许新闻界旁听地方市政会议。虽然较之那些重要的政治经济问题,这一提案的内容似乎不足称道,但却引起了全国媒体的强烈关注,撒切尔夫人本人亦成了舆论的焦点。当撒切尔夫人在下院就有关议案发表处女演说时,她的演讲风格也受到了人们广泛的好评。与大多数新议员不同,她没有发表一通基本上属于例行公事式的开场白,一开始就开门见山,直奔主题,且思路清晰,推理严密,技巧娴熟。现场的议员和记者还特别注意到,在长达27分钟的演讲中她甚至没有低头看过一次讲稿,这对于那些经验丰富的议员来说也不是一件轻而易举的事,更何况她还是个初出茅庐的新人。因此撒切尔夫人的演讲结束后,不少议员大加赞赏,次日的《每日电讯报》更是称这次演讲具有"前座议员的水平"。1960年1月,撒切尔夫人的议案经修改后在下院获得通过,这不能不说是一个良好的开端。

　　1961年,撒切尔夫人第一次进入政府部门工作,担任年金和国民保险部政务副大臣。作为高级政府官员,这时的撒切尔夫人必须在下院接受议员,特别是反对党议员的质询和批评,并就各式各样的问题作出解释和答辩,努力捍卫保守党政府的利益。这样的舌战场面往往很激烈,但无论从哪个方面看,撒切尔夫人都是十分称职的。有一次工党议员提出一项动议,指责保守党政府多年来未能提高年金水平,撒切尔夫人在答辩中列举详细的数字,比较了1946、1951、1959和1962年度的年金水平,吸烟者和非吸烟者家庭的生活费用,年金的支出总额,附加税的增加额,以及瑞典、丹麦和西德的年金水平,以反诘工党议员的责难。据《每日邮报》报导,"她简直一口气连续讲了44分钟,她列举的统计数字使下院议员听得目瞪口呆"。不知是慑于撒切尔夫人的气势,还是实在无懈可击,以至于议长在请其他议员发表意见时,竟然不得不连说两遍才有人站起来发言。即使是反对派议员也对撒切尔夫人刮目相看,工党的一位女议员在这次辩论后不久出版的《议院中的妇女》一书中预测了妇女的仕途前景,她断言妇女不大可能担任财政大臣和外交大臣这类重要职务,然而在谈及撒切尔夫人时她似乎全然忘掉了自己先前的判断,将撒切尔夫人大大地恭维了一番:"她不赞成一只樱桃分两口吃,她要一口吃两只。比如,她有一对双胞胎;她一身兼两职,既是合格的化学家,又是合格的大律师;她一下子做了两件事情,既发表处女演说,又提出私人议案,而且这篇演说大有前座议员的水平。照这样的速度,玛格丽特·撒切尔即使生了四胞胎,也能当上外交大臣。"

1964年工党上台,保守党成了反对党,撒切尔夫人随之进入影子内阁,曾在多个部门工作过。1970年,保守党在大选中战胜了工党,爱德华·希思受命组阁,撒切尔夫人出任教育大臣,她是保守党历史上第二位女性大臣。政府大臣与反对党成员的工作条件当然不可同日而语,撒切尔夫人从议会下院大楼底层的一个狭小房间搬进了教育科学部带空调的宽敞办公室,一大批幕僚、随员惟其马首是瞻,一辆配有专职司机的大型轿车随时准备将她送到唐宁街、下院或其他地方。为了对得起这天壤之别的硬件设备,撒切尔夫人以旺盛的精力全身心地投入了新的工作。她不仅自己以身作则,而且要求下属也像她一样敬业,如果发现有人工作出错,或投机取巧,她就会大发雷霆,甚至挖苦、讽刺那些人。因此在教育科学部工作人员的眼中,撒切尔夫人俨然就是个"包工头",人人望而生畏,只要她在场所有的人都会感到压力倍增,有些人更是觉得难以与她进行正常的交谈,所以一旦撒切尔夫人外出休假,大家都会有一种如释重负的感觉,然而短短的假期临近结束时,他们又会愁眉不展,唉声叹气。这真不知是谁的错?!

　　假如说教育科学部的工作人员感到日子不好过的话,那么撒切尔夫人在希思内阁中也尝到了同样的滋味,其原因是多方面的。就撒切尔夫人自身而言,她似乎有点"不知天高地厚"。内阁成员原本就分为三六九等,教育大臣无疑处于权力金字塔的最底层,若非特别点名或事关教育问题,一般情况下教育大臣主要充当"听众"的角色。不知是不了解这一游戏规则,抑或根本就是想争取一个"平等"的身份,撒切尔夫人经常在内阁会议上发言,且话题常常超出教育的范畴,这自然会招来他人的白眼。弥漫在保守党上层的浓厚的大男子主义色彩也是一个不容忽视的因素。据说希思首相最讨厌两种人,一是持不同意见者,二是女人,可怜的撒切尔夫人恰恰同时具备了这双重身份,只是对撒切尔夫人的才干和在政府中的价值尚有一个清醒的认识,希思才对她网开一面。更兼撒切尔夫人每次发言都事先作好充分的准备,常常还会提供许多事实和数据来论证自己的观点,对比之下其他大臣不免相形见绌,或显得敷衍了事,或显得夸夸其谈。在这种情况下,撒切尔夫人怎能搞好和其他阁员的关系?!

　　任职教育大臣期间,撒切尔夫人推出的两项主要政策引起了轩然大波。其一是取消前工党政府将现有中等学校改为综合学校的计划。所谓综合学校,即综合开设文法学校、工艺学校和现代中学这三类学校的课程,且不分科的中等教育机构。撒切尔夫人的做法体现了保守党的一贯立场,该党认为把有特色的文法学校改为一般性的综合学校,势必会降低教育质量,而且可能进一步影响高等教育的水平,甚至危及社会风气,助长无政府主义。撒切尔夫人指出:"我相信工艺学校具有巨大的潜力,但在目前政府教育经费计划的基础上,它们永远不可能实现我们的希望。教育开支应当比平均数增加得更多些。"其二是减轻教育部门负担。该届保守党政府最初实施紧缩开支的财政政策,教育部门自然不能幸免,撒切尔夫人虽然竭力捍卫教育部门的利益,但最终仍不得不作出妥协。为此教育科学部决定取消每天向七至十一岁的小学生提供三次免费牛奶的做法,这样每年可节省300万英镑的经费。撒切尔夫人曾这样解释这一决定:"我认为大多数父亲有能力支付他们孩子的牛奶费用,政府的职责是提供他们难以承担的教育经费,如建造新的小学校。前工党政府已经取消了免费向中学生供应的牛奶,虽然他们内部也有人反对,但并没有出现大的动乱。重要的是要保护教育,这就是我们所要做的。"

　　然而撒切尔夫人错误地估计了形势,由于涉及学生家长的切身利益,特别是后一措施,社会各界反应之激烈完全超出了她的预料。反对党在下院乘机发难,撒切尔夫人转眼间变成了"误人子弟的大臣"、"虚伪的吝啬鬼"、"反动的野蛮女人",简直就是一个十恶不赦的罪人。每当她想站起来辩解时,等待她的又是"把这个泼妇轰出去"的狂呼乱叫。媒体亦一片哗然,《太阳报》称她为"英国最不受欢迎的女人"和"掠夺牛奶的撒切尔夫人",后者曾在很长时间内一直"陪伴"着她。还有一个女记者尖刻地将撒切尔夫人描述为"听起来似乎是个始终带帽子的"女人,用以讽刺她是个保守的或老派的妇女,因为过去的英国妇女习惯于戴帽子,六七十年代已没有这种风尚。1971年6月,撒切尔夫人视察利物浦工艺学校,"欢迎"她的是学生的抗议示威。当她发表演讲时,"学校的牛奶呢?"和"保守党人滚出去!"等愤怒的讨伐声响成一片,一些学生还不断向她投掷纸镖。演讲结束后校方主持人建议向撒切尔夫人表示感谢,有人竟以大声打嗝作为回答。鉴于会场秩序越来越混乱,最后堂堂的教育大臣不得不从边门溜之大吉,以避开抗议的学生,实在是狼狈不堪。

此外,为了阻止学生联合会资助那些与学生没有直接关系的社会福利事业和政治活动,撒切尔夫人建议大学当局接管学生联合会的基金,此举也招来了一片嘘声。当撒切尔夫人在伦敦伊丽莎白女王大厅为南方银行专科学校的学生颁发学术奖状时,获奖的650名学生中只有不到180人上去和撒切尔夫人握手;另外一些学生在学生联合会主席的带领下向撒切尔夫人递交了两份请愿书后,愤然退场。校方原本安排了六名学生与撒切尔夫人共进午餐,但未等第一道菜上来他们便拂袖而去,他们在留给撒切尔夫人的一张纸条上直截了当地表达了自己的不满:"我们对你的谎言和所谓的民主政治已经领教够了。"撒切尔夫人对这一切似乎都置若罔闻,她依然发表了演讲,这时被阻挡在大厅门外的抗议学生便齐声高呼:"如果你们憎恨撒切尔夫人,就请你们拍拍手!"更有甚者,一个自称"愤怒大队"的组织竟然扬言要绑架撒切尔夫人,有关当局不得不在她的住处派驻了警卫。

城门失火,殃及池鱼,撒切尔夫人的所作所为也连累了家庭的其他成员。当时卡洛尔正在伦敦大学学习法律,由于撒切尔夫人的缘故同学们都很讨厌她,经常训斥她,并将其排斥于集体活动之外。撒切尔夫人对此深感内疚。最后,连一贯支持她的丈夫丹尼斯也认为该是推枰认输的时候了。虽然表面上依然十分坚强,从来没有流露出心神不定的样子,但撒切尔夫人事后还是承认那时她几乎要崩溃了,私下里曾一个人伤心落泪。不过即使如此,她还是坚信自己的主张是正确的,绝大多数人将从中获益。在最困难的时候,希思首相坚定地站在撒切尔夫人一边,明确地拒绝了反对党要求她辞职的提议。实事求是地说,撒切尔夫人并非是一无是处的教育大臣,姑且撇开上述措施的是非不谈,她在其他方面的努力肯定推动了英国教育事业的发展,例如延长义务教育的年限,支持电视大学等。尤其值得一提的是,正是在撒切尔夫人任内,英国的教育经费第一次超过了国防开支,这无论如何都是英国教育史上值得纪念的一件大事。然而不知为什么,人们在"讨伐"撒切尔夫人时,常常会忘记这一事实。

1974年,工党在大选中获胜,希思政府倒台,保守党内部人心浮动。为了稳定士气,重整旗鼓,不少保守党人开始考虑党魁的更替问题。最初虽然也有人提议撒切尔夫人参加竞选,但遭到她本人的断然拒绝,她曾多次公开声称:"一个女人成为英国保守党的领袖或首相,那将是很多年以后的事情,在我的有生之年绝不会出现这种可能性。"然而到了1974年末,鉴于竞争人选出现重大变化,撒切尔夫人一反常态,决定挑战希思的保守党领袖地位。撒切尔夫人这样解释自己的动机:"因为我是个真正的保守党人,我坚信保守党人能比其他任何人都出色地管理这个国家。然而我发现保守党正在急剧地向左转,没有一个人能够代表我的主张和思想,所以我认为我参加竞选对国家是极其重要的。"她还表示,作为内阁大臣,她应对希思政府所犯的错误承担一份责任,但同时也决心从过去的失败和挫折中吸取教训,以为将来制定新的建设性计划尽一份力;"在灾难深重的英国,现在我们的党需要一切来自尊重传统的托利主义理想和信念的支持……人们普遍认为,在过去的年代里保守党并没有坚定不移地维护这种理想和信念,致使英国不可避免地走上了社会主义的平庸道路。我们不仅要制止这种趋势,而且还要把英国引出歧途,现在是保守党必须开始行动的时候了。作为反对党,我们可以在下一次大选之前革新自己的政策,无论将来谁当选为党的领袖,这都是压倒一切的首要任务"。

1975 年 1 月,撒切尔夫人在《每日电讯报》上阐述了自己的竞选纲领:"我们使人民失望了,否认这一点是没有好处的,是一种夜郎自大的表现……然而我们从经验中得到了两个教训,第一是从长远看直线上升的通货膨胀是最可怕的敌人;第二是我们再也不能让宏观经济学的偏见和工业的增长蒙骗我们,使我们忽视普通老百姓和各个生活领域中的日常问题。在我领导下的保守党将毫不掩饰自己的信条,即个人自由和个人致富成名,维护法律和秩序,广泛推行私有化,倡导实干、技能和节俭,多样化的选择和维护地方社区的权利。"

撒切尔夫人及其追随者都对未来充满了信心,一位保守党议员称撒切尔夫人"长期以来一直是位真正的理想主义的政治家。她不仅是一位政治家,而且还是一位哲学家"。保守党内的不少同僚还特别赞赏她勤勤恳恳、一丝不苟的工作态度,许多密切关注时局者则对她的一些精彩演讲留下了极其深刻的印象,誉其为难得的领袖人才。然而,对于更多的人来说,撒切尔夫人只是一位名不见经传的女性。《泰晤士报》的一篇评论文章认为,撒切尔夫人与希思毫无两样,冷漠无情,"在他们两人之间变换党内领导权,就像从爱斯基摩人的圆顶茅屋跳出来,再跳进冰川一样,毫无意义"。下院的不少议员更是视其为一个不讨人喜欢的、中产阶级的郊区居民,智力平平。

就在人们众说纷纭之际,撒切尔夫人不断用实际行动来证明自己的才华和能力。1975 年元月,撒切尔夫人在下院辩论中对工党财政大臣发动了一场全方位的攻击。撒切尔夫人首先以揶揄的口吻声称,她原先想说财政大臣的此番发言未能反映出他的真实水平,然而遗憾的是她不得不说,财政大臣实际上已经为此使出了浑身的解数。接着她又借题发挥:"有些财政大臣精通微观经济,有些则是财政学家,而这一位却对什么都一窍不通。他昨天的答辩使我们感到惊讶,这样一个对现存税务知识和提交议会讨论的议案一知半解的人,怎么能担当财政大臣? 怎么能为政府进行辩护? 如果这样的人可以算是财政大臣,那么下院里的任何一位都可以成为财政大臣。我原来以为这位可尊敬的先生至少可以谈谈这种做法的实际效果,因为它将会影响到每个人,其中包括像我这样生来就没有特权的人,但我还是失望了!"撒切尔夫人的伶牙俐齿再次取得了轰动的效果,不仅将对手挖苦得无言以对,而且也使希思相形见绌,许多心存疑虑的保守党议员纷纷改变了看法,对其好评如潮。媒体亦喝彩不已,《每日电讯报》的撰稿人写道:"尽管我不愿意激怒这位女性气质十足的女士,但我还是认为保守党需要更多像她这样的男人。"

撒切尔夫人的努力很快就取得了实际效果,1975 年 2 月 4 日她在第一轮投票中以 11 票的优势击败了主要竞争对手希思,不久又在第二轮投票中战胜其他竞争者,成为保守党历史上第一位女党魁。就在竞选胜利的当天,撒切尔夫人对媒体记者发表谈话:"对我来说这就像一场梦,继麦克米伦、霍姆和希思之后,玛格丽特·撒切尔的名字也列入了保守党领袖的行列。我的前任们在完成自己的任务时,各自显示了他们独特的领导风格和超群的领导特点,我也要以谦逊和献身的精神来从事我的工作。"当有记者请她谈谈此时的感受时,她自豪地宣称:"当之无愧!"一副踌躇满志的神情。

1975年10月,撒切尔夫人第一次以保守党领袖的身份出席保守党年会,这不免使她有点紧张,特别是闭幕式上的演讲更是令她坐立不安。演讲的前一天晚上,撒切尔夫人几乎彻夜未眠,第二天上午她又早早地整装待发,为了不弄皱衣服,她连坐都不敢坐下。她不停地在房间里踱来踱去,恰似一只热锅上的蚂蚁。不过登上主席台后,撒切尔夫人就像换了一个人似的,内心的焦虑被掩盖得严严实实。当时有一位老年妇女送给她一把蓝色的羽毛掸子,她拿在手上先是迅速地掸了掸放讲稿的小台架四周,接着又在会议主席的鼻子前挥了一下。这番貌似轻松的表演征服了全体与会者,大厅里笑声一片,撒切尔夫人自身的紧张感也好像随之倏忽而去,她充满信心地开始了演讲。她首先称赞了保守党的前任领袖,接着又着重阐述了自己的社会经济主张:"社会主义对英国是有害的,绝不能把英国和社会主义混为一谈。只要我还健在,还有力量,就绝不允许英国滑向社会主义。""一个经济上实行国有化,社会生活受到政府控制的国家,是绝不会繁荣昌盛的……我们大家都能看到,一些人正在蓄意攻击我们的价值观念,攻击那些倡导善良和美德的人们,攻击我们优良的传统和伟大的历史。还有些人正在抛弃我们民族的尊严,颠倒英国的历史,将不断赋予人们希望和光明的历史歪曲为刻板的、黑暗的、压抑的、失败的和令人绝望的历史。""我认为,英国的光荣传统就是人人都有自由劳动的权利,有支配自己财产的权利,有拥有财产的权利,有将政府当作公仆而非太上皇的权利。这一切就是一个自由国家的本质,其他所有的自由只能在此基础上才能享有。"撒切尔夫人演讲结束后,会场一片欢腾,欢呼声、喝彩声此伏彼起,有些人甚至把嗓子都喊哑了。当天晚上,撒切尔夫人得意地声称:"现在我是名副其实的领袖了。"

出任保守党领袖还不到一年,撒切尔夫人就收到了苏联人送来的一份特殊礼物——"铁娘子"的绰号。事情起源于1976年1月撒切尔夫人在肯辛顿市政厅发表的一次演讲,当时她在抨击工党政府的同时,也严厉谴责了苏联政府:"政府的首要职责就是保护人民不受外来的侵略,并保证我们的生活方式能够继续存在下去。然而正当英国及其盟国面临扩张主义政权的威胁,且这种威胁是自二战结束以来最为严重的时刻,现政府却在不断地削弱我们的防务力量。俄国是个独裁国家,其统治者是一批思想顽固、处心积虑的人,他们把这个国家变成了世界上最重要的军事大国,他们这样做绝非只是为了自卫。像俄国这样一个庞大的、大部分领土被陆地封闭的国家并不需要建设一支仅是用于保卫自身边界的世界上最强大的海军,完全不需要!俄国人一心想统治全世界,他们迅速掌握了建立这个世界上有史以来最为强大的帝国的手段。当我们把大炮置于一切东西之后时,他们却是大炮优先于黄油。他们知道自己仅是一种意义上,即军事意义上的超级大国,而在人性和经济方面还仍然是一个失败者。如果不能从他们在葡萄牙,以及目前在安哥拉的阴谋活动中汲取教训,那么用他们的话来说,我们必将要被扔进'历史的垃圾堆'。"她还认为,必须加强北约的力量,每个成员国都应为此而作出自己的努力,英国则更要发挥其特殊的作用;"共产党力量的增长威胁着我们整个的生活方式,但只要我们现在就采取必要的措施,这并非是不可逆转的。"

苏联的反应十分强烈,国内迅速掀起了一场批判撒切尔夫人的宣传运动。苏联官方新闻机构塔斯社将撒切尔夫人称为"铁娘子"、"冷战分子";一幅漫画则画着她"骑"着扫帚飞越威斯敏斯特宫,其上写着"邪恶的西方巫婆"。苏联人始料未及的是,撒切尔夫人听到这个绰号后不仅没有生气,反而引以为荣,"那是他们对我的最好赞扬"。三年后在一次竞选演说中,她更是直截了当地宣称:"俄国人说我是个铁娘子,他们说对了,英国就是需要一个铁娘子。"

入主唐宁街十号

成为保守党第一号人物后,撒切尔夫人很自然地将目光盯住了唐宁街十号,她决心在这里揭开英国政治史上崭新的一页。

1979 年 3 月 28 日,撒切尔夫人在争夺唐宁街十号的斗争中赢得了一次关键性的胜利。这天议会下院就保守党对工党政府提出的不信任议案进行辩论、表决,这是保守党在不到三年的时间里连续第三次提出对政府的不信任议案,前两次皆为工党所挫败。在持续七个小时的激烈辩论中,撒切尔夫人着重强调了必须解散议会,举行大选,以让选民来决定下一届议会的人选。晚上 10 点进行表决时,大厅内座无虚席,执政党和反对党议员的喧哗声致使口头表决无法进行,议长只好采取分组表决的办法。当保守党最终以一票的微弱优势获胜之后,保守党议员无不喜形于色,额手称庆。这是自 1924 年以来反对党第一次成功地迫使执政党进行大选,其意义不言而喻。当晚撒切尔夫人按捺不住喜悦的心情,激动地对丹尼斯说,这是历史性的一天,"真是太高兴了,这样的夜晚一生中恐怕只有一次"。

大选定在 5 月 3 日进行,紧张的竞选活动随之全面展开。在那些日子里,撒切尔夫人及其助手通常早晨 7 点起床,几乎常常要忙到凌晨三四点钟就寝。他们到各地旅行,参加集会、发表演讲、会见选民。撒切尔夫人似乎对此习以为常了,但对她的助手们而言这简直就是一次极限考验。经过多年政治斗争的洗礼,撒切尔夫人显然更为成熟了,她的演讲热情洋溢,感染力极强。她对选民们说:"现在是英国迎头赶上自由世界的时候了,我们应该成为领导者,而不是落伍者。我们必须改变我们的方针、政策和方向,否则我们伟大的国家很快就会变成史书中的记述,随着时间的流逝而被逐渐遗忘,成为人们模糊记忆中的一个远离大陆的孤岛,只是因为曾经有过一段伟大的历史人们才会偶尔想起它。"

为了最大可能地争取各阶层选民,保守党竞选班子煞费苦心,尽量淡化撒切尔夫人"铁"的色彩,同时增加一些"柔"的成分。这时出现在照片上的撒切尔夫人,或是提着购物篮,或是在行人杂沓的路边肉店采购,俨然是一个温柔、贤惠的家庭主妇。有一次在盎格利亚东部的一个农场进行竞选时,撒切尔夫人抱着一头牛犊让人拍照,由于从来就没有这方面的经验,所以她的形象颇为滑稽可笑,好像是在掐小牛的脖子一样。站在一旁的丹尼斯不由得开起玩笑来:"如果你一不小心,那头小牛非死在你手上不可。"

5 月 4 日凌晨 3 点,撒切尔夫人在丹尼斯的陪伴下来到保守党中央党部,这时各地传来的消息表明保守党已胜券在握,人们纷纷拥上前去向这位未来的首相表示敬意和祝贺。一个小时后撒切尔夫人开始考虑入住唐宁街十号时她该说些什么,当助手将一篇拟好的讲话稿读给她听时,下面这段话使撒切尔夫人第一次情绪失控,激动得热泪盈眶:"哪里有矛盾,我们就要在那里倡导和谐;哪里有谬误,我们就要在那里宣扬真理;哪里有疑虑,我们就要在那里鼓舞信心;哪里有悲观情绪,我们就要在那里传播希望。"5点左右,撒切尔夫人一家返回住处,那里已被保守党的支持者围得水泄不通,人们尽情地欢呼、唱歌,一直闹到天亮才渐渐散去。这一夜撒切尔夫人根本没有合过眼,她始终坐在电话机旁,不停地打电话。假如说撒切尔夫人此刻还有什么遗憾的话,那就是不能和父亲共同分享这一胜利的喜悦。在撒切尔夫人的心目中,她今天所有的一切成就都得归功于父亲早年给她打下的坚实基础。

　　无论对于撒切尔夫人,还是对于唐宁街十号,1979 年 5 月 4 日这一天都是一个全新的开始,英国历史上从此有了第一位女首相。这一天伊丽莎白二世女王召见撒切尔夫人,授命她组织新一届政府。随后撒切尔夫人驱车前往唐宁街十号,在台阶上她第一次以首相的身份向记者和欢迎的民众发表讲话:"不论大家在大选中投了谁的票,我都要向你们——全体英国人民呼吁:现在大选已经过去了,让我们携手并进,齐心协力,为了我们引以为自豪的祖国的强大而奋斗……"

　　在接下来的 24 小时里,撒切尔夫人全力以赴,组织新一届内阁。早在大选胜利以前,撒切尔夫人就曾指出:"组阁时我将选择一个目标一致,所有成员都具有献身精神的内阁。这个内阁不应仅仅是一个实用主义的或政治认识一致的内阁,而必须是一个决策型的政府……我们一定要朝着统一的、明确的方向前进,作为首相我不能把时间浪费在内部矛盾方面。"然而这一目标并没有实现,虽然撒切尔夫人内阁中包括了一部分决策型的政治家,这些人基本上掌握了经济领域的关键职位,但为了显示保守党表面上的团结,撒切尔夫人又不得不把党内不同派别的代表人士也拉进内阁。后来的情况表明撒切尔夫人的第一届内阁是 20 世纪英国分歧最大的内阁,有些保守党人认为这是撒切尔夫人执政之初所犯下的最严重的错误之一。撒切尔夫人自己可能也认识到了这一点,因此她精明地通过一些小型的委员会来实际管理政府,用撒切尔夫人的话来说这些小型委员会的成员都是"自己人"。

　　撒切尔夫人的到来完全改变了唐宁街十号的工作、生活节奏,工作人员很快就尝到了"苦头"。撒切尔夫人工作讲究实效,浑身仿佛有使不完的精力。她仍然和以前一样,将睡觉视为"奢侈"之举,每天早晨 6 点半就早早地起床了。《泰晤士报》、《每日电讯报》、《快报》和《太阳报》等当天报纸通常都在前一天深夜送抵唐宁街十号,以便新闻官提前浏览,并挑选出首相感兴趣的新闻,这样撒切尔夫人起床后即可阅读。她还十分喜欢收听广播,经常边听广播,边洗漱、穿衣,同时给丹尼斯准备早餐。8 点半撒切尔夫人准时开始办公,经过一连串的会议和公务活动后,她办公室的灯光经常会亮到午夜以后。撒切尔夫人很少有娱乐活动的时间,即使有时卡洛尔想请秘书帮忙安排个时间,以与母亲一起去趟剧院,得到的回答常常都是:"三个月之内压根就甭想。"首相的以身作则,无形中就给了工作人员以巨大的压力,而且她也确实是这样要求他们的。她要求每件事都必须有条不紊,一件事若讲过两遍后还有人不能领悟她的意思,接下来的话就有点"笑里藏刀"了。所以几天后就有人声称:"不出一个星期,我就会受不了的。"

　　包括首相在内的内阁大臣,每人都有一个或几个用红色皮革制作的公文包,里面装有必须处理的公文,每个公文包的文件通常代表两个小时的工作量。在一般情况下,每个大臣每天晚上都要处理一个公文包的文件,而首相则为两至三个,这是撒切尔夫人时常工作到深夜的主要原因之一。另一个原因是,撒切尔夫人处理文件极其认真。有人曾开玩笑地将她和丘吉尔作过一番比较,有一次丘吉尔收到一份长达90页的有关社会保险的文件,内容翔实充分,论证细致严密,但他只是在第一页上批了"我该读哪一页呢?"随后便将其退了回去;撒切尔夫人的工作作风与之截然相反,当有人送呈一份仅四页纸的大纲时,文件也被退回,其上的批示是:"我要看这份大纲据以形成的调查报告。"撒切尔夫人还经常在晚上召集会议,会后疲惫不堪的同僚常会对她说:"首相,你不想接下去再处理这些公文了吧?"言下之意是,我们都想回去睡觉了。不知是装糊涂,还是真的不明白,撒切尔夫人总是答道:"不!不!"说完便会脱掉鞋子,盘腿而坐,一边喝着搀苏打水的威士忌,一边精力充沛地与同僚展开热烈的讨论。这时她的思想特别活跃,不少精明的决策就形成于深夜柔和的灯光之下。为此一位同僚曾说过这样的话:"她是一只夜莺,但她白天同样忙得不亦乐乎。"这一切对撒切尔夫人来说实在是太平常了,当美国《时代》周刊杂志的记者问及她对如此拼命工作有何感想时,她的回答简直令人吃惊:"我不知道,只是觉得恰得其所,我根本就没感到劳累过度。虽然生活总是那样的紧张,但我乐此不疲。"

撒切尔夫人与其他首相不同,只要时间许可她一般不会拒绝求见者。她与求见者的谈话方式也与众不同,基本上没有什么客套话,一开口即直奔主题,"好,你有什么问题?"情况了解完后,她通常都会接着问:"你的意见呢?"这时求见者必须尽力阐明自己的看法。假如同意求见者的说法,撒切尔夫人就会直截了当地说:"对!就是这样!"反之,她便会用尖刻的语言毫不客气地指出错误之所在。一旦遇到后一种情况,求见者除了自认倒霉外,也常常不得不承认:"这个该死的女人说得很对!"

尽管人们对撒切尔夫人有各种各样的看法,但在许多直接为其服务的底层员工的心目中,她始终是个十分体贴下属的女主人。她能记住每一个仆人及其配偶的名字,对他们的身体健康状况也了解得清清楚楚。每次上菜时,她几乎总要向侍者道谢。有一次,撒切尔夫人在首相别墅宴请内阁成员,一个年轻的女服务员一不小心弄翻了手中的银盘,油腻腻的褐色肉卤全部泼在了一位大臣的裤子上。撒切尔夫人见状一跃而起,用胳膊紧紧拥着这个惊慌失措的女服务员以示安慰,后来又把她拉进厨房,嘴里还不停地说什么事都不用害怕。而那位"受害"的大臣只得自认晦气,自己擦洗弄脏的裤子。这一切可能都与撒切尔夫人的平民出身有关,即使荣登首相之位后,她也没有忘记自己的过去。

撒切尔夫人执政之初,英国的经济形势十分险恶,1979年6月至1981年6月国内生产总值下降了4.6%,其中工业生产下降超过10%;1980年的通货膨胀率也令人担忧,高达21%;1982年1月失业人数突破300万,为本世纪之最。为了尽快扭转这一局面,新政府抛弃了长期以来在英国占主导地位的凯恩斯的经济学说,改奉美国经济学家大力倡导的货币主义的理论。货币主义强调货币供应是决定经济活动的主要因素,货币供给量的变化将直接影响和决定生产、就业和价格水平。早在拜相之初,撒切尔夫人就指出:"通货膨胀这个恶魔还在纠缠我们,在我们接手时通货膨胀已经恶化,想要恢复正常的货币和财政前景,还有很长的路要走……我们不会低估眼前的巨大任务,但没有健全的货币制度就很难办事。健全的货币制度是健全的政府稳定的基础。"

为此,撒切尔夫人政府采取了一系列较为激烈的经济措施,如严格控制货币供应量,以抑制通货膨胀;减少公共支出和借贷,以减轻营利性私人企业的负担;降低所得税,开征消费税,以刺激经济的发展,等等。由于这些措施牵涉面较广,且难以取得立竿见影的效果,新政府遭到了来自各方面的强大压力,内阁中也出现了分裂的迹象。面对一片反对声,撒切尔夫人毫无惧色,一方面当机立断,解除持不同意见的内阁大臣的职务;另一方面则态度鲜明地表明了自己的立场:"我不是个随波逐流的女人,不会为了取悦民众而改弦更张……如果一个保守党的政府屈服于他人的批评而放弃原则,明知故犯地去做错误的事情,所有保守党人都应大喝一声:'住手!'不过只要我还是首相,你就毋需劳此一呼。""对于那些屏息等待媒体最喜欢的大标题——'大转变'出现的人,我只有一件事可以说:'要变你自己变,铁娘子绝不变。'我不只对你们这样说,对海外的朋友和不是朋友的人也这样说。"这些话是撒切尔夫人在1980年保守党年会上发言的一部分,铁娘子的个性体现得淋漓尽致。两年之后,撒切尔夫人终于看到了最初的曙光,英国的经济形势开始逐步好转,1981年工业产值攀上了二战后的最高点,关键的通货膨胀率也大幅度下降至4%,且有进一步走低的趋势。这不仅巩固了撒切尔夫人目前的地位,而且对日后的连选连任亦产生了重大的影响。

作为首相,撒切尔夫人不得不从前人那里"继承"了一份令人头痛不已的遗产——北爱尔兰问题,1979年8月27日上任不久的撒切尔夫人就接到噩耗,伊丽莎白二世女王的亲戚蒙巴顿伯爵死于爱尔兰共和军的炸弹爆炸。撒切尔夫人不甘向爱尔兰共和军示弱,8月29日即飞往北爱尔兰,除了到贝尔法斯特医院探视受伤的英军士兵和会见贝尔法斯特市长外,她还冒险在市区购物中心公开露面,并搭乘直升飞机视察了一些危险地区。撒切尔夫人对北爱尔兰问题一向持强硬态度,这在1981年3月的绝食事件中表现得尤为充分。当时贝尔法斯特一所监狱的几十名爱尔兰共和军囚犯举行绝食斗争,以争取政治犯的待遇。从5月份开始陆续有囚犯死去,至10月份死亡人数已达到十个。尽管这一事件导致北爱尔兰局势迅速恶化,敌对情绪益发明显,警察和示威者屡有伤亡,但撒切尔夫人还是坚定地声称,北爱尔兰的分裂势力"已经将他们罪恶的暴力行动从贝尔法斯特、伦敦德里的大街和阿尔马的原野上扩大到了监狱的牢房里……他们当中的一个成员选择了自杀——这是对生命的不必要的浪费,因为绝食者所谋求的那种政治地位是不可能得到的。政府的立场是明确的,不管其动机如何,犯罪就是犯罪,杀人就是杀人。"她还指出,如果想在北爱尔兰实现和平,就"必须抵制和回击恐怖主义的挑战"。最后爱尔兰共和军自己取消了这场绝食斗争,撒切尔夫人政府也宣布对北爱尔兰监狱实行若干改革措施,如犯人可以不穿囚衣,有一定限度的"自由来往"权,但仍然不给他们以政治犯的地位。

纵观撒切尔夫人的经历,人们不难发现她缺少外交活动所必需的才干和灵活性,急于求成和快人快语的性格实乃这一领域中最忌讳的事情。然而这一切似乎并没有影响撒切尔夫人在国际舞台上的形象,曾经与之接触过的外国高层人士,不少都对其赞赏有加。联邦德国总理施密特曾说过,在有关的讨论中,"撒切尔夫人对问题十分熟悉,讲话论据充足,理由充分,富有责任感"。撒切尔夫人对自己在这一方面工作的评价是:"我对外交一窍不通,但我深知,也深信应该为英国所做的事情是什么。"就是这种强烈的责任感,促使她上任后竭力争取减少英国在欧洲经济共同体预算中所承担的份额。一份布鲁塞尔调查委员会的报告指出,1979年英国是欧洲经济共同体中最不景气的成员国之一,但它却被要求承担最大份额的预算款项。在过去六年中,英国向欧洲经济共同体预算款项提供的份额不断提高,以至于英国每年交纳的款项与欧洲经济共同体返回给英国的款项之间出现了 8 亿英镑的巨额缺口,这实在令英国不堪重负。

当时欧洲经济共同体的各国首脑已意识到这一问题,准备对英国作出一定的让步,然而他们并不打算从根本上解决问题。这次他们碰到了一个难缠的对手,撒切尔夫人对局部调整不感兴趣,她要求的是长期的和深刻的改革。1979 年 10 月,撒切尔夫人公开表示:"英国无法接受目前的预算情况,这预算明显对我们不公平,在政治上根本说不通。当我的选民们正被要求放弃健康、教育及其他各种福利时,我无法对欧洲经济共同体扮演慷慨的角色。"她甚至还扬言要与欧洲伙伴"决一死战"。大概是自感理亏,1979 年底欧洲经济共同体决定将英国的交款额减少 3.5 亿英镑,以平息撒切尔夫人的怨气。不料撒切尔夫人根本不领这份情,拒绝接受这一方案。此举出乎许多人的意料,连英国外交部也吃惊匪浅,新闻界更是指责撒切尔夫人不守外交常规,独断专行。撒切尔夫人对这一切都置若罔闻,依然我行我素。1980 年 2 月,她又在电视专访节目中发出威胁,英国政府可能会考虑停止向欧洲经济共同体支付预算款项,但由于那样会违反欧洲经济共同体的法律,英国政府将会十分谨慎。最后经过一连串的谈判,欧洲经济共同体同意削减英国交款总额的三分之二,这时撒切尔夫人才有点"勉强"地接受了这一方案。撒切尔夫人的所作所为引起了欧洲经济共同体各国首脑的普遍不满,法国总统德斯坦很自然地就联想起她的出身,遂称其为"杂货商的女儿"。撒切尔夫人立即反唇相讥,回了他一个"冒牌伯爵"。

撒切尔夫人在外交活动中特别注重发展英美关系,增强"大西洋色彩"。撒切尔夫人一直强调英美关系不是一般的外交关系,美国是英国"最主要的盟国";美国的核保护伞对于西欧各国是至关重要的,"如果美国不留在欧洲,欧洲和自由世界就不可能安全"。加之撒切尔夫人与时任美国总统的里根政见相同,关系密切,互相支持,所以有人称撒切尔夫人恢复了丘吉尔开创的英美"特殊关系"。对待当时另一超级大国苏联,撒切尔夫人一贯持强硬态度,上台之初她就宣称西方与苏联的矛盾是两种社会制度的生死之争。1981 年,英、苏两国相继大规模驱逐对方外交官,关系持续恶化。当苏联军队入侵阿富汗后,撒切尔夫人政府不仅强烈要求苏军撤出阿富汗地区,而且联合其他西方国家对苏联实行制裁,并停止英、苏间的高级往来和文化交流,抵制莫斯科奥林匹克运动会。撒切尔夫人还力主在欧洲部署美国的巡航导弹,以对抗苏联的核威胁,"对于那些反对巡航导弹的人士,我真希望他们能将这份精力转用于说服苏联方面。他们应该竭力说服苏联,如果苏联决意增加核军备,那么我们就绝不会坐以待毙;如果不希望我们以巡航导弹作为反制,那么苏联应先行拆除他们的巡航导弹!"一直到戈尔巴乔夫入主克里姆林宫以后,撒切尔夫人对苏联的政策才开始逐渐有所变化。

"重建英国的自信及世界地位"是撒切尔夫人在外交活动中追求的主要目标之一,这一点在英、阿马岛冲突中得到了充分的体现。马岛全称马尔维纳斯群岛,英国人称之为福克兰群岛,位于大西洋西南部,距南美大陆 600 公里左右,面积约 1.2 万平方公里,居民近两千人,其中多数为英国人后裔。马岛虽然只是荒僻的不毛之地,气候寒冷,人烟稀少,但它不仅扼守着南大西洋和南太平洋之间的交通要道,而且还是通往南极洲的前哨基地和理想的中转站,战略位置十分重要。此外,马岛潜在的经济价值也相当引人注目,海洋渔业和石油资源极其丰富。英国和阿根廷关于马岛主权的争执由来已久。1816 年,阿根廷推翻西班牙的殖民统治宣布独立,同时将原西班牙领地马岛定为阿根廷的第二十四省。1833年,当时头号殖民霸主英国以该岛系英国人所"发现"为由,先后出兵武装占领了马岛中两个最大的岛屿,但阿根廷方面始终拒绝承认英国对马岛的主权。1965年,联合国大会以压倒多数宣布马岛主权尚存争议,要求英、阿两国通过谈判解决争端。由于双方各执一词,互不妥协,多次谈判皆不欢而散。1982年初的又一次谈判破裂后,同年4月2日阿根廷军队占领了马岛首府斯坦利港,守岛英军寡不敌众,稍作抵抗便告投降,由此揭开了英、阿马岛战争的序幕。

　　阿根廷出兵的消息传到英伦后,撒切尔夫人的反应十分强烈。4月3日星期六上午,撒切尔夫人紧急召集全体下院议员开会,辩论英国政府将就马岛问题发表的声明,这是英国下院25年来第一次在星期六开会。撒切尔夫人在辩论刚开始时就发表了咄咄逼人的演说:"福克兰群岛及其属地依然是英国的领土,任何侵略行为都不能改变这个单纯的事实。政府的目标是要尽早解放沦陷的福克兰群岛,使其回归英国的管辖。""福克兰群岛的人民和英国的人民一样,都是海岛民族……他们虽然人数不多,但一样有权过和平的日子,有权选择他们的生活方式,有权决定他们想要效忠的国家。他们的生活方式是英国式的,他们的效忠对象是英国王室,因此我们要尽一切可能维护他们的这些权利。这是英国人民的愿望,也是女王陛下政府的责任,我相信这亦是每位议员共同的决心。"撒切尔夫人决意走向战场的另一个原因是,她想利用这一机会重振大英帝国的余威,正如她日后所说的那样:"当我们开始动手的时候,有些迟疑不决和性格懦弱的人认为,即使我们真的动手,也干不成什么大事。他们以为我们的衰弱已经无可挽回了,我们再也不是从前那个曾经建立起一个帝国,并统治四分之一世界的民族了。他们错了!"4月5日,包括两艘航空母舰和两艘核动力潜艇在内的特混舰队驶离英国本土,气势汹汹地向马岛进逼。与此同时,撒切尔夫人宣布成立战时内阁,其成员除首相外,还包括内政、贸易、国防和外交大臣。

　　在此后的两个多月中,撒切尔夫人密切关注着马岛形势的发展,用她自己的话来说:"从某个角度来说,福克兰群岛成了我的一切,甚至融化到我的血液中。"由于时差的关系,有关的战场消息往往在半夜传到伦敦,为了及时掌握情况,撒切尔夫人常常工作到深夜,乃至凌晨。4月底,英国特混舰队驶抵马岛附近,宣布对马岛周围200海里区域实行海空全面封锁。战斗随即打响,并日趋激烈。5月2日,英国核潜艇在200海里禁区外用鱼雷击沉了阿根廷海军第二大战舰贝尔格拉诺将军号巡洋舰。阿方毫不示弱,立即还以颜色,5月4日也用反舰导弹击毁了英军的谢菲尔德号驱逐舰,这是70年代刚刚投入使用的英国最现代化的军舰之一。然而战争毕竟是综合国力的大拼搏,英国虽然已失去了往日的雄风,但属于发展中国家的阿根廷仍然难以望其项背,更何况英军的武器装备和人员素质也明显较阿军高出一筹,这一切都决定了战争的最后结局。6月14日,阿根廷驻马岛军事长官被迫向英军地面部队司令投降,马岛争夺战宣告结束。

　　战报传到伦敦,英国一片欢腾,撒切尔夫人这时倒显得相对平静,只说了一声:"太好了!"事后她对人谈了自己在这一刻的感受:"我自觉如释重负,消息传来时我感到从未有过的、妙不可言的轻松,这是我梦寐以求的一天。投降一经证实,我就明白无论在我任上的其余时间里还会碰到什么难题和麻烦,相形之下它们都将算不了什么。"在撒切尔夫人的心目中,马岛战争是英国历史上具有转折意义的辉煌篇章,7月3日她在一次民众集会上慷慨激昂地宣称:"我们不再是个日薄西山的国家,我们已经重新寻回了信心,首先在家园里打赢了一场经济战争,然后又在 8000 英里之外进一步锻炼了斗志……因此今天我们能在这里欢庆福克兰战争的胜利,并为我们特遣部队的成就感到骄傲。然而绝不要把这场胜利视为回光返照,绝不是这样!我们感到高兴的是,英国已经和过去的世世代代一样重新闪射出耀眼的光芒,且今日之荣光绝不逊色于以往。"

谁也不能否认,马岛战争以英军的胜利而告终;然而同样不能否认的是,无论在军事上,还是在经济上,英国和阿根廷都不是同一个档次上的对手。即使如此,英国仍为这场战争付出了巨大的代价,其蒙受的经济损失已远远超过了阿根廷,更何况战后马岛的防务又使英国财政每年背上了数亿英镑的沉重包袱。这一点撒切尔夫人本人也一定了解得清清楚楚。所以明眼人不难发现马岛战争根本不是,也不可能是英国重铸辉煌的历史转折点,撒切尔夫人的上述言论与其说是发自内心的自豪,莫如说是政治家争取选民的手段。

随着 1997 年的临近,中、英香港问题逐渐被提上了议事日程,这是撒切尔夫人必须面对的又一重大外交考验。在最初一段时间里,撒切尔夫人一直不愿正视香港问题的历史和现状,她认为香港并非是由于鸦片战争后的不平等条约而沦为英国殖民地的,所以她坚持香港本身是英国的主权领土。不过撒切尔夫人也明白,香港未来的繁荣和安全与中国大陆息息相关,因此她决定以香港的主权来换取英国未来对香港的治权。1982 年 9 月 22 日,撒切尔夫人首次访华,她是第一位访问中国大陆的英国首相。撒切尔夫人在与中国总理赵紫阳的会谈中认为,中、英双方都十分关心香港的主权和未来的繁荣问题,繁荣系于信心,而这一切又都取决于英国对香港的继续统治;如果两国政府能就香港未来的治权达成一致协议,且又能为港人和英国议会所接受,那么双方便能够进一步开展有关主权问题的谈判。赵紫阳断然拒绝在主权问题上作任何让步,他表示 1997 年一到中国将立即收回整个香港的主权,那时香港可以作为特别行政区,实行"港人治港",并维持原有的社会经济体制一切都不变。赵紫阳强调,国家主权始终是第一位的问题。在此后邓小平与撒切尔夫人的会见中,邓小平也坦率指出,主权问题是不能谈判的,清楚地表明中国将于 1997 年对香港恢复行使主权。

离开北京后,撒切尔夫人又访问了香港。9 月 27 日她在记者招待会上发表讲话,强调 19 世纪英国与清政府签订的三个条约是"有效的",应该"继续遵守",并声称英国对香港居民负有"道义责任"。中国政府立即对这番言辞作出了反应,9 月 30 日外交部新闻司发言人重申了中国政府关于香港问题的立场及对香港恢复行使主权的决心。由于在事关主权问题上出现了原则分歧,中、英关于解决香港问题的谈判从一开始就陷于僵局,在将近半年的时间里毫无进展。1983 年 3 月,英方态度有所松动,撒切尔夫人在致赵紫阳总理的信中表示,如果中、英双方能就香港的行政管理安排达成协议,并能保证香港今后的繁荣与稳定,她将向议会建议把香港的政权交还中国。4 月,赵紫阳复信同意尽快举行有关谈判。6 月,中、英关于香港问题的第一阶段谈判告一段落。

连选连任

马岛战争的胜利和经济形势的好转促使撒切尔夫人决定在 1983 年提前举行大

选,不过就在正式宣布该决定前不久,她却故弄玄虚地放了个烟幕弹,4 月 15 日她在广播电视演说中佯称:"我执政还不到四年,在未满四年之前我不打算考虑提前大选的问题。"她还煞有介事地说,大选可以有四个日期,即今年的 6 月、10 月,或明年的 3 月、5 月。接着她又列举了自己任职以来的十大政绩:加强国防并为北约的强大作出了贡献,促进了"集体的欧洲",维护了法律和秩序,通货膨胀率降至 5%,压缩公共开支,推行私有化政策,削弱工会的权利,提高工业效率,更多的人拥有了住房,退休金的增长率超过了通货膨胀率。这实际上是一次不折不扣的竞选演说,工党当然不会漠然处之,当天晚上工党领袖就实施反击,一一列举了撒切尔夫人的七大失误:失业人数增加,已达三百多万;除富人外,所有人的赋税负担都加重了;医疗处方费提高了六倍;增值税从 8% 上升至 15%;削减退休人员本已微薄的收入;警察额外开支剧增,犯罪率上升;小学缺少课本,教师人数不足。双方你来我往,颇有点不宣而战的味道,硝烟遂悄悄升腾。

5 月 9 日,撒切尔夫人正式宣布 6 月 9 日举行大选,竞选活动随即如火如荼地展开,保守党方面集中了一千多名专职竞选人员,并筹措了 1500 万英镑的经费。撒切尔夫人的第一次竞选演说是在自己的芬奇莱选区发表的,她首先主动出击:"现在让我们来瞧瞧工党的功绩吧,能找到一届在执政时减少了失业人数的工党政府吗?绝对不能。现任工党领袖在出任就业事务大臣时,仅仅两年时间失业人数就从 61.8 万攀升到 128.4 万,翻了一番。他那时没有锦囊妙计,现在仍然没有。历届工党政府都许诺要减少失业人数,但事实上每届工党政府都增加了失业人数,如果工党再次执政,还将重蹈覆辙。"接着她又为自己领导的保守党政府评功摆好:"我们已将通货膨胀率降到了 5% 以下,并且还在下降,这是 15 年来最低的。我们还降低了利率。罢工曾如此严重地损害了英国的工业,如今则大大减少了,且主要局限于国有工业部门。我们对管理人员和工人一视同仁地降低了所得税税率,我们还削减了国民保险额外费,即工党开征的就业税……"在一次记者招待会上,撒切尔夫人还自豪地声称:"我认为在本届政府执政期间,这个国家在国内恢复了信心和自尊心,在国外我们也得到了尊重和钦佩,原因有二,一是我们选择了正确的政策,二是我们坚持奉行这些政策。"

在那些疲于奔命的竞选日子里,日程安排紧张得让人喘不过气来。一天的工作大多是以早晨在保守党总部举行的新闻发布会开始的,撒切尔夫人对此特别重视。只要她出席新闻发布会,无论有多少阁员在场,她总是采取大包大揽的态度,几乎一个人唱独角戏。为此有些同僚觉得在这种场合撒切尔夫人有点像个"女校长",她对这个称号倒没有什么反感:"我知道很多女校长把她们的学生培养成了出类拔萃的人才,我自己的校长正是如此。我就是我,对某些事情坚信不疑,也希望能说服别人,使他们与我有相同的看法……现在已无法改变这种习惯了。"除此之外则是四处奔走,撒切尔夫人及其竞选助手利用各种交通工具,差不多走遍了英伦各地,城市、乡村、电台、电视台和各式各样的集会上到处都有她的身影和声音。无怪乎卡洛尔在日记中写道,那些日子撒切尔夫人简直回不了家,家里自然也就没了"厨师"。

6 月 10 日,大选结果揭晓,保守党取得了压倒性的胜利,在下院拥有 144 席的多数,撒切尔夫人遂成为本世纪第一位蝉联的保守党首相。第二天各大报纸纷纷就大选结果发表评论,倾向保守党的《星期日快报》自然大唱颂歌:"这个国家在过去四年中走过了一条很长的道路,其领导在严酷的现实面前毫无惧色,没有向恐怖主义的绝食斗争者、阿根廷独裁者或其他任何人的压力表示屈服。""由于取得了非常漂亮的胜利,玛格丽特·撒切尔已经证实,英国决心采取新的、充满胜利的方针。"支持工党的《星期日镜报》则不免带点酸意:"首相入主唐宁街并不是依靠人民的支持,而是由于不公平的选举安排。她在议会中的票数多了两倍,但在民众投票中所占的实际份额却减少了。"国外媒体亦赶来捧场,联邦德国的《南德意志报》称,迄今为止本世纪还没有一位英国首相在位时间超过七年,"预料玛格丽特·撒切尔将是第一个打破该纪录之人,因为其拥有的多数是如此之大,以至于几乎不可能在五年之内就丧失掉……她给英国人留下了这样的印象,即她知道怎样治愈英国病,例如恢复维多利亚女王时代的风尚,抛弃工会和企业主之间那种止步不前的关系,结束停止与发展、通货紧缩和通货膨胀之间的交替"。

英国著名的政治史学家戴维·巴特勒博士和丹尼斯·卡瓦那教授给予 1983 年的大选以相当高的评价:"从这次大选中可以看出,英国政党体制的传统基座已受到冲击,政治概念也发生了变化……回顾 1983 年大选及大选之前发生的事件,最引人注目者非玛格丽特·撒切尔莫属。她在政治舞台上的地位日益显赫,当时的政府中没有一位领导人可与之相匹敌,反对党则是一片混乱。与其他现代首相不同,她的名字与相当复杂的一套思想和态度联系着……'铁娘子'寻求的是'维多利亚时代的价值观',即'绝不负债'、'世上无难事'、'缩小政府机构'和'振兴英国'。"

在第二个首相任期内,撒切尔夫人政府继续紧缩开支,1983 至 1984 年度的公共开支被压缩了 5 亿英镑,其中国防开支被砍掉一半,公共卫生开支则减少四分之一。此举引发了强烈的社会反响。《观察家》载文指出:"在大选之后的一个月内即宣布削减政府开支 5 亿英镑,无疑是一大政策失误,这恰恰证实了那些怀疑撒切尔夫人政权会给福利国家带来威胁的公众的猜测。"阁员内部也有不少反对意见,尽管如此撒切尔夫人仍然坚持己见。与此同时,撒切尔夫人大力推行国有企业私有化政策,其原因在于大多数国有企业管理经营无方,经济效益很差,已经成为政府的沉重负担。撒切尔夫人的主要目标是英国石油公司、英国航天公司、国际电缆公司、英国联合港口公司、英国航空公司、英国电信公司和英国天然气公司等政府持有股票的大企业,试图通过部分或全部出售政府股份的途径来实现英国经济领域中的一次重大转变。这一措施的经济效益十分明显。1981 年至 1987 年期间,撒切尔夫人政府将三分之一的国有企业转为私有企业,涉及职工人数多达六十余万,国有企业在国民生产总值中的比重从 1979 年的 11.5％下降为 1988 年的 6.5％。差不多所有转制企业的利润都有了不同程度的提高,有的增幅还相当可观,以英国电信公司为例,1984 至 1985 年度为 9.9 亿英镑,1986 至 1987 年度即上升至 20 亿英镑。这些企业经营状况的改善产生了连锁反应,带动了整个国民经济的全面发展,正是在这个意义上人们才将保守党政府的经济变革称为"撒切尔夫人革命"。

工会一直是近几届英国政府的心病,撒切尔夫人的对策十分明确,即必须削弱工会的作用,因为旧式的封闭型的工会制度几乎将英国工业孤立于国际上同行业的激烈竞争之外,所以英国工业的进一步发展就一定要打破这种旧的工会制度。这就决定了撒切尔夫人政府与工会之间必然会出现激烈的冲突,事实也确实如此,其中 1984 年 3 月爆发的煤矿工人罢工尤为引人注目。这次罢工的导火线是政府不顾工会的强烈反对,下决心关闭亏损矿井,以实现整个采煤行业的盈利。撒切尔夫人事先就已经预料到此举的后果,但她仍然视之为"拯救"英国的壮举,决意放手一搏。罢工爆发后撒切尔夫人表面上声称，政府的态度是不干涉具体的罢工纠纷，这类事情只需煤炭工业局出面处理就可以了，不必拿到唐宁街十号来讨论；事实上她却决定采取强硬措施，指示有关当局向全国各地派遣数量空前的警察，用以对付罢工纠察队员。7月19日，撒切尔夫人提议动用"紧急权力法"镇压罢工工人。8月1日，她再次宣称对罢工必须实行"法律制裁"。由于政府的高压政策、部分罢工领导人行为不当和内部意见分歧，1984年末一度声势浩大的煤矿工人罢工已成强弩之末，次年3月矿工工会无奈宣布结束罢工。撒切尔夫人对这一结局十分满意，她后来写道："这次煤矿工人罢工其实完全没有必要，矿工工会始终坚持反对关闭那些没有经济价值的矿井，这种立场是完全不合理的。在我担任首相期间，再也没有其他团体提出过类似的要求，更不用说为此而罢工了。"

就在煤矿工人罢工风起云涌之际，撒切尔夫人差点迈进鬼门关。1984年10月12日凌晨，英格兰南部海滨城市布莱顿笼罩在一片飘渺的雾霭之中，一座乳白色的宾馆临海而立，在银色的月光下显得别有一番风韵，参加保守党年会的撒切尔夫人和其他阁员均下榻于此。2点54分，"轰隆"一声巨响撕裂了黎明前的宁静，整个宾馆在剧烈的颤抖中升腾起滚滚浓烟，一时间砖石肆意横飞，凄厉的尖叫声不绝于耳。撒切尔夫人当时尚未就寝，还在挑灯处理有关的文件，她所住套房的浴室受到了严重的破坏，她本人却奇迹般地毫发无损。其他人就没有那么幸运了，四人被当场炸死，34人受伤，贸易和工业大臣被巨大的气浪从三楼卧室抛到二楼，一直在瓦砾堆中埋了五个小时才获救。事发后爱尔兰共和军立即声明对这一事件负责，并声称不惜通过暴力手段迫使英国政府在北爱尔兰问题上作出让步，以"结束南、北爱尔兰的分治"。这天上午，撒切尔夫人仍然参加了全体会议，并就爱尔兰问题发表了演说："这次炸弹攻击……不仅试图扰乱和终止我们的代表大会，而且还想使经由民主选举产生的女王陛下政府陷于瘫痪……此刻我们聚集在这里，虽然深感震惊，但依然镇静坚定，这足以显示这次攻击已经失败，恐怖主义摧毁民主的所有企图也都将失败。"

1984年12月18日，撒切尔夫人飞抵北京，准备签署中、英关于香港问题的《联合声明》。根据这份《联合声明》，中国政府将于1997年7月1日恢复对香港行使主权，这是中、英两国政府经过近两年22轮会谈所取得的成果。12月19日下午，《联合声明》正式签署仪式在北京人民大会堂西大厅举行，5点30分中国领导人邓小平、李先念等陪同撒切尔夫人及其他贵宾步入会场，中国总理和撒切尔夫人郑重地代表中、英两国政府在《联合声明》文本上签了字。应邀前来观礼的101名香港各界人士参加了签字仪式，一百多名内地、香港和英国的记者用各种工具记录了这一隆重而热烈的历史时刻。在签字仪式上撒切尔夫人发表讲话，赞扬《联合声明》"在英、中关系的历程中以及国际外交史上都是一个里程碑"。她还说："中国领导人对谈判采取了高瞻远瞩的态度，对此我谨向他们表示敬意。'一国两制'的构想，即在一个国家中保留两种不同的政治、社会和经济制度，是没有先例的。它为香港的特殊历史环境提供了富有想象力的答案。这一构想树立了一个榜样，说明看来无法解决的问题如何才能解决以及应该如何解决。""在我这方面，我保证，英国政府将尽其所能使这个协议成功，我们将自豪而愉快地按照英国管理的最高原则来管理香港，直到1997年6月30日为止。我们将以符合人民最高利益的方式，卓有远见地和谨慎地管理香港。"在邓小平与撒切尔夫人的会谈中，邓小平指出今后的中英关系可以说是"一片光明"，撒切尔夫人立即表示"完全赞同"，她还称赞邓小平提出的"一国两制"是"天才的杰作"。

　　1986 年初的威斯特兰德危机对撒切尔夫人形成了不小的冲击。威斯特兰德是英国惟一的一家直升飞机制造公司的名称,由于经营不善,1984 至 1985 年度的亏损额已高达 1 亿英镑,预计从 1986 年起的三年内公司将接不到生产定单,濒于破产的边缘。在这种情况下,有两大国际资本提出了救援方案,其一是美国方案——由美国和意大利的两家公司联手拉威斯特兰德公司一把,该方案得到了贸易和工业大臣布里顿的支持;其二是欧洲方案——威斯特兰德公司与由英、法、意、西德等国公司组成的欧洲财团合作,国防大臣赫塞尔廷倾向于这一方案。两位大臣及其支持者各执己见,互不相让,由此引发了威斯特兰德危机。在整个危机过程中,撒切尔夫人表面上一直持"中立"态度,即政府不干预企业的业务活动,这类事情应由公司董事会和股东们决定;实际上却偏爱美国方案,排斥欧洲方案,同时还对内阁施加影响。赫塞尔廷声称,撒切尔夫人阻挠他将欧洲财团的投标方案提交内阁审阅,并于 1 月 9 日提出辞职。此举使威斯特兰德危机成为轰动一时的新闻,日益引起公众的关注,不少人批评撒切尔夫人飞扬跋扈,作风专横。接着,这场危机的另一关键人物布里顿被指责有泄密之嫌,迫于巨大的压力 1 月 24 日也提交了辞呈。短短一个月之内有两位高级阁员退出政府,撒切尔夫人的威望受到了严峻的挑战。1 月 27 日,下院就威斯特兰德危机进行辩论,有些议员要求撒切尔夫人引咎辞职,撒切尔夫人予以坚决拒绝。岌岌可危之际,形势突然大逆转,保守党内持不同意见的议员为了本党的根本利益纷纷改变立场,就连赫塞尔廷也表现出了顾全大局的高姿态,最后工党的有关议案在表决时以 379 票对 219 票遭到否决,撒切尔夫人在间不容发的瞬间化险为夷。

　　1987 年 5 月,经过一年多的酝酿撒切尔夫人决定将 1988 年的大选提前到 1987 年 6 月 11 日举行。在这次竞选活动中,撒切尔夫人主要打了经济牌和国际牌。80 年代以来英国经济出现了明显的转机,基本上保持了较高的经济增长速度和较低的通货膨胀率,1983 年至 1987 年间英国经济年平均增长率为 3%,居于西欧各国最前列;通货膨胀率则处于 20 年来的最低位,每年在 3% 至 5% 之间波动,低于欧洲经济共同体的平均值。这是二战以后历届英国政府梦寐以求的经济目标,现在终于在撒切尔夫人政府时代变成了现实,人们称之为"撒切尔夫人奇迹"。同时英镑汇率开始稳中有升,利率下降,股票指数不断上扬,就业者的实际收入也平均增加了 4.2%。虽然这一时期失业率仍相当高,但在 1987 年大选时失业人数已持续十个月下跌,这年夏天的统计数字更是跌至 300 万以下,这是一个重要的心理数字,许多人为此而感到欢欣鼓舞。此外,由于高失业率和私有化的结果,选民中工会成员的比例由 1979 年的 30% 下降至 1987 年的 22%,同一时期股票持有者的人数却由 7% 上升到 20%,这在十年前都还是难以想象的事情。这两方面的变化都助了撒切尔夫人一臂之力,前者削弱了工会的势力,有利于保守党政府稳定社会秩序;后者则意味着更多的既得利益者将会投桃报李,把选票投给保守党人。

　　所谓国际牌,是指撒切尔夫人利用强硬又不失灵活的外交策略,竭力提高英国在国际事务中的地位,进而反过来影响国内选民的投票方向。假如说在 1983 年的大选过程中,马岛战争的胜利是撒切尔夫人手中的一张王牌的话,那么在这次竞选活动中独立的核防务理论是她得分的手段之一。虽然西欧大多数国家都在不同程度上依赖于美国的核保护伞,英国亦然,但同时撒切尔夫人一直主张发展英国独立的核防务能力,她认为这种独立的核防务能力不仅有利于欧洲的安全,而且也是英国大国地位的后盾。在 1986 年的保守党年会上,撒切尔夫人就猛烈抨击了工党提出的全面无核武器的国防政策:"工党的国防政策显然违背了英国政府自二战以来所有的国防政策,令人怀疑该党是否考虑过这个决定的严重性……工党的英国就等于中立主义者的英国,这将使苏联在未来40年中不费一兵一卒便能横加勒索。"1987年3月,撒切尔夫人在访苏过程中曾多次强调她的核威慑理论。她在一次接受苏联媒体记者采访时说:"核武器是最好的防止战争的手段,两次世界大战表明,常规武器无法制止战争……现在想发动战争的人要考虑核武器的力量。正因为如此,欧洲享受了40年的和平。""只有核武器而不打仗好,还是无核武器而有爆发常规武器大战的危险好?对英国这样的小国而言,核武器是与大国对抗的惟一手段。"5月下旬,保守党在竞选宣言中再次重申了撒切尔夫人的核威慑理论:"我们将保留我们独立的核威慑力量,并通过部署三叉戟导弹系统使之现代化……在常规防务方面花多少钱都永远买不到同样程度的威慑力量。"独立的核威慑理论既满足了部分英国人的自尊心,又提高了撒切尔夫人在选民心目中的地位,大选前夕英国《经济学家》杂志载文指出:"40年来由于国内问题的困扰,英国不断地从世界事务中退却,这种状况一直持续到最近。现在情况开始发生变化,玛格丽特·撒切尔这位英国首相不仅自认为是世界人物——许多政治家都自以为是世界人物——实际上也的确是一位世界人物。"

这次大选的结果基本上都在人们的预料之中,保守党最终以104席的多数获得了胜利,撒切尔夫人第二次连任首相。大选结果揭晓后几个小时,撒切尔夫人便在唐宁街十号的办公室里接受了《时代》周刊杂志记者的采访,她表示在新的任期内首要任务是要在更宽的领域内拓展私有化政策,让那些在私有化企业中工作的人有机会优先购买本企业的股票,使"每一个挣钱的人都成为产权人";外交方面则继续奉行"亲美"政策,"我倾向于把美国看作大西洋彼岸的欧洲"。当记者最后问道卸任时她想得到什么样的评价,撒切尔夫人说:"希望人们说我们有勇气处理其他政府绕开的问题,并且因此把一个走下坡路的国家变成一个能再度为自己的创业精神而感到自豪的国家,变成一个可以信赖的盟国和有影响的民族。换言之,我们使英国重新恢复了特有的活力。"

在新的首相任期内,内政方面除了继续推行国有企业私有化政策外,撒切尔夫人还在教育、住房、福利制度和地方税制等方面实施了一系列改革。

在教育改革方面,撒切尔夫人力主将部分教育权限收归中央政府,统一全国中等教育主要课程和教材,设置一个由国家认定的可靠的考试制度,以此来测试学生在不同阶段的学习成果,并向家长、教师和各级教育主管部门反馈有关的信息。同时撒切尔夫人也主张开放入学政策,赋予家长自由选择学校的权利,那些较受欢迎的学校可以依据学生人数申请增加硬件设备的经费。这些想法都在新政府的教育改革方案中得到了体现,由此出现的中央专款奖助实验学校引起了较大的争议。因为实验学校在很大程度上摆脱了地方教育行政机构的管辖,其学生经费直接来自教育科学部,此外这类学校的管理者还有权决定学校的预算、教师的聘任、课程的设置(教育科学部规定的主要科目除外),并管理学校资产。虽然各种既得利益集团纷纷发表不同意见,但撒切尔夫人还是设立了中央专款奖助实验学校基金会来推广这项计划。

大力提倡私人购房,相对减少郡营住宅是撒切尔夫人的一贯主张。通过十年的努力,私人购房率明显提高,在英格兰这一数字由57%上升至68%,每年成交量约为8万套。另一方面,各地也几乎停止了修建新的郡营住宅,而是集中财力、物力修复旧的郡营住宅。住房制度改革同样也遇到了不小的阻力,新政府曾试图通过设置住宅信托基金的途径来重新开发已经没落的郡营住宅,并转移其所有权和管理权,同时提高郡营住宅的租金,以增加修房费用。该法案不仅被上院修改得面目全非,而且最后亦未能付诸实施,撒切尔夫人在职时并没有任何住宅信托基金完成设置。撒切尔夫人对此颇为无奈,"其实我们是要求以纳税人的钱来改善人们的住房质量,特别是贫民区的环境,这个方案最后只好被束之高阁……"

福利制度是内政改革的重头戏之一,内容包括养老金、失业金、儿童和青年津贴的发放,国民健康保险制度等许多方面,其主要目的是减轻政府日益沉重的财政负担。福利制度的全面改革始于1985年,撒切尔夫人第二次蝉联首相后继续进行。由于福利制度的改革牵涉到各阶层民众的切身利益,因此撒切尔夫人显得格外小心,竭力避免被反对党找到攻击的借口。1988年1月,撒切尔夫人政府提出国民健康保险管理制度改革议案,后又经过24次内阁会议讨论才形成了相关的白皮书。用撒切尔夫人自己的话来说,有关的"改革工作更须谨慎行之,否则将适得其反"。尽管如此,福利制度的改革仍然招致一片反对声,据1987年的一次民意测验显示,88%的英国人反对改革福利制度,工党也多次攻击撒切尔夫人政府想搞垮福利国家。

相比较而言,地方税制改革引起的争议最为激烈。1990年,撒切尔夫人政府决定对所有成年人开征同等税率的社区税,以取代原先的地方税。此举令许多人怨声载道,舆论和反对党更是乘机大肆攻击首相对下层民众漠不关心,连一向支持撒切尔夫人的《金融时报》也在一篇社论中指出,开征社区税是撒切尔夫人首相任内"最大的一个错误"。不少地区甚至由此引发了暴力对抗,在3月末的一次冲突中有近400名警察受伤,339个示威者被逮捕。面对一片抗议的浪潮,撒切尔夫人一方面竭力为地方税制改革寻找理由:"现在很多人收到的税单金额都太高了,我很能了解他们的愤懑不平。但我们要澄清一点,并不是我们要征收如此高的税,而是地方政府花了这么多的钱。这才是问题的症结之所在,政府的政策再高明,也绝无办法以低税收来应付高支出。"另一方面,撒切尔夫人也决心把改革进行到底:"这次暴动并未动摇我继续推行新制,或将暴徒绳之以法的决心,但我也更坚信,一定要采取有效行动,以减轻'有良知的中产阶级'所承担的税赋。"

在外交领域,撒切尔夫人一如既往地奉行亲美政策,对欧洲一体化无甚兴趣。撒切尔夫人在一次演说中直言不讳地指出:"实在是颇具讽刺意义,当苏联这样的曾经尝试由中央管理一切的国家,都逐渐明白若想取得成功就必须分散权力和决策时,欧洲经济共同体中的一些国家却打算反其道而行。我们开启不列颠的疆界,并非为了重新在欧洲边缘竖起界碑,让布鲁塞尔对这个欧洲超级大国发号施令。""让欧洲成为一个大家庭,各个成员互相了解,互相欣赏,互相合作,但不要为了共同的欧洲而忘却各国原来的身份。我们要的是在广大世界上扮演举足轻重角色的欧洲,眼光向外而非向内,维护我们珍贵的遗产:横跨大西洋两岸,强大的大西洋共同体。"此言一出,欧洲大陆舆论大哗。由此导致英国与西欧其他国家间多有龃龉,同时也在撒切尔夫人内阁中埋下了公开分裂的隐患。

基于上述指导思想,撒切尔夫人一度对欧洲货币联盟持强硬的不合作态度,致使英镑长时间地游离于欧洲货币体系之外。一直到1989年6月,她才勉强承诺英镑将加入欧洲货币汇率机制,但同时又提出了一个主要的先决条件,即加入时间必须是在英国通货膨胀率下降到接近欧洲经济共同体其他国家通货膨胀率的平均水平之后。然而到了1990年10月,虽然英国的通货膨胀率仍远远高出欧洲经济共同体通货膨胀率的平均水平,撒切尔夫人却突然宣布英镑加入欧洲货币汇率机制,其目的在于稳定英镑,吸引投资,在降低利率的情况下抑制通货膨胀,同时也期望利用这一契机可能带来的经济效应为下届大选作准备。在制定欧洲社会宪章问题上,欧洲经济共同体其他国家皆视之为实现统一的大市场的必要条件,撒切尔夫人却认为时机尚未成熟,且目前的草案对英国经济极其有害,因此英国存在抵触情绪。由于双方分歧过大,1989 年 12 月在斯特拉斯堡举行欧洲经济共同体首脑会议时首开先例,共同体 11 个成员国抛开英国,通过了欧洲社会宪章。

自 1989 年夏末开始,东欧各国政局急剧动荡,撒切尔夫人对此表示了谨慎的乐观,她后来写道:"这些事件是我有生以来最欢迎的改变,但不论共产主义在东欧及中欧垮台让我多么高兴,我绝不会让欣喜淹没我的理智或审慎,我不相信民主和自由企业能轻易地生根和成长……现在要精确地预测将来会出现什么样的政府,还为时尚早。"对于东、西德的统一趋势,撒切尔夫人更是忧心忡忡,"因为统一的德国实在太过强大,不可能只是欧洲内部一个普通的角色。更何况德国审视世界局势,一向是东西兼顾,虽然这种倾向在现代表现为经济扩张,而非领土侵略。因此德国本质上是一股破坏欧洲安定的力量,而非维护安定的力量。只有美国在欧洲的军事、政治介入及欧洲另外两个强大的主权国家——英国和法国保持密切联系,才足以制衡德国的力量。但在一个欧洲大国的架构下,以上两点都是不可能的。"

1990 年 8 月 2 日,伊拉克悍然入侵科威特,由此引发了震惊全球的海湾危机。正在美国访问的撒切尔夫人迅速作出强硬反应,一个小时之后便下令英国海军的两艘舰艇驶往波斯湾。8 月 4 日,撒切尔夫人在演讲中强烈呼吁制裁伊拉克:"伊拉克对科威特的侵略有悖联合国倡导的各项原则。若不能制止这次侵略活动,小国从此皆将惶惶不可终日,弱肉强食的丛林法则亦将取代法律的原则。""除非伊拉克立即撤军,否则联合国应采取铁腕手段,实施全面禁运。然而若要完全生效,尚赖联合国所有成员的集体支持。由于'侵略者不应得逞'的原则正面临考验,我认为所有国家都应挺身而出,共同声讨伊拉克。"从美国返回后,撒切尔夫人立即组织了一个包括外交大臣、国防大臣和能源大臣等在内的小型内阁委员会,为海湾危机的主要决策机构。此后,英国政府先后决定在海湾地区部署空军、海军和陆军部队。

就在海湾危机闹得沸沸扬扬之际,保守党内部也上演了一出逼宫大戏,撒切尔夫人在竞选党魁过程中受到了前所未有的挑战。

从 1989 年下半年开始,英国民众对撒切尔夫人政府的不满情绪日益滋长,其原因是多方面的,其中经济因素起了决定性的作用。80、90 年代之交,由于政府开支增加和货币发行量上升,一度好转的英国经济再度低迷,1990 年通货膨胀率达到了 11%,是西欧各国平均数的两倍。无奈之下,撒切尔夫人政府被迫求助于紧缩政策,许多企业因此而倒闭,失业率随之上扬。据统计,当时英国有 750 万人生活在贫困线之下,约占人口总数的七分之一。加之 1990 年社区税的开征,更是令广大选民对政府的不满日甚一日。保守党的声望由此受到重创,1990 年 5 月份以后连续几个月的民意测验都表明,保守党的支持率落后工党十个百分点以上。许多保守党人对这一局面忧心如焚,他们担心选民会因此转而支持反对党。在这种情况下,他们宁肯更换党魁,实际上也就是更换首相,以扭转局势,也不愿意丧失保守党执政党的地位。

此外,人际关系紧张也动摇了撒切尔夫人在党内的地位。撒切尔夫人素以精明、自信、顽强闻名于政界,然而她的弱点亦相当明显——固执、傲慢、好斗,有时简直到了令人难以容忍的地步,特别是在她执政的后期。撒切尔夫人领导下的内阁基本上就是个一言堂,那些与其共事的政治家虽然私下里也承认她确实具有相当的政治吸引力,但同时他们又视之为一个"危险的女人"。撒切尔夫人自己也声称:"我只要十秒钟就能判断一个人,而且以后也很少改变看法。"仅在撒切尔夫人当政的最后一年,先后有六位大臣挂冠而去,到 1990 年 11 月 1979 年的内阁成员已无一在位。对此撒切尔夫人不仅没有反思自己的责任,反而得意地宣扬:"我不是屠夫,但我学会了庖丁解牛术。"这一状况严重影响了保守党高层的团结和内阁的稳定,舆论普遍认为如果撒切尔夫人继续担任首相,保守党很可能在下次大选中败北。民意测验也证实了这一点,11 月份保守党的支持率已落后于工党 21 个百分点。

　　长期积累的不满终于爆发。1990 年 11 月初,曾任外交大臣的副首相杰弗里·豪由于"不敢恭维首相在欧洲问题上的观点",愤而辞职。他在下院发表的辞职演说中,除了痛陈自己与撒切尔夫人之间的"原则分歧"外,还公开号召保守党议员"在对领袖的忠诚和对党及国家的忠诚之间作出抉择"。此举揭开了逼宫的序幕。威斯特兰德危机中的主角之一,前国防大臣赫塞尔廷随即正式决定竞选保守党党魁,这实际上就是向撒切尔夫人的相位提出挑战。

　　撒切尔夫人似乎并未认识到事态的严重性,她公开表示:"现在还不是我写回忆录的时候。"潜台词即为她根本不打算交出相印。11 月 18 日,正当竞选进入白热化状态之时,撒切尔夫人飞赴巴黎参加欧洲安全与合作会议高级会议。11 月 20 日,撒切尔夫人在巴黎获悉第一轮投票结果,虽然她以 204 票对 152 票战胜了赫塞尔廷,另有16 票弃权,但由于多数票尚未超过总票数的 15%,按照规定必须进行第二轮投票,以决定最后的赢家。撒切尔夫人当即向新闻界发表声明:"虽然我感到很高兴,能得到保守党下院议员过半数的支持,但令人失望的是,得票数尚不足以在第一轮便决出胜负,所以我在此宣布,我将继续参加第二轮投票。"当天晚上撒切尔夫人还前往凡尔赛宫观看了一场芭蕾舞表演,不过她显然心不在焉,无法全神贯注地欣赏演出。

　　11 月 21 日回到伦敦后,撒切尔夫人发现自己错误地估计了形势。当她和内阁大臣及各部要员面谈时,他们虽然大多表示了支持之意,但同时又几乎众口一词地认为,她在这次竞选中绝无胜算,这其实是在暗示她必须放弃唐宁街十号。撒切尔夫人当然不会听不出这弦外之音,这时她彻底绝望了,内心百感交集:"我觉得恶心。我不在乎反对者或潜在对手的攻击,我反而会因此而尊敬他们。让我感到痛苦的是,一向被我视作盟友的人也背弃了我,甚至企图以花言巧语将其背叛行为伪装成坦率净言,及对我前途的关心。"11 月 22 日,经过仔细地权衡利弊,撒切尔夫人决定退出保守党党魁的第二轮竞选,一俟新领袖选举产生,立即辞去首相职务。她还宣布在下轮选举中支持自己的得意门生梅杰。面对这无奈的结局,撒切尔夫人不由得想起了丘吉尔:"当然,民主面前人人平等,这情形和我的前辈丘吉尔当年所了解的是一样的。那时他领导英伦对抗纳粹暴虐,继而又成功地进行了事关战后世界秩序的协商谈判,完成了崇高的伟业,而他自己却在 1945 年的大选中败落。不过要丘吉尔辞职,起码是英国人民的意愿,而我却连接受选民考验的机会都没有,英国选民没能对我最后一任首相任期的政绩作出评判,有人越俎代庖,替他们做了。"

　　11 月 28 日上午,初冬的伦敦落叶飘零,一片萧瑟。面对工作、生活了 11 年之久的首相府,即将登车离去的铁娘子再也控制不住自己的感情,潸然泪下,以至于工作人员不得不当众为她擦拭脸上的泪痕。

拉　宾

投笔从戎　初露锋芒

家庭熏陶

拉宾从小就生活在一个犹太复国主义思想极浓的家庭里。父亲老拉宾（原名鲁比佐夫）和母亲罗莎，可以说为了重建犹太民族家园的事业，奉献了自己的一生。

犹太复国主义思想，从小就潜移默化地在拉宾身上打下了深深的烙印，他已习惯于过这种献身事业的动荡生活。

小拉宾上完幼儿园，就被送进离家很远的工人子弟学校去读寄宿。当时，工党的成员把培养自己子女过这样一种寄读集体生活视为一种惯例。但拉宾太小，初进学校时真还有些不习惯。白天有小朋友一起学习、做游戏倒还行，但一到晚上，妈妈不来接，就想家，就害怕，不由得大哭起来。这样，马上就引起了其他的孩子们也嚎啕大哭起来。老师们毫无办法，只好耸耸肩，摊开手，干脆让他们来一次哭声大合唱。这样的大合唱每年新学期都有一次。

妈妈何尝不想自己的孩子，但她们根本没来看。罗莎实在太忙，同时也没有必要，孩子是未来国家的财产，必须从小接受最严格的集体生活教育。在学校里，学生们必须自己做饭、洗衣、种菜和干各种杂活，自私和偷懒将会受到严厉的惩罚。尤其是学校的各种庆祝活动，孩子必须一大早就起床，来回不停地奔忙，整个学校就像一个嗡嗡作响的大蜂窝，只有等戴着白手套的校长确信每一个角落都一尘不染的时候，身着校服的孩子们才能松上一口气。这一切，小拉宾很快就适应了。

坚强的小拉宾不怕半军营式的生活，他只怕妈妈突然撒手离去。懂事的小拉宾已知道妈妈患上了严重的心脏病，痊愈已不可能。每当放假回家时，拉宾总是想方设法使妈妈快乐一些，他惟一的办法便是撒娇、讲故事和送上自己烤的点心。每当这时，母亲总是含着泪把他和妹妹搂在怀里。她没宠爱过他们，但孩子们最敬重自己，她既满足又伤感。在孩子们身后，是怔怔地望着他们的老拉宾，他根本听不进妻子的劝阻，到处借债为她医治，他在履行自己当初的山盟海誓。对母亲的牵挂，使一天天长大的拉宾变得沉默和内向，在孩子们中显得早熟，他以便愿母亲活得更长一些。

农业报国

在上了 8 年工人子弟学校和 2 年当地初中以后，拉宾报考了北加利利地区的卡多里农业学校。当时犹太移民拓垦活动蓬勃发展，急需农业科技人员，报考这所农校便成了大热门。可惜的是拉宾成绩不够理想，虽然达到了录取线，但农校通知需复试一次才能决定取舍。这就刺伤了他的心，他在暑假里拼命地复习，复试中以高分被录取。1937 年秋，他成为卡多里农校的一名新生，开始了他农业报国的抱负。

卡多里农校的气氛与工人子弟学校大不相同。原有的那种强迫制没有了，代之而来的是和谐宽松的气氛。尽管学校安排了各种劳动和公益事业义务服务，但管理方式已民主化了。为了表示对学生人格的尊重,考试时教师不在课堂监考。在这种情况下,考场作弊和违反纪律的现象都很少见。老师以讨论的方式向学生灌输知识和责任感,学生自己管自己,班委会、学生会发挥了很大作用。

就在他专心致志投入学习的时候,他最不希望出现的不幸事情发生了:他的母亲因忙于工作得不到休息而心脏病发作去世了。拉宾在母亲弥留之际回到了母亲身边,但她已说不出话,只能睁着眼深情地看着拉宾,寄托着无限的希望。拉宾扑在母亲身上嚎啕大哭起来。母亲见了儿子,安心地撒手而去了,把一切甜蜜和温情都变成了令人伤感的往事。

参加完母亲的悼念活动以后,拉宾又回到了学校。从此,他似乎变了一个人:话明显少了,常常一个人在教室里苦读。母亲的去世对他打击太大,他觉得自己长大了,应有一种责任感。他决心像母亲一样,成为一个对民族有用的人。

正当拉宾拼命用功,增长本领的时候,一场浩大的阿犹冲突爆发了。在拉宾的生涯中,成为一个关键的转折点。他放弃了农业报国的抱负,毅然弃笔从戎。

投笔从戎

二战前,随着犹太人的大批移民来到巴勒斯坦地区,那里原有的阿拉伯人感到了从未有过的压力。他们生活的空间在逐渐缩小,土地、水和其他自然资源越来越紧张,尤其是工作机会空前减少。这样,阿拉伯人与犹太人的矛盾便尖锐化了。1936年,阿拉伯人举行总罢工,随后便发生了阿犹之间的流血冲突,紧张的气氛一直到二战爆发方告一段落。

冲突中,卡多里农校也遭到几次袭击,师生们被卷入到冲突的漩涡之中。由于年纪太小,拉宾最初只充当各犹太定居点的传令兵,后来才学习使用武器。教他们使用武器的教官叫伊加尔·阿隆,是农校的首届毕业生,由于他勇敢,在当地很有威信,犹太老百姓叫他"加利利之王"。拉宾很喜欢这位性情随和的大哥哥,阿隆也很喜欢这位听话的小弟弟,从此他们便成为无话不谈的好朋友,后来又共同走上了将军和政治家的旅途。

冲突中,学校停课。拉宾被分到一个"基布兹"去锻炼,白天干活,晚上担任警卫工作。后来还被英国当局吸收为"加菲尔"的犹太辅助警察,以保卫犹太定居点的安全。后来学校复课,他竟一时沉浸在"基布兹"的生活中和加菲尔的回忆中而无法安心学习。后来他强制自己静下心来,这才逐渐平稳地正常化。由于他为理想追求不懈,刻苦用功,毕业时他的成绩名列前茅,英国高级专员亲手给他颁发毕业证书,同时给他一笔 7.5 巴勒斯坦镑的奖金,让他去买农具。但是,他没有拿钱去买农具,而是用作组织经费了。所以,他后来还对英国客人说他欠着英国政府 7.5 巴勒斯坦镑。好事总是接着而来,英国政府给了他一个去伯克利大学学习水利工程专业的奖学金名额,这将使他很快就会成为一名年轻有为的水利工程师。诱人的前途在等待他,同学和老师也向他祝贺,但他自己却陷入苦思。不去吧,这确实是一个千载难逢的好机会,去吧,那么建国大业谁来完成?他脑海里浮现出了父亲从俄国到美国,又从美国向巴勒斯坦进发的身影,他仿佛又听到了妈妈对他的嘱咐,他似乎又看到叔叔阿姨伯伯们在他家争论着……他思考着,度过了几个不眠之夜。他觉得:此时他不宜离开巴勒斯坦,他应该投入建国的事业。于是,他毅然放弃了这个绝好的机会。

他很快便走入社会,参加了当时犹太青年劳工运动在海法市附近一个"基布兹"

里办的训练班,他自己想亲手创建一个新的"基布兹",这样做符合他为建国出力的理想。但后来他没有把这个理想付诸实现,为了捍卫犹太家园,他毅然参加了伊休夫拥有的秘密武装组织"哈加纳"。这是一个以自卫和联防为主要任务的组织,之所以是秘密的,是因为当时伊休夫与英国打交道的是"犹太代办处",它与英国人的关系时好时坏,反复无常。当英国人需要它维护自己在中东的利益时,就默许这支武装,暗中支持它,关系就好;当英国人觉得争取阿拉伯人更重要时,他们就会压制这支武装,双方的关系就紧张起来。而伊休夫却始终坚持一点,要尽量接纳和安置来自世界各地的犹太移民,谁限制和反对这样做,就和谁作坚决的斗争。

二次世界大战爆发以后,德国在北非连连得手。为此,"犹太代办处"决定从"哈加纳"组织中抽调一部分人组建一支能打硬仗的常备部队,这就是著名的"帕尔马契",帕尔马契是希伯来语"突击连"的缩写读音。拉宾毫不犹豫地参加了这支部队,原"哈加纳"的一些高级指挥官,如伊扎克·萨德、雅柯夫·多里和摩西·达扬等均参加了这一武装。当时形势很危急,有消息说:法国维希政府已同意轴心国军队开进包括黎巴嫩在内的"大叙利亚",战略要地巴勒斯坦直接受到威胁。英军采取果断行动,快速开进黎、叙,同时请犹太武装配合。勇敢的"帕尔马契"参加了配合行动,拉宾和20多个年轻人被召集在一块听多里的讲话。多里简要地讲叙了形势,他要求大家勇敢地战斗。拉宾为此兴奋不已,他以自己真正投入保卫家园的战斗感到高兴。

但开始他们只不过徒手巡逻边界,直到 1941 年 6 月 7 日,上面才交给他们多少带点风险的任务。具体任务是潜入黎巴嫩境内割断敌人的军用电话。夜深的时候,他们一路急行军来到了指定地点。在惨淡的月光下,电线杆如一个个幽灵般地排列在原野上,在微风的吹拂下呜咽着。拉宾年纪最小,但他挑大梁,爬杆割线的任务只能由他来完成。他第一次参加这样的战斗,心儿怦怦直跳。黑暗中,他想象着不知有多少枪口在瞄准他们,要命的是他们只能光脚爬上电线杆去割线。他毫不犹豫,噌噌几下就爬了上去,掏出钳子"咔嚓"一声便剪断了电线。但不知怎地,他还没回过神来,就嘭的一声摔在了沙地上。他揉着摔痛了的屁股爬起来看了看才明白,原来那电线杆埋得很浅,完全靠线相互拉扯着才"站立"在那里,线一断杆子自然就倒了。贵在迅速,拉宾没有多想,接着又爬上第二根、第三根……每剪一根,都要"咕咚"一声摔一次,记不清一连摔了多少次。好在圆满完成了任务,而且没有遭到枪击。尽管屁股摔痛了,但拉宾一瘸一拐地在返程中还是显得很高兴。同时,他再也不会像以前那么害怕了。然而,战友达扬那晚上却付出了惨重的代价,在与敌方交火中,他永远失去了左眼。无论怎样,"帕尔马契"的这次行动是值得骄傲的,但使人气愤的是,英国人在他们的战史上根本不提他们参加了这次战斗,好像是他们自己赶去凑了一场热闹。

当时"帕尔马契"共有六个连,达 2000 多人。但在二战期间却始终没有派上用场,因为隆美尔的德国兵怎么也没有打过来。这样,在伊休夫领导层内部就有一种看法:当初这支部队是准备用来与德国人拼命的,现在德国人来不了,再保留它就没有必要了。这样,既可讨好英国人,又可节省经费。但是,这种看法受到了那些来自"基布兹"运动领导人的坚决反对。最后,伊扎克·萨德提了个折衷方案,即把全脱产的"帕尔马契"变为半脱产的部队,把人马分到各"基布兹"去,一半时间习武,一半时间劳动。这样,帕尔马契随即"消失"了。一大批官兵离开了这支部队,他们在允许参加英军的情况下,都穿上英军服开往欧洲战场去了。这种离队现象在二战末期尤为严重,因为许多人得知亲友死于集中营时红了眼,拦也拦不住。但拉宾没有走,不是他怕死,而是他本能地预感到:战后的巴勒斯坦地区,将不可避免地要发生犹太人与阿拉伯人之间的冲突,到那时,帕尔马契就是惟一可以依靠的武装力量。因此,必须保持它的框架不要散掉。

连接战役

1947 年 10 月,拉宾所在的一营接到上级的命令,去执行代号为"连接战役"的行动,把关在海法市以南的阿色里特集中营里大约 200 名犹太移民解救出来。在移民问题上,伊休夫与英国委托当局的矛盾已经很激化。英国当局开始动用武力阻止犹太移民涌向巴勒斯坦,将大批被截获的犹太移民送进了集中营。伊休夫领导层认为:这是不能允许的敌对行为,必须动用一切力量来保证移民工作的顺利进行。但这次行动的难度较大。第一,行动不能硬打强攻,因为移民中有不少老弱病残的人,在激烈的交火中将遭受伤亡;同时,伊休夫也不想与英国当局进行公开全面对抗。第二,集中营的主要守备力量是阿拉伯的辅助警察,一有风吹草动他们就会开枪的。为此,拉宾从营里挑出 200 名最优秀的战士组成突击队,另派一些伪装成教师的帕尔马契战士混入集中营接应。

为了确保这次行动的绝对成功,拉宾和营长事先做了周密的部署。这是拉宾担任营训导主任后,参与指挥的第一次大的行动,他决心势在必胜。行动的队伍,趁着夜色的掩护很快逼近了集中营。但集中营却被聚光灯照得如同白天一样,却又静得出奇,秋虫在微风中欢叫着,一幅宁静的意境。拉宾手一挥,队员们便疾速地扑了上去,剪断了电网,通过了第一道防护栅栏。在第二道防护栅栏处,事先派去伪装成教师的队员等在那里,他们已偷偷地敲断了阿拉伯卫兵的枪支撞针……正在交接时,阿拉伯卫兵听到了动静,纷纷开枪,但只听到枪机响,却听不到枪声。这时,早有突击队员奔扑上去,用枪口逼住了阿拉伯卫兵的胸口。与此同时,拉宾带领的另一批人也已飞速奔向英军的营房,英军却依然在睡梦中。营长马上带人转移,拉宾带人掩护。行动紧张有序:在雪亮的灯光下,黑压压的人群悄声静息地转移着,秋虫为他们鸣奏行进曲!

拉宾率领后卫队撤离集中营时,是抄近路一路小跑赶到接运移民的卡车前的。这时,拉宾吃惊地发现:还有一半移民正在半道上慢慢移动。时间紧迫,已赶到的移民由营长快速拉走,剩下的移民由拉宾带人设法转移到附近的拜特·奥兰基布兹。这时,一个英国军士开车路过,他"砰"地向突击队员开了一枪,一名突击队员迅速地还了一枪,把这位军士打死在方向盘上。就是这两声枪响,引来了追赶的英军。

拉在后面的这群移民,应该说是一群难民,老弱病残、拖儿带女不说,每人还提着些大包,加上惊吓和折磨,已疲惫得不成样子。拉宾带人接应的时候,一直埋怨自己太粗心,心里一阵阵发酸。他命令所有的战士都要帮助移民们提东西带孩子,他自己则抱过一个孩子,让他骑在自己的脖子上。后面追赶的英军越追越紧,而前面的道路则越来越不好走,到处是裸露的石头,一脚踩上去稍不小心就会跌倒。沿途连一棵遮蔽的树也没有,移民中有些人实在无力再跑了,拉宾就下令战士们背着孩子拉着大人们往前跑。这时,一种强烈的犹太民族未来的责任感涌上心头,使他显得无比刚毅。

天亮后,拉宾他们带着移民终于到达目的地。这时,激怒了的英军也追了上来。拉宾指挥人们从缺口进入了基布兹,把大家疏散开并藏好了武器。这时英军的援军也赶来了,并不断地撞击基布兹的大门。与此同时,数以千计的犹太人也从海法赶来,双方剑拔弩张,各不相让。到了下午,不断赶来的犹太人挤满了四周,移民们趁机消失在人海中。

最后,英军只好悻悻地撤退了,他们始终没有敢开第一枪,"连接战役"就这样取得了胜利。拉宾和他的帕尔马契战士们,可以说是初露锋芒。一营的官兵们一个个喜气洋洋,士气高昂,纷纷要求下达新的任务。也就是这一系列活动,激怒了英国委任当局,他们决定给伊休夫和"哈加纳"一次沉重的打击,时间就定在犹太人安息日那一天。

黑色周末

不久,一营又接到了一个袭击英国当局"机动警察部队"的新任务。这支部队自恃火力猛、机动性强,经常对"哈加纳"进行心毒手狠的打击,许多破获"哈加纳"军火库及逮捕持枪犹太人的事情均系它干的,帕尔马契司令部决定打击它的嚣张气焰。为了摸清敌情和充分做好准备,拉宾不知从哪弄来一辆摩托车。拉宾跟许多年轻人一样喜欢开快车,有一天,他在工厂区高速行驶,突然,一辆卡车从奈希尔水泥厂拐了出来,刹车已来不及了,只听"轰隆"一声巨响,拉宾就失去了知觉。

当拉宾醒来时,自己已躺在了医院的病床上,左腿已被石膏夹板固定,他的左膝盖骨被严重撞伤。营长及战友们均赶来医院看他,劝他安心养伤,但怎么也解除不了他心中的懊恼。因为行动马上就要开始,而自己却只能躺在床上养伤。三个星期后,人们把他从医院送回了家,他只能关注着行动的进展而咒骂自己的命运。但他怎么也没有想到:一场灾难即将降临。

1946 年 6 月 29 日是周末,正是犹太教的安息日。犹太教要求它的所有教民,一定要在这一天保持肃穆安静,就连公共汽车也要停驶,时间从星期五的日落直到星期六的日落。拉宾也和大家一样,呆在家中默默祈祷。但上帝并没有给他赐予保佑,就在这一天,拉宾被捕了。

这一天的夜里,拉宾被一阵马达声和嘈杂声惊醒,接着就是一阵粗暴的敲门声。拉宾不知发生了什么事,父亲鲁比佐夫开了门。闯进来的是一群英国伞兵,他们在弄清了拉宾的身份后,就不由分说地粗暴地把他从床上拉下来,押上了一辆大卡车,同时还一块带走了他父亲和一名在他家过夜的客人。他们一块被关押在一所被暂时充作拘留所的学校里。被捕的人不断送来,就连犹太代办处的政治部负责人摩西·夏里特也被抓来了。因此拉宾明白:英国人不是针对个别暴露了的帕尔马契,而是针对伊休夫的行动。整个镇压行动规模空前,英军共出动了 10 万人,还有 2000 名警察,他们从几十个"基布兹"和犹太代办处搜查,逮捕了绝大多数领导人在内的约 3000 名犹太人。当时只有两个领导人没有被捕,一个是在国外的本·古里安,另一个是不便抓的梅厄夫人。在以色列建国史上,这一天被称为"黑色周末"。

拉宾他们很快从拉特隆转移到了加沙地区的拉特鲁恩集中营。他父亲鲁比佐夫被带走时没戴上假牙,在集中营里吃东西都困难。而那位客人则更倒霉,整整关了近两个月。

在遭到沉重打击后的伊休夫,很快便缓过劲来。犹太代办处严厉地谴责当局的敌对行动,并告诉英国人,他的官员现在被关在监狱里,有事可以到那里与他们谈。这一着使得当局很被动,因为犹太代办处是国联认可的机构。与此同时,集中营中的犹太人也组织起来,与外面取得了联系。犹太代办处指派哈依姆·舍巴来照看囚犯,他仔细地检查了拉宾的腿伤并设法让他住进了集中营医院。但英国情报部门就是不释放他,他们知道拉宾是干什么的,每次拉宾到 X 光室透视时,窗外都设双岗加以防范。由于治疗条件及营养条件较差,拉宾的腿伤好得极慢,直到七月底才拆掉石膏。他看到已变得有些畸形和僵硬的腿,十分伤心。他一方面拼命锻炼以恢复功能;另一方面又找了些专业书复习,准备重新务农。因为,也许腿伤容不得他再从事军旅生涯。他的心情很难平静,当他听到"帕尔马契"准备用武力营救他们出去的时候,他更是担心,因为那将会造成巨大的伤亡。好在这消息仅是传闻,而英国当局在 11 月份却突然释放了他们。

出狱后,拉宾的行动还是不方便,郁闷中他又萌发了去伯克利深造的念头,但遭到好友阿隆的坚决反对:"这决不行! 世界大战结束了,可我们自己的战斗才刚刚开始。"拉宾明白阿隆是对的,于是打消了读书的念头。不久,他就被任命为帕尔马契第二营营长,年仅 24 岁。当时为了应付英军的突击检查,拉宾身上常带着两个假身份证,一个名叫罗森伯格,一个名叫罗林堡。

到 1947 年初,伊休夫加快了建立犹太国的步伐,阿、犹冲突愈演愈烈,对此颇感棘手的英国政府遂把巴勒斯坦问题交给联合国讨论解决。一场大决战已不可避免,身为"犹太建国协会执行机构"主席的本·古里安接管犹太代办处,出任防务委员一职,以加强军事领导。上任以后,他立即召开了营以上的"哈加纳"军官会议,他在会上明确要求大家要为即将到来的恶战做好准备,因为犹太民族已经到了改变自己命运的决战前夕。

拉宾以前的预想也从而得以证明。

建国战争

形势的变化,迫使英国政府撇开美国,于 1946 年 9 月 10 日邀请阿犹双方代表在伦敦举行圆桌会议。出席会议的只有阿拉伯国家的代表,主要当事者巴勒斯坦阿拉伯高级委员会和犹太复国协会都拒绝参加。阿拉伯国家代表在会上提出,应在 1948 年底废除英国的委任统治,建立一个独立的巴勒斯坦国。然而,英国却另有打算,它想通过同阿拉伯国家订立新条约来继续保持自己的殖民统治。

针对这种情况,10 月 4 日,杜鲁门发表关于巴勒斯坦局势的声明,公开支持犹太复国协会的分治计划,随时准备帮助 10 万名犹太人移入巴勒斯坦。英国看到巴勒斯坦问题无法解决,犹太复国主义者又在美国的支持怂勇下,肆无忌惮地开展活动,于是采取以退为进的策略,于 1947 年 2 月,把巴勒斯坦问题提交联合国。英国以为联合国讨论的结果,要么同意延长英国委任统治期限;要么达成协议,交英国处理。4 月 28 日到 5 月 15 日,联合国根据英国要求召开专题特别讨论会。会议期间,美国国务院动用了全部力量,不择手段地拉选票,特别是拉美 20 多个成员国。11 月 29 日,美国预计已稳操胜券,就不顾阿拉伯国家的反对,迫不及待地开动联大表决机器。结果,美苏等 33 票赞成,阿拉伯国家等 13 票反对,英国等 10 票弃权,分治方案通过。犹太复国主义者终于使自己建立国家的梦想开始变民现实。

随着美国在犹太复国运动中地位的提高,复国组织的领导人也进行了调整,亲美的本·古里安取代了亲英的魏茨曼。

一天,阿隆从一个情况汇报会回来,他兴冲冲地告诉拉宾,本·古里安问犹太武装是否能抵挡住阿拉伯正规军的进攻,他回答是有可能,但要大大补充人员和装备。

拉宾听了默不作声,他认为没有什么值得高兴的,本·古里安关心军队的时间太晚了,为什么不早一些呢?1947年4月,本·古里安在一次防务会上列举了"哈加纳"拥有武器的数量:10073支步枪,1900支半自动步枪,186挺重机枪,444挺轻机枪,672门两英寸口径迫击炮,96门三英寸口径迫击炮……飞机、大炮、坦克和装甲车均没有。从部队规模来说,当时组建的"野战军"约有1.2万人,实际上是"哈加纳"的扩编,而其中真正能作战的就只有"帕尔马契"的几千人。用这样一支武装去对付数以万计的阿拉伯正规军,这无异一个天方夜谭的玩笑。

对于本·古里安,拉宾的看法是双重性的。他很敬佩古里安的政治远见和那种为犹太民族的献身精神,古里安远见的政治才能使他往往与大多数领导层人物的意见不一样,但事实却证明了古里安的正确性。因此,他成为无可争议的领袖。但拉宾对他对于武装建设的轻描淡写和对于帕尔马契的一些做法是很不满的。

拉宾认为:古里安对决战前夕犹太武装的弱小负有不可推卸的责任。一是1936年至1946年这10年间错过了发展的大好时机;二是犹太代办处号召犹太人去参加英国军队,差一点使帕尔马契散了架。而古里安对帕尔马契的态度,是拉宾极为愤慨的。"帕尔马契"是"哈加纳"的精华,古里安应极力爱护,但事实相反,他对这支武装采取极力排斥和压制的态度,因为这支武装的官兵大多来自与他政见相反的"巴勒斯坦统一工人党"。他曾对它进行"外科手术",采取重用从英军回来的犹太军官和排挤原帕尔马契指挥官等办法,使帕尔马契的规模一直难以扩大。对此,拉宾认为古里安表现得极为短视和狭隘,导致了当前的被动局面。

1947年10月,联大就巴勒斯坦分治问题表决并通过决议。这时,25岁的拉宾被提升为帕尔马契的副司令兼作战部长。拉宾在特拉维夫参加欢庆,看着欢呼雀跃的人群,拉宾心中掠过一阵阴影,他确信犹太人取得的只是外交上的胜利,阿拉伯人不会对犹太人的建国梦坐视不管的,犹太人急需的是有一支强大的军队来捍卫它的成果,可是这支军队在哪里呢?拉宾为此忧虑不已。随后,一场以巴之间的战争便拉开了。许多著作说,以色列的"独立战争"是1948年5月15日打响的,说是在这个国家成立几小时之后五个阿拉伯国家便对它发动了全面进攻。其实不然,拉宾认为,战争早在建国前的6个月便开始了。

也就是在1947年11月底联大通过了分治决议之后,随即阿拉伯武装人员便开始了围困耶路撒冷的犹太人,一场阿以战争便开始了。当时的情况很危急,60万犹太人中有10万人聚集在耶路撒冷,丢掉这座圣城,无疑对犹太人是一种心理上的打击。耶市10万犹太人中大都在新城,老城只有25000人左右,阿拉伯人选取弱点,想先攻下老城,进而占领全城。

双方力量悬殊的情况下,以方又没有其他优越的因素,仗是很难打的。更何况联大决议规定了耶市的国际飞地特性,犹太人急于立国首先接受了决议,阿拉伯人不接受决议;这样,犹太人束缚了自己的手脚,阿拉伯却可以先声夺人。第二,亲阿仇犹的英军根据决议可以拖到1948年5月14日才撤走,也成为犹太人的障碍。第三,犹太人所处的位置是阿拉伯人大海中的孤岛,阿拉伯人占有围点打援的战术优势。10万犹太人所需的一切物品,全靠长约70公里的特耶公路运输,这条"生命线"一旦被卡断,犹太人就陷入了绝境。而在1947年11月,这条"生命线"就被阿拉伯人切断了,要重新打通它,真是比登天还难。然而,又非打通不可。"哈加纳"司令部把这一艰难的任务交给了拉宾去完成,可以不惜任何代价。

攻城血战

1948年5月14日,英军一撤走,以军未放一枪就占领了市中心地区,随后又攻占了城外北部和西部地区,但东部的很大一块仍在阿拉伯人手中。15日阿军发动攻势,从以军手中夺回了城北阵地。17日,整个战局发生逆转,约旦军队攻入市区并直抵老城。城中犹太人又陷入危机,拉宾旅只得又担任掩护运输队的任务。拉宾为确保交通无阻,他带兵夺取了拉特隆和雅鲁村,并彻底肃清了公路交通障碍。他们等着护送运输队入城,结果,等了一天才等来"孤儿"似的一辆装甲侦察车,特拉维夫方面不相信他们能这么快打通道路。

17日,正当拉宾部署当天的护送任务,耶路撒冷旅旅长大卫·沙梯尔来找他,请求借两连人去攻城。拉宾看不起沙梯尔,提出得派两名手下军官共同制定作战计划。沙梯尔只得同意。在整个战斗中,沙梯尔把拉宾的两连人当主力使,整个作战计划也一团糟,拉宾为此与沙梯尔大吵,之后,才勉强同意了计划。

在沙梯尔的攻城计划战斗打响以后,进展缓慢,沙梯尔的兵连城边都没挨就退了回来;只有拉宾的两连人奋战夺取了安锡山,但随后就陷入了重围。在组织突围后,山上依然有15人没有冲出来,他们只有和敌人血战到底了。突围出来的战士,为了整个战场利益,没有休息就投入了战斗。整个战场,战斗十分激烈。阿拉伯军队越来越多,犹太军队却无法提供后补,且都老弱病残。27日夜间,拉宾又组织了3次突入老城的战斗,均告失败。28日凌晨,拉宾登上了锡安山,在纷飞的炮火中他看到了一个终生难忘的屈辱场面:一个打着白旗的老城犹太代表团向着趾高气扬的约旦士兵走去,其中竟有犹太教士拉比。28日夜,老城区又有150名武装人员和700名居民投降。战场的失利,犹太人投降是难免的了。但在整个耶路撒冷战役期间,拉宾多次组织力量进攻拉特隆,但这颗钉子始终拔不下来,阿拉伯人决心死守。当6月8日的又一次进攻失败以后,古里安失望极了,他下了死命令,无论如何在6月9日要攻下拉特隆。可这一次大家没有听他的,阿隆和拉宾等人一致决定推迟到次日,因为部队急需休整,同时发现了一条可绕过拉特隆的便道。

那条便道实际是拉宾他们休整那一天发现的。那辆装甲侦察车就是从便道上过来的。后来,拉宾旅的一些人就是走这条便道。走这便道安全,阿拉伯人的火力打不到,关键是能否开辟成大卡车通道。延误军令是不行的,阿隆便和名义上指挥这条战线的美国人米奇·马可斯上校派拉宾去说明情况。古里安对此大为反感,甚至可以说气急败坏。他训拉宾、训阿隆,整整训了两小时。拉宾在古里安的训斥中不时地解释几句,他始终坚持一个观点:既然另有通道能确保运输生命线,就没有必要再血洒拉特隆!两小时以后,古里安终于同意了他们的方案。

6月11日下午10点,第一次停火协议生效。但待重开战时,阿以双方的力量就已倒了过来,这是犹太人用智慧创造奇迹的历史纪录。停火期间,拉宾组织力量开辟了另一条通往耶路撒冷的"缅甸路",基本上解决了市内的补给供应问题。另外,大批的军火和志愿人员补充上来,使以军实力大增。值得说一下的是,以军的军火主要是捷克在苏联的默许下提供的,"如果没有捷克按照苏联旨意提供武器,以色列能否打赢这场独立战争是值得怀疑的。"7月9日,战火又重新开始,但持续时间不长,仅仅10天。原因是各自为战的阿拉伯军队再也不敌以色列军队。但是,耶路撒冷老城仍在阿拉伯军队控制下。为了便于指挥战斗,以军将全国分为北方、耶路撒冷、沙隆和南方四大军区。拉宾和"帕尔马契"主力均划归在南方军区,伊加尔·阿隆为司令员。

战云密布　中东聚焦

为水而战

　　就整个中东的所有战争而言,其根源一是宗教,二是水资源,其他次之。拉宾走马上任时,以色列的"国家输水工程"即将完工。但由于该工程是从约旦河上游以叙边界的加利利抽水输送到缺水的中部和南部,每年可给以色列多带来3亿立方米的水供应,而叙利亚、约旦却将受到损失。因此,叙、约两国也纷纷在上游兴修截水工程,这样就将减少约旦河下游的水流量,受害者反而是以色列。于是,以色列和叙利亚及约旦的关系骤然紧张起来。

　　1964年11月,叙军炮击了以色列边界定居点,以空军当即轰炸了戈兰高地上叙炮兵阵地,一场叙以之间因水资源而发生的战争开始了。为了彻底压制对方,以色列悍然开炮轰击了叙利亚水利工地的施工机械,最后迫使叙利亚停工。在打掉了阿方的约旦河改道截水计划以后,以叙边界有过一段相对的平静,但到1967年4月,以色列空军一口气打下了6架叙利亚的米格—21战机,使得两国边界又紧张到了危险的地步。以色列的"空中骄子"们乐得手舞足蹈,但拉宾却显得忧心忡忡,因为要是真的打起来,以军的武器装备比阿方还差着一大截。在空军上,以军的装备比阿方强;但在装甲兵实力上,以色列则居于劣势,它们手头没有可与苏制T—54和T—55型相匹敌的坦克,而且连旧"谢尔曼"式坦克数量也不足。拉宾下决心无论如何也要在这些方面超过阿方,在装备上决不能叫阿拉伯人占了优势。

　　6月份,总理艾希科尔访问美国,拉宾强烈要求他一定从美国人那里搞一些"空中之鹰"战斗轰炸机和性能先进的坦克。艾希科尔回国后,带来了一个可以让大家兴高采烈的消息:美国总统约翰逊已答应向以提供所需的飞机、坦克,只等国会的批准了,而批准则只是时间的早晚问题。但没过多久,另一个消息却足以使以色列人满脸愁容。那就是约旦也要求美国提供同类武器,侯赛因国王扬言如果美国不卖的话就去找苏联。这样的话,着急的自然是美国。因为约旦是中东为数不多的亲西方国家之一,它要是投入苏联怀抱,就意味着美国失去了整个中东的阿拉伯世界。约翰逊政府为了摆平此事,特意派国家安全委员会的罗伯特·考麦尔和资深外交官埃弗里·哈里曼为特使,做说服以色列人的工作。

　　考麦尔和哈里曼都是精通此道的老手,他们在与以色列人的交往中,分别熟练地轮流扮演着白脸和红脸的角色。可是以色列人似乎吃了定心丸,就是不买他们的账。通过多番的唇枪舌战,最后还是以色列的细胳膊拧不过美国人的大腿,因为它讨价还价的本钱太少了,真与美国人闹翻了对自己没什么好处。最后,以色列勉强同意了美国向约旦出售武器,条件是美国以会谈纪要的形式代表约旦保证这些美国坦克不得越过约旦河。以色列代表最后只好悻悻地离开了谈判桌,他们似乎看到了纳赛尔乐不可支的笑脸。因为以色列人知道,侯赛因的这一招绝对是纳赛尔出的。

　　尽管以色列人在谈判中没有取得完全胜利,但美国尽快提供的武器已令拉宾眉开眼笑。美国提供的"空中之鹰"战机,约250辆A—2C和A—I型坦克、坦克引擎备件及105毫米口径的大炮等重型武器装备,很快就运到了以色列,解除了他沉重的思想负担。有了这些装备,拉宾觉得腰杆一下子长粗了,他足以威胁整个阿拉伯世界,使之不敢轻易妄为。

在此之后,拉宾很快整改了军队,把军队分为防御与进攻两大部分,并大力提高了部队的突袭打击能力。

逼出纳赛尔

当时,在整个阿拉伯世界纳赛尔充当着精神领袖的作用,阿拉伯世界的每一次大的举动,几乎都与纳赛尔有关。

1967 年 5 月 14 日,拉宾在总参收到埃军不寻常调动的情报;次日,他正在参加阅兵式,又收到大批埃军正向西奈纵深推进的报告。大家最初的反应是埃及人又在搞神经战,情报部长亚里夫也认为:埃及人在重演 1960 年"罗梯行动"的老戏。其目的是逼近以色列,让以色列慌忙动员、戒备到对峙持续一两个月,耗尽以色列的精力以后,再撤军,然后大肆宣传自己的胜利。拉宾也是这么认为的。因此,他只是在埃及第四装甲师逼近时动员了以军的一个后备役装甲旅作准备。

但后来才清楚,是苏联 5 月 12 日提供的"情报"才促使纳赛尔增兵西奈。5 月 16 日,埃及要求联合国紧急部队从两国边界撤到加沙和沙姆沙伊赫,摆出一副开战的架势。想不到联合国秘书长吴丹也给他玩了一个绝招,在同一天,他要求纳赛尔作出明确选择:要么,联合国部队原地不动;要么,全部撤走。被将了一军的纳赛尔一咬牙,于 18 日通知吴丹:联合国部队全部撤走!这样,吴丹后来竟遭受到指责,说是他把纳赛尔推上了与以色列开战的道路。其实,纳赛尔不想打仗。这一点,拉宾、达扬等少数以军将领是清楚的。纳赛尔曾对叙利亚人说过:"埃及决不会因为一个北部非军事区里的拖拉机或边界事件对以色列发动战争。"但是,纳赛尔很难把这种观点坚持到底,阿拉伯是一个复杂的世界,有人公开笑他是躲在联合国部队后面的反以"英雄"。他是不允许兄弟们这样说的,他得有所表示;况且,苏联人的情报说得活灵活现,说以色列将进攻叙利亚,他不能对叙利亚兄弟见死不救。纳赛尔是有一本难念的经,迫不得已才出这一着险棋。同时,以色列的一贯方针是把纳赛尔从幕后引出来,以便一举毁掉他作为阿拉伯世界领袖的形象。

纳赛尔已经被逼了出来,拉宾就得准备打仗。但是,决策责任至关重大。要打,就得速战速决,联合国及当时大国是不允许以色列打的,尤其是长时间的打。但不打,静观局势,时间拖得越长,形势对以色列就越不利。光是长期动员后备役也会把国家的经济拖垮。为此,拉宾分别向一些权威人士征求了意见。

当时外长埃班持悲观态度,他认为一旦打起来,没有哪个大国会真心帮助以色列,以色列将会十分孤立,联合国安理会也会很快强制以色列的,以色列将捞不到半点好处。但是,达扬却看得很透彻:纳赛尔的举动完全是以色列给逼出来的,以色列对叙利亚、约旦的行动过火了,纳赛尔除了铤而走险之外无路可走。他还认为:纳赛尔会很快封锁亚喀巴湾的蒂朗海峡,到时候,以色列惟一的选择就是打仗!

宫廷政变

决策意味着责任。为着是否打的问题,拉宾度过了一段难挨的时光。埃及、叙利亚加紧备战的消息接踵而来,拉宾便也加紧备战。

5 月 23 日凌晨 3 点 45 分,埃及果真封锁了蒂朗海峡,随后叙利亚在戈兰高地上又增兵以待。早上8点，艾希科尔来到总参掩体地下指挥所与将军们会晤。在大部分人一再催促早打的情况下，艾希科尔表示了必打的决心，但得向美国通报一下情况，以示尊重，因为美国政府要求以色列不开第一枪。中午，艾希科尔召开了扩大的内阁防务会议，应邀出席的有梅厄夫人、贝京、达扬等。会上，拉宾汇报了形势最新动态并讲解了初步拟定的作战方案。拉宾在会上发现：无论是内阁部长们还是反对党领袖，都没有急于打仗的愿望，大家寄希望于外长埃班的欧美游说，幻想着以政治和平手段解决这场危机。当晚，拉宾在总参召集了各部部长和各军区及兵种司令的联席会议，商讨了详细的作战方案。大家达成了共识：即不管仗怎么打，首先必须掌握绝对的空中优势。空军司令莫蒂·霍德对此信心十足，但他担忧埃及空军会轰炸以色列人口稠密区，因此，必须首先把敌方轰炸机炸毁在地面。拉宾听了，脑海里一再浮现的是特拉维夫被炸成废墟的情景，其他的什么也听不进去。

而最令拉宾动摇信心的还是全国宗教党党魁夏皮拉。在一次内阁防务委员会上，他公开反对先敌开战，并从历史的角度陈述了不必先开战的理由，端出了本·古里安是怎样有把握才开战，是怎样化解危机的。最后，他很轻视地质问拉宾："如果我们受到攻击，我们当然要为生存而战。但如果我们先发制人，我们就要自己承担责任。你打算承担危害以色列的责任吗？"拉宾不知当时说了些什么，只记得夏皮拉鄙夷地哼了一声就摔门走了。一想到这里，拉宾感到脑袋"嗡"的一声，背脊渗出了冷汗。责任！责任！关系到国家安危和民族兴亡的责任就在那一纸决策上，弄不好就是千古罪人！

总参会议结束后，拉宾很晚才回家。一到家便倒在沙发里，心里一阵阵作呕，头晕目眩，额头直冒冷汗。为了打仗，几天来他几乎没有合过眼，在考虑打起来会出现的薄弱环节。他甚至设想了可能出现的最坏情况：以色列防线被突破，阿军坦克群向特拉维夫、海法区冲去，以军无法抵挡，犹太人打着白旗向阿拉伯人走去……他边想边抽烟，常常是烟灰缸的烟头像小山一样；白天在办公室，晚上在家，好像和谁抽烟比赛；梅厄夫人和拉宾的下属及内阁部长们都一样；在拉宾的各种会议室里，烟雾弥漫，白天也需要开灯才行。

夫人利扬用湿毛巾给拉宾洗了脸，让他感觉舒服些，但古里安的"你要为此负责"和夏皮拉的"你打算承担危害以色列的责任吗"的声音轰隆隆向他袭来，使心力交瘁的拉宾有点绝望，他只好请来作战部长魏兹曼，向他倾诉一下内心的迷惘："魏兹曼，你认为我是不是应当让出我的位置？"魏兹曼忙说："总参的全体同志会帮助你度过难关的，好好休息吧，有事明天再说。"

魏兹曼走了以后，他要利扬叫医生来检查一下，结果是：疲劳过度与尼古丁中毒的综合症，需要很好休息一下。拉宾一睡便睡到了24日。就在这一整天，总参使有人以"宫廷政变"的形式想把他拉下去。拉宾所信赖的魏兹曼，跑到艾希科尔面前去说"拉宾信心和精神已到了崩溃的时候"，随后还大模大样地自封为代理总参谋长，并召开了各部门首脑会议。人们的印象是：拉宾已不能工作了，他已请魏兹曼接任，艾希科尔也是不反对的。25日拉宾上班，人们从背后投来异样的目光，他感到不解，后来才知道一切。接着他也猜想："艾希科尔本人是不是有这个意思呢？"他决定见见艾希科尔。艾希科尔私下接见了他，并打消了他的一切顾虑。拉宾很感激地看了艾希科尔一眼，发现他也是不堪重负的神态。

当拉宾再一次回到总参时，他用洪亮的嗓音通知各部、各兵种的首脑来开会。会上,他信心十足地分析着以军的优势和敌人的劣势,对克敌制胜深信不疑,令将军们似乎又看到了那个昔日"帕尔马契"的老兵。只有魏兹曼心里清楚,拉宾的此番动作是给他看的。他心里也不是滋味,烤熟的鸭子又飞了。

最后决定

在封锁了蒂朗海峡以后,纳赛尔就没有了动静,他把球踢给了拉宾,他要看看拉宾是怎样踢这个球的。拉宾没急,他把球带着走,寻找最佳位置。当时,以色列有一首民歌的歌词里有一句"纳赛尔等候着拉宾"。而当时情形不仅如此,相互等候的人有一大串,他们是:纳赛尔等候着拉宾动手——拉宾等候着艾希科尔的决断——艾希科尔等候着他的部长们点头——部长们等候着埃班带回来的消息——埃班等候着美国总统约翰逊的接见……真是一个大连环。等得让人有些着急。

拉宾病倒那天,魏兹曼与将军们制订了一个更大胆的计划,即不仅要占领加沙和阿里什,而且要占领整个西奈半岛,挺进到苏伊士运河岸边。拉宾开始没同意,认为胃口太大,会招致国际反对;但考虑到自 1956 年之后,西奈已变成埃及进攻以色列的一块跳板,遂同意了这一计划。但艾希科尔在 25 日严令军方在 27 日前不得采取行动。

25 日,拉宾得到了埃及在西奈已集结了 4 个步兵师和 2 个装甲师的消息,叙利亚也把大军集结在边境上,并把伊拉克作战部队编入战斗序列中。而内阁的部长们却眼巴巴地等候着埃班的回国。26 日,拉宾下令,各大军区处于一级战备状态,并进行总动员。至此,整个以色列就变成了一架隆隆作响的战争机器。

魏兹曼和亚里夫是拉宾手下的干将,他俩对总理不准动手的决定极为不满,一再请拉宾施加压力。拉宾考虑再三,遂和副手巴列夫还有亚里夫向艾希科尔进言:"我们没有必要过多地顾虑由谁来承担先动手的责任。难道你当真相信我们能使美国宣布,进攻以色列就是进攻美国吗?如果你认为我们做不到这一点,那我们还等什么呢?我们已丧失了战略上的突击优势,如果再等下去的话,我们连战术上的突击优势也没有了!"艾希科尔见拉宾带着军人口吻说话,他不高兴了,沉下脸宣布道:"在政治解决的努力没有彻底失败之前,以色列国防军不得发动袭击。"话已说到这一层,拉宾等人只有服从。

26 日下午,埃班发回了人们望眼欲穿的电报,电报告诉大家:美国承诺担当起保卫以色列的生存权的义务。山姆大叔的一句承诺,使部长们欢呼。但是,随后而来的消息却又似迎头泼来的一瓢冷水:"一、美国没有得到埃及有进攻意图的情报;二、未经国会批准,美国总统无权对以色列的安全作出承诺;三、以色列不可挑起事端;四、总统正谋求组织一支国际舰队去打开海峡封锁。"人们得知后,面面相觑,不知所措。一封喜报的欢快高潮还没有过,又一瓢冷水浇了过来,部长们一个个都慌了,都问拉宾怎么办。拉宾成了主心骨,他得拿出主见。因此,他毫不犹豫地说,一天也不能拖了,必须下决心早打。时间越往后拖,埃及准备得就越充分,以色列丧失的优势就越多,付出的代价将会越大。可是夏皮拉不信这一套,他以种种理由阻拦:"如果我们进行伤亡惨重的进攻,而全世界又因此摈弃我们的话,我们究竟能得到什么好处?同时,埃及和叙利亚可以得到苏联人的军火供应,以色列到哪里去搞军火呢?"部长们的意见仍然得不到统一,仍未作出开战的决定,只是授权艾希科尔和拉宾在以方遭受袭击时有权作出"适当的反应"。27 日更是难熬的一天,约翰逊订好 26 日会见埃班,结果拖到 27 日中午才会见,他带给埃班的不是希望,而是失望:别先动手,否则后果自负。当晚,艾希科尔又传来了苏联总理柯西金和法国总统戴高乐同样的警告。部长们更加丧失信心,而埃班这时也从飞机场赶到会议室来凑热闹,告诉大家约翰逊让以色列等三个星期,他去斡旋。这下子,将军大声疾呼不能再等,而部长们却主张等,夏皮拉则表示,如开战的话宗教党的内阁成员将集体辞职。最后投票表决:9 票对 9 票,戏剧效果,令拉宾哭笑不得。散会后,艾希科尔又告诉拉宾,工党部长埃班也提出了夏皮拉一样的辞职威胁,然后他摇着头走了。埃及人 1000 辆坦克的炮口已对准了以色列,可以色列却闹起了内阁危机,真是不可思议!

对于艾希科尔,拉宾是有感情的,是前者提拔了他,维护和爱护了他。但作为一个国家领导人及军队的统帅,艾希科尔的素质比本·古里安差,尽管他赞成早打,但他缺乏一种治国安邦的能力。在以色列,政界、军界及公众舆论,都一致呼吁改变现状和推举能人。

内阁一再寄托于美国的斡旋,将领们却急不可待地等着进攻。就在以色列争吵不息的同时,埃叙、埃约等阿拉伯世界已团结起来,做好了充分的准备。拉宾手下的将军们,窝了一肚子火。这时,拉宾既要安抚下属,又要在艾希科尔面前陈述己见,同时又要顶住部长们的压力,更主要的是需洞察整个局势,把握住军队的稳定。给他的条条框框那么多,真好比捆住手脚跳舞。

内阁无休止的讨论和争吵毫无意义。拉宾在视察部队时,发现前线官兵们对政府的不满已达到了极点,他们甚至提出了"政客们是否要毁掉这个国家"的尖锐问题。31 日,退休多日的摩西·达扬,提出了重返部队,他甚至自己去部队视察了,这给军队和新闻界无疑加了油,立时获得一片叫好声。但对拉宾来说,确实出了一道难题和增加了无形的压力。在内外交困的情况下,艾希科尔失去了最后一点自信心和自制力,他最后把国防部长的职务也交给了公众拥戴的老将军达扬。

1967 年 6 月 1 日,"山姆大叔"又给了艾希科尔一记沉重的耳光。原先埃班说美国准备用两到三个星期时间,组织国际舰队打破海峡封锁以色列的防线。当时,内阁们都当了真,老老实实地准备等下去。可这一天,约翰逊的发言人声称:那是人们误解了总统的意思,美国不可能做到那一点。当消息传到以色列,人们都不敢相信自己的耳朵,到底埃班和约翰逊,谁是撒谎的人呢? 真是一个天大的国际玩笑! 紧随着,一股汹涌愤怒的浪潮席卷了以色列,人们厉声质问,为什么政府要把以色列的命运寄托在美国人那不值钱的许诺上? 为什么要为一个不切实际的希望浪费那么多宝贵的时间?

面对这种情况,拉宾和达扬加紧了军队的行动。6 月 2 日,拉宾在总参掩体中召开了内阁防务委员会与总参的联席会议。部长们关心的是防务,将军们关心的则是达扬发表什么样的高见。事实再也容不得人们喋喋不休地争吵了。达扬指出:"现在最关键的问题是在大国制止这场战争之前,以军能打多长时间。"他认为:只有三四天,如果早下决心打,埃军防线的漏洞会更多一些,以军就能在这几天内取得更多的战果,反之,以军突破埃军防线的时间就会延长,更没有时间去扩大战果。就这么一个简单的道理,以前拉宾也多次强调过,但达扬却获得了大家热烈的掌声。真是此一时彼一时!

战争是惟一的选择! 已容不得半点不同看法了,整个会场被浓厚的战争气氛所笼罩。

6月2日中午,艾希科尔、达扬、拉宾、埃班、阿隆与赫尔佐格,在总理府作出秘密决定:在6月5日之前不发起攻击,给内阁两天时间作出开战决定。3日和4日,拉宾视察了参战部队。他对部队的准备感到满意,当他从南方军区返回特拉维夫时,遇到了达扬。达扬告诉他:"内阁刚刚批准了次日凌晨发动进攻的计划。"拉宾很高兴,当即和达扬把所有的计划细节又查了一遍,看是否有漏洞。随后,便把空袭时间定在6月5日凌晨7时45分。

当他回到家里,已经很晚。利扬知道他近来心力交瘁,看他酣然入睡,心里也感到高兴。但她看到丈夫那额头上的皱纹和已开始花白的头发,心中便涌起怜爱之情。她知道:丈夫是自己的,但作为军人,他也是祖国的,他把自己已交给了祖国。

闪电计划

战争,使达扬和拉宾成为英雄!但在"六天战争"中,"闪电计划"的实施成功,首功应是霍德的。拉宾也一直这么想。

空袭时间是根据空军司令莫蒂·霍德的建议确定的。霍德用了两周的时间,摸清了埃及空军的活动规律。他们是"天刚拂晓就起飞进行巡逻,持续时间为一个小时左右,然后飞回基地吃早点。在7点到8点之间,那里一切都处于瘫痪状态。"达扬对霍德的奇袭方案很赞赏,他只是稍有改动,即初期不要进攻加沙地带,以免以军在人口稠密区被拖住手脚;也不要进攻到运河岸边,以免引起国际上过大的干预;关键是早点拿下沙姆沙伊赫。整个奇袭方案称作"闪电计划",其特点是赌博式的孤注一掷,要一口气派出200架战机中的188架,在3个小时内解决问题。拉宾承认:他们都抱着一种赌博心理,只不过霍德胆子更大。要是计划失败,那么,以色列就只有剩下的12架飞机去抵挡数百架叙利亚和约旦的战机,后果是难以设想的。

6月5日凌晨,以色列军、政首脑会集在空军司令部。7点45分,第一批40架以军战机起飞,接着是第二批、第三批……人们紧张地静待消息,无线电通讯网没有传来任何信号,连飞行员交谈的声音也没有。因为为了保密,空中指挥员严禁下属打开通讯设备,就是被敌人击落也不准吭气。飞机一起飞,惟一的是希望成功,担忧和后悔都是无用的。到11时,四分之三的埃及空军力量已被摧毁,304架飞机在燃烧。空军首战告捷了,以军夺取空中优势的任务完成了。与此同时,叙利亚和约旦的空军也相继遭到以色列空军的袭击。这一天,阿拉伯国家总共损失了374架飞机及许多导弹基地和雷达站。损失最严重的是埃及,它的空军基本上没有了。在解决了埃及空军的巨大威胁以后,以军又于6月6日同力量较弱的叙利亚、约旦、黎巴嫩、伊拉克空军再一度较量,到6日黄昏,歼灭阿拉伯飞机的数目是惊人的,总计达416架,其中397架是在地面上被摧毁的。以色列共损失26架飞机,21名驾驶员。以色列空军使用了一种法国人设计的穿透弹,使多数受到攻击的机场被摧毁。

6月5日晚,以色列小规模海军的潜水蛙人设法探测塞得港和亚历山大港的港口,并加以破坏。由于他们的各处活动与破坏,使埃及海军丧失了进攻特拉维夫和海法地区的信心,解决了一大后顾之忧。

分割包围

在战争发动之前,达扬和拉宾对兵力的部署是这样的:埃及边境集结65000人,坦克650辆;在叙利亚边境集结25000人,坦克100辆;在约旦边境集结5000人,坦克 350 辆;还有许多兵力作为后备队,用来增援各条战线。就在空军采取攻击的同时,南方军区司令部也接到了"纳赫肖,行动,祝你顺利"的行动密语命令。

在夺取了绝对的制空权后,以军的装甲部队开始"分割包围"。歼灭西奈半岛上的埃及军队,空军辅助实施。

整个战争的部署是:先集中重兵痛击南面的埃军,争取在短时间内打垮敌人并扩大战果;排在第二位的是东面的约旦,目标是攻占整个耶路撒冷和约旦河西岸;东北面的叙利亚放在最后,最好是消除它的炮火威胁。主要目标是占领海岸线以东约 30 英里的阿里什,同时切断加沙地带。阿里什是从苏伊士运河上的坎塔拉到加沙铁路的一个重要车站,也是埃及补充西奈驻军的必然基地。第二个目标是阿布奥格拉,它处于埃及边境约 15 英里,离海岸 30 英里的内陆沙丘,它处于俄国防卫体系在纵深设重兵的一个阵地之间。它控制着阿里什大约往西 20 英里的利卜尼山,以靠近以色列境东约 20 英里的库塞马延伸的各条公路为交接点。因此,它阻止了以色列从内格夫中部进入西奈中部的所有通道。就是说:拉法一阿里什的突破,是整个战争的关键。

担负这一战役的,是配备约 250～300 辆坦克的最好装甲军团。尽管面临着埃军的地雷、炮火,还有这次战役中埃军的顽强抵抗,以色列装甲兵团还是勇敢顽强地实施了战役计划,尽管受到了较大的损失。这次战斗,在整个中东战争中是一场大规模的装甲军大会战。次日黎明,以色列军队即以血的代价攻克了拉法一阿里什。

6 月 6 日晨 8 点 30 分,已变得求稳怕乱的达扬沉不住气了:"沙姆沙伊赫到底怎样了?"他问拉宾。拉宾劝他不要着急,建议 7 日以空、海军配合行动并占领它。因为实际证明,光有步兵不行。达扬同意拉宾的看法。

6 月 7 日,以军以海、空、陆三军配合,果然攻占了沙姆沙伊赫。6 月 8 日,以色列进抵苏伊士运河。

以色列对约旦的进攻是在对埃及进攻后不久开始的。以色列耍了个外交手腕,它声称不管如何,以色列将不与约旦为敌。因此,在整个战争开始以后,约旦司令部一直犹豫不决,举棋不定。原来前来助战的伊拉克军队的一个师又未能及时赶到约旦河西岸地区,所以一开始就被动了。6 月 5 日午后,以色列装甲部队在空军的掩护下,同时对南面的耶路撒冷旧城和北面的杰宁城展开攻击,当地守军在准备不充分的情况下,加上没有空军的掩护,只好且战且退。而部署在约旦河西岸的两个约旦坦克旅,在 48 小时内即被击溃。6 月 7 日,以军南北两路都已进抵约旦河西岸,占领了面积约 4800 多平方公里的整个约旦河西岸地区。同日,以军各路军士,均已入占了整个耶路撒冷。中午,达扬和拉宾及许多军士,都到哭墙前祈祷,并庆祝全体犹太人新的胜利。其他两大宗教的信徒,只能在以军的军乐羊角号声中忍气吞声。达扬在向军队讲话时表示,整个耶路撒冷现已成为以色列的首都,它的人民无意与它再分开,或者说不会同他们的圣地再度分开。达扬的讲话在军队中引起了狂欢,他们说:"我们就是为圣城而战!"

与此同时,也就是 6 月 8 日至 9 日,以色列部队到达了伊斯梅亚对面的运河区,甚至到了小苦湖南端,以及这里和陶菲亚港之间的沙卢法对面的地方。再往南,以军还到达了埃及在萨达尔角的油田附近的红海岸边。埃军已变得毫无士气和组织,以军势如破竹。

就军队的士气和能力而言,正如拉宾所说:"以军完全可以同时进攻叙利亚。"但是,达扬有所顾虑,他怕由此引起苏联的干涉,因为苏联的军事顾问就在叙利亚的前线军队中。直到两天以后,达扬才决定对叙利亚采取行动。6月9日上午,以色列一面伪装同意"停火",一面对叙利亚发动了全面进攻。以色列军队在通往叙利亚的库奈特腊至大马士革公路以北,兵分三路向具有重要战略地位的戈兰高地攻击。叙军英勇顽强,但以军还是以沉重的代价打开了叙军阵地的缺口。激战延续到6月10日,以军占领了戈兰高地的大片土地,包括库奈特腊要地,从而控制了通往大马士革的几条主要公路,夺取了阿拉伯地区最后到达黎巴嫩的输油管。

以色列在三条战线上同人数众多、装备精良的部队作战,以一次罕见的闪电战,获得了"辉煌和决定性的胜利"。战争前后共6天,以色列以少胜多,可以说创造了奇迹。3个阿拉伯国家受到重创,埃及官兵死亡11500人,受伤和被打散3万多人,被俘5500多人;约旦军队死亡和失踪6100人,伤700多人,俘400多人;叙利亚军队死亡2500人,伤5000人,被俘600人。而以色列只死亡809人,伤的也不多。通过这次战争,以色列侵占了约旦河西岸、耶路撒冷城的约旦管辖区、加沙地带、埃及的西奈半岛和叙利亚的戈兰高地,达6500多平方公里的土地。在战争中侵占的土地,相当于以色列原有土地的4倍。

以色列之所以取胜,主要是思想动员得力,战略战术周密;出敌不意,攻敌不备,也是制胜的主要原因。阿拉伯三国,明显存在战略战术上的错误,而三者配合不好也是其失败的主要原因。"六天战争"后,拉宾和达扬成了举国上下的英雄,拉宾在军界声名鹊起,他的训练、组织、计划工作完美无缺。自此,以色列有了安全感。

神秘爆炸

在"六天战争"期间的6月7日,有几份电文不仅震动了以色列的高层领导人,而且所涉及的事情险些引起美苏之间的一场核冲突。事情的起因是阿里什附近的海面上发生了一起神秘的爆炸。

第一份电文是一条简短的消息:"在阿里什附近的海面上发生了巨大的爆炸。"拉宾看后十分纳闷,阿里什早已拿下,且又向西推进了五六十英里,为什么他们身后又发生爆炸呢?难道埃及人从海上登陆了?想到这,拉宾命令海军和空军联合行动。但就在命令发出后一小时,第二份电文又到了,说是在阿里什海面上发现一艘不明身份的船只,以军多次侦察它的身份,并主动发讯联系,在始终得不到回答的情况下,根据颁布的攻击身份不明船只的命令,以军战机和战舰猛烈地冲击了这艘船。但这艘船究竟是哪国的呢?这时第三份电文又到了,电文让拉宾大惊失色。因为以军攻击的是苏联间谍船。拉宾等人坐立不安,这不是明显的捅马蜂窝吗?一个令人毛骨悚然的问题,像一把达摩克利斯剑一样悬在人们的头顶上。这不是逼着苏联参战吗?战前美、苏均在地中海聚集了重兵,单苏联舰艇就达70多艘。现在埃、约已败,苏联会不会以这个事件为由参战呢?无论如何,以色列是没法抵挡苏联的进攻的,而"挑衅"的责任却在以色列。最后又会不会导致美国的参战呢?人们议论纷纷,越想越害怕。此时,第四份电文又到了,一切均已弄清,原来那船不是苏联的,而是美国的监听船"自由号"。人们总算松了一口气,但却免不了有一丝丝的苦涩和尴尬。原来,开战前数小时,以色列就通知美方,为防止海上袭击,以军将攻击西奈附近海域上的任何船只,为此,要求美方撤走这一海域的舰船,来不及撤的应向以方明确位置,以免误击。美方把这一通告转达给第六舰队,但由于某些官员玩忽职守,"自由号"竟没有得到通知,结果大难临头了。

"自由号"是艘监听船,职守于间谍工作,它的船长也就没有向询问的以军飞行员说明情况,以军又不明身份,于是实施了攻击。从而产生了第一份电文所说的"巨大爆炸"。而更荒唐的是,以军实施攻击时,"自由号"在未弄清攻击者身份时,就惊慌失措地向第六舰队司令部报告并呼救:他们遭到了苏联空、海军的野蛮攻击。半小时后,约翰逊总统就收到苏联人攻击"自由号"的报告。约翰逊在他后来的自传中写道:"在接到那份报告后的几小时里,我感到了前所未有的精神压力,经历了有生以来最激烈的思想斗争,因为我必须在吃哑巴亏和命令第六舰队进攻苏联地中海分舰队之间作一个历史性的选择,其后果很可能是两个大国间的核战争!"当时,在美国人也明白了真象以后,感觉和以色列人一样:轻松,但又夹杂着令人尴尬的苦涩。值得人们庆幸的是约翰逊总统没有马上发出攻击苏联的命令,否则,第三次世界大战就在所难免了。

把握时机

当时的纳赛尔,是整个阿拉伯世界的精神领袖,怎样使纳赛尔在精神上彻底崩溃,是整个战争的关键。当埃、约败局已定时,叙、伊(伊拉克)军队正在跃跃欲试,埃、约军队也在重新集结。能否早日结束战争,对以色列也是十分重要的。拉宾看准这一点,因此,他主张尽快攻击叙利亚,以达彻底击垮纳赛尔的目的。但是,达扬坚持不予攻击叙利亚,原因是美国人没有保护以色列的承诺,再攻击叙利亚,将使苏联人丢尽面子,致使苏联参战,那是可怕的。倘若一旦成熟了条件,他也会毫不犹豫地攻击的。拉宾也了解他这一点。

6月6日,戈兰高地的叙军炮击以色列边界定居点,以军还只是境内还击。但机会很快就来了。7日晚10点安理会的停火决议生效,9点时纳赛尔便予以拒绝,理由是决议没有要求以军从所占土地上撤走。对此,拉宾和达扬大喜过望,因为纳赛尔又给了他们进攻的宝贵时机。此时进攻,苏联人是没有理由参战的,因为是他的盟友不肯住手。这时,达扬和拉宾忙指挥以军彻底向苏伊士运河岸边挺进;同时,挥军进攻叙利亚。见形势不妙,纳赛尔又于8日晚同意立即停火,但是拉宾和达扬已彻底改变了初衷,进攻仍然进行着。9日,以军全线进攻叙利亚。叙军在以军的攻击面前,打得极为顽强,以军的许多进展则是靠残酷的肉搏战一寸一寸夺来的。直至9日夜间,叙军的抵抗才开始减弱。原因是出在叙军司令部,为保护大马士革,它命令部队撤出库奈特拉城以北。以叙停火协定于10日下午6点30分生效,但11日和12日以军继续抢占地盘,直到控制了赫尔蒙山战略高地,纳赛尔再三敦促安理会督促停火,低下头来首先在停火协议上签字。

这场历时6天的战争结束了,纳赛尔无可奈何地俯首称臣。以色列人颇为这场用6天时间连克数敌的战争感到自豪,于是把第三次中东战争定名为"六天战争"。

出任大使 周游列国

大使生涯

"六天战争"结束后,拉宾任参谋长的期限也就届满了。今后将何去何从?这是拉宾战前就已开始琢磨的问题。再留在军中是不可能的了,朋友们劝他去从政,他自己也这么想,从政应是他最好的选择。不过,他不想从军界直接转入政界,这样太生硬,应有所垫铺。于是,他想到了做大使,而且是做美国大使。这样,他既是政府官员,又可以在做大使的过程中进行从政实习和积累经验,同时还可以积累政绩。之所以选择美国,是因为他认为美国历来是以色列的靠山。在那里做大使,可以同美国当权者联络感情,今后对国家和个人来说,都是一个寻找更大靠山的机会。

拉宾的考虑用心良苦,但当他提出来时便首先遭到总理艾希科尔的反对。艾希科尔从椅子上起身走到拉宾面前,很幽默地说:"你想去当大使,而且还是驻美大使,你不觉得这是一个你并不适宜的工作吗? 当然,你那些不会打领带之类的笑话我早就忘记了。但你想想,你习惯于出席那些没完没了的酒会吗? 你会文雅地与那些场合的太太小姐们周旋吗? 你熟悉谈判技巧吗? 不,你不适合干这种工作。听我说,你不是一块干外交官的料。"拉宾听了,毫不退缩。正因为他不适合,他才选择去干,以弥补不足。"但我准备去学,而且我相信我也学得会! 我更不会害怕那些鸡尾酒会的。"他很诚恳地说。接着,他又解释了为什么要去当驻美大使的原因,他强调了美国的作用正在中东突出起来,但以美关系还很薄弱,须大力加强,而自己的总参谋长的军事和政治背景是很有助于这项工作的。艾希科尔显然被拉宾的理由所打动,他答应和外长埃班谈谈,但没有当场拍板。后来,拉宾又多次找艾希科尔要求,但每次艾希科尔都说埃班保留意见。也就是说,他是同意的。对此,拉宾毫无办法,埃班在工作上几乎每次都与拉宾争吵,由此个人关系也变得很微妙。在关键时刻,工党总书记、实权人物梅厄夫人为拉宾讲了话,使他当美国大使的事在 1967 年 10 月间定了下来。

在去当大使之前,拉宾很好地思考过对美外交的目标。他通过一番调查后,给自己定了四个目标:一、确保美国向以色列提供武器;二、与美国协调有关的中东政策;三、谋求美对以的军事和经济援助;四、谋求美国运用其遏制力量防止苏联的军事干预。当他把这一切交给外交部时,他得到的是外交官员们典型的外交微笑,好像在说:"很好,让我们来看看你的本事吧!"

1968 年 2 月初,拉宾如愿以偿地当上了以色列驻美大使,他带着妻子利扬及 12 岁的儿子尤瓦尔来到了美国。大女儿达里亚因正读高中一年级,高中毕业后还得服两年兵役,因而没有同行。从此,拉宾又走上了当大使的生涯。

四面出击

在大选投票之前,拉宾觉得有必要再到尼克松那里去落实一下军售问题,因为战后以军的军火供应出了麻烦。法国已停止向以色列供应军火,美国政府也停止了对以的军火出售。尼克松听了拉宾的要求后,态度爽快,俨然以一个总统的口吻说:"你放心,我答应你。我支持以色列变得强有力,你们会得到飞机的!"尼克松不但赞成提供武器,而且认为一个强有力的以色列可以在美苏之间起一种平衡作用。尼克松还把美国外交政策的核心向拉宾交待清楚了,他强调,他和汉弗莱有一点是一致的,那就是美苏之间就一些重大问题,特别是中东问题,达成谅解是必要的,因为这符合美国的利益。

"六天战争"的胜利,在美国博得一片叫好声,但约翰逊政府对这场战争却很不以为然,认为它打乱了美国的中东战略,因此美国不愿意向以色列提供武器。为和平解决中东问题,约翰逊随后提出了五项原则:一、承认每个民族的生存权。二、公正解决难民问题。三、制止中东的军备竞赛。四、确保战时中东的通行权。五、尊重各国的政治独立和领土完整。从文字上看,不偏不倚,它既要求阿方不要试图以战争消灭以色列,也要求以方从阿拉伯领土上撤出。显然,这对以色列来说是难以接受的,这就意味着以色列得从被占领土上撤出。但是,以色列还是于 1967 年 6 月 19 日作出四点决议来响应。一、以色列准备撤到以埃国际边界。二、以西奈非军事化来确保以色列的安全及保证苏伊士运河和蒂郎海峡的自由通航权。三、以色列准备撤到以叙边界,以戈兰高地的非军事化确保以的安全。四、西岸、加沙和巴勒斯坦难民问题将另行考虑解决。然而,以色列内阁很快就发现自己的战争成果卖得太便宜了,急忙在同年 8 月修正了这一立场。可笑的是外长埃班对自己的驻美大使保密,以色列对美国保密。直到 1968 年 5 月,拉宾及美国政府还以为以色列是准备撤出被占领土的。

拉宾始终是以国家利益为第一位的。当五项原则和四点决议没有执行时,联合国的 242 号决议也随后成为一纸空文。但不久,书呆子的美国国务卿腊斯克向埃及外长递交了一份后来称为"腊斯克的七点倡议"文件。拉宾对美国不与以色列商量就与没有外交关系的埃及直接打交道,瞒着以色列私下与埃及进行交易的作法,表达了极大的不满,并当即提出抗议。随后,拉宾又与腊斯克等美国政府官员进行了一系列的斗争。直到 1969 年 1 月 15 日,即腊斯克把一封内容为"中东的和平只能随着各方的谈判进程来达到……"的信,交给苏联大使多勃雷宁的时候,美国在中东和谈问题上,才赞同并站到了以色列的立场上。拉宾为改变美国的立场起了很大作用,而且他还为以色列搞到了 50 架"鬼怪式"飞机。

1968 年 10 月 9 日,约翰逊在大选的压力下宣布卖给以色列 50 架"鬼怪式"战斗机,但随后又开始扯皮。拉宾多方软缠硬磨不生效,也只好亮出了一张令约翰逊望而生畏的王牌——美国犹太人的压力。拉宾通过各种渠道把"鬼怪式"交易的阻力告诉了美国犹太人组织,那些民主党的支持者们立即掀起了责问约翰逊的声浪。三四天后,约翰逊屈服了,他下令国防部立即无条件地向以色列出售这批飞机。

1969 年 1 月 20 日,共和党的尼克松宣誓就职,拉宾将要与之打交道的核心任务是停火。尼克松上台后的美以关系会如何发展呢?拉宾对此充满信心。

以美交和

尼克松坐上了总统宝座,拉宾自然高兴,因为尼克松上台就意味着一个以美关系春天的到来。果然,尼克松上台后,很快便开始实现他的诺言。他让国家安全及外交事务顾问基辛格具体负责这方面的工作。尼克松认为他适合处理这方面的事务,拉宾也认为与基辛格一起好办事。

他们首先讨论了"六天战争"以后以色列和邻国的边界问题。尽管双方的观点有分歧,但美国政府决定推动中东和平的进程还是拉开了序幕,美国同四大国共同合作,也希望以色列拿出些具体设想。以色列外长埃班是 1969 年 2 月上台的梅厄夫人新内阁中的原任人员,拉宾具体安排他的访美事宜。不过,梅厄夫人安排埃班访美的目的是联络感情,并没有具体讨论问题的任务。而此时的拉宾,真可谓忧心忡忡,美国助理国务卿西斯科同苏联驻美大使多勃雷宁频繁会晤,他们商谈中东问题,却不同以色列商量。很明显,他们谈判的结果将强加在以色列的头上。拉宾没有等闲视之,为了争取主动,他开始私下活动。一方面,他向美国提出抗议;另一方面,他又密切地注意着事态的发展。通过分析,他认为美国非常害怕这样消耗下去。埃及人打仗的目的表面上看为了重创运河东岸的以军,实际上是苏联人在怂恿埃及人继续打,这样能使苏联在中东的影响大大增加,中东的发展局势也证明了这一点。为了复仇,激进主义在中东占了上风,巴解组织在约旦站稳了脚跟,利比亚也落到了激进的卡扎菲手中,连保守亲美的沙特也出现了局势不稳的状况,而这一切,都与以色列和阿拉伯世界的对峙有关。因此,美国人极其不安,这场消耗战时间越长,坚决支持阿拉伯人反以斗争的苏联影响就会越大,而向以色列提供大量飞机大炮的美国的影响则会逐步缩小。拉宾的这种分析是正确的,因为西斯科的一席话证实了这一点:"我们对以色列承担的义务并不意味着我们赞成以色列所作的一切。让我们坦率地告诉你,如果我们的友谊仅仅导致美国被中东世界所抛弃的后果的话,那将是美国政策的一个灾难的挫折。我们必须致力于和平解决中东问题,因为它是惟一能捍卫我们在那个地区全局利益的途径。"拉宾清楚西斯科的话,是美国核心领导层的真心话。

然而,即使美国用切断武器供应的方法强制以色列停止消耗战,同样加强不了自己的地位。因为埃及肯定要继续打下去,整个阿拉伯世界将为纳赛尔欢呼,苏联的影响将会更大,美苏谈判时美国的地位将会更不利。因此,拉宾在 1969 年 9 月 19 日写报告要求梅厄政府放开手脚大打,并用飞机轰炸埃及腹地目标,因为,只有这样才会有损纳赛尔的地位和削弱苏联的影响,才会使以美关系朝更好的方向发展。

不出所料,以色列加强攻势已使美国深信,以色列是自己在中东摆脱不利地位的重要工具。很快,切断武器供应的方法停止了,第一批"鬼怪式"飞机在 9 月底飞抵以色列。1970 年 1 月 7 日,以色列飞机袭击了埃及腹地。也就是这一天,美以关系出现转折。当苏联要求美国让以色列停止这种空袭时,尼克松当局觉得自己腰杆硬了起来。尼克松在对议会讲演中甚至不提中东和罗杰斯计划,整个美国当局亲以倾向明显,舆论界亲以的气氛特浓,尼克松的心腹——司法部长米切尔甚至公开发表亲以言论。

这一切,是与拉宾的仔细观察和分析以及卓有成效的工作分不开的。

停战开火

在以色列强有力的攻势下,纳赛尔支持不住了。1970 年 1 月底,纳赛尔秘密飞往莫斯科求援。1 月 31 日,苏联强烈要求美国迫使以色列停火,否则,将向埃及提供更先进的武器。此时的尼克松暗自高兴,他警告苏联人不可蛮干。而拉宾更是高兴地告诉梅厄夫人:"我们已大大地改善了在美国的地位,进一步改善则取决于我们对埃及心脏继续空袭的结果。"

美国当局无意制止这种空袭,并且在已提供的 50 架"鬼怪式"战斗机的基础上,决定再向以色列提供 24 架"鬼怪式"和 24 架"空中之鹰"式战斗机,尼克松将在 30 天内决定是否出售这 48 架飞机。苏联人知道,这 30 天是看他们的反应。拉宾对此却极大不满,两个超级大国的较量,以色列只是一个砝码,也随时有可能成为牺牲品。拉宾愿意看到的结果是:无论何种情况下,48 架飞机按时飞往以色列。于是,他派助手去基辛格的助手黑格将军处摸底。黑格要求以方等待,不要对尼克松总统施加压力。

"不要施加压力"? 拉宾听了,计上心来,他反其道而行之。于是,他依次走访众议院少数党领导人福特、参议员戈德华特和杰克逊、工会领袖米尼等人,向他们倾诉自己的不满。这些著名的亲以派人士果然发怒了,开始向尼克松发难。

这一招果然有效,3月12日基辛格紧急邀请他去白宫参加一个听证会。听证会上,基辛格告诉拉宾,尼克松决定以一揽子计划中的三个步骤来处理向以提供武器问题。第一步由政府宣布暂停对以的武器供应,但同时申明如果军备失衡将恢复对以的供应。第二步即美国改变以前那种卖一批武器要申请和批准一次的做法,改为按照保持中东军备平衡的原则向以色列补充其报废的武器。第三步即通过尼克松给梅厄夫人的信件,承担保证以色列安全的义务并提供以所需的武器。没等拉宾作出反应,基辛格又向他通告了苏联大使多勃雷宁的一个新建议:以、埃实行不加宣扬的停火;相互停止空袭;以方不回击。拉宾觉得又可气又可笑,明明埃及人没有能力对以空袭,却要说"相互"停止,而且还要以色列打不还手。拉宾想:基辛格谈苏联人的建议,莫非想把停火与武器挂起钩来?他一下子警觉了,他警告基辛格:美国人正在干蠢事,因为苏联给了埃及先进的防空导弹,正需要时间把它们安装和部署起来。基辛格显然为难了,因为尼克松受到了国务院和国防部很大的压力。后来,基辛格请拉宾把一封尼克松的亲笔信转交给梅厄夫人,请求以色列同意为期60天的停火。3月18日,耶路撒冷的消息说:大批苏联人已经到达埃及操纵防守开罗的萨姆—3型防空导弹。拉宾很愤怒,当晚便和基辛格去见尼克松。

晚上的会见只有尼克松、基辛格、拉宾三人。尼克松说:"请不要对美国承担对以色列的责任及向她提供防务所需武器一事有任何怀疑。但是,我们迄今为止采用的办事程序并不好。每当你们提出武器要求,尤其是飞机要求时,各种新闻媒介马上发出一片鼓噪、评论声,并且人人都瞪圆了眼睛,观察着政府的决定,这往往使事情变得复杂起来。另外某些行政部门也激烈反对在目前的状况下向以色列提供武器。我不指明它们是哪些部门,但请相信它们在尽力说服我。你可以确信我会继续向以色列提供武器的,但我将通过其他方式做到这一点。以色列需要武器时可通过基辛格来找我,我会找到克服官僚恶习的方法的。"拉宾听了这番话,茫然若失。从目前情况看,不要说什么安全承诺了,就是48架飞机的到位都成问题。总统的保证不是没有过,但总出问题,让人把以色列的政治让步联系起来。他想到自己的责任和梅厄夫人的厚望就感到不寒而栗。他坦陈了自己的观点:美国对以色列的支持减少,苏联人和阿拉伯人就会得寸进尺。他最后恳求说:"总统先生,我再次诚恳地呼吁您,作为惟一信任、同情和理解我们以色列的人,给我们所需的武器吧。"拉宾的这番乞哀求怜的话,竟一时使尼克松陷于不知说什么好的困境,房间内长达两分钟没有什么声音。会谈结束后,拉宾把谈话内容通知了梅厄夫人,梅厄夫人指示拉宾拒绝接受建议。基辛格不但没有沮丧的神情,反而高兴,因为说到底以色列人拒绝的是苏联人的建议。

3月底,埃及各大城市周围均已部署好了萨姆导弹网,以色列只得停止了对埃及腹地的空袭。这对以色列来说是一个打击,今后自抬身价的本钱没有了。4月7日,以军情报部长雅里夫心急如焚地飞到华盛顿求援,但西斯科却用美国不允许以色列处于军备劣势的空话来敷衍他。尽管拉宾发了火,梅厄夫人有给尼克松的信,但一样没有起作用。美国人正忙于越南和柬埔寨的战争中,他们并不在意苏联飞行员已开始飞行在埃及领空的事实。

从骨子里说,美国是不甘退出舞台的,他们是很想教训苏联人、埃及人和叙利亚人的。在埃班5月访美时,尼克松当着埃班和拉宾的面说:"每当我听到你们深入他们腹地揍他们时,我就感到满足。我们愿意帮助你们,而你们必须在不损害自己利益的情况下帮助我们。我们不能从其他地方搞到石油,我们必须站在中东稳健的国家一边。我们将在军事上支持你们,但不能允许军备竞赛无休止地进行下去。我们得做一些具有政治意义的事。"什么是"具有政治意义的事"呢？原来是指罗杰斯 6 月 19 日提出的"停止射击,开始谈判"的一揽子计划。埃及、约旦、以色列三国,必须执行联合国 242 号决议,相互承认主权、领土完整和政治独立,同时以色列要撤到 1967 年战争前的边界。在 7 月 1 日至 10 月 1 日期间相互停火。美方表示,以色列能不能得到武器,要看它执行决议的态度。

拉宾对此极为沮丧,他完全可以跳起来骂美国人的娘,但因为不是发脾气的时候,只好克制住自己。6 月 29 日夜间,苏联埃萨姆导弹群移到了运河以西 30 公里处,由埃及人操纵的一些导弹连则越过了 30 公里这条红线靠近了运河区。这意味着挑战,但糟糕的是以色列攻击导弹连的行动失败了,一些"鬼怪式"飞机被埃及人打了下来。美国人对此提出了严重警告,但苏联人则我行我素,嗤之以鼻。

随后,为执行停火决议,美国、苏联、中东三国、以色列都各自站在自己的立场上,展开了激烈的竞争和对抗。怒气冲天的梅厄夫人与西斯科展开了一番论争。但争归争,决议还是要通过的。决议的通过,导致了以色列联合政府的解体,贝京领着他的党的部长们,全部退出了内阁政府。

闹归闹,停火终于在 8 月 7 日午夜开始生效了。按以色列人自嘲的话说,停火是为了下一次开火。8 月 9 日,拉宾回国参加内阁会议,他想弄清楚内阁是否准备按美国编好的程序进入和谈,但一直到散会他也不得要领。苦恼中达扬的三言两语为他解开了疑团。达扬分析道:"梅厄夫人不能从以色列议会 8 月 4 日声明的立场上后退,与此同时停火却生效了。现在美国人惟一的出路是建议雅林把阿方同意的方案搁置一边,而在 242 号决议基础上重新开始他的使命。因此,以色列最好不要公开批评雅林的信件。"拉宾忙返回美国和西斯科谈达扬的建议,刚要去白宫时达扬的电话来了,说是埃及人正把导弹开进禁区内。拉宾把情况一并通知了西斯科,西斯科不但不恼,反而懒洋洋地问:"真有此事吗？这可麻烦了。早先我们在停火前提出过派 U—2 型飞机去核查停火的提议,你们拒绝了,你们的将军还威胁说要打下我们的飞机。这下可好了,我们手头上什么证据也没有,怎么去跟埃及人说呢？我总不能你说什么我信什么吧！"拉宾要求美国公开予以谴责,西斯科也一笑了之。不过,他以为达扬的建议可行。

拉宾又去找了基辛格和尼克松,梅厄夫人也来了,但毫无结果,尼克松他们仍然用空话打发。尼克松的态度很清楚:美国公众渴望和平,你们总得让我向他们表明我能带来和平。

直到 9 月下旬,美国人的态度突然来了个 180 度的大转弯,其原因是约旦出现了危机。

约旦危机

9 月 18 日晚上 8 点多,拉宾正陪同来美国访问的梅厄夫人在纽约希尔顿大饭店向三千多名美国犹太人发表讲话。突然,来人把拉宾叫出去,到一个电话亭里听电话。原来,电话是基辛格从华盛顿打来的。他告诉拉宾一个令他吃惊的消息:"约旦侯赛因国王来电,要求我们把他的请求转达给你,请你们派空军攻击约旦北部的叙利亚人。我需要你们给一个快的答复。"

原来,约旦遭到了叙利亚大规模的进攻,招架不住的侯赛因国王,不得不向以色列求援,以防止自己的垮台。叙利亚之所以进攻约旦,是因巴解而引起的,"六天战争"之后,大批的巴勒斯坦人逃到了约旦,汇入到数十万难民之中。侯赛因最初是同情和支持巴解在约旦发展的,他的许多军官和官员都是巴勒斯坦人,他需要他们的支持和效忠,况且巴解是要打击抢占土地的以色列人。但两年之后他就不安了,因为他的影响和王位受到了威胁。驻在约旦的巴解武装力量常派突击队在约、以边境向以色列发射火箭,或从约旦渗透到以色列境内发动袭击。而以色列则以打击约旦境内目标进行报复。时间一长,贝都因将军们发出了抱怨和警告,但国王压住了他们的不满。到 1970 年 8、9 月间,事情恶化了,"法塔赫"和人民阵线已控制了不少地盘,"法塔赫"还给自己的汽车发放巴解牌号;巴解战士已接管了安曼一部分警察的职务,俨然成了一个"国中之国"。巴解负责人公开把安曼比作"阿拉伯人的河内"。阿拉法特宣称:"只要侯赛因国王让我们行动自由,他就可以稳坐王位。"随即又发生了枪击王室成员座车的事件。侯赛因大惊,这时,掌管着最精锐的坦克部队的贝都因将军们把国王围了起来,迫使他与巴解摊牌。侯赛因还在犹豫间,哈巴什的"人阵战士"又一口气在安曼附近的机场上炸毁了 3 架劫持来的外国班机。这一事件震惊了全世界,侯赛因国王怒吼起来:"这是阿拉伯人的耻辱!"贝都因将军们立即对巴解发动猛攻,这就爆发了"黑九月事件"。

贝都因坦克部队的进攻和巴解战士的抵抗都是十分残酷的,但巴解的轻武器是无法与约军的坦克大炮对攻的。于是,一座座难民营失陷了,成千上万的巴勒斯坦人倒在了血泊中。在阿拉法特的呼救声中,叙利亚的装甲部队和空军部队越过叙、约边界,对约旦军队展开了大规模的进攻,招架不住的侯赛因只得在绝望中通过美国请求以军来解围,以防止他的政权垮台。

该是拉宾拿架子的时候了,他对基辛格嘲讽地说:"美国像个邮差似地向我们传递这个信息,真让我吃惊。在我了解你们政府真实的想法之前我不会把这个请求转告梅厄夫人的,你们是不是要建议我们去救约旦人?"基辛格听了腔调都变了:"你可真让我为难了,现在我无法回答你这个问题。"但赌气归赌气,事关大局,拉宾岂可儿戏。他挂上电话后,忙把梅厄夫人从酒会上请了出来,并告诉了这一消息。两人稍议,便电话把这一事态通知了代总理伊加尔·阿隆,征求他的意见。之后,梅厄夫人和达扬也通了话。阿隆同意出兵,达扬却相反,他担心苏联人会借机从运河方向进行干涉。核心人物意见不一,拉宾却急了,他建立立即派飞机侦察战区情况,并尽量与约军司令部联系,以便应急。

不久,基辛格又打来电话,他一直想隐瞒美国政府的真实意图,只是说:"美国政府已经批准和支持约旦的请求。"一副老大的口吻。拉宾看准后,穷追不舍:"你们是不是建议由以色列干这件事情。""是的。"基辛格无可奈何地承认。

事情来了个急转弯,一下子变成了美国人求以色列,整个气氛不一样了。基辛格派来了专机接梅厄夫人和拉宾,到了华盛顿,拉宾陪着梅厄夫人驶往肯尼迪机场,然后梅厄夫人乘自己的专机回以色列。随后,拉宾也乘基辛格派来的专机到达了安德鲁斯空军基地,又坐最豪华的专车回到家中。这时已是凌晨 3 点半了,心满意足的拉宾这才给基辛格打电话。交谈中,他感到基辛格旁边还有一人,后来才知道这人就是尼克松。

以色列军方早就作好了一切准备,当拉宾接到通知时,他像个精明的商人,马上与基辛格、西斯科谈起价来,并要求以备忘录的形式存下来。对于武器要求,美国完

拉

宾

全满足需要,但对于苏联的威胁提供"保护伞"时,基辛格变得吞吞吐吐了,因为这意味着美国要冒核冲突的风险。

以色列并没有直接出兵对攻叙利亚,而是以策应的方式来援助约军。以军大量集结戈兰高地,一个装甲旅的坦克纵队疾驰掀起的尘埃在大马士革一目了然。与此同时,以军战机也呼啸着在叙利亚领空作示威飞行。叙军的进攻马上弱下来。美军第六舰队也虎视眈眈。叙军万不得已,在 22 日下午 6 时撤回了本土,约旦危机就这样结束了。

由于以色列在约旦危机中的出色表现,对美以关系的加强也产生了深远的影响,甚至可以说,它是美以关系及美国中东外交的转折点。一方面,使美国认识了以色列的价值和盟友的信赖程度。另一方面,美国认识到与苏联打交道决不能一味迁就。这就使美国的外交天平倾向了以色列。9 月 25 日,基辛格代表总统给拉宾打电话,并请转告梅厄夫人:"总统永远不会忘记以色列在防止约旦局势恶化以及粉碎推翻约旦政府等方面所起的作用。总统说美国对在中东拥有像以色列这样的盟友深感荣幸,美国在未来的事态发展中将会充分考虑这一点。"

这天晚上,拉宾心情高兴,利扬和孩子已入睡了,拉宾还在书房饮酒,毫无倦意。他很清楚,美以关系将出现新的一页,但美国并不是会一边倒地支持以色列。美国有自己的利益,美国的全球及中东战略要求尼克松尽可能把阿拉伯世界拉到自己一边来,因此,美国会继续推进其中东和平进程,至少会去探索一条和解途径。

选择和平

由于以色列策应,叙约之间发生的战斗暂时平息了。但侯赛因心中之气难以消除,他扬言,适当时机将在几个小时之内消灭阿拉法特。同时,阿拉法特也说,他们打垮侯赛因也只要 7 小时。这时,纳赛尔总统出面调停了,他希望双方放弃战争和平共存。由于纳赛尔的努力,一个由 10 位阿拉伯总统和国王参加的首脑会议终于在开罗召开了。8 天的会晤中,充满了阿拉伯世界的一切矛盾,纳赛尔却充当了调解的角色。那些准备拼个你死我活的国家,最终还是以阿拉伯特有的方式,拥抱亲吻了。纳赛尔作为调停人,侯赛因和阿拉法特之间也达成了协议,停火为友。

由于长期致力于中东和平和阿拉伯世界的团结,纳赛尔总统心力交瘁,就在阿拉伯兄弟正需要他带领大家继续前进之际,他却于 1970 年 9 月 28 日猝然去世了。一时间,阿拉伯世界震惊了,他们以各种方式,表达着对这位伟人的最崇高的敬意。

纳赛尔去世后,他的助手安瓦尔·萨达特接任了总统职务。人们对这位一副农民相的新总统所知甚少,就连以色列的摩萨德这样一流的情报机构也未能向内阁提供多少他的背景材料。美、以等舆论界及政府要人甚至对他进行了人身侮辱味道的评论。对于这一切,萨达特都忍受了。但不久,他就让世人明白:他是一位在中东政治舞台上的超级明星,他那纵横捭阖的手法和极为大胆的举动使那些曾笑过他的人深感自惭形秽。

到 12 月,以、埃停火 90 天到期,但又很自然地延长到次年的 3 月 6 日。在 1971 年 1 月,萨达特采取了一个重大步骤,他通过一位信任的将军向美国人传达了一个信息:埃及愿意重开苏伊士运河国际水道,条件是以军从运河东岸后撤 20 公里。美国政府认为这一建议很有建设性,西斯科把这一建议通报了拉宾。拉宾知道,这一建议内容以前达扬也提出过,但现在再提,确有新的内容,同时也确实值得一谈。但他了解到:美国从其本身利益来说,不愿这么做;但从整个中东和平进程来说,它倒赞成以色列和埃及谈判。因为:一、这可以减轻雅林和谈停滞对以的压力;二、运河问题谈成后,以、埃单独媾和的事情就好办了。从国内的情况看,也倾向于和谈。然而,联合国特使雅林却突然扔出一颗政治炸弹。2月8日,雅林向以、埃双方提出了非常简短和明确的问题。于他提出的和平方案,他不希望双方长篇大论地诉委屈讲条件,只要求双方立即回答"愿意"或"不愿意"。一时间,国际焦点集中在以、埃两国身上,尤其是以色列感到了巨大的压力。拉宾恼怒地向美国官员大发雅林已经严重越权的牢骚,但美国人总是不紧不慢的那句话:你们千万不能首先表示反对。

双方通过多种途径的协商,愿以谈判的方式来解决问题,以色列内阁还搞了一个决议。决议赞成和埃及和谈,然后强调了两国在边界和难民问题上还有分歧。其中的阴谋逃不脱罗杰斯和西斯科的眼睛,他们告诫拉宾:"美国政府认为,以色列的答复是推诿性的。"拉宾为此大叫:"我们的答复是认真和负责的。"同时,他还指责他们违背了尼克松不压以色列撤军及解决难民问题的诺言。见拉宾如此,罗杰斯、西斯科也动了肝火,他们一口咬定埃及是积极的,以色列是消极的。在争吵中,罗杰斯愤怒地高喊:"你们被迫用让步来谋求和平只是一个时间问题!"其实,决议一定,拉宾也认为不行,深感失望。但西斯科和基辛格没有放过他。西斯科认为这种作法只会再次败坏美国的声誉,且打击了开罗和安曼那些想单独与以媾和的人的威信。西斯科不无忧伤地说:"20年来,你们不知和平为何物。如果你们再这样任性地干下去,以色列就永远不会有和平的那一天。"基辛格则更干脆地说:"如果美国切断军援,你想想会是什么结果?到那时还会坚持你们自己的立场吗?"尼克松也表了态,他对来美访问的扎尔曼·夏扎尔总统说:"你们应当记住,你们的军备输送渠道是有可能干涸的。只要我还在总统之位上就不会这样,但我不能总是总统。"

面对这种局势,反应敏捷的萨达特立刻火上加油,他指示埃及宣布,停火期限到3月6日后不再延长了。这样一来美国急了,决定敲打一下像顽石般的以色列人。于是当埃班访美时,基辛格毫不客气地对他采取了居高临下的语言:"我尊敬的先生,您能不能很清楚地告诉我们——您的洗耳恭听的朋友们。"话语中不无讥讽之意。"你们真正要的东西到底是什么。你们是否准备撤到国际边界来换取和平?是,还是不?假如你们不想撤到国际边界,那么你们打算后撤多远?"基辛格越说火气越大,拉开嗓门喊:"老实说,没有人了解你们,也没有人知道你们究竟想要什么。人们现在的确认为你们尽力避免与对手达成和解,这样你们就可以赖在占领的土地上不走了!"最后,基辛格迫埃班回答,埃班只好敷衍,因为梅厄夫人嘱咐他,尽量避免正面回答,万不得已时就说7到10天内答复。当他后来合盘端出后,气得基辛格跳起来:"你们究竟打算与美国保持一种什么关系?你们要求与我们保持一种紧密的、坦率的和亲近的关系,但你们却不告诉我们,你们在想什么或要什么。要知道,亲近只能建立在相互坦诚的基础上。看在上帝的份上,请你至少把你们的全面或部分解决方案告诉我们。"3月20日,罗杰斯又同样训了埃班一顿。

见美国人上下齐心,埃班头一次与拉宾取得一致,决定由埃班写报告给内阁,说明对埃及建议予以回复的必要性。但内阁一点不急,没予理睬。这时,美国上下对以色列一片指责声,就连一些犹太人领袖也有同感。拉宾却无能为力。他认为以沉默对抗的方法是很笨拙的,起码可以提一个反建议,这样可以求得主动。

当最后内阁把答复端出来时,拉宾哭笑不得。基辛格看完后,重重地一摔,厌恶地说:"这是什么东西?"答复的内容有:运河要对以色列开放;埃及保证永不开火;和解后以军后撤一点;运河开通后埃军不得入运河区;埃及减少其在运河西岸驻军;签约15天后埃及释放以色列俘虏……完全是一副蛮横无理的嘴脸。拉宾自己也这么认为。在拉宾与基辛格交往的较长时间内,基辛格从来还没有发这么大的火。拉宾自己明白,以色列政府太过分了。拉宾看基辛格一直在生气,便想缓和一下气氛,于是轻声地问:"我可以给您留一份文件的副本吗?"基辛格气哼哼地说:"你高兴留多少就留多少,这跟我没关系!"无计可施的拉宾,只好如实向梅厄夫人汇报;但梅厄夫人似乎全无感觉,毫不在意地命令拉宾:"把它交给西斯科!"

5月,为加速美国导演的中东和平进程,罗杰斯和西斯科等要员对埃及等中东国家进行了访问。在访问过程中,西斯科对达扬印象很好。同时他对萨达特的印象也很好,他告诉拉宾:"我发现萨达特表现出很强的灵活性。他想与以色列达成一个协议,但这个协议必须是他能够向阿拉伯国家作出解释并证明是正当的。"这话引起拉宾注意,由此看来他比纳赛尔的胆略显得更突出。9月,西斯科告诉拉宾,他已把达扬撤得更远一点的表态转告了埃及。拉宾听后一惊,这事要是梅厄夫人知道了,一定会大吵大闹一番。10月2日,他找基辛格单独谈了这件事。这一天,基辛格情绪不错,他指出若是没有美苏两家点头中东是不会有和解的,他承认自己很怕失败。他还说:"在美国外交政策的每一个方面,包括处理中国与苏联的关系,我已树立了能达到目的声誉。我决不会去处理那些显然不能成功的事情。"这几句话,对拉宾来说很有用,他深深地记在心里。后来他当了总理,就是遵循这一原则去处理棘手的事情的,效果很好,为树立自己的威信确实起了作用。

扪心自问,拉宾与内阁的意见是不一致的,他不赞成以色列持僵硬的态度,他赞成和谈。当基辛格追问他以色列到底可以后撤多远时,他说在吉迪和米特拉山口以西保持在以色列手中的情况下,有些地方可以后撤30公里。事后,拉宾向梅厄夫人作了汇报,并承认自己越了权,但在当时的环境下,拉宾肯定地说了以色列惟一的选择只有和平。梅厄夫人给予默许,但一个星期以后却又来电批评。拉宾怎么也没有想到,自己的轻率举动,差一点弄得梅厄夫人下不了台。

就在12月1日梅厄夫人访美时,基辛格突然打出了拉宾提供的炸弹。尽管拉宾在此之前一再强调梅厄夫人不赞成自己的主张,但基辛格还是问她:"您对拉宾的部分解决方案有何看法?"梅厄夫人很恼怒地停了两分钟,然后克制地说:"那并不完全代表以色列的立场。有两点我们必须坚持:埃及军队不能进入我们撤离的西奈地区;我们只能撤到西奈山口的西端。"基辛格并不以此为满足,他像犯了傻似地追问:"大使先生提出来的想法能否构成解决问题的基础呢?"拉宾气得咬牙切齿,基辛格啊,你到底想干什么?是让我当众出丑还是想让梅厄夫人再骂我越权?梅厄夫人已经从只撤几公里的立场上大大后退了,难道你还不肯罢休?但梅厄夫人却给了他一个惊人的回答:"埃及平民技术人员和警察可以越过运河进入东岸地区。"基辛格听了满意地笑了,拉宾也才放下了一颗悬着的心。

1971年12月2日,尼克松举行圆桌会议,梅厄夫人、拉宾等出席了会议。为了迫使以色列作出更大的让步,美国实施了大国强权政治。

强权政治

尼克松要了一个手腕,他许诺满足以色列最近提出的"鬼怪式"飞机的要求,接着就转到政治话题上来。他表示了对中东和平进程停滞不前的不安,待来年5月美苏首脑会晤中将与苏联人谈论这个问题。他指定基辛格与梅厄夫人共同协调美以立场,以便到时有个对付苏联的统一立场。拉宾对此十分不快,难道梅厄夫人就是为了到华盛顿来听基辛格的几句话吗?好在梅厄夫人久经沙场,她忍下这口气,却又抓住机会,严肃地指出:"以色列认为罗杰斯计划已经寿终正寝,最好不要再用。以色列将会毫无顾忌地表述自己的看法。如果无视以色列的利益,美苏就是达成交易也是白搭。"老练的尼克松很会自己找台阶,马上表示同意梅厄夫人的看法。

基辛格与梅厄夫人就以埃部分和解方案于12月10日达成共识:以色列撤退到西奈山口的西端地区;停火期再延长一年半到两年;埃及的技术人员及"穿制服的部队"可以在方案允许的范围内越过运河。除此以外,美以还达成以下谅解:美国在任何时候和任何情况下都不能迫使以色列按照罗杰斯计划去达成部分或全面和解的协议;授权西斯科和拉宾探索以埃对话的可能性;美国应在1972年和1973年计划供应的基础上再向以色列提供额外的"鬼怪式"和"空中之鹰"式飞机。至此,大家方感到松了一口气,尤其是美以谈判人员,都感到前所未有的轻松。梅厄夫人尽管有过不高兴,但还是满意地回去了。以色列在大国强权政治的压制下,尽管挽回了面子,但还是作出了撤退的让步,美国人也打开了军火供应的大门,双方皆大欢喜。

事情解决了,基辛格对拉宾说:"苏联人正忙于印巴战争,出于全球战略,美国并不急于与苏联达成中东问题的谅解。"他还认为:埃及人不会在1972年重开中东战争,因为它需要苏联支持。中东形势一好转,美国人立即放慢了为以色列提供飞机的速度,由原来的每月两架改为每月一架了。

但梅厄夫人对领土问题的敏感神经并没有半点放松。1972年1月间,基辛格在与拉宾的一次例行会谈中,说到了自己与苏联大使多勃雷宁的会谈,他以打招呼的形式告诉苏联大使:以色列坚持在前国际边界之外的存在,但具体范围有待以色列与有关国家谈判解决。拉宾以电讯的形式发回了国内,梅厄夫人很快回电:"解释一下基辛格在西奈地区国际边界之外存在是什么意思?"拉宾是很有主见的,他对自己政府真正意图是什么也不清楚,所以他回电:"我们的立场是不明确的。请授权政府发言人公开声明以色列并无意吞并西奈地区任何部分或将其置于以色列的管辖之下,它只希望控制那些地区。此外,我本人也要求澄清这方面的立场。"见拉宾也不了解自己的思想,梅厄夫人很恼火,她回电训示道:"以色列的政策是致力于对埃以边界作相当大的变动。它意味着主权的变化,而不仅仅是一个以色列的存在。我们不使用'吞并'一词,因为它具有消极的含义。"拉宾却不喜欢这种想当婊子又要立牌坊的作法,他要求总理明确地告诉他以色列到底想吞并哪些地区。梅厄夫人告诉他,想吞并的地区包括加沙地带、沙姆沙伊赫以及连接以色列和沙姆沙伊赫的陆上通道。拉宾后来只好对基辛格说:"以色列要求边界变动,你可以告诉多勃雷宁。"基辛格毫不犹豫地说:"苏联根本不会同意边界变动,你可以跟总理说清楚。"此话传到总理府,梅厄夫人一下子变得忧心忡忡,她忧郁地告诉拉宾,尼克松曾当众同意以对边界进行变动,但拉宾怎么也想不起来。

年老了,梅厄夫人已显得不堪一击,基辛格此时玩起了心理战攻势。2月7日,他以警告的口气对达扬说:"我很难说尼克松总统在与勃列日涅夫的首脑会晤中会达成什么共识。"3月7日,基辛格神秘地告诉拉宾,苏联人提了一揽子交易:苏联人撤出埃及,以色列人撤回到6月4日线上。但后来基辛格又对拉宾说他不做没有把握的事情,而其实是北越军队向美军发动了凶猛的攻势,挨打的美国人宣布取消莫斯科会晤。局势稍好后,基辛格又飞往莫斯科为会晤作准备。在整个美苏会晤中,作为对苏联抑制北越的回报,美国不可避免地会牺牲一些以色列的利益。这就是大国政治。梅厄夫人被搅得寝食不安,香烟消耗量上升到了每天两包半,她怕美国人在会谈中把以色列给出卖了。

但后来的美苏会谈并没有损害多少以色列人的利益,拉宾惊喜地发现,除了242号文件语言外,苏联人竟然同意了可对边界进行美苏双方同意的变动。双方的分歧是:苏联不同意以色列从一开始就与阿拉伯国家直接谈判。而美国人则不同意按有关联大决议解决巴勒斯坦问题。这份纪要还将作为今后美苏解决中东问题的基础。对此,拉宾是十分高兴的,梅厄夫人那边更是喜形于色。但并不是美国人在实践维护以色列利益的诺言,而是尼克松在勃列日涅夫和柯西金的长达三个小时"狂轰"中给激怒了,他历来吃软不吃硬,还在当副总统时,就和赫鲁晓夫进行过激烈的"厨房辩论",因此,在苏方的强硬态度面前,他也变得强硬起来,直把苏联人顶了回去,才有了会晤纪要的结果。

但埃及萨达特不允许苏美两国决定埃及的命运。7月11日,他决然宣布把苏联军事专家驱逐出埃及。这是一桩举世震惊的事,搞得苏联人乱了手脚,就连美国人也十分惊讶。随后,以色列的日子好过了。

拉宾的大使任职到1973年3月10日期满,尼克松在当年1月份的一次送别性质的会上表示,希望2月底来访的梅厄夫人能带些新建议来。可糟糕的是以色列在梅厄夫人访美前夕,又在西奈上空击落了一架利比亚的民用客机。因此,1973年2月28日在梅厄夫人访美的第一天里,美国国务卿基辛格,副国务卿鲁什以及国防部长就让梅厄夫人碰了一鼻子灰。美国人三管齐下,使得梅厄夫人情绪低落,她对拉宾说:"总统若是这样,我看不如早日回去。"拉宾劝其忍一下,不妨搞个新的建议。但梅厄夫人想不出什么新内容,拉宾只好自己搞了一个提纲去见基辛格。晚上7点30分,基辛格带着洞若观火般的神情会见了拉宾,他以不加掩饰的快意说:"我想总理夫人一定度过了艰难和令人沮丧的一天。"他好像是躲在暗处偷看似的,一切都知道。拉宾不无愤怒地说:"你把我们总理请来仅仅是为了让她空着手回去!"见拉宾动怒了,基辛格才说起1968年3月的会谈,他当时就提醒以色列应重视实际安全而不是条文。他谈到他与埃及外长伊斯梅尔在"安全对主权"原则上达成了共识。这个原则意味着以色列必须接受埃及对整个西奈拥有主权的事实,而埃及则接受以色列在西奈某些地区保卫安全的军事存在状况。基辛格说,只要以色列接受这一原则,飞机之类的事好说。最后,梅厄夫人在拉宾的陈述下,接受了这一美、埃共同制定的原则。等手下人把戏演够了,尼克松才登场,他说了一通热情支持以色列之类的话来完成一个大善人的角色。

忙于紧张谈判的拉宾,忘记了当天是自己的生日,当尼克松拿出一件铭刻有自己名字的纪念品送给他作生日礼物时,他才如梦初醒。尼克松在梅厄夫人面前大赞拉宾能干,问拉宾回去后给个什么职位。梅厄夫人故作玄虚地说:"那要看他的表现如何了。"尼克松说:"那好啊,要是你们不想要他的话,把他留在这里好了,我愿意用他!"这是拉宾以大使身份参加的最后一次会谈,5年来他头一次感到轻松,仿佛全身神经都放松了似的。

耶路撒冷

美国与犹太人之间具有深远的历史渊源。早在美国独立以前，备受歧视的欧洲犹太人便开始移居于此。美国独立时，大约已有二三千犹太人。美国内战时期，犹太移民已达 15 万人。第一次世界大战时增加到 300 万。目前，美国犹太人约有 600 万，约占美国人口的 3％，占犹太人总数的 38％。

美国犹太人从早期开始，便依靠自己的智慧，艰苦奋斗，使其势力渗透到美国社会经济生活的各个领域，在工商业、娱乐界、宣传界等，起着尤为重要的作用。第一次世界大战后，他们已是世界上最富有、最具影响的犹太社团。第二次世界大战后，欧洲的犹太人又有大批迁往美国，科教、文化、法律、经济等许多部门已成为犹太人的传统领地。在获得诺贝尔奖的美国人中有 28％是犹太人；把美国带入核时代的是犹太科学家爱因斯坦、泰勒、纽曼等；美国东部名牌大学的教员中 30％是犹太人；美国宇航工业的专家中，犹太人的比例最高时曾达 60％；70 年代，美国每 5 名律师中就有一名犹太人，司法部里犹太律师的比例则高达 30％。70 年代末，犹太人已掌握着美国钢铁工业的 25％，皮毛工业的 90％，粮食加工业的 60％，屠宰场、餐馆、酒吧、娱乐场所的 52％以及电影业的 40％，并控制着许多宣传和新闻工具。好莱坞八大公司之一的华纳公司就是犹太人经营的。据 1986 年的统计，在美国最具实力的企业家中，近 1/4 是犹太人。

美国犹太人在政治上也取得了显赫的地位。仅在尼克松和福特政府中担任要职的犹太人就有：国务卿基辛格、国防部长施莱辛格、司法部长里维、联邦储备银行董事长伯恩斯和经济顾问委员会主席格林斯潘等人。担任州长、市长和国会议员的犹太人也不少。美国第 93 届国会里，犹太议员有 15 名；第 94 届增加到 23 人；到第 100 届时已达到 36 名。这些人是最能有力地保护以色列的利益的，他们同时也是维系美以特殊关系的监护人。美国犹太人的力量还体现在为总统竞选人提供巨额的资金和至关重要的选票。到 1974 年，犹太人为民主党与共和党候选人分别提供了 60％和 40％的竞选资金。在支持卡特竞选的私人捐款者中，有一半是犹太人。身为犹太人的拉宾，来到美国后自然不会放弃同各阶层犹太人的接触，以寻求他们的支持。

由于历史的原因，犹太人散居在世界各地。也就是说，在以色列国成立之前，犹太人在世界上还没有一个真正属于自己的家园。在第一次世界大战后至第二次世界大战期间，犹太人为建立自己真正的家园，他们从世界各地纷纷迁往巴勒斯坦、以色列地区，他们为建立自己的家园——以色列国，可以说是战斗了一生，奉献了一生。在以色列国成立以后，世界各地的犹太人又纷纷迁往以色列，回归自己的家园。像在美国的犹太人，虽然没有迁往以色列，但他们占住美国社会各个重要的部门，心向着以色列。这样，世界各地，尤其在美国，就形成了一股支持以色列的力量。而美、以之间的特殊关系，也是这样形成的；拉宾在美国的五年里，经常出入白宫和国会，与美国上层人物交往，同时，他还利用各种机会深入美国社会，了解美国人的生活，不失时机地开展外交工作更加强了美以关系，同时为他以后当上总理起了至关重要的作用。

领衔总理　大展手脚

进军部长

在五年的大使生涯中,拉宾自认为无愧于自己的使命和祖国。无论是美以关系的加强,还是为以色列拉经济援助和军事援助,他都起到了别人无法替代的作用。尤其是宣传树立以色列形象,在美国社会各阶层为以色列找支持朋友等方面,他做了非常尽心尽力的工作。

在他任驻美大使期间,梅厄夫人三次说要调他回国任部长,但三次都食言了。原因是没有空位。1973年3月11日,拉宾大使任满回国时,工党领袖们却给了他当头一棒:没有空位,就不可能让他当部长,同时也没有其他适合他的位置,只好暂等一段。对此,拉宾很快便清醒过来,自己尽管过去战功卓著并且驻外成就斐然,但与工党的一些资深元老比,自己算不了什么。到部长这一级,光凭梅厄夫人一句话是上不去的,得干出个样子来,让其他元老看重自己。因此,他打算一切从零开始。

转眼就到了秋天,选举开始了。拉宾以当年"帕尔马契"新兵的劲头开始了为工党拉选票的竞选活动。他奔走于各大城市以及乡村,在新朋老友中搞得风风火火。他的卖力效劳,感动了工党元老,于是他的名字列入了工党候选人的名单上,但只是第20位。这样的排位要当上部长是不可能的,但可以当国会议员。这时,拉宾的倔劲又来了,他总是从不放弃自己。为工党工作了30多年,50多岁了才捞了个议员,但他并没有灰心。

后来的形势出现了出人意料的变化。萨达特总统突然发动了第四次中东战争,战争加速了拉宾一步步往上晋升的过程。10月6日早上8点30分,拉宾在家中接到总参的电话,请他下午3点与前任总参谋长去见国防部长达扬。原来埃及人在犹太人的安息日,也是犹太人最神圣的"赎罪日",发动了猛烈的攻势。下午2点钟,大街上响起了空袭的警报,3点钟他和其他前总参谋长们已在听达扬述评前线局势。

这一次萨达特与阿萨德用"六天战争"同样的手法回敬了以色列人。尽管以色列人在战前有所察觉,但没有启动战争机器。因为高级将领们不相信阿拉伯人敢于发动战争。在"六天战争"之后,大多数以色列人认为自己已经得到了安全,被打得望风而逃的阿拉伯人,至少要一二十年才能爬得起来,想不到6年后就以同样的手段来回敬以色列人。埃及人的2000门大炮同时开火,炮弹铺天盖地一般飞向以军阵地;200架埃及空军超音速飞机呼啸着越过运河,袭击了以色列阵地。20分钟之内,埃及飞机和炮弹即摧毁了以色列的西奈指挥部、空军指挥部、防空和雷达干扰中心、导弹营、炮台等。90%的预定目标被击中,埃及大获全胜,仅损失了为数不多的飞机。以色列军遭到了严重创伤,军事通讯系统被破坏,以至通讯中断好几天。阵亡将士2550多人,是苏伊士运河战争的10倍,"六天战争"的2.5倍。在战争的头几天,拉宾被叫去陪总参长去前线视察,但后来又被财政部长平哈斯,萨皮尔叫去为国库紧急筹款,拉宾的工作让萨皮尔十分满意,这为以后萨皮尔支持拉宾奠定了基础。

人们从战争的创伤中苏醒过来,郁积在心头的沮丧、悲痛、失望的情绪汇集为愤怒的指责浪潮,人们要求查明谁应为这次被动挨打负责。于是,在一片指责、揭短和拆台活动中,在议会和党内的争权夺利的斗争中,与这次战争责任毫无关系的拉宾,开始受到人们的注重。作为争斗双方都可以接受的人物，拉宾在党内的地位开始飞快地上升。

12 月底的大选对工党是个沉重的打击。工党一下子丢了 5 个议席，而贝京领导的利库德集团却增了 13 个议席，执政 25 年的工党根基动摇了。如果梅厄夫人能组成一个团结有威望的班子，工党则可重振雄风。可她感情用事，执意达扬进入内阁。结果使组阁之事一再难产，自己也被掀下了台。

达扬是国防部长，对这次战争的创伤负有重要责任，自然成为人们怨恨的焦点，也成为反对党、新闻界、党内反对派指责的焦点，他们异口同声地要求达扬辞去国防部长的职务。他的同僚、司法部长夏皮尔落井下石，他在议会里煽动说："你们大家一定很有兴趣知道国防部长在战争爆发时正在忙些什么吧！告诉你们，他正忙着改组飞机工业公司的董事会，从而获得以霍德将军为董事长的多数！"议员们一下子变得歇斯底里了，人们狂怒地吼叫着要把达扬从台上拉下来。在这种时候，梅厄夫人的核心内阁仍然是达扬和佩雷斯，工党内外一片哗然。而他们两人均拒绝入选，弄得老太太下不了台，只好声称要让拉宾出任国防部长。达扬竟不理会梅厄夫人的激将法，使得梅厄夫人在中央委员会上坚决要求达扬和佩雷斯入阁。这时拉宾才明白自己又一次被耍了一顿。他恼羞成怒地当众顶梅厄夫人："我认为选举不是开玩笑。如果我们希望防止内部分裂的话，我们必须严肃地组织内阁。"掌声四起，但结果却是达扬等两人又同意入阁。在 3 月 10 日宣布内阁名单时，拉宾被任命为劳工部长。在不到四个月的时间，拉宾即由一名议员坐上了部长的位置，升得真快，但拉宾却觉得职位太低，他的追随者也为此忿忿不平。

但是，拉宾的部长也没当多久。就随本届内阁一块下台了。原因是人们并没有因新内阁组成就不追查战争了，全国要求追查的呼声一浪高过一浪。待调查结果出来后，责任全在军队情报部门失职和总参谋长的判断失误，没有启动战争机器，以至惨败；作为政府官员的达扬不应对此负责任，而公众却一致要求他辞职，没有余地。这时，达扬才明白，人们已不再需要他一个"独眼将军"了，这不是有责任或无责任的问题。看到大势已去，达扬毅然地递交了辞呈。

很快，感到众叛亲离和身心交瘁的梅厄夫人也在 1974 年 4 月 11 日向议会宣布了辞职决定，总理的辞职就意味着整个内阁的辞职。于是，拉宾的部长也当不成了。驶不远的旧船，不如沉了新造。拉宾想。

竞选总理

梅厄夫人一倒台，便意味着工党要重新排定领袖次序，便意味着要组织新内阁。拉宾尽管从政资历较浅，但政绩不错，因此他信心十足。同时他十分喜欢本·古里安的名言："凡不相信奇迹的人都不是现实主义者。"拉宾相信奇迹，他当上总参谋长是奇迹，他当驻美大使是奇迹，他当部长也是奇迹。他预感到有奇迹在等待他。

梅厄夫人之后，工党权贵一致认为财政部长平哈斯·萨皮尔是最合适的总理人选。他资历深，人缘好，遇事冷静果断有威信，只要他点头，总理非他莫属。但他坚持拒绝了总理候选人的提名，这就为觊觎总理宝座的人开辟了竞争的道路。佩雷斯最先出马，他资历不浅，颇具实力；曾是国防部副部长，以后一直担任各种部长职务；有口才有能力，也有一批朋友。但是，拉宾自觉不比他差，自己与佩雷斯比，虽然资历要浅，但战功和政绩比他大，更主要的是他相信奇迹。

这样一来，工党内便出现了两人竞选的局面。佩雷斯经验老道，他为了稳住拉宾，便邀请拉宾共进午餐，并对拉宾说："最后的结局是我们两人竞争总理职务，让我们从年长的同事那里汲取教训吧，不管谁输了，都应以大丈夫的气概接受结果，并保证忠于取得胜利的人。"拉宾并没有被他的话麻痹，也不愿入选他的内阁，但同意了他的这种君子协定。但后来拉宾就心虚了，因为不是看不看得起佩雷斯的问题，也不是他愿不愿意参加竞选的问题，而是工党中央委员是否愿意推荐他这个初出茅庐的人去当总理的问题。关键时刻，奇迹出现了。

首先是财政部长萨皮尔站出来表态支持拉宾。他的表态至关重要，他有一大批忠实的支持者。他自己不当总理而举荐拉宾，大家认为有他的道理。接着，梅厄夫人也表态支持拉宾。这样，党内的两个实力派人物的力量统一了，形势一下变得对拉宾有利起来。他们俩人举荐拉宾，是因为工党政府需要一个新人来主政，而拉宾符合条件。但佩雷斯的支持者也不弱，在表决前，在民众中很有威信的埃泽尔·魏兹曼披露了拉宾在"六天战争"之前即 1967 年 5 月 23 日的表现，说拉宾是个在紧要关头信心不足的胆小鬼，结论是不宜担当总理重任。但是，人们不相信一个"六天战争"的英雄会是一个胆小鬼。

1974 年 4 月 22 日的秘密投票表决，结果很玄，拉宾仅以 298 票对 254 票的微弱多数战胜了佩雷斯。当不成部长却当上了总理，这便是奇迹。

散会后，鲜花和祝贺潮水般涌来，家中的电话没有停过，支持者纷纷表示庆贺，新闻记者把他和妻子利扬当成焦点人物摆弄到深夜。他在送别几个最亲密的朋友时坦率地承认，他能在不到半年的时间里由一名新议员急速地上升为总理确实是一件难以想象的事实，真是一个奇迹。

在组阁和处理国家大事的时候，拉宾感到每一件都很棘手。他走起路来步履维艰，这是因为工党处于最艰难的时期。总理的担子是沉重的，这对他来说无疑是一次前所未有的全新考验。

拉宾奇迹般当选总理，对他本人来说是个奇迹，对整个以色列领导层来说，则标志着领导权已由早期东欧移民创业者转移到了在以色列土生土长的下一代人手中。也是这种经历和背景，早期那种近似独裁的统治作风难以为继了，在古里安时代，内阁的大事基本上是他个人的意志；梅厄夫人时代，要改变她个人意志是很难的，她甚至在厨房里决定国家大事，因此有"厨房内阁"之称。但到了拉宾当总理，情况就不一样了，一切大事得由党内头面人物集体决定，甚至联合政府中其他小党的意见也得尊重。因为，他们都是些有实权的资深领导人。拉宾的组阁工作，可以说是带镣铐的跳舞。

带给拉宾麻烦的首先是工党多年的合作伙伴——全国宗教党。他们变得保守和右倾，且对与工党联合组阁要价太高，尽管在 10 月份他们加入了拉宾联合政府，但只能使内阁政权更加脆弱。其次是拉宾自己根本无权挑选中意的部长，总是党让谁当部长谁就可以当，拉宾只有接受的份。如拉宾让自己的挚友阿隆当国防部长，但拉菲党坚持要让佩雷斯担任此职，最后，拉宾只好让阿隆担任外交部长。

经过许多的幕后交易和明火执仗的斗争，拉宾终于在 6 月 3 日代表工党向议会提交了内阁名单，议会批准了他的提名，他的政府才开始运转。他为自己的政府规定了内外政策的纲领。对外：把以、阿间的政治谈判继续下去，但要掌握谈判的主动权，不能让以色列总是作为美国或阿拉伯方面倡议的响应者，自己也得有新倡议。同时还应继续加强以、美关系,要在尽可能短的时间里从美国那里获得尽可能多的枪和钱,只有拥有强大的力量才能使阿拉伯人相信谈判是惟一的出路。此外要继续加强打击国内外的恐怖主义活动。对内:要医治战争创伤及重振经济。要加快建设速度,防止移民人数的下降。在上述目标中,拉宾认为重要的是使以色列摆脱与阿拉伯邻国的战争状态。在这方面有利的条件是以、埃军队脱离接触的协定已经实施,5月底以色列又与叙利亚人签定了同样的协定。

拉宾就职不到两个星期,美国总统尼克松就来访了。尼克松是拉宾的老朋友,在国内,他正被"水门事件"搞得焦头烂额,但他的中东政策的成功,无疑是他值得炫耀的外交成就。他想借访问中东之行以改变自己在美国公众心目中的形象。因此,拉宾准备充分满足他的这一愿望,同时也与他谈一下中东和谈及武器供应问题。

尼克松先访埃及,在埃及时,他受到萨达特组织的300万人的欢迎。6月16日,尼克松来到了耶路撒冷,欢迎的人群从机场一直排到市中心。虽然人数不及埃及,但尼克松知道:这是以色列有史以来的最隆重的场面。因此,他一再向沿途的人们招手致意,并一再高喊:"谢谢你们!"在专车内,尼克松也掩饰不住高兴地与拉宾说:"他们知道我为以色列作了些什么!"在后来的会谈中,虽然强调了和谈的进程及原则,但并没有取得什么实际成果。因为尼克松已被"水门事件"搅乱了思绪,也无心对以色列的安全作什么承诺了。回国后,尼克松仍然被赶下了台,成了美国有史以来第一个被弹劾的总统。对于拉宾来说,他从内心深处感到遗憾,因为尼克松毕竟是一位亲以的总统,他给以色列提供的武器和经济援助,要比以前的几任都多得多,他也从来不以强制的手段来迫使以色列按自己画的圈圈办事。

尼克松的这次访问,对拉宾来说是有帮助的,一可以树立他在国民中的形象,二可以让国民看到,拉宾时期美以的安全保障纽带是牢固的。

造访美国

尼克松下台了,新任美国总统福特上了台,这并没有改变美以关系的根本格局。拉宾想借访美之机,一来向福特表示祝贺,二来借此沟通一下双方的观点和感情。

1974年7月10日拉宾以以色列总理的身份携夫人利扬访美,受到美国人隆重的欢迎。

拉宾和福特也是老朋友了,那时,一个是大使,一个是众议院少数党领袖。现在,两人的身份都变了。在亲以的态度上,福特一点不比尼克松逊色。会谈是诚挚友好的,一些建议切合实际。拉宾为了进一步把武器供应渠道拓宽,一口气提了三份武器供应清单,一份是急需的短期的,另两份是长期的。福特和基辛格对此都没有明确表态,拉宾的心悬着。

当晚,福特为拉宾举行了国宴招待会。在一通热情洋溢的致词和答词之后,宾主在欢快的迎宾曲中享用夜宵,并尽兴跳舞。福特是个舞迷,他几乎把利扬包了。拉宾却是个舞盲,曾因此闹过笑话,却不想在此又要出丑了。他本想跟福特夫人解释自己不会跳,但福特夫人却起身来相迎,并爽朗地答应教他。拉宾只得硬着头皮跳,好在后来基辛格为他解了围。

第二天,基辛格送来了福特批准的紧急供应武器清单。拉宾一看,发现大部分要求都批准了,其中包括集束炸弹、武器部件、坦克、装甲运兵车和大炮等,价值7.5亿美元,将在7个月内运到以色列。拉宾对此十分感谢,并赞成基辛格在10月到中东再次推进以埃和谈。

在以埃达成临时协议问题上，拉宾主要考虑两点。一是以色列能再后撤多远，二是埃及给以色列什么回报。拉宾认为以色列还能再后撤 30～50 公里，但他希望埃及作出终止交战状态的回报。他手中有两张可供讨价还价的好牌，一张是具有经济价值的西奈阿布·鲁迪斯油田，另一张是具有战略价值的吉迪和米特拉山口。

这一切的落实，都等待着基辛格的中东之行。

拉宾访美归来不久，美国便派基辛格国务卿来到中东，开始了推动以埃和谈及中东和平进程的外交活动。基辛格此行，是在极为不利的条件下进行的。基辛格在访问了埃及、叙利亚和约旦之后，于 10 月 12 日到达以色列。基辛格告诉拉宾：阿拉伯国家不急于与以色列达成临时性的和解协议，它们等待着拉巴特首脑会议的讨论结果。而拉宾则不愿等什么拉巴特会议，他想先与埃及单独达成协议。萨达特则对以色列只后撤 30～50 公里不满意，同时他也不愿放下阿拉伯兄弟走得太远。因此，尽管基辛格在 1974 年 10 月至 1975 年 3 月间多次进行穿梭外交，以埃单独和谈却始终没有实质性进展。

1975 年 3 月，以埃双方终于都表示愿意推进和谈的姿态。比如，它们都对基辛格表明了愿意以和平手段解决两国冲突的诚意，双方都降低了战争宣传的调子，一些挂着外国旗子的以色列轮船通过了苏伊士运河等。在这种情况下，福特让基辛格务必使以埃两国能够单独达成临时和解协议，从而进一步扩大美国在中东的影响，同时也为自己捞取政治资本。

于是，基辛格又一次穿梭飞行起来，在拉宾和萨达特这两个愿意成交但又锱铢必较的顾客之间，充当起"诚实的捐客"来。在撮合中，基辛格发现拉宾这一方更难缠，不要足价钱绝不轻易点头。为使双方能够谈成，基辛格使出浑身解数来往奔波，极力压低以方的要价促其成交。

基辛格穿梭于拉宾与萨达特之间，无异于天马行空。1975 年 3 月，基辛格带了一幅埃及国防部长贾马斯将军标注的西奈地图，向以方提出了埃及的新建议：以军后撤到山口以东、国际边界以西 15～20 公里的一线；在埃、以两军之间设立一个防止冲突的缓冲区。美国对此持赞赏态度，但以色列却不同意。拉宾、佩雷斯、阿隆组成的谈判班子坚持以军后撤线只能画在山口以东。但他们采取灵活的态度，如果埃及同意结束两国交战状态，以色列可以撤到阿里什——拉斯·穆哈默德一线，即山口以东地区；如果埃及愿同以色列达成部分或全面和解协议的话，以色列愿意把绝大部分及至全部西奈半岛都归还埃及。

萨达特听到此话后沉默半响，他考虑到阿拉伯兄弟的利益，毅然否定了单独与以媾和的可能性。但他在另一次会谈时又告诉基辛格，如果以色列同意撤到贾马斯线上的话，埃及可以考虑终止埃以交战状态。这可喜坏了基辛格，他一来劲，他的专机便开始频繁地在开罗和耶路撒冷之间来回飞行，他根本不管人们公认的休息时间，他起飞或降落的时间总怪得出奇。这可苦坏了拉宾，他常常在被窝里被叫起来，长谈一夜是常有的事。这样，拉宾的谈判班子被基辛格牵着鼻子走，计划全被打乱了。最不可思议的是基辛格有着无穷尽的精力，当拉宾等人快睁不开眼睛的时候，他却像刚睡了十多个小时似的，精神抖擞，侃侃而谈。

功夫不负有心人，埃、以终于拿出了自己的新方案。3 月 20 日，埃及提出的方案含有两种选择，但实际上是要求以军后撤 50～70 公里，而埃军则前进 20～30 公里，并且能收回油田。以方的方案是以军撤至山口地区的中部地段,埃军至多可前进到以军撤走前的那条线上。此方案的目的是为了保住设在乌姆·哈什瓦山顶的雷达站。在基辛格的压力下,以方又作了些让步:以军撤至山口地区东段;把油田以一块肥地的形式划归埃及;埃及保证不使用武力。萨达特对此表示顶多能忍受两年,过期后埃及将要求收回整个西奈。

天马行空,穿梭折腾的时间一长,又没有实质进展,基辛格烦了,他对拉宾说:"这对我个人来说确实是一个挫折,但并不重要,重要的是总统本人如何看待此事。苏联人会为此感到高兴的,他们和阿拉伯人将会要求重开日内瓦会议。在这种情况下,我难保美国政策会发生什么变化。"福特很快来信证实了此话,他对和谈没有进展及以色列的态度表示失望。他警告这将影响以美关系,并说他已下令重新研究美国的中东政策。但此话毫无效果,反而激怒了以色列内阁,他们一致要求谈判班子坚持自己的立场。

至3月22日,基辛格的斡旋宣告失败,最痛苦的莫过于基辛格和拉宾。在基辛格的外交生涯中,是很难找到真正意义上的失败的。对于拉宾来说,自己在美国拼搏的成果有可能付之东流,他感到沮丧和痛心。更使他难过的是他与基辛格多年来建立的友情,因对以色列安全的看法不同而受到损害。他动情地对基辛格说:"我充分意识到目前的形势充满着危险,这对我本人来说并不仅仅是个政治问题,我对于每一位以色列士兵都像对儿子那样负有责任。你知道,我的儿子是驻守在西奈前线的一位坦克排长,我妹夫在那里指挥着一个坦克营。我清楚仗一打起来他们可能面临着什么样的命运,但以色列不能按照目前的条件去签订协议。现在我除了肩负起沉重的国家和个人的责任外,无其他路可以选择着走。"基辛格被这番肺腑之言感动了,他哽咽着说不出话,只是用右手轻轻地拍着拉宾的手背。说再见时,基辛格热泪盈眶,拉着拉宾的手久久不肯放开。在场的人都感动了,两位记者竟放声大哭。

基辛格走了,拉宾却不肯离去。他承认自己对基辛格的感情既复杂又深沉。他代表以色列,基辛格代表美国,在维护各自国家利益时他们谁也不让谁,拍桌子瞪眼睛是常有的事情。但基辛格有这样的本事:他能在挖苦和训斥了你之后还让你喜欢他。他机智、幽默、聪明和博学,世界上不知有多少国王、总统和总理被他的手腕、才能和风趣所倾倒。他有个阿拉伯人厌恶透顶的犹太人背景,但阿拉伯的国王埃米尔和总统们却张开双臂欢迎他。他让以色列得到了实惠,又使阿拉伯人认为自己获得了尊严,因此他永远是个受尊敬和受欢迎的人。

基辛格空手而归使福特大为不满,他随后正式宣布要重新估价美国的中东政策并宣布在1975年3月到9月这半年里,美国将拒绝同以色列签订新的军售合同。美以关系似乎进入了最僵的时期,但拉宾及其内阁对此已有应变措施:一是策动美国国内及世界一切可以改变这种局面的力量;另外就是摆出一副无所谓的态度,处惊不乱。这也是拉宾做大使时惯用的手腕。这样一来,萨达特首先作出反应,他要求美国作为中介,使埃、以谈判继续下去。福特见有台阶,马上走了下来。于是,他邀请拉宾6月10日访美,并具体进行讨论。

拉宾访美中,明显感到了华盛顿的不满。原因是76名参议员联名写信给福特,要求美国支持以色列,福特对美国犹太人这种赤裸裸的施压极为反感。基辛格在会谈中告诉拉宾,埃及表示出新的灵活性,同意将双方临时协议及以撤军的时限延长。拉宾却直截了当地回复,如没有希望达成一项以埃临时协议的话,以色列就不感兴趣。福特在会谈中却软中带硬,玩弄虚张声势的试探性把戏,想看看以色列能"硬"到什么程度。拉宾一眼中的,他想:不管事态如何发展,总不至于把刚从埃及挤走的苏联又请回来。于是,他明确告诉福特,要想让以色列回到 1967 年 6 月 4 日线上是不可能的,因为那样,阿拉伯军队的大规模调动会导致以军的先发制人的进攻,即使是在福特总统所说的日内瓦会议上,以色列的这个立场也不会改变的。

剩下的场面又得基辛格来收拾,他在 6 月 12 日与拉宾会谈中说:"你们坚持控制山口东段使得外交努力无法继续,日内瓦会议已变得势在必行,那时我很难说美国会采取什么立场。"拉宾听他这么一说,也顾不得友谊和面子:"请不要用日内瓦会议吓唬我们,我们不屈从任何压力,我们将反对任何危及我们安全的决议,即使决议是多数票通过的。"会谈在不愉快中结束。

拉宾越想越生气:美国人为什么总要提日内瓦会议呢? 他们要怎样才满意? 想到这里,他又来了倔劲,又爬起来去问基辛格。基辛格穿梭于各国好比天马行空,处理起事来真有点高深莫测。他看着拉宾,世故地笑了:"我以前没具体谈过,现在你也不会听到。我希望当决定以色列边界的时间到来之际,我已不再是国务卿了。"访美就这样以失败告终,而且进一步加深了福特等人对以色列政府很顽固的看法。拉宾明白:这样对以色列没什么好处,美国公众最终也会怀疑以色列占领埃及领土的真正动机。

为了打破僵局,以色列自己开始行动。在众多的建议中,拉宾赞同以军总参的方案,即:以军撤至吉迪山口以北和米特拉山口以南,但控制两山口东面的山坡。这样既满足埃及坚持控制山口东端的要求,又保证以色列不失去对山口通道的控制。对此,基辛格认为可以接受,但福特却不点头,因为这样将要求美国派人接管以色列在山口地的预警雷达站,患上了"越战恐惧症"的美国公众反对再派军队去国外冲突地区。但不管怎样,终于使美国政府又相信了以色列的诚意,基辛格又开始了天马行空的中东斡旋。

临时协议

到了耶路撒冷,基辛格便与拉宾协商,定下了以色列的原则立场:以色列在控制山口周围地区及保持乌姆·哈希瓦雷达站的条件下把整个山口还给埃及;埃及军队不得越过缓冲区进入以军撤离地带。然而,正当基辛格 8 月下旬的这次调解工作取得明显进展之际,一场反对他致力于以阿和解的风暴又在以色列掀起来了。

反对基辛格调解阿以冲突的势力在以色列是一直存在的。早期反对的是军人,他们不愿意看到自己流血夺得的地盘又被基辛格还给阿拉伯人,同时也担心这种退让会鼓励阿拉伯人卷土重来。随着时间的推移将军们改变了看法,他们懂得了把剌刀尖伸到埃及人鼻子底下不是解决问题的办法。后来的反对者主要是极右的政治势力和宗教势力,他们是从恢复"大以色列"的版图和保卫"神赐之地"的角度来看待退让问题的。美国帮助埃及建的核电站,在以色列掀起一片责难声。一些反对者甚至辱骂基辛格是"犹太孩子"、"一个异教徒的女人的丈夫",还包围了议会。

拉宾重视这次谈判,福特也十分重视,他派了一个美国地理和地形专家小组一同来到以色列。他们在以军军官的陪同下,查勘了整个要谈判的地区。在美国卫星和专家们的努力下,绘制出山口及附近地区的精确地图,从而为谈判作了周密的准备。基辛格就是拿着这份地图在耶路撒冷和开罗之间奔忙的。以埃双方是以米为单位进行讨价还价的,曾出现过为 100 米长的一段沙地,面红耳赤地争吵了 5 个小时的情况。这几乎是一种耐心、恒心甚至体力的考验。实际上根本没有必要为几米、几十米的沙地而争,若是打仗,那只不过是坦克踩一下油门的事。实际上争的意义在于给人们看:看,我们为了民族的利益可是在寸土必争的啊!而基辛格却为双方耐心地撮合着,使之一英寸一英寸地靠拢。

皇天不负有心人。1975 年 8 月 31 日,以埃临时协议终于定稿了。协议把西奈半岛两山口以西地区大致分为三个部分:沿苏伊士运河东岸一条较宽的地区埃军可以进驻;中间是更宽的缓冲区;山口以东细细的一条也归还给埃及。山口地段设有三个预警雷达站,以方在西边,埃方在东边,中间为美国人管理。之后,拉宾又老道地要求与基辛格再签一个保证协议。目的是要美国给钱作为以色列让步的报酬,同时担保它的安全。在这个附加协议中,拉宾又以以色列搞到了约 20 亿美元的军事和经济援助,美国答应提供包括最先进的 F—16 战斗机在内的各类重型武器。在政治方面,美国答应不强迫以色列与约旦也搞一个类似的临时协议,并保证不与巴解组织谈判。9 月 1 日,以色列批准了这两个协议。1976 年元月,拉宾访美又为以色列搞到了 5 亿美元的美国武器,可谓战果辉煌。

拉宾的果敢和惊人的智慧使他在处理重大问题时,总能取得出人意料的结果。半年后,他又在营救 80 多名人质的过程中,指导总参完成了一次大胆的行动。

大力神计划

1976 年 6 月 27 日上午,拉宾在总理府主持着一个例行的星期天内阁会议。突然,他的军事助手匆匆走进会议室,神色紧张地递给他一份刚收到的情报。原来一架从特拉维夫飞往巴黎的法航 139 次班机在雅典重新起飞后被武装分子劫持,机上有以色列人。听到这个消息,内阁会议开不下去了,人们的注意力全集中在这个突发事件上。随后摩萨德等情报机构送来了详细报告:该机上有 230 名乘客,其中有 83 名以色列公民,飞机将在利比亚加油,但飞行终点和劫机者的要求还不清楚。对此,拉宾迅速组成了一个处理劫机事件的应急班子,除他之外另有副总理兼外长阿隆、国防部长佩雷斯、运输部长雅柯、司法部长扎多克和不管部长加利利。

凭直觉,拉宾认为此次行动是总部设在巴格达的瓦迪亚·哈达德博士组织干的。他的组织与西德的巴德尔一麦因霍夫集团、北爱尔兰共和军、日本的赤旗军等恐怖组织联系密切。为防止恐怖组织的袭击,拉宾上台后即下令对以色列易受袭击的目标采取"软贝雷帽"防范措施,伪装成乘客的保安人员都身怀出枪快和首发命中的绝技,他们已多次粉碎了恐怖组织的企图。但外国航空公司反对这样做,恐怖组织则看到了这个可乘之机。

恐怖分子采取的是"以人质换同志"的策略,即用手中的以色列人质去交换他们被关押在各国的成员。以色列对自己的公民是会尽一切力量去保护的,哪怕是一具死尸也在所不惜。拉宾对待恐怖分子历来是强硬的,他认为谈判只能是被动。因此,一遇此类事件,他总是派训练有素的突击队去解决,除非没有可能才选择谈判。

摩萨德不断送来新的消息:飞机已在利比亚的班加西起飞了。苏丹当局拒绝了与劫机者合作的要求。飞机降落在乌干达恩德培国际机场,乌干达独裁者阿明表示支持劫机者行动。劫机者要求以人质换取有关国家关押的 53 名"自由战士"。其中以色列有 40 名,西德有 6 名,瑞士与法国各 1 名,其他国家 5 名。以色列电台的播音员不断地播送有关这架飞机的消息,全体以色列人的心都揪紧了。

拉宾在6月29日下午5点半召开了应急班子会议,会前把正在前往西奈途中的总参谋长莫塔·古尔也叫了来。拉宾问古尔:"以色列国防军能不能通过军事行动救出人质?行的话,则是第一选择;不行,则应考虑谈判。"古尔还没回答,老对头佩雷斯已坐不住了,他说:"国防部还没考虑,我还没与古尔讨论……"他没敢说完,因为他看到了拉宾眼中的火苗。以色列公民被劫持53个小时,而主管他们安全的国防部长居然还没想去如何救他们。古尔见状赶紧出来救驾,他说在会议之前他已命令作战部长去研究营救方案,但乌干达元首阿明的态度是极大的障碍。直到7月1日早上,古尔还拿不出方案,拉宾望着这员猛将额上的汗珠,不知说什么好。他不想责怪古尔,古尔是个不善言辞的老实人。

佩雷斯先后提了两个建议:一是武力解决,但没有具体实施行动;一是派阿明的老师达扬去谈判,但阿明是个忘恩负义的人,也是个虐待狂,这已有过多次先例,他号召北非与以色列断交,一同反对以色列就是一例。因此,拉宾予以否决。万不得已,拉宾同意了谈判的方案,但同时也要求尽快研究武力营救方案。用在押恐怖分子换人质的谈判方案,获得内阁部长的一致通过,在民族危机面前,反对党领袖贝京也表态全力支持拉宾,佩雷斯由鄙夷变为惊讶,他内心受到震动。

7月1日格林威治时间10点许,以色列愿谈判的消息被恐怖分子获悉,他们欣喜若狂,他们以为以色列被逼得走投无路了。最高兴的还是阿明,他深为自己领导的非洲"反犹太复国主义斗争"的胜利感到欢欣鼓舞。狂欢使恐怖分子忘乎所以,他们释放了148名非以色列人质,并把谈判时间延长到7月4日11时。当拉宾得知恐怖分子又给了72小时,他眼睛一亮,击掌叫好。也就是说:军方营救的可能性增大了。时间一分分地过去,各种应变机构都开足马力运转。摩萨德与西方情报机构合作,很快搞清楚了这次劫机行动是欧洲最著名的恐怖主义组织头目卡洛斯与哈达德博士共同策划的。他们的行动目的之一是要向各国合作组织和部下证明自己是说话算数的,即凡在行动中被对方捕获的组织成员一定会被营救出来,这对属下效忠组织和甘愿卖命起着重要作用。被恐怖分子释放的148名非以色列人质,自愿配合摩萨德,反映劫机者的情况,其中一大胆者甚至偷拍了照片,所有信息一汇集,使摩萨德很快清楚了对方的情况,为武力营救又提供了保证。

7月2日早10点半,古尔匆匆来到总理府,他交给拉宾一份代号为"大力神计划"的武力营救方案,即派150名精干官兵分乘四架"大力神"飞机前往营救,有每一个详细环节的方案,救出人质后即一块同机撤回,连途中的一切细节包括加油等均安排好。拉宾看完,当即拍板定案,马上行动。为了民族,他愿冒极大的风险,甚至做好了承担行动失败的责任准备。

古尔从以色列国防军的精锐部队中挑了150名官兵组成突击队,由伞兵司令丹·肖姆隆将军带领。突击队在一个空军基地马上投入了突击训练,他们的每一个步骤完成时间是以秒来计算的。摩萨德的特工们不厌其烦地让突击队员们牢记恐怖分子的相貌和守卫的位置,他们的同事伪装成清洁工,把劫机者和人质周围的环境用拖把中的相机照了个遍。扣押人质的地点是恩德培机场旧候机大楼的顶层,第二层是乌干达士兵,7名恐怖分子分散在顶层、二楼及底层候机厅中。古尔看了最后一次演习,7月3日早晨他向拉宾报告:"我建议内阁批准这个计划。"应急班子立即予以批准,最后是内阁的问题了。

7月3日下午两点,拉宾召开内阁会议表决批准。一开始,他就告诉部长们,由于时间太紧,他已下令突出队的飞机起飞了,如果同意,即按计划行动,如不同意,即下令撤回。之所以选择武力营救,是因为谈判也难以取得成功。大家没有反对,一致通过。阿隆说:"正因为这个计划看起来是毫无成功的可能。因此它才是完全可行的。"最后,古尔详尽地介绍了"大力神计划"。

　　行动在严格保密的情况下进行。为了迷惑劫机者,3日晚上拉宾与阿隆给以色列驻法大使打了长途电话,他们指示大使们要努力进行谈判,要不惜一切代价使人质获释。电话时间之长,足以被人窃听,恐怖分子会得到以色列愿付更多赎金的消息。

　　第一架大力神式运输机分秒不差地抵达恩德培机场上空,它被安排在两次正常的航班之间降落在跑道上。驾驶员用纯正的曼彻斯特口音回答了机场指挥塔的询问,他声称自己的飞机出了点小故障,需要小修一下。飞机降落后,后舱门打开了,像母鸡下蛋似地从飞机肚子里滑出了一支车队。打头的是一辆英式"兰德·罗维尔"吉普车,车上是几个荷枪实弹的黑大汉。跟着是一辆豪华型防弹奔驰轿车,里面是乌干达人望而生畏的"阿明"。车队在机场绕了半个圈子后直向旧候机楼驶来,守卫大楼的卫兵忙把举起的枪放下,举手敬礼。但他们没搞清是怎么回事,便在"卟卟卟"的短促响声中倒下了。脸上涂着黑油彩、手持装了消声器冲锋枪的"卫士"们迅速地抢占了位置,并由七八个人簇拥着"阿明"向大厅走去。这时,第二架大力神已降落,它的任务是控制新候机大楼,以便必要时开辟一条后撤的路线。至此,整个机场已控制在摩萨德特工们手中。

　　战斗十分顺利,突击队员用希伯来语高喊:"卧倒!"一边往前冲,用震荡手榴弹炸。以色列人质纷纷卧倒,阿明的士兵还没弄清是怎么回事,就成为站立的靶子被打倒了,只有一名恐怖分子抢先开了火。整个突击行动中打死了四名以色列人,总的说是十分成功的,从第一架飞机降落到最后一架飞机起飞,总共只用了42分钟。

　　当满载着胜利的大力神机群临近以色列之际,被激动的播音员鼓动起来的人们高兴得发了狂,人们纷纷奔向机场,去欢迎人质和凯旋的将士们。拉宾也带着他的内阁班子,来到了机场欢迎勇士们和受难的人们,他眼里涌出了激动的泪花。整个以色列,到处是人们载歌载舞的欢庆场面。以色列政府用铁的手腕回击了恐怖主义者,以军官兵用自己的行动证明了自己的力量,奇迹般的胜利一扫人们的疑虑。拉宾认为自己领导的这场斗争胜利的意义在于给丧失了斗志的人们注了一针兴奋剂。

　　然而,他的老对头佩雷斯则利用报界的朋友,大为自己造舆论,他的发言人拉维甚至发表讲话,大造反对拉宾的舆论。拉宾仅仅把这一切看作是政坛的恶习,而没发现平静的水面下已经出现湍急的暗流。就在拉宾沉浸在他与埃及达成了脱离接触的第二个临时协议以及救出人质的喜悦中时,就在他全力为摆平各种国际关系及为民族振兴而废寝忘食之时,各种倒阁力量已经联合起来准备发难了。大难临头,拉宾却全然不知。

风云莫测,东山再起

不测云变

　　拉宾对佩雷斯一伙人的表演本来不当回事,他总相信事实最能说明问题,自己上任以来的政绩明摆着。趁着阿以和谈的停滞和阿拉伯世界内部的动乱及美国总统的换届选举等时机，拉宾大大地充实了以色列武器库，实力增强一倍。飞机数量增加30％，坦克增加50％，自行火炮增加了100％以上，装甲运兵车增加700％，但是，事情往往出人意料，殊不知从美国飞来的几架飞机却引起一场风暴，他付出了极高的代价。

　　1976年12月的一个星期五的黄昏，拉宾和内阁的几位部长前往一个空军基地，迎接从美国飞来的F—15型战斗轰炸机。星期六是犹太教徒的安息日，而安息日是从星期五傍晚日落时算起，直到星期六晚天空中出现第一颗星星止。在这段时间内，犹太教教规规定，人们不得进行非宗教活动以及以车代步。所有人不得例外。所有虔诚的教徒穿着黑色或灰白色的束腰长袍，头戴宽边的黑天鹅绒帽或白色小圆帽，跟着几十位拉比在社区狭窄的街道上呼号前进，其颂赞上帝的声音在曲折的小巷里久久地回荡着。为防止车辆行驶，一些宗教狂徒用铁链把大街小巷都封锁起来，一些好斗的信徒则手持石块守在路口，准备砸来往的车辆。如果谁破坏了这一规定，下至民意上至法律，都将予以反对甚至惩罚。拉宾他们参加欢迎仪式的时间并不长，但太阳很快下山了，他和部长们在天黑后才驱车回家，这就捅了大漏子。之所以要举行欢迎仪式，是因为总参坚持，也因为是拉宾从美国总统福特手里搞到的第一批F—15型飞机，这种飞机美国连"石油龙头"沙特阿拉伯都不肯给，却优先给了以色列，也需要这么个仪式表示感激。之所以选在星期五黄昏，这完全是由美国人定的，他们并不太了解犹太教的法规，只是尽量去方便自己的飞行员。这样，却弄得拉宾下不了台。

　　议会为此召开紧急会议，一些极端宗教派"以色列正教党"分子以这个欢迎仪式是拉宾政府故意违反安息日教规为由，对内阁提出了不信任案，尽管拉宾作了详细解释，议会最后还是对不信任案进行了投票表决。表决前，拉宾自信联合政府会挫败这一议案，因为工党联盟及入阁的小伙伴有超过半数票的优势。但他万万没有想到，内阁中两名全国宗教党的部长无视组阁协议投了弃权票。这样，支持政府的票就少两张，反对政府的就正好多出一张。形势于是发生了戏剧性的逆转，正教党的不信任案以超半数的票通过了。当可怕的唱票结束后，反政府议员们跳起来欢呼他们的胜利，议院如开了锅似地沸腾了。拉宾一下子被击懵了，他不明白怎么了，记者们七嘴八舌的提问他一句也没有听进去。

　　拉宾脑袋里乱成一团，他不相信是真的，自己就像玩戏一样地下了台。现在他除了命令两个突然倒戈的全国宗教党的部长立即辞职以及自己向总统递交辞呈外，一点办法都没有了。要离开议院时，他忽地站起来，高声宣布立即解散议会，并在次年5月举行大选。此言一出，刚才还在狂欢的反对党议员立即乱作一团，纷纷咆哮起来，一个个气歪了脸，大骂拉宾利用职权搞阴谋，妄图用提前选举的办法重新夺回总理宝座。

　　当拉宾离开议院时，他已不是总理了，仅仅是个看守政府的首脑而已。但他对重新上台充满信心，他认为自己的政绩会让公民给他一个公正的评价。

　　然而，自工党政府统治以色列29年以来，公众变得越来越不满了，主要的原因是人们认为自己在经济上没有得到与辛勤劳动相符合的收入。工党政府中一批腐败官员私吞了他们的成果。而实际上许多基布兹的平等社会主义分子的子弟成为"资本家、技术专家或军队领导者，他们带着右派观点，虚情假意地应付着劳工运动"。工党统治集团大约包括了250个显赫家族。随着"六天战争"结束，大量外援涌入，以色列开始出现了一批蛀虫,社会中形成了一个"黑色经济"现象。人们在相差无几的收入和稳定的物价生活中,忽然看到一批人过得奢华或有了小汽车而感到很气愤,大家会心照不宣地得出结论:看,这家伙准在哪儿捞了一笔黑钱。以色列的第一批百万富翁是在承包"巴列夫防线"工程中出现的。人们工资收入不高,物价上涨,各种税收繁多,已苦不堪言。子女入学有的已交不起学费等。被鼓动起来的对工党不信任情绪,一时达到了高潮,以拉宾为首的工党政府,受到了连珠炮似的袭击,丑闻一件接一件被抖了出来。

新闻界揭出第一件丑闻是:政府存放在不列颠一以色列银行中的一笔巨款不翼而飞了,嫌疑犯是以方总裁米切尔·佐尔,他与工党政府高级官员交往密切。

第二件丑闻是:以色列工总"患者基金会"负责人阿谢尔·亚德林因涉嫌贪污而被拘留,拘留前拉宾刚刚任命他为以色列中央银行行长。经查,他的贪污竟是为了资助工党。

第三件丑闻是:现任住房部长阿夫拉罕·奥佛尔在担任以色列工总的"希昆奥伏丁"房产公司经理期间曾有数额惊人的贪污行为。作为部长,他被新闻界反复渲染,加上检查机关的反复折腾使他心理承受能力快到了极限。最后,他在自己办公室自杀了。但查出的结果是他毫无贪污行为,完全是新闻界的捕风捉影,有意而为。但人死了,没有人表示歉意。

其实,新闻界与拉宾及其内阁的仇恨已久。早在 1975 年,专栏作家马蒂·戈兰写了一本关于基辛格中东外事活动的书,把基辛格写成·一个两面三刀、处心积虑损害以色列利益的政治流氓。因书的内容极大地损害了基辛格的声誉并影响美以关系,检查官沙里上校及上司决定禁止出版此书,并没收全部手稿及有关资料。因书中的大量机密资料是从总理办公室、外交部及国防部传出的,内阁召开专门会议讨论,要对戈兰采取法律手段查清泄密的渠道。整个新闻界则大喊大叫,抗议政府践踏人权。在这场较量中,新闻界赢了,书也出版了,但它却记下了挨过拉宾整的仇。从此,新闻界就对拉宾政府怀有报复的心理。

"安息日"没给拉宾带来好运,看来夺回总理宝座也不是一时的事。

家贼难防。在反对党猛烈抨击工党政府的同时,老对头佩雷斯又使出了善挖墙脚的手段,展开了窝里斗,与拉宾唱开了对头戏,好使自己当上党内一把手。没等党的中央委员会开会推举工党联盟的总理候选人,他就急不可耐地展开了个人选举活动。他几乎在所有问题上与拉宾对着干,并尽可能把内阁的不同意见捅到社会中去,以一个反潮流者的身份来博得广泛的支持,而在新闻界他又有着广泛的人缘关系。

1977 年 2 月,拉宾与佩雷斯的第二次公开较量拉开了序幕。这时,工党联盟举行了重新推选党的领袖,也就是总理候选人的选举。面对参加投票的 3000 名代表,拉宾与佩雷斯都心中无底,最后的结果却使两人深受教育。选举结果是:拉宾以 1455 张对 1404 张的微弱多数票胜了佩雷斯。佩雷斯对此十分沮丧,他认识到在党的山头上拉起敌对的旗帜是不得人心的。拉宾也认识到自己支持率减弱,主要是平民和普通党员,把经济看得比外交更重要;而事实上,以色列人是以他们的钱包和菜篮子的充盈情况来评定政府和领袖的好坏的。只有战争例外,打赢了战争,人们会忘记政府的治国无能,让它多干几年。

佩雷斯与拉宾斗,他攻击得最猛烈的是拉宾在犹太移民定居点问题上的立场。工党联盟反对在被占领的阿拉伯国家领土上除"安全定居点"外再造新的定居点。宗教势力和利库德集团则极力主张在这些地区上尽量安置新移民,他们干脆把约旦河西岸地区称之为"朱迪亚和萨马利亚",即古以色列时该地区的称谓。拉宾对此又硬不起来,他明白继续在巴勒斯坦人聚居区附近设立定居点是极不得人心的,不仅全世界会反对,而且堵死了与阿拉伯人和解的路。但是,占人口多数的东方犹太人"塞法拉迪"支持无限定居政策,工党联盟又需要他们的选票。佩雷斯揪住拉宾的这个弱点,公开站在利库德集团一边向工党联盟发难。在此,他为自己赢得了有限的几分。就连不久前发生的恐怖分子劫机事件,和拉宾访美时批评佩雷斯的话题,也成了佩雷斯攻击拉宾的事实,并利用他在新闻界的优势,大造舆论。而最终却没有赢得胜利,不能不使他感到懊恼。

后院起火

不管是党内还是反对党,对拉宾的攻击是一个接一个,但对拉宾来说都不是致命的,因为这些攻击都是政治方面的。而政治好比一个戏剧性的足球,它是艺术的,关键是怎样玩法。没想到的是有个攻击是致命的,关系到他个人的品质问题。这就是拉宾很有口碑的贤内助利扬的存款问题,这桩是非使拉宾失败。

1977年3月,拉宾刚从美国访问回来,以色列《国土报》的一名记者发表了一条爆炸性的消息:拉宾在美国一家银行中拥有外汇存款!这是一条可怕的新闻。当时以色列法律规定,任何公民在国外拥有的存款都是非法的,这是因为:一、以色列外汇短缺,公民们出于爱国心应把自己的外汇存在国内银行支援建设,二、这是一种防止私营业主和腐败官员把他们的非法所得转移到国外的措施;三、一心为公的道德观念和行为准则是来自俄罗斯和东欧移民所信奉的。为此,整个社会闹得沸水盈天,人们认为自己被总理骗了,总理要求人们干的事自己却首先违犯了,他们无不感到梦幻破灭般的痛苦。因此,人们的愤怒难以平息。《国土报》把这事像美国新闻界对付尼克松的"水门事件"一样,不仅详细报道了拉宾在那家美国银行中的存款数和账户号码,而且调集了最能干的笔杆子慢慢煎熬拉宾,报纸上常见的醒目大标题是"拉宾—利扬银行账户"。在该报发表的大量尖酸刻薄的报道中,不厌其烦地证明拉宾是一个十足的伪君子。在多次社论中指出:在以色列处于与邻国交战状态的危难时刻,拉宾先生注重的是谋取他个人的私利。这样的引导,无疑给拉宾夫妇带来了灾难性的后果。

拉宾早已被一个个的攻击搞懵了,不知如何反击,就连解释也很含糊,先是予以否定,当《国土报》公布了账号和存款数以后,他又说是当大使时夫人利扬省下来的生活费用。但这个解释立即成为反对党和新闻界的辫子,他们声称拉宾在存款问题上对全国人民撒谎,先说没有后来才承认。事情越闹越大,把工党联盟搞得丧尽人心。拉宾考虑到辞去党的领导职务,但他接受了不管部长加利利的意见:等等看!

总检察长巴拉克是个两面派人物,他为了把审查权控制在自己手里,他一方面安慰拉宾,另一方面他又夺了财政部长拉宾诺维奇的调委会审查权。看到自己落在这样一个两面派手里,拉宾明白自己不会有什么好结果。

果然,当调查委员会的审理结论出来时,确认了拉宾与利扬违反了政府的有关规定,决定对他们两人进行罚款处分。但巴拉克要给拉宾以厉害,他提出一个新的决定:如果财政部长同意审查结论的话,此后在法庭上他不能出庭为拉宾夫妇进行辩护。司法部长立即表态认可,使得财政部长也只得认可。继而,巴拉克决定只对拉宾进行一次"象征性"的罚款,而利扬则必须接受法院审判。表面上是给拉宾以面子,实际上是巴拉克更阴险毒辣的一招,他要让前总理大人眼睁睁地看着自己夫人出庭受审而无可奈何。这是拉宾无法容忍的侮辱,他决定向社会公开自己的收支账目,在几位好友劝住以后,他在茕茕孑立的情况下,作出了三条决定:一、立即撤回自己总理候选人的提名;二、誓与利扬共同承担外汇存款一事的责任;三、立即辞去看守政府总理职务。

在利扬受审的日子,拉宾坚持要出庭陪伴妻子,起码给她一点精神上的支持,因为利扬在接到受审通知后,精神快垮了。尽管好友纷纷劝他:"别固执了,伊扎克,你千万不能出庭。那样,审判就会变成一出尽力羞辱你的大闹剧。"拉宾仍气愤地说:"不!我不能撒手不管她!我要看看他们能拿我怎么样!""听我说,伊扎克,"利扬也劝阻他,看着他的眼睛平静地说:"相信我,我受得了,你不要陪我去。想想看,我们经历的风浪还少吗?"最后,还是利扬劝住了他。

审判的最后结果是:利扬须付一笔25万以色列镑的罚款,按当时的汇率折合为24000美元。为了摆脱这种痛苦的纠缠和不幸的遭遇,拉宾夫妇什么也不说,接受了法院的判决。

虎落平川

存款风波过去后,拉宾夫妇过上了平静的日子。但是,他们对于国家的忠诚与贡献,以色列人们是没有忘记的,常常使拉宾激动。

利扬被重罚以后,数以千计的人们给他们打电话来信表示支持,不少人还寄来支票帮助他们,有的甚至愿意替利扬坐牢来拒付那笔罚款。利扬整日感动着,坐在房间回信和返寄支票。最使拉宾感动的是一位老人对他说的话:"听着,孩子,把头抬起来。我的儿子就埋在这里,他比你小不了几岁,作为一位阵亡者的父亲,我想告诉你一句话,我要说的是,在这块神圣的土地上,你是问心无愧的,这才是最重要的。"当他在法海纪念烈士集会讲话时,一位烈士的母亲对他说:"伊扎克先生,你一来我就认出你是谁了,我们为你而感到骄傲!好好干吧,我们不会忘记你的!"千秋功过,人们给予了公正的评说。

当5月17日大选投票的第一批结果出来时,工党联盟为自己的窝里斗而不顾大局的行为付出了惨重的代价,历史上第一次用选票把工党政权赶下了台,利库德集团领袖梅纳赫姆·贝京当选了新的政府总理。6月21日,拉宾与贝京在总理府会晤,在简短的仪式后,他把权力移交给贝京,随后互致敬意。

自此,拉宾被从总理宝座上拉了下来。但是,他仍然不愿离开政坛,除了还是反对党的工党议员以外,更是在密切注视着政局变化。就是他与妻子坐在宽大的壁炉旁,享受着芳香的咖啡,轻声细语交谈往事时,也不忘总结一下自己所走过道路的得失。平时,他就看书写回忆录,有时就参加一些讲演,思考一些问题。这样,他的视野反而更开阔,看问题也更清楚。

按中国活来说,拉宾好比"虎落平川,志在高山"。在相隔十几年以后,功夫不负有心人,命运之神又安排了他另一次崛起的机会,使他东山再起,重新登上了总理的宝座。

巴以交恶

自美国总统尼克松下台以后,国际关系也出现了错综复杂的局面,杰拉尔德·福特这位临时总统,有着他的不稳定性,严重地破坏了基辛格在外交上作出的努力。只有萨达特没有泄气,他一方面努力改变现实,另一方面也在等待机会。当 1977 年 1 月吉米·卡特出任美国总统之后,萨达特决定同这位佐治亚人建立密切的关系。从一开始他就留给卡特这样的印象:他期待同以色列和平共处,而和平的内容应包括以色列人从被占领的阿拉伯领土上撤出,解决巴勒斯坦问题以及完全承认以色列。萨达特还清楚地表明,他理解以色列对安全的需要,因而任何一项和平协议都应包括以色列的安全保证内容。

萨达特与卡特关系确实密切起来,俩人书信往来频繁,都笃信宗教,都来自下层,相互尊重和信赖,其相互影响也是很深的。

萨达特在卡特的影响下,致力于中东和平。1977 年 11 月 19 日,他访问以色列,因此打破了中东和平僵局,令世界震惊、更令阿拉伯世界震惊。在迎接萨达特的以色列政治领袖队伍中,拉宾也以其特殊身份参加,他是为萨达特访以而感到自豪的人之一。因为,他曾为这一天的到来付出过不少心血。

然而,萨达特的和平之举,同样受到来自以色列和阿拉伯世界反对势力的威胁。萨达特曾在一个沙漠中粉碎过一支企图暗杀他的阴谋,但他最后还是为和平付出了生命的代价,他倒在和平的曙光出现之前;为此,世界一切爱好和平的人们曾为他致哀。拉宾真正认清萨达特,是在萨达特访以后,他曾在日记中写道:"一位曾和以色列兵戎相见的阿拉伯领导人站了出来声称他理解我们对安全的需要,因而必须找出办法满足我们的合法权益,仅仅这一事实就足以看作是一场地地道道的革命。"可这时,拉宾已不在台上,但他对于萨达特后来的死,表示了沉痛的哀悼和怀念,他在回忆录中说:"一颗和平的太阳陨落以后,人们将在黑暗中怀念他。"

当拉宾下台以后,一个曾被他和达扬重用过却有着野马一样个性、极端仇视阿拉伯世界的以色列将军,再次被以色列军方和当局重用,他以"冷血动物"的暴行来对待巴勒斯坦人,企图以他挥舞的大棒来征服其他民族,这人便是沙龙。他对巴勒斯坦人的暴行,不但没有征服反而更加激起了巴勒斯坦人以及世界爱好和平的人们,包括以色列人们的反对。反抗的烈火越扑越旺,以色列国内反对他及当局的呼声也越来越高,以色列在国际上也越来越孤立,巴以关系到了有史以来极为恶化的地步。

时局发展到 1982 年 6 月,当时沙龙正指挥以色列大军围攻贝鲁特西区,准备把那里的巴解总部来个一窝端。自然,这一行动受到了来自孤立无援的阿拉法特的巴解战士的顽强抵抗。后来便导致了手无寸铁的巴勒斯坦平民死亡 2000 多人的"贝鲁特大屠杀"。当新闻记者左德曼把这极其悲惨残忍的一幕向世界报道以后,这场骇人听闻的大屠杀的消息,便立刻像闪电一样传遍了整个世界。以色列的老百姓全被惊呆了。几十年来他们在电视中看到的这种在奥斯威辛集中营发生的种族灭绝的场面,竟重演在以军占领的贝鲁特。他们勒紧裤带供养的士兵竟然跑到黎巴嫩去杀人放火,而且杀的净是些妇女和孩子。因此,沙龙成了众矢之的,以色列爆发了前所未有的反政府大示威,参加者 35 万人,占以色列当时人口的十分之一。沙龙的住宅前面,是一片"耻辱"和"要和平"的口号声。

后来在 1987 年底到 1992 年中,以军仍然杀死了 1775 名扔石头表示反抗的巴勒斯坦人,数千人被打伤或致残。没有人认为以色列有必要这么做,不管它的敌人还是它的朋友,就连美国人的抗议声也越来越刺耳,一直支持以色列的美国犹太人社团领导人也主动与巴解组织会晤了。以色列领导人感到了阵阵孤立的寒意。1991 年 7 月初,美国总统布什亲自出面向沙米尔施加压力,要他放弃僵硬立场参加马德里中东和会。他于 7 月 1 日对记者说:"我想有许多人不知道中东到底发生了什么事情。"说到这里布什把话头压住了,他想给以色列政府留点面子。沙米尔自然知道这句话后面的含意,如果以色列再不顺从,美国就会把老底揭出来,告诉全世界 242 号决议就是要求以色列撤出侵占的领土。这样,沙米尔政府终于屈服,同意参加中东和会。

此后以色列国内的局势,为拉宾的东山再起提供了机会。当年,人们推举利库德集团,只是出于一种对工党执政 20 余年的厌倦,借此换换口味而已。而现在,人们早已不喜欢利库德集团的口味,尤其是它在政治、经济、外交上的毫无建树,造成了内外交困的境地。

再次决战

1992 年,是以色列的大选之年。这时,人们已不像当年那样拥戴利库德集团了。对于工党来说,这无疑是一次最好的机会。

在工党内部,竞争总理候选人的斗争也在激烈展开,对手自然是拉宾和佩雷斯。两个老对手的再次决战,结果是拉宾胜利。当上了工党领袖和获选总理候选人,拉宾为此精神振奋。

拉宾与佩雷斯的竞选是再次决战,工党与利库德集团也是再次决战。从竞选开始,工党的支持者们即想尽一切办法决心要帮助拉宾再登总理宝座。利库德集团则让一头可怜的毛驴驮着一个大招牌上街游行,上面写着"拉宾先生,以色列人不是蠢驴!"后面则跟着宣传车,告诫选民:"千万不能把那个'六天战争'中的胆小鬼,华盛顿外交界中酒鬼及在国外有存款的撒谎者选上台。"工党则针锋相对,他们赶着一群毛驴,驮的招牌是"只有蠢驴才不懂得该换个政府了!"拉宾遇到的挑战是严峻的,在捉摸不透的气氛中,6 月 23 日选民投票。结果在 120 个议席中,工党获 44 席,利库德集团获 32 席。这样,1977 年令人耻辱的惨败记录正好翻了过来,那一年利库德集团是以 43※32 击败工党的,使工党 15 年来饱尝了在野党的辛酸。

这次大选,工党最大的收获在于敢于亮出自己的旗号,明确提出了从黎巴嫩南部撤军及停止在约旦河西岸人口稠密区建立居民点的主张,从而成功地进行了一次全民性的表决。

和平之梦

以色列第 13 届议会对拉宾提出的组阁名单进行了表决以后,又顺利地通过了对新一届政府的信任投票。拉宾当即发表了充满自信和激情的演说,他着重谈了争取和平的问题。他建议应把"和平进程"一词改为"实现和平",因为"和平进程"一词用了 10 年而和平毫无进展。他呼吁阿拉伯领导人以埃及前总统萨达特为榜样,大胆地迈出和平的步伐。他还邀请阿拉伯国家领导人来以色列议会演讲。他在自己的演讲中引用了以色列诗人的话:"尽管目前看来遥远,我确信在将来国与国之间出现平静和相互祝福之际,和解的日子就来临了。"

拉宾动情地向巴勒斯坦人呼吁走向和平,同时他又警告好斗分子,在谈判期间不要轻举妄动,否则他们的暴力及恐怖活动将会遭到严厉的打击。

拉宾阐述了加强以美关系、加速国营企业私有化和妥善安置新移民等问题后,他动情地说:"各位议员先生们,西奥多·赫羡尔说过,人们的成功源于他的梦想,不管我们经历了种种困难,不管人们有各种各样的非议,我们通过梦想和斗争已建起一个安全的犹太人天堂。这就是犹太复国主义的宗旨。几代人的梦想已变为现实。"他的演讲博得了全场热烈的掌声。

他的呼吁、倡议,在国内外获得赞赏和欢迎,尤其是阿拉伯世界。但是,所有阿拉伯国家都强调对拉宾要听其言观其行,看他能否言行一致。阿拉伯报刊一致指出,对拉宾来说"以土地换和平"的时候到了,这是对他声称的"诚意"的真正考验,战争使以色列和阿拉伯人都认识到一个真理:实现中东和平的关键,首先是阿以双方都认识到任何一方都不可能消灭对方,因此,惟一的选择就是通过和平谈判,实现阿以之间的和平与合作。正如一位以色列人士所指出的"战争只能导致痛苦、灾难、死亡和仇恨"。以色列不可能打败和消灭阿拉伯人,这是显而易见的,阿拉伯方面有如此众多的国家,有广阔的领土,众多的人民,以色列要永远霸占巴勒斯坦人的土地是不可能的。

拉宾说到做到,上台伊始他就宣布冻结 100 多个被占领土上的定居点。这包括为新移民建造的 6000 套住房工程。他还派遣军警阻止犹太移民"自发"的建房行为,驱逐在沙米尔当政时期在耶路撒冷占领阿拉伯人住房并强建定居点的犹太人。他保证在 1993 年允许巴勒斯坦人选出在西岸和加沙地区的自治机构,5 年后就被占领土上的最终地位进行谈判。为表示诚意,他吸收了两名以色列籍的巴勒斯坦头面人物担任内阁副部长,还允许巴勒斯坦著名领导人侯赛尼重开他的"阿拉伯研究中心"。他表示,以色列政府准备修改或废除不准与巴解组织接触的法令,并表示不再反对东耶路撒冷的巴勒斯坦人参加中东和谈。9 月 10 日,他又迈出突破性的一步,首次表示以色列从戈兰高地部分撤出的可能。他还拒绝保证不拆除以色列建在戈兰高地上的 32 个定居点,他要求人们"放弃以色列是宗教圣地的主张。"7 月 17 日,拉宾和平地解决了 3000 名巴勒斯坦学生与以军僵持了 4 天的问题后,7 月 20 日,美国作出了向以色列提供 100 亿美元贷款的承诺。这充分表明了布什政府对拉宾的姿态和措施给予了充分肯定。不仅如此,拉宾一上台,美国国务卿贝克就急忙赶到耶路撒冷来表示祝贺。美国新闻界指出,这标志着被沙米尔搞僵了的美以关系的重新解冻并回到了正常的轨道上来。

拉宾一连串令人眼花缭乱的"和平"外交攻势,使中东各国政府感到目眩、兴奋、吃惊和不安。同时,在国内也引起一些反对派的抵制。在阿拉伯世界,他的外交行动使各国急忙调整它们对以色列的立场,埃及和约旦认为:以色列的外交政策已经发生了实质性的变化。叙利亚、黎巴嫩、巴解组织则认为:拉宾的让步还差得很远。但所有的阿拉伯国家都明白:拉宾伸出的手具有难以抗拒的诱惑力,不能轻率地的拒绝,否则这种机会很可能真像拉宾说的那样一去不复返了。但接受了就意味着自己也必须作出让步。它们感到进退两难。同时,阿拉伯国家都害怕拉宾施展"各个击破"的手腕,有意识地和邻国分别成交,到那时自己就会变得孤掌难鸣。拉宾看透了这种心态,便于 12 月 6 日指出:"我认为,我们在 1993 年是会达成一项协议的。即使不能与所有的阿拉伯代表达成协议,也会与某些代表达成协议。"对于国内的反对势力,拉宾是心中有数的,他曾作过民意调查,"和平"代表着 80% 以上的民意,几乎所有的以色列人都已厌倦了战争,他们生活在以色列,是要过上富裕的生活的,而不是要打仗。

因此,拉宾以土地换和平的态度是强硬的,在发生了一些定居者反对他准备把大部分戈兰高地还给叙利亚的示威后,拉宾声色俱厉地说:"以色列是一个民主、主权和法制的国家,有一个选举产生的政府。政府的决定必须得到所有公民的尊重,因为我们永远不能使每个人都感到满意。"

即使后来利库德集团和极端的宗教党派也没能闹起什么轩然大波来。

举世瞩目

阿以关系之所以牵动整个世界,我们可以从以下思路去思考:从整体上看,阿以冲突是整个阿拉伯世界同以色列的冲突;但从具体意义上看,主要是以色列同其阿拉伯邻国之间的争端,其焦点就是在被占阿拉伯领土和巴勒斯坦人的权益问题上。作为美国,它有着自己的优势,可以通过自己的关系对以色列施加压力,它实际上并没有这样做。美国之所以这样,是从它自身的利益出发的,也是美国历届政府拉拢美国犹太人垄断巨头的需要。因此,联合国安理会的 242 和 338 号决议,在没有付诸实施的情况下,只能是一纸象征性的空文。同时,由于沙米尔政府自以为手中有一张可以讨价还价的王牌,即以色列不能与巴勒斯坦解放组织坐在一块解决巴勒斯坦问题,所以一拖再拖,使得和平进程毫无进展。

在以色列国内,解决阿以冲突的阻力也很大,从 80 年代初起,由于各种复杂因素的相互影响,以色列社会中的极端民族主义情绪有所抬头,对阿拉伯人的偏见加深了,尤其表现在占绝大多数人口的东方犹太人和年轻的犹太人身上。其社会背景是极右的利库德集团得以上台执政 14 年之久。他们在意识和行动上的影响是相互的。此外,巴解下属组织的一些恐怖活动以及海湾危机引起的阿拉伯阵营的分裂,苏联移民对"生存空间"需求的压力,都对以色列的民族主义思潮起了推波助澜的作用。但是,拉宾毕竟是有远见的外交家、政治家。他从漫漫长夜中看到和平的曙光,他从民意的潜意识去获取力量。正如上一节所说的,他完成了组织新内阁的工作并得到议会批准后,就发表了那篇轰动世界的精彩演说,表明了自己和平的观点。有人说:他发表演说是轰动世界的时刻。这样评价一点也不过分,不但以色列国内、阿拉伯国家乃至全世界在一片震惊中看到了和平的希望。

通过漫长的谈判,到 1993 年夏,终于签定了奥斯陆协议。而 8 月 13 日"华盛顿中东和平协议"的签定时,又一次轰动了世界,全球各大电视台都事先赶到白宫的南草坪,实况转播这一事件。观察家们认为:"这是中东和平进程中划时代的里程碑。"

协议规定:

——以色列从 1993 年 12 月 13 日到 1994 年 4 月 13 日撤出加沙地带和约旦河西岸的杰里科镇;以军撤出后将重新部署在约旦河西岸的居民区周围,负责以民的安全;

——巴勒斯坦将在今后 9 个月内选举产生自治委员会,对教育、经济、文化、卫生、环境保护、税收和旅游、社会福利等方面实行自治管理,以色列对加沙地带和杰里科镇的行政和军事管辖权将一并取消;

——巴勒斯坦将建立自己的警察部队,被占领土上的巴解组织战士可作为警察部队;

——在加沙地带和杰里科镇实行自治的过渡期内,以色列和巴勒斯坦将就巴勒斯坦永久自治协议进行谈判,以解决耶路撒冷地位、边境、遣返难民、以色列定居和军队驻扎等问题。

中东历史由此揭开了新的篇章。

阿拉法特和拉宾第一次把手握在一起了。

拉宾颤抖着,把心中的闸门向世界打开了:"今天,我们要用响亮的、清楚的声音对大家说,血和泪已经流够了,够了,我们无意报仇,我们不怀怨恨,我们,和你们一样,都是正常人,是想建造房屋、种植树木、谈情说爱以及与你们一起生活的人。今天,我们正给和平一个机会,当我们可以说'永别了,武器'的那一天,和平的日子就来到了。"当然,问题并没有就此解决,分歧仍然很大,许多问题的最终解决,也还得双方静坐桌边来谈。但和平的曙光在望了。

尾 声

和平之火

在以巴和平协议签订之前,这里有必要回叙一下,有必要说说挪威山林中的一座小屋。因为,"以巴和平"的最初光芒是从那座小屋里透出来的。

1992年,当拉宾的鹰爪鸽派形象刚刚树起的时候,很快就因1992年冬季驱逐了415名巴勒斯坦人而受到影响,安理会甚至要求拉宾把他们接回去。无论是拉宾还是阿拉法特,日子都不好过,都必须顶着内外的巨大压力,形势极为严峻。阿拉法特眼睁睁看着哈马斯的声誉上去,而自己却受到内部激进者的反对,经济处境也每况愈下。因此,他不得不采取主动,与以方直接会谈。

于是,以色列海法大学教授希施菲尔德和巴解高级官员阿布·阿拉首先找到突破口,坐下谈了,但没有解决什么问题。这时,拉宾和阿拉法特已开始了解和接受对方的诚意了。1993年3月,当巴解执委会成员阿布·马赞通过一位实业家来打开与以色列总理直接联系的渠道时,拉宾点了头。

从一开始,拉宾和阿拉法特就明白:他们必须保密,首先是对自己人保密,即不但要对各自的反对派——利库德集团和巴解反对派保密,而且还要对自己的支持者保密。其中最担心泄密的是拉宾,他很怕吃不到羊肉惹一身膻,因此,他提出人数越少越好,范围越小越好,否则宁可不谈。他担心的是利库德集团搞到密谈证据后在议会里发难,弄得事情还没办成就先翻了自己的船。阿拉法特也同样需要保密,有"解阵"、"人阵"和哈马斯组织作对,加上部下人心不稳定,连工资也发不出,因此,他再也经不起内部造反的大折腾了。

但在哪儿谈?最终把会谈地点选在了挪威。挪威学者拉尔森擅长安排这类机密会谈。会谈在1993年1月份开始,一直持续到8月份。主要的谈判场所设在保尔高德庄园,它是一座19世纪的农庄,室内装饰古朴典雅,屋内的壁炉里燃烧着劈啪作响的木柴,屋外白雪皑皑的园林中潜伏着双目圆睁的警卫。

谈判是艰苦的,常常为一点分歧争论数日,但通过8个月的拉锯谈,小屋里透出了光芒,巴以和平协议有了初步的雏形。但当问题越接近解决,保密工作也就越重要。后阶段除了更换地点外,连一些领导人的名字都用上了代号。拉宾为"爷爷",佩雷斯为"爸爸",以方主谈的副外长则成了"儿子"。巴方代表有时说出一句莫名其妙的话,比如"爷爷要求爸爸向儿子传达什么?"等等。即使专搞窃听的特工也不会弄清到底是什么意思。

通过14轮谈判,直到8月20日,以巴和平协议终于草签了。人们抑制不住泪水,狂欢高歌。两个毗邻的民族,终于开始摒弃前嫌,握手言欢了! 然而,协议能否正式签订,以色列还得过内阁这一关。1993 年 8 月 29 日,拉宾主持了以色列内阁会议,佩雷斯向部长们汇报了整个谈判过程以及达成协议的要点。消息一下子传遍了全世界。欢呼的、沉默的、批评的、愤怒的都有。但不管持哪一种态度的人,都不得不钦佩拉宾那非凡的胆略,因为他敢于干其他中东政治家不敢干的事情,敢于出来解决中东最棘手的巴勒斯坦问题。另一个成为新闻大主角的自然是巴解主席阿拉法特,他也以自己的现实、理智和大无畏的气魄博得了广泛的称赞和敬重。8 月 31 日,以色列内阁批准了协议草案;9 月 4 日,巴解主流派法塔赫也批准了这个协议;9 月 9 日,以巴互相予以承认。

这样一桩轰动世界的大事,不是美国施压的结果,完全是拉宾、阿拉法特,或者说是以色列和巴解双方的真心选择。但是,难堪的克林顿政府还是走上了前台,它要让世界知道:这场交易的经纪人是美国。美国一位官员称:"要是没有我们,和平进程决不会出现。"于是,"以巴和平协议"最后在华盛顿正式签订。

诺贝尔奖,是一项有影响的国际性最高荣誉。共设有和平、文学、物理、化学、生理学和医学等 5 项。

鉴于 1993 年在美国首都华盛顿签署的"以巴和平协议",在结束了以巴流血冲突,促进中东和平方面做出的巨大贡献,诺贝尔奖评定委员会决定,将 1994 年的诺贝尔和平奖授予巴勒斯坦解放组织中央执行委员会主席阿拉法特、以色列外交部长佩雷斯和以色列总理兼国防部长拉宾。12 月 10 日,是每年举行诺贝尔奖颁奖的日子,和平奖领发仪式在挪威的首都奥斯陆举行。挪威诺贝尔委员会主席塞叶尔斯泰德分别向阿拉法特、佩雷斯、拉宾颁发了奖章、证书和奖金。这是和平的荣耀,是可以引为自豪的。

随后,拉宾他们三人分别发表了讲话。他们感谢诺贝尔奖评委会把和平奖这种世界最高的荣誉给予了他们;同时还介绍了中东和谈、以巴和平协议的重大意义,以及今后的实施步骤。最后,他们都表示了将为推动中东和平进程而继续努力的决心。

他们的发言赢得与会者的热烈掌声。

颁奖仪式后,挪威国王和王后亲切会见了他们并表示祝贺。

世纪葬礼

1995 年 11 月 4 日晚,拉宾这只和平之鸽折翅身亡。他就像埃及前总统萨达特一样,都是为中东的和平事业而献身的。当拉宾遇难的消息公布后,守候在伊奇格夫医院门外的数百名特拉维夫市民,禁不住失声痛哭,许多人自发地在街头点燃一支支蜡烛,以悼慰拉宾的亡魂。在当晚的内阁紧急会议上,阁僚们有的泪流满面,泣不成声,他们用黑纱罩住拉宾主持会议时常坐的椅子,以寄托无尽的哀思。许多反对派人士也认为,拉宾的遇害是以色列历史上最黑暗的一天。

拉宾的死,震惊了以色列,震惊了中东,震惊了整个世界。加利秘书长指出,拉宾被刺对以色列和全世界都是一个损失。5 月,拉宾的遗体安放在以色列的一辆军车中,身上覆盖着象征这个犹太国的蓝白旗帜,车内 6 位将军守在灵柩旁。他们送拉宾最后一次走向耶路撒冷,然后守灵到国葬结束。

当拉宾的灵柩到达议会广场时,来自耶路撒冷和以色列全国各地的 100 多万群众排着长队,向这位为和平而献身的杰出领导人致哀和告别。

6日,是以色列为拉宾举行国葬的日子。这次葬礼,有人说是"世纪葬礼"。因为,二次大战以来,这次葬礼是世界各国政府要员出席人数最多的一次;这是为一位为和平而献身的国家首脑举行的葬礼。这天,葬礼现场有6000多名来宾,全国参加葬礼的人民超过100万,各地人们则以不同形式表示哀悼。有44位外国国家元首和政府首脑参加了拉宾的葬礼。

下午3时30分,耶路撒冷赫尔茨山公墓,祈祷声中,以色列军官将拉宾的灵柩缓缓放入墓穴中,一抔抔黄土洒了下去,渐渐地盖住了灵柩。这时,仪仗队朝天鸣枪致哀,人们便从震惊和悲哀中恢复过来,告别了为和平而献身的领袖。

深夜来客

拉宾之死,有一个特殊的人物也在深深地怀念着他。这人便是阿拉法特!

9日夜间,已故总理拉宾的家中,依然是一派肃穆、悲痛的气氛。客厅临时改成了灵堂。拉宾巨幅照片悬挂在进门的幕布上,下面是各种各样的花圈,它们是以色列政府、议会、军界的要人以及平民百姓送的。其中也有外国客人送的。

今晚,有一个特殊的人物将来哀悼拉宾。拉宾的遗孀利扬坐在扶手椅里,眼中不断涌出悲痛的泪水。她的女儿也在一旁守候着。

一会儿,大门打开了,利扬抬头看去,阿拉法特迈着军人步伐走了过来。这是他专程进入以色列来向利扬表示哀悼的。本来,拉宾被害时,震怒的阿拉法特就要去以色列参加亡友的葬礼,因为对他来说,有一般人无法理解的感情。与他一起签字、一起领奖,刚刚握过手的人,突然间便消失了。但是,以色列当局以"安全气氛不适宜"为由,婉拒了他的愿望。最后,他只好以这种形式来家中慰问其家属,并为亡友的灵魂默哀。

阿拉法特对利扬说:"拉宾是和平的真正英雄,他的不幸被害使我失去了一位朋友。"利扬称赞阿拉法特是拉宾的"和平伙伴"。

陪同阿拉法特前来悼念拉宾的有:巴解负责人阿布·阿拉和阿布·马赞,他们也是商谈以巴和平协议的代表

整个这次活动是在以色列安全机构正式安排下进行的,只有少数几位记者被允许赴现场报道。

阿拉法特义重如山,拉宾的亡灵可以安息了!